हिन्दी भाषा और इसकी शिक्षण विधियाँ

हिन्दी भाषा और इसकी शिक्षण विधियाँ

हिन्दी भाषा और शिक्षण विधियों की परिचायक

श्रुतिकान्त पाण्डेय

एम.ए. (संस्कृत व हिन्दी), एम.एड., पीएच.डी. (शिक्षाशास्त्र)

सहायक प्रोफेसर

एमिटी विश्वविद्यालय, नोएडा

उत्तरप्रदेश

PHI Learning Private Limited

Delhi-110092

2014

₹ 325.00

हिन्दी भाषा और इसकी शिक्षण विधियाँ: हिन्दी भाषा और शिक्षण विधियों की परिचायक
श्रुतिकान्त पाण्डेय

ISBN-978-81-203-5003-8

The export rights of this book are vested solely with the publisher.

Published by Asoke K. Ghosh, PHI Learning Private Limited, Rimjhim House, 111 Patparganj Industrial Estate, Delhi-110092 and Printed by Raj Press, New Delhi-110012.

सहनाववतु सह नौ भुनक्तु सह वीर्यं करवावहै।
तेजस्विनावधीतमस्तु मा विद्विषावहै॥

—उपनिषद

वह परमात्मा हम गुरु और शिष्य की साथ-साथ रक्षा करे।
हम साथ-साथ ज्ञानार्जन करें और शक्ति प्राप्त करें।
हम तेजस्वी हों और परस्पर द्वेष न करें।

विषय-सूची

निवेदन

हिन्दी भारत के आठ राज्यों के लगभग 42 करोड़ लोगों की मातृभाषा है। अधिकांश लोग इसका ज्ञान मातृभाषा के रूप में घर-परिवार, आस-पड़ौस और लोकव्यवहार से प्राप्त करते हैं। यह भाषा सीखने का अनौपचारिक तरीका है। इस माध्यम से भाषा सीखने में शुद्ध उच्चारण, सटीक शब्द प्रयोग और सही वाक्य-विन्यास का ज्ञान सुनिश्चित नहीं होता। इसलिए जनसाधारण द्वारा प्रयोग की जाने वाली हिन्दी के शुद्ध और मानक होने में संशय रहता है।

विद्यालयी शिक्षा में हिन्दी मातृभाषा और मात्रेतर भाषा दोनों रूपों में पढ़ाई जाती है। हिन्दी शिक्षण का उद्देश्य भाषा के सभी अंगों के सहज और कुशल व्यवहार का अभ्यास विकसित करना है। इनमें सुनने, बोलने, पढ़ने और लिखने के कौशल शामिल हैं। लेकिन बहुधा देखा जाता है कि लोक व्यवहार का माध्यम होने के चलते शिक्षक और विद्यार्थी हिन्दी के अध्ययन-अध्यापन में शिथिल रहते हैं। इससे शिक्षित और अशिक्षित लोगों की भाषा का अन्तर कम होता है और भाषा की शुद्धता और क्षमता घटती है।

हिन्दी वस्तुतः किसी एक भाषारूप का नाम न होकर हिन्दी-पट्टी के राज्यों में प्रचलित जनभाषाओं का सामूहिक नाम है। खड़ी बोली से विकसित हुई मानक हिन्दी इन सब भाषा रूपों की प्रतिनिधि भाषा है। भारत सरकार और इसके अनेक संस्थान हिन्दी को लोकव्यवहार के साथ ही ज्ञान-विज्ञान और तकनीक की भाषा के रूप में विकसित करने का प्रयास कर रहे हैं। जनसंचार और मनोरंजन के क्षेत्रों में तो हिन्दी पहले ही स्थापित है और अब राजनीति, व्यापार और न्याय व्यवस्था में भी इसका दायरा विकसित हो रहा है। संयुक्त राष्ट्र संघ की आधिकारिक भाषा बनने के कगार पर खड़ी हिन्दी जल्दी ही अन्तर्राष्ट्रीय स्वरूप ग्रहण कर लेगी। इस परिस्थिति में हिन्दी के शुद्ध रूप का प्रचार-प्रसार अनिवार्य हो गया है।

प्रस्तुत पुस्तक की रचना बी.एड., डी.एड., बी.एल.एड., जे.बी.टी., ई.टी.टी., आदि पाठ्यक्रमों के विद्यार्थियों, कार्यरत शिक्षकों और सामान्य हिन्दी अध्येताओं को हिन्दी के सामान्य स्वरूप, आधारभूत व्याकरण और शिक्षण विधियों से परिचित कराने के लिए की गई है। सम्बद्ध विषय पर बहुत सी पुस्तकों के होने पर भी भाषा, लिपि और व्याकरण विषयों की शोधपरक जानकारी के चलते प्रस्तुत पुस्तक हिन्दी के विद्यार्थियों और शिक्षकों को अधिक उपयोगी प्रतीत होगी। भाषा के नियम तो स्वभावतः व्याकरण की लब्धप्रतिष्ठ पुस्तकों से लिए गए हैं, लेकिन नए और आधुनिक सन्दर्भ वाले उदाहरण और अधुनातन शिक्षण विधियों का परिचय इस पुस्तक की अनूठी विशेषता है। परम्परागत विषय की पुस्तक होने पर भी यहाँ अन्धानुकरण से बचने का प्रयास किया गया है। भाषा की सरलता और बोधगम्यता पर विशेष ध्यान दिया गया है। आशा है कि सुधी पाठकों को लेखक का यह प्रयास उपयोगी प्रतीत होगा।

श्रुतिकान्त पाण्डेय

1 भाषा का परिचय

प्रकरण का उद्‌देश्य

'भाषा क्या है?' यह प्रश्न भाषा के प्रयोग करने वाले सभी लोगों के लिए उपयोगी नहीं है। लेकिन जो भाषा के सही रूप, उपयोग और महत्त्व को जानना चाहते हैं, उनके लिए भाषा के अध्ययन की शुरुआत इसी प्रश्न से होती है। प्रस्तुत प्रकरण में भाषा के सही अर्थ, उसके गुणों, उपयोगिता, महत्त्व, इसके तत्त्वों और विविध रूपों का परिचय दिया गया है। इसमें भाषा के प्रकारों और इसे प्रभावित करने वाले कारकों का उल्लेख भी किया गया है।

प्रस्तुत प्रकरण के अध्ययन से भाषा के अध्येताओं को भाषा के व्यापक स्वरूप का आभास होगा। इससे भाषा के सूक्ष्म तत्त्वों जैसे वर्ण, शब्द, वाक्य आदि को जानने की उत्सुकता जगेगी। भाषा को ज़्यादा प्रभावशाली बनाने के उपायों को पहचानने में भी इस प्रकरण का अध्ययन उपयोगी होगा।

भाषा का अर्थ

भाषा शब्द संस्कृत की 'भाष्' धातु से बना है, जिसका भाव है—बोलना अथवा अभिव्यक्त करना। संसार के सभी प्राणी किसी न किसी प्रकार अपने भावों और विचारों को व्यक्त करते हैं। इन सब जीवों में से मनुष्य की भाषा सर्वाधिक विकसित और सटीक है। संसार के अन्य प्राणी तो गिने-चुने भावों और ज़रूरतों की तरफ इशारा ही कर पाते हैं, लेकिन मनुष्य अपनी मौलिक आवश्यकताओं के अलावा भी असंख्य प्रकार के सूक्ष्म भावों और विचारों की अभिव्यक्ति में सक्षम है। इसके लिए मानव ने ध्वनिप्रतीकों की एक निश्चित व्यवस्था विकसित की है, जिसे भाषा का नाम दिया गया है।

आधुनिक भाषा विज्ञान में भाषा को 'ध्वनिप्रतीकों की व्यवस्था' के रूप में देखा जाता है। अपने मूलरूप में ये समस्त ध्वनिप्रतीक यादृच्छिक हैं। इसका अर्थ है कि 'पुस्तक' को 'पुस्तक' क्यों कहते हैं और इसे पुस्तक कहे जाने के पीछे क्या तर्क या कारण है; इसका कोई उचित जवाब नहीं है। संस्कृत जैसी धातु-मूलक भाषाओं में भी ध्वनियों या ध्वनि समूहों को कहीं न कहीं यादृच्छिक प्रतीक दिए ही जाते हैं। बाद में व्यावहारिक उपयोग के लिए इन प्रतीकों को परम्परा या व्याकरण के नियमों का पालन करना होता है। ये नियम समय, स्थान और स्थितियों के अनुरूप बदलते रहते हैं। इस प्रकार भाषा समाज के लिए एक उपयोगी माध्यम बनी रहती है।

भाषा की परिभाषा

निश्चित ध्वनिप्रतीकों की व्यवस्था को जिससे कोई समाज अपने भावों, विचारों, आवश्यकताओं इत्यादि को व्यक्त करता है, भाषा कहा जाता है। यह अभिव्यक्ति मुख्य रूप से बोलकर की जाती है, इसलिए इसे मौखिक भाषा कहा जाता है। भाषा का परिचय देने के लिए अनेक विद्वानों ने परिभाषाएँ प्रस्तुत की हैं। इनमें से कुछ इस प्रकार हैं—

- ''भाषा वह व्यवहार है जिससे हम व्यक्त शब्दों द्वारा अपने विचारों को अभिव्यक्ति देते हैं।''
  (पतंजलि–प्रसिद्ध संस्कृत विद्वान और संस्कृत व्याकरण की 'महाभाष्य' नामक पुस्तक के रचयिता)
- ''भाषा ध्वनियों के माध्यम से विचारों की अभिव्यक्ति है।'' (स्वीट–एक विख्यात भाषाविद्)
- ''भाषा स्वैच्छिक ध्वनि संकेतों की व्यवस्था है जिसके माध्यम से कोई सामाजिक समूह परस्पर सहयोग करता है।''
  –ब्लोच एवं ट्रेगर
- ''भाषा यादृच्छिक ध्वनि संकेतों की व्यवस्था है, जिसके द्वारा मानव विचारों का आदान-प्रदान करता है।''
  –भाषा विज्ञान

भाषा के प्रमुख गुण

भाषा की उत्पत्ति और विकास की प्रक्रिया अत्यन्त प्राचीन समय से जारी है। इन दौरान इसमें असंख्य नए शब्द आए और अनगिनत शब्द अव्यावहारिक होकर खो गए। ऐसा होने पर भी प्रत्येक भाषा में कुछ तत्त्व कभी नहीं बदलते। ये भाषा के ऐसे नियम होते हैं जो भाषा को उसकी मूल प्रकृति से जोड़े रहते हैं। इन तत्त्वों को भाषा के मौलिक अवयव कहा जाता है। इन अवयवों के अभाव में कोई भी भाषा विकसित नहीं हो सकती। ये अवयव विश्व की समस्त भाषाओं में समान रूप से मौजूद होते हैं। इन अवयवों की सूची यहाँ दी गई है–

- भाषा ध्वन्यात्मक है। यह वाचिक ध्वनि संकेतों की व्यवस्था है।
- भाषा संकेतात्मक या प्रतीकात्मक है। इसकी ध्वनियों का अपने प्रतीकों के साथ कोई सीधा सम्बन्ध नहीं होता।
- भाषा वर्णबद्ध और सार्थक शब्दों की व्यवस्था है जो व्याकरण के नियमों से संचालित होती है।
- भाषा मूलरूप से वाचिक है। इसका प्रयोग मुख्यतः बोलकर ही किया जाता है। लिखित भाषा उसका वैज्ञानिक विकास है जिसमें नियमों की प्रधानता होती है।
- भाषा सामाजिक सम्पत्ति है। यह समाज के साथ रहकर सीखी और व्यवहार की जाती है।
- भाषा परिवर्तनशील है। यह समाज के साथ बदलती रहती है।
- भाषा ज्ञान, अनुभव, कौशल, तकनीक, खोज इत्यादि के भावी पीढ़ी को अन्तरण का माध्यम है।
- प्रत्येक भाषा का एक मानक और एक या अनेक प्रचलित रूप होते हैं।

भाषा का महत्त्व

भाषा मानव जीवन का अनिवार्य अंग है। इससे मनुष्य का व्यक्तिगत, सामाजिक, आर्थिक, राजनीतिक और राष्ट्रीय जीवन बनता और संचालित होता है। भाषा के अभाव में मानव का व्यक्तित्व विकसित नहीं हो सकता, समाज का गठन नहीं हो सकता, विज्ञान व तकनीक जैसे विषय पनप नहीं सकते, कलाओं का विकास नहीं हो सकता, राज्य तथा राष्ट्र जैसी संस्थाएँ नहीं बन सकतीं और धर्म व दर्शन जैसी उदात्त ज्ञान परम्पराओं का जन्म नहीं हो सकता। इन सब तथ्यों से साफ है कि भाषा मानव जीवन के लिए अत्यन्त आवश्यक है। मानव विकास में भाषा के योगदान का विस्तृत विवरण यहाँ दिया गया है–

- **व्यक्तित्व निर्माण**–किसी व्यक्ति के शारीरिक, मानसिक, बौद्धिक और भावनात्मक गुणों का समन्वय व्यक्तित्व कहलाता है। व्यक्तित्व विकास एक सतत प्रक्रिया है जो जन्म से भी पहले आरम्भ हो जाती है। इसके विकास में परिवार, परिवेश, स्कूल और समाज की महत्त्वपूर्ण भूमिका होती है। इन सबसे व्यवहार के लिए भाषा एकमात्र माध्यम है।
- **स्वत्व की पहचान**–'मैं' या निजता की पहचान व्यक्तित्व का सबसे खास लक्षण है। हर व्यक्ति अपने आप में विशेष और सबसे अलग है। इस विशेषता या अनूठेपन की पहचान से ही व्यक्तित्व में निजी गुणों, विचारों

और अभ्यासों का संग्रह होता है। जीवन भर हम इसी 'मैं' को अधिकाधिक खास और उत्कृष्ट बनाने के लिए प्रयासरत रहते हैं। भाषा इस निजता की पहचान कराने और उसके प्रति सम्मान पैदा करने में मददगार होती है।

- **व्यक्तित्व की परिचायक**–भाषा व्यक्ति का आइना होती है। यह किसी व्यक्ति की शिक्षा, परिवार, विचार, आर्थिक स्थिति, व्यवसाय आदि की तरफ इशारा करती है। इसके आधार पर किसी व्यक्ति की पहचान की जा सकती है। भाषा का सजग और सुनियोजित प्रयोग व्यक्ति की सफलता या असफलता की निर्णायक होती है। इसलिए प्रत्येक व्यक्ति को भाषा का प्रयोग बहुत सँभलकर और सोच-विचारकर करना चाहिए।
- **शारीरिक विकास**–शरीर के समुचित विकास के लिए नियमित दिनचर्या, पौष्टिक व सन्तुलित भोजन, व्यायाम और नियमपालन की ज़रूरत होती है। इन विषयों का ज्ञान और अभ्यास किसी व्यक्ति को जन्म से ही नहीं होता, बल्कि परिवार के सदस्यों, पुस्तकों और विद्यालय के माध्यम से होता है। इन सभी माध्यमों से स्वास्थ्य के नियमों के ज्ञान व अभ्यास के लिए भाषा का होना अनिवार्य है।
- **मानसिक विकास**–मन हमारे व्यक्तित्व का बहुत ज़रूरी और उपयोगी उपकरण है। इसका काम किसी कल्पना, विचार और योजना से सम्बन्धित है। इसकी सहायता से ही हम किसी व्यक्ति या विषय के बारे में निर्णय ले सकते हैं। यह सब काम सोच-विचार के माध्यम से होता है जो बिना भाषा के किसी भी प्रकार सम्भव नहीं है।
- **बौद्धिक विकास**–बुद्धि हमारे व्यक्तित्त्व का अत्यन्त महत्त्वपूर्ण अवयव है। इसका काम सही-ग़लत और उचित-अनुचित का निर्णय करना है। मन हमारी ज्ञान और कर्म इन्द्रियों के माध्यम से अनेक प्रकार की सूचनाएँ और अनुभव इकट्ठा करता है। यह ज्ञान किसी भी विषय में निर्णय के लिए आधार उपलब्ध कराता है। जब हम किसी भी विषय में कोई फैसला करना चाहते हैं तो बुद्धि सामाजिक नियमों, धर्म/अधर्म और मान/अपमान इत्यादि का ध्यान रखते हुए सही निर्णय करती है। सही और ग़लत के विचार के लिए भाषा एकमात्र उपकरण है। बिना भाषा के विचार और उनका तुलनात्मक विश्लेषण सम्भव नहीं है।
- **समाज का निर्माण**–मनुष्य सामाजिक प्राणी है। समाज अर्थात् व्यक्तियों का समूह जिनके विचारों, व्यवहारों, परम्पराओं और जीवनशैली में समानता हो। इस प्रकार की समानता के लिए बातचीत और विचार-विनिमय आवश्यक हैं। इनके बिना समाज के सदस्य एक-दूसरे के बारे में, उनकी भावनाओं तथा विचारों को नहीं जान सकते। जब तक आपस में चर्चा का समान माध्यम न हो, तब तक समाज का बन पाना सम्भव ही नहीं है। इस प्रकार भाषा से समाज बनता है।
- **सामाजिक संगठन और विकास**–समाज के सदस्य भाषा के माध्यम से एक दूसरे के साथ मेल-मिलाप करते हैं। एक दूसरे के सुख-दुख में सहभागी बनते हैं। भाषा के ही माध्यम से लोकगीतों, नृत्यों, परम्पराओं और रीति-रिवाज़ों का जन्म होता है। इनसे समाज के सदस्यों को एक-दूसरे के करीब आने का अवसर मिलता है। इस मेलजोल और सहयोग से समाज मज़बूत और संगठित होता है। भाषा इस पूरी प्रक्रिया में सक्रिय भूमिका निभाती है।

  भाषा और समाज का सम्बन्ध पारस्परिक या एक-दूसरे पर आश्रित है। इसका अर्थ है कि जैसे भाषा से समाज बनता है, वैसे ही समाज से भाषा बनती है। समाज भाषा का प्रयोग करते हुए उसे विकसित करता है और अधिकाधिक सक्षम बनाता है। समाज की ज़रूरतों के हिसाब से भाषा में निरन्तर बदलाव होता रहता है और वह समसामयिक बनी रहती है।
- **शैक्षिक विकास**–शिक्षा का सामान्य अर्थ है ज्ञान, बोध, कौशल, अभ्यास इत्यादि आयामों का सकारात्मक और स्थायी विकास। शिक्षा व्यक्तिगत विकास, पारिवारिक सामंजस्य, समाज से समन्वय और देश के विकास के लिए बहुत आवश्यक है। भारतीय परम्परा में माता को पहला, पिता को दूसरा और गुरु को तीसरा शिक्षक माना गया है। इसका सीधा अर्थ है कि स्कूल जाने से पहले भी बालक घर पर माता, पिता, परिवार के सदस्यों और

पास-पड़ौस के लोगों से व्यावहारिक ज्ञान पा लेता है। बाद में स्कूल जाने पर शिक्षक उसे पुस्तक आधारित शिक्षा प्रदान करते हैं। व्यावहारिक और पुस्तकीय इन दोनों प्रकार की शिक्षा में भाषा, बातचीत और विचार-विमर्श का योगदान होता है। इस प्रकार भाषा के अभाव में किसी प्रकार का ज्ञान सम्भव नहीं है।

- **साहित्यिक विकास**—मानव द्वारा विकसित ज्ञान-विज्ञान को लिखित भाषा के माध्यम से कथा, विवरण, नाटक तथा काव्य जैसी विधाओं द्वारा संरक्षित किया जाता है। इस प्रक्रिया में ग्रन्थों व पुस्तकों का जन्म होता है। इस प्रकार के संग्रह को जिसमें मानव जीवन के सभी विषयों तथा क्षेत्रों से सम्बद्ध विवरण हो, साहित्य का नाम दिया जाता है। साहित्य के अध्ययन से किसी भी समय और स्थान के बारे में ज्ञान अर्जित किया ज़ा सकता है। साहित्य के सृजन और अध्ययन के लिए भाषा का उत्तम ज्ञान होना अनिवार्य है।
- **शिल्प-कलाओं का विकास**—गीत, नृत्य, घरेलू और प्रदर्शन कलाओं द्वारा कोई समाज अपनी आनन्दात्मक और सौन्दर्यात्मक भावनाओं को अभिव्यक्त करता है। इनमें से नृत्य और गीत तो भाषात्मक हैं ही; अन्य कलाओं तथा शिल्पों का विकास भी भाषा के अभाव में असम्भव है। भाषा के माध्यम से इन कलाओं का प्रसार होता है और धीरे-धीरे वे किसी समाज की विशिष्ट पहचान बन जाती हैं।
- **वैज्ञानिक और तकनीकी विकास**—अपने जीवन को ज़्यादा से ज़्यादा सरल, आरामदायक और निश्चिन्त बनाने के लिए मानव सदा से ही प्रयासरत रहा है। इसके लिए अनेक प्रकार के उपकरणों, मशीनों और साधनों का विकास किया गया है। यह प्रक्रिया आज भी जारी है। इस क्रम में पुराने तथ्यों और तरीकों के आधार पर खोज और अध्ययन द्वारा नई तकनीकों का विकास किया जा रहा है। भाषा इस प्रक्रिया में अनिवार्य माध्यम है। इसी के द्वारा प्रचलित ज्ञान और तकनीक का अध्ययन होता है और उसमें सुधार तथा विकास का कार्य किया जाता है। भाषा इन सभी उपकरणों, तकनीकों, साधनों इत्यादि को नाम देती है और इनकी प्रयोगविधि को सरल और सहज रूप में प्रयोक्ताओं तक पहुँचाती है। इस भूमिका द्वारा भाषा विज्ञान और तकनीक के विकास तथा प्रसार का माध्यम बनती है।
- **सभ्यता व संस्कृति का संरक्षण तथा विकास**—जीवन और उसे बेहतर ढंग से जीने के तौर-तरीकों के बारे में जो विचार और मान्यताएँ विकसित हो जाती हैं उन्हें सामूहिक रूप से संस्कृति का नाम दिया जाता है। इन विचारों को व्यवहार में लाने का नाम सभ्यता है। उदाहरण के लिए श्रेष्ठजनों का सम्मान संस्कृति का नियम है और प्रणाम, नमस्कार, दण्डवत् जैसे तरीके सभ्यता के अंग हैं। समाज के इन नियमों का विकास भाषा की उपस्थिति में ही सम्भव है। ये नियम भाषा के माध्यम से ही एक से दूसरी पीढ़ी को अन्तरित होते हैं।
- **शासकीय और प्रशासनिक कार्यों का माध्यम**—मनुष्य सामाजिक प्राणी है। समाज के विकसित होने पर राज्य और राष्ट्र का निर्माण होता है। समाज और राज्य के साथ ही अनेक प्रकार की व्यवस्थाओं का जन्म होता है। इनमें व्यापार, वाणिज्य, प्रशासन, परिवहन, संचार, रक्षा एवं विदेश जैसे तमाम मामले शामिल हैं। इन सभी विभागों का काम-काज बिना भाषा के संचालित नहीं हो सकता। इसी प्रकार संसद और विधायिकाओं में देश के आन्तरिक प्रशासन से सम्बन्धित नियमों का निर्माण और कार्यपालिका द्वारा उनका परिपालन भी भाषा के अभाव में नहीं हो सकता। न्यायालयों में बहस और फैसलों के लिए भी भाषा का प्रयोग अनिवार्य है।
- **धर्म और दर्शन का विकास**—संसार के अलग-अलग हिस्सों में विकसित सभ्यताओं ने अपने-अपने तरीकों से विचार किया है कि मानव जीवन का क्या उद्देश्य है और इसे कैसे प्राप्त किया जा सकता है? उन्होंने संसार और इसके अवयवों के बारे में भी विचारसंग्रह किया है। इस प्रकार के विचारों के संग्रह को दर्शन कहा जाता है। दर्शन के व्यावहारिक पक्ष के रूप में धर्म, सम्प्रदायों और मतों का उद्भव होता है। इन सारे सन्दर्भों में भाषा का योगदान अविस्मरणीय है। भाषा ही चिन्तन, विचार और इनके आदान-प्रदान का काम करती है। इसके अभाव में इन उदात्त भावों के जन्म की कोई सम्भावना नहीं रहती।

इस प्रकार भाषा मानव समाज की उत्पत्ति और विकास में अविस्मरणीय भूमिका निभाती है। भाषा के उपयोग से मानव ने अपने जीवन को सरल, सुविधापूर्ण और मानवीय बनाया है। इससे प्राप्त ज्ञान का विकास और प्रसार सम्भव हुआ है जिससे विज्ञान, तकनीक, संचार, व्यापार, अन्तर्राष्ट्रीय सम्बन्ध, धर्म, दर्शन इत्यादि अन्यान्य सन्दर्भों में अभूतपूर्व उपलब्धियाँ अर्जित की गईं जिनके चलते आज मानव पृथिवी का सर्वाधिक प्रभावशाली प्राणी हो गया है। यदि भाषा न हो तो प्रत्येक मनुष्य को अपनी शुरुआत वहीं से करनी होगी जहाँ से उसके परम पूर्वज अर्थात् आदिमानव ने की थी।

भाषा के अनिवार्य तत्त्व

ध्वनि, शब्द और वाक्य विन्यास किसी भी भाषा के आधारतत्त्व हैं। इनके परस्पर संयोजन से विचार-विनिमय और भाव सम्प्रेषण का काम हो पाता है। लेकिन भाषा के इन प्रत्यक्ष अवयवों के अलावा भी कुछ अप्रत्यक्ष कारक हैं जो भाषा द्वारा अभिव्यक्ति को सम्भव बनाते हैं। इन तत्त्वों का सामान्य परिचय यहाँ प्रस्तुत है—

- **लहजा/शैली**—किसी भी प्रदेश में अपनी बात कहते हुए शब्दों और वाक्यों का उच्चारण एक ख़ास अन्दाज़ में करने की परंपरा पाई जाती है। इससे कभी शब्दों का उच्चारण कुछ लघु या विलम्बित होता है तो कभी वाक्य की धुन कुछ गीतात्मक हो जाती है। कभी-कभी ऐसा भी होता है कि भाषा या बोली के क्षेत्रीय प्रयोक्ता एक ही प्रकार के शब्दों का प्रयोग भिन्न सन्दर्भों के लिए अलग-अलग धुन से करते हैं। ऐसे मामलों में क्रोध, शिकायत, चेतावनी, सलाह, मनुहार आदि की अभिव्यक्ति के लिए गिनेचुने शब्दों का अलग-अलग अन्दाज़ में प्रयोग किया जाता है। इस प्रकार की ध्वन्यात्मकता, गीतात्मकता या बोलने के विशेष तरीके को लहजा या शैली के नाम से जाना जाता है। लहजे के प्रयोग से भाषा-प्रयोग का एक विशेष तरीका पनपता है जिसे किसी क्षेत्र विशेष के लोग ही जानते और प्रयोग करते हैं। लहजे का प्रभाव किसी क्षेत्र के लोगों की मौखिक भाषा पर इतना गहरा होता है कि अन्य भाषा का प्रयोग करते हुए भी वे उसी लहजे का प्रयोग अनजाने ही करते हैं। उदाहरण के लिए भारत के विविध प्रान्तों के लोग हिन्दी या अंग्रेज़ी जैसी भाषाओं का प्रयोग अपने ही लहजे में करते हैं। उनकी हिन्दी या अंग्रेज़ी सुनकर सहज ही अनुमान लगाया जा सकता है कि वे किस क्षेत्र के निवासी हैं।

  हिन्दी भारत की सर्वाधिक प्रयोग की जाने वाली भाषा है। 2001 की जनगणना के आँकड़ों के मुताबिक भारत के 54 करोड़ लोग किसी न किसी रूप में हिन्दी का प्रयोग करते हैं। इसके तकरीबन सत्रह रूप हिन्दीभाषी राज्यों में प्रचलित हैं। इन भाषा-रूपों को उपभाषा या बोली कहा जाता है। इन बोलियों के बीच मौलिक अन्तर न होने पर भी लहजे या शैली के चलते हिन्दी के सभी प्रयोक्ताओं का शब्द-उच्चारण और वाक्य बोलने का तरीका एक-सा नहीं है। इस कारण कभी-कभी उनकी भाषा सुनकर ऐसा भी लग सकता है कि वे हिन्दी नहीं कोई और भाषा बोल रहे हैं।
- **अंग-संचालन**—कोई भी व्यक्ति जब भाषा का प्रयोग करता है तो अपनी बात को अधिक प्रभावशाली या बोधगम्य बनाने के लिए शब्द विधान के साथ-साथ अंग-संचालन भी अवश्यमेव करता है। इससे उसके कथ्य का अर्थ स्पष्ट और अधिक प्रभावास्पद होता है। गरदन, भौंहों, आँखों, कन्धों, ओठों और हाथों के प्रयोग से हम अपनी बात में अतिरिक्त भाव या अर्थ जोड़ देते हैं। अंग-संचालन के लिए किसी प्रकार के नियमों का विधान नहीं है। इसका अभ्यास भाषा प्रयोग के साथ स्वयमेव हो जाता है।
- **मुहावरे और लोकोक्तियाँ**—मुहावरा अरबी भाषा का शब्द है जिसका तात्पर्य है बातचीत करना या उत्तर देना। भाषा के लगातार प्रयोग से जनसामान्य कुछ ऐसे वाक्यांशों का गठन कर लेता है जो विस्तृत या गहन बात को सरल शब्दों में समझा सकते हैं। ऐसे शब्द अनायास ही उत्पन्न होते हैं और धीरे-धीरे भाषा के अभिन्न हिस्से बन जाते हैं। मुहावरों के प्रयोग से हम अपनी बात संक्षेप में और रुचिकर तरीके से पेश कर सकते हैं। सारतः कहा जा सकता है कि सुगठित वाक्यांश द्वारा लाक्षणिक या व्यंग्यात्मक तरीके से प्रस्तुत बात मुहावरा कहलाती है।

मुहावरों की ही तरह भाषा में लोकोक्तियों का भी प्रयोग होता है। अपनी उत्पत्ति के तरीके में मुहावरों की तरह होने पर भी इनके प्रयोग के तरीके में कुछ भिन्नता है। ये मुहावरों की तरह वाक्य का हिस्सा न होकर सम्पूर्ण वाक्य के रूप में होती हैं। इन वाक्यों में जनता के अनुभवों का सार छिपा होता है। इनका अर्थ पता लगाने के लिए पूर्व स्थिति या माहौल का पता होना अनिवार्य है। मुहावरों और लोकोक्तियों के प्रयोग से वक्ता का वाक्चातुर्य प्रकट होता है जबकि इनके बिना भाषा नीरस और बेजान सी हो जाती है। मुहावरे और लोकोक्ति में प्रायोगिक भिन्नता का उदाहरण इस प्रकार है—

1. **मुहावरा**—आग बबूला होना।
   अर्थ—गुस्सा होना।
   प्रयोग—विद्यार्थी को नकल करते देखकर गुरुजी आग बबूला हो गए।
2. **लोकोक्ति**—नाच न जाने आँगन टेढ़ा।
   अर्थ—खुद किसी काम में असमर्थ होने पर भी स्थितियों में कमी ज़ाहिर करना।
   प्रयोग—शुभाशीष केवल छह रन बनाकर आउट हो गया। इसके लिए अब वह बैट के चिकना होने और पिच के ऊँची-नीची होने को ज़िम्मेदार बता रहा है। यह तो वही बात हुई कि 'नाच न जाने आँगन टेढ़ा'।

भाषा के विविध रूप

कोई भी भाषा न तो एक दिन में बनती है न लुप्त होती है। भाषा का इतिहास सैकड़ों-हज़ारों वर्षों का होता है। इस लम्बे समय में भाषा किसी समुदाय में जन्म लेकर राज्य, देश और अन्तर्राष्ट्रीय स्तर तक प्रयुक्त हो सकती है। इसके दायरे का फैसला इस बात से होता है कि भाषा कितनी सरल, सक्षम और वैज्ञानिक है या उसके प्रयोग करने वाले आर्थिक, शैक्षिक, राजनीतिक और सैनिक रूप से कितने प्रभावशाली हैं अन्य कुछ भाषाएँ पुरानी होकर भी छोटे दायरे में सिमटी रहती हैं जबकि पूरे देश और अन्तर्राष्ट्रीय स्तर पर अपनी पहचान बना लेती हैं।

भाषा-रूपों का वर्गीकरण उनके विकास की अवस्था, प्रयोग-क्षेत्र और उन्हें दिए गए दर्जे या पद के अनुसार किया जाता है। यह वर्गीकरण प्रत्येक देश और समाज के लिए अलग-अलग हो सकता है। किसी भाषा का जो स्थान दिल्ली में है वही उत्तर प्रदेश में या पंजाब में भी हो; ऐसा ज़रूरी नहीं है। यहाँ एक और बात पर ध्यान दिया जाना चाहिए कि भाषा की अवस्था और उसे प्राप्त महत्त्व, समय और स्थितियों के साथ बदलता रहता है। साथ ही भाषा भी अपना रूप लगातार बदलती रहती है। इसलिए किसी भाषा की स्थिति में बदलाव होना स्वाभाविक सी बात है। भाषाओं के वर्गीकरण का विवरण यहाँ प्रस्तुत है—

विकास की अवस्था के अनुसार भाषाओं का वर्गीकरण

- **बोली**—किसी छोटे प्रयोग क्षेत्र जैसे गाँव, मण्डल या ज़िले तक सीमित भाषारूप को बोली का नाम दिया जाता है। इस स्तर की भाषा में एकरूपता का अभाव होता है और व्यक्तिगत प्रयोगों की अधिकता पाई जाती है। इस किस्म की भाषा में देसी या देशज शब्दों और अपरिष्कृत वाक्य शैली का प्रयोग अधिक होता है। व्याकरण की दृष्टि से इस भाषारूप में नियमों या सिद्धान्तों का कोई अस्तित्व नहीं मिलता। बोलचाल की भाषा होने के चलते बोली में साहित्य का अभाव होता है। इसी के साथ बोली में व्याकरण की दृष्टि से भी कोई निश्चितता नहीं पाई जाती।
- **विभाषा**—विभाषा का क्षेत्र बोली की अपेक्षा अधिक विस्तृत होता है। कहा जा सकता है कि यह एक मण्डल या ज़िले की अपेक्षा किसी प्रान्त या राज्य की भाषा हो सकती है। एक विभाषा में स्थानीय भेदों के साथ अनेक बोलियाँ प्रचलित हो सकती हैं। विभाषा में व्याकरण की दृष्टि से कुछ स्थिरता होती है इसलिए सीमित मात्रा में ही सही पर इनमें साहित्यिक रचनाएँ उपलब्ध होती हैं।

- **भाषा**–भाषा; बोली और विभाषा का विकसित रूप होता है। यह एक विस्तृत क्षेत्र में प्रयोग होने वाला भाषारूप है। इसमें शब्दावली, वाक्य संरचना और व्याकरण के लिहाज़ से स्थिरता और निश्चितता पाई जाती है। विभाषाओं के बीच से जो भाषा शिक्षा, व्यापार, राजनीति जैसे महत्त्वपूर्ण विषयों की माध्यम बन जाती है वह अपनी सहचर भाषाओं से अधिक प्रयोग होने लगती है और मानक भाषा के रूप में विकसित हो जाती है।

प्रयोगक्षेत्र के अनुसार भाषाओं का वर्गीकरण

- **मातृभाषा**–जिस भाषा को कोई व्यक्ति बचपन में माता-पिता, परिवारजनों और पास-पड़ौस के लोगों के साथ रहने मात्र से सीख लेता है, वह उसकी मातृभाषा कहलाती है। यह बोली, विभाषा अथवा भाषा; कोई भी हो सकती है। सामान्यतः एक भाषाक्षेत्र में रहने वाले सभी लोगों की मातृभाषा समान ही होती है। मातृभाषा किसी भी व्यक्ति के सोच-विचार और व्यवहार का सबसे सहज माध्यम होती है। यह परिवार के भीतर और बाहर के लोगों से जान-पहचान और अन्तर्क्रिया का आधार बनती है। जब बालक स्कूल जाता है तो भी मातृभाषा वहाँ के माहौल और लोगों से परिचय कराने में मदद करती है।
- **राजभाषा**–किसी देश के सरकारी कामों के लिए जिस भाषा का व्यवहार किया जाता है, उसे वहाँ की राजभाषा के रूप में मान्यता दी जाती है। आमतौर पर सभी राज्यों और देशों में वहाँ के लोगों की मातृभाषा या अधिकतर लोगों की भाषा को ही राजभाषा का स्थान दिया जाता है। 2001 की जनगणना के मुताबिक भारत के लगभग 54 करोड़ लोग हिन्दी का प्रयोग करते हैं इसलिए इसे केन्द्र सरकार की राजभाषा बनाया गया है।
- **राष्ट्रीय भाषा**–किसी देश के इतिहास, साहित्य, सभ्यता, संस्कृति एवं ज्ञान-विज्ञान की प्रमुख भाषा को राष्ट्रीय भाषा का दर्जा दिया जाता है। भारत में राज्यों का गठन भाषा के आधार पर हुआ है। इन राज्यों की प्रमुख भाषाओं को संविधान में राष्ट्रीय भाषा के रूप में मान्यता दी गई है। फिलहाल भारतीय संविधान की आठवीं अनुसूची में 22 भाषाओं को राष्ट्रीय भाषाओं का दर्जा दिया जा चुका है। ये भाषाएँ अनेकता में एकता की भारत की परम्परा की प्रतीक हैं।
- **राष्ट्रभाषा**–जिस भाषा को देश में अधिकांश नागरिक समझते और प्रयोग करते हैं और जिसे सम्पर्क भाषा के रूप आसानी से प्रयोग किया जा सके, उसे राष्ट्रभाषा का दर्जा प्रदान किया जाता है। कुछ देशों ने अपनी संस्कृति-भाषा को ही राष्ट्रभाषा के रूप में मान्यता दी है। उदाहरण के लिए इज़राइल ने अपने अतीत के गौरव को बनाए रखने की दृष्टि से 'हिब्रू' को अपनी राष्ट्रभाषा घोषित किया है, हालांकि फिलहाल उसका व्यवहार देश में नगण्य है। न केवल लाभ और उपयोगिता बल्कि राष्ट्रभक्ति के नज़रिए से भी देश के सभी नागरिकों के लिए राष्ट्रभाषा का ज्ञान अनिवार्य होना चाहिए।
- **अन्तर्राष्ट्रीय भाषा**–जिस प्रकार एक देश में सबसे ज्यादा प्रयोग होने वाली भाषा को राष्ट्रभाषा के रूप में मान्यता प्रदान की जाती है, उसी प्रकार दुनिया भर में सबसे अधिक बोली और समझी जाने वाली भाषा को अन्तर्राष्ट्रीय भाषा का पद प्राप्त होता है। अनेक राजनीतिक, व्यापारिक और कूटनीतिक वजहों से अंग्रेज़ी, फ्रेंच, जर्मन, रशियन और चीनी भाषाओं को अन्तर्राष्ट्रीय भाषा माना जाता है। इन भाषाओं को संयुक्त राष्ट्र संघ की आधिकारिक भाषाओं रूप में मान्यता दी गयी है। जल्दी ही हमारी राष्ट्रभाषा हिन्दी भी इस सूची में शामिल होने जा रही है।

पद के अनुसार भाषाओं का वर्गीकरण

- **मूल भाषा**–आज सारी दुनिया में लगभग तीन हज़ार भाषाएँ बोली जाती हैं। ये सभी भाषाएँ कुछ गिनी-चुनी भाषाओं से उत्पन्न हुई हैं। इन तीन हज़ार भाषाओं को जन्म देने वाली आदिम या पुरानी भाषाओं को आजकल

की भाषाओं की माँ या मूल भाषा कहा जाता है। उदाहरण के लिए भारत में बोली जाने वाली अधिकतर भाषाएँ संस्कृत से उपजी हैं। इनमें गुजराती, मराठी, बंगाली, पंजाबी, असमी, उड़िया, सिन्धी, कश्मीरी और हिन्दी जैसी प्रमुख आधुनिक भाषाएँ शामिल हैं। इस कारण संस्कृत को भारतीय भाषाओं की मूलभाषा के नाम से जाना जाता है।

- **संस्कृति भाषा**—संस्कृति का अर्थ है वे विचार जो हमारे व्यवहारों और परम्पराओं को उन्नत तथा मर्यादित करते हैं। जीवन और उसे बेहतर ढँग से जीने के तौर-तरीकों के बारे में जो विचार और मान्यताएँ विकसित हो जाती हैं उन्हें सामूहिक रूप से संस्कृति का नाम दिया जाता है। विख्यात उक्ति है—'संस्कृतिः संस्कृताश्रिता' अर्थात् भारतीय संस्कृति संस्कृत भाषा पर आश्रित है। संस्कृत भारत के अतीत की भाषा है। यही भाषा है जिसने विश्व को सर्वप्रथम साहित्य के स्वरूप से परिचित कराया था। ऋग्वेद को संसार का प्राचीनतम ग्रन्थ होने का गौरव प्राप्त है। वेदों पर आधारित ब्राह्मणों, आरण्यकों, उपनिषदों, स्मृतियों, दर्शनों के अलावा अनगिनत काव्यों की भाषा संस्कृत ही है। इस भाषा ने हमारे देश के धर्म-संस्कृति, परिवार-समाज, नीति-नियम, परम्परा-विश्वास, जीवन-व्यवहार इत्यादि को सदियों तक प्रभावित किया है और इस नाते वह भारतवर्ष की संस्कृतिभाषा कहलाती है।

भाषा के प्रकार

मौखिक भाषा

मौखिक भाषा का सामान्य अर्थ है; बोल कर प्रयोग की जाने वाली भाषा। यह किसी भी भाषा का सबसे सरल, प्रचलित और व्यावहारिक रूप होता है। किसी भी नयी भाषा को सीखने और अपनाने के लिए उसके मौखिक रूप को जानना सबसे ज्यादा सरल और सहज होता है। इस माध्यम से न केवल भाषा के शब्द, उच्चारण व्यवस्था और वाक्य-रचना का ज्ञान पाया जा सकता है; बल्कि लहजे, अंगसंचालन और सूक्ति जैसे सहायक अंगों का अभ्यास भी हो जाता है। मौखिक भाषा ही आगे चलकर लिखित रूप से परिचय का आधार बनती है।

मौखिक भाषा मनुष्य के सामाजिक जीवन का आधार होती है। दिन-प्रतिदिन के कामों से लेकर सरकारी काम-काज तक सभी व्यवहार भाषा के इसी रूप के माध्यम से गति करते हैं। यह सामूहिक मेल-मिलाप, बातचीत और लेनदेन का सहज माध्यम है। इसमें जैसी सजीवता, स्वाभाविकता और सरलता है वैसी लिखित भाषा में सुलभ नहीं है।

भाषा का मौखिक प्रयोग सरल और सहज तो है लेकिन उसमें असावधानी और अनुपयुक्त शब्दों के प्रयोग की काफी गुंजाइश रहती है। मौखिक भाषा व्यवहार में ज़रा सी असावधानी क्षणभर में ही बात का बतंगड़ बना सकती है। यही कारण है कि प्रत्येक महापुरुष ने वाणी के सदुपयोग के लिए उपदेश दिए और उपाय सुझाए हैं। इस प्रकार कहा जा सकता है कि भाषा का मौखिक रूप काफी सरल और सक्षम है और उसके प्रयोग से वक्ता अपना उद्देश्य सहज ही प्राप्त कर सकता है।

लिखित भाषा

भाषा का मौलिक अथवा प्रमुख रूप मुखर या मौखिक ही होता है लेकिन वह अल्पस्थायी होता है और उसका प्रयोग एक ही बार किया जा सकता है। इन सीमाओं के कारण भाषा में लिखित संकेतों या कूटचिह्नों का आविष्कार किया जाता है। भाषा की ध्वनियों को लिखने के लिए विकसित प्रतीकों की व्यवस्था को 'लिपि' कहा जाता है। लिपि का वरदान पाकर भाषा और उसके द्वारा एकत्रित ज्ञान, सूचना, विवरण इत्यादि सब कुछ चिरस्थायी हो जाता है। लिखित भाषा के कारण ही आज हमारे पास पुराने समय से सँजोया गया असीमित ज्ञान संरक्षित है।

हालाँकि मौखिक भाषा लोक-व्यवहार का सहज और प्रचलित माध्यम है किन्तु अनेक मामलों में लिखित भाषा अधिक सक्षम, समर्थ और शक्तिशाली है। इसका कारण है कि लिखित भाषा मानकता के ज्यादा करीब है। इसमें बोलियों और विभाषाओं का प्रभाव नगण्य होता है। मौखिक भाषा की अपेक्षा लिखित भाषा में ज्यादा स्थायित्व होता है जिससे इसे एक बार लिखकर कभी भी और कहीं भी प्रयोग किया जा सकता है।

भाषा को प्रभावित करने वाले कारक

संसार के हरेक जीव की तरह भाषा भी जन्मती, बढ़ती, परिपक्व और समाप्त होती है। कुछ भाषाओं का जीवन काल लम्बा होता है, तो कुछ का छोटा। कुछ का सीमित होता है तो कुछ का व्यापक। भाषा-विज्ञान की खोजों से साफ हो चुका है कि भाषाएँ भी अनेक वंशों और परिवारों में बँटी हुई हैं। वे भी समय, स्थान, ज़रूरत और अपने प्रयोग करने वालों के हिसाब से बदलती रहती हैं। ये बदलाव भाषा के ध्वनि, शब्द, वाक्य और अर्थ जैसे अंगों में होते हैं। इनके साथ ही लहजा और शैली भी नए रूप धारण करती रहती है। भाषा में होने वाले इन परिवर्तनों के पीछे गिने-चुने कारक हैं। इनका संक्षिप्त परिचय इस प्रकार है।

भौगोलिक कारक

भौगोलिक कारकों से किसी भाषा के स्वरूप में होने वाले परिवर्तन अनेक प्रकार के हैं। इसका सबसे पहला प्रभाव शब्दों के उच्चारण पर होता है। हिन्दी के शब्द धर्मेन्द्र को हरियाणा और पंजाब के लोग धरमेन्दर, उत्तरपूर्वी भारत के लोग दरमेन्दर और दक्षिण भारतीय लोग ध्रमेन्द्रा बोल सकते हैं। इसी प्रकार अंग्रेज़ी के बहुत से शब्दों का उच्चारण भारत के अलग-अलग भाषाभाषी लोग अपने-अपने तरीके से करते हैं।

ऐतिहासिक कारक

अनेक शब्द ऐतिहासिक रूप से एक विशेष अर्थ में प्रयुक्त होते रहे हैं, किन्तु आज उनके सन्दर्भ और अर्थ परिवर्तित हो गए हैं। इस प्रकार के परिवर्तनों में आम जनजीवन से लेकर शिक्षा, व्यापार, परिवहन और संचार आदि विषयों के शब्द शामिल हैं। इस सन्दर्भ को कुछ उदाहरणों से समझा जा सकता है—

शब्द	पारम्परिक अर्थ	आधुनिक अर्थ
शिष्य	विद्यार्थी	विद्यार्थी/आध्यात्मिक गुरु का चेला।
यार	अवैध प्रेमी	निकट मित्र
जमादार	थानेदार	सफ़ाई कर्मचारी

सांस्कृतिक कारक

संस्कृति का अर्थ है वे विचार, विश्वास, धारणाएँ और परम्पराएँ; जो हमारे व्यवहारों, रीति-रिवाज़ों और कार्य-शैली को बेहतर बनाती हैं। अलग-अलग संस्कृतियों के लोग जब आपस में बातचीत और व्यवहार करते हैं तो एक दूसरे की भाषाओं के शब्द सीखते हैं। पश्चिमी संस्कृति से गुडमॉर्निंग् हमारे यहाँ आया और सुप्रभात के रूप में प्रयोग होने लगा। इसी तरह पिकनिक, हनीमून, शॉपिंग् जैसी गतिविधियों का कोई सन्दर्भ हमारी संस्कृति में नहीं मिलता लेकिन आज ये शब्द हमारे जनजीवन में सहज ही घुलमिल गए हैं।

साहित्यिक कारक

साहित्य समाज का आइना है। साहित्य का अध्ययन करते हुए हम किसी समय और स्थान विशेष के जीवन को सहज ही जीने लगते हैं। वहाँ की भाषा, शैली और लहजे को पहचानने लगते हैं और अच्छा अभ्यास होने पर बोल-बतला भी सकते हैं। अपने से अलग पृष्ठभूमि का साहित्य पढ़ते हुए हम उस समाज के अंग बनते जाते हैं। यह सहवास हमारी भाषा पर अपनी छाप अवश्य छोड़ता है।

वैज्ञानिक कारक

वैज्ञानिक और तकनीकी विकास के चलते जो उपकरण, सामान और सुविधाएँ हमारे जीवन का अंग बन जाती हैं उनके नाम, उपयोग, उपयोग-प्रक्रिया और कल-पुर्जों के नाम हमारी शब्दावली के अनिवार्य हिस्से हो जाते हैं। आज हथचक्की, चौपाल, पनघट और सावन जैसे शब्द हमारे लिए अजनबी होते जा रहे हैं जबकि कम्प्यूटर, मोबाइल फ़ोन और रिक्शा जैसे शब्द हमारी ज़बान पर छाए रहते हैं।

इस प्रकार भाषा मानव समाज की गतिविधियों के साथ नया कलेवर धारण करती रहती है। इससे पता लगता है कि भाषा समाज के विकास का महत्त्वपूर्ण औज़ार है। समाज से साथ बदलते हुए भाषा खुद भी विकसित और प्रासंगिक बनी रहती है।

प्रश्न

1. भाषा को परिभाषित कीजिए। व्यक्ति और समाज के विकास में भाषा का क्या योगदान है?
2. भाषा के गुणों और तत्त्वों का सामान्य परिचय दीजिए।
3. भारत को बहुभाषी देश क्यों कहा जाता है?
4. लिखित भाषा की उपयोगिता का सोदाहरण उल्लेख कीजिए।
5. विकास की अवस्थाओं की दृष्टि से भाषा के विविध रूपों पर टिप्पणी लिखिए।
6. प्रयोगक्षेत्र के अनुसार भाषा के किन्हीं चार प्रकारों का उल्लेख कीजिए।
7. भाषा प्रक्रिया को प्रभावित करने वाले ऐतिहासिक और सांस्कृतिक कारकों की व्याख्या कीजिए।
8. अन्तर स्पष्ट कीजिए—
   (क) राजभाषा और राष्ट्रीय भाषा।
   (ख) मूलभाषा और संस्कृति भाषा।

2

हिन्दी भाषा का उद्भव और विकास

प्रकरण का उद्देश्य

हिन्दी भारत ही नहीं बल्कि विश्व की अग्रणी भाषाओं में से एक है। इसके जन्म से लेकर आजतक के विकास की कहानी बड़ी रोचक है। इसके विकास में जिन भाषाओं ने योगदान दिया, उनमें से बहुत सी तो आज नाम लेने के लिए भी मौज़ूद नहीं है। लेकिन हिन्दी अपनी अन्तःशक्ति से लगातार बढ़ रही है। इसके विकास में जिन इतिहास-पुरुषों ने भूमिका निभाई है, उनमें से कुछ का उल्लेख इस प्रकरण में किया गया है।

हिन्दी भाषा अपने जिन गुणों के कारण जनप्रिय व्यवहारभाषा और विश्वभाषा के रूप में स्वीकृत हो रही है, उनका विवरण इस प्रकरण का विशेष तत्त्व है। इनमें से अनेक विशेषताएँ विश्व की दूसरी भाषाओं में अप्राप्य हैं। भारत के अलग-अलग प्रान्तों में प्रचलित हिन्दी के रूपों और बोलियों की जानकारी भी इस प्रकरण में उपलब्ध है।

हिन्दी भाषा का जन्म

आज से तक़रीबन डेढ़ हज़ार वर्ष पहले भारत में संस्कृत भाषा का व्यवहार होता था। इस भाषा के नियम काफी कठिन थे और उनका अभ्यास उच्च शिक्षित लोग ही कर पाते थे। इस कारण आम लोगों के बीच संस्कृत का साधारणीकृत रूप प्रचलित होने लगा, जिसे प्राकृत यानि जनता की भाषा का नाम दिया गया। इसी के समकक्ष एक अन्य भाषा का भी उद्भव हुआ जिसे उसके प्रयोगक्षेत्र के आधार पर पाली नाम मिला। भाषा के ये रूप व्यापक और व्याकरण सम्मत न होने के कारण अधिक समय तक स्थिर नहीं रह सके। जल्दी ही इनका बिगड़ा हुआ रूप प्रचलित होने लगा, जिसे अपभ्रंश यानि बिगड़ी हुई भाषा कहा गया।

अपभ्रंश का रूप सारे देश में एक समान न होकर अलग-अलग था। भारत के विभिन्न प्रान्तों में अलग-अलग किस्म की अपभ्रंश भाषाओं का इस्तेमाल होता था जिनके नाम उनके प्रयोगक्षेत्र के मुताबिक रखे जाते थे। इन्हीं अपभ्रंश भाषारूपों से आजकल की भाषाओं का उदय हुआ। खड़ी बोली हिन्दी जिसे भारत की राजभाषा और राष्ट्रभाषा का पद दिया गया है; शौरसेनी अपभ्रंश से जन्मी पश्चिमी हिन्दी का एक रूप है। अपभ्रंश के सब रूप मूलतः संस्कृत से निकले थे, इसलिए इनसे बनी भाषाओं पर संस्कृत का प्रभाव साफ देखा जा सकता है।

हिन्दी भाषा का नामकरण

हिन्दी भाषा के नामकरण का प्रकरण काफी रोचक है। प्राचीन काल में देशों और प्रदेशों की सीमाओं का निर्धारण नदियों, पहाड़ों और वनों जैसे प्राकृतिक चिह्नों से होता था। इसी परम्परा के अनुसार काफी पुराने समय से ही हिमालय के दक्षिण और समुद्र के उत्तर में स्थित देश को 'भारत' नाम दिया गया था। जबकि उत्तरपश्चिम में भारत की सीमा सिन्ध नदी से

निर्धारित होती थी। इस ओर के देशों—अफगानिस्तान, ईरान आदि की भाषा में 'स' ध्वनि के लिए 'ह' का प्रयोग होता था। इसलिए वे सिन्ध नदी को हिन्द नदी कहते थे। इसी आधार पर वे यहाँ के लोगों और सामानों के साथ ही भारत की भाषा को भी हिन्दी कहते थे। बाद में उन देशों के साथ भारत के व्यापारिक और राजनीतिक सम्बन्धों के मज़बूत होने पर हिन्दी, हिन्दू और हिन्दुस्तान जैसे शब्दों का प्रयोग सहज ही होने लगा।

मज़ेदार बात है कि यही हिन्दी शब्द ईरान की भाषा अवेस्ता में हिन्दीक हो गया जिसका मतलब था—हिन्द का, यानि भारत का। ईरानी लोग भारत के लोगों, सामानों और यहाँ की भाषा को हिन्दीक कहा करते थे। ईरानी भाषा का हिन्दीक यूनान की भाषा में इन्दिक या इन्दिका हुआ, लैटिन भाषा में इन्दिया और अंग्रेज़ी में जाकर इण्डिया बन गया। इस प्रकार सिन्ध नदी के कारण पड़ा भारत का नाम घूम-फिरकर इण्डिया हो गया।

हिन्दी भाषा के विकास की प्रमुख घटनाएँ

संस्कृत से जन्म लेने वाली भाषाओं में स्थिरता आने के साथ ही साहित्य लिखने की परम्परा शुरु हुई। शुरुआती हिन्दी का कोई मानक स्वरूप स्पष्ट न होने पर भी वर्ष 769 में दोहाकोश के रचयिता सिद्धकवि 'सरहपद' को प्रथम हिन्दी कवि और वर्ष 933 में 'देवनासा' द्वारा लिखी गई 'सर्वाक्षर' नामक पुस्तक को हिन्दी की पहली गद्यरचना माना जाता है। हालाँकि इनकी भाषा आधुनिक हिन्दी की बजाय अपभ्रंश से ज्यादा मिलती थी और लिपि भी आधुनिक देवनागरी के बदले गुप्तकाल में विकसित सिद्धमात्रिक लिपि थी, फिर भी इन्हें अपभ्रंश के नहीं बल्कि हिन्दी के कवि और काव्य माना जाता है। इसी दौरान (1145–1229) हेमचन्द्रकृत अपभ्रंश व्याकरण भी प्रकाशित हुआ।

चौदहवीं शताब्दी में अमीर ख़ुसरो की पहेलियों और मुकरियों के माध्यम से आधुनिक हिन्दी का एक नया रूप प्रकट हुआ। इस दौर की भाषा को 'हिन्दवी' कहा गया, जिसे सही मायनों में हिन्दी की पूर्वज माना जा सकता है। इसी समय लगभग सारे भारतवर्ष में फैली भक्तिलहर ने हिन्दी का एक नया रूप प्रस्तुत किया। निर्गुण भक्ति शाखा के रामानन्द और कबीर जैसे कवियों की खिचड़ी या सधुक्कड़ी भाषा से लेकर सगुण भक्ति शाखा के तुलसी और सूरदास जैसे कवियों की अवधी, ब्रज और संस्कृतनिष्ठ खड़ी बोली में की गई कालजयी रचनाओं तक; हिन्दी ने एक निर्णायक सफर तय किया। इसकी बिलकुल साफ तस्वीर 'अष्टछाप' के कवियों की रचनाओं में झलकती है जिन्हें ब्रज और अवधी भाषाओं की प्रतिनिधि रचनाएँ माना जाता है। 1623 में जटमल ने खड़ी बोली की पहली पुस्तक 'गोरा-बादल की कथा' लिखी।

भारत में अंग्रेज़ी शासन की स्थापना के बाद शिक्षा, प्रशासन और साहित्य में हिन्दी का योगदान बढ़ा। छापेखाने के आविष्कार से हिन्दी भाषा और लिपि के स्वरूप निर्धारण में मदद मिली। वर्ष 1805 में फोर्ट विलियम कॉलेज कलकत्ता से श्री लल्लूलाल की पुस्तक 'प्रेम सागर' का प्रकाशन हुआ। कलकत्ता से ही 1926 में प्रथम हिन्दी साप्ताहिक पत्रिका 'उदंत मार्तण्ड' का प्रकाशन आरम्भ हुआ। 1954 में यहीं से पहले हिन्दी दैनिक अखबार 'समाचार सुधावर्षण' का प्रकाशन आरम्भ हुआ।

वर्ष 1913 में हिन्दी सिनेमा के पितामह दादा साहब फाल्के द्वारा निर्मित पहली हिन्दी फिल्म 'राजा हरीशचन्द्र' प्रदर्शित हुई। हालाँकि यह मूक फिल्म थी; पर इसे हिन्दी की पहली फिल्म के रूप में मान्यता दी गई। इसके अट्ठारह वर्ष पश्चात् वर्ष 1931 में हिन्दी की पहली बोलती फिल्म 'आलमआरा' प्रदर्शित हुई। यह हिन्दी की लोकप्रियता और एकरूपता को बढ़ाने की दृष्टि से उपयोगी कदम था। इस बीच 1930 में शैलेन्द्र मेहता ने पहले हिन्दी टाइप-राइटर (नागरी लेखन यन्त्र) का आविष्कार किया।

इस प्रकार विशुद्ध संस्कृत से प्राकृत, अपभ्रंश, आरंभिक और मिश्रित हिन्दी से बदलते-बदलते आधुनिक हिन्दी ने बोलचाल, साहित्य और लोक व्यवहार के सभी क्षेत्रों में प्रयोग होने की क्षमता प्राप्त कर ली है। भाषा विज्ञान की दृष्टि से यह भारोपीय परिवार की उपशाखा आर्यभाषा परिवार की सदस्या है। वर्तमान में भारत और विश्व में हिन्दी का महत्त्वपूर्ण स्थान है।

आधुनिक हिन्दी के लगभग सत्रह रूप उत्तर, मध्य और पश्चिमी भारत के विभिन्न क्षेत्रों में प्रचलित हैं। इनमें से ब्रज, अवधी और खड़ी बोली या नागरी को साहित्यिक और राजनीतिक कारणों से प्रमुख स्थान प्राप्त है। अधिक व्यापक और साहित्य तथा व्याकरण की दृष्टि से सम्पन्न होने के कारण खड़ी बोली को 14 सितम्बर 1949 को भारतीय संघ की राजभाषा

और राष्ट्रभाषा के रूप में मान्यता दी गई। आज केन्द्र व राज्य सरकारों, केन्द्रीय हिन्दी संस्थान, केन्द्रीय हिन्दी निदेशालय, वैज्ञानिक तथा तकनीकी शब्दावली आयोग, महात्मागांधी अन्तर्राष्ट्रीय हिन्दी विश्वविद्यालय, विश्व हिन्दी सचिवालय और अन्य हिन्दीसेवी संस्थाओं के प्रयासों से हिन्दी विश्वभाषा के रूप में स्थापित हो रही है।

हिन्दी भाषा की विशेषताएँ

हिन्दी भारत और विश्व की प्रमुखतम भाषाओं में से एक है। इसका शब्द भण्डार और वाक्य विन्यास इतना सक्षम है कि यह किसी भी प्रकार के भाव और विचार को प्रकट कर सकती है। इसकी लिपि देवनागरी संसार की किसी भी भाषा के शब्दों को लिखित रूप में व्यक्त कर सकती है। हिन्दी के गुणों और क्षमताओं में निम्नलिखित विशेषताओं का योगदान है–

- हिन्दी संसार की सबसे अधिक व्यवस्थित भाषाओं में गिनी जाती है। इसके वर्ण, शब्द और वाक्य सब नियमों में बँधे हैं।
- हिन्दी एक सरल भाषा है। इसे बोलना और लिखना सीखना बहुत आसान है।
- हिन्दी काफी लचीली भाषा है। यह संसार की अन्य विकसित भाषाओं के साथ सामंजस्य बना सकती है।
- हिन्दी संसार की एकमात्र भाषा है जिसके व्याकरण के नियम तीन भाषाओं–संस्कृत, अंग्रेज़ी और उर्दू से लिए गए हैं। इस कारण हिन्दी काफी समृद्ध और सक्षम भाषा है।
- हिन्दी में देश-विदेश की बहुत-सी भाषाओं के शब्द स्वीकार किए गए हैं। इस कारण इसका शब्द भण्डार बहुत विशाल है।
- हिन्दी का साहित्य विश्व का समृद्धतम साहित्य है। इसमें सब प्रकार की गद्य और पद्य विधाओं की रचनाएँ मौजूद हैं।
- हिन्दी भारत की राष्ट्रीयता की पहचान है। इसने भारत के स्वाधीनता संग्राम, सामाजिक-सांस्कृतिक पुनर्जागरण और ज्ञान-विज्ञान को जनसामान्य तक पहुँचाने में अप्रतिम योगदान दिया है।
- हिन्दी पत्रकारिता का आरम्भ अहिन्दीभाषी क्षेत्रों (कलकत्ता, लाहौर इत्यादि) से हुआ और हिन्दी को जनभाषा बनाने का आन्दोलन भी अहिन्दीभाषियों (महर्षि दयानन्द, श्री अरविन्द, महात्मा गाँधी, सुब्रमण्यम् भारती, चक्रवर्ती राजगोपालाचारी, सुभाषचन्द्र बोस आदि) ने आरम्भ किया।
- कभी राज्याश्रित भाषा न होने पर भी हिन्दी भारत के जनमानस की भाषा है और विश्वभर में इसका प्रसार तेज़ गति से हो रहा है।

हिन्दी भाषा के विविध रूप

हिन्दी का विकास जनसामान्य के प्रयासों से हुआ है लेकिन उसे मानक और सर्वस्वीकार्य बनाने के लिए भाषा और व्याकरण के आचार्यों का योगदान भी उल्लेखनीय है। इस्लामी और अंग्रेज़ी शासन काल के दौरान भी हिन्दी अपनी क्षमता और सहजता के कारण स्थापित रही। आधुनिक भारत में भी सरकारी स्तर पर हिन्दी को विशेष स्थान न दिए जाने पर भी यह मज़बूत हो रही है और सब तरफ फैल रही है। इसका एक बड़ा कारण है कि हिन्दी का कोई एक बँधा हुआ रूप नहीं है। इसकी सत्रह उपभाषाओं या बोलियों के अलावा भी अनेक रूप हैं जिन्हें जानना आवश्यक है–

- **मानक हिन्दी**–यह तत्सम शब्दों की अधिकता और देवनागरी लिपि में लिखी जाने वाली हिन्दी है जो दिल्ली व आसपास के क्षेत्रों में बोली जाती है। यह साहित्य, पत्रकारिता, राजनीति, व्यापार और शिक्षा की माध्यम है। इस भाषा में पारम्परिक (१, २, ३...) की अपेक्षा अन्तर्राष्ट्रीय अंकों (1, 2, 3...) को मान्यता दी गई है। आजकल इसके बोलचाल के रूप में अंग्रेज़ी के बहुत से शब्दों का प्रयोग होने लगा है। उर्दू और देसी भाषाओं के शब्दों और वाक्यविन्यास को इसमें स्थान नहीं दिया जाता।

- **दक्खिनी हिन्दी**–दक्षिण के राज्यों विशेष तौर पर हैदराबाद और आसपास की जगहों पर बोली जाने वाली हिन्दी। इस हिन्दी में शब्दों के उच्चारण में स्पष्टता के बदले थोड़ी घिसावट होती है जिससे हिन्दी के शब्द देसी या उर्दू शब्दों की तरह सुनाई देते हैं। इस हिन्दी का लहजा या शैली मानक हिन्दी से अलग है और लिंग निर्णय भी नहीं है। इसका अर्थ है कि स्त्रीलिंग और पुल्लिंग में कोई अन्तर नहीं पाया जाता। यह भाषा हिन्दी की अपेक्षा उर्दू के ज़्यादा निकट है।
- **बम्बइया हिन्दी**–महाराष्ट्र का मुम्बई नगर हिन्दी फिल्म उद्योग का गढ़ है। यहाँ प्रतिवर्ष हज़ारों हिन्दी फिल्में और धारावाहिक बनाए जाते हैं। इस कारण मराठीभाषी होने पर भी यहाँ हिन्दी का प्रयोग बहुतायत से होता है। लेकिन इस भाषा में हिन्दी कम और मराठी अधिक है। इसमें देसी-विदेशी शब्दों का इतना अपमिश्रण है कि इसे हिन्दी की अपेक्षा चालू या खिचड़ी भाषा कहना अधिक उपयुक्त लगता है।
- **रेख़्ता**–उर्दू भाषा हिन्दी और अरबी-फ़ारसी का मिश्रण है। इसमें सरल हिन्दी और देसी शब्दों की बहुतायत है। फिर भी यह भारत, पाकिस्तान, बंगलादेश और खाड़ी के अनेक देशों में खासी प्रचलित है। उर्दू काव्य को शायरी कहा जाता है और इसकी भाषा सरल उर्दू होती है। विशेष तौर पर शायरी के लिए प्रयोग की जाने वाली इस देसी हिन्दी मिश्रित सरल उर्दू को रेख़्ता नाम दिया गया है। सरसता और सरलता इस भाषा की मुख्य विशेषताएँ हैं।
- **हिन्दुस्तानी हिन्दी**–हिन्दी और उर्दू दोनों के मिश्रण से बनी भाषा को हिन्दुस्तानी भाषा कहा जाता है। इसमें शुद्ध संस्कृत और शुद्ध अरबी-फ़ारसी के शब्द न के बराबर होते हैं। देसी या तद्भव शब्दों का प्रयोग ज़्यादा होता है। हिन्दुस्तानी का कोई निश्चित स्वरूप और प्रयोगक्षेत्र नहीं है बल्कि सभी हिन्दीभाषी इलाकों में इसका प्रयोग होता है। इसे सरल हिन्दी या व्यावहारिक हिन्दी के रूप में जाना जाता है।

हिन्दी की उपभाषाएँ और उनके प्रयोगक्षेत्र

हिन्दी भारत की राजभाषा और राष्ट्रभाषा है। लेकिन देश के विभिन्न भागों में बोली जाने वाली हिन्दी वही नहीं है जिसे संविधान में मानक भाषा के रूप में मान्यता प्रदान की गई है। जिन दस राज्यों की मातृभाषा हिन्दी है वहाँ अधिकतर हिन्दी की उपभाषाएँ या बोलियाँ प्रचलित हैं। इनका प्रयोगक्षेत्र सीमित है और शब्द तथा वाक्य-विन्यास की एकरूपता का अभाव है।

खड़ी बोली के अतिरिक्त हिन्दी की जो उपभाषाएँ विभिन्न हिन्दी भाषी राज्यों में प्रचलित हैं उनके नाम इस प्रकार हैं–मारवाड़ी, बुन्देली, बघेली, कन्नौजी, छत्तीसगढ़ी, ब्रज, अवधी, बांगरू (हरियाणवी), पश्चिमी हिन्दी, पहाड़ी, मेवाड़ी, मेवाती, हाड़ौती, जैसलमेरी, भोजपुरी, मगही और मैथिली।

हिन्दी की उपभाषाओं के प्रयोगक्षेत्र निम्नांकित हैं–

क्र.सं.	भाषा क्षेत्र	उपभाषा का नाम
1.	दिल्ली और आस-पास के क्षेत्र	खड़ी बोली
2.	हरियाणा	बांगरू
3.	पश्चिमी उत्तर प्रदेश	ब्रज
4.	पूर्वी उत्तर प्रदेश	अवधी, गोरखपुरी
5.	राजस्थान	मेवाती, मेवाड़ी, हाड़ौती, जैसलमेरी
6.	हिमाचल प्रदेश	हिमाचली
7.	उत्तराखण्ड	गढ़वाली, कुमाउँनी
8.	मध्यप्रदेश	छत्तीसगढ़ी, बघेली
9.	बिहार	मगही, मैथिली, भोजपुरी

प्रश्न

1. वैदिक संस्कृत से आधुनिक भाषा तक हिन्दी की विकास यात्रा को संक्षेप में लिखिए।
2. हिन्दी के नामकरण पर टिप्पणी कीजिए।
3. हिन्दी भाषा की विकास यात्रा के प्रमुख चरणों का उल्लेख कीजिए।
4. हिन्दी भाषा के विशेष गुणों का उल्लेख करते हुए इसकी विश्व की अन्य भाषाओं से तुलना कीजिए।
5. भारत के अन्यान्य हिस्सों में प्रयोग होने वाले हिन्दी भाषा के विविध रूपों का परिचय दीजिए।
6. हिन्दी की उपभाषाओं और उनके प्रयोग क्षेत्रों पर संक्षिप्त निबन्ध लिखिए।

3 आधुनिक भारत में हिन्दी की स्थिति

प्रकरण का उद्देश्य

हिन्दी को भारत की राजभाषा का पद 1949 में दिया गया। तब से इसकी क्षमता और उपयोगिता में काफी विस्तार हुआ है। लेकिन देश का अंगरेज़ीपरस्त तबका अभी भी इसे निरक्षरों और असहाय लोगों की भाषा मानता है। क्या हिन्दी वास्तव में पिछड़ी भाषा है या तथाकथित विकसित भाषाओं के समकक्ष है; इसका उत्तर इस प्रकरण में खोजा जा सकता है।

हिन्दी के बारे में भारत के अलग-अलग प्रान्तों के विद्वानों व राजनेताओं के विचारों और भारतीय संविधान में हिन्दी सम्बन्धी प्रावधानों से परिचित होने के लिए यह प्रकरण विशेष रूप से उपयोगी है। यह सब जानना हिन्दी के सभी हितैषियों और विद्यार्थियों के लिए बहुत ज़रूरी है।

आधुनिक भाषा के रूप में हिन्दी

2001 की जनगणना के आंकड़ों के मुताबिक भारत के 42 करोड़ निवासी हिन्दी का पहली भाषा या मातृभाषा के रूप में प्रयोग करते हैं। नौ करोड़ लोग इसे दूसरी और तीन करोड़ लोग तीसरी भाषा के रूप में व्यवहार में लाते हैं। इस प्रकार कुल मिलाकर भारत में हिन्दी के प्रयोगकर्त्ताओं की संख्या 54 करोड़ है। यह संख्या लगातार बढ़ रही है। भारत की जनगणना के आंकड़े इस तथ्य की पुष्टि करते हैं–

क्र.सं.	जनगणना का वर्ष	कुल जनसंख्या	हिन्दी भाषी लोगों की संख्या	हिन्दी भाषी लोगों का प्रतिशत
1.	1971	54,81,59,652	20,27,67,971	36.99
2.	1981	66,52,87,849	25,77,49,009	38.74
3.	1991	83,85,83,988	32,95,18,087	39.29
4.	2001	1,02,86,10,328	42,20,48,642	41.03

दिल्ली, हरियाणा, हिमाचल प्रदेश, चण्डीगढ़, राजस्थान, उत्तरप्रदेश, मध्यप्रदेश, उत्तराखण्ड, झारखण्ड, छत्तीसगढ़ और बिहार भारत के प्रमुख हिन्दीभाषी राज्य हैं। इनके अतिरिक्त भी हिन्दी असम से गुजरात और कश्मीर से केरल तक लगभग पूरे भारतवर्ष में जानी और समझी जाती है। वर्ष 1997 में सम्पादित एक सर्वेक्षण के अनुसार 66 प्रतिशत भारतीय हिन्दी समझ और बोल सकते हैं, जबकि 77 प्रतिशत मानते हैं कि हिन्दी सारे देश में सर्वाधिक प्रयोग होने वाली भाषा है।

विख्यात भाषाविद् डॉ. जयन्ती प्रसाद नौटियाल द्वारा सम्पादित 'भाषा अध्ययन शोध–2005' में दावा किया गया है कि विश्व भर में हिन्दी भाषियों की संख्या एक सौ करोड़ के आँकड़े को पार कर गयी है। आज भारतीय मूल के तक़रीबन डेढ़ करोड़ लोग आजीविका या आवास के उद्देश्य से दुनिया के 132 देशों में निवास कर रहे हैं। इनमें से आधे से ज्यादा

परस्पर सम्प्रेषण के लिए आमतौर पर हिन्दी का ही व्यवहार करते हैं। एक अनुमान के मुताबिक अमेरिका में एक लाख, मॉरिशस में उनहत्तर लाख, दक्षिण अफ्रीका में नब्बे लाख, यमन में चौबीस लाख, यूगाण्डा में पंद्रह लाख, सिंगापुर में पाँच हज़ार, नेपाल में अस्सी लाख, न्यूज़ीलैण्ड में बीस हज़ार, और जर्मनी में तीस हज़ार लोग हिन्दी का इस्तेमाल करते हैं। विश्व के 144 विश्वविद्यालयों में हिन्दी के अध्ययन-अध्यापन की व्यवस्था है।

संयुक्त राष्ट्र शैक्षिक, सामाजिक और सांस्कृतिक संगठन (यूनेस्को) में इसे आधिकारिक भाषा का दर्जा प्राप्त है। यह संस्था अन्तर्राष्ट्रीय दृष्टि से महत्त्वपूर्ण शिक्षा, विज्ञान, चिकित्सा और अन्य विषयों के दस्तावेजों और प्रपत्रों का हिन्दी अनुवाद प्रकाशित करती है। विश्व-भर में हिन्दी को सम्मान दिलाने और व्यापकता प्रदान करने की दृष्टि से भारत और विदेशों में सात विश्व हिन्दी सम्मेलनों का आयोजन किया जा चुका है।

भारतीय संसद ने एक अन्तर्राष्ट्रीय हिन्दी विश्वविद्यालय की स्थापना का प्रस्ताव स्वीकार किया, जिसे 8 जुलाई 1997 को राष्ट्रपति की स्वीकृति प्राप्त हुई और उसी दिन इसे अधिसूचित भी किया गया। इसके परिणाम से वर्ष 1997 में वर्धा (महाराष्ट्र) में महात्मा गाँधी अन्तर्राष्ट्रीय हिन्दी विश्वविद्यालय की स्थापना हुई। इसका उद्देश्य हिन्दी को विश्वभाषा के रूप में विकसित करना, हिन्दी के विषय में विश्व भर में फैले हिन्दी-भाषियों की समस्याओं और जिज्ञासाओं का निराकरण करना, हिन्दी भाषा अध्ययन के लिए विशेष पाठ्यक्रमों का निर्माण और संचालन करना और हिन्दी को संयुक्त राष्ट्र संघ की आधिकारिक भाषाओं में स्थान दिलाने का प्रयास करना है।

अन्तर्राष्ट्रीय स्तर पर हिन्दी के प्रचार और प्रसार के लिए भारत और मॉरिशस की सरकारों के सहयोग से मॉरिशस के शिक्षा और वैज्ञानिक अनुसंधान विभाग में 'विश्व हिन्दी सचिवालय' इकाई की स्थापना की गई है। इस सचिवालय के गठन और संचालन हेतु 12 नवम्बर 2002 को भारत और मॉरिशस की सरकारों ने एक सहमति पत्र पर हस्ताक्षर किए। सचिवालय का उद्देश्य कार्यालय, व्यापार, शिक्षा, अनुसंधान और अन्तर्राष्ट्रीय भाषा के रूप में हिन्दी का विकास और इसे संयुक्त राष्ट्र संघ की आधिकारिक भाषाओं में स्थान दिलाना है। आज यह सचिवालय पूर्ण विकसित स्वायत्त संस्था के रूप में विश्वभर में हिन्दी के विकास और प्रचार-प्रसार की दिशा में कार्यरत है।

सूचना क्रान्ति के इस दौर में बढ़ते कम्प्यूटरीकरण को देखते हुए कम्प्यूटर पर हिन्दी में कार्य करने की सुविधा बढ़ाने के लिए सूचना तथा प्रौद्योगिकी मंत्रालय के अधीनस्थ प्रतिष्ठान—'सी डेक' ने 20 जून सन् 2005 को एक निःशुल्क हिन्दी सॉफ्टवेयर जारी किया जिसमें 525 हिन्दी फॉन्ट्स (लेख-विधियाँ), ओपन ऑफिस, वेब ब्राउजर, ई-मेल, ओ.सी.आर. (ऑप्टिकल करेक्टर रीडर), हिन्दी-अंग्रेज़ी शब्दकोश, लिप्यन्तरण, वर्ड-प्रोसेसर, लेख-वाणी (ऑडियो राइटिंग सिस्टम), टाइपिंग ट्यूटर इत्यादि सुविधाएँ उपलब्ध हैं। हिन्दी को आधुनिक स्परूप प्रदान करने में 'सी डेक' का यह प्रयास एक क्रान्तिकारी भूमिका निभाएगा, ऐसी आशा है। कम्प्यूटर, ई-मेल, ऑफिस और अन्य व्यवहारों में हिन्दी के बढ़ते प्रयोग और लोकप्रियता को देखते हुए सूचना प्रविधि की विश्व की सबसे बड़ी कम्पनी माइक्रोसॉफ्ट ने भी एम.एस. ऑफिस का हिन्दी रूपान्तरण जारी कर दिया है।

इन उपायों के फलस्वरूप आज हिन्दी माध्यम से समाचार, साहित्य, व्यापार, ज्योतिष और अन्यान्य विषयों का ज्ञान वेब पोर्टलों पर सुलभ होता जा रहा है। जो लोग अंग्रेज़ी और उसके प्रभाव से आक्रान्त अनुभव करते हैं उन्हें यह जान कर सुखद आश्चर्य होगा कि भारतवर्ष ही नहीं विश्वभर में हिन्दी सिनेमा मनोरंजन के शिखर छू रहा है। भारतवर्ष में छपने वाली पुस्तकों, पत्रिकाओं, समाचार-पत्रों और अन्य पठन सामग्री में हिन्दी का प्रतिशत अच्छा-खासा है। भारतवर्ष के अनेक राज्यों जैसे उत्तर प्रदेश, हरियाणा, मध्यप्रदेश, राजस्थान, बिहार इत्यादि में आज भी हिन्दी माध्यम से सामाजिक अध्ययन के साथ विज्ञान और तकनीक से सम्बद्ध अनेक आधुनिक विषयों के अध्ययन-अध्यापन का क्रम जारी है। टेलीविज़न पर उपलब्ध होने वाले समाचार और मनोरंजन चैनलों में अंग्रेज़ी चैनलों की संख्या अंगुलियों पर गिनने लायक है जबकि हिन्दी चैनल काफी हैं। इन तथ्यों के प्रकाश में यह कदापि नहीं कहा जा सकता कि हिन्दी दम तोड़ रही है और उसका कोई भविष्य नहीं है।

14 सितम्बर 2006 को आयोजित हिन्दी दिवस समारोह में तत्कालीन राष्ट्रपति डॉ. ए.पी.जे. अब्दुल कलाम ने कहा कि विश्व के अनेक भागों में हिन्दी सरलता से पढ़ी-बोली जा सके, इसके लिए इंटरनेट पर हिन्दी के यूनीकोड स्वरूप का

प्रयोग होना चाहिए। वैश्वीकरण के इस युग में कम्प्यूटर और विश्वजाल (डब्ल्यू डब्ल्यू डब्ल्यू–वर्ल्ड वाइड वैब) पर विविध प्रकार के प्लेटफॉर्म, फॉण्ट और सिस्टम होने के बावजूद एक ऐसी मानक कोडिंग प्रणाली की आवश्यकता है जिसके अन्तर्गत विश्व की सभी भाषाएँ सह-अस्तित्व भाव के साथ रह सकें। इस प्रणाली का नाम यूनीकोड है। इसके माध्यम से हिन्दी के प्रचार-प्रसार में क्रान्तिकारी परिवर्तन लाया जा सकता है।

आज माइक्रोसॉफ्ट, आई.बी.एम., लाइनेक्स और ऑरेकल जैसी सभी कम्पनियाँ लिखित भाषा-सामग्रियों के प्रदर्शन के लिए यूनीकोड का उपयोग कर रही हैं। ये कोडिंग सिस्टम प्लेटफॉर्ममुक्त, फॉण्टमुक्त, और ब्राउज़र मुक्त हैं। विंडोज़ 2000 के बाद के सभी पर्सनल कम्प्यूटरों में यूनीकोड का प्रयोग हो सकता है। यूनीकोड आधारित फॉण्ट का उपयोग करने से न केवल हिन्दी को विश्व की उन्नत भाषाओं के समकक्ष रखा जा सकता है अपितु उसकी सहायता से निर्मित वेबसाइट में खोज (सर्फिंग) जैसी अद्यतन सुविधाएँ भी सहजता से प्राप्त होती हैं। भारत सरकार के अनेक विभाग, प्रमुख हिन्दी समाचार पत्र और हिन्दी पोर्टल यूनिकोड का प्रयोग कर रहे हैं।

इस वर्णन से स्पष्ट है कि समय के साथ कदम बढ़ाती हिन्दी अपने प्रयोक्ताओं को सर्वभावेन सक्षम और उन्नत बनाने तथा प्रगतिशील रखने में सक्षम है। यद्यपि इन कदमों और सुविधाओं से अनभिज्ञ आमजन आज भी अंग्रेज़ी को ही आधुनिकता और समृद्धि का द्वार मानते हैं। उम्मीद है कि हिन्दी प्रेमियों, हिन्दीसेवी संस्थाओं, केन्द्र व राज्य सरकारों और इनके विभागों के प्रयासों से हिन्दी के विकास और प्रसार के प्रयास सफल और लोकप्रिय होंगे और हिन्दी भारत और विश्व में यथोचित आसन पर प्रतिष्ठापित होगी।

भारत में हिन्दी की स्वीकार्यता

राष्ट्रीय आन्दोलन के दिनों में हिन्दी में व्यवहार करना राष्ट्रभक्ति का प्रतीक माना जाता था। महात्मा गाँधी, गोपालकृष्ण गोखले, सुभाषचन्द्र बोस आदि ने इस भाषा के सम्मान और प्रसार के लिए अनेक प्रयास किए। नेताजी सुभाषचन्द्र बोस उड़ियाभाषी होने पर भी हिन्दी के भक्त थे। कांग्रेस में शामिल होने से पहले और इसे छोड़ने के बाद भी वे हिन्दी को भारतीय जनमानस की भाषा स्वीकार करते रहे। सुभाष बाबू ने 1943 में बर्मा की राजधानी रंगून में 'आजाद हिन्द सरकार' की घोषणा करते हुए हिन्दी को राष्ट्रभाषा का स्थान दिया और इसके प्रचार-प्रसार के लिए विख्यात विद्वान श्री हेमराज शास्त्री की अध्यक्षता में एक पृथक विभाग की स्थापना की। उनका मानना था कि "प्रान्तीय ईर्ष्या को दूर करने में जितनी सहायता हिन्दी प्रचार से मिलेगी उतनी दूसरी किसी चीज़ से नहीं।"

चक्रवर्ती राजगोपालाचारी ने स्वतन्त्रता से पूर्व मद्रास प्रान्त के मुख्यमन्त्री के रूप में हिन्दी को राष्ट्रभाषा बनाने सम्बन्धी एक प्रस्ताव पारित कराया था। उनके अनुसार—"सरकार की नीति इस सम्बन्ध में यही है कि विद्यालयों में हिन्दी का, जो भारत के अधिकांश भागों में बोली और समझी जाती है, कामचलाऊ ज्ञान दिया जाना चाहिए ताकि इस प्रदेश के विद्यार्थी दक्षिण तथा उत्तर में सुविधापूर्वक विचार-विनिमय कर सकें।" महात्मा गाँधी ने अनेक स्थानों और अवसरों पर अनेक माध्यमों से हिन्दी भाषा के प्रचार-प्रसार के लिए प्रयास किए। उनके भाषणों और 'हरिजन' तथा 'लोक सेवक' नामक पत्रों में हिन्दी के बारे में उनके मन्तव्य प्रकाशित होते रहते थे। उनमें से कुछ का उल्लेख यहाँ उपयोगी होगा—

- "कोई भी देश तब तक सच्चे अर्थों में स्वतंत्र नहीं हो सकता, जब तक वह अपनी भाषा नहीं बोलता है।"
- "मैं यह तो चाहता हूँ कि मेरे घर के आस-पास देश-विदेश की संस्कृति की हवा बहती रहे, पर मैं यह कभी नहीं चाहता कि उस हवा के कारण ज़मीन पर से मेरे पैर ही उखड़ जाएँ और मैं औंधे मुँह गिर पड़ूँ। मैं अपने देश वासियों पर अंग्रेज़ी का नाहक बोझ डालने से इन्कार करता हूँ। मुझे यह कतई सहन नहीं होगा कि हिन्दुस्तान का एक भी आदमी अपनी मातृभाषा को भूल जाए या उसकी हँसी उड़ाए, उससे शर्माए या उसे ऐसा लगे कि वह अपने अच्छे से अच्छे विचार अपनी भाषा में प्रकट नहीं कर सकता।" —यंग इण्डिया (1921)

- ''मेरी मातृभाषा में कितनी ही खामियाँ क्यों न हों, मगर मैं उससे उसी तरह चिपका रहूँगा, जिस तरह एक बच्चा अपनी माँ की छाती से चिपका रहता है, क्योंकि यह वही है जो मुझे जीवनदायी दूध दे सकती है। अगर अंग्रेज़ी उसकी जगह हड़पना चाहती है तो मैं उससे सख्त नफ़रत करूँगा।'' —हरिजन

राष्ट्रपिता महात्मा गाँधी के अतिरिक्त अनेक अन्य राष्ट्रवादी नेताओं तथा मूर्धन्य साहित्य सेवियों ने भी हिन्दी के सम्मान और स्वीकृति के लिए आवाज़ उठाई है। उनमें से कुछ विचार अतीव प्रेरणास्पद हैं—

- "राष्ट्रभाषा सर्वसाधारण के लिए ज़रूरी है और हमारी राष्ट्रभाषा हिन्दी ही बन सकती है।" —बाल गंगाधर तिलक
- "यदि भारतीय लोग कला, संस्कृति और राजनीति में एक रहना चाहते हैं तो इसका माध्यम हिन्दी ही हो सकती है।" —चक्रवर्ती राजगोपालाचारी
- "हिन्दी सीखे बिना भारतीयों के दिलों तक नहीं पहुँचा जा सकता।" —लोठार लुत्से (जर्मन विद्वान)
- "सम्पूर्ण देश को एक सूत्र में पिरोने वाली भाषा हिन्दी ही हो सकती है।" —लाल बहादुर शास्त्री
- "अपनी मातृभाषा बंगला में लिखकर मैं बंग-बन्धु तो हो गया किन्तु भारत-बन्धु तो मैं तभी हो सकूँगा जब भारत की राष्ट्रभाषा हिन्दी में लिखूँगा।"........."मैं यह बात दावे के साथ कह सकता हूँ कि हिन्दी के बिना हमारा काम नहीं चल सकता।"........."यदि हिन्दी की उन्नति नहीं होती तो यह देश का दुर्भाग्य है।" —बंकिमचन्द्र चटर्जी
- "उस भाषा को राष्ट्रभाषा के रूप में स्वीकार किया जाना चाहिए जो देश के सबसे बड़े हिस्से में बोली जाती है अर्थात्—हिन्दी।" —गुरुवर रवीन्द्रनाथ टैगोर
- "हिन्दी के अलावा किसी अन्य भाषा को जानना सम्मान की बात है लेकिन किसी अन्य भाषा को राष्ट्रभाषा के बराबर दर्जा देना शर्म की बात है।" —सुब्रमण्यम भारती
- "हिन्दी उन सभी गुणों से अलंकृत है जिनके बल पर यह विश्व की साहित्यिक भाषाओं की अगली श्रेणी में समासीन हो सकती है।" —मैथिलीशरण गुप्त
- "हिन्दी हमारे देश की प्रभावशाली विरासत है।".........हिन्दी भारत की अमरवाणी है, यह हमारी स्वतन्त्रता और सम्प्रभुता की गरिमा है।" —माखनलाल चतुर्वेदी
- "राष्ट्रभाषा हिन्दी देश की जागरूकता तथा उद्‌बोधन की प्रतीक है।" —सूर्यकान्त त्रिपाठी 'निराला'
- "हिन्दी हमारे राष्ट्र की अभिव्यक्ति का स्रोत है।" —सुमित्रानन्दन पन्त
- "हिन्दी से किसी भारतीय भाषा को भय नहीं है। यह सबकी सहोदरा है।" —महादेवी वर्मा
- "भारत में लोकतन्त्र हिन्दी के बिना नहीं चल सकता और यदि चलता है तो झूठा है।" —जैनेन्द्र कुमार
- "हिन्दी हिमालय से लेकर कन्याकुमारी तक व्यवहार में आने वाली भाषा है।" —राहुल सांकृत्यायन
- "हिन्दी का आन्दोलन समूचे देश को आत्मनिर्भर और समृद्ध बनाने का संकल्प है।" —आचार्य हज़ारी प्रसाद द्विवेदी
- "हिन्दी किसी भी अन्य भाषा से द्वेष नहीं रखती।" —शिवपूजन सहाय
- "हिन्दी भाषा उस समृद्ध जलाशय के सदृश है, जिसमें अनेक नदियाँ मिली हों।" —वासुदेव शरण अग्रवाल

हिन्दी के बारे में इतने महान और यशस्वी पुरुषों के विचार पढ़कर इसके लिए सम्मान और श्रद्धा होना स्वाभाविक है। सरकारों और हिन्दी सेवी संस्थाओं को इन विचारों का प्रचार करना चाहिए। इससे लोगों के मन से हिन्दी के बारे में हीनभावना दूर होगी और इसे आधुनिक ज्ञान-विज्ञान का माध्यम स्वीकार करने का प्रचलन होगा।

राष्ट्रभाषा के रूप में हिन्दी

उन्नीसवीं शताब्दी में एक ओर भारत का स्वतन्त्रता आन्दोलन गति पकड़ रहा था तो दूसरी ओर हिन्दी भाषा भी शब्दकोश, वाक्यविन्यास और प्रयोक्ता-संख्या के मामले में मज़बूत हो रही थी। अपनी समकक्ष प्रान्तीय बोलियों से अलग खड़ीबोली हिन्दी सारे भारत में प्रयोग की जाने लगी थी। स्वतन्त्रता आन्दोलन के नायक मानते थे कि भारत को एक सक्षम भाषा की ज़रूरत है जिसे देश के विभिन्न भागों के लोग आसानी से समझ सकें और प्रयोग कर सकें। हिन्दी इस दृष्टि से उपयुक्त भाषा साबित हो रही थी।

स्वाधीनता संग्राम के साथ ही उन्नीसवीं-बीसवीं शताब्दी का समय भारत के धार्मिक-सामाजिक पुनर्जागरण की दृष्टि से भी महत्त्वपूर्ण था। इस समय देश के अनेक हिस्सों में सामाजिक नेता उभरे जिन्होंने आम लोगों को अशिक्षा और अंधविश्वास से मुक्त करने का अभियान चलाया। हिन्दी इस अभियान में भी महत्त्वपूर्ण सहभागी बनी।

इनके अलावा हिन्दी की क्षमता और व्यापकता को अनुभव करते हुए देश के हर कोने में विद्वानों, शिक्षाविदों और राजनीतिज्ञों ने भी इसे अपने कार्य-व्यवहारों का माध्यम बना लिया था। इस सन्दर्भ में महर्षि दयानन्द सरस्वती (गुजरात), सुभाषचन्द्र बोस (उड़ीसा), राष्ट्रकवि सुब्रमण्यम् भारती (तमिलनाडु), रवीन्द्रनाथ टैगोर (बंगाल), भाई परमानन्द (कश्मीर) मुहम्मद इकबाल जैसे अहिन्दी भाषियों के नाम विशेष रूप से उल्लेखनीय हैं।

स्वतन्त्रता प्राप्ति के बाद भारत की संविधान सभा ने 14 सितम्बर 1949 को देवनागरी में निबद्ध खड़ीबोली हिन्दी को भारतीय संघ की राजभाषा घोषित किया। उस समय की राजभाषा अंग्रेज़ी को सहभाषा का दर्जा दिया गया। हिन्दी को शासकीय कार्य-व्यवहार की वास्तविक भाषा बनाने के लिए पन्द्रह वर्षों की अवधि निर्धारित की गई। इस प्रावधान से हिन्दी को वैज्ञानिक और प्रशासनिक रूप से सक्षम बनाने के प्रयास आरम्भ हुए। हिन्दी को सक्षम और आधुनिक बनाने के लिए केन्द्रीय हिन्दी संस्थान और केन्द्रीय हिन्दी निदेशालय की स्थापना हुई। बाद में हिन्दी शब्दों के निर्माण और सुधार के लिए 'वैज्ञानिक और तकनीकी शब्दावली आयोग' की स्थापना भी की गई। इन संस्थाओं के योगदान से हिन्दी की क्षमता और उपयोगिता में वृद्धि हुई है।

भारत के संविधान के अनुच्छेद 351 में हिन्दी भाषा के विकास के लिए विशेष निर्देश का उल्लेख किया गया है। इसका उद्धरण यहाँ प्रासंगिक है—''हिन्दी भाषा की प्रसार-वृद्धि करना, उसका इस तरह से विकास करना ताकि वह भारत की सामासिक संस्कृति के सब तत्त्वों की अभिव्यक्ति का माध्यम बन सके तथा उसकी आत्मीयता में हस्तक्षेप किए बिना हिन्दुस्तानी और आठवीं अनुसूची में उल्लिखित अन्य भारतीय भाषाओं के रूप, शैली और पदावली को आत्मसात् करते हुए तथा जहाँ आवश्यक अथवा वांछनीय हो वहाँ उसके शब्द भण्डार के लिए मुख्यतः संस्कृत से तथा गौणतः वैसी उल्लिखित भाषाओं से शब्द ग्रहण करते हुए उसकी समृद्धि सुनिश्चित करना संघ का कर्त्तव्य होगा।''

संविधान में निर्दिष्ट इसी उद्‌देश्य का परिपालन करने के लिए 1 मार्च सन् 1960 को शिक्षा मंत्रालय (जिसे अब माध्यमिक और उच्चतर शिक्षा विभाग, मानव संसाधन विकास मंत्रालय के नाम से जाना जाता है।) के अन्तर्गत केन्द्रीय हिन्दी निदेशालय की स्थापना की गई। निदेशालय का उद्‌देश्य आधुनिक भाषा के रूप में हिन्दी की क्षमता का विकास, हिन्दी को अखिल भारतीय रूप प्रदान करना और सहज स्वीकार्य माध्यम के रूप में स्थापित करना और इसे विश्व पटल पर प्रतिष्ठित करने के लिए प्रयास करना है। इस लक्ष्य की प्राप्ति के लिए निदेशालय के चार क्षेत्रीय कार्यालय—चेन्नई, हैदराबाद, गुवाहाटी और कोलकाता में कार्यरत हैं। वर्तमान में यह संस्था अनेक महत्त्वपूर्ण परियोजनाओं पर कार्य कर रही है जिनमें से कुछ का उल्लेख यहाँ उपयोगी है—

- हिन्दी पत्राचार पाठ्‌यक्रम योजना।
- कोश-निर्माण योजना।
- विस्तार कार्यक्रम योजनाएँ।
- 'भाषा', 'वार्षिकी' और साहित्यमाला के अन्तर्गत भारतीय साहित्य की विभिन्न विधाओं से सम्बन्धित रचनाओं के प्रकाशन की योजना।
- हिन्दीतर प्रान्तों में हिन्दी की उपयोगी पुस्तकों का निःशुल्क वितरण।

- देवनागरी लिपि तथा हिन्दी वर्तनी का आधुनिक सन्दर्भों में मूल्यांकन और मानकीकरण।
- हिन्दी पुस्तकों की प्रदर्शनी और विक्रय।
- हिन्दी भाषा के प्रचार-प्रसार में निरत स्वैच्छिक संस्थाओं को वित्तीय सहायता।
- हिन्दी में उपयोगी ज्ञान-विज्ञान सामग्री के प्रकाशन हेतु वित्तीय सहायता और हिन्दी में प्रकाशित पुस्तकों की खरीद योजना।
- हिन्दीतर भाषी हिन्दी लेखन पुरस्कार और शिक्षा पुरस्कार योजनाएँ।
- शैक्षिक विनिमय योजना।

भारतीय संविधान और हिन्दी भाषा

संविधान के सत्रहवें खण्ड में संघ की भाषा नामक अध्याय में भारत की भाषानीति की व्याख्या की गई है। इसके अनुसार–

- संघ की राजभाषा हिन्दी और लिपि देवनागरी होगी। संघ के शासकीय प्रयोजनों के लिए प्रयोग होने वाले अंकों का रूप भारतीय अंकों का अन्तर्राष्ट्रीय रूप होगा। (343/1)
- संविधान के प्रारम्भ से पन्द्रह वर्ष की अवधि तक संघ के उन सभी शासकीय प्रयोजनों के लिए अंग्रेज़ी भाषा का प्रयोग किया जाता रहेगा जिनके लिए उसका ऐसे प्रारम्भ से ठीक पहले प्रयोग किया जा रहा था। (343/2)
- संसद उक्त पन्द्रह वर्ष की अवधि के पश्चात् विधि द्वारा क. अंग्रेज़ी भाषा का, या ख. अंकों के देवनागरी रूप का ऐसे प्रयोजनों के लिए प्रयोग उपबंधित कर सकेगी जो ऐसी विधि में विनिर्दिष्ट किए जाएँ। (343/3)

राजभाषा के रूप में हिन्दी के प्रयोग को आरम्भ करने के लिए भी संविधान में एक प्रक्रिया का निर्धारण किया गया था। इस प्रक्रिया के चरणों में की गईं व्यवस्थाएँ इस प्रकार हैं–

- भारत के राष्ट्रपति संविधान के गठन के पाँच और फिर दस वर्ष के बाद एक आयोग का गठन करेंगे। इस आयोग का एक अध्यक्ष और संविधान की आठवीं अनुसूची में शामिल भाषाओं का प्रतिनिधित्व करने वाले भाषा विद्वान सदस्य होंगे। (344/1)
- आयोग का यह कर्त्तव्य होगा कि वह संघ के शासकीय प्रयोजनों के लिए हिन्दी भाषा के आधिकारिक प्रयोग, संघ और किसी अन्य राज्य के बीच या एक राज्य और दूसरे राज्य के बीच पत्र-व्यवहार की भाषा और अन्य निर्दिष्ट विषयों के बारे में राष्ट्रपति को अपनी सिफारिशें प्रस्तुत करे। (344/2)
- आयोग से अपेक्षा होगी कि वह अपनी सिफारिशें करने में भारत की औद्योगिक, सांस्कृतिक और वैज्ञानिक उन्नति का और लोक सेवाओं के सम्बन्ध में अहिन्दी भाषी क्षेत्रों के न्यायसंगत दावों और हितों का सम्यक् ध्यान रखेगा। (344/3)
- आयोग द्वारा प्रस्तावित सिफारिशों की परीक्षा के लिए तीस संसद सदस्यों की एक समिति गठित की जाएगी जिसमें लोकसभा से बीस और राज्यसभा से दस सदस्य होंगे। यह समिति आयोग की सिफारिशों पर राष्ट्रपति को अपनी राय का प्रतिवेदन प्रस्तुत करेगी। तत्पश्चात् राष्ट्रपति को अधिकार होगा कि वह इस प्रतिवेदन अथवा इसके किसी भाग के अनुसार निर्देश जारी करे (344/4)।
- किसी राज्य का विधानमण्डल विधि द्वारा उस राज्य में प्रयोग होने वाली भाषाओं में से किसी एक या अधिक भाषाओं या हिन्दी को उस राज्य के सभी या किन्हीं शासकीय प्रयोजनों के लिए प्रयोग की जाने वाली भाषा या भाषाओं के रूप में अंगीकार कर सकेगा। लेकिन इस व्यवस्था के अभाव में राज्य के उन शासकीय कार्यों के लिए अंग्रेज़ी भाषा का प्रयोग किया जाता रहेगा जिनके लिए उसका इस संविधान के लागू होने से पहले प्रयोग किया जा रहा था। (345)
- संघ तथा राज्यों के बीच और राज्यों के आपसी पत्र-व्यवहार के लिए तत्समय प्राधिकृत भाषा का प्रयोग किया जाएगा। (346)

- यदि किसी राज्य की जनसंख्या का अधिकांश भाग यह चाहता है कि उसके द्वारा बोली जाने वाली भाषा को राज्य द्वारा मान्यता प्रदान की जाए तो राष्ट्रपति ऐसा निर्देश दे सकेगा कि ऐसी भाषा को उस राज्य में सर्वत्र या उसके किसी भाग में ऐसे प्रयोजन के लिए शासकीय मान्यता प्रदान की जाए। (347)
- संसद, राज्यों के विधानमण्डलों, सर्वोच्च और उच्च न्यायालयों में अंग्रेज़ी को काम-काज की भाषा बनाया गया। इसके साथ ही विधायिका, न्यायपालिका, राष्ट्रपति और राज्यपालों के आदेशों में भी अंग्रेज़ी के पाठों को प्राधिकृत पाठ का दर्जा दिया गया। हालाँकि इस बात की ताकीद भी की गई कि किसी राज्य का राज्यपाल राष्ट्रपति की पूर्व अनुमति से राज्य के शासकीय प्रयोजनों या उस राज्य में स्थित उच्च-न्यायालय की कार्यवाहियों में हिन्दी या किसी अन्य भाषा का प्रयोग प्राधिकृत कर सकेगा। (348)
- कोई भी व्यक्ति किसी व्यथा निवारण के लिए संघ अथवा राज्य के सम्बद्ध प्राधिकारी को संघ या राज्य में प्रयुक्त होने वाली किसी भी भाषा में निवेदन प्रस्तुत करने का हकदार होगा। (350)
- प्रत्येक राज्य बालकों की शिक्षा के प्राथमिक स्तर पर मातृभाषा में शिक्षा उपलब्ध कराने का प्रयास करेगा। राष्ट्रपति किसी राज्य को ऐसे निर्देश दे सकेगा जो वह ऐसी सुविधाओं की उपलब्धि सुनिश्चित करने के लिए आवश्यक या उचित समझता है। (350 क)
- संघ का यह कर्त्तव्य होगा कि वह हिन्दी भाषा का प्रसार बढ़ाए और उसका विकास करे जिससे वह भारत की सामासिक संस्कृति के सभी तत्त्वों की अभिव्यक्ति का माध्यम बन सके और उसकी प्रकृति में हस्तक्षेप किए बिना हिन्दुस्तानी में और आठवीं अनुसूची में शामिल भारत की अन्य भाषाओं में प्रयुक्त रूप, शैली और पदों को आत्मसात् करते हुए जहाँ आवश्यक या वांछनीय हो वहाँ उसके शब्द-भण्डार के लिए मुख्यतः संस्कृत से और गौणतः अन्य भाषाओं से शब्द ग्रहण करते हुए उसकी समृद्धि सुनिश्चित करे। (351)

राजभाषा और अन्य आधिकारिक भाषाओं के विषय में की गई इन व्यवस्थाओं से स्पष्ट हो जाता है कि तत्कालीन भारतीय नेतृत्व स्वतन्त्र भारत में अपनी राजभाषा के व्यवहार के प्रति उदासीन था। उसमें इस काम के लिए दृढ़ता और इच्छाशक्ति का अभाव था। भारत की स्वतन्त्रता के आरंभिक समय में हिन्दी को राजभाषा के रूप में अपनाना सहज था। ऐसा करने से देश के मान-सम्मान में वृद्धि होती और इसके नागरिकों में राष्ट्रवाद का भाव मज़बूत होता। यही प्रयास हम आज करना चाहें तो अनेक व्यावहारिक समस्याएँ पेश आ सकतीं हैं। फिर भी यह असम्भव तो नहीं है।

प्रश्न

1. 'हिन्दी भारत की सम्पर्क भाषा है'—तथ्यों और आँकड़ों की सहायता से इस कथन को सिद्ध कीजिए।
2. हिन्दी के विकास और प्रचार-प्रसार में भारत सरकार की भूमिका पर टिप्पणी कीजिए।
3. हिन्दी के प्रचार-प्रसार में अन्तर्राष्ट्रीय हिन्दी विश्वविद्यालय के योगदान पर अनुच्छेद लिखिए।
4. विश्व हिन्दी सचिवालय की स्थापना से हिन्दी को विश्वपटल पर स्वीकार्य बनाने में मदद मिलेगी—टिप्पणी कीजिए।
5. हिन्दी को कम्प्यूटर और इंटरनेट पर व्यवहार्य बनाने के लिए किए जा रहे प्रयासों का परिचय दीजिए।
6. मनोरंजन और समाचार-माध्यमों का हिन्दी के विकास और प्रसार में क्या योगदान है?
7. हिन्दी को विश्वमंच पर आसीन करने में विश्व हिन्दी सम्मेलनों की क्या भूमिका रही है?
8. आज़ादी के पहले हिन्दी को राजभाषा और राष्ट्रभाषा बनाने के लिए किए गये प्रयासों का विवरण दीजिए।
9. सरकारी कामकाज में हिन्दी के प्रयोग को प्रोत्साहित करने के लिए केन्द्रीय हिन्दी निदेशालय द्वारा किए जा रहे प्रयासों का ब्यौरा दीजिए।
10. भारत के संविधान में हिन्दी भाषा के प्रयोग, विकास और प्रसार के लिए किए गए प्रावधानों का उल्लेख कीजिए।

4 हिन्दी साहित्य का संक्षिप्त इतिहास

प्रकरण का उद्‌देश्य

कोई भाषा अपने प्रयोक्ताओं को केवल व्यवहार और विचार-विमर्श की सुविधा ही उपलब्ध नहीं कराती, बल्कि ज्ञान-विज्ञान, धर्म-संस्कृति और साहित्य आदि रूपों में उनका मनोरंजन और मार्गदर्शन भी करती है। अन्य रूपों के साथ-साथ साहित्य की दृष्टि से भी हिन्दी एक अद्वितीय भाषा है। हिन्दी साहित्य का इतिहास लगभग एक हज़ार वर्ष पुराना है। इस दौरान उसके विषय, वर्णन और भाषा में लगातार बदलाव और विस्तार हुआ है; जिनके आधार पर साहित्य इतिहासकारों और विचारकों के हिन्दी साहित्य को चार विशिष्ट भागों में बाँटा है। प्रस्तुत प्रकरण में हिन्दी साहित्य की इस विकास प्रक्रिया को संक्षेप में प्रस्तुत किया गया है।

साहित्य का अर्थ और उपयोगिता

मनुष्य एक विचारवान् जीव है। उसे अपने आसपास घटने वाली हर घटना और उसके कारण-परिणाम को खोजने में सन्तोष का अनुभव होता है। इसी प्रकार वह अपने अनुभवों और विचारों को बताने के लिए भी उत्सुक होता है। इसी सन्तोष और उत्सुकता से साहित्य का जन्म होता है। हिन्दी में साहित्य का उदय लगभग एक हज़ार ईस्वी से शुरु हुआ। तब से आज तक साहित्य सृजन की परम्परा अनवरत जारी है। इस साहित्य यात्रा में अनेक प्रकार का साहित्य लिखा गया जिसे विषय के अनुसार चार मुख्य हिस्सों में रखा जाता है।

साहित्य शब्द सहित का भाववाचक है जिसका अर्थ है हित के साथ (स + हित)। इसका भाव है कि साहित्य का उद्‌देश्य समाज का हित या कल्याण है। एक अन्य विचार के अनुसार, साहित्य ऐसी लिखित सामग्री है जिसमें समाज के सभी वर्गों और विषयों को शामिल किया गया हो। आचार्य रामचन्द्र शुक्ल के अनुसार "किसी देश का साहित्य वहाँ के समाज की परछाईं होता है। साहित्य को पढ़कर वहाँ के समाज की स्थिति, विचारों, कार्यों, जीवनशैली आदि के बारे में जाना जा सकता है। जैसे-जैसे समाज बदलता है, उसकी प्राथमिकताएँ बदलती हैं या विचार बदलते हैं; वैसे-वैसे साहित्य भी बदलता जाता है।"

इतिहास शब्द इति+ह+आस से मिलकर बना है जिसका भाव है कि 'ऐसा निश्चित रूप से हुआ था' यह शब्द किसी व्यक्ति, स्थान, संस्था आदि की शुरुआत से लेकर उसके चरणों, प्रगति और स्थिति का परिचय देता है। आचार्य हज़ारी प्रसाद द्विवेदी का मानना है साहित्य के इतिहास से हम न केवल समाज बल्कि स्वयं को भी बेहतर ढंग से समझ सकते हैं।

जो प्राणधारा नाना अनुकूल-प्रतिकूल अवस्थाओं से बहती हुई हमारे भीतर प्रवाहित हो रही है उसको समझने के लिए ही हम साहित्य का इतिहास पढ़ते हैं।
—आचार्य हज़ारी प्रसाद द्विवेदी

प्रत्येक देश का साहित्य वहाँ की जनता की चित्तवृत्तियों का संचित प्रतिबिम्ब होता है। जनसामान्य की वृत्ति में परिवर्तन के साथ-साथ साहित्य के स्वरूप में भी परिवर्तन होता रहता है।
—आचार्य रामचन्द्र शुक्ल

हिन्दी में साहित्य का इतिहास लिखने की परम्परा काफी पुरानी है। हिन्दी साहित्य का पहला इतिहास एक फ्रांसीसी विद्वान 'गार्सा द तासी' ने लिखा था। फ्रेंच भाषा में लिखे गए इस इतिहास का नाम था–'इस्त्वार द ला लितरेत्यूर ऐन्दुई ऐं ऐन्दुस्तानी'। एक अन्य विदेशी विद्वान सर जार्ज ग्रियर्सन ने भी 'द मॉडर्न वर्नाक्युलर लिटरेचर ऑफ हिन्दुस्तान' नाम से अंग्रेज़ी में हिन्दी साहित्य लिखा। लेकिन इन दोनों ग्रन्थों में साहित्य और उसकी विशेषताओं के परिचय से ज़्यादा कवियों और उनकी रचनाओं का लेखा-जोखा दिया गया है। इसलिए इन्हें सही अर्थ में साहित्य के इतिहास के बदले कवि परिचय ग्रन्थ या कविवृत्त ग्रन्थ कहा जाता है।

हिन्दी साहित्य का काल विभाजन

हिन्दी साहित्य इतना व्यापक और विविधवर्णी है कि इसके सम्पूर्ण अध्ययन की बात सोची भी नहीं जा सकती। इस साहित्य में आज से तकरीबन एक हज़ार साल पहले से लेकर आज तक की रचनाएँ शामिल हैं। इस दौरान भाषा, विषय, समाज, देश, परिवेश और परिस्थितियाँ इतनी बदल चुकी हैं कि पूरे हिन्दी साहित्य को एक इकाई मानना भी कठिन लगता है। ऐसा भी हो सकता है कि भाषागत बदलावों के कारण आज के विद्यार्थियों को आदिकालीन रचनाओं को हिन्दी भाषा का साहित्य मानने में भी आपत्ति हो। जिन विषयों को प्राचीन हिन्दी साहित्य में प्रमुखता मिली है, वे आज हाशिए पर भी दिखाई नहीं देते। इसके चलते हिन्दी के शुरुआती साहित्य के अध्ययन में आज के पाठकों की अरुचि को समझा जा सकता है। इसी प्रकार आर्थिक, राजनीतिक, सामाजिक, भौगोलिक आदि सन्दर्भों में भी बदलाव आए हैं। इनके कारण हिन्दी साहित्य को एक इकाई के रूप में प्रस्तुत करना अव्यावहारिक हो जाता है। दूसरी तरफ कुछ विद्वान अंग्रेज़ी साहित्य में काल, विषय और राजनैतिक नेतृत्व पर आधारित विभाजन के अनुकरण से भी हिन्दी में साहित्य के वर्गीकरण को आवश्यक मानते हैं।

हिन्दी साहित्य को सुनियोजित और तार्किक तरीके से वर्गीकृत करने के अनेक प्रयास हुए हैं। इसके लिए समय, विषय, साहित्य-विधा और प्रवृत्ति जैसी कसौटियों को आधार बनाया गया है। हिन्दी साहित्य के काल विभाजन का प्रयास करने वालों में जॉर्ज ग्रियर्सन, आचार्य रामचन्द्र शुक्ल (हिन्दी साहित्य का इतिहास), आचार्य हज़ारी प्रसाद द्विवेदी (हिन्दी साहित्य की भूमिका), डॉ. रामकुमार वर्मा (हिन्दी साहित्य का आलोचनात्मक इतिहास), डॉ. नगेन्द्र (हिन्दी साहित्य का इतिहास), डॉ. गणपतिचन्द्र गुप्त (हिन्दी साहित्य का वैज्ञानिक इतिहास), नागरी प्रचारिणी सभा, काशी (हिन्दी साहित्य का बृहत् इतिहास), डॉ. भगीरथ मिश्र (हिन्दी काव्यशास्त्र का इतिहास) आदि के नाम उल्लेखनीय हैं। इनमें से अनेक प्रयासों में सर्वमान्यता और सरलता के स्थान पर नएपन का प्रयास अधिक दिखाई देता है। शायद यही कारण है कि अनेक आधुनिक और तर्क आधारित प्रयासों को दरकिनार करके अधिकांश हिन्दी विद्वानों और साहित्यकारों ने आचार्य रामचन्द्र शुक्ल द्वारा 1930 में विहित काल विभाजन को अधिक मान्य और स्वीकार्य माना है। उनके द्वारा लिखित 'हिन्दी साहित्य का इतिहास' नाम के ग्रन्थ में पिछले 950 वर्षों के दौरान हिन्दी भाषा में लिखित ग्रन्थों और उनके रचनाकारों का पूरा परिचय दिया गया है। इस पुस्तक में हिन्दी साहित्य के चार कालखण्डों के साहित्यरूपों और उनकी विशेषताओं का सामान्य विवरण दिया गया है। ये हैं–

1. आदिकाल या वीरगाथा काल (सन् 1050 से 1375 ई. तक)
2. भक्तिकाल या पूर्व मध्यकाल (सन् 1375 से 1700 ई. तक)
3. रीतिकाल या उत्तर मध्यकाल (सन् 1700 से 1900 ई. तक)
4. आधुनिक काल या गद्य-विकास काल (सन् 1900 ई. से आज तक)

आदिकाल या वीरगाथा काल (सन् 1050 से 1375 ई. तक)

भारत पर बाहरी आक्रमणों की शुरुआत दसवीं शताब्दी में हो गई थी। ये आक्रमणकारी भारत के सीमान्त राज्यों पर हमला करते और लूटमार करके वापस चले जाते। बारहवीं शताब्दी तक भारत पर तुर्की, अफ़ग़ानी और फारसी योद्धाओं के हमले बहुत तेज़ हो गए थे। 1192 में तराई के दूसरे युद्ध में मुहम्मद ग़ौरी ने दिल्ली के शासक पृथ्वीराज चौहान को हराया और

अपने एक गुलाम कुतुबुद्दीन ऐबक को शासन की ज़िम्मेदारी सौंपकर वापस लौट गया। इसी ऐबक ने भारत में स्थायी मुस्लिम शासन की नींव रखी, जिसे गुलाम वंश या दिल्ली सल्तनत के नाम से जाना जाता है। चौदहवीं शताब्दी तक बाहरी हमलों का दौर धीमा हो गया। इस कारण राजनीतिक, सामाजिक और धार्मिक दृष्टि से नई परम्पराओं की शुरुआत हुई। इन सबका प्रभाव अनिवार्य तौर पर साहित्य के विषयों पर भी हुआ।

हिन्दी साहित्य के पहले कालखण्ड के नाम से हिन्दी की शुरुआती रचनाओं के विषय का पता चलता है। यह समय राजनीतिक रूप से भारत के लिए काफी उलट-फेर का समय था। धन-धान्य और सम्पत्ति के मामले में भारत सदा से ही समृद्ध था। इस समृद्धि ने पड़ौसी देशों के शासकों को भारत की ओर आकर्षित किया। भारत के उत्तर और पश्चिम के शासकों ने अनेक बार भारत के सीमान्त राज्यों पर आक्रमण किए, उन्हें लूटा और वापस लौट गए। धीरे-धीरे इन आक्रमणों की भीषणता बढ़ती गई। वर्ष 1026 में महमूद गज़नवी द्वारा सोमनाथ मन्दिर की लूट, 1191 में मुहम्मद गौरी और पृथ्वीराज चौहान के बीच प्रथम तराइन युद्ध और 1206 में कुतुबुद्दीन ऐबक द्वारा दिल्ली में गुलाम वंश की स्थापना जैसी घटनाओं के परिणामस्वरूप भारतीय राजा और प्रजा इनका सामना करने के लिए खुद को तैयार करने लगे। इन हालातों में कवियों, भाटों और चारणों ने राजाओं, सेनापतियों, सैनिकों आदि की वीरता, बहादुरी, युद्ध कौशल, शक्ति आदि का वर्णन करने वाली अनेक रचनाएँ लिखीं। इस समय लिखे गए काव्यों में वीरता के वर्णन और प्रशंसा वाली रचनाओं की अधिकता है। इसी आधार पर हिन्दी साहित्य के आदिकाल को वीरगाथा काल का नाम दिया गया।

आदिकाल का काव्य साहित्यिक दृष्टि से उत्कृष्ट और रसपूर्ण है। इसमें वीर और शृंगार रस की प्रधानता है। वीरता, शक्ति और युद्धकला की प्रशंसा करने वाले इन काव्यों में से ज़्यादातर के नाम के साथ 'रासो' शब्द जुड़ा है। जैसे पृथ्वीराज रासो, खुमाण रासो, हम्मीर रासो, विजयपाल रासो, बीसलदेव रासो, परमाल रासो आदि। इन ग्रन्थों के पीछे जुड़े 'रासो' शब्द के आधार पर इस काल के वीरकाव्यों को 'रासोकाव्य' का नाम दिया गया है। अधिकतर रासोकाव्य 'प्रबन्ध-काव्य' हैं। इसका अर्थ है कि इनमें किसी न किसी कथा या घटना का वर्णन हुआ है। इन वर्णनों में आश्रयभूत राजाओं के जीवन, गुणों और विशेषताओं के अलावा प्रयाण और युद्ध का सजीव लेकिन अतिशयोक्तिपूर्ण दृश्य शामिल हैं। अधिकांश ग्रन्थों में इतिहासबोध से अधिक साहित्यचेतना का ध्यान रखा गया है। यही कारण है कि इन्हें ऐतिहासिक दृष्टि से प्रामाणिक नहीं माना जाता।

आदिकाल की साहित्यिक भाषा को भाषा-विज्ञान की दृष्टि से हिन्दी के स्थान पर 'डिंगल' और पिंगल का नाम दिया जाता है। इसमें पालि, प्राकृत और अपभ्रंश के अलावा स्थानीय तौर पर प्रचलित भाषाओं के शब्दों का सुविधानुसार प्रयोग किया गया है। कहीं-कहीं मैथिली और खड़ीबोली के शब्दों का इस्तेमाल भी पाया जाता है। छन्द की दृष्टि से 'छप्पय' इस रचनाकाल का सर्वाधिक प्रयुक्त छन्द है। इसके अलावा दोहा, पहरी, तोमर, नाराच आदि छन्दों का प्रयोग भी पाया जाता है। इस काल में लिखे गए कुछ रासोकाव्यों के नाम इस प्रकार हैं–

कवि का नाम		**ग्रन्थ का नाम**
• चंदबरदाई	–	पृथिवीराज रासो
• दलपतिविजय	–	खुमाण रासो
• सारंगधर	–	हम्मीर रासो
• नरपति नाल्ह	–	बीसलदेव रासो
• जगनिक	–	परमाल रासो या आल्हखण्ड

इन ग्रन्थों में चंदबरदाई का पृथिवीराज रासो और जगनिक का परमाल रासो अधिक प्रसिद्ध हैं। परमाल रासो को आज भी उत्तरप्रदेश और मध्यप्रदेश के गाँवों में आल्हा-ऊदल के लोकगीतों के रूप में गाया जाता है।

आदिकालीन साहित्य धाराएँ

वीरगाथा काल में रासो काव्यों के अलावा अन्य प्रकार की रचनाएँ भी लिखी गईं। इनमें से ज्यादातर धार्मिक रचनाएँ हैं जिन्हें सन्तों और विद्वानों ने लिखा। इन रचनाओं से तत्कालीन समाज, धर्म और परम्पराओं का परिचय मिलता है। भाषा और देश के इतिहास पर भी इन रचनाओं से प्रकाश पड़ता है। आधुनिक काल में इस दौर की रचनाओं पर काफी शोध और प्रकाशन हुआ है। इससे आदिकाल की इन रचनाओं के बारे में अद्‌भुत जानकारियाँ सामने आई हैं। इनके आधार पर आदिकाल की वीरकाव्य से भिन्न रचनाओं को मुख्य रूप से तीन प्रकारों में बाँटा जाता है—सिद्धसाहित्य, नाथसाहित्य और जैन साहित्य। इन साहित्य प्रकारों का सामान्य परिचय इस प्रकार है—

सिद्धसाहित्य

सिद्ध सम्प्रदाय का उदय बौद्ध धर्म की वज्रयान शाखा से हुआ। इस सम्प्रदाय में तन्त्रसाधना पर विशेष बल दिया गया था। गौतम बुद्ध संसार को दुःखमय मानते थे, लेकिन सिद्धों की दृष्टि में संसार को भोगते हुए भी 'महासुखदशा' का अनुभव पाया जा सकता है। रहस्यवाद और तन्त्र-मन्त्र से परिपूर्ण सिद्धों की उपासना विधि में प्रतीकों और कर्मकाण्डों की प्रधानता है। यही तत्त्व उनके साहित्य में भी छाए दिखाई देते हैं। सिद्ध ग्रन्थों में तांत्रिक साधनाओं का वर्णन गूढ़ भाषा में हुआ है, यही कारण है कि इस परम्परा में गुरु का विशेष स्थान है। प्रकट तौर पर सिद्धों के ग्रन्थ अश्लील और वीभत्स वर्णनों से भरपूर हैं, किन्तु उनका आध्यात्मिक अर्थ गुरु ही बता सकता है। गुरु ही अप्रकट को प्रकट करता है और अप्राप्त को प्राप्त कराता है। उसकी सहायता के बिना जीव और जगत् का रहस्य स्पष्ट नहीं होता, वही माया से मुक्ति और मोक्ष की प्राप्ति का माध्यम है और वही हठयोग द्वारा इन्द्रिय नियन्त्रण हेतु मार्गदर्शन करता है। सिद्ध साधना का लक्ष्य महासुख दशा की प्राप्ति था। जिसके लिए ज्ञान, वैराग्य और अन्तःसाधना का मार्ग बताया गया था। हालाँकि सिद्ध पंथ का उद्‌भव वैदिक पाखण्डों और कर्मकाण्डों के विकल्प के तौर पर हुआ था पर समय के साथ इस परम्परा का दूषण हुआ और 'साधना-मार्ग'; वासनातृप्ति का माध्यम बन गया। कुछ आलोचकों का तो यहाँ तक मानना है कि सिद्ध साधना की आड़ में वासनातृप्ति करते थे। शराब, माँस, सहवास और निषिद्ध क्रियाओं के चलते इसे वाममार्ग भी कहा जाने लगा और यही इस पंथ की विलुप्ति का कारण बना।

सिद्धसाहित्य की भाषा अपभ्रंश से हिन्दी के विकास के दौर की भाषा है। भाषा वैज्ञानिक दृष्टि से इसे अर्धमागधी अपभ्रंश माना जाता है। प्रतीकों और साधना विधियों के वर्णन में प्राकृत का प्रयोग भी दिखाई देता है। छन्द की दृष्टि से सिद्धसाहित्य में मात्रिक छन्दों की प्रधानता है। इनमें दोहा, सोरठा, चौपाई और छप्पय का प्रयोग अधिक पाया जाता है। परम्परागत तौर पर सिद्धगुरुओं की संख्या चौरासी मानी गई है। महापण्डित राहुल सांकृत्यायन ने अपने शोधग्रन्थ 'पुरानी हिन्दी काव्यधारा' में सिद्धों के चौरासी गुरुओं का उल्लेख किया है। जिनमें से सरहपा या सरोजभद्र प्रथम हैं। इनका समय संवत् 690 माना जाता है, जिसके आधार पर अनेक विद्वान इन्हें हिन्दी का प्रथम कवि और इनकी रचना 'दोहा कोश' को प्रथम रचना मानते हैं। हालाँकि इनके द्वारा लिखित 32 ग्रन्थों का संकेत मिलता है, लेकिन उनमें से केवल पाँच ही उपलब्ध हो पाए हैं। अन्य प्रमुख सिद्ध हैं—कान्हपा, कुसुमपा, गुण्डरीपा और शान्तिपा। इनमें से 26 सिद्धों द्वारा रचित तकरीबन पचास पद आज भी उपलब्ध हैं।

नाथसाहित्य

सिद्ध साधना के भ्रष्ट होने पर समाज में वैकल्पिक मार्ग की खोज प्रबल होने लगी। समाज में दुराचार और मनमानी को बढ़ावा देने वाली निरीश्वरवादी सिद्ध साधनाओं के स्थान पर ईश्वरवादी और समाजोन्मुख उपासना पद्धतियों की आवश्यकता महसूस की जाने लगी। इसका रास्ता भी बौद्ध धर्म के एक अन्य पंथ 'सहजयान' से ही निकला, जिसकी स्थापना का श्रेय गुरु जलंधरनाथ को जाता है। सिद्ध पंथ के विपरीत नाथमत में सदाचार और हठयोग पर बल दिया गया। योग और आत्मनियन्त्रण का आचरण करने वाले नाथगुरु ईश्वर को निराकार और निर्गुण मानते थे और उसकी प्राप्ति के

लिए कठिन साधनाओं के अभ्यास का उपदेश देते थे। इन साधनाओं में नाड़ी साधना, षट्चक्र भेदन, कुण्डलिनी जागरण आदि प्रमुख हैं। इन साधनाओं के लिए वैराग्य, इन्द्रिय-निग्रह और प्राण-साधना को अनिवार्य बताया गया है। सिद्ध पंथ से विपरीत नाथपंथ में शराब, माँस और स्त्रीसहवास को पूरी तरह निषिद्ध माना गया है। संयम, सदाचार और नियमपालन जैसे सामाजिक नियमों के कारण नाथ संप्रदाय जल्दी ही लोकप्रचलित हो गया। हरियाणा, राजस्थान और पंजाब में आज भी इसकी काफी मान्यता है।

नाथ सम्प्रदाय में नौ गुरु हुए जिनमें से जलंधरनाथ को सर्वप्रथम माना जाता है। इनके शिष्य मत्स्येन्द्रनाथ या मछंदरनाथ और प्रशिष्य गोरक्षनाथ या गोरखनाथ ने नाथ सम्प्रदाय के प्रसार में काफी सफलता पाई। इनके अलावा आदिनाथ, नागार्जुन, सहस्रार्जुन, जड़भरत, हरिश्चन्द्र, सत्येन्द्रनाथ, भीमनाथ, श्रीनाथ, सत्यनाथ आदि ने भी नाथ सिद्धान्तों को व्यापक बनाया। इनके प्रयासों से नाथ सम्प्रदाय का प्रभाव सारे भारत में फैल गया। इन नाथगुरुओं ने जनभाषा में दोहे, पद और चौपाइयों के रूप में उपदेश दिए। ये ही काव्यरूप नाथ साहित्य के तौर पर संग्रहीत हैं। नाथ साहित्य के अन्तर्गत गोरखनाथ द्वारा लिखित लगभग चालीस रचनाओं का उल्लेख मिलता है जिनमें से 14 को प्रामाणिक माना जाता है।

जैन साहित्य

जैन सम्प्रदाय वैदिककाल से ही किसी न किसी रूप में मौजूद रहा है। इसका साहित्य बहुत प्राचीन और विशाल है। हिन्दी भाषा के विकास के दौर में आठवीं से तेरहवीं शताब्दी के बीच अनेक जैन कवियों ने प्राकृत और अपभ्रंश के साथ मिलीजुली भाषा में साहित्य रचना की। इस भाषा को पुरानी हिन्दी कहा जाता है। जैन कवियों की रचनाओं में भगवान महावीर और अन्य तीर्थंकरों के जीवनचरित और उनके उपदेशों की प्रमुखता है। इन ग्रन्थों में से कुछ पौराणिक काव्य हैं, कुछ मुक्तक रचनाएँ हैं, जबकि अन्य प्रबन्ध काव्य हैं। पारम्परिक विषयों से हटकर अनेक जैन कवियों ने योग, व्याकरण और नीति सम्बन्धी विषयों पर भी काव्य लिखे हैं। इन कवियों में स्वयंभू सबसे पहले हैं जिन्होंने आठवीं शताब्दी में परमचरिउ और स्वयंभू छन्द जैसी रचनाएँ लिखीं। जैन साहित्य की भाषा आम आदमी की भाषा है। इसके विषय भी काफी विस्तृत और व्यापक हैं। इन ग्रन्थों की संख्या भी इतनी अधिक है कि अनेक जैन तीर्थों में पुस्तकों के भण्डार पाए गए हैं। इनकी भाषा, विषय और शैली ने परवर्ती साहित्य को गहनता से प्रभावित किया है। अपभ्रंश से हिन्दी की ओर गति की दृष्टि से जैन ग्रन्थों के अध्ययन का विशेष महत्त्व है। हालाँकि जैन ग्रन्थों की संख्या पूरे आदिकालीन साहित्य में सबसे अधिक है; किन्तु उदाहरण के तौर पर विभिन्न कालखण्डों से कुछ जैन कवियों और उनकी रचनाओं के नाम यहाँ दिए जा रहे हैं–

	कवि का नाम	–	**शताब्दी**	–	**रचनाएँ**
•	देवसेन	–	आठवीं	–	दर्शन सार और नयचक्र।
•	रामसिंह	–	ग्यारहवीं	–	पाहुड़ दोहा।
•	जिनदत्त सूरि	–	बारहवीं	–	उपएस रसायण।
•	हेमचन्द्र सूरि	–	बारहवीं	–	शब्दानुशासन और कुमारपाल चरिउ
•	सोमप्रभ सूरि	–	तेरहवीं	–	कुमारपाल प्रतिबोध

इस प्रकार हिन्दी साहित्य के आदिकाल के दौरान अनेक प्रकार का साहित्य लिखा गया। इन ग्रन्थों की भाषा आजकल की हिन्दी नहीं है। इसमें प्राकृत, अपभ्रंश, देसी भाषाओं और संस्कृत के शब्दों का मिश्रण है। अनेक साहित्यिक विषयों जैसे धर्म, दर्शन, समाज, नीति, कथा आदि की रचना के बावजूद रासोकाव्य की अधिकता के कारण इस समय को वीरता के गौरवगान का काल कहा जाता है।

भक्तिकाल या पूर्व मध्यकाल (सन् 1375 से 1700 ई. तक)

शुरु-शुरु में बाहरी हमलावरों के बारे में भारत की जनता के मन में भय और आशंका के भाव थे। प्रारम्भ में तो ये हमलावर केवल मध्य एशिया से लगते क्षेत्रों में लूटपाट करते थे, लेकिन फिर उन्होंने पूरे उत्तर और मध्य भारत में आक्रमण किए। इन आक्रमणों के दौरान हिंसा, हत्या, लूट और बलात्कार की घटनाओं से भारतीय जनता दहशत में थी। मध्य एशिया के तुर्क, अफ़ग़ान और तातार लुटेरों के बाद वहाँ के शासकों द्वारा भारत का रुख करने के बाद स्थिति और ख़राब हो गई। 1192 में मुहम्मद ग़ौरी ने दिल्ली के शासक पृथ्वीराज चौहान को हराया और अपने एक ग़ुलाम कुतुबुद्दीन ऐबक को शासन की ज़िम्मेदारी सौंपकर वापस लौट गया। इसके बाद मुस्लिम शासकों द्वारा भारत के अन्यान्य हिस्सों में राज्य-स्थापना का क्रम आरम्भ हो गया। शुरुआत में भारतीय राजाओं के प्रतिकार, जनता के अस्वीकार और विदेशी शासकों के द्वेषभाव के चलते राजनीतिक, सामाजिक और धार्मिक तौर पर स्थितियाँ काफी शोचनीय हो गई थीं। इस समय के विषय में पण्डित रामचन्द्र शुक्ल का कहना है कि "देश में मुसलमानों का राज्य प्रतिष्ठित हो जाने पर हिन्दू जनता के हृदय में गौरव, गर्व और उत्साह के लिए अवकाश न रह गया। उनके सामने ही उनके देवमन्दिर गिराए जाते थे, देवमूर्तियाँ तोड़ी जाती थीं और पूज्य पुरुषों का अपमान होता था। वे कुछ भी नहीं कर सकते थे। ऐसी दशा में वे वीरता के गीत न तो गा सकते थे और न सुन सकते थे।...अपने पौरुष से हताश जाति के लिए भगवान की शक्ति और करुणा की ओर ध्यान ले जाने के अतिरिक्त दूसरा मार्ग ही क्या था?"

इस मत के विपरीत अनेक विद्वान भक्तिकाल की शुरुआत के पीछे भारतीय राजाओं की पराजय, हिन्दुओं के अपमान और विदेशियों के अत्याचारों को कारण नहीं मानते। उनके अनुसार भक्ति भारतीय जीवनशैली की शाश्वत विशेषता है। वेदों से लेकर दर्शनों तक का साहित्य भक्ति और अध्यात्म का ही साहित्य है। भक्तिकाल में यही कार्य अपभ्रंश, मिश्र भाषाओं, स्थानीय बोलियों और खड़ी बोली के माध्यम से किया गया। इस दौर में निर्गुण, निराकार परमात्मा के स्थान पर सगुण और साकार देवी-देवताओं को आराध्य बनाकर काव्यरचना की गई। इस मत के समर्थन में आचार्य हज़ारी प्रसाद द्विवेदी का कथन है कि—"मैं ज़ोर देकर कहना चाहता हूँ कि अगर इस्लाम नहीं आया होता, तो भी इस साहित्य का बाहर आना वैसा ही होता, जैसा आज है।"

भक्तिकाल के उदय के विषय में कुछ हिन्दी साहित्यकारों का कहना है कि शुरुआती उथल-पुथल, वैमनस्य और अविश्वास के बाद भारतीय जनमानस ने बाहरी शासन को आत्मसात् कर लिया। भारतीय समाज पहले से ही अनेक मतों, पंथों, जातियों और विचारधाराओं में बँटा था। उनमें पहले से ही काफी मतभेद और अलगाव था। इस्लाम भी इन्हीं पंथों और मतभेदों में से एक के रूप में स्वीकार्य हो गया। दूसरी ओर भारतीय समाज ने पर्दा-प्रथा, बाल-विवाह और रात्रिकालीन पूजा जैसे अनेकानेक उपायों से अपनी सुरक्षा की व्यवस्था कर ली। इसी दौर में शंकराचार्य ने सम्पूर्ण भारत में अद्वैत वेदान्त के प्रचार से भक्ति के एक नए युग का सूत्रपात किया। इसके माध्यम से उन्होंने भारतीय जनमानस में सोए भक्तिभाव को नया आयाम प्रदान किया। शंकर के वेदान्त की प्रतिक्रिया में शैव, वैष्णव और शाक्त सम्प्रदायों का उद्भव हुआ। इस अभियान में ब्राह्मणों से लेकर शूद्रों तक सभी ने समान भाव से भाग लिया, जिससे प्रभूत मात्रा में काव्य सृजन हुआ। इस काव्य में भक्तिगीतों की अधिकता के कारण इस दौर को हिन्दी साहित्य का भक्तिकाल कहा जाता है।

भक्तिकाल की भक्तिधाराएँ

शंकराचार्य के ब्रह्म (ईश्वर) और जीव की एकता के विचार का विरोध जल्दी ही शुरु हो गया। इस विरोध में दक्षिण भारत के अलवार (विष्णुभक्त) और नयनार (शिवभक्त) सन्त अग्रणी रहे। इन सन्तों ने ईश्वर के सगुण और साकार रूपों के रूप में दशावतारों को प्रमुखता दी। ब्रह्मा को सृष्टिकर्ता, विष्णु को परिपालक और शिव को संहारक के तौर पर प्रस्तुत किया। विष्णु के अन्यान्य अवतारों में से दो रूपों श्रीराम और श्रीकृष्ण की भक्ति जल्दी ही लोकप्रचलित हो गई। इनमें से रामभक्ति धारा का प्रणयन सन्तकवि रामानुजाचार्य और श्रीकृष्णभक्ति का महाप्रभु वल्लभाचार्य द्वारा हुआ। ये दोनों सन्तकवि दक्षिण भारत में हुए लेकिन उनका प्रभाव पूरे भारत में फैला हुआ था। उनके द्वारा प्रणीत भक्ति 'नवधा' यानि

नौ प्रकारों की थी, लेकिन इनमें से श्रवण, कीर्तन, स्मरण और वन्दन का प्रचलन काफी अधिक था। इस कारण अवतारों के रूप, गुण, कार्य, स्वभाव आदि का वर्णन करने वाले अनन्त गीत और काव्य लिखे जाने लगे। यही काव्यरूप भक्तिकालीन साहित्य की विषय सामग्री है।

सगुणभक्ति में पण्डितों, पाखण्डों और आधारहीन विश्वासों के बढ़ते प्रभाव से कुछ भक्तकवि असन्तुष्ट थे। उनका मानना था कि ईश्वर कोई साकार व सगुण व्यक्ति न होकर एक शक्ति है जिसे उपासना गुणगान, व्रत-उपवास, पूजा-पाठ, तीर्थ आदि से सन्तुष्ट नहीं किया जा सकता। ईश्वर की उपासना के लिए संसार के सत्य का ज्ञान और उत्तम आचरण ज़रूरी हैं। इस विश्वास को मानने वाले भक्तकवियों को निर्गुणधारा के कवि कहा गया। निर्गुण कवियों को भी ज्ञानमार्गी और प्रेममार्गी की श्रेणियों में रखा गया है। इन भक्तिधाराओं का सामान्य परिचय यहाँ प्रस्तुत है–

सगुणभक्तिधारा

जिन भक्तकवियों ने ईश्वर के साकार रूप की उपासना का उपदेश दिया उन्हें सगुणभक्तिधारा के कवि कहा गया। ये भक्तकवि ईश्वर के गुणगान, पूजा, सत्कार, नाम स्मरण, भजन, कथाश्रवण, कीर्तन, नामस्मरण, तीर्थयात्रा, व्रत, उपवास आदि में विश्वास रखते थे। उनकी दृष्टि में ईश्वर सज्जनों की रक्षा और दुर्जनों के संहार के लिए मनुष्यरूप धारण करते हैं और संसार का मार्गदर्शन करते हैं। सगुण उपासकों के भक्तिकाव्य विष्णु के दो अवतारों; भगवान श्रीराम और भगवान श्रीकृष्ण पर केन्द्रित हैं। इनमें से श्रीराम के उपासकों को रामभक्तिधारा और श्रीकृष्ण के भक्तकवियों को कृष्णभक्तिधारा के कवि कहा गया है। इनका संक्षिप्त परिचय इस प्रकार है–

श्रीरामभक्तिधारा

रामभक्ति शाखा के सन्तकवि भगवान राम को सगुण और निर्गुण दोनों रूपों में स्वीकार करते हैं। वे स्वयं को श्रीराम का सेवक मानते हैं और उनकी कृपा से संसार के सभी कष्टों से मुक्त होने की प्रार्थना करते हैं। इस शाखा के भक्तकवि श्रीराम को संसार की सर्वोच्च शक्ति मानते हैं और उनकी कृपा के अलावा किसी सुख, साधन, यश, सम्मान और सम्पत्ति की इच्छा नहीं करते। रामभक्त कवियों की रचनाएँ उच्चश्रेणी की हैं। उनकी भाषा ब्रज और अवधी है। इन रचनाओं में उस समय प्रचलित सभी छन्दों का प्रयोग किया गया है।

हिन्दी साहित्य के भक्तिकाल में रामभक्ति की परम्परा सन्त रामानन्द से शुरु होती है। गोस्वामी तुलसीदास इस परम्परा के सबसे प्रसिद्ध कवि हैं। उन्होंने रामभक्ति का महान ग्रन्थ 'रामचरितमानस' लिखकर रामकथा को भारत के घर-घर में पहुँचा दिया। तुलसीदास ने तकरीबन चौदह ग्रन्थ लिखे लेकिन रामचरितमानस के कारण उन्हें हिन्दी साहित्य के सर्वश्रेष्ठ कवियों में गिना जाता है। इस ग्रन्थ में तुलसी ने भगवान को सर्वगुण सम्पन्न मर्यादापुरुषोत्तम के रूप में स्थापित किया है और उनकी भक्ति को ही मनुष्य-जीवन का लक्ष्य बताया है। रामचरितमानस के माध्यम से उन्होंने रामकाव्य को इतनी ऊँचाई दी कि अन्य किसी कवि के लिए उस स्तर को छूना सम्भव नहीं रहा। इसलिए रामभक्तिशाखा में भक्तकवियों की संख्या सीमित ही रही। इस शाखा के कुछ अन्य प्रमुख कवियों और उनके ग्रन्थों के नाम इस प्रकार हैं–

कवि का नाम		रचनाएँ
• स्वामी अग्रदास	–	रामाष्टयाम, रामध्यानमंजरी और शृंगार रससागर
• स्वामी नाभादास	–	भक्तमाल
• केशवदास	–	रामचन्द्रिका
• सेनापति	–	कवित्त रत्नाकर
• प्राणचन्द्र चौहान	–	रामायण महानाटक
• हृदयराम	–	हनुमान्नाटक

श्रीकृष्णभक्तिधारा

कृष्णभक्तिधारा के भक्तकवियों ने भगवान श्रीकृष्ण की आराधना का काव्य लिखा है। वे मानते हैं कि अन्य किसी साधन की अपेक्षा केवल भगवान श्रीकृष्ण की कृपा से ही मानव का जीवन सफल हो सकता है। इसलिए उन्होंने भगवान को सर्वस्व समर्पण का उपदेश दिया। कृष्णभक्तों ने भगवान के निर्गुण की अपेक्षा सगुण रूप की उपासना पर बल दिया है। इनका साहित्य मुख्य रूप से भगवान कृष्ण के बचपन और किशोरावस्था की लीलाओं पर केन्द्रित है। ब्रजभाषा में लिखे गए इस साहित्य की भाषा रसमयी, अलंकारपूर्ण और मनमोहक है। कृष्णभक्ति साहित्य की रचना में विट्ठलनाथ के आठ शिष्यों के विशेष स्थान है इन्हें 'अष्टछाप के कवि' कहा जाता है। इन कवियों और उनके द्वारा लिखे प्रमुख ग्रन्थों के नाम इस प्रकार हैं—

कवि का नाम		**रचनाएँ**
• कुम्भनदास	–	स्वतन्त्र पद
• सूरदास	–	सूरसागर, साहित्य लहरी
• कृष्णदास	–	भ्रमरगीत,
• परमानन्ददास	–	परमानन्द सागर
• गोविन्ददास	–	स्वतन्त्र पद
• छीतस्वामी	–	स्वतन्त्र पद
• नन्ददास	–	भ्रमरगीत, रसमंजरी, सुदामाचरित्र
• चतुर्भुजदास	–	भक्तिप्रकाश

अष्टछाप के कवियों के अलावा भी श्रीकृष्णभक्त कवियों की लम्बी परम्परा है और भरपूर साहित्य है। इनमें से कुछ कवियों और उनकी रचनाओं के नाम यहाँ दिए जा रहे हैं—

कवि का नाम		**रचनाएँ**
• हितहरिवंश	–	चौरासी पद
• नाभादास	–	भक्तमाल
• विद्यापति	–	पदावली, कीर्तिलता
• मीराबाई	–	पदावली
• रसखान	–	सुजान रसखान, प्रेमवाटिका
• नरोत्तमदास	–	सुदामा चरित, विचारमाला

निर्गुणभक्तिधारा

ईश्वर को सगुण और साकार न मानकर निर्गुण और निराकार मानने वाले भक्तकवियों को ज्ञानमार्गी कहा जाता है। ये कवि धर्म, जाति और ऊँच-नीच के भेदभाव के खिलाफ़ थे और एक ईश्वर की उपासना का उपदेश देते थे। वे पूजा-पाठ, व्रत-उपवास, तीर्थ आदि के स्थान पर सदाचार और सादगी को ज़्यादा महत्त्वपूर्ण मानते थे। उनका मानना था कि धार्मिक कर्मकाण्ड और बाहरी दिखावे से समाज में बिखराव आता है; जबकि समानता और सदाचार से समाज मज़बूत होता है। विचारधारा, उपदेशों और रचनाओं के आधार पर निर्गुणमार्गी कवियों को दो विभागों में रखा जाता है। इनका परिचय इस प्रकार है—

ज्ञानमार्गी भक्तिधारा

निर्गुण भक्तों में से अधिकांश ने किसी नए मत की स्थापना नहीं की बल्कि भारत की पुरानी दार्शनिक परम्पराओं को जनसाधारण की भाषा में प्रस्तुत किया। यही कारण है कि निर्गुण साहित्य में ध्यान, मोक्ष, कुण्डलिनी, माया, ब्रह्म, जीव और आत्मा जैसे विषयों का पर्याप्त वर्णन पाया जाता है। इन तत्त्वों को आम लोगों को समझाने के लिए साधारण उदाहरणों

का सहारा लिया गया है। सरल प्रतीत होने वाले ये उदाहरण इतने गम्भीर हैं कि बिना सन्दर्भ को जाने इनका अर्थ जान पाना मुश्किल है। इन कवियों ने सरल भाषा का प्रयोग किया है और छन्द या अलंकारों पर अधिक ध्यान नहीं दिया है। निर्गुण भक्तकवियों में कबीरदास का महत्त्वपूर्ण स्थान है। अपने गुरु रामानन्द के साथ रहते हुए उन्होंने भारत की दार्शनिक परम्परा का अभ्यास किया। इस ज्ञान को जनसाधारण तक पहुँचाने के लिए उन्होंने काव्य का सहारा लिया। वे शिक्षित नहीं थे इसलिए उनकी लिखी रचनाओं को उनके शिष्यों ने 'बीजक' नाम के ग्रन्थ में संकलित किया। इस बीजक के तीन खण्ड हैं जिनके नाम हैं—साखी, सबद और रमैनी।

अन्य भक्तकवियों में गुरु नानक, दादू दयाल, धर्मदास, सुन्दरदास, मलूकदास और रैदास उल्लेखनीय हैं। इन कवियों ने कबीर की ही तरह एक परमात्मा की उपासना और सदाचार की सीख दी। इनका अपना जीवन भी सादगी, पवित्रता और परिश्रम की मिसाल था। इनमें से ज़्यादातर सन्तकवि साधारण परिवारों से थे और मेहनत करके आजीविका कमाते थे। इसी के साथ वे अपनी रचनाओं का गायन करते थे और उनका सन्देश जनता को समझाते थे। जनता पर इनके जीवन और सन्देशों का काफी प्रभाव पड़ा। कुछ निर्गुण भक्तों और उनकी प्रमुख रचनाओं के नाम यहाँ दिए जा रहे हैं—

कवि का नाम		**रचनाएँ**
• गुरु नानकदेव	—	स्वतन्त्र पद्य
• दादूदयाल	—	दादूदयाल ग्रन्थावली
• सुंदरदास	—	ज्ञान समुद्र, सुंदर विलास
• मलूकदास	—	रतनखान, ज्ञानबोध
• चरणदास	—	भक्तिसागर

प्रेममार्गी भक्तिधारा

जो भक्तकवि पूजा-पाठ और ज्ञानयोग के स्थान पर प्रेम द्वारा ईश्वर की प्राप्ति में विश्वास रखते थे उन्हें प्रेममार्गी कवि कहा जाता है। इन भक्तों का मानना था कि ईश्वर ने प्रेम भाव के कारण इस संसार की रचना की है और यह संसार परस्पर प्रेम के कारण ही कायम है। जिस दिन प्रेम का अन्त हो जाएगा उस दिन संसार खत्म हो जाएगा। उनके अनुसार प्रेम मनुष्य का सर्वोपरि लक्षण और गुण है। ईश्वर की तरह प्रेम भी सर्वव्यापक और शाश्वत है। इसी से परिवार और समाज के सम्बन्ध बनते हैं। प्रेममार्गी भक्तकवियों के मुताबिक सांसारिक प्रेम (इश्के हकीकी) ही मानव को ईश्वरीय प्रेम (इश्के मजीजी) तक ले जा सकता है।

प्रेममार्गी काव्यों की रचना फ़ारसी की 'मनसवी शैली' में की गई है। जिसका अर्थ है कि इन काव्यों का आरम्भ ईश्वर की स्तुति से होता है। उसके बाद मुहम्मद साहब की वन्दना और फिर आश्रयदाता राजा या बादशाह की प्रशंसा है। प्रेममार्गियों ने अपनी रचनाओं में ईश्वर को प्रियतम और जीव को प्रेमिका के रूप में प्रस्तुत किया है। इन कवियों में अधिकांश मुस्लिम सन्त थे जिन्होंने भारतीय परम्पराओं को काफी सम्मान दिया। उनके काव्यों के चरित्र और कथानक भी परम्परागत भारतीय मिथकों और मान्यताओं से लिए गए थे। इनकी ज़्यादातर रचनाएँ प्रबन्धकाव्य हैं जिनमें ऊपरी तौर पर तो प्रेमकथाओं का उल्लेख है; लेकिन दार्शनिक दृष्टिकोण से दिव्य ईश्वरप्रेम का संकेत है। इनके नायक परमात्मा के प्रेम में खुद को कुर्बान कर देते हैं। वे सबकुछ भूलकर केवल अपने महबूब यानि ईश्वर को पाने में सारा जीवन बिता देते हैं। इन काव्यों द्वारा ईश्वर के प्रेम में खुद को भुलाकर, निरहंकार होकर जीने का आदर्श प्रस्तुत किया गया है। शृंगार रस की प्रधानता होने के कारण इन काव्यों में अलंकारों और कोमल शब्दावली का प्रयोग बहुतायत से किया गया है। इन काव्यों की भाषा अवधी है। इनमें ज़्यादातर दोहा और चौपाई छन्दों का इस्तेमाल किया गया है।

प्रेममार्गी निर्गुण कवियों में सर्वप्रमुख हैं—पद्‌मावत के रचयिता मलिक मुहम्मद जायसी। वैसे तो जायसी ने पद्‌मावत के अलावा अखरावट, आखिरी क़लाम और मसलानामा भी लिखी थीं, लेकिन जो स्वीकृति और सम्मान पद्‌मावत को मिला; वह अन्य रचनाओं को नसीब नहीं हुआ। पद्‌मावत को आज भी हिन्दी साहित्य का श्रेष्ठ ग्रन्थ माना जाता है। इसमें पद्‌मावती

और रत्नसेन की प्रेमकथा का अलौकिक वर्णन है। अपनी कथा, भाषा, अलंकारों और शैली के कारण यह काव्य काफी सराहा गया। अन्य प्रेममार्गी भक्तकवियों और उनकी रचनाओं के नाम इस प्रकार हैं—

कवि का नाम		रचनाएँ
• कुतुबन	–	मृगावती
• मझ्झन	–	मधुमालती
• उस्मान	–	चित्रावली
• शेख नबी	–	ज्ञानद्वीप
• नूर मुहम्मद	–	इन्द्रावती

रीतिकाल या उत्तर मध्यकाल (सन् 1700 से 1900 ई. तक)

सगुणभक्तिधारा के कवियों ने अपने काव्य में श्रीराम और श्रीकृष्ण जैसे आराध्यों के गुणों, सौन्दर्य और लीलाओं का वर्णन किया है। इन काव्यों में भक्ति का भाव प्रधान है। लेकिन समय बीतते-बीतते इस सौन्दर्य वर्णन में आध्यात्मिकता कम और सांसारिकता अधिक होती गई। कुछ कवियों ने सगुण भक्ति विशेषतः श्रीकृष्ण भक्ति के अन्यान्य प्रसंगों को लेकर इतने शृंगारिक या कहें कि अश्लील वर्णन किए कि उनकी भगवत्ता पीछे छूट गई और उसका स्थान विशुद्ध रसिकता ने ले लिया। मैथिल कोकिल कहे जाने वाले मिथिलांचल के विख्यात कवि 'विद्यापति' की रचना 'पदावली' में संकलित कुंजकेलि और सुरति के प्रसंग इसके सटीक उदाहरण हैं। धीरे-धीरे कवियों ने शृंगारिक वर्णनों के लिए ईश्वर के नाम का अवलम्बन भी छोड़ दिया और सीधे-सीधे मानवीय चरित्रों या नायकों और नायिकाओं के सौन्दर्य और प्रेम के वर्णन में प्रवृत्त हो गए। इस प्रवृत्ति के बढ़ने से हिन्दी साहित्य में एक नई काव्य परम्परा की शुरुआत हुई, जिसमें अलंकारों, छन्दों और तुकान्त शब्दों वाली शैली या रीति के पालन पर ज़ोर दिया गया। इस परम्परा के अनुसार रचित काव्य को रीतिसाहित्य का नाम दिया गया।

हिन्दी साहित्य के तीसरे कालखण्ड 'रीतिकाल' के नामकरण के पीछे एक और कारण बताया जाता है; और वह है हिन्दी साहित्य रचना को व्यवस्थित करने के लिए रीतिकाव्यों की रचना। यहाँ रीति का अर्थ है—तरीका, विधि या नियम। वेदों से लेकर उत्तरकाल तक के संस्कृत-ग्रन्थों में कुछ सुनिश्चित नियम, मानक या विधान पाए जाते हैं। संस्कृत साहित्य में इन नियमों का उल्लेख और विधान करने वाले अनेक ग्रन्थ उपलब्ध हैं जैसे महाकवि दण्डी का 'साहित्यानुशासन' और विश्वनाथ का 'साहित्यदर्पण'। लेकिन लौकिक, अपभ्रंश, प्राकृत और इनके बाद हिन्दी भाषा में बड़ी मात्रा में रचे जा रहे साहित्य को नियमित करने के लिए इस प्रकार के ग्रन्थों का अभाव था। किसी कसौटी या मानक के अभाव में कविगण अधिकतर मुक्तकों यानि स्वतन्त्र पद्यों की ही रचना करते थे जिसमें कलापक्ष की अपेक्षा भावपक्ष को प्रमुखता मिलती थी। हिन्दी साहित्य रचना को संस्कृत की तरह नियमित और स्तरीय बनाने के प्रयासों के तहत अनेक काव्याचार्यों ने काव्य के अंगों, रस, अलंकार, छन्द, काव्यविषयों, वर्णनों आदि के विषय में रीतिग्रन्थ लिखे। चिन्तामणि त्रिपाठी द्वारा रचित 'काव्यविवेक' इस प्रकार का पहला ग्रन्थ था, जिसे हिन्दी के रीतिकाल का उदय का प्रतीक माना जाता है। इसी परिपाटी से हिन्दी साहित्य के तीसरे कालखण्ड को 'रीतिकाल' का नाम मिला।

रीतिकालीन साहित्य की विशेषताएँ

ऐतिहासिक दृष्टि से रीतिकाल के दौर राजनीतिक स्थिरता और आर्थिक समृद्धि के लिए जाना जाता है। देश में मुग़ल शासन केन्द्रीय सत्ता के तौर पर सुस्थापित हो गया था। राजे, रजवाड़े भी अपनी सीमाओं को स्वीकार कर चुके थे। अधिकांश मुग़ल शासक कला-शिल्प, साहित्य-संगीत और काव्य-नृत्य के पोषक थे। उनके दरबारों में कलाकारों, संगीतज्ञों, नर्तकों, नटों आदि के साथ ही वाक्कला विशेषज्ञ कवियों को भी आश्रय मिलता था। दूसरी तरफ शौकीन स्वभाव के नवाब, मनसबदार, ज़ागीरदार, उच्चाधिकारी, राजे और रजवाड़े भी अपने दरबारों में तमाम कलाओं में माहिर लोगों को स्थान देते थे, जो

उनके मनोरंजन के लिए गायन, वादन, नृत्य, जादूगरी, कविता, शेर 'औ' शायरी आदि प्रस्तुत करते थे। हिन्दी साहित्य के रीतिकाल की अधिकांश रचनाएँ इसी उच्चवर्ग की चाह और संरक्षण से पनपी हैं। इनमें से ज्यादातर का समय और धन जुए, शराब, नाच, गाने और स्त्रीसंसर्ग में बीतता था। इन विषयों में उनके सुख को बढ़ाने के लिए चाटुकारों, नटों, नर्तकों आदि के साथ शब्दों के कलाकारों यानि कवियों का जमघट भी जुटने लगा। इन कवियों को आश्रयदाता को प्रसन्न करने वाली कविता के लिए प्रति कविता या प्रति छन्द ईनाम प्राप्त होता था, जिसके लालच में अधिकांश आश्रित कवि अपने आश्रयदाताओं की इच्छातृप्ति और राजमहल में अपना स्थान बनाए रखने के लिए काव्यरचना करने लगे। यही कारण है कि ज़्यादातर दरबारी काव्य उन्मुक्त शृंगार से सराबोर है। इनमें नायिका यानि स्त्री के सौन्दर्य, चेष्टाओं, गमन, कम्पन, स्नान आदि गतिविधियों से लेकर मिलन की आकांक्षा और एकान्त मिलन तक के दृश्यों का सांगोपांग वर्णन पाया जाता है।

नायिका यानि स्त्री के शरीर तक केन्द्रित रीतिकालीन कवियों ने शृंगारिक वर्णनों में प्रकृति को भी उद्दीपक के रूप में इस्तेमाल किया है। वृक्ष, वनस्पति, बादल, वर्षा, हवा और नदी-तालाबों जैसे प्राकृतिक साधनों को भी इन कवियों ने कामभाव का उत्प्रेरक बना दिया। उदाहरण के लिए एक ग्रामीण बाला द्वारा पानी भरकर लाने की सामान्य गतिविधि के वर्णन में नदी की लहरें नायिका के कपड़ों को भिगा देती हैं और हवा उन्हें अंगों से चिपका देती है। ऐसे में कवि को उसके अंग-प्रत्यंगों और चाल के वर्णन का अवसर मिल जाता है। हद तो तब हो जाती है जब तेज़ी से घर की ओर जाती इस नायिका के कपड़े झाड़ियों में फँस जाते हैं और वह अर्द्धनग्न हो जाती है। इन काव्यों में स्त्री के बालों, आँखों, हाथ-पैरों, गरदन, कमर और दूसरे अंगों को अलग-अलग उपमाएँ दी गईं और इनके माध्यम से शृंगार का उत्तेजक वर्णन किया गया। इस वर्णन में वास्तविकता से आगे बढ़कर अतिशयोक्ति का सहारा लिया गया है।

रीतिकाल का अधिकांश काव्य ब्रजभाषा में लिखा गया, लेकिन वर्णनों की सजीवता और प्रभावपूर्णता के लिए अन्य भाषाओं से भी शब्द ग्रहण किए गए। रीतिकाव्यों की भाषा अलंकारों से परिपूर्ण और कोमल शब्दावली से युक्त है। इसमें चुन-चुनकर शब्दों का प्रयोग किया गया है ताकि वर्णनों को ज़्यादा से ज़्यादा सजीव और उत्तेजक बनाया जा सके। इन कारणों से रीतिकाव्यों में कल्पना की प्रधानता हो गई और समाज के वास्तविक जीवन से इसका सरोकार कम हो गया। इस काव्य में दोहा, सोरठा, चौपाई, कवित्त, सवैया आदि का प्रचुर प्रयोग हुआ है। अलंकारों में अतिशयोक्ति, मानवीकरण, श्लेष, रूपक, विरोधाभास और विचित्रोक्ति का प्रयोग अधिक दिखाई देता है। रीतिकालीन काव्यों की भाषा के विषय में डॉ. भगीरथ मिश्र का कहना है कि "शब्दों को खोजकर, उसका शोधकर, माँजकर प्रयोग करना, उसके भीतर नाद-सौन्दर्य, अर्थ-चमत्कार और उक्ति-वैचित्र्य भरना; ये सब रीतिकवियों की सामान्य विशेषताएँ हैं।

रीतिकाल मुख्य रूप से शृंगारिक कविता के लिए जाना है लेकिन इस दौरान अनेक भक्तिकाव्यों और वीरगाथाओं का सृजन भी हुआ। इन काव्यों को मुख्य तौर पर चार कोटियों—वीरकाव्य, भक्तिकाव्य, नीतिकाव्य और वैराग्य काव्य; में रखा जाता है। साहित्य रचना की दृष्टि से ये काव्य को प्रबन्ध, मुक्तक, निबन्ध और सूक्ति के रूप में रचा गया है। वीरकाव्य में सबलसिंह कृत 'महाभारत', गुरु गोविन्दसिंह का 'चंडीचरित्र', जोधराज का 'हम्मीर रासो', सूदन का 'सुजान चरित्र', भूषण के शिवाबावनी और छत्रसालदशक आदि प्रमुख हैं। भक्तिपरक काव्यों में केशवदास की 'रामचन्द्रिका', गुरु तेगबहादुर के 'आदिग्रन्थ', गुरु गोविन्दसिंह की 'गोविन्द रामायण', भगवन्तराय की 'हनुमतपच्चीसी', कासिमशाह के 'हँस जवाहर', नूरमुहम्मद के 'इन्द्रावती' गुमानमिश्र की 'कृष्णचंद्रिका' और अष्टछाप के कवियों की रचनाएँ विशेष तौर पर उल्लेखनीय हैं। वृंद की 'वृंद सतसई', दीनदयाल गिरि की 'दृष्टांत तरंगिणी' और गिरिधर की कुण्डलियाँ नीतिकाव्यों के उदाहरण हैं। वैराग्यपरक काव्यों में किसी ग्रन्थविशेष के स्थान पर छिटपुट मुक्तकों के उदाहरण मिलते हैं।

आधुनिक काल या गद्य-विकास काल (1900 ई. से आज तक)

ब्रिटिश ईस्ट इण्डिया कम्पनी ने 1757 के पलासी युद्ध के बाद भारत पर अधिकार करना शुरु किया। धीरे-धीरे इसने भारत के बड़े हिस्से पर अधिकार कर लिया और यहाँ के संसाधनों की लूट शुरु कर दी। जिन राजाओं ने कम्पनी की ऐसी नीतियों का विरोध किया उन्हें शासन से हटाकर, मनमाफ़िक लोगों को नियुक्त किया गया। सारे देश में ज़मींदारों और कलेक्टरों

का जाल बिछा दिया गया, जो जनता का खून चूसकर कम्पनी का घर भरने लगे। इससे आम जनता का सरकार से विश्वास हट गया और वह अंग्रेज़ी सरकार को उखाड़ फेंकने का स्वप्न देखने लगी। 1857 में अनेक देसी राजाओं ने मिलकर कम्पनी सरकार के खिलाफ़ युद्ध लड़ा। उस प्रयास को भारत के पहले स्वतन्त्रता संग्राम के नाम से जाना जाता है। इसके परिणामस्वरूप कम्पनी सरकार को भारत की सत्ता गँवानी पड़ी और ब्रिटेन की सरकार ने खुद भारत की बागडोर सँभाल ली। लेकिन राज बदलने से भी भारत के संसाधनों की लूट-खसोट बन्द नहीं हुई बल्कि रेल, सड़क, डाक, न्याय, प्रशासन, शिक्षा आदि तमाम सुविधाओं की आड़ में भारत को कंगाल और कमज़ोर बनाने के प्रयास तीव्रतर हो गए।

भारत को इस स्थिति से बाहर निकालने के लिए अनेक धार्मिक, राजनीतिक और सामाजिक नेताओं ने अनेक माध्यमों से नवजागरण आरम्भ किया। अधिकांश महापुरुषों ने हिन्दी को भारत की राष्ट्रभाषा बनाने की हिमायत की ताकि देश में विचारों के आदान-प्रदान को आसान बनाया जा सके। अंग्रेजी शासन के विरोध, राष्ट्रीय पुनर्जागरण, हिन्दी को राष्ट्रभाषा बनाए जाने के अभियान और स्वदेशी आन्दोलन की पृष्ठभूमि में हिन्दी साहित्य का अगला चरण आरम्भ हुआ। इन सभी गतिविधियों को मुखर समर्थन देते हुए हिन्दी साहित्य ने एक तरफ आम जनता को भारत के गौरवमय अतीत तो दूसरी तरफ विदेशी शासन की कुनीतियों से परिचित कराया। लेखकों और कवियों ने लोगों से अशिक्षा और अन्धविश्वासों को छोड़कर सक्रिय व जागरूक नागरिक बनने के लिए प्रेरित किया। इस दौर में गद्य यानि वाक्यबद्ध भाषा और खड़ी बोली को साहित्यभाषा के रूप में स्थान मिला। इसमें शब्दों, उच्चारण और वाक्य-विन्यास के स्तर पर मानकता और एकरूपता थी, इसलिए यह हर प्रकार के भाव सम्प्रेषण और लेखन के लिए सक्षम थी। इस प्रक्रिया में हिन्दी के स्वरूप में एकरूपता आई और उसकी लिपि 'देवनागरी' को मानक रूप मिला। इन कारणों से देवनागरी लिपि में लिखी जाने वाली खड़ी बोली हिन्दी आधुनिक साहित्य की भाषा बन गई।

हिन्दी का आधुनिक साहित्य स्वदेश प्रेम की आधारभूमि पर पनपा और विकसित हुआ। उसमें देश की वास्तविक स्थितियों को कथा, कहानी, उपन्यासों, नाटकों और लेखों के माध्यम से अभिव्यक्त किया गया। इस दौर के अधिकांश रचनाकार भारत के अतीत की उपलब्धियों और वर्तमान की दुर्दशा से परिचित थे। उनके मन में भारत को गुलामी की ज़ंज़ीरों से मुक्त कराने का संकल्प था। वे चाहते थे कि भारत के आम नागरिक भी भारत की सही तस्वीर को जानें, सुखी व समृद्ध भारत के निर्धन और असहाय हो जाने के कारणों को पहचानें और विदेशी शासन से मुक्ति के लिए संकल्पित हों। इसलिए उन्होंने राष्ट्रवादी साहित्य की रचना की। इस रूप में हिन्दी साहित्य ने भारत की स्वतन्त्रता के लिए उत्प्रेरक की भूमिका निभाई। वैचारिक पुनर्जागरण और स्वतन्त्रता के उत्प्रेरक विचारों को साहित्य के माध्यम से सबसे पहले प्रस्तुत करने वाले विद्वान थे—भारतेन्दु हरिश्चन्द्र। उन्हें हिन्दी साहित्य में नवचेतना का अग्रदूत कहा जाता है। सामाजिक और राजनीतिक दृष्टि से आधुनिक विचारों की प्रस्तुति के कारण हिन्दी साहित्य के इस दौर को 'नवजागरण काल' का नाम दिया जाता है।

आधुनिक हिन्दी साहित्य की विशेषताएँ

हिन्दी पद्य साहित्य

हिन्दी कविता रीतिकाल तक छन्दों में ही लिखी जाती थी। उनकी निश्चित लय और शब्दसीमा थी। उनके विषय भी लगभग निश्चित थे और ज़्यादातर कवि इन विषयों पर ही प्रचलित छन्दों में रचना करते थे। लेकिन आधुनिक काल में छन्द, अलंकार और विषय की सीमाओं को लाँघकर कवियों ने समाज और देश की जागृति के लिए कविताएँ लिखीं। इन कविताओं में कहीं स्त्री शिक्षा का सन्देश था, तो कहीं विधवा विवाह का समर्थन। कहीं जातिगत भेदभाव का विरोध था, तो कहीं धार्मिक समानता की सीख। यही नहीं भारत के प्राचीन गौरव का गान और वर्तमान दुर्दशा का वर्णन भी कविताओं का विषय बना। इस प्रकार आधुनिक कविता वास्तव में नवजागरण का माध्यम बन गई।

हिन्दी गद्य साहित्य

आधुनिक काल में हिन्दी साहित्य की अनेक ऐसी विधाओं की शुरुआत हुई जो अब तक अछूती रही थीं। इनमें निबन्ध, उपन्यास, एकांकी, आलोचना, यात्रा-वृत्तान्त, डायरी, साक्षात्कार और रिपोर्ट शामिल हैं। इसी के साथ कहानी, महाकाव्य,

नाटक आदि पहले से स्थापित विधाओं में नए विषयों और प्रयोगों को शामिल किया गया। जिससे इन विधाओं का प्रभाव और उपयोगिता काफी बढ़ गई। इन बदलावों के लिए अनेक भाषा-विद्वानों और साहित्यकारों ने अथक प्रयास किए। इन महापुरुषों में भारतेन्दु हरिश्चन्द्र, आचार्य महावीर प्रसाद द्विवेदी, आचार्य रामचन्द्र शुक्ल और मुंशी प्रेमचन्द के नाम उल्लेखनीय हैं। हिन्दी गद्य की कुछ विशेषताओं की चर्चा यहाँ संक्षेप में की जा रही है–

समाजोन्मुखी साहित्य

आधुनिक हिन्दी साहित्य का लक्ष्य अपने आश्रयदाताओं की सन्तुष्टि और प्रशंसा न होकर समाज में पुनर्जागरण का सन्देश पहुँचाना था। इसके लिए आधुनिक साहित्य में नए विषयों को शामिल किया गया। इन विषयों में समाज में स्त्री की स्थिति में सुधार, भारत के अतीत गौरव और वर्तमान दुरावस्था की तुलना, शिक्षा का प्रसार, अंधविश्वासों से मुक्ति, जाति और धर्म की ऊँच-नीच का विरोध आदि शामिल थे। इन विषयों पर लिखित साहित्य के माध्यम से समाज को जागृत करने में मदद मिली।

राष्ट्रवादी साहित्य

आधुनिक रचनाकारों ने देशसेवा और जनजागृति को साहित्य का लक्ष्य मानते हुए राष्ट्रवादी काव्य लिखा। इस काव्य में देश की स्वतन्त्रता और सम्मान को वापस लौटाने का सन्देश था। अंग्रेज़ी शासन के ग़लत निर्णयों और कुटिल चालों से आम लोगों को परिचित कराने के लिए भी साहित्यकारों ने पहल की। प्रेमचन्द और बंकिमचन्द्र जैसे लेखकों ने विद्रोह की सफलता दिखाने वाले उपन्यास लिखे, जिनसे लोगों को अंग्रेज़ों की खिलाफत का सन्देश मिला। इसी प्रकार अनेक कवियों ने भी वीरता और बलिदान के भावों को कविताओं में प्रस्तुत किया। इन प्रयासों से लोगों को स्वतन्त्रता के लिए प्रयास करने की प्रेरणा मिली।

मानवतावादी साहित्य

आधुनिक साहित्य में आम आदमी की समस्याओं, पीड़ा, विवशता और उत्पीड़न को स्थान मिला। भारतीय किसानों और मज़दूरों पर ज़मींदारों, सूदखोरों और सरकारी नीतियों के शोषण पर मार्मिक कहानियाँ, उपन्यास और कविताएँ लिखी गईं। इससे समाज के दूसरे लोगों में उनके साथ सहानुभूति का भाव जगा। इसी तरह शहरी ग़रीबों और मज़दूरों की समस्याओं को भी साहित्य में स्थान मिला। इससे प्रभावशाली लोगों, ज़मींदारों, राजनीतिक नेताओं और समाज सेवकों को अपनी ज़िम्मेदारी का अहसास हुआ। जिसके परिणामस्वरूप अनेक लोकहितकारी कानून और व्यवस्थाएँ अस्तित्व में आईं।

सरलता और वास्तविकता का साहित्य

इस दौर के साहित्यकार अपनी भाषा और शैली से विद्वानों को हैरान करने के लिए रचनाएँ नहीं लिखते थे, बल्कि जनता के प्रति अपनी ज़िम्मेदारी निभाने के लिए कलम उठाते थे। वे अंग्रेज़ी राज में भारत की दुर्दशा से चिन्तित थे और लोगों को इस बारे में सचेत करना चाहते थे। इनमें से अनेक हिन्दी और संस्कृत भाषाओं के बड़े विद्वान थे, लेकिन उन्होंने अपने साहित्य में सरल और रोचक भाषा का इस्तेमाल किया है ताकि सामान्य लिखा-पढ़ा व्यक्ति भी उन्हें पढ़ और समझ सके। उन्होंने अपनी भावनाओं को प्रकट करने के लिए निबन्ध या लेख के बदले; कहानी, उपन्यास और नाटक जैसी विधाओं को चुना ताकि लोग उन्हें रुचिपूर्वक पढ़ें। इस प्रकार आधुनिक हिन्दी साहित्य कल्पना के बदले सच्चाई पर आधारित था।

ऐतिहासिक गौरव की याद दिलाने वाला साहित्य

आधुनिक काल के अनेक साहित्यकारों ने प्राचीन भारत के महापुरुषों के जीवन पर आधारित कहानियाँ, नाटक और उपन्यास लिखे। इनमें चन्द्रगुप्त, सम्राट अशोक, हर्षवर्धन और महात्मा बुद्ध जैसे चरित्रों के नाम उल्लेखनीय हैं। इन रचनाओं में वृन्दावनलाल का उपन्यास 'झाँसी की रानी' उल्लेखनीय है। इन रचनाओं के माध्यम से लेखकों ने आम जनता को भारत के अतीत के गौरव से परिचित कराने का प्रयास किया। इस इतिहास परिचय से देश के लोगों का आत्मविश्वास जागा और

उन्होंने विदेशी शासन की खिलाफत करना शुरु किया। इस जागृति के कारण ही जनता ने राजनीतिक नेताओं के इशारों पर अनेक आन्दोलनों को सफल बनाया।

विदेशी रचनाओं के अनुवाद का साहित्य

आधुनिक काल के अनेक विद्वानों ने प्रसिद्ध विदेशी रचनाओं के अनुवाद प्रस्तुत किए। यह सिलसिला भारतेन्दु हरिश्चन्द्र से शुरु हुआ। बाद में मुंशी प्रेमचन्द जैसे रचनाकार भी इसमें सहभागी बने। इससे हिन्दी साहित्य में नए विषय और रचनाशैलियों का समावेश हुआ। ज़्यादातर अनुवाद कहानियों, एकांकियों और नाटकों के हुए। बाद में इन अनुवादों के आधार पर हिन्दी साहित्य में भी नए विषयों और शैलियों में रचनाएँ होने लगीं।

संक्षेप में कहा जा सकता है कि आधुनिक काल का हिन्दी साहित्य देश और समाज को समर्पित साहित्य था। इसके विषय, भाषा और रचनाशैली आम जनता को ध्यान में रखकर चुने गए। देश को स्वतन्त्र और समाज को आधुनिक बनाना आधुनिक हिन्दी साहित्य का सबसे बड़ा लक्ष्य था। इसी के साथ हिन्दी भाषा को जनभाषा बनाना और उसे सब प्रकार से सक्षम करना भी आधुनिक साहित्यकारों का सरोकार था। उन्होंने अपना साहित्य आत्मसन्तुष्टि के लिए नहीं बल्कि समाज कल्याण और देश की आज़ादी के लिए लिखा। इस दौर में पद्य की तुलना में गद्य साहित्य का अधिक विकास हुआ, इसलिए इस युग को गद्यकाल भी कहा जाता है। शिक्षा का प्रसार, अन्धविश्वासों का उन्मूलन, स्त्रियों और दलितों की स्थिति में सुधार, देश के प्रति अपनापन और समाज कल्याण की भावना का उदय इस साहित्य की मुख्य विशेषताएँ हैं।

आधुनिक गद्य साहित्य के प्रमुख चरण

ब्रिटिश शासन के साथ ही भारत में छापेखाने का भी आगमन हुआ। आरंभ में तो इसका इस्तेमाल शासकीय प्रयोजनों तक सीमित रहा लेकिन बाद में इसका उपयोग आम जनता के लिए पुस्तकों, पत्रों और पत्रिकाओं के प्रकाशन के लिए होने लगा। इसका सबसे बड़ा लाभ हिन्दी साहित्य के परिमाण और विषयों के विस्तार के रूप में हुआ। हाथ से लिखित पुस्तकों के मुकाबले मुद्रित साहित्य; न केवल पुस्तक पढ़ने वालों के लिए लाभदायक रहा बल्कि पुस्तक लेखकों के लिए भी सुविधाजनक हो गया। छापेखाने के विकास का एक अन्य लाभ हिन्दी भाषा की एकरूपता के तौर पर भी सामने आया जिससे आज यह एक सहज, सरल, एकसमान, व्याकरण-सम्मत और सर्वस्वीकार्य साहित्यभाषा के रूप में हमारे सामने है।

पहला चरण

हिन्दी साहित्य के गद्य रचनाकाल का पहला चरण तो गद्य लेखन के लिए उपयुक्त भाषारूप के चयन और उस भाषारूप के मानक रूप के विकास में ही समाप्त हो गया। मुग़ल साम्राज्य के पतन, अंग्रेज़ी सत्ता की स्थापना, ईसाई मिशनरियों द्वारा धर्म और शिक्षा के प्रचार के लिए हिन्दी के प्रयोग, प्रेस के आविष्कार और हिन्दी पत्रिकाओं के प्रकाशन की शुरुआत के चलते हिन्दी गद्य का तेज़ी से विकास हुआ।

हिन्दी की पहली कहानी लिखने वाले इंशा अल्ला खाँ के साथ मुंशी सदासुखलाल, लल्लूलाल और सदल मिश्र इस दौर के प्रमुख रचनाकार थे। विख्यात कवि भारतेन्दु हरिश्चन्द्र ने नाटकों के अनुवाद, मंचन और नाट्य लेखन में नई परम्पराओं की शुरुआत की। लाला श्रीनिवास दास के 'परीक्षागुरु' के साथ हिन्दी में उपन्यासों की परम्परा शुरु हुई। 'उदंत मार्तण्ड' और 'बंगदूत' जैसी पत्रिकाओं के प्रकाशन से हिन्दी में गद्य लेखन का विकास हुआ।

दूसरा चरण

आधुनिक हिन्दी साहित्य का दूसरा चरण आचार्य महावीर प्रसाद द्विवेदी द्वारा 'सरस्वती' पत्रिका के प्रकाशन के साथ आरम्भ हुआ। भाषा, व्याकरण और लिपि के स्तरों पर एकरूपता और मानकता की स्थापना इस चरण की विशेषता रही। इस दौरान लिखित रामदेवी प्रसाद 'पूर्ण', अयोध्यासिंह उपाध्याय 'हरिऔध' और ज्वाला प्रसाद मिश्र के मौलिक और अनुदीत

नाटक उल्लेखनीय हैं। देवकीनन्दन खत्री, किशोरीलाल गोस्वामी, अयोध्यासिंह उपाध्याय 'हरिऔध' और लज्जाराम मेहता ने उपन्यास लेखन की परम्परा शुरु की। ये उपन्यास इतने लोकप्रिय हुए कि इन्होंने लोगों को हिन्दी सीखने पर विवश कर दिया।

कहानीकारों में किशोरीलाल गोस्वामी, मास्टर भगवानदास, रामचन्द्र शुक्ल, गिरिजादत्त वाजपेई, जयशंकर प्रसाद, विश्वम्भरनाथ शर्मा कौशिक, राधिकारमण प्रसाद सिंह, चंद्रधर शर्मा 'गुलेरी' और आचार्य चतुरसेन के नाम स्मरणीय हैं। निबन्ध लेखन में महावीर प्रसाद द्विवेदी, माधवप्रसाद मिश्र, बालमुकुन्द गुप्त, बाबू श्यामसुन्दर दास और पण्डित चंद्रधर शर्मा 'गुलेरी' का विशेष योगदान रहा। इस समय के प्रमुख कवियों में अयोध्यासिंह उपाध्याय 'हरिऔध', महावीर प्रसाद द्विवेदी, मैथिलीशरण गुप्त और आचार्य रामनरेश त्रिपाठी के नाम अग्रगण्य हैं।

तीसरा चरण

आधुनिक हिन्दी साहित्य का तीसरा चरण विषय, कथावस्तु और प्रस्तुतिकरण के लिहाज से क्रान्तिकारी था। प्रेमचन्द इस युग के नायक बनकर उभरे और उन्होंने हिन्दी गद्य को जनसामान्य की व्यथा का वाहक बना दिया। उनके साथ ही जयशंकर प्रसाद, आचार्य चतुरसेन शास्त्री, विश्वम्भरनाथ शर्मा 'कौशिक', बेचन शर्मा 'उग्र', प्रताप नारायण श्रीवास्तव, भगवतीचरण वर्मा, जैनेन्द्र कुमार और वृन्दावनलाल शर्मा जैसे नामख्यात उपन्यासकारों ने हिन्दी साहित्य को अविस्मरणीय उपन्यास दिए। वहीं प्रेमचन्द, जयशंकर प्रसाद, विश्वम्भरनाथ शर्मा 'कौशिक', ज्वालादत्त शर्मा, जनार्दन प्रसाद झा, भगवती प्रसाद वाजपेई, चंडीप्रसाद 'हृदयेश', बेचन शर्मा 'उग्र', सुदर्शन, जैनेन्द्र कुमार, विनोद शंकर व्यास और गंगाप्रसाद श्रीवास्तव जैसे मूर्धन्य कहानीकारों ने भी कल्पना और यथार्थ का भेद भुला देने वाली रचनाओं से पाठकों को मन्त्रमुग्ध कर दिया। जयशंकर प्रसाद, हरिकृष्ण प्रेमी, सेठ गोविन्ददास, गोविन्दवल्लभ पन्त, लक्ष्मी नारायण मिश्र, उदयशंकर भट्ट, और उपेन्द्रनाथ अश्क के नाटक और सुदर्शन, रामकुमार वर्मा, उपेन्द्रनाथ अश्क, और भगवती चरण वर्मा की एकांकियों ने भी पाठकों को मन्त्रमुग्ध किया।

इस चरण में हिन्दी काव्य में 'छायावाद' के नाम से एक रहस्यवादी प्रवृत्ति सामने आई जिसमें प्रेम, अध्यात्म और समर्पण जैसे आन्तरिक भावों को प्रतीक बिम्बों के रूप में कविता के माध्यम से प्रस्तुत किया गया। महादेवी वर्मा, सूर्यकान्त त्रिपाठी 'निराला', जयशंकर प्रसाद, हरिवंशराय 'बच्चन' और सुमित्रानन्दन पन्त इस धारा के मूर्धन्य कवि माने जाते हैं। छायावाद के बाद हिन्दी कविता की नई करवट 'प्रयोगवाद' के रूप में थी। सच्चिदानन्द हीरानन्द वात्स्यायन 'अज्ञेय' ने अपने काव्य संकलन 'तार सप्तक' में सात प्रगतिवादी कवियों गिरिजाकुमार माथुर, भारत भूषण अग्रवाल, गजानन माधव 'मुक्तिबोध' प्रभाकर माचवे, रामविलास शर्मा, नेमिचन्द जैन और स्वयं अपनी प्रगतिवादी कविताओं का संकलन प्रस्तुत किया। इसे प्रगतिवादी कविता का मुखपत्र कहा जा सकता है। अन्य प्रगतिवादी कवियों में शमशेर, नागार्जुन, केदारनाथ अग्रवाल, धर्मवीर भारती, सर्वेश्वर और शिवमंगलसिंह सुमन विशेषतः उल्लेखनीय हैं।

चौथा चरण

हिन्दी के आधुनिक साहित्य का चौथा चरण काव्य परम्परा में नए प्रयोगों का समय था। इस दौर में 'नई कविता' नाम से छन्दमुक्त कविताओं की परम्परा शुरु हुई। इस काल की कविताओं के विषय भी आधुनिक या ग़ैर-पारम्परिक थे। नई कविता को दुष्यन्त कुमार, केदारनाथ सिंह, विपिन कुमार अग्रवाल, अशोक वाजपेई, विष्णु खरे, प्रयाग शुक्ल, मंगलेश डबराल, उदय प्रकाश, गोपालदास नीरज, कुंवर बेचैन, पुरुषोत्तम और आनन्द शर्मा जैसे तमाम कविजनों ने प्राणपण से सींचा है।

नाटकों के क्षेत्र में जयशंकर प्रसाद कृत 'ध्रुव स्वामिनी', जगदीशचन्द्र माथुर रचित 'कोणार्क', मोहन राकेश के 'आषाढ़ का एक दिन' और धर्मवीर भारती के 'अंधायुग' के बाद पाठकों को अच्छे नाटकों के लिए काफी धैर्य दिखाना पड़ा। सत्येन्द्र शरत, रेवतीरमण शर्मा, सुरेन्द्र वर्मा, मुद्राराक्षस, मणि मधुकर, शरद जोशी और नरेन्द्र कोहली के नाटकों ने पाठकों को इस धैर्य का यथेच्छ प्रसाद दिया। उपन्यास के क्षेत्र में आधुनिकता और समकालीन कथावस्तु पारम्परिकता पर हावी होते गए हैं। चतुरसेन शास्त्री का 'वैशाली की नगरवधू' और वृंदावनलाल शर्मा का 'मृगनयनी' अब अपवाद की श्रेणी में

गिने जाने लगे हैं। जैनेन्द्र, अज्ञेय, इलाचन्द्र जोशी, विष्णु प्रभाकर, अमृतलाल नागर, भगवतीचरण वर्मा, रांगेय राघव, राहुल सांकृत्यायन, नागार्जुन, फणीश्वरनाथ रेणु, उपेन्द्रनाथ अश्क, अमृतराय, भीष्म साहनी, राजेन्द्र यादव, प्रभाकर माचवे और धर्मवीर भारती की परम्परा को शिवप्रसाद सिंह, शैलेश मटियानी, श्रीलाल शुक्ल, कृष्णचन्द्र शर्मा 'भिक्खु', मन्नू भण्डारी, रामदरश मिश्र, नरेन्द्र कोहली, रमेश बक्शी, मनोहर श्याम जोशी, रमाकान्त, मृदुला गर्ग, हिमांशु और रवीन्द्र वर्मा जैसे मूर्धन्य उपन्यासकारों ने बखूबी आगे बढ़ाया।

हिन्दी कविता के बाद कहानी भी नए परिधान में दिखने को आतुर हुई। देश, समाज, परम्परा और समर्पण से भरीपूरी कहानियों के स्थान पर अब ज्ञान-विज्ञान, विश्लेषण, महत्त्वाकांक्षा और आधुनिकता पर आधारित विषयों की कहानियाँ सामने आ रही हैं। इस यात्रा में कहानी के अकहानी, सहज कहानी, समानान्तर कहानी, सचेतन कहानी, सक्रिय कहानी और जनवादी कहानी जैसे रूप सामने आ रहे हैं। समय के अभाव के बीच संवेदना के अनुभव के माध्यम के रूप में लघुकथा ने भी आधुनिक साहित्य में अपना स्थान बना लिया है। मोहन राकेश, निर्मल वर्मा, कमलेश्वर, कृष्णा सोबती, शिव प्रसाद सिंह, अमरकांत, राजेन्द्र यादव, धर्मवीर भारती, उषा प्रियम्वदा, और मन्नू भण्डारी इस प्रवाह को गति देने वाले कथाकारों की सूची में अग्रगण्य हैं। इनके साथ हरिशंकर परसाई, भीष्म साहनी, अमृतराय, दूधनाथ सिंह, रामनारायण शुक्ल, रमेश बक्शी, काशीनाथ सिंह, गिरिराज किशोर, मृदुला गर्ग और असगर वजाहत के नाम भी उल्लेखनीय हैं। दूसरी तरफ हिन्दी साहित्य की अनेक विधाएँ आज के सूचना-प्रसार के युग में महत्त्वहीन हो गई लगती हैं। इनमें यात्रा-विवरण, संस्मरण, साक्षात्कार और आलोचना का उल्लेख किया जा सकता है।

प्रश्न

1. साहित्य शब्द का अर्थ स्पष्ट करते हुए मानव-विकास में इसके महत्त्व का वर्णन कीजिए।
2. हिन्दी साहित्य के काल-विभाजन पर संक्षिप्त टिप्पणी कीजिए।
3. आदिकाल को वीरगाथाकाल क्यों कहा जाता है?
4. आदिकाल के प्रमुख वीरकाव्यों का संक्षिप्त परिचय दीजिए।
5. आदिकाल में वीरकाव्य के अतिरिक्त रचित काव्यों के विषय में संक्षिप्त अनुच्छेद लिखिए।
6. सिद्ध सम्प्रदाय के अधिक प्रचलित और दीर्घजीवी न होने के कारणों पर टिप्पणी कीजिए।
7. नाथ सम्प्रदाय का परिचय देते हुए इसके प्रमुख सिद्धान्तों की सूची बनाइए।
8. हिन्दी साहित्य में भक्तिकाल के उदय के कारणों की समीक्षा कीजिए।
9. 'भक्तिकाल हिन्दी साहित्य का स्वर्णकाल है'—सटीक तथ्यों द्वारा इस कथन की पुष्टि कीजिए।
10. सगुणभक्तिधारा के गुणधर्मों का परिचय दीजिए।
11. श्रीकृष्ण भक्तिधारा के प्रमुख भक्तकवियों की सूची बनाइए।
12. निर्गुणभक्तिधारा के गुणधर्मों का परिचय दीजिए।
13. ज्ञानमार्गी भक्ति के मुख्य सिद्धान्तों का उल्लेख कीजिए।
14. प्रेममार्गी भक्तिधारा में अन्तर्हित दर्शन पर टिप्पणी कीजिए।
15. 'रीतिकालीन साहित्य वैभव और विलास का काव्य है'—टिप्पणी कीजिए।
16. आधुनिक हिन्दी साहित्य की विशेषताओं पर निबन्ध लिखिए।
17. आधुनिक हिन्दी गद्य साहित्य के प्रमुख चरणों का परिचय दीजिए।
18. आधुनिक हिन्दी साहित्य को पुनर्जागरण का साहित्य कहे जाने के कारणों की समीक्षा कीजिए।

5 हिन्दी की लिपि–देवनागरी

प्रकरण का उद्देश्य

लिपि का उद्देश्य बोली जाने वाली भाषा को स्थायित्व प्रदान करना है। लिपि ध्वनि संकेतों को लिखित रूप में स्थायी बनने का माध्यम है। इसके प्रयोग से क्षणजीवी भाषा स्थिर और स्थायी हो जाती है। लिपि किसी भाषा के ज्ञान को शाश्वत और सर्वव्यापक बना सकती है। इसी के माध्यम से विश्व की प्रथम पुस्तक ऋग्वेद हमारे सामने है और अनंत काल तक रहेगी। लिपि की महिमा से ही आज हर विषय का ज्ञान पुस्तकों के रूप में एक युग से दूसरे कालखण्ड, एक देश से पूरे संसार और एक भाषा से दूसरी भाषा तक उपलब्ध हो गया है।

लेकिन लिपि की यह दिव्य व्यवस्था एक दिन में नहीं विकसित हो गई। इसकी कहानी काफी लम्बी है, जिसमें चित्र से लेकर विकसित संकेतों तक के विकास के चरण शामिल हैं। लिपि के विकास-क्रम का संक्षिप्त लेखा-जोखा इस प्रकरण में दिया गया है।

लिपि की परिभाषा और महत्त्व

भाषा के लिखित प्रतीकों की व्यवस्था लिपि कहलाती है। लिपि किसी भाषा की लगभग सभी ध्वनियों को प्रतीकरूप में प्रस्तुत करती है। इसके माध्यम से भाषा के सन्देशों को स्थायित्व मिलता है और लोग एक दूसरे के साक्षात् सम्पर्क में आए बिना सन्देशों का आदान-प्रदान कर सकते हैं। प्राचीन भाषाओं के लिपि चिह्नों को चित्रों के रूप में बनाया जाता था, लेकिन इस विधि से सभी सन्देशों को पूरी तरह से व्यक्त नहीं किया जा सकता। इसलिए लिपि में मौखिक भाषा की ध्वनियों को संकेतबद्ध किया जाता है। इन ध्वनि संकेतों को ही उस भाषा की लिपि कहा जाता है। इन विशेषताओं के आधार पर लिपि को अनेक प्रकार से परिभाषित किया जा सकता है–

- लिपि लिखित संकेतों की व्यवस्था है जिसमें मौखिक भाषा की ध्वनियों को व्यक्त किया जाता है।
- मौखिक भाषा की ध्वनियों को लिखित रूप में प्रस्तुत करने वाली व्यवस्था लिपि कहलाती है।

कोई भी भाषा मूलतः मौखिक होती है। लेकिन भाषा की उपयोगिता और क्षमता बढ़ाने के लिए उसे लिखित रूप में प्रयोग करना ज़रूरी हो जाता है। इस ज़रूरत के चलते ही लिपि यानि भाषा के लिखित रूप का विकास होता है। लिपि के विकास का पहला चरण बिलकुल साधारण और सीमित उपयोगिता वाला होता है। इसका अर्थ है कि लिपि के संकेत बहुत कम और सीमित उपयोगिता वाले होते हैं। संसार की सभी भाषाओं में लिपि का विकास इसी प्रणाली से हुआ है। मेसोपोटामिया की कीलाक्षर लिपि, चीन की चित्रलिपि, रोम की ध्वन्यात्मक लिपि और भारत की संकेत लिपि इसके उदाहरण हैं।

लिपि के विकास के बावजूद मौखिक भाषा की प्रमुखता कायम रहती है और लिपि हमेशा मौखिक भाषा का अनुसरण करती है। जैसे-जैसे मौखिक भाषा विकसित और व्यापक होती है वैसे-वैसे लिपि को अपनी क्षमता बढ़ानी होती है। लेकिन लिपि यानि लिखित भाषा में यह प्रक्रिया मौखिक भाषा की अपेक्षा अधिक कठिन और धीमी होती है। यही कारण है कि

संसार में भाषाओं की अपेक्षा लिपियों की संख्या सदा ही कम रही है। आधुनिक समय में भी भाषाओं की संख्या जहाँ हज़ारों में है जबकि लिपियों की संख्या बीस के आसपास ही है। जहाँ भाषाओं के परिवारों की संख्या नौ है; वहीं लिपियों के प्रकारों की संख्या केवल तीन है। इस सीमा के बावजूद लिपि का महत्त्व कम नहीं है।

मौखिक भाषा के साथ लिपि की व्यवस्था का होना भाषा को पूर्ण करता है। मौखिक भाषा स्थान, समय और उपयोगिता की दृष्टि से अत्यन्त सीमित होती है। इसका प्रयोग केवल सामने मौजूद व्यक्तियों से विचार-विमर्श के लिए ही किया जा सकता है। हालाँकि दूरभाष और ध्वन्यांकन या रिकॉर्डिंग के माध्यम से आवाज़ को दूर तक और देर तक प्रयोग किया जा सकता है लेकिन इन माध्यमों से भी संदेश प्रेषण की एक सीमा है। दूसरी तरफ लिखित भाषा समय, स्थान और मात्रा की सीमाओं को समाप्त करके सन्देश को अमर बना सकती है। लिपि की इसी विशेषता के कारण आज हम हज़ारों साल पुरानी पुस्तकों को कभी भी, कहीं भी और कितनी भी किश्तों में पढ़ सकते हैं।

लिपियों के प्रकार

लिपियों के विकास की शुरुआत से लेकर आज तक उनके प्रकारों और संख्या में कोई खास इज़ाफा नहीं हुआ है। प्राचीन भाषाओं के लिखितरूप की अभिव्यक्ति के लिए मुख्यरूप से तीन प्रकार की लिपियों के प्रयोग के प्रमाण मिलते हैं। तब से अब तक भाषाओं की संख्या में तो हज़ारों गुना बढ़ोतरी हुई है लेकिन लिपियों की संख्या महज बीस तक ही पहुँच पाई है। इन लिपियों को दो प्रकारों में बाँटा जाता है; चित्रात्मक और प्रतीकात्मक। इनमें से चित्रात्मक लिपियों में शब्दों को चित्रों के रूप में प्रस्तुत किया जाता है जबकि प्रतीकात्मक लिपियों को फिर से तीन श्रेणियों में रखा जाता है। इनका परिचय इस प्रकार है–

ध्वन्यात्मक–इन लिपियों में भाषा की प्रत्येक ध्वनि यानि स्वर और व्यंजन के लिए अलग लिपिचिह्न होता है। अंग्रेज़ी भाषा की रोमन लिपि और रूसी भाषा की सिरिलिक लिपि इनके उदाहरण हैं।

आक्षरिक लिपि–जिन लिपियों में स्वर और व्यंजन के चिह्न मिलकर अक्षर और शब्दों का निर्माण करते हैं उन्हें आक्षरिक लिपि कहा जाता है। हिन्दी की देवनागरी लिपि इसका सर्वोत्तम उदाहरण है।

संश्लिष्ट लिपि–जिन भाषाओं में प्रत्येक स्वर और व्यंजन के लिए पृथक चिह्न तो होता है लेकिन शब्दों के निर्माण के लिए उन चिह्नों के बदले उनके अंशों का ही प्रयोग होता है वे संश्लिष्ट लिपियाँ कहलाती हैं। अरबी लिपि इस प्रकार की लिपियों का उदाहरण है। इसका प्रयोग अरबी के अलावा फ़ारसी, सिन्धी और उर्दू के लेखन में भी किया जाता है।

देवनागरी लिपि का उद्‌भव

आधुनिक देवनागरी लिपि लगभग एक हज़ार वर्ष पूर्व प्रयोग होने वाली ब्राह्मी लिपि का ही बदला हुआ रूप है। भाषाविद्वानों के मुताबिक ब्राह्मी लिपि लगभग पाँचवीं शताब्दी तक अपने मूलरूप में प्रचलित रही। बाद में इससे दो शैलियाँ विकसित हुईं। इनमें से एक उत्तर की ओर जाकर नागरी, बंगला, मराठी और गुजराती लिपियों के रूप में विकसित हुई और दूसरी दक्षिण की ओर जाकर तमिल, तेलुगु, कन्नड़ और मलयालम लिपियों के रूप में परिवर्तित हुई। ब्राह्मी के उत्तर भारतीय संस्करण से आधुनिक देवनागरी तक की यात्रा में तीन चरण विशेष रूप से उल्लेखनीय हैं–

- **गुप्तलिपि**–चौथी-पाँचवीं शताब्दी में गुप्त राजाओं के संरक्षण में विकसित लिपि।
- **कुटिल लिपि**–छठी शताब्दी में जन्मी लिपि जिसे टढ़ी-मेढ़ी और नुकीली रेखाओं की अधिकता के कारण यह नाम मिला।
- **नागरी**–इस लिपि का विकास नवीं शताब्दी के दौरान मध्य भारत में हुआ। इस लिपि में पन्द्रहवीं शताब्दी तक अनेक बदलाव हुए, इस कारण अनेक क्षेत्रों में इसके अनेक रूप विकसित थे। चौदहवीं-सोलहवीं शताब्दी के भक्ति आन्दोलन ने देवनागरी के रूप को स्थिरता और व्यापकता प्रदान की। इसके अनेक रूपों में से देवनगर

यानि काशी में प्रचलित लिपि ज़्यादा वैज्ञानिक और समर्थ थी इसलिए इसे अधिक स्वीकार्यता मिली। देवनगर में विकसित होने के कारण ही इसे अपना नाम 'देवनागरी' मिला। एक अन्य मत के अनुसार देवभाषा यानि संस्कृत के लेखन का माध्यम बनने के कारण भी इसे देवनागरी नाम दिया गया।

देवनागरी लिपि का आधुनिकीकरण

स्वतन्त्रता आन्दोलन के दौरान देवनागरी लिपि का बड़े पैमाने पर प्रयोग हुआ। लेकिन तब तक भी इसके सभी प्रयोग क्षेत्रों में एक समान लिपि चिह्नों का प्रयोग नहीं होता था। इसके रूप में समानता लाने के लिए बहुत से प्रयास किए गए जिनमें से कुछ का उल्लेख यहाँ उपयोगी होगा।

पण्डित महावीर प्रसाद द्विवेदी ने अपनी पत्रिका 'सरस्वती' के माध्यम से खड़ी बोली की लिपि, वर्तनी और वाक्यविन्यास में सुधार और मानकीकरण के प्रयास किए। इस दौर में हर कवि और रचनाकार अपने ही ढँग की लिपि, वर्तनी, शब्दावली और वाक्यविन्यास का प्रयोग कर रहा था। उन्होंने इस पत्रिका में प्रकाशन के लिए प्राप्त होने वाले लेखों में एक समान लिपि चिह्नों के प्रयोग पर ज़ोर दिया। उन्होंने हिन्दी को संस्कृत, अंग्रेज़ी और उर्दू-फारसी के प्रभाव से मुक्त करने और सभी स्तरों पर एकरूपता प्रदान करने के लिए अपने लेखों के माध्यम से सुझाव प्रस्तुत किए और पाठकों की राय और प्रतिक्रियाएँ भी प्राप्त कीं। इन प्रयासों को लेखकों और पत्रकारों का व्यापक समर्थन मिला, जिससे देवनागरी की एकरूपता कायम करने में सहायता मिली।

1941 में प्रयाग के हिन्दी साहित्य सम्मेलन में एक 'लिपि सुधार समिति' का गठन किया गया। इस समिति के माध्यम से विद्वानों को लिपि, वर्तनी और शब्दावली के विषय में वाद-विवाद का अवसर मिला और अनेक सुझाव सामने आए। हालाँकि इनमें से अधिकांश सुझाव लोक प्रचलित नहीं हुए। 1953 में भारत के तत्कालीन उप-राष्ट्रपति डॉ. राधाकृष्णन की अध्यक्षता में 'देवनागरी लिपि सुधार परिषद' का गठन किया गया। इस परिषद में पण्डित गोविन्दवल्लभ पन्त, श्री के.एम. मुंशी, अनेक राज्यों के मुख्यमंत्री, शिक्षामन्त्री, भाषाशास्त्री और साहित्यकार सम्मिलित थे। इस समिति ने पहले नियुक्त लिपि सुधार समितियों के सुझावों पर विचार-विमर्श किया और अनेक उपयोगी सुझाव दिए। इसके अनेक सुझावों का हिन्दी-भाषी समाज ने स्वागत किया। इनमें से प्रमुख हैं–

'श्र' के स्थान पर 'अ' का प्रयोग।
'रव' के स्थान पर 'ख' का प्रयोग।
'भ' के स्थान पर 'भ' का प्रयोग।
ध' के स्थान पर 'ध' का प्रयोग।

इसके बाद भी हिन्दी वर्णमाला और वर्तनी में सरलता और मानकता लाने के लिए अनेक प्रयास किए गए। इन प्रयासों से देवनागरी के स्वरूप में स्थिरता और वैज्ञानिकता आई है। इससे हिन्दी भाषा के लिखित रूप का प्रयोग सरल हुआ है। लिपि में सुधार और सरलीकरण की यह प्रक्रिया अभी थमी नहीं है और शायद कभी थमेगी भी नहीं। हिन्दी के विकास और प्रसार से जुड़ी अनेक सरकारी और स्वयंसेवी संस्थाएँ इस दिशा में सतत् प्रयासरत हैं। इनमें केन्द्रीय हिन्दी निदेशालय, वैज्ञानिक एवं तकनीकी शब्दावली आयोग, राष्ट्रीय शैक्षिक अनुसन्धान और प्रशिक्षण परिषद्, केन्द्रीय हिन्दी संस्थान, महात्मा गाँधी अन्तर्राष्ट्रीय हिन्दी विश्वविद्यालय, विश्व हिन्दी सचिवालय, अनेक देशों में स्थापित हिन्दी क्लब और समितियाँ शामिल हैं।

देवनागरी के प्रमुख गुण

- भाषाविज्ञान की दृष्टि से देवनागरी अक्षरात्मक लिपि है जो लिपियों के विकास की अद्यतन श्रेणी मानी जाती है। इसमें स्वरों और व्यंजनों की बड़ी सशक्त व्यवस्था है जो किसी भी प्रकार की ध्वनि या शब्द को लिखने में समर्थ है।
- देवनागरी में प्रत्येक ध्वनि के लिए एक निश्चित लेखनचिह्न है। इस कारण प्रत्येक ध्वनि या शब्द का सही और सटीक लेखन किया जा सकता है। दूसरे शब्दों में कहा जा सकता है कि इस लिपि में प्रत्येक लेखनचिह्न की एक निश्चित ध्वनि है इसलिए लिखित भाषा को निश्चित ध्वनियों के रूप में पढ़ा जा सकता है।

- देवनागरी लिपि की वर्णमाला में स्वरों और व्यंजनों का क्रम पूरी तरह वैज्ञानिक है। स्वरों में कुछ मूल स्वर हैं और शेष उनकी सन्धि या संयोग से बने हैं। इसी प्रकार व्यंजनों का उच्चारण क्रम भी उच्चारण स्थानों के अनुसार है। व्यंजनमाला में वर्गों, अन्तस्थ, ऊष्म और संयुक्त व्यंजनों की क्रमिक व्यवस्था है। यह क्रम इतना व्यवस्थित है कि अंतर्राष्ट्रीय भाषा वैज्ञानिक संघ (आई.पी.ए.) ने अन्तर्राष्ट्रीय ध्वन्यात्मक वर्णमाला के निर्माण के लिए इसी क्रम को मामूली बदलावों के साथ स्वीकार किया है।
- मात्राओं का प्रयोग देवनागरी की अद्वितीय विशेषता है। इस व्यवस्था के तहत स्वरों के चिह्नों का निर्धारण किया गया है जो व्यंजनों के साथ लगकर शब्दों के लेखन को संक्षिप्तता प्रदान करते हैं। इससे अधिकाधिक भाषाओं के शब्दों को हिन्दी में सटीक रूप में लिखना सम्भव हो पाता है।
- देवनागरी में व्यंजनों को संयुक्त रूप में लिखने की सुविधा है। कुछ व्यंजन (क्ष, त्र, ज्ञ और श्र) तो भिन्न रूप में जोड़कर लिखे जाते हैं जबकि शेष को पाई हटाकर (त्थ, क्र, ग्न...) और ऊपर-नीचे (क्क, ट्ट, ड्ड...) लिखा जाता है। इस व्यवस्था से भी अधिकाधिक ध्वनियों को लिखने में सुविधा होती है।
- देवनागरी ध्वन्यात्मक लिपि है, जिसका अर्थ है कि शब्दों का लेखन उनके उच्चारण के अनुसार होता है। इसमें स्वरों और उनकी मात्राओं की ऐसी चमत्कारी व्यवस्था है कि किसी भी भाषा के शब्दों का लेखन सरलता से किया जा सकता है। दूसरी तरफ इस लिपि में लिखे गए शब्दों को ठीक उसी रूप में पढ़ा जा सकता है जैसा उनका उच्चारण होता है।
- ध्वनियों के स्पष्ट लेखन के कारण देवनागरी सशक्त और समर्थ लिपि है। यही कारण है कि हिन्दी के अलावा संस्कृत, पालि, मराठी, कोंकणी, नेपाली, गढ़वाली, बोडो, भोजपुरी तथा मैथिली भाषाएँ और हिन्दी की तमाम उपभाषाएँ भी इस लिपि में लिखी जाती हैं। भारत की अनेक भाषाओं जैसे पंजाबी, गुजराती, बंगला आदि की लिपियों पर देवनागरी का स्पष्ट प्रभाव है।
- सरलता और सौन्दर्य की दृष्टि से देवनागरी एक उत्कृष्ट लिपि है। इसके अक्षरों की बनावट में भ्रम या एकरूपता का कोई स्थान नहीं है। इसकी अनेक बनावटी या कलात्मक लेखनशैलियाँ हैं जिनके प्रयोग से देवनागरी के लेख को अधिकाधिक सुन्दर किया जा सकता है।
- विश्व की प्रमुख लिपियों की तरह देवनागरी भी बाईं से दाईं ओर लिखी जाती है। यह लेखन का वैज्ञानिक तरीका है जिससे लेखन की गति और आकृति की बनावट में सरलता होती है।
- अंकों के अन्तर्राष्ट्रीय चिह्न देवनागरी के अंकों के ही प्रतिरूप हैं। इनका लेखन सरल और स्पष्ट है इसीलिए आज वे सारी दुनिया में प्रचलित हैं। हिन्दी में भी अब परम्परागत संख्या चिह्नों १, २, ३ आदि के स्थान पर 1, 2, 3 आदि को ही अपना लिया गया है। इन्हें हिन्दी के अन्तर्राष्ट्रीय संख्या चिह्नों के रूप में मान्यता प्राप्त है।

देवनागरी लिपि की इतनी विशेषताओं के कारण ही इसे अनेक लिपिविहीन और कठिन लिपि वाली भाषाओं के लिए विकल्प के तौर पर इस्तेमाल किए जाने की वकालत की जाती है। भारत ही नहीं विश्व के अनेक भाषा वैज्ञानिकों की नज़र में देवनागरी विश्व की सर्वश्रेष्ठ लिपि है। उनका मानना है कि जिस प्रकार भारतीय अंकों को अन्तर्राष्ट्रीय स्तर पर मान्यता मिली है उसी प्रकार देवनागरी भी विश्वलिपि बनने योग्य है।

प्रश्न

1. लिपि को परिभाषित कीजिए। भाषा को दीर्घजीवी बनाने में लिपि का क्या योगदान होता है?
2. लिपियों के प्रकारों और उनकी विशेषताओं का उल्लेख कीजिए।
3. देवनागरी लिपि के उद्‌भव और विकास पर संक्षिप्त टिप्पणी कीजिए।
4. देवनागरी के आधुनिकीकरण के प्रयासों का लेखा-जोखा प्रस्तुत कीजिए।
5. देवनागरी लिपि के प्रमुख गुणों का परिचय दीजिए।

6 हिन्दी का व्याकरण

प्रकरण का उद्देश्य

भाषाविदों, भाषा वैज्ञानिकों और प्रयोक्ताओं के लिए भाषा एक सदा परिवर्तित होते रहने वाला माध्यम है। भाषा में बदलाव सबसे पहले प्रयोगकर्त्ताओं के स्तर पर होता है। यह बदलाव उच्चारण, शब्द या वाक्य रचना; किसी भी स्तर पर हो सकता है। जब कोई बदलाव इतना व्यापक हो जाता है कि भाषा प्रयोग के सभी दायरों में उसे स्वीकृति और पहचान मिल जाती है तब भाषा वैज्ञानिक उस बदलाव की समीक्षा करते हैं। यदि वे पाते हैं कि बदलाव मौलिक है और चिरस्थायी रह सकता है तो वे उसे भाषा के व्याकरण में समायोजित करने का प्रयास करते हैं।

इस प्रक्रिया द्वारा भाषा नया रूप धारण करती है, स्वयं को समय के साथ ढालती है और विकसित होती है। व्याकरण भाषा के सर्वस्वीकृत रूप को सुरक्षित रखने में उपयोगी भूमिका निभाता है। इसी के कारण भाषा को मानकता और व्यापकता मिलती है। यही व्याकरण की आवश्यकता और उपयोगिता है।

व्याकरण का परिचय

व्याकरण भाषा को नियमित, एकरूप और स्थिर करने की व्यवस्था है। व्याकरण भाषा से पहले नहीं बल्कि काफी बाद जन्म लेता है। व्याकरण भाषा का महत्त्वपूर्ण हिस्सा है। यह भाषा की ध्वनियों, शब्दों और वाक्य-विन्यास के नियम स्थिर करता है जिससे भाषा में व्यवस्था आती है। ये नियम भाषा के मौखिक और लिखित दोनों रूपों में होते हैं। इन नियमों से ही भाषा अधिक से अधिक लोगों की ज़रूरतों को पूरा कर पाती है। यही नियम भाषा को स्थिर करते हैं जिससे उसके ज़्यादा से ज़्यादा प्रयोक्ता भाषा को एक समान रूप में प्रयोग करते हैं। व्याकरण के नियमों से ही भाषा चिरजीवी होती है और सालों-साल एक ही प्रकार से प्रयोग होती है।

व्याकरण एक विद्या है जिससे किसी भाषा के शुद्ध उच्चारण, पठन और लेखन का तरीका सीखा जाता है। भाषा के सही स्वरूप के ज्ञान और उसके प्रयोग में सटीकता के लिए व्याकरण के नियमों का ज्ञान और अभ्यास ज़रूरी है। व्याकरण से भाषा की संरचना, क्षमता और कौशलों का पता लगता है जिससे हम भाषा का उपयोग अधिक कुशलता से कर सकते हैं। किसी भाषा की शुद्धता और सुन्दरता बनाए रखने के लिए भी व्याकरण का ज्ञान महत्त्वपूर्ण है।

हिन्दी व्याकरण का इतिहास

संस्कृत निर्विवाद रूप से संसार की पहली भाषा है। इसका विकास वैदिक काल में मध्यभारत में हुआ। संस्कृत के आधुनिक रूप को महर्षि पाणिनी ने अपनी अष्टाध्यायी के माध्यम से एक सारगर्भित और वैज्ञानिक स्वरूप प्रदान किया जो आज भी प्रचलित है। पाणिनी की अष्टाध्यायी को विश्व के पहले व्याकरण ग्रन्थ के रूप में मान्यता प्राप्त है। संस्कृत के इस व्याकरण को शब्दानुशासन के नाम से भी जाना जाता है।

हिन्दी में भी व्याकरण की परम्परा काफी पुरानी है। उल्लेखनीय है हिन्दी के उद्भव के साथ ही इसका व्याकरण निश्चित करने के प्रयास शुरु हो गए थे। विद्वानों के अनुसार हिन्दी का सबसे पुराना व्याकरण बारहवीं शताब्दी में बनारस के दामोदर पण्डित ने 'उक्ति-व्यक्ति-प्रकरण' नाम से तैयार किया था। इसमें संस्कृत व्याकरणों की तर्ज पर हिन्दी की बोलियों के नियम और उदाहरण दिए गए हैं। 1675 में मिर्ज़ा इब्न फ़ख़रुद्दीन मुहम्मद ने 'तुहफ़तुल हिन्द' नाम से ब्रज-भाषा का एक छोटा व्याकरण लिखा जिसमें व्याकरण, छन्द, तुक, अलंकार, रस और शब्दकोश जैसे विषयों के नियमों का संग्रह है। इनके अतिरिक्त भी हिन्दी व्याकरण तैयार करने के अनेक प्रयास हुए लेकिन प्रसिद्ध न हो पाने के कारण उनके बारे में ख़ास जानकारी उपलब्ध नहीं हैं।

विदेशियों द्वारा तैयार हिन्दी व्याकरण

विदेशी यात्रियों, विद्यार्थियों और अन्वेषकों के भारत आने का सिलसिला काफी पुराना है। इसके संकेत के तौर पर मनुस्मृति में कहा गया है कि विद्या और व्यवहार के विषय में ज्ञान पाने के लिए पृथिवी के अन्यान्य भागों से लोग इस देश के आचार्यों के पास आएँ। भारतीय ज्ञान, दर्शन, कलाओं आदि के जिज्ञासुओं ने भारत से अनेक विद्याएँ सीखने के साथ ही अनेक विषयों पर अपने योगदान भी दिए हैं। इनमें ग्रन्थों के अनुवाद, व्याख्याएँ और वर्णन शामिल हैं। इस कड़ी में भारतीय भाषाओं विशेष रूप से संस्कृत और हिन्दी में सरल व्याकरण भी लिखे गए। सबसे पहले 1696 में एक डच विद्वान योन योस्वा केटलार द्वारा हिन्दी का व्याकरण लिखे जाने के प्रमाण मिलते हैं, हालाँकि यह पुस्तक अब मूलरूप में नहीं मिलती, लेकिन इसका लैटिन अनुवाद उपलब्ध है। 1744 में अंग्रेज़ मिशनरी बेंज़ामिन शुल्ट्स द्वारा लैटिन भाषा में लिखित 'हिन्दुस्तानी व्याकरण' (मूलनाम—ग्रेमेटिका हिन्दोस्तानिका) छपा। इसके बाद एक अन्य मिशनरी कासियानो बेलिगाति ने 'अल्फ़ाबेटम ब्रमहानिकम' नाम से हिन्दी व्याकरण लिखा जो 1771 में रोम, इटली से प्रकाशित हुआ। विदेशियों द्वारा लिखित इन व्याकरण ग्रन्थों में हिन्दी भाषा और उसके स्वरूप पर उपयोगी जानकारी प्राप्त होती है। इसके बाद भी बहुत से विदेशी व्याकरण शास्त्रियों और भाषाविदों ने हिन्दी व्याकरण ग्रन्थ लिखे जिनमें से कुछ के नाम यहाँ दिए गए हैं—

क्र.सं	लेखक	ग्रन्थ का नाम	प्रकाशन वर्ष
1.	डॉ. जॉन बोथविक गिलक्राइस्ट	ॲ ग्रामर ऑफ द हिन्दोस्तानी लेंग्वेज	1776
2.	जॉन शेक्सपीयर	ॲ ग्रामर ऑफ द हिन्दोस्तानी लेंग्वेज	1813
3.	कैप्टन विलियम प्राइस	ॲ न्यू ग्रामर ऑफ द हिन्दोस्तानी लेंग्वेज	1827
4.	विलियम याट्स	इन्ट्रॉडक्शन टू द हिन्दुस्तानी लेंग्वेज	1827
5.	रेवरेंड एम.टी. एडम	हिन्दी भाषा का व्याकरण	1827
6.	डब्ल्यू. एण्ड्र्यू	ॲ कम्प्रिहेंसिव सिनॉप्सिस ऑफ द एलिमेंट्स ऑफ हिन्दुस्तानी ग्रामर	1830
7.	सैनफोर्ड आर्नोट	ॲ न्यू सैल्फ इन्स्ट्रक्टिंग् ग्रामर ऑफ द हिन्दुस्तानी लेंग्वेज	1831
8.	जेम्स वेलण्टाइन	ग्रामर ऑफ हिन्दुस्तानी लेंग्वेज	1838
9.	डंकन फोर्बेस	इन्ट्रॉडक्शन टू द हिन्दुस्तानी ग्रामर	1858
10.	पादरी डब्ल्यू. एथरिंगटन	भाषा भास्कर	1873

विदेशी विद्वानों द्वारा लिखे व्याकरण ग्रन्थों की सूची यहीं समाप्त नहीं होती। यहाँ कुछ ही पुस्तकों का उल्लेख किया गया है, जिससे यह आभास हो सके कि विदेशी भाषा विद्वानों ने हिन्दी और अन्य भारतीय भाषाओं का बहुत गहन अध्ययन किया और इन्हें बोधगम्य बनाने की दिशा में प्रयास किए। उन्होंने हिन्दी भाषा और इसके व्याकरणिक तत्त्वों की खोज के लिए बहुत परिश्रम किया। ये व्याकरण ग्रन्थ विश्व के अलग-अलग हिस्सों से प्रकाशित हुए और काफी प्रचलित हुए। इससे स्पष्ट है कि हिन्दी भाषा और व्याकरण को विदेशी भाषा शास्त्रियों का योगदान भी कम नहीं है।

भारतीय भाषाविद्वानों के व्याकरण

हिन्दी भाषा को ज़्यादा स्पष्ट, सक्षम और स्वीकार्य बनाने के लिए भारतीय विद्वानों और भाषाविदों ने भी उल्लेखनीय योगदान दिया। इस दिशा में राजा शिवप्रसाद के 'हिन्दी व्याकरण' (1875), कामताप्रसाद गुरु के 'हिन्दी व्याकरण' (1920), पण्डित किशोरीदास वाजपेयी के 'राष्ट्रभाषा का प्रथम व्याकरण' (1949), डॉ. वासुदेव नन्दन प्रसाद के 'आधुनिक हिन्दी व्याकरण और रचना' (1959), को इतनी मान्यता और ख्याति मिली कि ये आज भी उपलब्ध हैं और प्रयोग किए जाते हैं। नागरी प्रचारिणी सभा–काशी ने 2001 में पण्डित कामताप्रसाद गुरु के 'हिन्दी व्याकरण' का 22वाँ संस्करण निकाला है। इसी प्रकार किशोरीदास वाजपेयी के 1957 में प्रकाशित व्याकरण ग्रन्थ 'हिन्दी शब्दानुशासन' का पाँचवाँ संस्करण 1998 में मुद्रित हुआ है। वासुदेव नन्दन प्रसाद के व्याकरण ग्रन्थ का भी 23वाँ संस्करण 1993 में और उसका पुनःमुद्रण 2001 में प्रकाशित हुआ है। इनके अतिरिक्त अनेक हिन्दी व्याकरण समय-समय पर प्रकाशित होते रहे, जिनमें एन.सी.ई.आर.टी. द्वारा प्रकाशित 'हिन्दी व्याकरण और रचना' विशेष तौर पर उल्लेखनीय है।

हिन्दी व्याकरण का कालविभाजन

हिन्दी भाषा का उद्‌भव अपभ्रंश की अन्य बोलियों के रूप में ही हुआ था। लेकिन संस्कृत से निकटता के कारण इसका स्वरूप अपनी समकक्ष उपभाषाओं से ज़्यादा स्थिर और स्पष्ट था। इस कारण यह बोलचाल और साहित्य की भाषा के तौर पर जल्दी ही स्वीकृत होने लगी। जनभाषा के तौर पर स्वीकृति और संस्कृत से निकटता के कारण संस्कृत व्याकरणों की तर्ज़ पर हिन्दी में भी व्याकरण लिखने की परम्परा स्थापित हो गई। इसकी शुरुआत सत्रहवीं शताब्दी में ही हो गई थी।

हिन्दी भाषा के शुरुआती व्याकरण भाषा के सभी अंगों के स्थान पर गिने-चुने विषयों पर केन्द्रित थे। उनका मुख्य उद्‌देश्य हिन्दी को संस्कृत के निकट ले जाना था। कुछ दूसरे व्याकरण ग्रन्थों में हिन्दी के तत्कालीन स्वरूप की ही व्याख्या की गई थी ताकि हिन्दी को समझने में सुविधा हो। तब के और आज के हिन्दी व्याकरण ग्रन्थों में काफी अन्तर है। इस दौरान हिन्दी में उच्चारण, शब्द और वाक्य संरचना के स्तर पर काफी बदलाव आए हैं। इन बदलावों ने हिन्दी को अधिकाधिक सक्षम और सामयिक बनाया है। हिन्दी व्याकरण के तीन सौ वर्षों के इतिहास को अनेक हिस्सों में बाँटा जाता है। डाँ अनन्त चौधरी ने इस अवधि को पाँच हिस्सों में बाँटा है–

1. आरम्भकाल (सन् 1676–1855 ई.)
2. विकासकाल (सन् 1855–1876 ई.)
3. उत्थानकाल (सन् 1876–1920 ई.)
4. उत्कर्षकाल (सन् 1920–1947 ई.)
5. नवचेतनाकाल (सन् 1947–आज तक)

डॉ. चौधरी द्वारा किया गया हिन्दी व्याकरण का काल विभाजन अपनी तरह का अकेला नहीं है। इसके बाद भी अनेक विद्वानों ने हिन्दी व्याकरण की विकास यात्रा को अनेक कालखण्डों में बाँटने का प्रयास किया है। ये काल विभाजन हिन्दी व्याकरण के विकास को समझने के लिए उपयोगी हैं।

व्याकरण के ज्ञान से भाषा को समझने में सरलता और इसके प्रयोग में कुशलता प्राप्त होती है। हिन्दी भाषा का व्यावहारिक ज्ञान पाने के लिए बोलचाल सर्वोत्तम माध्यम है। लेकिन उसके सही उच्चारण, शब्द प्रयोग और वाक्य विन्यास के लिए व्याकरण का ज्ञान अनिवार्य है। हिन्दी व्याकरण के बारे में एक और बात विशेष है कि इसमें अधिकांश तत्त्व तो संस्कृत व्याकरण से आए लेकिन अनेक अंग्रेज़ी और देसी भाषाओं से भी लिए गए। उदाहरण के लिए हिन्दी शब्द विभाग में संज्ञा, सर्वनाम, क्रिया इत्यादि शब्दभेदों का सन्दर्भ अंग्रेज़ी व्याकरण के 'पार्ट ऑफ स्पीच' से लिया गया है। इसी प्रकार

हिन्दी वाक्यविन्यास में देसी भाषाओं का काफी प्रभाव दिखाई देता है। इस तरह हिन्दी का व्याकरण एक समन्वयवादी व्याकरण है। हिन्दी व्याकरण के अन्तर्गत भाषा को कुछ मौलिक हिस्सों में बाँटा गया है। वे इस प्रकार हैं–

- वर्ण विभाग–वर्णों की परिभाषा, उच्चारण विधि और प्रकारों का ज्ञान।
- शब्द विभाग–शब्द की परिभाषा, प्रकार और वर्तनी का ज्ञान।
- वाक्य विभाग–वाक्य की परिभाषा, प्रकार और संरचना का ज्ञान।

आगामी अध्यायों में इन विषयों का विवरण प्रस्तुत किया गया है।

प्रश्न

1. व्याकरण को परिभाषित कीजिए। किसी भाषा को मानक और व्यवस्थित बनाने में व्याकरण का क्या योगदान होता है?
2. हिन्दी व्याकरण के इतिहास पर संक्षिप्त निबन्ध लिखिए।
3. हिन्दी के किन्हीं तीन विदेशी और तीन भारतीय व्याकरण शास्त्रियों के नाम लिखिए।
4. हिन्दी व्याकरण के काल-विभाजन की उपयोगिता की समीक्षा कीजिए।
5. हिन्दी व्याकरण के विकास-कालों के नामों की सूची बनाइए।

7 हिन्दी व्याकरण की वर्ण व्यवस्था

प्रकरण का उद्देश्य

संसार के सभी पदार्थों की तरह भाषा भी अनेक छोटे-बड़े हिस्सों से मिलकर बनती है। इनमें से ध्वनि या वर्ण को सबसे पहला माना जाता है। इसके बाद अक्षर, शब्द और वाक्य का स्थान आता है। हिन्दी व्याकरण में ये प्रसंग संस्कृत से आए हैं जिससे इनमें काफी सटीकता और वैज्ञानिकता है। वर्ण वह छोटी से छोटी मौलिक ध्वनि है जिसे स्पष्ट रूप से बोला और पहचाना जा सकता है। हिन्दी में इनकी संख्या संसार की अनेक भाषाओं से अधिक है। इनका संयोजन या क्रमांकन काफी नियमबद्ध है। इन नियमों को जानकर वर्णों के वर्गों, उच्चारण स्थानों और क्रम को एक साथ ही जाना जा सकता है।

वर्ण मुख्य तौर पर दो प्रकार के हैं—स्वर और व्यंजन। इससे आगे भी वर्णों के अनेक विभाजन हैं। इन सबका यथास्थान वर्णन इस प्रकरण में किया गया है। इनका अध्ययन करने से विद्यार्थी हिन्दी की वर्णमाला, उसकी विशेषताओं और उपयोगों को भली-भाँति जान सकेंगे।

वर्ण परिचय

भारतीय परम्परा में ध्वनि को अक्षर यानि कभी नष्ट न होने वाली कहा गया है। ध्वनि का जन्म फेफड़ों से उठने वाली हवा, मुँह और नाक के अवयवों के मिले-जुले प्रयास से होता है। इस प्रक्रिया में श्वास नली से निकलती हवा मुँह के अलग-अलग हिस्सों से टकराकर अनेक प्रकार की ध्वनियों वाली हो जाती है। हिन्दी भाषा में इन ध्वनियों और उनकी बारीकियों को बड़ी गहराई से पहचाना और वर्गीकृत किया गया है। इन ध्वनियों से बने अक्षर और शब्द अनन्त भावों तथा विचारों को प्रकट करने में सक्षम हैं। हर भाषा की अपनी विशेष ध्वनि व्यवस्था होती है। यह व्यवस्था दूसरी भाषाओं से बिलकुल अलग तो नहीं होती लेकिन इसकी संरचना अनूठी होती है। भाषा के मौखिक और लिखित रूपों के ज्ञान और अभ्यास के लिए ध्वनि व्यवस्था का ज्ञान अनिवार्य है।

संसार की अन्य वस्तुओं की तरह भाषा भी अनेक छोटे-बड़े अंशों से मिलकर बनती है। हिन्दी भाषा भी इसका अपवाद नहीं है। हिन्दी व्याकरण में भाषा की सबसे छोटी ध्वनि को वर्ण कहा जाता है। वर्णों से मिलकर अक्षर, अक्षरों से शब्द और शब्दों से वाक्य बनते हैं। इस प्रकार कहा जा सकता है कि भाषा की सबसे छोटी अभाज्य इकाई वर्ण है। यह भाषा की छोटी से छोटी ध्वनि है जिससे भाषा की अन्य इकाइयों का निर्माण होता है। उच्चारण और प्रयोग की दृष्टि से वर्ण दो प्रकार के हैं—स्वर तथा व्यंजन।

स्वर की परिभाषा

स्वर वे ध्वनियाँ या वर्ण हैं जिनका उच्चारण हमारे स्वरयन्त्र सहज और स्वतन्त्र रूप से कर सकते हैं। स्वर मूल ध्वनियाँ हैं जो अन्य वर्णों के उच्चारण को सम्भव बनाती हैं। भाषा-विज्ञान के अनुसार जिन वर्णों का उच्चारण स्वतन्त्र रूप से होता

है और जो अन्य वर्णों के उच्चारण में सहायक हों, वे स्वर कहलाते हैं। अन्य शब्दों में कहा जा सकता है कि जिन वर्णों के उच्चारण में अन्य वर्णों की सहायता अपेक्षित नहीं होती, उन्हें स्वर कहा जाता है।

हिन्दी भाषा के स्वरों की एक ख़ासियत है कि इनका उच्चारण किसी भी भाषा को बोलने वाले लोग बिलकुल सरलता और स्पष्टता से कर सकते हैं। इनके उच्चारण में किसी भाषा के लहजे या शैली से कोई अन्तर नहीं पड़ता। हिन्दी बोलने वाले विदेशी शब्दों के उच्चारण में जो परेशानी या खिंचाव महसूस करते हैं, वह व्यंजनों के उच्चारण में अस्पष्टता के कारण होती है। उदाहरण के लिए अ, इ या ओ का उच्चारण सभी भाषाभाषी इसी रूप में कर सकते हैं, लेकिन क, स, द या भ के उच्चारण में शैली या अशुद्ध उच्चारण के कारण उच्चारणभेद उपजता है। स्वरों के बारे में एक और रोचक बात है कि मनुष्य के अलावा संसार के अन्य सभी जीव, स्वरों का ही उच्चारण करते हैं, व्यंजनों का नहीं।

स्वरों के प्रकार

स्वर मुख्यतः तीन प्रकार के हैं। मूल स्वर, संयुक्त स्वर और अयोगवाह। अ, इ, उ और ऋ मूल स्वर हैं। हिन्दी भाषा में स्वरों की व्यवस्था संस्कृत से आई है। संस्कृत व्याकरण में मूल स्वरों में सन्धि से संयुक्त स्वर बनते हैं। इस प्रक्रिया से आ, ई, ऊ, ए, ऐ, ओ और औ का उद्भव होता है। स्वर माला में शामिल अं और अः को अयोगवाह कहा जाता है। इसका अर्थ है कि इनका उच्चारण तो स्वरों की तरह स्वतन्त्र रूप से किया जा सकता है लेकिन बिना 'अ' के नहीं। मूल स्वरों से अन्य स्वरों के बनने की प्रक्रिया इस प्रकार है–

- अ + अ = आ
- इ + इ = ई
- उ + उ = ऊ
- ऋ + ऋ = ॠ
- अ + इ = ए
- अ + उ = ओ
- अ + ए = ऐ
- अ + ओ = औ।

अयोगवाह स्वर

अं और अः को अर्ध स्वर या अर्ध व्यंजन भी कहा जाता है। अयोगवाह का अर्थ है–'अ' यानि बिना, 'योग' अर्थात् जुड़ना और वाह का भाव है गति करना या चलना। इसका मतलब है कि ये दोनों वर्ण अन्य स्वरों की सहायता के बिना उच्चरित नहीं होते। स्वरों की सहायता बिना न बोले जाने के कारण ये व्यंजन हैं। जबकि दूसरी ओर अन्य स्वरों की तरह ये दोनों भी व्यंजनों के उच्चारण में सहायक होते हैं। इस अर्थ में ये स्वर भी हैं। इन कारणों से इन्हें अर्ध स्वर या अर्ध व्यंजन कहा जाता है। दूसरे शब्दों में अयोगवाह स्वरों और व्यंजनों के बीच की कड़ी हैं। इनमें से अं को 'अनुस्वार' और अः को 'विसर्ग' के विशेष नाम से जाना जाता है।

स्वरों का एक और विभाजन उनके उच्चारण में लगने वाले प्रयत्न की मात्रा के आधार पर भी किया जाता है। हम जब भी किसी ध्वनि के उच्चारण की इच्छा करते हैं तो साँस लेने और छोड़ने की सामान्य प्रक्रिया में फेफड़ों से चलकर नाक से निकलने वाली हवा (प्राणवायु) हमारे मुँह में मौजूद कुछ अंगों से टकराती हुई बाहर आती है। उच्चारण को बदलने की क्षमता के कारण इन अंगों को 'उच्चारण अवयव' कहा जाता है। इनमें प्रमुख हैं–तालु, ओठ, जीभ, मूर्धा और दाँत। प्राणवायु और उच्चारण अवयवों के माध्यम से अलग-अलग स्वरों के उच्चारण के लिए किए जाने वाले प्रयास को भाषा-विज्ञान में 'प्रयत्न' कहा जाता है। इस आधार पर स्वरों के तीन प्रकार हैं–

- **ह्रस्व स्वर**–प्रयत्न की एक मात्रा से उच्चारित होने वाले स्वर–अ, इ, उ तथा ऋ।
- **दीर्घ स्वर**–प्रयत्न की दोगुनी मात्रा से उच्चारित होने वाले स्वर–आ, ई, ऊ, ए, ऐ, ओ तथा औ।
- **प्लुत स्वर**–प्रयत्न की तिगुनी मात्रा से उच्चारित होने वाले स्वर–स्वरों के पीछे '३' का प्रयोग जैसे ओ३म्।

अनेक देशी-विदेशी शब्दों के उच्चारण और लेखन के लिए प्रयुक्त स्वर 'ऑ' को स्वरों में ही शामिल कर लिया गया है। इस प्रकार हिन्दी स्वर माला में कुल मिलाकर चौदह स्वर हैं। इन्हें लिखने का एक निश्चित क्रम है। यह क्रम बिलकुल वैज्ञानिक और तार्किक है। इसमें पहले मौलिक स्वर और उनके दीर्घ रूप हैं। उनके बाद मौलिक स्वरों में संयोग और सन्धि से बनने वाले स्वर हैं। अन्त में अनुस्वार और विसर्ग को रखा जाता है। अनेक भाषा वैज्ञानिक चन्द्रबिन्दु यानि अर्ध-अनुस्वार (ँ) को भी स्वरों में शामिल करने के समर्थक हैं, लेकिन अभी तक यह सर्वस्वीकार्य नहीं है। स्वरों के क्रमिक उल्लेख को स्वरमाला कहा जाता है। देवनागरी लिपि की स्वरमाला का उल्लेख यहाँ किया गया है–

स्वर माला–अ, आ, इ, ई, उ, ऊ, ऋ, ए, ऐ, ओ, औ, अं, अः और ऑ।

स्वरों की मात्राएँ

वर्णों के सार्थक संयोग से शब्द बनते हैं। शब्दों के निर्माण में स्वरों और व्यंजनों; का समन्वित योगदान होता है। इस प्रक्रिया में व्यंजनों के साथ स्वरों के निजी रूपों के स्थान पर उनके चिह्नों का प्रयोग होता है जिन्हें 'मात्रा' कहा जाता है। अन्य शब्दों में मात्राएँ स्वरों के कूटचिह्न हैं। स्वरों की मात्राएँ और उनकी प्रयोगविधि इस प्रकार है–

अ	(हल् चिह्न न होना •)	कमल
आ	(ा)	कार्ड
इ	(ि)	किसान
ई	(ी)	कीमत
उ	(ु)	कुमार्ग
ऊ	(ू)	कूकना
ऋ	(ृ)	कृष्ण
ए	(े)	केशव
ऐ	(ै)	कैलाश
ओ	(ो)	कोयल
औ	(ौ)	कौशल
अं	(ं)	कंगन
अं की आधी मात्रा	(ँ)	हँसना
अः	(:)	अतः
ऑ	(ॅ)	कॉलेज

'अ' स्वर की कोई प्रकट या दिखाई देने वाली मात्रा नहीं होती। लेकिन जब किसी व्यंजन के साथ 'अ' जुड़ता है तो उसके साथ सामान्य स्थिति में लगने वाला हल् का निशान (्) नहीं लगता। इसी से पता लगता है कि उस व्यंजन के साथ 'अ' स्वर लगा हुआ है। उदाहरण के लिए क् + अ मिलकर 'क' बनता है। इस नियम के अनुसार तीन अक्षरों के शब्द 'कमल' में छह वर्ण हैं–क् + अ + म् + अ + ल् + अ। शब्दों से वर्णों को अलग करके लिखने को वर्णविच्छेद कहा जाता है। इससे किसी शब्द को लिखने और बोलने की शुद्ध विधि का पता लगता है।

व्यंजन की परिभाषा

स्वरों के बाद हिन्दी वर्णमाला में दूसरे प्रकार के वर्ण हैं—व्यंजन। स्वरों का उच्चारण सहज है जबकि व्यंजनों के उच्चारण के लिए विशेष प्रयास ज़रूरी होता है। व्यंजनों की संख्या और प्रकार ज़्यादा होने पर भी वे अपने उच्चारण के लिए स्वरों पर निर्भर होते हैं। कहा जा सकता है कि व्यंजन भाषा का शरीर है जिसे स्वरों से जीवन मिलता है। परिभाषा के तौर पर कहा जा सकता है कि जिन वर्णों के पूर्ण उच्चारण के लिए स्वरों की सहायता अनिवार्य रूप से ली जाती है वे व्यंजन हैं। इसका सीधा अर्थ है कि स्वरों की सहायता के बिना व्यंजनों का उच्चारण नहीं हो सकता। इस सहायता के बावजूद व्यंजनों का उच्चारण क्षणिक ही होता है। आप स्वयं किसी व्यंजन का उच्चारण देर तक करने का प्रयास कीजिए। व्यंजन का विलम्बित उच्चारण वास्तव में स्वर का उच्चारण होता है जबकि व्यंजन क्षणमात्र के लिए बोला जाता है।

भाषा-विज्ञान द्वारा दी गई परिभाषा के मुताबिक जिन वर्णों के उच्चारण में फेफड़ों से निकलने वाली हवा को मुँह में स्थित उच्चारण अवयवों को छूते हुए बाहर निकलना होता है, वे व्यंजन हैं। विख्यात भाषाविद् श्री भोलानाथ तिवारी के अनुसार—*व्यंजन वह ध्वनि है जिसके उच्चारण में हवा अबाध गति से नहीं निकलती; या तो इसे पूर्ण अवरुद्ध होकर फिर आगे बढ़ना होता है या संकीर्ण मार्ग से घर्षण करते हुए निकलना होता है।*

हल् या हलन्त

व्यंजनों की चर्चा में हल् या हलन्त पर चर्चा बहुत ज़रूरी है। अक्सर विद्यार्थी और कभी-कभार शिक्षक भी यह नहीं जान पाते कि हल् और हलन्त शब्दों का अर्थ एक ही है या अलग। वे हल् शब्द के स्थान पर हलन्त शब्द का ही प्रयोग करते हैं। इस भ्रान्ति को दूर करने के लिए इस शब्द के बारे में अलग से चर्चा की जा रही है।

हिन्दी व्याकरण के सन्दर्भ में पाणिनी की अष्टाध्यायी की चर्चा पहले हो चुकी है। इस ग्रन्थ की शुरुआत में पाणिनी ने माहेश्वर सूत्रों का उल्लेख किया है। चौदह सूत्रों के इस संग्रह में देवनागरी के सभी स्वर और व्यंजन शामिल हैं। इन सूत्रों में स्वरों की गणना 'अ' वर्ण के बाद शुरु होती है और 'च्' वर्ण तक खत्म हो जाती है। इस कारण संस्कृत व्याकरण में स्वरों को 'अच्' भी कह दिया जाता है। इसी प्रकार इन सूत्रों में व्यंजनों का उल्लेख 'ह' से शुरु होकर 'ल्' तक है। इसलिए व्यंजनों को संक्षेप में 'हल्' कहने की परम्परा है। इस प्रकार हल् शब्द का अर्थ है व्यंजन। जबकि हलन्त शब्द का अर्थ है वे शब्द जिनके अन्त में व्यंजन है; स्वर नहीं है। जैसे धन्यवाद् शब्द के अन्त में जो 'द्' है उसमें अ नहीं है इसलिए उसके साथ हल् चिह्न का प्रयोग किया गया है। शब्द के अन्त में हल् होने के कारण 'धन्यवाद्' को हलन्त शब्द कहा जाता है।

यहाँ एक और बात पर ध्यान दिया जाना है कि देवनागरी के स्वरों में से 'अ' की मात्रा का कोई विशेष चिह्न नहीं है। बल्कि जिस व्यंजन के साथ 'अ' न हो उसके साथ एक चिह्न (्) लगाया जाता है जिसे उसके आकार के कारण हल् कहा जाता है। इस प्रकार हल् शब्द का अर्थ दो तरह से व्यंजन सिद्ध होता है। एक—पाणिनीय माहेश्वर सूत्रों के अनुसार और दूसरा बिना स्वर के व्यंजन को दर्शाने के लिए लगाए जाने वाले चिह्न के कारण। इसका सार है कि हल् शब्द का अर्थ व्यंजन भी है और व्यंजन को दर्शाने वाला निशान भी। इसलिए इसे हलन्त नहीं कहा जाना चाहिए। जिस शब्द के अन्त में बिना स्वर का व्यंजन यानि हल् हो उसे हलन्त कहा जाना चाहिए।

- माहेश्वर सूत्र में स्वर—अइउण् ऋलृक् एओङ् ऐऔच्।
- माहेश्वर सूत्र में व्यंजन—हयवरट् लण् ङमञणनम् झभञ् घढधष् जबगडदश् खफछठथचटतव् कपय् शषसर् हल्।

(इन सूत्रों में अन्तिम वर्ण को सूत्र में शामिल नहीं माना जाता)

व्यंजनों की श्रेणियाँ

हिन्दी व्याकरण में व्यंजनों की व्यवस्था संस्कृत व्याकरण के माध्यम से आई है। आचार्य पाणिनी द्वारा 'अष्टाध्यायी' के आरम्भ में कहे गए सूत्रों में सभी स्वरों और व्यंजनों का बारी-बारी से और वैज्ञानिक क्रम से उल्लेख है। यह क्रम उच्चारण

के आधार पर है। एक ही उच्चारण स्थान वाले व्यंजनों को एक समूह में रखा गया है जिन्हें वर्ग कहते हैं। इनकी संख्या पाँच है। इन्हें स्पर्श व्यंजन कहा जाता है क्योंकि इनके उच्चारण के लिए हवा मुँह में स्थित उच्चारण अवयवों को छूते हुए निकलती है। ये इस प्रकार हैं–

स्पर्श व्यंजन

- क् से शुरु होने वाला वर्ग–कवर्ग।
- च् से शुरु होने वाला वर्ग–चवर्ग।
- ट् से शुरु होने वाला वर्ग–टवर्ग।
- त् से शुरु होने वाला वर्ग–तवर्ग।
- प् से शुरु होने वाला वर्ग–पवर्ग।

हिन्दी व्यंजनमाला में चार व्यंजन स्वरों की सहायता से बनते हैं। लेकिन इनके उच्चारण के लिए भी स्वरों की सहायता ज़रूरी होती है इसलिए इन्हें स्वरों में शामिल नहीं किया जाता। बल्कि इन्हें स्वरों और व्यंजनों के बीच की कड़ी के रूप में माना जाता है। इसी कारण इन्हें नाम दिया गया है–अन्तस्थ; यानि स्वरों और व्यंजनों के बीच में स्थित। इनका निर्माण स्वरों के बीच सन्धि की प्रक्रिया से होता है। इनके निर्माण की प्रक्रिया इस प्रकार है–

अन्तस्थ व्यंजन

- इ+इ के अतिरिक्त कोई भी स्वर–य्
- उ+उ के अतिरिक्त कोई भी स्वर–व्
- ऋ+ऋ के अतिरिक्त कोई भी स्वर–र्
- लृ+लृ के अतिरिक्त कोई भी स्वर–ल्।

पाणिनी की अष्टाध्यायी के अनुसार व्यंजनमाला के चार व्यंजनों के उच्चारण के लिए मुँह से निकलने वाली हवा इतनी घिसती हुई निकलती है कि उसमें कुछ गरमाहट आ जाती है। इस श्रेणी के व्यंजनों को व्याकरण में ऊष्म व्यंजन के नाम से जाना जाता है। ये चार व्यंजन हैं–

ऊष्म व्यंजन

- श् ष् स् और ह्।

देवनागरी में नए व्यंजनों का समावेश

पाँच वर्गों के पच्चीस, चार अन्तस्थ और चार ऊष्म मिलकर कुल तेंतीस व्यंजन हिन्दी व्यंजनमाला में संस्कृत व्याकरण से आए हैं। ये व्यंजन संस्कृत शब्दों के उच्चारण और लेखन के लिए पूरी तरह पर्याप्त हैं। लेकिन आजकल की हिन्दी में संस्कृत से आए शब्दों के अलावा भी अनेक देशी और विदेशी भाषाओं व बोलियों से आए शब्दों का समावेश हो रहा है। आज भारत के अलग-अलग राज्यों के लोग भी हिन्दी का बेहिचक इस्तेमाल करते हैं। ऐसे में उन भाषाओं और अंग्रेज़ी, अरबी तथा फारसी जैसी विदेशी भाषाओं से हिन्दी में शब्दों का आना बहुत साधारण बात है। ऐसे शब्दों को बोलने और लिखने के लिए देवनागरी में कुछ नए व्यंजनों का सृजन किया गया है। इस प्रकार के व्यंजनों का संक्षिप्त विवरण इस प्रकार है–

मिश्रित या संयुक्त व्यंजन

हिन्दी व्यंजन-माला में मूल रूप से तेंतीस व्यंजन हैं। इनमें से कुछ व्यंजनों को दूसरे व्यंजनों के साथ प्रयोग किया जाता है। इस प्रक्रिया में कुछ व्यंजनों का रूप इतना बदल जाता है कि वे अलग वर्णों जैसे लगते हैं। इन मिले-जुले वर्णों को एक अलग श्रेणी के तौर पर लिखा जाता है। इनकी संख्या चार है–

- क् + ष् = क्ष् (क्षमा, रक्षक)
- त् + र् = त्र् (छत्र, मित्र)
- ज् + ञ् = ज्ञ् (ज्ञान, यज्ञ)
- श् + र् = श्र् (श्रमिक, परिश्रम)।

उत्क्षिप्त व्यंजन

हिन्दी की उपभाषाओं, अन्य देशी बोलियों और विदेशी भाषाओं के उच्चारण को सहज बनाने के लिए व्यंजन-माला में पहले से मौजूद दो व्यंजनों 'ड' और 'ढ' के नीचे बिन्दु लगाकर उन्हें क्रमशः 'ड़' (सड़क) और 'ढ़' (पढ़ना) का रूप दिया गया है। इससे हिन्दी के शब्द भण्डार और अभिव्यक्ति क्षमता का विस्तार हुआ है। हिन्दी में अन्य भाषाओं के शब्दों को उसी रूप में प्रयोग करने में इन व्यंजनों से बहुत सहायता मिलती है। इससे हिन्दी की क्षमता को बढ़ाने में भी मदद मिली है।

ग्रही व्यंजन

जिन व्यंजनों का निर्माण उर्दू, देसी बोलियों, अन्य राज्यों की भाषाओं और अंग्रेज़ी, अरबी व फारसी जैसी विदेशी भाषाओं से हिन्दी में आए शब्दों के सही उच्चारण और लेखन के लिए किया गया उन्हें 'ग्रही व्यंजन' कहा जाता है। इन व्यंजनों को कुछ व्यंजनों के नीचे नुक्ता (छोटी सी बिन्दु) लगाकर लिखा जाता है। इनका उच्चारण शुद्ध व्यंजनों के उच्चारण के मुकाबले कुछ घिसता सा होता है। यह प्रयास उर्दू और अरबी-फ़ारसी भाषाओं के सटीक उच्चारण के लिए विशेष रूप से उपयोगी है। इससे अनेक अंग्रेज़ी शब्दों के भी सही उच्चारण और लेखन में मदद मिलती है। ये व्यंजन हैं—

- क़ (क़तरा—बूँद, वक़्त—समय, कैफ़े—कॉफ़ी की दुकान)
- ख़ (ख़बर—समाचार, ख़राब—बेकार)
- ग़ (ग़लत—अशुद्ध, ग़फ़लत—अनजाने में, ग़श—आवेग)
- ज़ (ज़ुल्फ—बालों की लट, जहाज़—जलपोत, ज़ील—उत्साह) और
- फ़ (फ़रिश्ता—देवदूत, फ़र्क—अन्तर, फ़ेस—चेहरा)।

इस प्रकार हिन्दी व्यंजन माला में पाँच वर्गीय, चार अन्तस्थ, चार ऊष्म, चार मिश्र, दो उत्क्षिप्त और पाँच ग्रही व्यंजनों को मिलाकर कुल चवालीस व्यंजन हैं। नामकरण सहित इनका स्वरूप इस प्रकार है—

कवर्ग	–	क् ख् ग् घ् ङ्
चवर्ग	–	च् छ् ज् झ् ञ्
टवर्ग	–	ट् ठ् ड् ढ् ण्
तवर्ग	–	त् थ् द् ध् न्
पवर्ग	–	प् फ् ब् भ् म्
अन्तस्थ	–	य् र् ल् व्
ऊष्म	–	ष् श् स् ह्
संयुक्त	–	क्ष् त्र् ज्ञ् श्र्
उत्क्षिप्त	–	ड़ और ढ़
ग्रही	–	क़, ख़, ग़, ज़ और फ़

इस व्यंजन माला से व्यंजनों को जानना तो सरल है, लेकिन इससे उनका पूरा परिचय नहीं मिलता। जैसे कवर्ग में जिन व्यंजनों को रखा गया है, उनमें उच्चारण-स्थान के साथ-साथ अन्य समानताएँ भी हैं, जिनका पता इस तालिका से नहीं

चलता। इसी प्रकार अन्तस्थ व्यंजनों में स्वरों और व्यंजनों का समावेश है और उनका निर्माण स्वरों में सन्धि से होता है। इस प्रकार की अन्य विशेषताओं को जानने के लिए व्यंजनों को उच्चारण-स्थान, प्रयत्न, प्राण की मात्रा तथा स्वरतन्त्रियों में कम्पन के आधार पर अनेक श्रेणियों में रखा जाता है। इनका परिचय यहाँ प्रस्तुत है—

उच्चारण-स्थान के आधार पर व्यंजनों का विभाजन

व्यंजनों का उच्चारण करने के लिए फेफड़ों से चलकर मुख और नाक से निकलने वाली हवा हमारे मुँह में स्थित किसी न किसी हिस्से से टकराती हुई बाहर आती है। ध्वनियों के अलग-अलग उच्चारण में सहयोगी इन अंगों को उच्चारण-अवयव कहा जाता है। पाणिनी के व्याकरण में इन उच्चारण अवयवों की संख्या सात बताई गई है। इन उच्चारण-अवयवों के नाम और स्थान इस प्रकार हैं—

- गला—कण्ठ,
- जीभ का अन्दरूनी सिरा—जिह्वामूल,
- मुँह की छत—तालु,
- ऊपरी दाँतों का पिछला हिस्सा—वर्त्स,
- तालु और वर्त्स के बीच का स्थान—मूर्धा,
- दाँत—दन्त और
- ओठ—ओष्ठ

किसी वर्ण के उच्चारण के लिए श्वासनली से आकर बाहर निकलने वाली हवा जिस उच्चारण-अवयव से टकराकर निकलती है, वही उस वर्ण का उच्चारण-स्थान होता है। उच्चारण-स्थानों के आधार पर वर्णों को लगभग ग्यारह वर्गों में रखा गया है। इन वर्गों में स्वर और व्यंजन दोनों शामिल होते हैं। इन वर्गों में परम्परागत व्यंजनों के साथ ही संयुक्त, उत्क्षिप्त और ग्रही व्यंजनों को भी स्थान दिया गया है। उच्चारण स्थानों के आधार पर वर्णों की श्रेणियाँ इस प्रकार हैं—

क्र.सं.	उच्चारण स्थान	ध्वनियाँ/व्यंजन	उच्चारण स्थान आधारित नाम
1.	कण्ठ	अ, आ, क् ख् ग् घ् अः और ह्।	कण्ठ्य
2.	जिह्वामूल	क़ ख़ और ग़।	जिह्वामूलीय
3.	तालु	इ, ई, च् छ् ज् झ् य् और ष्।	तालव्य
4.	मूर्धा,	ऋ, ट् ठ् ड् ढ् र् श् ड़ और ढ़।	मूर्धन्य
5.	दन्त	त्, थ्, द्, ध् ल् और स्।	दन्त्य
6.	वर्त्स	ऑ, क्ष, त्र, ज्ञ, श्र और ज़्।	वर्त्स्य
7.	ओष्ठ	उ, ऊ, प् फ् ब् और भ	ओष्ठ्य
8.	दन्तोष्ठ	व् और फ़।	दन्तोष्ठ्य
9.	मुँह और नाक	अं, ङ् ञ् ण् न् और म्।	अनुनासिक्य
10.	कण्ठ और तालु	ए और ऐ	कण्ठ-तालव्य
11.	कण्ठ और ओष्ठ	ओ और औ	कण्ठ-ओष्ठ्य

प्रयत्न के आधार पर व्यंजनों का विभाजन

किसी ध्वनि के उच्चारण के लिए हम अन्दरूनी तौर पर जो प्रयास करते हैं उसे व्याकरण की भाषा में 'प्रयत्न' कहा जाता है। इस प्रक्रिया में साँस लेने और छोड़ने के स्वाभाविक तरीके में कुछ बदलाव किया जाता है। हवा को छोड़ने के तरीके

में इस नियन्त्रित बदलाव के कारण हमारे गले में मौजूद कुछ स्नायुओं (स्वर-तन्त्रियों) से ध्वनि उत्पन्न होती है। यह ध्वनि मुँह के अलग-अलग हिस्सों में स्थित उच्चारण-अवयवों से टकराकर अलग उच्चारण पैदा करती है। स्वर-तन्त्रियों से उत्पन्न हुई हवा को निश्चित उच्चारण के लिए निश्चित उच्चारण-अवयवों की ओर धकेलने के लिए 'प्रयत्न' आवश्यक होता है।

साररूप में कहें तो श्वास छोड़ने की प्रक्रिया में मुँह और नाक से निकलने वाली हवा पर नियन्त्रण करके स्वर-तन्त्रियों में ध्वनि उत्पन्न करना और इस ध्वनि को निश्चित उच्चारण-अवयवों की ओर धकेलने की प्रक्रिया को भाषाविज्ञान की शब्दावली में 'प्रयत्न' कहा जाता है। किसी वर्ण के उच्चारण के लिए किए जाने वाले इस 'प्रयत्न' के आधार पर व्यंजनों को सात विभागों में बाँटा गया है। ये हैं—स्पर्श, संघर्षी, नासिक्य, पार्श्विक, प्रकम्पित, उत्क्षिप्त और अर्द्धस्वर।

स्पर्श व्यंजन

इन ध्वनियों के उच्चारण के समय कोई दो उच्चारण-अवयव एक दूसरे के निकट आकर ध्वनि या आवाज़ के निकलने के रास्ते को सँकरा कर देते हैं। इससे फेफड़ों से आने वाली हवा कुछ पलों के लिए वहीं रुक जाती है। रुकी हुई यह हवा एक दबाव बनाती है और झटके से बाहर आती है। इससे जिन व्यंजनों का उच्चारण होता है उन्हें स्पर्श व्यंजन कहते हैं। वर्गों से पहले चार-चार वर्ण स्पर्श व्यंजन हैं और इस प्रकार इनकी कुल संख्या 20 है। ये हैं—

- क्, ख्, ग्, घ्,
- च्, छ्, ज्, झ्,
- ट्, ठ्, ड्, ढ्,
- त्, थ्, द्, ध्
- प् फ् ब् भ्।

संघर्षी व्यंजन

इन ध्वनियों के बोलने के लिए उच्चारण-स्थानों और उच्चारण-अवयवों के पास आ जाने से वायुमार्ग इतना सँकरा हो जाता है कि वायु इनके बीच से रगड़ खाकर निकलती है। इस विधि से बोले जाने वाले व्यंजनों को संघर्षी व्यंजन कहा जाता है। पारम्परिक रूप से ऊष्म वर्णों को इस श्रेणी में रखा जाता था किन्तु आजकल उर्दू, अंग्रेज़ी और अन्य भाषाओं से आए शब्दों के उच्चारण और लेखन के लिए प्रयोग होने वाले नुक्ता वाले व्यंजनों को भी इस श्रेणी में शामिल कर लिया गया है। ये हैं—

- ष्, श्, स्, ह्,
- क़, ख़, ग़, ज़ और फ़

नासिक्य व्यंजन

इन व्यंजनों के उच्चारण में फेफड़ों से आने वाली हवा मुँह और नाक दोनों से होकर बाहर निकलती है। वर्गों के पाँचवें वर्णों को इस श्रेणी में रखा गया है—

- ङ्, ञ्, ण्, न् और म्।

पार्श्विक व्यंजन

इस प्रकार के व्यंजनों के उच्चारण के लिए जीभ का अगला हिस्सा वर्त्स यानि ऊपरी दाँतों के पिछले भाग को छूता है। इस दौरान जीभ के दोनों ओर से हवा का रास्ता खुला रहता है। हिन्दी वर्ण-माला में केवल एक व्यंजन इस कोटि में आता है और वह है—ल्।

प्रकम्पित व्यंजन

इस प्रकार के व्यंजनों के उच्चारण के लिए जीभ का आगे का हिस्सा तालु की तरफ उठ जाता है और कम्पन करता है। इसी कम्पन से व्यंजन का उच्चारण होता है। हिन्दी वर्ण-माला में 'र' व्यंजन को इस श्रेणी में रखा गया है। ऋ स्वर को भी प्रकम्पित वर्ण की श्रेणी में रखा जाता है।

उत्क्षिप्त व्यंजन

इन व्यंजनों के उच्चारण के लिए जीभ का आगे का हिस्सा तेज़ी से कठोर तालु को छूता है और झटके से वापस लौट आता है। इस प्रक्रिया से उच्चरित ध्वनियों को उत्क्षिप्त व्यंजन कहा जाता है। ये व्यंजन हैं—ड़ और ढ़।

अर्द्ध स्वर

इस प्रकार के व्यंजनों को अन्तस्थ—स्वर और व्यंजनों के बीच में रखे जाने वाले—व्यंजन कहा जाता है। इसका एक कारण है कि इनका निर्माण स्वरों की आपस में हुई सन्धि से होता है। इन्हें अन्तस्थ कहने का दूसरा कारण है कि इनके उच्चारण के लिए भी स्वरों का सहयोग आवश्यक होता है। इनका निर्माण इ, उ, ऋ और लृ स्वरों के साथ इनके अलावा किसी अन्य स्वर के जुड़ने से होता है। यह प्रक्रिया और इससे बनने वाले व्यंजन इस प्रकार हैं—

- इ + इ के अतिरिक्त अन्य कोई स्वर = य्।
- उ + उ के अतिरिक्त अन्य कोई स्वर = व्।
- ऋ + ऋ के अतिरिक्त अन्य कोई स्वर = र्।
- लृ + लृ के अतिरिक्त अन्य कोई स्वर = ल्।

प्रयत्न के आधार पर वर्णों के उच्चारण की प्रक्रिया दो प्रकार की है—आभ्यान्तर (आन्तरिक) और बाह्य (बाहरी)। आभ्यान्तर प्रयत्न—स्पृष्ट, ईशत्स्पृष्ट, ईशद्विवृत्, विवृत् और संवृत्—इन नामों से पाँच प्रकार का है, जबकि बाह्य प्रयत्न के—विवार, संवार, श्वास, नाद, घोष, अघोष, अल्पप्राण, महाप्राण, उदात्त, अनुदात्त और स्वरित—ये ग्यारह भेद हैं। इन भेदों में से कुछ का परिचय यहाँ दिया जा रहा है जबकि विद्यालय शिक्षण में आवश्यक न होने के कारण शेष भेदों के केवल नाम दिए गए हैं।

प्राण की मात्रा के आधार पर व्यंजनों का विभाजन

ध्वनियों का उच्चारण फेफड़ों से निकलने वाली हवा से होता है। इस हवा को व्याकरण की शब्दावली में 'प्राणवायु' कहा जाता है। यह प्राणवायु फेफड़ों से निकलकर श्वासनली के रास्ते से मुँह में प्रवेश करती है। यहाँ वह अलग-अलग उच्चारण-अवयवों के टकराकर अलग-अलग तरह की ध्वनियाँ उत्पन्न करती है। इस प्रक्रिया में जितनी प्रकार की ध्वनियाँ उत्पन्न होती हैं उन सभी के उच्चारण में हवा या प्राणवायु की अलग-अलग मात्रा का उपयोग होता है। कुछ व्यंजनों के उच्चारण में हवा के कम दबाव का इस्तेमाल होता है तो कुछ दूसरे व्यंजनों को बोलने के लिए हवा की अधिक मात्रा का प्रयोग होता है। इसी आधार पर व्यंजनों को दो श्रेणियों में रखा जाता है। जिन वर्णों के उच्चारण में अपेक्षाकृत कम वायु या प्राण का प्रयोग होता है उन्हें अल्पप्राण और जिनके उच्चारण में अधिक मात्रा में प्राण या वायु-दबाव का प्रयोग होता है उन्हें महाप्राण व्यंजन कहा जाता है। वर्गों के पहले व तीसरे वर्ण अल्पप्राण और दूसरे व चौथे वर्ण महाप्राण व्यंजनों की श्रेणी में आते हैं। इनका विभाजन इस प्रकार है—

अल्पप्राण व्यंजन	महाप्राण व्यंजन
कवर्ग—क् और ग्।	ख् और घ्।
चवर्ग—च् और ज्।	छ् और झ्।
टवर्ग—ट् और ड्।	ठ् और ढ्।
तवर्ग—त् और द्।	थ् और ध्।
पवर्ग—प् और ब्।	फ् और भ्।

कम्पन के आधार पर व्यंजनों का विभाजन

जब हम किसी व्यंजन का उच्चारण करते हैं तो फेफड़ों से निकलने वाली हवा से हमारे मुँह में मौजूद स्वर उत्पन्न करने वाले अवयवों यानि स्वरतन्त्रियों में कुछ कम्पन होता है, जबकि कुछ दूसरे व्यंजनों के उच्चारण में वायु-प्रवाह सामान्य रहता है। इस प्रकार कम्पन होने और न होने के आधार पर व्यंजनों को वर्गीकृत किया जाता है। जिन व्यंजनों के उच्चारण के दौरान स्वरतन्त्रियों में कम्पन होता है, उन्हें सघोष व्यंजन कहा जाता है। जबकि अन्य—जिनकी उच्चारण प्रक्रिया में स्वरतन्त्रियाँ सामान्य स्थिति में रहती हैं—अघोष व्यंजन कहलाते हैं। हिन्दी व्यंजन-माला में वर्गों के प्रथम और द्वितीय वर्ण अघोष व्यंजन हैं, जबकि तृतीय और चतुर्थ वर्ण सघोष व्यंजनों की श्रेणी में आते हैं। यह वर्गीकरण इस प्रकार है—

सघोष व्यंजन	अघोष व्यंजन
कवर्ग—क् और ख्।	ग् और घ्।
चवर्ग—च् और छ्।	ज् और झ्।
टवर्ग—ट् और ठ्।	ड् और ढ्।
तवर्ग—त् और थ्।	द् और ध्।
पवर्ग—प् और फ्।	ब् और भ्।

अक्षर

एक साँस में बोले जा सकने वाला वर्णों का छोटे से छोटा समूह अक्षर कहलाता है। यह एक स्वर या अनेक स्वरों और व्यंजनों का समूह हो सकता है। उदाहरण के लिए 'माला' शब्द में दो अक्षर हैं—मा और ला। जबकि वर्ण चार हैं—म्, आ, ल् और आ। इसी प्रकार भारत शब्द में भा और रत ये दो अक्षर हैं। इन शब्दों का उच्चारण करते हुए अक्षरों का विभाजन स्पष्ट रूप से दिखाई देता है। मूल रूप से किसी व्यंजन का उच्चारण तब तक सम्भव नहीं होता जब तक उसके साथ किसी स्वर का संयोग न हो। लेकिन स्वर का संयोग होने पर भी किसी शब्द के सभी वर्णों को एक साथ नहीं बोला जा सकता। इस स्थिति में जितने भी स्वरों और व्यंजनों के समूह को एक प्रयास में आसानी से बोला जा सके उसे अक्षर कहा जाता है। इस प्रकार अक्षर उच्चारण की दृष्टि से सबसे छोटी व्यावहारिक इकाई होते हैं।

प्रश्न

1. वर्ण को परिभाषित कीजिए। व्याकरण की दृष्टि से वर्ण का क्या महत्त्व है?
2. स्वर की परिभाषा लिखिए। मूल स्वरों से अन्य स्वरों के बनने की प्रक्रिया का वर्णन कीजिए।
3. अयोगवाह से क्या तात्पर्य है? क्या 'ऑ' को अयोगवाह की श्रेणी में रखा जाना चाहिए?

4. प्रयत्न के आधार पर स्वरों के विभाजन पर टिप्पणी कीजिए।
5. हिन्दी व्याकरण में स्वरों की व्यवस्था के लाभों का उल्लेख कीजिए।
6. व्यंजन को परिभाषित कीजिए। इसे 'हलू' कहे जाने के कारण पर टिप्पणी कीजिए।
7. स्पर्श, अन्तस्थ और ऊष्म व्यंजनों के नामकरण का कारण लिखिए।
8. देवनागरी लिपि में नए व्यंजनों के समावेश के कारणों और लाभों का वर्णन कीजिए।
9. उच्चारण-स्थान के आधार पर वर्णों के विभाजन के लाभ लिखिए।
10. प्राण के आधार पर व्यंजनों के विभाजन का क्या आधार है?
11. उच्चारण-स्थान और उच्चारण-अवयवों में अन्तर स्पष्ट कीजिए।

8 हिन्दी व्याकरण की शब्द व्यवस्था

प्रकरण का उद्देश्य

संसार में प्रत्येक वस्तु, स्थान, भाव, पदार्थ, क्रिया आदि के लिए किसी न किसी ध्वनिप्रतीक की व्यवस्था है। ये ध्वनिप्रतीक अपने लक्षित अर्थ की ओर इशारा करते हैं। जैसे कार बोलने पर हमारे मन में एक वाहन का चित्र उपस्थित होता है और बारिश बोलने पर एक गतिविधि हमारे जहन में प्रकट हो जाती है। कोई ऐसी वस्तु, गतिविधि या प्रक्रिया नहीं हो सकती जिसके लिए एक न एक शब्द तय न हो। यहाँ तक कि हमारे मन के भावों तक को व्यक्त करने के लिए भी शब्दों की व्यवस्था पाई जाती है।

इन शब्दों का संसार बड़ा अनूठा है। इसमें भाँति-भाँति के शब्द पाए जाते हैं। इनमें सरल-कठिन, छोटे-बड़े, समानार्थक-विपरीतार्थक, मोहक-उद्वेजक, नए-पुराने, देशी-विदेशी आदि अनेक प्रकार के शब्द शामिल हैं। शब्दों के अपार संसार को पूरी तरह जानना तो लगभग असंभव ही है लेकिन दैनन्दिन उपयोग, शिक्षा और व्यवसाय जैसी ज़रूरतों के लिए शब्दों को जानना अनिवार्य हो जाता है। प्रस्तुत अध्याय इस आवश्यकता के साथ-साथ भाषा-ज्ञान की दृष्टि से भी शब्दों की जानकारी में सहायक है।

शब्द की परिभाषा

स्वरों और व्यंजनों से मिलकर बनने वाला सार्थक समूह शब्द कहलाता है। इसके अनुसार शब्द के निर्माण के लिए 'वर्णों के समूह' और 'सार्थकता'; इन दो अवयवों का होना ज़रूरी है। बिना वर्णों के संयोग के शब्द का शरीर नहीं बनता और बिना अर्थ के उसमें सार्थकता नहीं आती। शब्द और अर्थ के इस संयोग का कारण है कि भाषा का निर्माण विचारों के आदान-प्रदान के लिए होता है। बिना अर्थ के वर्णों का संयोग किसी भाव या विचार का सम्प्रेषण नहीं कर सकता। इसलिए शब्द में वर्णसंयोग और अर्थ का होना अनिवार्य है।

शब्द का एक और गुण है—स्वतन्त्रता। इसका अर्थ है कि शब्द अपने जन्म से ही किसी वाक्य अथवा वाक्यांश का हिस्सा नहीं होता बल्कि अन्य शब्दों के साथ मिलकर भाव सम्प्रेषण करने के लिए ही वह वाक्य का हिस्सा बनता है। जैसे ही कोई शब्द किसी वाक्य अथवा वाक्यांश का हिस्सा बनता है तो वह कर्ता, कर्म, करण जैसा कोई कारक या संज्ञा, सर्वनाम, क्रिया के रूप में कोई शब्दभेद बन जाता है। ऐसा शब्द स्वतन्त्र रूप से अर्थ नहीं बताता बल्कि वाक्य में प्रयुक्त अन्य शब्दों के साथ मिलकर अर्थ प्रकट करता है। वाक्य का हिस्सा बन जाने के बाद शब्द को 'पद' कहा जाता है। अन्य शब्दों में कहा जा सकता है कि 'शब्द', विभक्ति, वचन और काल के साथ बँधा नहीं होता; जबकि 'पद' वाक्य का अंग होता है और उसके साथ विभक्ति, वचन और काल जुड़े होते हैं।

शब्दों की संख्या के लिहाज़ से हिन्दी भाषा काफी समृद्ध है। आज की हिन्दी भाषा में संस्कृत से लेकर देश के विभिन्न राज्यों में बोली जाने वाली देसी बोलियों, भाषाओं और अनेक विदेशी भाषाओं के शब्द शामिल हैं। हिन्दी में अनेक स्रोतों से शब्दों के आने की प्रक्रिया इसके जन्म से ही शुरु हो गई थी और आज भी बदस्तूर जारी है। अलग-अलग स्रोतों से शब्दों

को अपनाने में हिन्दी जैसी ग्रहणशील और उदारमना भाषा दुनिया में शायद ही और कोई हो। यही कारण है कि आज हिन्दी की गिनती विश्व की सबसे ज्यादा विकसित और समृद्ध भाषाओं में होती है। देश-विदेश से आने वाले अलग-अलग विषयों के शब्दों को सहज स्वीकारने के कारण हिन्दी विज्ञान, तकनीक, व्यापार और शिक्षा जैसे तेज़ी से बदलते विषयों के माध्यम के तौर पर आधुनिक अन्तर्राष्ट्रीय भाषाओं में शामिल है।

व्याकरण की दृष्टि से हिन्दी भाषा के शब्दों के अनेक प्रकार या भेद हैं। शब्दों के इन प्रकारों को जान-समझकर उनका बेहतर और सटीक प्रयोग किया जा सकता है। सही स्थान पर सही शब्द का प्रयोग करने से भाषा को बेहतर बनाया जा सकता है। अर्थ, उत्पत्ति, व्युत्पत्ति और प्रयोग के आधार पर हिन्दी भाषा के शब्दों के तकरीबन बीस भेद हैं। इन भेदों का सामान्य परिचय यहाँ प्रस्तुत है।

अर्थ के आधार पर शब्दों के भेद

शब्द भाषा का शरीर है और अर्थ उनकी आत्मा। शब्दों के माध्यम से भाषा का प्रयोग किया जाता है लेकिन जब तक शब्द का अर्थ समझ न आए तब तक भाषा निरर्थक रहती है। आमतौर पर भाषा में सार्थक शब्द ही प्रयोग किए जाते हैं लेकिन ज़रूरत के अनुसार निरर्थक शब्दों का प्रयोग भी होता है। इस आधार पर ही हिन्दी व्याकरण में अर्थ के आधार पर शब्दों को दो भेदों के अन्तर्गत रखा जाता है। इनका सामान्य परिचय इस प्रकार है—

- **सार्थक शब्द**—शब्द की परिभाषा में स्पष्ट किया गया है कि वर्णों के जिस समूह का कोई निश्चित अर्थ होता है उसे ही शब्द कहा जा सकता है। शब्द की इस परिभाषा को जानने के बाद 'सार्थक शब्द' जैसे शब्दभेद का नाम सुनकर जिज्ञासा होना स्वाभाविक है कि जब सभी शब्दों का कोई न कोई अर्थ होता ही है तो 'सार्थक शब्द' का क्या मतलब रह जाता है। इस प्रश्न का सबसे सरल उत्तर है कि भाषा व्यवहार में प्रयोग होने वाले सभी शब्द सार्थक नहीं होते। इसलिए 'सार्थक शब्द' नाम के अलग शब्दभेद की ज़रूरत सामने आती है। अब एक और प्रश्न सामने आना स्वाभाविक है कि भाषा में निरर्थक शब्द कैसे बनते हैं और उनका क्या उपयोग है। इसका विवरण निरर्थक शब्द के विवेचन में किया गया है।
- **निरर्थक शब्द**—निरर्थक शब्द का सीधा अर्थ है, जिस शब्द का अपना स्वतन्त्र अर्थ न हो। ऐसे शब्द किसी अन्य शब्द के साथ जुड़कर ही अर्थ प्रकट करते हैं। इन शब्दों का निर्माण या हिन्दी भाषा में प्रवेश किसी निश्चित प्रक्रिया द्वारा न होकर अनायास ही होता है। कहा जा सकता है कि इस श्रेणी के शब्द भाषा का व्यवहार करने वाले लोगों की जरूरत से उत्पन्न होते हैं। लेकिन इनके प्रयोग से भाषा को इतनी क्षमता और शक्ति मिलती है कि ये शब्द भाषा के सहज अंग बन जाते हैं। इस प्रकार के शब्दों की संख्या तो अधिक नहीं होती लेकिन वे अर्थ-विस्तार और भाव प्रकाशन में महत्त्वपूर्ण भूमिका निभाते हैं। चाय के साथ वाय, बन्दूक के साथ वन्दूक बोलना निरर्थक शब्दों के प्रयोग के उदाहरण हैं। चाय के साथ वाय बोलने से संकेत होता है चाय के साथ सेवन की जाने वाली बिस्किट, नमकीन जैसी अन्य सामग्री। इसी तरह बन्दूक-वन्दूक का भाव है बन्दूक जैसे अन्य शस्त्रास्त्र।

प्रयोग के आधार पर शब्दों के भेद

शब्द भाषा को रूप प्रदान करते हैं। शब्दों से भाषा विचार और भाव सम्प्रेषण की क्षमता प्राप्त करती है। इस प्रक्रिया में शब्द एक से ज़्यादा प्रकार की ज़िम्मेदारियाँ निभाते हैं। एक ही शब्द कभी प्रश्न पूछने का काम करता है तो कभी उत्तर बन जाता है। कभी उत्तेजना जगाता है तो कभी सान्त्वना देता है। ऐसा होने पर भी भाषा में शब्दों की भूमिकाएँ काफी हद तक निश्चित होती हैं। इन भूमिकाओं के अनुसार शब्दों के भेदों का परिचय इस प्रकार है—

विकारी शब्द

भाषा-व्यवहार में बहुत से शब्द अलग-अलग परिस्थितियों में भिन्न-भिन्न भूमिकाएँ निभाते हैं। इस प्रक्रिया में कुछ शब्द अपना रूप बदल लेते हैं जबकि कुछ अन्य शब्द अपरिवर्तित रहते हैं। जिन शब्दों के रूप में लिंग, वचन, काल और कारक के आधार पर बदलाव आ जाता है। उन्हें विकारी शब्द कहा जाता है। ये चार प्रकार के हैं–

- संज्ञा – हाथी/हथिनी,
- विशेषण – काला/काली
- सर्वनाम – वह/उसने/उसका,
- क्रिया – करता है/किया/करेगा।

अविकारी शब्द

जिन शब्दों के रूप में लिंग, वचन, काल और कारक के बदलने पर भी कोई बदलाव नहीं होता, उन्हें अविकारी शब्द कहा जाता है। इस प्रकार के शब्द किसी भी स्थिति में अपना रूप नहीं बदलते। इस प्रकार के शब्दों को 'अव्यय' भी कहा जाता है। अव्यय शब्द का अर्थ भी वही है जो अविकारी का है; यानि 'कभी न बदलने वाला शब्द'। ये भी चार प्रकार के हैं–

- क्रिया-विशेषण – धीरे, तेज, बार-बार, घूमते हुए आदि।
- सम्बन्ध-बोधक – आगे, पीछे, सामने, ऊपर आदि।
- समुच्चय-बोधक – और, या, इसलिए, क्योंकि, किन्तु, ताकि आदि।
- विस्मयादि-बोधक – शाबाश! अरे! हट! छिः! वह, बहुत अच्छा! आदि।

उत्पत्ति के आधार पर शब्दों के भेद

उत्पत्ति का सामान्य अर्थ है शब्द के स्रोत का परिचय। इसके आधार पर हिन्दी भाषा में शब्दों के आने और उनके रूप परिवर्तन पर विचार किया जाता है। हिन्दी भाषा में समय-समय पर अनेक भाषाओं से शब्द आए। इनमें से संस्कृत से आए शब्दों की संख्या सबसे ज्यादा है। समय के साथ संस्कृत से आए बहुत से शब्दों में लिखने के तरीके और अर्थ सम्बन्धी बदलाव हुए हैं। इनके अलावा हिन्दी में अनेक देसी भाषाओं, बोलियों और विदेशी भाषाओं से आए शब्दों का बड़ा भण्डार है। हिन्दी में नए शब्दों को गढ़ने और बाहरी शब्दों को स्वीकार करने की काफी क्षमता है। यही कारण है कि आज की हिन्दी का सम्बन्ध हज़ारों वर्ष पुरानी संस्कृत से लेकर आधुनिक विश्व की अनेक भाषाओं से बना हुआ है और वह इन सबके साथ प्रशंसनीय ढंग से समन्वय कर पा रही है। इस सहजता के कारण ही हिन्दी भारत के सभी राज्यों और विदेशों में बसने वाले करोड़ों लोगों के लिए आसान भाषा बनी हुई है। हिन्दी भाषा के शब्दों को उनकी व्युत्पत्ति या आने के स्रोत के आधार पर सात विभागों के अन्तर्गत रखा गया है। इनका परिचय इस प्रकार है–

तत्सम शब्द

तत्सम का अर्थ है, उसके समान। यहाँ 'उसके' शब्द का इशारा संस्कृत भाषा की तरफ है। संस्कृत हिन्दी भाषा की जननी है। संस्कृत से हिन्दी तक भाषा की यात्रा काफी लम्बी है। इस दौरान संस्कृत के बहुत से शब्दों के रूपों में अनेक प्रकार के बदलाव आए, लेकिन फिर भी अनेक शब्द अपरिवर्तित रह गए। उनके रूपों और अर्थों में कोई बदलाव नहीं हुआ। संस्कृत के जो शब्द बिना रूप और अर्थ परिवर्तन के हिन्दी भाषा में प्रयोग किए जा रहे हैं, उन्हें तत्सम शब्द कहा जाता है। सूर्य, पुस्तक, विद्या, सर्प और पुरस्कार ऐसे शब्दों के कुछ उदाहरण हैं।

तद्भव शब्द

तद्भव का अर्थ है—उससे बना हुआ। उससे अर्थात् संस्कृत भाषा के शब्द से। संस्कृत के जिन शब्दों को थोड़े-बहुत रूप परिवर्तन के साथ, लेकिन उसी अर्थ में हिन्दी भाषा में स्वीकार कर लिया गया है वे तद्भव शब्द कहलाते हैं। सूर्य से सूरज, सर्प से साँप, चक्र से चक्कर और घृत से घी—तद्भव शब्दों के कुछ उदाहरण हैं। यहाँ जिन शब्दों के उदाहरण दिए गए हैं उन्हें तद्भव के रूप में आसानी से पहचाना जा सकता है जबकि अनेक शब्दों में यह पहचान सरल नहीं होती जैसे मक्षिका से मक्खी और कंकतिका से कंघी।

देशी या देशज शब्द

आज हिन्दी के रूप में जो भाषा प्रचलित है उसका आरम्भिक रूप दसवीं-ग्यारहवीं शताब्दी तक स्पष्ट होने लगा था। लेकिन आज की भाषा की तुलना में उस भाषा को हिन्दी नहीं कहा जा सकता। तब की हिन्दी और आज की हिन्दी में लिपि, वर्तनी, शब्द और वाक्य-विन्यास जैसे सभी स्तरों पर ज़मीन-आसमान का अन्तर आ गया है। परिवर्तन और सुधार की इस प्रक्रिया में हिन्दी ने अपने प्रयोगक्षेत्र के आस-पास प्रचलित सभी भाषाओं और बोलियों से योगदान लिया है। हिन्दी भाषा में हिन्दी की बोलियों और प्रान्तीय भाषाओं से आए शब्द शामिल हैं। इन शब्दों को हिन्दी व्याकरण में देशी या देशज शब्द कहा जाता है। हिन्दी में देशज शब्द कितनी भाषाओं से आए इसका कोई ठीक हिसाब तो नहीं है लेकिन उदाहरण के रूप में उनमें से कुछ का उल्लेख यहाँ किया जा सकता है।

- नितान्त, उपन्यास—बंगला।
- चालू, बाजू—मराठी।

विदेशी शब्द

राजनीतिक, आर्थिक और व्यापारिक कारणों से विदेशियों के भारत आने और भारतीयों के विदेश जाने का सिलसिला काफी पुराना है। शुरु में ज्ञान और व्यापार के प्रसार के लिए शुरु हुआ यह सिलसिला बाद में शिक्षा, पर्यटन, आजीविका जैसे कारणों से काफी आम हो गया। लोगों के यहाँ आने और यहाँ से लोगों के विदेशों में जाने के कारण हिन्दी भाषा का प्रयोग क्षेत्र काफी बढ़ गया है। इससे हिन्दी में बड़ी संख्या में विदेशी भाषाओं के शब्द प्रयोग होने लगे हैं। हिन्दी में विदेशी भाषाओं के शब्दों का समायोजन इतनी सहजता से हुआ है कि अनेक शब्दों के विदेशी होने का आभास भी नहीं होता। इसके कुछ उदाहरण यहाँ दिए जा रहे हैं—

- स्कूल, स्टेशन, ट्रेन—अंग्रेज़ी।
- नीलाम—अरबी।
- किताब, औरत, चश्मा—फ़ारसी।
- रिक्शा, चाकू—जापानी।

द्विज या संकर शब्द

हिन्दी भाषा में कुछ विदेशी शब्द इतने प्रचलित हो चले हैं कि उनका हिन्दीकरण ही हो गया है। ऐसे शब्दों का प्रयोग हिन्दी शब्दों के साथ मिलकर और इसकी व्याकरणिक संरचना में ढलकर बिलकुल स्वाभाविक रूप से हो रहा है। इन शब्दों को सुन या पढ़कर ऐसा आभास ही नहीं होता कि इनमें दो भाषाओं के शब्दों का अपमिश्रण हुआ है। उदाहरण के लिए रेलगाड़ी शब्द में रेल (पटरी) अंग्रेज़ी है तो गाड़ी हिन्दी। यही बात डबलरोटी और प्रेसवाला शब्दों पर भी लागू होती है।

अनुकरणात्मक शब्द

हिन्दी भाषा के कुछ शब्द अपनी लक्ष्यार्थ वस्तु या क्रिया से पैदा होने वाली ध्वनि अथवा बोली के आधार पर बने हैं। यह हिन्दी भाषा के शब्द-निर्माण की प्राकृतिक विधि है जिसमें शब्द और अर्थ के बीच सहज सम्बन्ध दिखाई देता है। वास्तव में इन शब्दों का सृजन अनायास ही हो जाता है लेकिन इतना सार्थक और कारगर होता है कि भाषा सहज ही उन्हें स्वीकार कर लेती है। ध्वनि या बोली के अनुकरण से बने शब्दों के कुछ उदाहरण इस प्रकार हैं—

- घण्टी की आवाज़—टन-टन, ट्रिन-ट्रिन,
- ट्रेन की आवाज़—कूँऽऽ..., छुक्-छुक्
- पक्षियों की आवाजें—चूँ-चूँ, टें-टें, काँव-काँव।
- पशुओं की आवाजें—भौं-भौं, म्याउँ-म्याउँ।
- क्रियाओं से उत्पन्न आवाजें—धड़ाम, फटाक्, सूँ ऽ...

अज्ञातमूल

इतने शब्द भेदों के बावजूद हिन्दी में अनेक शब्द ऐसे भी रह जाते हैं जिनके स्रोत का अभी तक कुछ पता नहीं है। ये न संस्कृत के हैं न उससे बने हैं। न देशी हैं और न विदेशी। हिन्दी व्याकरण के अज्ञात मूल वर्ग में उन शब्दों को शामिल किया जाता है जिनके मौलिक रूप और स्रोत अभी अज्ञात हैं। लोहा, डिबिया, खिड़की, पगड़ी आदि अज्ञातमूल शब्दों के कुछ उदाहरण हैं।

व्युत्पत्ति के आधार पर शब्दों के भेद

व्युत्पत्ति का अर्थ है शब्दों की बनावट। इसके अन्तर्गत शब्दों की बनावट और अर्थ प्रकट करने की विधि पर विचार किया जाता है। हिन्दी भाषा के सभी शब्द व्याकरण की प्रक्रिया द्वारा मूल शब्दों या धातु रूपों का प्रयोग करके नहीं बनते। बहुत से शब्द ऐसे हैं जिन्हें छोटे सार्थक हिस्सों के रूप में तोड़ा नहीं जा सकता। ऐसे शब्द अपने आप में पूर्ण इकाई होते हैं और अपने परम्परागत या बँधे-बँधाए अर्थों को प्रकट करते हैं। इस विशेषता के आधार पर हिन्दी-शब्दों को तीन प्रकारों के अन्तर्गत रखा जाता है—(क) रूढ़, (ख) यौगिक और (ग) योगरूढ़।

रूढ़ शब्द

रूढ़ शब्द का अर्थ है—न बदलने वाला। हिन्दी भाषा के जिन शब्दों के रूप और अर्थ निश्चित रहते हैं वे रूढ़ शब्द कहलाते हैं। ऐसा भी कहा जा सकता है कि जो शब्द अपने आप में एक इकाई हों, जिनके सार्थक हिस्से न किए जा सकें और जो अपने परम्परागत अर्थ को ही व्यक्त करते हैं उन्हें रूढ़ शब्द कहा जाता है। घोड़ा, बत्तख, चकला आदि रूढ़ शब्दों के कुछ उदाहरण हैं।

यौगिक शब्द

यौगिक शब्द का अर्थ है योग या जुड़ने से बना। इस प्रकार के शब्द दो या अधिक शब्दों या शब्दांशों के मिलने से बनते हैं। ध्यान देने की बात है कि जिन शब्दों के मेल से यौगिक शब्द बनते हैं वे सार्थक होते हैं और उनके अर्थों का प्रभाव यौगिक शब्दों के अर्थ पर भी पड़ता है। अनेक शब्दों के मेल से नए शब्दों को बनाने के लिए सन्धि और समास का सहयोग लिया जाता है। इस मायने में यौगिक शब्द ज़्यादा सक्रिय और विकासशील है। विद्यालय, सुरक्षा, महामहिम, देवदूत आदि यौगिक शब्दों के उदाहरण हैं।

योगरूढ़ शब्द

योगरूढ़ शब्द रूढ़ और यौगिक शब्दों के मेल से बनते हैं। योगरूढ़ शब्दों में यौगिक और रूढ़ दोनों प्रकार के शब्दों के गुण मौजूद होते हैं। अपने रूप में तो ये शब्द यौगिक यानि दो या अधिक शब्दों के योग से बने होते हैं, लेकिन उनका अर्थ रूढ़ होता है। योगरूढ़ शब्दों के अर्थ उनके घटक शब्दों के अर्थ से प्रभावित नहीं होते। इस प्रकार ये शब्द बनावट में यौगिक और अर्थ की दृष्टि से रूढ़ या पारम्परिक होते हैं। उदाहरण के लिए 'पीताम्बर' एक यौगिक शब्द है। यह पीत अर्थात् पीला और अम्बर अर्थात् कपड़ा, इन दो शब्दों से मिल कर बना है। किन्तु इसके अर्थ का पीले रंग और कपड़े से कोई सम्बन्ध नहीं है। यह शब्द परम्परागत रूप से भगवान श्रीकृष्ण के पर्यायवाची के रूप में प्रयुक्त होता रहा है। इसी प्रकार दशानन शब्द का अर्थ रावण है, न कि दस सिर।

प्रश्न

1. शब्द को परिभाषित कीजिए। हिन्दी भाषा में शब्दों के स्रोतों का उल्लेख कीजिए।
2. शब्द और पद के बीच अन्तर को स्पष्ट कीजिए।
3. अर्थ के आधार पर शब्दों के विभाजन का औचित्य स्थापित कीजिए।
4. प्रयोग के आधार पर हिन्दी शब्दों के विभाजन का संक्षिप्त परिचय लिखिए।
5. उत्पत्ति के आधार पर हिन्दी शब्दों के प्रकारों के नाम और उदाहरण दीजिए।
6. व्युत्पत्ति के आधार पर हिन्दी शब्दों के प्रकारों का परिचय दीजिए।

9 हिन्दी में शब्दसृजन की प्रक्रिया– सन्धि तथा समास

प्रकरण का उद्‌देश्य

भाषा का कार्य ज्ञान, भाव, इच्छा आदि की अभिव्यक्ति है। इसके लिए ही उसकी पूरी व्यवस्थाओं, शब्द, वाक्य, व्याकरण आदि का विधान है। जैसे-जैसे व्यक्ति, समाज, ज्ञान-विज्ञान आदि के विषयों का विस्तार होता है, वैसे-वैसे भाषा को अपनी व्यवस्थाओं का विस्तार करना होता है। इसके लिए नए शब्दों का बनना, स्वीकृत होना, आयातित होना, संकरीकरण आदि आवश्यक प्रक्रियाएँ हैं। संस्कृत व्याकरण से प्रभावित होने के कारण हिन्दी के पास नए शब्दों के निर्माण की अपनी विशेष व्यवस्था है। इसके अन्तर्गत मूल धातुओं और शब्दों के साथ सन्धि, समास, उपसर्ग एवं प्रत्यय के प्रयोग से नए शब्दों का निर्माण किया जाता है। प्रस्तुत प्रकरण में वर्णों और शब्दों के संयोग से नए शब्दों के बनने की प्रक्रियाओं सन्धि और समास का विवरण दिया जा रहा है।

आधुनिक समय में हिन्दी परम्परागत आयामों से आगे बढ़कर नए-नए विषयों और सन्दर्भों में भी प्रयुक्त हो रही है। इस कारण बड़ी संख्या में नए और आगत शब्दों की आवश्यकता बढ़ रही है। इस जरूरत की पूर्ति के लिए हिन्दी को आन्तरिक और बाहरी स्रोतों से नए शब्दों की व्यवस्था करनी है। इसका एक माध्यम है व्याकरण में मौजूद व्यवस्थाओं से नए शब्दों का निर्माण और दूसरा है विशेष क्षेत्रों से नए शब्दों का ग्रहण। आज हिन्दी भाषा में जितनी तेज़ी से अन्य भाषाओं के शब्दों का आगमन हो रहा है उतनी ही तेज़ी से नए शब्दों का सृजन भी हो रहा है। इस प्रक्रिया में पहले से मौजूद शब्दों में ज़रूरत के मुताबिक बदलाव और सन्धि व समास द्वारा नए शब्दों का बनना शामिल है। इस विधि से बने शब्द आसानी से भाषा का अंग बन जाते हैं और व्याकरण के अनुसार सही भी होते हैं। 'केन्द्रीय हिन्दी निदेशालय' और 'वैज्ञानिक तथा तकनीकी शब्दावली आयोग' द्वारा इन प्रक्रियाओं का इस्तेमाल करके आधुनिक सन्दर्भों के शब्दों का निर्माण किया जा रहा है।

सन्धि

सन्धि का परिचय

हिन्दी व्याकरण में दो या अधिक शब्दों के जोड़ के लिए सन्धि का विधान है। इस प्रक्रिया में जोड़े जाने वाले शब्दों में से पहले शब्द के अन्तिम वर्ण और दूसरे शब्द के पहले वर्ण के बीच सन्धि होती है। व्याकरण के मुताबिक वर्णों अर्थात् स्वर और व्यंजनों के जुड़ने से उनमें जो बदलाव आते हैं उन्हें सन्धि कहा जाता है। इन दोनों वर्णों के मिल जाने के कारण दोनों शब्द भी एक हो जाते हैं। उदाहरणतः 'विद्या' और 'आलय' इन दो शब्दों में सन्धि की प्रक्रिया इस प्रकार सम्पन्न होगी–

विद्या + आलय
विद् (आ + आ) लय

विद्य् (आ) लय
विद्यालय।

दो वर्णों के मिलने से उनके स्वरूप में जो विकार या बदलाव होता है, उसे सन्धि कहते हैं। सन्धि द्वारा नए शब्दों का बनना भाषा को गति और विविधता प्रदान करता है। वर्णों का यह मिलन स्वरों और व्यंजनों के बीच सम्भव है। इस आधार पर हिन्दी में सन्धि के दो प्रकार हैं–(1) स्वर सन्धि और (2) व्यंजन सन्धि। सन्धि की यह व्यवस्था हिन्दी व्याकरण को संस्कृत व्याकरण की देन है। इसलिए हिन्दी व्याकरण में सन्धि के नियम संस्कृत व्याकरण के समान हैं।

सन्धि के प्रकार

स्वर सन्धि

स्वरों के साथ स्वरों के जुड़ने पर उनमें आने वाले बदलाव को स्वर सन्धि कहते हैं। संस्कृत व्याकरण के अनुसार इसके सात मुख्य भेद हैं जबकि हिन्दी भाषा में उनमें से पाँच का व्यवहार प्रमुखता से होता है। इनके नाम हैं–दीर्घ सन्धि, गुण सन्धि, वृद्धि सन्धि, यण् सन्धि और अयादि सन्धि। इनके नियम और उदाहरण इस प्रकार हैं–

दीर्घ सन्धि

मूल स्वरों अर्थात् अ, इ, उ और ऋ के संयोग पर होने वाले दीर्घत्व को दीर्घ सन्धि कहा जाता है। जिन शब्दों में सन्धि होनी है, उनमें से प्रथम के अन्त में यदि अ/आ हो और सामने वाले के आरम्भ में भी अ/आ हो तो दोनों मिलकर 'आ' हो जाते हैं। इसी प्रकार अन्य मूल शब्दों की भी सन्धि होती है।

उदाहरण–

- अ + अ – देव + असुर = देवासुर।
- अ + आ – हिम + आलय = हिमालय।
- आ + अ – विद्या + अर्थी (चाहने वाला) = विद्यार्थी।
- आ + आ – दया + आनन्द = दयानन्द।
- इ + इ – रवि + इन्द्र = रवीन्द्र।
- इ + ई – हरि + ईश = हरीश।
- ई + इ – शची (इन्द्र की पत्नी) + इन्द्र = शचीन्द्र।
- ई + ई – लक्ष्मी + ईश्वर = लक्ष्मीश्वर।
- उ + उ – साधु + उपकार = साधूपकार।
- उ + ऊ – लघु + ऊर्मि = लघूर्मि।
- ऊ + उ – वधू + उत्सव = वधूत्सव।
- ऋ + ऋ – पितृ + ऋण = पितृण।

गुण सन्धि

अ/आ का अन्य मूल वर्णों–इ/ई, उ/ऊ और ऋ के साथ संयोग होने पर दोनों में जो बदलाव होता है उसे गुण सन्धि कहा जाता है। तदनुसार अ + इ = ए, अ + उ = ओ और अ + ऋ = अर् हो जाता है।

उदाहरण–

- अ + इ = ए – देव + इन्द्र = देवेन्द्र।
- अ + ई = ए – सुर + ईश = सुरेश।

- अ + इ = ए – स्व + इच्छा = स्वेच्छा।
- आ + ई = ए – महा + ईश = महेश।
- अ + उ = ओ – सूर्य + उदय = सूर्योदय।
- अ + ऊ = ओ – पवन + ऊर्जा = पवनूर्जा।
- आ + उ = ओ – महा + उत्सव = महोत्सव।
- आ + ऊ = ओ – गंगा + ऊर्मि = गंगोर्मि।
- अ + ऋ = अर् – देव + ऋषि = देवर्षि।

वृद्धि सन्धि

प्रथम शब्द के अन्त में अ/आ और द्वितीय शब्द के आरम्भ में ए/ऐ होने पर दोनों के स्थान पर क्रमशः 'ऐ' और 'औ' हो जाता है। इस बदलाव को वृद्धि सन्धि कहते हैं।

उदाहरण–

- अ + ए = ऐ – मम + एव = ममैव।
- आ + ए = ऐ – तथा + एव = तथैव।
- अ + ऐ = ऐ – धन + ऐश्वर्य = धनैश्वर्य।
- आ + ऐ = ऐ – महा + ऐश्वर्य = महैश्वर्य
- अ + ओ = औ – उत्तम + ओषधि = उत्तमौषधि।
- अ + औ = औ – जन + औदार्य (उदारता)= जनौदार्य।
- आ + ओ = औ – महा + ओषधि = महौषधि।
- आ + औ = औ – महा + औदार्य = महौदार्य।

यण् सन्धि

गुण और यण् सन्धियों में 'अ' की सन्धि मूल स्वरों (इ, उ, और ऋ) से होती है। इसके बाद 'अ' के अलावा तीन मूल स्वरों इ, उ और ऋ का संयोग अन्य स्वरों से संयोग होता है। इस सन्धि में होने वाले बदलाव हैं–इ/ई + अन्य स्वर = य्, उ/ऊ + अन्य स्वर = व् और ऋ/ॠ + अन्य स्वर = र्।

उदाहरण–

- इ + अ = य् – यदि + अपि = यद्यपि।
- इ + आ = य् – इति + आदि = इत्यादि।
- ई + अ = य् – देवी + अर्पण = देव्यर्पण।
- ई + आ = य् – देवी + आगमन = देव्यागमन।
- इ + ए = य् – प्रति + एक = प्रत्येक।
- उ + अ = व् – मधु (एक राक्षस) + अरि = मध्वरि (श्रीकृष्ण)।
- उ + आ = व – सु + आगत = स्वागत।
- ऊ + आ = व् – वधू + आगमन = वध्वागमन।
- उ + ए = व् – अनु + एषण (खोज) = अन्वेषण।
- ऋ + आ = र् – पितृ + आज्ञा = पित्राज्ञा।

अयादि सन्धि

सब मूल स्वरों की आपस में सन्धि होने के बाद अब सन्धि से बने स्वरों ए, ऐ, ओ और औ से साथ 'अ' और 'इ' वर्णों की सन्धि का क्रम आता है। इस सन्धि में ए और ओ के साथ अ तथा इ के मिलने से अय्, आय्, अव् और आव् बनते हैं। इसी कारण इस सन्धि का नाम (अय् + आदि) अयादि सन्धि हुआ। इस सन्धि के उदाहरण निश्चित और काफी प्रसिद्ध हैं–

उदाहरण–

- ए + अ = अय् – ने + अन = नयन।
- ऐ + अ = आय् – गै + अक = गायक।
- ओ + अ = अव् – भो + अन = भवन।
- औ + अ = आव् – पौ + अन = पावन।
- ओ + इ = अव् – पो + इत्र = पवित्र।
- औ + इ = आव् – नौ + इक = नाविक।

व्यंजन सन्धि

व्यंजन सन्धि की परिभाषा

स्वर सन्धि केवल स्वरों में ही होती है, जबकि व्यंजन सन्धि; व्यंजनों के साथ व्यंजनों या स्वरों के मेल के कारण व्यंजनों में आए विकार या परिवर्तन को कहा जाता है। इस कारण व्यंजन सन्धि का स्वरूप स्वर सन्धि की अपेक्षा अधिक व्यापक है। व्यंजन सन्धि का स्वरूप भी पाणिनी की अष्टाध्यायी पर आधारित है। इस पद्धति में सन्धि सूत्रों से सिद्ध होती है और उनकी संख्या या प्रकार भी अधिक हैं। संस्कृत में इन सन्धियों को 'जशत्व', 'श्चुत्व', 'ष्टुत्व', 'तृतीयत्व' आदि के नाम से जाना जाता है। जबकि हिन्दी में प्रभाव समान होने पर भी नाम विशेष का प्रचलन नहीं है।

जैसा कि पहले ही स्पष्ट किया जा चुका है कि सन्धि सीधे तौर पर दो शब्दों के बीच न होकर दो वर्णों (प्रथम शब्द के अन्तिम वर्ण और द्वितीय शब्द के पहले वर्ण) में होती है। स्वर सन्धि के कुछ भेदों में दोनों स्वरों के संयोग से नया स्वर बन जाता है जबकि व्यंजन सन्धि में ऐसा कहीं नहीं होता। इस सन्धि के होने पर एक या दोनों व्यंजनों के स्थान पर किसी अन्य व्यंजन का प्रयोग होता है। उदाहरण के लिए वाक् + ईश (क् + ई = ग् + ई = गी) = वागीश। इस उदाहरण में क् के स्थान पर ग् हो गया और क् के साथ लगने वाली ई की मात्रा ग् पर लग गई। इस प्रकार वाक् + ईश की सन्धि होकर नया शब्द वागीश शब्द बन गया। हिन्दी में व्यंजन सन्धि के अनेक भेदों का प्रचलन है। इनमें से प्रमुख सन्धियों का परिचय व उदाहरण इस प्रकार हैं–

श्चुत्व सन्धि

श्चुत्व का अर्थ है; 'श' और चवर्ग हो जाना। इस सन्धि के नियमानुसार 'स' व 'तवर्ग' (स् और त्, थ्, द्, ध्) और 'श' व 'चवर्ग' (श् और च्, छ्, ज्, झ्) के आमने-सामने होने पर 'स' के स्थान पर 'श' और 'तवर्ग' के स्थान पर 'चवर्ग' हो जाता है। (स्तो श्चुना श्चुः – अष्टाध्यायी)

उदाहरण–

- दुस् + चरित्र = दुश्चरित्र।
- निस् + चित् = निश्चित्।
- सत् + चित् = सच्चित्।

ष्टुत्व सन्धि

ष्टुत्व का अर्थ है; 'ष' और टवर्ग हो जाना। इस सन्धि के नियमानुसार 'स' व 'तवर्ग' (स् और त्, थ्, द्, ध्) और 'ष' व 'टवर्ग' (ष् और ट्, ठ्, ड्, ढ्) के क्रमशः आमने-सामने होने पर 'स' के स्थान पर 'ष' और 'तवर्ग' के स्थान पर 'टवर्ग' हो जाता है। (स्तो ष्टुना ष्टुः – अष्टाध्यायी)

उदाहरण–

- इष् + ट = इष्ट।

जशत्व सन्धि

जशत्व सन्धि के अन्तर्गत किसी शब्द के अन्त में; अन्तस्थ (य् र् ल् और व्) और नासिक्य (ङ् ञ् ण् न् और म्) को छोड़कर कोई भी व्यंजन होने और सामने वाले शब्द के आरम्भ में कोई भी स्वर या व्यंजन होने पर, पहले वाले व्यंजन के स्थान पर उसी वर्ग का तीसरा व्यंजन हो जाता है। (झलां जशो अन्ते – अष्टाध्यायी)

उदाहरण–

- वाक् + ईश = वागीश।
- दिक् + गज = दिग्गज।
- जगत् + ईश = जगदीश।
- सत् + आचार = सदाचार।
- षट् + आनन = षडानन।

समास

समास की परिभाषा और प्रकार

समास का अर्थ है–संक्षेपीकरण (समसनं समासः–अष्टाध्यायी)। इस प्रक्रिया के अन्तर्गत दो या अधिक शब्दों के संयोग से नए शब्द की रचना होती है। समास होने पर शब्दों के बीच प्रयोग होने वाले प्रत्ययों (ने, को, से आदि) और संयोजकों (और, एवं, अथवा आदि) का लोप हो जाता है। व्याकरण की भाषा में 'लोप' का मतलब है दिखाई न देना (अदर्शनं लोपः – अष्टाध्यायी)। समास और उसकी प्रक्रिया को जानने से पहले इससे सम्बन्धित कुछ पारिभाषिक शब्दों की जानकारी आवश्यक है–

- **समास**–संक्षेपीकरण की प्रक्रिया।
- **समस्तपद**–समास की प्रक्रिया से बना शब्द।
- **पूर्वपद**–जिन शब्दों में समास होता है उनमें से पहला शब्द।
- **उत्तरपद**–जिन शब्दों में समास होता है उनमें से बाद वाला शब्द।
- **उभयपद**–पूर्व पद और उत्तर पद; दोनों।
- **अन्य पद**–पूर्व पद और उत्तर पद; दोनों से अलग कोई अन्य पद।
- **प्रधान पद**–प्रथम और उत्तर पदों में से जो ज़्यादा प्रभावी हो या जिसका प्रभाव दूसरे शब्द/शब्दों पर पड़ता है।
- **समास विग्रह**–समस्त पद के पदों को अलग करने की प्रक्रिया।

समास मुख्य रूप से चार हैं। इनके विभाजन का आधार है–प्रधान पद। इस व्यवस्था के मुताबिक हिन्दी व्याकरण में चार मुख्य समास हैं। इनके नाम इस प्रकार हैं–

- प्रथम पद प्रधान समास—**अव्ययी भाव**,
- उत्तरपद प्रधान समास—**तत्पुरुष**,
- उभयपद प्रधान—**द्वन्द्व समास** और
- अन्यपद प्रधान—**बहुव्रीहि समास**

इन चार समासों में से तत्पुरुष के छह प्रकार (कर्म, करण, सम्प्रदान, अपादान, सम्बन्ध और अधिकरण तत्पुरुष) और तीन उपभेद (कर्मधारय, द्विगु और नञ् तत्पुरुष) हैं। इस सभी समासों के नाम अपने आप में सार्थक हैं और ये अपनी विशेषता की ओर इशारा करते हैं। जैसे अव्ययी भाव का अर्थ है अव्यय हो जाना। यह समास प्रथम पद प्रधान है यानि इसका प्रथम पद अव्यय होता है, जिसके प्रभाव से समस्तपद भी अव्यय हो जाता है। प्रथम पद के प्रभाव से समस्तपद के अव्यय हो जाने के कारण ही इस समास को प्रथम पद प्रधान कहा जाता है। अव्ययीभाव के समान ही अन्य समास के नामों के भी निश्चित और सटीक अर्थ हैं। चारों समासों का संक्षिप्त परिचय यहाँ प्रस्तुत है—

अव्ययीभाव समास

जिस समास का प्रथम पद अव्यय होता है उसे अव्ययी भाव समास कहा जाता है। अव्यय का अर्थ है ऐसा शब्द जो कभी, किसी भी स्थिति (वचन, काल, पुरुष और लिंग) के अनुसार बदलता नहीं है। प्रथम पद के अव्यय होने से उसके साथ जुड़ने वाला उत्तरपद और इनसे मिलकर बनने वाला समस्त पद भी अव्यय हो जाता है। समस्त पद के अव्यय हो जाने के कारण इस समास का नाम अव्ययी भाव है। भाषा-व्यवहार में अव्ययी भाव समास का प्रयोग क्रिया-विशेषण के रूप में होता है।

उदाहरण—

	विग्रह		**समस्त पद**
•	क्रम के अनुसार	—	यथाक्रम।
•	जन्म तक	—	आजन्म।
•	हर दिन	—	प्रतिदिन।
•	बिना शक	—	बेशक।
•	पेट भर कर	—	भरपेट।

तत्पुरुष समास

यह समास उत्तर पद प्रधान है। इसका अर्थ है कि इस समास में बाद वाले शब्द (उत्तरपद) के अनुसार प्रथम पद का अर्थ तय होता है। तत्पुरुष शब्द दो पदों तत् और पुरुष से मिलकर बना है जिनमें से प्रथमपद अपूर्ण है जबकि उत्तरपद उसके अर्थ को पूर्ण करता है। इसी कारण तत्पुरुष को उत्तरपद प्रधान कहा गया है।

तत्पुरुष विभक्ति और कारकों पर आधारित समास है। इसके प्रथम पद के साथ विभक्ति या कारक चिह्न जुड़े होते हैं जो समास होने पर लुप्त हो जाते हैं। विभक्ति पर आधारित होने के कारण यह द्वितीया विभक्ति या कर्म कारक से लेकर सप्तमी विभक्ति यानि अधिकरण कारक तक छह प्रकार का होता है। इन छह प्रकारों का नामकरण भी विभक्ति या कारकों के नामों के अनुसार होता है। जैसे कर्म तत्पुरुष (द्वितीया तत्पुरुष), सम्बन्ध (षष्ठी) ततपुरुष आदि। इनमें प्रथम पद के साथ विभक्ति चिह्न का प्रयोग होता है जो उत्तर पद के सामने होने पर लुप्त हो जाता है और दोनों मिलकर समस्त पद बन जाते हैं। विभक्ति चिह्नों का लोप इस समास की पहचान या विशेषता है। कर्म से लेकर अधिकरण तक तत्पुरुष के भेदों का परिचय और उदाहरण इस प्रकार हैं—

1. **कर्म तत्पुरुष**–क्रिया का प्रभाव जिस पर पड़े। (विभक्ति चिह्न–'को')

उदाहरण–

विग्रह		**समस्त पद**
• स्वर्ग को प्राप्त	–	स्वर्गप्राप्त।
• गाँव को गया	–	ग्रामगत

2. **करण तत्पुरुष**–किसी कार्य को करने का उपकरण या साधन। (विभक्ति चिह्न–'से, के द्वारा')

उदाहरण–

विग्रह		**समस्त पद**
• रेल से यात्रा	–	रेलयात्रा।
• तुलसी द्वारा रचित	–	तुलसीरचित।

3. **सम्प्रदान तत्पुरुष**–जिसे कुछ दिया जाए वह व्यक्ति या प्राप्तकर्त्ता (विभक्ति चिह्न–'को, के लिए')

उदाहरण–

विग्रह		**समस्त पद**
• रसोई के लिए घर	–	रसोईघर।
• वर के लिए माला	–	वरमाला।

4. **अपादान तत्पुरुष**–जिससे अलग हुआ जाए वह व्यक्ति, वस्तु या स्थान (विभक्ति चिह्न–'से' अलगाव के अर्थ में)

उदाहरण–

विग्रह		**समस्त पद**
• पथ से भ्रष्ट (भटका हुआ)	–	पथभ्रष्ट।
• दृष्टि से हीन	–	दृष्टिहीन

5. **सम्बन्ध तत्पुरुष**–जिस व्यक्ति, वस्तु या पदार्थ का सम्बन्ध अन्य से हो (विभक्ति चिह्न–'का, के, की या रा, रे, री')

उदाहरण–

विग्रह		**समस्त पद**
• राजा का पुत्र	–	राजपुत्र।
• गंगा का जल	–	गंगाजल।

6. **अधिकरण तत्पुरुष**–जो व्यक्ति, वस्तु या स्थान अन्य के लिए आधार या आश्रय हो (विभक्ति चिह्न–'में, पर')।

उदाहरण–

विग्रह		**समस्त पद**
• नीति में कुशल	–	नीतिकुशल।
• कार्य में चतुर	–	कार्यचतुर।

तत्पुरुष के अलावा कुछ अन्य समास भी उत्तर पद प्रधान हैं। तत्पुरुष जैसी विशेषता होने के कारण उन्हें भी तत्पुरुष के अन्तर्गत ही रखा जाता है। ऐसा होने पर भी इनके अपने नाम और नियम हैं। इनकी संख्या तीन हैं–नञ् समास, द्विगु समास और कर्मधारय समास। इनका संक्षिप्त परिचय इस प्रकार है–

नञ् तत्पुरुष समास

इस समास का प्रथम पद नकारात्मक या निषेधात्मक होता है, जबकि नकार या निषेध का विषय उत्तरपद (संज्ञा/सर्वनाम/विशेषण) होता है। उत्तर पद का प्रथमवर्ण स्वर होने पर पूर्व पद 'न' के स्थान पर समस्त पद के आरम्भ में 'अन' और व्यंजन होने पर 'अ' का प्रयोग होता है।

उदाहरण–

विग्रह		**समस्त पद**
• न आदर	–	अनादर।
• न अन्त	–	अनन्त।
• न हित	–	अहित।
• न सत्य	–	असत्य।

द्विगु तत्पुरुष समास

जिस समास में प्रथम पद संख्यावाची और उत्तर पद संज्ञा/सर्वनाम हो उसे द्विगु समास कहा जाता है। द्विगु शब्द में प्रथमपद 'द्वि' संख्यावाचक है। उत्तरपद गु (यानि गाय, पशु, इन्द्रियाँ आदि) इसके अर्थ को पूर्ण करता है। इस प्रकार समस्तपद 'द्विगु' का अर्थ हुआ दो गाएँ, दो पशु आदि। संख्यापूर्व और उत्तरपद प्रधान होना इसके दो लक्षण हैं। उत्तरपद प्रधान होने के कारण इसे तत्पुरुष का अंग माना जाता है।

उदाहरण–

विग्रह		**समस्त पद**
• चार रास्तों का केन्द्र	–	चौराहा।
• पाँच वटों का समूह	–	पंचवटी।
• नौ रत्नों का समाहार	–	नवरत्न।

कर्मधारय तत्पुरुष समास

जिस समास में प्रथम पद विशेषण और उत्तर पद विशेष्य या प्रथम पद उपमान (जिससे उपमा दी जाए) और उत्तर पद उपमेय (जिसकी उपमा दी जाए) होता है, वह कर्मधारय समास है। कर्मधारय शब्द में कर्म का अर्थ क्रिया है जबकि धारय पद से उसके धारणकर्त्ता या कर्त्ता का संकेत होता है। समस्तपद के रूप में कर्मधारय का अर्थ है कर्म को धारण करने वाला; जो किसी व्यक्ति का विशेषण या गुणवाचक नाम है। यही इस समास की विशेषता है।

उदाहरण–

विग्रह		**समस्त पद**
• पीत (पीला) अम्बर	–	पीताम्बर।
• महान पुरुष	–	महापुरुष।
• चन्द्र के समान मुख	–	चन्द्रमुख।
• कमल जैसे चरण	–	चरणकमल।

द्वन्द्व समास

जिस समास में पूर्व तथा उत्तर दोनों ही पद समान स्तर के हों अर्थात् दोनों का महत्त्व समान हो, वहाँ द्वन्द्व समास होता है। द्वन्द्व का शाब्दिक अर्थ है युग्म या जोड़ा। ऐसा जोड़ा जिसमें दोनों पक्षों का महत्त्व और गुण समान हो। इस समास में पूर्व और उत्तरपद के रूप में जिन पदों को ग्रहण किया जाता है, उनका महत्त्व समान होता है। यही इस समास का लक्षण है।

उदाहरण–

विग्रह		समस्त पद
• राम और लक्ष्मण	–	राम-लक्ष्मण।
• वृक्ष और वनस्पति	–	वृक्ष-वनस्पति।
• गुरु और शिष्य	–	गुरु-शिष्य।
• दूध और जलेबी	–	दूध-जलेबी।

बहुव्रीहि समास

जिस समास में प्रथम और उत्तर दोनों में से कोई भी पद प्रधान न हो बल्कि कोई बाहरी पद प्रमुख हो वह बहुव्रीहि समास कहलाता है। बहुव्रीहि शब्द का अर्थ है वह स्थान जहाँ व्रीहि यानि धान बहुत होता है। इस पद में न तो प्रथमपद यानि बहु का अर्थ ग्राह्य है और न उत्तरपद व्रीहि का। बल्कि दोनों पद मिलकर किसी तीसरे अर्थ की ओर इशारा करते हैं। यही बहुव्रीहि समास का लक्षण है। बहुव्रीहि समास का प्रयोग विशेषण के तौर पर होता है।

उदाहरण–

विग्रह		समस्त पद
• पीले हैं वस्त्र जिसके	–	पीताम्बर (पीले वस्त्र वाले भगवान श्रीकृष्ण की ओर संकेत)
• दस हैं आनन (मुख) जिसके	–	दशानन (दस सिर वाले रावण की ओर संकेत)
• लम्बा है उदर (पेट) जिसका	–	लम्बोदर (बढ़े हुए उदर या पेट वाले गणेश जी का उपनाम)

प्रश्न

1. सन्धि की परिभाषा लिखिए। हिन्दी शब्दकोश को इससे क्या लाभ होते हैं?
2. स्वर सन्धि के प्रकारों की सूची बनाइए और सभी के उदाहरण लिखिए।
3. दीर्घ सन्धि के नियम और प्रत्येक मूल स्वर की सन्धि का उदाहरण दीजिए।
4. गुण सन्धि से बनने वाले पाँच शब्दों की सन्धि सिद्ध कीजिए।
5. वृद्धि सन्धि से बनने वाले पाँच शब्दों की सन्धि सिद्ध कीजिए।
6. निम्नलिखित शब्दों में सन्धि/सन्धिविच्छेद कीजिए–
   यद्यपि, इत्यादि, प्रत्येक, स्वागत, भवन, पवित्र, गायक, पावन, नाविक और नयन।
7. स्वर और व्यंजन सन्धि में अन्तर स्पष्ट कीजिए।
8. श्चुत्व सन्धि के नियम और इससे बनने वाले तीन शब्द लिखिए।
9. वागीश, जगदीश, सदाचार, दिग्गज और निश्चित शब्दों की सन्धि सिद्ध कीजिए।
10. समास को परिभाषित कीजिए। यह सन्धि से किस प्रकार भिन्न है?
11. समस्तपद, पूर्वपद, उत्तरपद, उभयपद, अन्यपद और प्रधानपद का सोदाहरण परिचय दीजिए।
12. समास के सन्दर्भ में 'प्रधान' का क्या तात्पर्य है। समास के प्रकारों के विभाजन में 'प्रधान' की क्या भूमिका है?
13. अव्ययीभाव समास की परिभाषा उदाहरण सहित लिखिए।
14. तत्पुरुष समास के अन्तर्गत आने वाले समासों का सोदाहरण परिचय लिखिए।
15. तत्पुरुष समास के प्रकारों के उदाहरण विग्रहसहित दीजिए।
16. द्वन्द्व समास की परिभाषा और पाँच उदाहरण लिखिए।
17. पीताम्बर, दशानन और लम्बोदर का समास विग्रह कीजिए।

10 हिन्दी में शब्दसृजन की प्रक्रिया– उपसर्ग तथा प्रत्यय

प्रकरण का उद्देश्य

हिन्दी भाषा को प्रभावित करने वाले आभ्यांतर कारकों में सन्धि और समास के बाद उपसर्ग तथा प्रत्यय का स्थान है। इन दोनों तत्त्वों के कारण हिन्दी में नए शब्दों को बनाना, शब्दों के अर्थ बदलना, उनके अर्थ में विस्तार करना आदि कार्य सम्भव होते हैं। उदाहरण के लिए सुगन्ध शब्द में 'सु' उपसर्ग लगकर सुगन्ध और 'दुर' उपसर्ग से दुर्गन्ध शब्द का निर्माण होता है। इसी क्रम में 'निर्' उपसर्ग के प्रयोग से निर्गन्ध और 'हीन' प्रत्यय के प्रयोग से गन्धहीन शब्द भी बनाए जा सकते हैं। इससे स्पष्ट है कि उपसर्ग और प्रत्यय के प्रयोग से हिन्दी में शब्दनिर्माण में सहायता मिलती है।

शब्द-निर्माण किसी भाषा को समसामयिक और प्रगतिशील बनाने के लिए अनिवार्य शर्त है। हिन्दी आज भारतवर्ष की सीमाओं को पार करके पूरी दुनिया में प्रचलित हो रही है। ऐसे में उसे आन्तरिक उपायों से भी शब्द-सामर्थ्य बढ़ाने की ज़रूरत है। उपसर्ग और प्रत्यय इस आवश्यकता की पूर्ति में अत्यन्त सहयोगी हैं।

उपसर्ग और प्रत्यय का सामान्य परिचय

हिन्दी भाषा में नए शब्दों के बनने या अन्य भाषाओं के शब्दों के हिन्दीकरण के लिए अनेक विधियाँ हैं। इनमें से सन्धि और समास का परिचय दिया जा चुका है। हिन्दी व्याकरण में शब्दों के आगे या पीछे शब्दांशों को जोड़कर भी नए शब्द बनाए जाते हैं। इनमें से शब्दों के आगे जुड़ने वाले शब्दांशों को उपसर्ग और उनके पीछे जुड़नेवाले शब्दांशों को प्रत्यय कहा जाता है। उपसर्ग और प्रत्ययों के प्रयोग से शब्द के रूप में तो बदलाव होता ही है; अर्थ भी बदल जाता है। इस प्रक्रिया में शब्दों के सामान्य अर्थ का विस्तार होता है, कभी विपरीतार्थक शब्द बनते हैं और कभी उनकी गुणवत्ता में वृद्धि होती है। उपसर्ग, प्रत्ययों और उनके संयोग से शब्दों के बनने और अर्थ में बदलाव का परिचय यहाँ प्रस्तुत है–

उपसर्ग

उपसर्ग की परिभाषा और प्रकार

शब्दों के आगे जुड़कर उनके अर्थ में बदलाव लाने वाले शब्दांशों को उपसर्ग कहा जाता है। उपसर्ग के रूप में प्रयोग होने वाले शब्दांश हैं जो सार्थक तो हैं लेकिन वह अर्थ शब्दों के साथ जुड़ने पर ही उजागर होता है। उनका प्रयोग बिना शब्दों के साथ जुड़े यानि स्वतन्त्र रूप में नहीं होता। उनका उपयोग है शब्दों के आरम्भ में जुड़कर उनके अर्थ में परिवर्तन करना। चूँकि ये सार्थक होते हैं इसलिए इनके जुड़ने से शब्दों के अर्थ में होने वाले बदलाव की दिशा काफी हद तक निश्चित होती है।

हिन्दी में प्रयोग होने वाले उपसर्गों में से ज़्यादातर संस्कृत से आए हैं। इसके अलावा संस्कृत के कुछ अव्यय भी हिन्दी में उपसर्गों के तौर पर प्रयोग होते हैं। इन उपसर्गों के विश्लेषण से हिन्दी के अपने उपसर्गों का विकास भी हुआ है, जबकि कुछ उपसर्ग इसकी उपभाषाओं या बोलियों से आए हैं। हिन्दी शब्द भण्डार में शामिल उर्दू और अरबी-फारसी के शब्दों के साथ इन्हीं भाषाओं के उपसर्गों का इस्तेमाल होता है। इस प्रकार हिन्दी में संस्कृत, हिन्दी, हिन्दी की उपभाषाओं और अरबी-फ़ारसी के उपसर्गों का प्रयोग होता है। इन उपसर्गों का प्रयोग करके हिन्दी में बहुस से शब्दों का निर्माण और अर्थ विस्तार हुआ है। इन उपसर्गों का परिचय व उदाहरण यहाँ प्रस्तुत हैं–

संस्कृत के उपसर्ग

संस्कृत व्याकरण में कुल मिलाकर बाइस उपसर्ग हैं। इनके संयोग से निर्मित जो शब्द हिन्दी शब्दकोश में हैं वे भी तत्सम या तद्भव अर्थात् संस्कृत मूल के या उसके समान शब्द हैं। संस्कृत के उपसर्ग, उनके अर्थ और उदाहरण इस प्रकार हैं–

उदाहरण–

उपसर्ग		अर्थ		उदाहरण
• प्र	–	अच्छा, अधिक	–	प्रबल, प्रचार।
• परा	–	विपरीत, पार	–	पराजय, पराक्रम।
• अप्	–	कम, बुरा, उल्टा	–	अपशब्द, अपमान।
• सम्	–	ठीक से, पूरी तरह	–	सम्मान, संन्यास।
• अनु	–	समान, सामने	–	अनुशासन, अनुभव।
• अव	–	हीनता, पतन	–	अवनत, अवगुण।
• निस्	–	निषेध	–	निश्चय, निष्कपट।
• निर्	–	निषेध, बिना	–	निराधार, निर्जीव।
• दुस्	–	बुरा, कठिन	–	दुस्साहस, दुष्प्रचार।
• दुर	–	बुरा, कठिन	–	दुर्बल, दुर्गम।
• वि	–	विशेष, भिन्न	–	विदेश, विज्ञान।
• आ	–	से, तक	–	आगमन, आरम्भ।
• नि	–	पूरी तरह	–	नियुक्त, निमग्न।
• अधि	–	श्रेष्ठ, प्रमुख, पूर्णतः	–	अध्यक्ष, अधिकार।
• अपि	–	फिर भी	–	अपितु।
• अति	–	अधिक	–	अत्यन्त, अत्युक्ति।
• सु	–	ठीक, अच्छा	–	सुरक्षित, सुगन्ध।
• उत्	–	ऊपर	–	उत्सव, उद्गम।
• अभि	–	सब ओर, सामने	–	अभिमुख, अभिमान।
• प्रति	–	हर, की ओर, विरुद्ध	–	प्रतिदिन, प्रतिकूल।
• परि	–	सर्वत्र, पूर्णतः	–	परिधि, परिपूर्ण।
• उप	–	छोटा, समीप	–	उपाध्यक्ष, उपवन।

संस्कृत अव्ययों से बने उपसर्ग

संस्कृत के अनेक अव्ययों का प्रयोग नए शब्द बनाने के लिए उपसर्ग के रूप में होता है। इस मामले में ये अव्यय उपसर्गों के रूप में स्वीकार किए जाते हैं। संस्कृत उपसर्गों की तरह इन अव्ययों को भी नए शब्द बनाने के लिए प्रयोग किया जाता

है। इन उपसर्गों से शब्द बनाने के लिए सन्धि की प्रक्रिया का प्रयोग किया जाता है। इन अव्ययों और उनसे बनने वाले शब्दों के उदाहरण यहाँ प्रस्तुत हैं–

उदाहरण–

	अव्यय		**अर्थ**		**उदाहरण**
•	अधः	–	नीचे	–	अधोगमन, अधोगति।
•	अन्तः	–	भीतर	–	अन्तःकरण, अन्तःपुर।
•	अलं	–	पर्याप्त	–	अलंकार, अलंकृत।
•	आविः	–	प्रकट	–	आविर्भाव, आविष्कार।
•	इति	–	ऐसा	–	इतिहास, इतिवृत्त।
•	कु	–	बुरा	–	कुपुत्र, कुमित्र।
•	का	–	बुरा	–	कायर, कापुरुष
•	कद	–	बुरा	–	कदाचार, कदाचित्।
•	चिर	–	सदैव	–	चिरंजीव, चिरकाल।
•	न	–	नहीं	–	नास्तिक, नकार।
•	नाना	–	विविध	–	नानाविध, नानारूप।
•	पुरः	–	सामने	–	पुरस्कार।
•	पुनः	–	फिर से	–	पुनर्जन्म, पुनर्मिलन।
•	पुरा	–	पहले	–	पुरातन, पुराण।
•	प्राक्	–	पहले का	–	प्राक्कथन।
•	प्रादुः	–	आरम्भ	–	प्रादुर्भाव।
•	बहिः	–	बाहर	–	बहिर्गमन, बहिष्कार।
•	स	–	सहित	–	सफल, सप्रेम।
•	सत्	–	अच्छा	–	सन्मति, सत्कार।
•	सह	–	साथ	–	सहकर्मी, सहपाठी।
•	स्व	–	अपना	–	स्वदेश , स्वधर्म।
•	स्वयं	–	खुद	–	स्वयंसेवक, स्वयंवर।

हिन्दी के उपसर्ग

हिन्दी भाषा के शब्द मुख्य रूप से संस्कृत, प्राकृत, पाली, प्राकृत और अपभ्रंश जैसी देसी भाषाओं से आए हैं। इनके अलावा उर्दू, अरबी, फ़ारसी और अंग्रेज़ी जैसी अनेक विदेशी भाषाओं से भी बहुत से शब्द लिए गए हैं। इन शब्दों के साथ हिन्दी ने संस्कृत, उर्दू और अंग्रेज़ी के व्याकरण सम्बन्धी नियमों को भी स्वीकार किया है। इन भाषाओं के शब्दों और व्याकरण के नियमों को हिन्दी में उपयोगी बनाने के लिए उनमें बदलाव भी हुए हैं उदाहरण के लिए हिन्दी व्याकरण में उपसर्ग का सन्दर्भ संस्कृत व्याकरण से आया है, लेकिन संस्कृत के उपसर्गों तक सीमित न रहकर हिन्दी ने अपने उपसर्गों का भी निर्माण किया है। इनमें से कुछ संस्कृत अव्ययों के विकार हैं तो कुछ शब्दों के विश्लेषण से बने हैं। ये उपसर्गों, उनके अर्थ और उदाहरणों में से कुछ इस प्रकार हैं–

उदाहरण–

	उपसर्ग		**अर्थ**		**उदाहरण**
•	अध	–	आधा	–	अधपका, अधखिला।

- उन – एक कम – उन्नीस, उनतीस।
- दो – दो – दोबारा, दोगुना।
- तिन – तीन – तिबारा, तिगुना।
- चौ – चार – चौबारा, चौगुना।
- बिन – अभाव – बिनब्याहा, बिनदेखा।
- अन – बिना – अनकहा, अनजाना।

उर्दू के उपसर्ग

जिस प्रकार हिन्दी के ज़्यादातर शब्द संस्कृत से आए हैं उसी प्रकार उर्दू भाषा के अधिकतर शब्द अरबी और फ़ारसी से लिए गए हैं। भारत में उर्दू भाषा हिन्दी की ही तरह बहुत से लोगों की भाषा है। बहुत से लोग हिन्दी और उर्दू दोनों का प्रयोग अपनी व्यावहारिक भाषा के रूप में करते हैं। महात्मा गांधी ने इस हिन्दी-उर्दू मिश्रित भाषा को हिन्दुस्तानी भाषा का नाम दिया था। अखबार, रेडियो और टेलीविज़न जैसे जनसम्पर्क माध्यमों में हिन्दुस्तानी भाषा का प्रयोग बहुतायत से होता है। संस्कृत की तरह उर्दू में भी उपसर्गों के प्रयोग की परम्परा है। इनमें से हिन्दी या हिन्दुस्तानी भाषा में प्रयोग होने वाले कुछ सामान्य उपसर्गों और उनसे बनने वाले शब्दों के उदाहरण यहाँ दिए गए हैं–

उदाहरण–

उपसर्ग	अर्थ	उदाहरण
कम	थोड़ा	कमअक्ल, कमज़ोर।
खुश	अच्छा	खुशकिस्मत, खुशबू।
ग़ैर	निषेध	ग़ैरकानूनी, ग़ैरहाज़िर।
दर	में	दरअसल, दरम्यान।
ना	नहीं	नाकाबिल, नामंजूर।
बद	बुरा	बदनाम, बदबू।
बे	बिना	बेकसूर, बेवजह।
ला	बिना	लाचार, लापरवाह।
सर	प्रमुख	सरपंच, सरताज।
हम	समान	हमवतन, हमउम्र।
हर	प्रत्येक	हर रोज़, हर साल।

प्रत्यय

प्रत्यय के प्रकार और उपयोग

प्रत्यय की परिभाषा और प्रकार

जो शब्द किसी क्रिया अथवा शब्द के पीछे जुड़कर उसके अर्थ में परिवर्तन लाते हैं, उन्हें प्रत्यय कहा जाता है। संस्कृत व्याकरण के अनुसार प्रत्यय तीन प्रकार के हैं–

क. कृदन्त प्रत्यय – क्रियापदों के साथ जुड़ने वाले प्रत्यय।

ख. तद्धित प्रत्यय – संज्ञापदों के साथ जुड़ने वाले प्रत्यय।

ग. स्त्री प्रत्यय – पुल्लिंग शब्दों के स्त्रीलिंग रूप बनाने वाले प्रत्यय।

इन प्रत्ययों में से अनेक का व्यवहार हिन्दी शब्द-निर्माण में होता है। इनका परिचय इस प्रकार है–

कृदन्त प्रत्यय

कृदन्त प्रत्ययों का प्रयोग क्रियापदों या क्रियाओं के साथ जुड़कर नए शब्द बनाने के लिए होता है। मूल रूप में प्रत्यय निरर्थक होते हैं यानि इनका अपना कोई अर्थ नहीं होता। लेकिन क्रियाओं के साथ जुड़कर ये अनेक प्रकार के शब्दों–भाववाचक शब्दों, विशेषणों और अन्य क्रियापदों का निर्माण करते हैं। इस प्रकार के शब्दों की हिन्दी शब्दकोश में अच्छी-खासी संख्या है। इस प्रकार के शब्दों में से अधिकांश तत्सम हैं। प्रत्ययों के प्रयोग से बने शब्दों को पढ़-सुन कर उनकी निर्माण प्रक्रिया के बारे में सहज अनुमान नहीं होता। लेकिन उनके बनने की प्रक्रिया को जानने के बाद उनके अर्थ का अनुमान लगाना सरल हो जाता है। कृदन्त प्रत्ययों और उनसे बनने वाले शब्दों का सामान्य परिचय यहाँ प्रस्तुत है–

उदाहरण–

	क्रिया पद		**प्रत्यय**		**शब्द**
•	मुच्	–	क्त	–	मुक्त।
•	भज्	–	क्त	–	भक्त।
•	कृ	–	तव्य	–	कर्तव्य।
•	ज्ञा	–	तव्य	–	ज्ञातव्य।
•	कृ	–	अनीय	–	करणीय।
•	स्मृ	–	अनीय	–	स्मरणीय।
•	मुच्	–	क्तिन्	–	मुक्ति।
•	भज्	–	क्तिन्	–	भक्ति।
•	त्यज्	–	ई	–	त्यागी।
•	दुष्	–	ई	–	दोषी।
•	चल्	–	अक	–	चालक।
•	शास्	–	अक	–	शासक।
•	भिक्ष्	–	आ	–	भिक्षा।
•	पूज्	–	आ	–	पूजा।
•	भिक्ष्	–	उक	–	भिक्षुक।
•	इच्छ्	–	उक	–	इच्छुक।

तद्धित प्रत्यय

तद्धित प्रत्ययों का प्रयोग शब्दों के अर्थ में विस्तार के लिए होता है। इसका अर्थ है कि शब्द के साथ तद्धितों के जुड़ने से बने शब्द विशेष अर्थ को व्यक्त करते हैं। हालाँकि कृदन्तों की ही तरह तद्धित प्रत्यय भी निरर्थक होते हैं, लेकिन इनके प्रयोग से सामान्य शब्दों को विशेषण और भावबोधक शब्दों का रूप दिया जाता है। तद्धित प्रत्ययों से बने शब्दों से मूलशब्द और प्रत्यय को छाँट पाना विशेष कठिन नहीं होता। शायद इनका कारण है कि इन प्रत्ययों से बने शब्द बिना प्रत्ययों के भी प्रयोग होते हैं। तद्धित प्रत्ययों और उनसे निर्मित शब्दों के उदाहरण निम्नलिखित हैं–

उदाहरण–

	शब्द		**प्रत्यय**		**प्रत्ययान्त शब्द**
•	धन	–	वतुप्/वान्	–	धनवान्
•	ज्ञान	–	वतुप्/वान्	–	ज्ञानवान्
•	बुद्धि	–	मतुप्/मान्	–	बुद्धिमान्
•	प्राण	–	इनि	–	प्राणी
•	ज्ञान	–	इनि	–	ज्ञानी
•	वेद	–	इक्	–	वैदिक

- सम्प्रदाय – इक् – साम्प्रदायिक
- बन्धु – त्व – बन्धुत्व
- गुरु – त्व – गुरुत्व
- विद्वस् – ता – विद्वता
- सज्जन – ता – सज्जनता

स्त्री-प्रत्यय

स्त्री प्रत्ययों का प्रयोग पुल्लिंग शब्दों के स्त्रीलिंग रूप बनाने के लिए किया जाता है। हिन्दी में स्त्री-प्रत्ययों का प्रयोग कृदन्त और तद्धित प्रत्ययों से ज़्यादा होता है। फिर भी इस विषय में अशुद्धियों की काफी संभावना रहती है। इसलिए इन प्रत्ययों के प्रयोग का अभ्यास महत्त्वपूर्ण है। हिन्दी में अनेक स्त्री-प्रत्ययों का प्रयोग होता है। इनमें से कुछ का परिचय यहाँ प्रस्तुत है–

उदाहरण–

पुल्लिंग शब्द		प्रत्यय		स्त्रीलिंग शब्द
• आचार्य	–	आ	–	आचार्या
• प्रथम	–	आ	–	प्रथमा
• शिक्षक	–	इका	–	शिक्षिका
• नायक	–	इका	–	नायिका
• यशस्वी	–	इनि	–	यशस्विनी
• मनस्वी	–	इनि	–	मनस्विनी
• कुमार	–	ई	–	कुमारी
• तरुण	–	ई	–	तरुणी

इस विवरण से पता लगता है कि हिन्दी में नए शब्दों के बनने की काफी संभावनाएँ हैं। संस्कृत और दूसरी भाषाओं के प्रभाव से हिन्दी में नए शब्दों के निर्माण की पर्याप्त क्षमता है। इनके प्रयोग से हिन्दी भाषा नए शब्दों की व्यवस्था करती है ताकि इसे आधुनिक जीवनशैली और विज्ञान व तकनीकी सन्दर्भों में प्रयोग करने में कोई समस्या न हो। हिन्दी भाषा का प्रयोग करने वालों और इसका अध्ययन करने वालों के लिए उपसर्ग और प्रत्यय का ज्ञान और अभ्यास ज़रूरी है ताकि वे भाषा का सटीक प्रयोग कर सकें। इस ज्ञान के प्रयोग से भाषा को प्रभावशाली और सहज बनाने में भी सहायता मिलती है।

प्रश्न

1. उपसर्ग की परिभाषा लिखिए। इससे हिन्दी शब्द-भण्डार को होने वाले लाभों पर टिप्पणी लिखिए।
2. हिन्दी में संस्कृत के कितने उपसर्गों का प्रयोग होता है? किन्हीं पाँच के उदाहरण लिखिए।
3. संस्कृत के अव्ययों से बने हिन्दी उपसर्गों के पाँच उदाहरण लिखिए।
4. हिन्दी भाषा में विकसित किन्हीं पाँच उपसर्गों का सोदाहरण उल्लेख कीजिए।
5. हिन्दी भाषा में प्रयोग होने वाले पाँच प्रमुख उर्दू उपसर्गों के उदाहरण दीजिए।
6. प्रत्यय की परिभाषा लिखिए। इसके प्रकारों का संक्षिप्त परिचय दीजिए।
7. किन्हीं पाँच कृदन्त प्रत्ययों के दो-दो उदाहरण लिखिए।
8. तद्धित प्रत्ययों के प्रयोग से बनने वाले किन्हीं पाँच शब्दों की सूची बनाइए।
9. स्त्री-प्रत्यय से क्या तात्पर्य है? हिन्दी भाषा में इसका प्रयोग किस प्रयोजन के लिए किया जाता है?
10. हिन्दी में नए शब्दों के निर्माण की प्रक्रिया में उपसर्ग और प्रत्ययों के योगदान का विवेचन कीजिए।

11 उच्चारण और वर्तनी की अशुद्धियाँ–कारण और निवारण

प्रकरण का उद्देश्य

हिन्दी भाषा का जन्म निर्विवाद रूप से संस्कृत से हुआ है। इस कारण इसमें भी उच्चारण की शुद्धता का विशेष महत्त्व है। उच्चारण के भिन्न होने से न केवल शब्द का अर्थ बदल जाता है बल्कि कभी-कभार अर्थ का अनर्थ भी हो सकता है। उदाहरण के लिए "पिताजी घर गए हैं" के स्थान पर यदि "पिताजी मर गए हैं" कह दिया जाए तो बात का बतंगड़ बन जाता है। इस प्रकार के उदाहरण अनन्त हो सकते हैं। इससे यही सिद्ध होता है कि हिन्दी में छोटे से छोटे उच्चारण का विशेष महत्त्व है।

उच्चारण की शुद्धता के लिए हिन्दी भाषा में अनेक नियम हैं। ये नियम वर्णों से लेकर शब्दों तक के उच्चारण को व्यवस्थित करते हैं। फिर भी अनेक कारणों से भाषा में अशुद्ध उच्चारण प्रचलित हो जाते हैं। इस प्रकरण में उच्चारण नियमों, अशुद्धियों के कारणों और उनसे बचने के उपायों का वर्णन किया गया है।

शुद्ध भाषाप्रयोग का महत्त्व

भाषा का प्रयोग हम व्यक्तिगत और सामाजिक व्यवहारों के लिए करते हैं। इनके अलावा हम अन्य मानवीय व्यवहारों जैसे शिक्षा, व्यापार, मनोरंजन, प्रचार और उपासना आदि के लिए भी भाषा का प्रयोग करते हैं। इन व्यवहारों में हमारी भाषा जितनी सही और सक्षम होगी, हम अपने उद्देश्यों में उतने ही सफल होंगे। हम सब अपनी बात को ज़्यादा से ज़्यादा सरल और प्रभावशाली रूप में दूसरों तक पहुँचाना चाहते हैं। लेकिन क्या भाषा का प्रयोग करने वाले सभी लोगों की भाषा समान रूप से सटीक और प्रभावशाली होती है? निश्चित रूप से नहीं। इसका क्या कारण है? इसका सामान्य कारण है—शब्दों के सही उच्चारण, सटीक शब्दावली, उचित स्वर और गतिमयता का ज्ञान न होना।

शब्दों के सही उच्चारण और किसी वस्तु, भाव या स्थिति के लिए सही शब्द का प्रयोग करके हम अपनी भाषा को प्रभावशाली बना सकते हैं। इसके साथ ही भावों के हूबहू प्रस्तुतिकरण के लिए उच्चारण के स्वर और गति पर भी ध्यान दिया जाना चाहिए। इन सबके लिए हमें भाषा-प्रयोग में आमतौर पर होने वाली ग़लतियों का पता होना चाहिए। ये ग़लतियाँ शब्दों के उच्चारण में हो सकती हैं और उनके सही प्रयोग में भी। यहाँ उच्चारण और वर्तनी यानि बोलने या लिखने के क्रम में होने वाली आम ग़लतियों का विवरण दिया जा रहा है। इससे हमें अपनी ग़लतियों को पहचानने और उन्हें सुधारने में सहायता मिलेगी।

वर्तनी की अशुद्धियाँ: कारण और निवारण

हिन्दी ध्वन्यात्मक भाषा है। इसमें उच्चारण का बहुत महत्त्व है। इसके अनेक शब्द ऐसे हैं जिनमें मात्रा या वर्तनी के थोड़े से बदलाव से अर्थ बदल जाता है। इससे बात का बतंगड़ बन जाता है और बोलने वाले को असहज स्थिति का सामना करना पड़ता है। लिखने की दृष्टि से भी हिन्दी भाषा ध्वनि-आधारित है। इसका मतलब है कि इसे जैसा बोला जाता है

वैसा ही लिखा जाता है। उच्चरित भाषा में जितना महत्त्व ध्वनियों की क्रमबद्धता का है, लेखन में उतना ही महत्त्व वर्णों की सही पहचान और क्रमबद्धता का है। हिन्दी को सुनने, बोलने, पढ़ने और लिखने का आनन्द इसकी शुद्धता में ही समाया हुआ है। जो व्यक्ति हिन्दी भाषा को अच्छी तरह जानता है उसके लिए किसी अशुद्ध भाषा रूप का सामना करना एक कठिन चुनौती के समान है। कथ्य के यथारूप सम्प्रेषण और अधिगम के लिए भी उच्चारण और वर्तनी की शुद्धता अनिवार्य है। यही भाषा-प्रयोग का उद्देश्य भी है।

भाषा को सीखना एक अभ्यास है। शुद्ध उच्चारण और सही भाषा प्रयोग का जितना अभ्यास किया जाए, हमारा भाषा व्यवहार उतना ही शुद्ध और सटीक हो जाता है। सुनना और पढ़ना इसके मुख्य साधन हैं। सही शब्द रूपों को बार-बार सुनने और पढ़ने से उनका सही स्वरूप हमारे मस्तिष्क पर अंकित होता जाता है। फिर उसी रूप में वह हमारी शब्दावली का हिस्सा बनता है। इसलिए भाषा सम्बन्धी अशुद्धता के कारणों की जाँच और उनके सुधार की प्रक्रिया में शब्दों के सही ज्ञान और अभ्यास की ज़रूरत होती है। कभी ऐसा भी होता है कि उच्चारण की शुद्धता के बावजूद वर्तनी में अशुद्धता पाई जाती है। इसके लिए शब्दों के बनने की प्रक्रिया की जानकारी होनी चाहिए जो सन्धि, समास, उपसर्ग और प्रत्यय के प्रकरणों में दी गई है। यहाँ एक और तथ्य पर ध्यान दिया जाना चाहिए कि उच्चारण और लेखन के एक दूसरे पर निर्भर होने के कारण शब्दों को लिखते हुए मन-ही-मन उनका उच्चारण करने से भी सही उच्चारण और शुद्ध वर्तनी के अभ्यास में मदद मिलती है।

उच्चारण सम्बन्धी अशुद्धियों के कारण और निवारण

वर्ष 2001 की जनगणना के अनुसार हिन्दी भारतवर्ष के लगभग 51 प्रतिशत नागरिकों की भाषा है। उत्तर, मध्य और पश्चिमी भारत के अधिकांश लोग अपने दैनन्दिन व्यवहारों में इसका उपयोग करते हैं। लेकिन ये सभी लोग उस हिन्दी का व्यवहार नहीं करते जो भारतीय संघ की राजभाषा और राष्ट्रभाषा है। अधिकांश हिन्दीभाषियों की हिन्दी वे बोलियाँ और उपभाषाएँ हैं जो हिन्दी के नाम से अभिहित होकर भी उसके मानक रूप से काफी भिन्न हैं। हालाँकि उनके प्रयोक्ता मानक हिन्दी को सहजता से सुनते-बोलते, पढ़ते-लिखते हैं किन्तु क्षेत्रीय प्रभावों के चलते उनकी भाषा उच्चारण और वर्तनी की अशुद्धियों से भरपूर होती है। भाषागत व्यवहार में व्याप्त अशुद्धियों के कतिपय अन्य कारण भी हैं जिनका संक्षिप्त विवेचन यहाँ प्रस्तुत है—

क्षेत्रीय प्रभाव

भाषा विश्लेषकों के मत में हिन्दी भाषा की उच्चारण सम्बन्धी अशुद्धियों का सबसे बड़ा कारण क्षेत्रीय प्रभाव है। सत्रह बोलियों के परिवार वाली हिन्दी पर सभी उप-भाषाभाषी अपना अधिकार मानते हैं। जबकि इसके जिस रूप को मानक भाषा का पद मिला वह प्रायः संस्कृतनिष्ठ, व्याकरण सम्मत और केन्द्रीय हिन्दी निदेशालय, राष्ट्रीय शैक्षिक अनुसन्धान एवं प्रशिक्षण परिषद (एन.सी.ई.आर.टी) व राजभाषा विभाग, मानव संसाधन मंत्रालय के प्रयासों एवं सुझावों द्वारा नियमित है। ये संस्थाएँ हिन्दी को आधुनिक रूप देने, प्रचलित अशुद्धियों के संशोधन और भाषा को अधिकाधिक व्यावहारिक बनाने के लिए निरन्तर प्रयासशील हैं। ऐसे में हिन्दी की उपभाषाओं के प्रयोक्ताओं से पर्याप्त जागरूकता और प्रयास की अपेक्षा है ताकि हिन्दी का स्वरूप एक समान और मानक बना रहे।

राजकीय पत्र-व्यवहार, समाचार-पत्र, पत्रिकाओं और पाठ्य-पुस्तकों की भाषा के रूप में हिन्दी के मानकीकृत रूप का व्यवहार होता है। इस कारण क्षेत्रीय उच्चारण, शब्दरूप और शैली यहाँ स्वीकार्य नहीं होती। पारिवारिक, पारिवेशिक और कभी-कभी विद्यालयी माहौल में क्षेत्रीय भाषाओं के प्रचुर उपयोग के चलते विद्यार्थी उच्चरित के साथ ही लिखित भाषा में भी ग़लत प्रयोग करने लगते हैं। इसका सबसे बड़ा कारण शिक्षकों और शिक्षित लोगों द्वारा अशुद्ध भाषा का प्रयोग है। भाषा-ज्ञान अर्जित करने की प्रक्रिया में विद्यार्थी व जन-सामान्य इस कोटि के लोगों की भाषा पर बड़ा विश्वास रखते हैं और इनके भाषा प्रयोग को मान्य समझते हैं। वे इनकी भाषा के अनुकरण से स्वयं भी अशुद्ध भाषा प्रयोग के अभ्यस्त हो जाते हैं।

अपर्याप्त शिक्षण सुविधाएँ

महानगरीय निजी विद्यालयों को अपवाद मान लें तो भारतवर्ष के अधिकांश विद्यालयों में छात्र-शिक्षक अनुपात स्वीकृत मानकों को मुँह चिढ़ा रहे हैं। इसके कारणों में स्कूलों और शिक्षकों की कमी का पर्याप्त योगदान है। देश के ग्रामीण, पर्वतीय और दूर-दराज के क्षेत्रों की बात तो छोड़ ही दें, यहाँ तो कस्बाई, नगरीय और महानगरीय विद्यालयों में भी विद्यार्थी-शिक्षक अनुपात मानक सीमा से तीन और चार गुणा तक अधिक है। यहाँ तक कि देश की राजधानी दिल्ली के बहुत से विद्यालयों में एक शिक्षक के सामने साठ से अस्सी विद्यार्थियों को पढ़ाने की चुनौती मौजूद है। इन परिस्थितियों में भाषा-शिक्षक कक्षा में शिक्षण करते हुए एक तरह से जनसभा को सम्बोधित करते हैं। इन परिस्थितियों में उच्चारण, पठन और लेखन के प्रति व्यक्तिगत अवधान, संशोधन और चिकित्सात्मक शिक्षण की बात सर्वथा असम्भव है। इन कारणों के चलते विद्यार्थी मनचाही भाषा बोलते और लिखते हैं, ग़लत अभ्यास विकसित कर लेते हैं और इस क्रम से खूब पढ़-लिख कर भी उनकी उच्चरित और लिखित भाषा अनगढ़ ही बनी रहती है।

शिक्षक की असावधानी

विपरीत परिस्थितियों में भी शिक्षक कुछ परम्परागत उपायों से विद्यार्थियों में शुद्ध भाषा-रूपों की प्राप्ति सुनिश्चित कर सकता है। इनमें प्राथमिक कक्षाओं में समवेत उच्चारण, बारहखड़ी और श्रुतलेख का अभ्यास और माध्यमिक कक्षाओं में गद्य-पद्य वाचन तथा शुद्ध लेख स्पर्धाओं के आयोजन से विद्यार्थियों को उच्चारण व लेखन की शुद्धता से परिचित कराया जा सकता है। इसी प्रकार लेखनकार्य की जाँच व संशोधन के लिए शिक्षक योग्य विद्यार्थियों की सहायता ले सकता है। लेकिन हिन्दी को सरल और कम महत्त्वपूर्ण विषय मानने और यथेष्ट शिक्षण के प्रति असावधान भाषाशिक्षक परम्परागत रूप से कुछ अच्छा और तेज़ गति से पाठ पढ़ने वाले विद्यार्थियों की मदद से पुस्तकवाचन का दायित्व पूरा करते रहे हैं। वे पद्यों का सरलार्थ बता देते हैं। कुंजी इत्यादि से गृहकार्य करने का निर्देश दे देते हैं। अभ्यास पुस्तिकाओं पर कभी-कभार ठीक के निशान लगाकर हस्ताक्षर जड़ देते हैं और बस इतने मात्र से भाषा-शिक्षण हो जाता है।

ऐसे शिक्षण की प्रतिच्छाया विद्यार्थियों की भाषा में शोचनीय गिरावट के रूप में नज़र आती है। विद्यार्थियों की भाषायी दुर्बलता के कारणों में भाषा-शिक्षकों की अक्षमता, अज्ञानता और अरुचि को भी सम्मिलित किया जा सकता है। शिक्षकों में उच्चारण, लेखन और प्रयोग की दृष्टि से कमियों और अशुद्धियों का पाया जाना कोई दुर्लभ घटना नहीं है। जो भाषायी न्यूनताएँ विद्यार्थियों में शिक्षकों के माध्यम से अन्तरित होती हैं उनका निवारण वस्तुतः काफी कठिन है। इस दिशा में हिन्दी सेवी संस्थाओं और शासकीय विभागों को अधिक सचेष्ट होना होगा। अन्यथा हिन्दी अपने ही घर में उपेक्षित और विद्रूप हो जाएगी।

भाषा के नियमों का ज्ञान न होना

संस्कृत से निकटता के चलते हिन्दी की उच्चारण-विधि और लेखन-पद्धति काफी व्यवस्थित है। इस व्यवस्था को समझना और अपनाना भाषा की शुद्धता के लिए अनिवार्य है। जो शिक्षक या विद्यार्थी क, ख, ग.... को कै, खै, गै.... या कॅ, खॅ, गॅ के रूप में सुनते और बोलते हैं तथा लेखन में मात्राओं सम्बन्धी अशुद्धियों के प्रति असावधान हैं उन्हें भाषागत नियमों के विषय में गम्भीर प्रयास की आवश्यकता है। हिन्दी के भाषा क्षेत्रों में एक ही शब्द के लिए अनेक शब्दों का प्रचलन है लेकिन नियमों का ज्ञान सही और शुद्ध की पहचान करा सकता है। व्याकरण के व्यावहारिक शिक्षण से भाषा की शुद्धता सुनिश्चित की जा सकती है। इसके लिए हिन्दी भाषा शिक्षकों को अनवरत प्रयास करने की ज़रूरत है।

शीघ्रता व अनभ्यास

शिक्षक और विद्यार्थी दोनों की ओर से पाठ्यवस्तु को निपटा देने की प्रवृत्ति से अपेक्षित लक्ष्यों की प्राप्ति सुनिश्चित नहीं हो पाती। प्रत्येक पाठ्य-बिन्दु की संरचना कुछ भाषायी कौशलों के अधिगम के लिए होती है किन्तु विद्यालयों में उसे समझने

और साकार करने का प्रक्रम प्रायः दिखाई नहीं देता। इसलिए पुस्तकें पढ़ा दी जाती हैं, पाठ्यक्रम पूरा हो जाता है और परीक्षाएँ भी सम्पन्न हो जाती हैं; किन्तु अधिगम लक्ष्य अबूझे ही रह जाते हैं। इस न्यूनता से निपटने के लिए प्रशासन को नियमित अन्तराल पर अन्तर्सेवा प्रशिक्षणों और शिक्षक-सम्मेलनों के आयोजन का प्रयास करना चाहिए। इस माध्यम से पाठ्य-पुस्तकों के सम्पादकों, शैक्षिक नीति-निर्धारकों और शिक्षकों को परस्पर सम्पर्क में आने का अवसर प्राप्त होगा और शिक्षण लक्ष्यों को समझने और व्यवहार में लाने का मार्ग प्रशस्त होगा।

गम्भीरता का अभाव

अनेक बार विद्यार्थी अपने मौखिक व लिखित सम्प्रेषण में 'काम चलाने' की प्रवृत्ति का व्यवहार करते हैं। तकनीकी भाषा में इसे 'प्रयत्न-लाघव' के नाम से जाना जाता है। इस अभ्यास के तहत शिक्षक और विद्यार्थी शब्दों और वाक्य रचना में मनमाफिक रूपों का व्यवहार करते हैं। हालाँकि बोलने की अपेक्षा लिखना ज्यादा औपचारिक व्यवहार है और इसकी त्रुटियाँ व न्यूनताएँ कहीं अधिक खलतीं हैं; फिर भी सलाह, पुस्तक या शब्दकोश की सहायता लेने का प्रचलन हिन्दी भाषा के सन्दर्भ में लगभग नगण्य है। सम्प्रति 'एन.सी.ई.आर.टी.' और राज्य पाठ्य पुस्तक ब्यूरो द्वारा प्रकाशित हिन्दी पाठ्य पुस्तकों में प्रत्येक पाठ के अन्त में उपयोगी शब्दकोश का प्रावधान है। इससे विद्यार्थियों में शब्दकोश के प्रयोग और सही भाषा लिखने की प्रवृत्ति के विकास की संभावना है।

शोचनीय विषय है कि मूलतः हिन्दी भाषाभाषी लोग भी हिन्दी की अपेक्षा अंग्रेज़ी के उच्चारण व लेखन में ज्यादा संजीदगी बरतते हैं। जहाँ कहीं उन्हें हिन्दी के शुद्ध उच्चारण या लेखन की समस्या अनुभव होती है, वे अंग्रेज़ी का व्यवहार करके काम चला लेते हैं। यही कारण है कि उच्च-शिक्षित जनों में भी हिन्दी बोलने और लिखने की ग़लतियाँ पाया जाना सामान्य सी बात हो चली है। अनेक मामलों में तो हिन्दी बोलने और लिखने में दिक्कत जताना फैशन जैसा हो चला है। इसी कारण भाषागत अशुद्धियाँ सहजता से स्वीकार होने लगी हैं। इस परिपाटी को हेय और अनैतिक माना जाना चाहिए; साथ ही इसमें परिवर्तन के प्रयासों पर बल दिया जाना चाहिए।

शारीरिक विकार

सभी स्थितियों की अनुकूलता होने पर भी उच्चारण-अवयवों और हाथ-अंगुलियों के विकारों के कारण भाषायी अशुद्धियाँ देखने को मिल जाती हैं। इनमें होठ का फटा होना, जीभ का छोटी होना, सामने के दाँत टूटे होना, तालु का चिपके होना इत्यादि शारीरिक विकारों के साथ ही हकलाने और तुतलाने जैसे संवेगात्मक कारण शामिल हैं। लेखन के स्तर पर भी गरदन, आँखों या हाथों के विकारों के चलते अक्षरों के गठन, मात्रा और सिधाई में कमी रहती है। इन कारणों को यथोचित् चिकित्सा और निर्देशन व परामर्श द्वारा दूर किया जा सकता है। कुछ मामलों में उच्चारण-अभ्यास, भाषा-प्रयोगशाला और आरेख पुस्तिकाओं की मदद भी प्राप्त की जा सकती है।

अशुद्ध उच्चारणों के प्रकार और उनके सही रूप

(क) क्षेत्रीय प्रभाव

	ठीक शब्द	ग़लत प्रयोग	ठीक शब्द	ग़लत प्रयोग
•	शरण	सरन	भाषा	भासा
•	कृष्ण	किरसन, कृस्न, क्रशण	शोर	सोर
•	विषय	बिसय	पुरुष	पुरुस
•	शीशा	सीसा	शादी	सादी
•	पश्चिम	पच्छिम	भिक्षा	भिच्छा

(ख) विदेशी भाषाओं के देसी रूप

	ठीक शब्द	ग़लत प्रयोग	ठीक शब्द	ग़लत प्रयोग
•	स्टेशन	टेसन, इस्टेसन	ट्रक	टरक
•	टेलीफ़ोन	टेलीफून	फ़ोटो	फोटू
•	फ्रेम	फरेम	ख़्याल	खयाल

(ग) दुरभ्यास

	ठीक शब्द	ग़लत प्रयोग	ठीक शब्द	ग़लत प्रयोग
•	हाथी	हाती	गधा	घदा
•	चूहा	चूँआ, चूआ	चाभी	चाबी

(घ) मुख-सुख

	ठीक शब्द	ग़लत प्रयोग	ठीक शब्द	ग़लत प्रयोग
•	प्रयोग	परयोग	सुषमा	सुसमा
•	अध्ययन	अध्यन	प्रह्लाद	परलाद
•	ऋषि	रिसी	धर्म	धरम
•	अमिताभ बच्चन	अमित्ता बच्चन	इन्दिरा	इन्दरा, इन्द्रा

अशुद्ध लेखन के प्रकार और सही वर्तनी

जिस प्रकार क्षेत्रीय प्रभाव उच्चारण सम्बन्धी अशुद्धियों का प्रमुख कारण है उसी प्रकार अशुद्ध उच्चारण लेखन या वर्तनी सम्बन्धी अशुद्धियों का मुख्य कारण है। हिन्दी उच्चारण आधारित भाषा है। किसी शब्द का उच्चारण या वर्तनी बदलने से कथ्य का अर्थ और भाव बदल जाता है। जैसे उच्चारण की अशुद्धि भाषा को कुरूप और अबूझ बना देती है वैसे ही वर्तनी सम्बन्धी अशुद्धियाँ लिखित भाषा को अबोध बना देती हैं। उच्चरित भाषा में तो वक्ता हाव-भाव और अंग-संचालन से अपना भाव स्पष्ट कर सकता है किन्तु लिखित भाषा में तो कथ्य सम्प्रेषण का पूरा दायित्व वर्तनी पर ही होता है। इसलिए शुद्ध वर्तनी का प्रयोग अनिवार्य है। यहाँ वर्तनी की सामान्य अशुद्धियों का संकेत किया जा रहा है और प्रयास है कि आप इनके दुष्परिणाम को अनुभव करें–

(क) मात्रा सम्बन्धी अशुद्धियाँ

	ठीक शब्द	ग़लत प्रयोग	ठीक शब्द	ग़लत प्रयोग
•	गए	गऐ	औरत	ओरत
•	कैलाश	केलाश	श्रीमती	श्रीमति
•	बीमार	बिमार	दवाइयाँ	दवाईयाँ

(ख) वर्णों का अशुद्ध प्रयोग

	ठीक शब्द	ग़लत प्रयोग	ठीक शब्द	ग़लत प्रयोग
•	विद्यालय	विधालय	लखनऊ	नखलउ
•	उज्ज्वल	उज्जवल	क्षत्रिय	छत्रिय, छत्री
•	शृंगार	श्रंगार, श्रृंगार	ब्राह्मण	ब्राम्हण

(ग) रेफ, ऋ और 'र' सम्बन्धी विकार

	ठीक शब्द	ग़लत प्रयोग	ठीक शब्द	ग़लत प्रयोग
•	आशीर्वाद	आर्शीवाद	आदर्श	आर्दश
•	ह्रस्व	हृस्व	पृष्ठ	प्रश्ठ
•	ऋचा	रिचा	कृष्ण	क्रश्ण

(घ) वर्ण विपर्यय

	ठीक शब्द	ग़लत प्रयोग	ठीक शब्द	ग़लत प्रयोग
•	चिह्न	चिन्ह	लखनऊ	नखलऊ

(ङ) व्याकरण सम्बन्धी अशुद्धियाँ

	ठीक शब्द	ग़लत प्रयोग	ठीक शब्द	ग़लत प्रयोग
•	अनेक	अनेकों	विदुषी स्त्री	विद्वान स्त्री

शब्द-शक्तियाँ

भाषा के प्रत्येक शब्द का कोई न कोई अर्थ होता है। शब्द का अर्थ पता करने की अनेक विधियाँ हैं। इनमें से सबसे ज़्यादा प्रयोग की जाने वाली विधि है—नए शब्दों का ज्ञान और अभ्यास। हम आसपास के लोगों के साथ भाषा का प्रयोग करते हुए बहुत से शब्दों का अर्थ जान जाते हैं। लेकिन इस तरीके से भाषा के सभी शब्दों का अर्थ पता नहीं किया जा सकता। कुछ शब्दों का अर्थ जानने के लिए अनुभव, विचार या प्रसंग जानने की भी ज़रूरत होती है। इस प्रकार शब्द का अर्थ जानने की अनेक विधियाँ हैं। व्याकरण की भाषा में इन्हें शब्द की शक्तियाँ कहा जाता है।

शब्द-शक्तियाँ शब्दों के अर्थ जानने की विधियाँ हैं। काव्य शास्त्रियों के अनुसार इनकी संख्या तीन है। ये हैं—1. अभिधा, 2. लक्षणा और 3. व्यंजना। इन शक्तियों के द्वारा शब्द का अर्थ, उनके विस्तार और सीमाओं का पता लगता है। इन शक्तियों के प्रयोग से भाषा की क्षमता बढ़ती है और उसमें सौन्दर्य तथा चमत्कार बढ़ता है। काव्य और साहित्य की दृष्टि से इन शक्तियों का बहुत महत्त्व है। इनका परिचय इस प्रकार है—

अभिधा शक्ति

किसी शब्द का उच्चारण करते ही जो अर्थ सबसे पहले पता लगता है उसे अभिधार्थ कहा जाता है। शब्द द्वारा स्वयं इसकी ओर संकेत करने के कारण इसे संकेतार्थ भी कहा जाता है। इस अर्थ को जानने के लिए किसी विशेष प्रयास की ज़रूरत नहीं होती; इस कारण इसे मुख्यार्थ माना जाता है। साहित्य दर्पण के अनुसार मुख्यार्थ ग्रहण करने के आठ प्रमुख साधन या उपाय हैं—व्याकरण, उपमान, शब्दकोश, आप्तवाक्य (विद्वानों द्वारा प्रयोग), लोकव्यवहार, वाक्यशेष, व्याख्या और संसर्ग। इस अर्थ का बोध कराने वाली शब्दशक्ति को अभिधावृत्ति कहा जाता है।

- **उदाहरण**—''सुबोध की बातें सुनकर लगता है कि वह किसी सभ्य परिवार का शिक्षित युवक है।''

इस वाक्य में जो कहा गया है उससे यही सूचना मिलती है कि सुबोध की भाषा ऐसी स्पष्ट और अच्छी है जैसी सुशिक्षित लोग बोलते हैं और उसका लहजा शालीन है जैसा कि सभ्य और शरीफ लोगों के घर में प्रयोग होता है। इस वाक्य का कोई छिपा हुआ अर्थ नहीं है, इसलिए कहा जा सकता है कि यह वाक्य या इसमें प्रयुक्त शब्द अभिधात्मक है।

लक्षणा शक्ति

अभिधार्थ या मुख्यार्थ से शब्द या वाक्य का मतलब स्पष्ट न होने पर उनके उद्देश्य या लक्षणों के मुताबिक अर्थ का अनुमान लगाकर जो अर्थ निकाला जाए उसे लक्ष्यार्थ कहा जाता है। लक्षणा वाले शब्दों के प्रचलित अर्थ को मानने से बात समझ नहीं आती बल्कि पहेली जैसी लगती है। इसलिए अर्थ का अनुमान लक्षणों के हिसाब से लगाया जाता है।

मुख्यार्थ को छोड़कर लक्ष्यार्थ की ओर बढ़ने या उसकी खोज के लिए चार कारण होते हैं। (1) मुख्यार्थ का सिद्ध न होना या उपयुक्त प्रतीत न होना। (2) मुख्यार्थ का लक्ष्यार्थ से सम्बन्ध होना। (3) रूढ़ि या परम्परा के अनुसार मुख्यार्थ के स्थान पर लक्ष्यार्थ का प्रचलन और (4) अपने उद्देश्य के अनुसार मुख्यार्थ से भिन्न किसी अर्थ को स्वीकार करना। इस अर्थ की खोज में प्रवृत्त करने वाली शक्ति को लक्षणा वृत्ति के नाम से जाना जाता है।

- **उदाहरण**—''हमारी मंगला तो बिलकुल गाय है वह भला किसी को क्या तंग करेगी।''

इस वाक्य का अभिधा से पता लगने वाले वाले अर्थ के मुताबिक 'मंगला' किसी गाय का नाम है। लेकिन लक्षणा के प्रयोग से ज्ञान होता है कि मंगला एक लड़की है जिसमें चतुराई और उग्रता के अवगुण नहीं हैं। यहाँ 'गाय' शब्द के प्रयोग से मंगला का सीधापन और सादगी प्रकट होती है। वाक्य का सही भाव है।

व्यंजना शक्ति

मुख्यार्थ और लक्ष्यार्थ के प्रयोग से शब्द या वाक्य का सही अर्थ पता न चलने पर उद्देश्य या प्रसंग के अनुमान से अर्थग्रहण करने को व्यंजना कहते हैं। इस प्रक्रिया द्वारा प्राप्त अर्थ को व्यंग्यार्थ कहा जाता है। साहित्य की दृष्टि से इसे सर्वोत्तम अर्थ कहा जाता है क्योंकि इसे जानने के लिए सोच-विचार की ज़रूरत होती है। व्यंजना वाले वाक्य को 'उत्तम वाक्य' कहा जाता है। इसका अर्थ जानने के लिए प्रसंग और भाषा का ज्ञान होना अनिवार्य है।

व्यंग्यात्मक वाक्य पहली नज़र में अजीब या ग़लत लग सकते हैं लेकिन समझ आने पर चमत्कार का अनुभव होता है। उदाहरण—''प्रतिभा तो खरा सोना है। उसे वरण करने वाला सौभाग्यशाली होगा।'' इस वाक्य का अभिधार्थ तो लिया नहीं जा सकता क्योंकि सोने का वरण नहीं किया जाता। इसका लक्षणा अर्थ भी काम का नहीं होगा क्योंकि उससे ज्यादा से ज्यादा यही अनुमान होगा कि प्रतिभा कोई लड़की है जिसका रंग सोने जैसा है। व्यंजना से अनुमान होता है कि प्रतिभा भी गुणवान और सच्चरित्र है। वह देखने और व्यवहार करने में आकर्षक है। यही अर्थ सबसे ज़्यादा सन्तोषप्रद है।

प्रश्न

1. शुद्ध भाषाप्रयोग के महत्त्व पर अनुच्छेद लिखिए।
2. वर्तनी की अशुद्धियों से लिखित भाषा के उद्देश्य का किस प्रकार हनन होता है?
3. उच्चारण और वर्तनी की अशुद्धियों के अन्तर्सम्बन्ध पर टिप्पणी कीजिए।
4. उच्चारण दोषों के किन्हीं पाँच कारणों का उदाहरण सहित उल्लेख कीजिए।
5. उच्चारण दोषों के स्कूली कारणों और उनके निदान-उपायों का परिचय दीजिए।
6. शारीरिक विकारों के कारण शुद्ध उच्चारण में किस प्रकार के दोष उत्पन्न हो सकते हैं?
7. उच्चारण और वर्तनी की पाँच सामान्य अशुद्धियों और उनके सही रूपों की सूची बनाइए।
8. शब्द शक्तियों से क्या तात्पर्य है? इनके कारण भाषा की क्षमता में किस प्रकार वृद्धि होती है?

12 हिन्दी व्याकरण की वाक्य व्यवस्था

प्रकरण का उद्देश्य

वाक्य किसी भी भाषा की सबसे व्यावहारिक इकाई होती है। कोई भी व्यक्ति जब भाषा के माध्यम से व्यवहार करता है, तो उसके द्वारा प्रयोग किए जाने वाला प्रत्येक संवाद एक वाक्य होता है। वाक्य एक अक्षर से लेकर बीस-पच्चीस शब्दों तक का हो सकता है। यदि कोई पूछता है कि ''समय क्या हुआ है? और दूसरा व्यक्ति उत्तर देता है कि ''बारह।''; तो जैसे ''समय क्या हुआ है? एक वाक्य है वैसे ही दूसरे व्यक्ति का उत्तर ''बारह।'' भी वाक्य है। यह उत्तर एक शब्द का होकर भी ''अभी बारह बजे हैं।'' को अभिव्यक्त करता है। केवल एक शब्द का प्रयोग बात का संक्षिप्त रूप है।

हिन्दी वाक्य विधान पर संस्कृत की छाया स्पष्ट तौर पर अनुभव की जा सकती है। हालाँकि इसमें संस्कृत की तर्ज पर प्रत्यय शब्दों के साथ जुड़े न होकर अलग होते हैं लेकिन फिर भी अनेक आयामों में यह संस्कृत से अनुप्रेरित है। प्रस्तुत अध्याय में हिन्दी वाक्य विधान की अनेक बारीकियों को उदाहरण सहित प्रस्तुत किया गया है।

वाक्य का सामान्य परिचय

शब्दों का समूह जो अपने कथ्य, सन्देश अथवा विचार को यथारूप या सटीक तौर पर प्रस्तुत करने में सक्षम है; वाक्य कहलाता है। अंग्रेज़ी में इसका पर्याय है—सेंटेन्स जिसका भाव है, शब्दों के जिस समूह में सेन्स अर्थात् भाव हो। भाव, विचार तथा कथ्य की प्रकृति के अनुरूप वाक्य एक शब्द से लेकर दस-बीस शब्दों तक का हो सकता है। वाक्य में प्रत्येक शब्द का अपना स्थान, उपयोग और महत्त्व होता है। इनमें किसी भी प्रकार का परिवर्तन, वह चाहे स्थान का बदलाव हो, पर्यायवाची शब्द का प्रयोग हो या विराम चिह्नों का विपर्यय; वाक्य के अर्थ व भाव को परिवर्तित कर सकता है। वाक्य के पूर्ण और सार्थक होने की कुछ कसौटियाँ हैं जिन्हें वाक्य के अनिवार्य घटकों या अवयवों के रूप में जाना जाता है।

शब्द और अर्थ दोनों स्तरों पर वाक्य भाषा व्यवस्था की प्राथमिक और सर्वाधिक महत्त्वपूर्ण इकाई है। वर्ण भाषा की सूक्ष्मतम इकाई तो है लेकिन उनमें अर्थ और भाव का समावेश नहीं है। शब्दों के पास अर्थ हैं लेकिन वे भी परस्पर सायुज्य बिना भाव सम्प्रेषण नहीं कर सकते। जैसे एक विद्यार्थी से कक्षा, एक सिपाही से सेना और एक बूँद से नदी नहीं बनती वैसे ही अकेले शब्द से भाषा का भावपूर्ण संसार नहीं बनता। एक भाव से बँधे शब्द जब क्रमशः उपस्थित होते हैं तो भाव स्वयमेव उभर आता है। यह सनातन विधान है। भारत की पुरातन व्याकरणिक परम्परा में वाक्य को ही भाषा की केन्द्रीय सत्ता के रूप में स्वीकार किया गया है। वाक्य ही भाषा की मूल इकाई है। इस मत का प्रतिपादन करते हुए विख्यात वैयाकरण भर्तृहरि ने अपने ग्रन्थ 'वाक्यपदीय' में लिखा है—

पदे न वर्णा विद्यन्ते, वर्णेष्ववयवा न च।
वाक्यात्पदानामत्यन्त प्रविवेको न कश्चन॥

इसका अर्थ है—वाक्य में पदों और पदों में वर्णों की प्रतीति एक भ्रम है। वाक्य से अलग पदों अथवा वर्णों की कोई सत्ता नहीं है। अतः वाक्य ही सत्य है। भर्तृहरि आगे लिखते हैं कि वाक्य भाषा की निरवयव और अखण्ड इकाई है। ध्वनि, अक्षर, पद, शब्द आदि की सत्ता वैयाकरण द्वारा भाषा के विश्लेषण के लिए ही है। सम्प्रेषण के लिए वक्ता सदैव वाक्य ही बोलता है और श्रोता भी उसे ही सुनकर भाव ग्रहण करता है। जब कोई शिशु या भाषा-विद्यार्थी एक-एक शब्द के माध्यम से अपने भाव व्यक्त करने का प्रयास करता है तो भी उनका लक्ष्य सम्पूर्ण भाव का सम्प्रेषण होता है न कि शब्द मात्र का। इस प्रकार वाक्य भाषा की प्रथम परिपूर्ण इकाई है।

वाक्य की परिभाषा

भाषा की मूल इकाई के रूप में वाक्य को परिभाषित करने की परम्परा बहुत प्राचीन है। भारतीय व्याकरणाचार्यों ने वाक्य की परिभाषा पदों के आधार पर की है। पाणिनी के अनुसार कारक और विभक्तियों से युक्त शब्द को पद कहा जाता है। (सुपृ तिङन्तं पदं) वाक्य में प्रयुक्त सभी शब्दों का एक दूसरे के साथ व्याकरणिक सम्बन्ध होता है। इस सम्बन्ध के आधार पर ही शब्द वक्ता के भावों को अभिव्यक्त करते हैं। 'साहित्यदर्पण' के प्रणेता आचार्य विश्वनाथ के अनुसार वाक्य की परिभाषा है—''वाक्यः स्यात् योग्यता आकांक्षा आसत्ति युक्तः पदोच्चयः।'' अर्थात् योग्यता, आकांक्षा और आसत्ति से युक्त पदसमूह वाक्य है। इस परिभाषा में प्रयुक्त मुख्य शब्द हैं—योग्यता आकांक्षा और आसत्ति। ये सभी पारिभाषिक शब्द हैं जिनका परिचय यहाँ प्रस्तुत है—

योग्यता

वाक्य के सन्दर्भ में योग्यता का अभिप्राय है, वाक्य में प्रयुक्त शब्दों का सन्दर्भ के अनुकूल होना। वाक्य में प्रयुक्त सभी पद एक दूसरे के योग्य और सहायक होने चाहिएँ। साहित्य दर्पण में इसका एक प्रसिद्ध उदाहरण है—वह अपने खेत को आग से सींचता है (अग्निना सिंचति)। यहाँ सींचने की क्रिया के लिए 'आग' शब्द का प्रयोग किया गया है। यह बात हम भली प्रकार जानते हैं कि आग से कोई अपने खेत को नहीं सींचता; उसके लिए पानी की ज़रूरत होती है। अब या तो 'आग' शब्द के बदले 'पानी' शब्द का प्रयोग होना चाहिए या 'सींचने' के स्थान पर 'जलाने' की क्रिया का प्रयोग होना चाहिए। जब तक ऐसा नहीं होता, वाक्य अपने कथ्य को सम्प्रेषित नहीं कर सकेगा।

वाक्य में अयोग्य शब्दों के प्रयोग से अनर्गल अर्थ व्यक्त होता है जिससे वक्ता का अभिप्राय सिद्ध नहीं होता और भाषा का उद्देश्य खण्डित होता है। इसलिए वक्ता को शब्द-चयन के विषय में सचेत रहना चाहिए ताकि उसका कथ्य स्पष्ट और सार्थक हो। 'वह बड़ा ज़ालिम खिलाड़ी है' और 'तुम्हारी हँसी बड़ी क़ातिल है' जैसे वाक्य हम जहाँ-तहाँ सुनते और प्रयोग करते हैं। लेकिन भाषा और व्याकरण की दृष्टि से ऐसे वाक्य अशुद्ध हैं।

आकांक्षा

आकांक्षा का भाव है, वाक्य में प्रयुक्त पदों की एक दूसरे पर पारस्परिक निर्भरता। जैसे 'विद्यार्थी पुस्तक पढ़ता है।' इस वाक्य में 'विद्यार्थी' पद सुनने या पढ़ने के बाद 'पुस्तक' पद और 'पुस्तक' पद सुनने या पढ़ने के बाद 'पढ़ता' पद की आकांक्षा होती है। यदि एक पद के प्रयोग के बाद उत्तरपद का उल्लेख न हो तो भाव सम्प्रेषण नहीं होगा और हर शब्द एक पहेली की तरह हो जाएगा। आकांक्षा का गुण ही किसी शब्द को 'पद' की संज्ञा देता है। शब्द और पद में यही अन्तर है कि शब्द स्वतन्त्र होता है। वह बिना सन्दर्भ के किसी अर्थ को तो प्रकट कर सकता है लेकिन भाव को नहीं। शब्द अनाथ है जिसके आगे या पीछे कोई भाव परम्परा नहीं। जैसे ही शब्द वाक्य का अंग बनता है; उसके आगे और पीछे, दोनों ओर के शब्द उसे भाव प्रदान करते हैं और इस प्रकार वह भाषा का अंग बनकर भाव सम्प्रेषण में सक्षम होता है।

आसत्ति

आसत्ति का तात्पर्य है, समीपता। इसका भाव है कि वाक्य के पदों के बीच समय, स्थान और अन्य पदों का व्यवधान या अन्तराल नहीं होना चाहिए, ताकि श्रोता अथवा पाठक उन्हें एक ही वाक्य के अवयवों के रूप में पहचान पाएँ। जैसे 'सुमन घर गई।' इस वाक्य का वक्ता यदि 'सुमन' पद के उच्चारण के बाद कुछ समय तक कुछ न कहे और बाद में 'घर' पद का उच्चारण करे और फिर कुछ समय के अन्तराल के बाद 'गई' कहा जाए तो पदों के बीच व्यवधान के कारण भाव सम्प्रेषण नहीं हो पाएगा। जैसे रेलगाड़ी के इंजन और डिब्बों के बीच कुछ फ़ासला छोड़ दिया जाए तो रेलगाड़ी नहीं बन सकती या किसी घर को बनाने के प्रक्रिया में ईंटों को पर्याप्त फासले पर रखा जाए तो घर कभी नहीं बन सकता ऐसे ही शब्दों के बीच अपेक्षित निकटता न होने पर वाक्य का गठन नहीं होगा। इससे स्पष्ट है कि वाक्य के सभी घटक वाक्य को अर्थ-सम्प्रेषण में सहायता प्रदान करते हैं।

हिन्दी वाक्य रचना–पदक्रम

वाक्य की परिभाषा के अध्ययन में हमने जाना कि वाक्य में प्रयुक्त शब्दों को पद के नाम से जाना जाता है। वाक्य से बाहर होकर पद शब्द कहलाते हैं और भाव सम्प्रेषण की उनकी क्षमता शून्य हो जाती है। आचार्य विश्वनाथ की वाक्य-परिभाषा से स्पष्ट है कि वाक्य में भी पदों की क्षमता या भाव सम्प्रेषणीयता तभी तक रहती है जब तक वे योग्यता, आकांक्षा और आसत्ति के नियमों का पालन करते हैं। व्याकरण में इस नियम की व्यवस्था 'पदक्रम' अथवा पद-योजना के अन्तर्गत की जाती है। इसके अनुसार वाक्य में सम्मिलित सभी पदों का निश्चित क्रम होता है। यह क्रम वाक्य के उद्देश्य के अनुसार बदलता रहता है। जैसे साधारण वाक्य और प्रश्नसूचक वाक्य का पदक्रम भिन्न होता है। संस्कृत भाषा के वाक्यों में प्रत्येक पद कारक और विभक्ति से युक्त होता है इसलिए उनका क्रम बदलने पर भी अर्थ वही रहता है। किन्तु हिन्दी वाक्यों में कारक और विभक्ति चिह्न अलग से लगाए जाते हैं इसलिए हिन्दी वाक्यों में पदक्रम का ज्ञान अनिवार्य है।

सुप्रसिद्ध हिन्दी वैयाकरण श्री कामताप्रसाद गुरु के अनुसार वाक्य दो प्रकार का होता है। पहला 'व्याकरणिक' और दूसरा 'आलंकारिक'। व्याकरणिक पदक्रम के अन्तर्गत वाक्य में पदों का स्थान व्याकरण के नियमों से तय होता है जबकि आलंकारिक पदक्रम में यह वक्ता अथवा लेखक के व्यक्तित्व पर निर्भर होता है। वक्ता व्याकरण के नियमों के स्थान पर विषय, प्रयोजन और श्रोताओं की योग्यता के अनुसार वाक्यों में पदों का संयोजन करता है। व्याकरणिक वाक्य की रचना और प्रयोग के लिए किसी विशेष योग्यता या कौशल की ज़रूरत नहीं है लेकिन आलंकारिक वाक्य कवियों और भाषामर्मज्ञों के प्रयोग की वस्तु है। इसके लिए भाषा पर अधिकार और पर्याप्त भावसंयोजन की अपेक्षा होती है। ऐसा होने पर भी व्याकरणिक वाक्य ही भाषा का प्रमुख अवयव है।

हिन्दी पदक्रम के निर्धारण में सम्प्रेषण उद्देश्यों का स्थान महत्त्वपूर्ण है। वाक्य के परिचय में बताया जा चुका है कि वक्ता की इच्छानुसार वाक्य एक अक्षर, एक शब्द अथवा एक वाक्यांश (पदबन्ध) का भी हो सकता है। इसका अर्थ है कि वाक्य का आकार वक्ता के सम्प्रेषण उद्देश्यों के अनुरूप होता है। साधारणतः किसी वाक्य में एक कर्त्ता और एक क्रिया की उपस्थिति अनिवार्य मानी जाती है। जैसे-जैसे वक्ता की वागेच्छा बढ़ती जाती है, वाक्य में पदों की संख्या भी अधिक होती जाती है। एक सीमा के बाद साधारण वाक्य, मिश्र वाक्य में और मिश्र वाक्य संयुक्त वाक्य के रूप में बढ़ता जाता है। तदनुसार ही उनमें पदों का क्रम भी बदलता रहता है। हिन्दी वाक्य-रचना में कारक पदों के आधार पर व्याकरणिक पदक्रम के साधारण नियमों की व्यवस्था है। इनका उल्लेख यहाँ उपयोगी होगा–

हिन्दी व्याकरणिक पदक्रम के साधारण नियम

- कर्त्तापद + क्रिया पदबन्ध (गौतम जाता है।)
- कर्त्तापद + कर्म पदबन्ध + क्रियापद (गौतम शहर जाता है।)
- कर्त्तापद + करण पदबन्ध + कर्मपद + क्रिया पदबन्ध (गौतम घोड़े से शहर जाता है।)

- कर्त्तापद + सम्प्रदान पदबन्ध + कर्मपद + क्रिया पदबन्ध। (गौतम घोड़े को घास देता है।)
- कर्त्तापद + अपादान पदबन्ध + क्रिया पदबन्ध। (गौतम घोड़े से गिरता है।)
- कर्त्तापद + सम्बन्ध पदबन्ध + कर्मपद + क्रिया पदबन्ध। (गौतम घोड़े का स्वामी है।)
- कर्त्तापद + अधिकरण पदबन्ध + क्रिया पदबन्ध। (गौतम शहर में रहता है।)

हिन्दी वाक्यरचना में जब अनेक पद मिलकर एक भाव की अभिव्यक्ति करते हैं तो उस पद-समूह को पदबन्ध कहा जाता है।

वाक्य के अंग

जिस प्रकार आकांक्षा, योग्यता और सन्निधि के गुणों से समन्वित वाक्य अर्थ व भाव के सम्प्रेषण में सक्षम और व्याकरण की दृष्टि से परिपूर्ण होता है उसी प्रकार वाक्य के दो अन्य खण्ड हैं जो वाक्य की सम्प्रेषणीयता को सुनिश्चित करते हैं। ये खण्ड वाक्य को दो हिस्सों में विभक्त करते हैं जिनमें से एक में वाक्य का विषय तो दूसरे में विषय के सम्बन्ध में सूचना, तथ्य आँकड़े इत्यादि का कथन होता है। इन खण्डों के नाम हैं–(1) विषय या उद्‌देश्य और (2) विधेय अथवा अभिधेय। इनका सामान्य परिचय इस प्रकार है–

उद्‌देश्य

वाक्य की पूर्णता भाव-सम्प्रेषण पर निर्भर होती है। इसके लिए दो वैयाकरणिक तत्त्वों की उपस्थिति अनिवार्य है। उनमें से एक है उद्‌देश्य अथवा विषय। उद्‌देश्य का तात्पर्य है वह व्यक्ति, वस्तु या स्थान जिसके बारे में वाक्य में सूचना, तथ्य या विचार प्रस्तुत किया जा रहा है। व्याकरण शास्त्र में इस तत्त्व को विषय के नाम से जाना जाता है। विषय को उद्‌देश्य भी कहा जाता है जिसका अभिप्राय है कि वाक्य के इस अंग के अन्तर्गत वाक्य की रचना, कथन या लेखन के उद्‌देश्यभूत विषय का कथन किया जाता है। उद्‌देश्य के रूप में संज्ञा, सर्वनाम या क्रिया को रखा जा सकता है। उदाहरण के लिए–

- 'डॉ. राजेन्द्र प्रसाद भारत के प्रथम राष्ट्रपति थे।'
- 'वे उच्च कोटि के विचारक तथा सच्चरित्र व्यक्ति थे।'
- 'व्यायाम से शरीर स्वस्थ तथा बलवान होता है।'

उल्लिखित वाक्यों में 'डॉ. राजेन्द्र प्रसाद', 'वे' और 'व्यायाम' वाक्य के विषय या उद्‌देश्य हैं। इनके अतिरिक्त प्रयुक्त अन्य शब्द इन्हीं के विषय में सूचना अथवा तथ्य प्रस्तुत कर रहे हैं।

विधेय

वाक्य का दूसरा अंग है–अभिधेय। इस अंश के अन्तर्गत विषय के बारे में तथ्य, सूचना या विचार प्रस्तुत किया जाता है। दूसरे शब्दों में उद्‌देश्य के विषय में वाक्य में जो कुछ कहा जाता है उसे विधेय के नाम से जाना जाता है। उद्‌देश्य का उच्चारण एक प्रश्न की तरह होता है जबकि विधेय उस प्रश्न के उत्तर की तरह होता है।

उदाहरण–

- "सरदार सरोवर परियोजना से देश के अनेक राज्यों को बिजली और पानी मिल सकेगा।"

यहाँ उद्‌देश्य है सरदार सरोवर परियोजना। अन्य खण्ड में इस परियोजना से होने वाले लाभों का कथन किया गया है। लाभ-कथन करने वाले वाक्य के अंग को विधेय कहा जाएगा। इस प्रकार विधेय में कर्म, क्रिया और क्रिया के पूरक का अनिवार्य रूप से उल्लेख होता है। कोई भी वाक्य इन दो खण्डों अथवा अंशों से पूर्णता पाता है। जिस प्रकार आकांक्षा, योग्यता और सन्निधि से युक्त वाक्य ही भाव सम्प्रेषण की दृष्टि से परिपूर्ण है उसी प्रकार उद्‌देश्य और विधेय की उपस्थिति भी वाक्य की परिपूर्णता के लिए अनिवार्य है।

वाक्यों के प्रकार

वाक्य अनेक विषयों, भावों और प्रकारों के कथ्यों को प्रस्तुत करते हैं। ये कथ्य आम जनजीवन से लेकर राजनीति, व्यापार, तकनीक, उद्योग और शिक्षा जैसे स्तरीय सन्दर्भों के उद्देश्यों की पूर्ति करते हैं। इन क्षेत्रों में प्रयुक्त वाक्य अनन्त रूप धारण करते हैं और अनेक विधियों से सम्प्रेषण करते हैं। इतनी विविधताओं के चलते वाक्यों को सुनिश्चित श्रेणियों में रखना आवश्यक है ताकि उनकी उपयोगिता का अध्ययन और विश्लेषण करके उन्हें भाषा के तत्त्वों के रूप में चिह्नित किया जा सके। इस प्रक्रिया से भाषा की क्षमता और सम्प्रेषणीयता का विस्तार होता है। विविध प्रकार के वाक्यों के समावेश से भाषा समाज और देश के सभी सन्दर्भों के लिए प्रयोज्य होती है। यही किसी भाषा की महत्ता और शक्ति है।

वाक्यों को उनके कथ्य, सूचनाओं की संख्या और शब्द-प्रयोग के आधार पर अनेक श्रेणियों में रखा जा सकता है। इस प्रकार के विभाजन से एक ओर तो वाक्य के भाव को समझना सरल होता है तो दूसरी ओर कथ्य के विश्लेषण तथा उनके परस्पर सम्बन्ध प्रकाशन में भी मदद मिलती है। शब्दों की ही भाँति वाक्यों को भी रचना, अर्थ और क्रिया के आधार पर अनेक भेदों के अन्तर्गत रखा गया है। इस प्रक्रिया द्वारा भाषा के अध्येताओं को वाक्य के सामर्थ्य से परिचित कराने में मदद मिलती है और भावाभिव्यक्ति के विविध उपायों से भी उनका परिचय हो जाता है।

रचना की दृष्टि से वाक्यों के प्रकार

वाक्यों का स्वरूप कथ्य की प्रकृति, विषय और शैली के अनुसार बदलता रहता है। वक्ता या लेखक के स्तर, स्वभाव और शैली के अनुसार भी वाक्य के स्वरूप में परिवर्तन होता है। सरल भाव अथवा विषय की अभिव्यक्ति के लिए साधारणतया छोटे वाक्यों का प्रयोग होता है और विशिष्ट तथा गम्भीर विषयों के प्रस्तुतिकरण में कठिन शब्दों और जटिल वाक्य शैली का प्रयोग पाया जाता है। हिन्दी भाषा में रचना की दृष्टि से वाक्य के प्रकारों का विभाजन अंग्रेज़ी व्याकरण पर आधारित है। इस सन्दर्भ में हिन्दी वाक्यों को सरल, मिश्रित और संयुक्त इन तीन रूपों में विभाजित किया गया है।

सरल वाक्य

सरल वाक्य को साधारण वाक्य के रूप में भी जाना जाता है। ये वाक्य भाषा के सहज रूप के प्रकाशक होते हैं। सरलता के साथ संक्षिप्तता इन वाक्यों की पहचान है। व्याकरण की दृष्टि से सरल वाक्यों में एक उद्देश्य और एक ही क्रिया होती है। भाव की पूर्णता और कथ्य की सटीकता के चलते ये वाक्य सर्वथा पूर्ण और सफल होते हैं। किसी भी भाषा में इस प्रकार के शब्दों का प्रयोग सर्वाधिक होता है।

उदाहरण–

- सूर्य का उदय पूर्व दिशा से होता है।
- राष्ट्रपति ने अध्यादेश पर हस्ताक्षर कर दिए।

मिश्रित वाक्य

इन्हें मिश्र वाक्य के रूप में भी जाना जाता है। जैसा कि नाम से स्पष्ट है इस प्रकार के वाक्यों में एक से अधिक तथ्यों का उल्लेख किया जाता है। अन्य शब्दों में कहें तो इस प्रकार के वाक्य वस्तुतः दो वाक्यों के मिश्र रूप होते हैं। इनमें से एक प्रधान उप-वाक्य और दूसरा गौण उप-वाक्य होता है। कुछ मामलों में गौण उप-वाक्यों की संख्या अधिक भी हो सकती है।

उदाहरण–

- परीक्षा समाप्त होते ही विद्यार्थी कक्ष से बाहर आ गए।
- सरकार के गठन के बाद प्रधानमन्त्री अपनी प्राथमिकताओं का ऐलान करते हैं।

संयुक्त वाक्य

कतिपय वैयाकरण इस श्रेणी के वाक्यों को संसृष्ट वाक्य भी कहते हैं। इन वाक्यों में एक प्रधान वाक्य होता है जबकि गौण उप-वाक्यों की संख्या एक से अधिक होती है। इस प्रकार के वाक्यों का प्रयोग जटिल कथ्य तथा विषय की अभिव्यक्ति के लिए किया जाता है।

उदाहरण–

- 'अभी सुबह हुई भी नहीं थी कि भारतीय सेनाओं ने शत्रु पर धावा बोल दिया और उसकी चार चौकियों को अपने कब्जे में ले लिया।'
- होश सँभालते ही मुझे अपनी ज़िम्मेदारी का अहसास हुआ और मैंने अपनी पढ़ाई तथा परिवार के भरण-पोषण के लिए तैयारी शुरू कर दी।

प्रथम वाक्य में 'अभी सुबह हुई भी नहीं थी' प्रधान उपवाक्य हैं। जबकि 'भारतीय सेनाओं ने शत्रु पर धावा बोल दिया' और 'उसकी चार चौकियों को अपने कब्जे में ले लिया' गौण उपवाक्य हैं। इसी प्रकार दूसरे वाक्य में 'बचपन में होश सँभालना प्रधान उपवाक्य है और 'अपनी ज़िम्मेदारी का अहसास' और 'पढ़ाई और परिवार के भरण-पोषण के लिए तैयारी शुरू करना' अन्य उपवाक्य हैं।

अर्थ की दृष्टि से वाक्यों के भेद

अर्थ का तात्पर्य है वाक्य में निहित भाव। प्रत्येक वाक्य किसी भाव, विचार, आदेश, इच्छा, संकेत इत्यादि के प्रकाशन के लिए कहा या लिखा जाता है। इन उद्देश्यों के अनुसार वाक्य की संरचना और प्रकृति में अन्तर होता है। हिन्दी व्याकरण में वाक्यों के इस प्रकार के भेद भी अंग्रेज़ी व्याकरण की परिपाटी से प्रभावित हैं। इस विधि से वाक्यों को उनके कथ्य की प्रकृति के अनुसार नाम दिया जाता है। यद्यपि तात्त्विक दृष्टि से इस आधार पर वाक्यों की अनन्त श्रेणियाँ हो सकती हैं फिर भी सुविधा के लिए इन्हें आठ श्रेणियों में विभक्त किया गया है। इनके नाम है–

- (क) सकारात्मक वाक्य
- (ख) नकारात्मक वाक्य
- (ग) प्रश्नवाचक वाक्य
- (घ) इच्छावाचक वाक्य
- (ङ) आज्ञासूचक वाक्य
- (च) सन्देहवाचक वाक्य
- (छ) संकेतसूचक वाक्य
- (ज) विस्मयादिवाचक वाक्य

इन वाक्यों के लक्षण और विशेषताएँ इस प्रकार हैं–

सकारात्मक वाक्य

जिन वाक्यों में सामान्य कथन या स्वीकार-सूचक कथ्य प्रस्तुत किया जाता है उन्हें सकारात्मक वाक्य कहा जाता है। इस प्रकार के वाक्यों के माध्यम से प्रायः नियम, तथ्य, सूचनाएँ और आँकड़े प्रस्तुत किए जाते हैं इसलिए इन्हें विधि सूचक वाक्य भी कहा जाता है।

उदाहरण–

- दिल्ली भारत की राजधानी है।
- स्वतन्त्रता दिवस प्रतिवर्ष 15 अगस्त को मनाया जाता है।

नकारात्मक वाक्य

जिस वाक्य के माध्यम से किसी सूचना, तथ्य, आदेश इत्यादि को नकारा जाए उसे नकारात्मक वाक्य कहा जाता है। इस प्रकार के वाक्य द्वारा किसी घटना अथवा बात के न होने अथवा अस्वीकृति का प्रदर्शन भी किया जाता है इसलिए इन्हें निषेधात्मक वाक्य भी कहा जाता है।

उदाहरण–

- कमरे में कोई नहीं है।
- भारत ने कभी किसी पर आक्रमण नहीं किया।

प्रश्नवाचक वाक्य

जिन वाक्यों के माध्यम से जिज्ञासा या इच्छा प्रकट की जाए या प्रश्न पूछा जाए उन्हें 'प्रश्नसूचक वाक्य' की संज्ञा दी जाती है। इस प्रकार के वाक्यों में क्या, क्यों, कैसे, कहाँ जैसे शब्दों का प्रयोग होता है और अन्त में प्रश्नवाचक चिह्न का प्रयोग किया जाता है।

उदाहरण–

- तुम्हारे पिताजी का नाम क्या है?
- शची ने संस्कृत में कितने अंक प्राप्त किए?

इच्छावाचक वाक्य

जिस वाक्य के माध्यम से वक्ता या लेखक अपनी इच्छा व्यक्त करे, परामर्श या सलाह ज़ाहिर करे, उसे 'इच्छार्थक या इच्छावाचक' वाक्य कहा जाता है। इन वाक्यों का प्रयोग परामर्श और निर्देश के रूप में भी किया जा सकता है।

उदाहरण–

- "पंसारी की दुकान पर पता करो, वहाँ यह औषधि अवश्य मिल जाएगी।"
- "मेरी राय में तुम्हारा कम्प्यूटर-ज्ञान पर्याप्त नहीं है।"

आज्ञासूचक वाक्य

जिन वाक्यों के माध्यम से वक्ता किसी को आज्ञा प्रदान करता है उन्हें 'आज्ञासूचक' वाक्य कहा जाता है। इस प्रकार के वाक्यों में श्रोता की इच्छा का कोई महत्त्व नहीं होता बल्कि आज्ञापालन की अपेक्षा होती है।

उदाहरण–

- "फटाफट खाना खाओ और सो जाओ।"
- "अपराधी को एक माह के लिए जेल भेज दिया जाए।"

सन्देहवाचक वाक्य

जिन वाक्यों में किसी घटना, स्थिति या व्यक्ति के प्रति शक या सन्देह प्रकट किया जाए, उन्हें सन्देहवाचक वाक्य कहा जाता है। सन्देह दो प्रकार का है। इनमें से एक सम्भावना के रूप में होता है जबकि दूसरा आशंका के रूप में। दोनों ही भावों को प्रकट करने वाले वाक्यों को इस कोटि के अन्तर्गत रखा जा सकता है।

उदाहरण–

- आज वर्षा हो सकती है।
- सावधान! घर के भीतर चोर हो सकता है।

संकेतसूचक वाक्य

जिन वाक्यों में किसी व्यक्ति, वस्तु या स्थान का सम्पूर्ण विवरण प्रस्तुत न करके उनकी ओर इशारा किया जाए उन्हें संकेतसूचक वाक्य कहा जाता है। इस प्रकार के वाक्यों का प्रयोग अनपेक्षित विवरण से बचने या सीधे कथन के विकल्प के रूप में प्रयोग किया जाता है।

उदाहरण–

- भोजन में आज भी वही है जो कल था।
- आज की घटना को देखकर मुझे अपने बचपन की याद हो आई।

विस्मयादिवाचक वाक्य

जिन वाक्यों के माध्यम से वक्ता या लेखक किसी कथन या घटना के प्रति अपनी हैरानी को व्यक्त करता है उन्हें विस्मयादिवाचक वाक्य कहा जाता है। इस प्रकार के वाक्यों के माध्यम से हैरानी के साथ ही भय, उत्साह, शोक जैसे स्वाभाविक भावों को भी अभिव्यक्त किया जाता है।

उदाहरण–

- अरे! तुम इतने बड़े हो गए?
- भागो! भागो! मकान गिर रहा है।
- उफ! यह क्या हो गया!!

क्रिया की दृष्टि से वाक्यों के भेद

सामान्यतः हिन्दी भाषा के वाक्यों में क्रिया का प्रयोग कर्त्ता के आधार पर होता है। इसका तात्पर्य है कि क्रिया का लिंग और वचन कर्त्ता के लिंग और वचन के अनुसार होता है। किन्तु अभिव्यक्ति के विभिन्न पहलुओं में क्रिया की भूमिका बदलती रहती है। कभी वह कर्म का अनुसरण करती है तो कभी भाव का। क्रिया के इन प्रयोगों को वाच्य के रूप में अभिव्यक्त किया जाता है। ऐसे वाक्यों को व्याकरण में पृथक श्रेणी के अन्तर्गत रखा जाता है। इनके नाम हैं—कर्तृवाच्य, कर्मवाच्य और भाववाच्य। इनका सामान्य परिचय यहाँ प्रस्तुत है—

कर्तृवाच्य

जिन वाक्यों में कर्त्ता प्रधान होता है अर्थात् क्रिया का प्रयोग कर्त्ता पर आधारित होता है उन्हें कर्तृवाच्य के वाक्य अथवा कर्त्ता-प्रधान वाक्य कहा जाता है। इन वाक्यों में प्रयुक्त क्रिया का लिंग और वचन कर्त्ता के लिंग और वचन के अनुसार होते हैं। कर्त्ता प्रधान वाक्यों में कर्म का होना आवश्यक नहीं है। यह वाक्य का साधारण रूप है और आमतौर पर सार्वजनिक भाषा-व्यवहार में इसी प्रकार के वाक्यों का प्रयोग किया जाता है।

उदाहरण–

- हमारी भैंस रोज़ बारह लीटर दूध देती है।
- मैं हर सुबह 200 दण्डबैठक लगाता हूँ।

कर्मवाच्य

जिन वाक्यों में क्रिया का आधार कर्त्ता न होकर कर्म होता है उन्हें कर्मवाच्य अथवा कर्म-प्रधान वाक्य कहा जाता है। इन वाक्यों में क्रिया का लिंग और वचन कर्त्ता के लिंग और वचन के अनुसार न होकर कर्म के अनुसार होता है। कर्म का अर्थ है, जिस पर क्रिया का प्रभाव पड़े। जैसे धोबी कपड़ा धोता है इस वाक्य में धोबी कर्त्ता, धोना क्रिया और कपड़ा कर्म है। मौखिक भाषा में इस प्रकार के वाक्यों का व्यवहार यदा-कदा ही होता है किन्तु लिखित भाषा; विशेष रूप से साहित्य में इनका प्रयोग पर्याप्त होता है।

उदाहरण–

- प्रधानमन्त्री द्वारा लालकिले पर तिरंगा झंडा फहराया गया।
- ग्रहण के अवसर पर लाखों लोगों द्वारा संगम पर स्नान किया गया।

भाववाच्य

जिन वाक्यों में कथ्य के तौर पर भाव अर्थात् अनुभवजन्य स्थिति को प्राधान्य दिया जाता है और उसे क्रिया द्वारा प्रस्तुत किया जाता है उन्हें भाव-वाच्य या भाव प्रधान वाक्य कहा जाता है। भाव का अर्थ है वे अनुभव जिन्हें आँख, नाक, कान इत्यादि ज्ञानेन्द्रियों, हाथ, पाँव आदि कर्मेन्द्रियों और मन के माध्यम से प्राप्त किया जाता है। भाषा के माध्यम से इनका सही-सही वर्णन नहीं किया जा सकता केवल इशारा किया जाता है।

उदाहरण–

- अब मुझसे खड़ा नहीं रहा जाता।
- मुझसे तुम्हारा दुःख देखा नहीं जाता।

प्रस्तुत विवेचन से वाक्य का परिचय, हिन्दी वाक्यों की संरचना, उनके प्रकार और विशेषताओं का परिचय प्राप्त होता है। इस ज्ञान का उपयोग कथ्य को अधिक प्रभावी और सक्षम बनाने के लिए किया जा सकता है। हिन्दी भाषाभाषियों के अतिरिक्त हिन्दी के विद्यार्थियों के लिए भी वाक्य की इन विशेषताओं का ज्ञान उपयोगी है। छात्राध्यापकों से अपेक्षा है कि वे हिन्दी की संरचना के विषय में यहाँ प्रस्तुत आधारभूत ज्ञान का पर्याप्त अभ्यास और कक्षा में व्यवहार करें।

प्रश्न

1. वाक्य को परिभाषित कीजिए। भाव-सम्प्रेषण में वाक्य की भूमिका पर टिप्पणी कीजिए।
2. आचार्य विश्वनाथ द्वारा प्रस्तुत वाक्य के अंगों का सोदाहरण परिचय दीजिए।
3. पदक्रम से क्या तात्पर्य है? हिन्दी और अंग्रेज़ी पदक्रमों में अन्तर स्पष्ट कीजिए।
4. हिन्दी वाक्य रचना में पदक्रम का क्या महत्त्व है? हिन्दी पदक्रम के सामान्य नियमों का उल्लेख कीजिए।
5. उद्देश्य और विधेय की परिभाषा और उदाहरण लिखिए।
6. रचना की दृष्टि से वाक्यों के प्रकारों की सूची बनाइए। प्रत्येक प्रकार के वाक्यों के दो-दो उदाहरण दीजिए।
7. अर्थ की दृष्टि से वाक्यों को कितने प्रकारों में बाँटा गया है? सभी के दो-दो उदाहरण दीजिए।
8. वाच्य का क्या अभिप्राय है। हिन्दी व्याकरण में वाच्य के स्वरूप का विवेचन कीजिए।
9. कर्तृवाच्य और कर्मवाच्य के वाक्यों में सोदाहरण अन्तर स्पष्ट कीजिए।
10. मिश्र और संयुक्त वाक्य में अन्तर स्पष्ट कीजिए।

13 मातृभाषा हिन्दी शिक्षण की उपयोगी विधियाँ

प्रकरण का उद्देश्य

भारतवर्ष में हिन्दी का प्रयोग व्यापक तौर पर होता है। लेकिन पूरे देश में सभी हिन्दीभाषी एक ही प्रकार की भाषा का प्रयोग नहीं करते। हिन्दी की उपभाषाओं के अलावा भी हिन्दी के अनेक रूप देश के विभिन्न क्षेत्रों में प्रयुक्त होते हैं। इसका प्रमुख कारण है कि हमारे देश में हिन्दी का प्रयोग मुख्यतः दो प्रकार के लोगों द्वारा होता है। एक वे जिनकी मातृभाषा हिन्दी है और दूसरे वे जो इसका प्रयोग द्वितीय भाषा के तौर पर करते हैं। इन द्वितीय भाषा के रूप में हिन्दी का प्रयोग करने वालों की मातृभाषा कोई अन्य होती है और वे शिक्षा, व्यापार, यात्रा आदि के लिए हिन्दी को अपना लेते हैं।

विद्यालय में इन दोनों प्रकार के हिन्दीभाषियों को हिन्दी भाषा में निपुण बनाने के लिए भिन्न प्रविधियों का प्रयोग किया जाता है। इनमें से मातृभाषा के तौर पर हिन्दी का अध्ययन करने वालों के लिए उपयोगी हिन्दी शिक्षण विधियों का परिचय प्रस्तुत अध्याय में किया गया है।

मातृभाषा और मात्रेतर भाषा के शिक्षण में प्रमुख अन्तर

हमारे देश की राष्ट्रभाषा हिन्दी है। इसका अर्थ है कि यहाँ के अधिकांश नागरिक हिन्दी के व्यवहार में सक्षम हैं। राजधानी दिल्ली, हरियाणा, उत्तरप्रदेश, राजस्थान, हिमाचल प्रदेश इत्यादि प्रदेशों में हिन्दी मातृभाषा और मुख्य भाषा है जबकि देश के दक्षिणी और पूर्वी राज्यों में हिन्दी का चलन नहीं है। इस प्रकार भारत में हिन्दी के दो रूप हैं। मातृभाषा के रूप में हिन्दी और मात्रेतर या अन्य भाषा के रूप में हिन्दी। इस कारण अलग-अलग प्रदेशों में हिन्दी शिक्षण की विधियों में कुछ परिवर्तन अवश्यम्भावी हैं। मातृभाषा और अन्य भाषा के शिक्षण में प्रमुख अन्तर इस प्रकार हैं–

(क) मातृभाषा को बच्चा घर-परिवार में सीखकर विद्यालय आता है जबकि मात्रेतर भाषा को विद्यालय में सीखना आरम्भ किया जाता है। इनमें से प्रथम सन्दर्भ में भाषा का स्रोत परिवार और परिवेश होता है और विद्यार्थी भाषा का व्यवहार करने के लिए अध्यापक, शिक्षण और अभ्यास पर निर्भर नहीं होता। जबकि दूसरे सन्दर्भ में बालक की भाषा व्यवहार्यता पूरी तरह विद्यालयी कारकों पर निर्भर होती है। उसे भाषा के अभ्यास और व्यवहार में परिवार का सहयोग प्राप्त नहीं होता। इस प्रकार दोनों प्रकार के विद्यार्थियों का भाषायी आधार पर्याप्त भिन्न होता है।

(ख) मातृभाषा को बालक स्वाभाविक रूप से सीखता है जबकि मात्रेतर भाषा को विशेष प्रयत्न द्वारा सीखा जाता है। जन्म के बाद से ही बालक घर-परिवार में व्यवहार की जाने वाली भाषा का अवशोषण अथवा अधिगम करता रहता है। जैसे-जैसे वह शारीरिक स्तर पर आत्मनिर्भर होता है वैसे-वैसे उसका भाषागत विकास भी बिना किसी विशेष प्रयास के गति पकड़ने लगता है। दूसरी ओर मात्रेतर भाषा बालक के परिवेश से बाहर का

विषय होता है। उसके अधिगम के लिए बालक को अपनी मातृभाषा के सुदृढ़ आधार की आवश्यकता होती है और साथ ही अन्य भाषा के शब्दों, संकेतों और भावों को बूझने और अपनाने के लिए विशेष प्रयास भी करना होता है।

(ग) मातृभाषा बालक उस समय (शैशवावस्था में) सीखना प्रारम्भ करते हैं जब उनमें भाषा सीखने की प्रवृत्ति तीव्र होती है। जबकि मात्रेतर भाषा तब सीखना आरम्भ करते हैं जबकि भाषा अधिगम की वृत्ति अपेक्षाकृत कम हो जाती है। परिवार, परिवेश और विद्यालय में विद्यार्थी मातृभाषा का माध्यम से सम्प्रेषण कर लेता है इसलिए उसे अन्य भाषा सीखने की विशेष ज़रूरत महसूस नहीं होती। जीवन की शुरुआत में किसी भी बालक में भाषा पर अधिकार के लिए जितनी जिज्ञासा और ग्राह्यता होती है वह अवस्था और अधिगम्य विषयों के बढ़ने के साथ-साथ स्वभावतः कम होती जाती है। यही कारण है कि बचपन में अधिगत भाषा, व्यवहार, संस्कार और अभ्यास जीवन-भर के लिए किसी व्यक्ति के सहचर हो जाते हैं। इसीलिए कोई भी व्यक्ति अपनी मातृभाषा के व्यवहार में जितना सहज होता है उतना अन्य किसी भाषा में नहीं हो पाता।

(घ) मातृभाषा की ध्वनियों पर बालक का जन्मसिद्ध अधिकार होता है जबकि मात्रेतर भाषा की ध्वनियों को सप्रयत्न सीखा जाता है। प्रत्येक भाषा की अपनी ध्वनि-व्यवस्था होती है जिसे बालक भाषा के साथ ही ग्रहण करते हैं। इसका प्रभाव इतना गहन होता है कि मात्रेतर भाषा के उच्चारण को आत्मसात् करना चुनौती हो जाता है। जब कभी हम भाषायी लहजे की बात करते हैं तो मातृभाषा के प्रभाव को मान्यता प्रदान करते हैं। इसके चलते पंजाब और हरियाणा के लोग 'शत्रुघ्न' और 'प्रयास' जैसे शब्दों का शुद्ध उच्चारण नहीं कर पाते और बिहार, बंगाल पूर्वी और दक्षिणी भारत के निवासी लिंग और वचन सम्बन्धी अशुद्धियों के चलते सरलता से पहचाने जा सकते हैं। इन प्रदेशों के निवासी किसी भी भाषा का उच्चारण अपने ही लहजे में करते हैं। इस तथ्य से मातृभाषा की ध्वनियों पर बालक के जन्मसिद्ध अधिकार की संकल्पना सहज ही प्रमाणित हो जाती है।

(ङ) मातृभाषा के साथ उसके समाज, साहित्य और जन-जीवन का ज्ञान अनिवार्य रूप से हो जाता है जबकि मात्रेतर भाषा के अध्ययन के साथ ऐसा अनिवार्य रूप से नहीं होता। मातृभाषा अपने परिवेश और समाज के साथ गहनता से सम्बद्ध होती है। उसके ज्ञान के साथ ही उसके साहित्य के साथ हमारा जुड़ाव स्वभावतः हो जाता है जबकि अन्य भाषा के साथ ऐसा नहीं है। हमें मात्रेतर भाषा के उसी पक्ष का ज्ञान होता है जिस उद्देश्य से हम उसका अध्ययन करते हैं। उदाहरण के लिए हम भारतवासी जब अंग्रेज़ी भाषा का अध्ययन करते हैं तो उसका उद्देश्य कभी विज्ञान का उच्च अध्ययन होता है तो कभी प्राविधिक विषयों में आगे बढ़ना। इसीलिए हम अंग्रेज़ी भाषा के साथ अनिवार्य रूप से वहाँ के समाज और जन-जीवन, रीति-रिवाज़ और परम्पराओं के सहभागी नहीं बन जाते।

मातृभाषा-शिक्षण की विधियाँ

मातृभाषा के अधिगम में माता-पिता, परिवार और परिवेश के पर्याप्त योगदान के बावजूद उसके औपचारिक अध्ययन की उपेक्षा नहीं की जा सकती। भाषा के औपचारिक रूप को जानने, विभिन्न सन्दर्भों में सही और सटीक भाषा के प्रयोग और प्रभावी सम्प्रेषण के लिए भाषा के अन्यान्य तत्त्वों को जानना आवश्यक होता है, जिसके लिए मातृभाषा का औपचारिक ज्ञान अनिवार्य है। मातृभाषा के साथ आए अशुद्ध उच्चारण, अनुपयुक्त शब्द-प्रयोग और लहजे सम्बन्धी न्यूनताओं के निवारण के लिए भी औपचारिक भाषा-अध्ययन किया जाता है। मातृभाषा के शिक्षण हेतु प्रयुक्त विधियों को दो वर्गों में रखा जा सकता है—प्राचीन एवं अर्वाचीन शिक्षण विधियाँ।

मातृभाषा-शिक्षण की परम्परागत विधियाँ

भाषा-शिक्षण अनादिकाल से शिक्षा-व्यवस्था का अनिवार्य अंग रहा है। वैदिक युग में मान्यता थी कि वेदादि शास्त्रों के अध्ययन के लिए ब्रह्मचारी को बारह वर्ष तक भाषा का ज्ञान प्राप्त करना चाहिए तभी वह इस अपौरुषेय शास्त्र का सही अर्थज्ञान कर पाएगा। अनन्तर विकसित हुई लौकिक संस्कृत, पाली, प्राकृत, अपभ्रंश इत्यादि का अध्ययन-अध्यापन भी शिक्षण संस्थानों में होता था। इसके लिए अनेक प्रभावी विधियों और उपकरणों का प्रयोग किया जाता था। हिन्दी के स्वरूप को स्थायित्व प्रदान करने में भी इसके औपचारिक शिक्षण का पर्याप्त योगदान है। इसके लिए अनेक विधियों का प्रयोग किया जाता रहा। हिन्दी शिक्षण के सन्दर्भ में परम्परागत विधियाँ वे हैं जिनका विकास अट्ठारहवीं शताब्दी तक हो चुका था। इनका संक्षिप्त परिचय यहाँ प्रस्तुत है–

अनुकरण विधि

प्राचीन भारत में बालक की आरंभिक शिक्षा प्रायः घर-परिवारों में ही होती थी। बालक यहाँ अपने माता-पिता और परिवार के अन्य सदस्यों के सम्पर्क में रहते हुए उनके अनुकरण से भाषा ज्ञान प्राप्त करते थे। यह भाषा-शिक्षण की सहज और अनौपचारिक विधि है। इसके लिए परिवार या बालक किसी भी पक्ष की ओर से विशेष प्रयास की अपेक्षा नहीं होती। बालक भाषा के उच्चारण, शब्द प्रयोग, लहजे और अंग-संचालन पक्षों का अधिगम परिवार की परम्परा के अनुसरण और अभ्यास से सीख जाता है। यह विधि आज अनुकरण विधि के नाम से जानी जाती है।

अभ्यास या कण्ठस्थ विधि

परम्परागत भारतीय परिवार में अनौपचारिक शिक्षा माता तथा औपचारिक प्राथमिक शिक्षा पिता की जिम्मेदारी मानी जाती थी। इसके लिए नियमानुसार बालक का विद्यारम्भ संस्कार आयोजित होता था। वैदिक सूत्र ग्रन्थों में इस संस्कार के आयोजन का विस्तृत विवरण उपलब्ध है। बौद्ध और इस्लामी शिक्षा व्यवस्थाओं में भी क्रमशः 'पब्बजा' और 'बिस्मिल्लाहखानी' या 'तख्ती' नाम से इस प्रकार के संस्कारों की व्यवस्था थी। इसके अन्तर्गत पिता बालक को कुल-परम्परा के अनुसार व्याकरण के नियम व सूत्र रटाते थे और उनमें से साधारण नियमों व सूत्रों का व्यावहारिक या सभ्य-भाषा में प्रयोग का अभ्यास कराते थे। संस्कृत के सन्दर्भ में 'अमरकोश' और अष्टाध्यायी के सूत्रों का कण्ठस्थीकरण इस विषय में विशेषतः उल्लेखनीय है। इस विधि को आज अभ्यास या कण्ठस्थ विधि कहा जाता है।

व्याख्या विधि

गुरुकुलों में आचार्यगण शिष्यों द्वारा कण्ठस्थ किए गए भाषा अथवा व्याकरण सूत्रों की व्याख्या करते थे, उनका पूर्ववर्ती और पश्चाद्वर्ती सूत्रों से सम्बन्ध बताते थे और उनका अभ्यास कराते थे। इस प्रकार उनका प्रयास होता था कि विद्यार्थी भाषा के विविध पहलुओं, नियमों और सिद्धान्तों को आत्मसात् कर सकें। इस विधि का प्रयोग संस्कृत अध्ययन के सन्दर्भ में अत्यन्त उपयोगी था। संस्कृत से हिन्दी में अपनाए गए भाषागत सन्दर्भों के अधिगम के लिए भी इस विधि का प्रयोग विशेष उपयोगी होता था। इनमें सन्धि, समास, छन्द और अलंकार के नाम विशेषतः उल्लेखनीय हैं। इन सन्दर्भों का अध्ययन आज भी इसी विधि से किया जाता है। इसे व्याख्या विधि के नाम से जाना जाता है।

प्रश्नोत्तर विधि

कण्ठस्थीकरण, व्याख्या और अभ्यास के दौरान प्रस्तुत तथ्यों के विषय में जिज्ञासा का होना स्वाभाविक ही है। इसका शमन प्रश्नोत्तर के माध्यम से किया जाता था। इसके एक पक्ष के रूप में विद्यार्थी कठिन सन्दर्भों को समझने के लिए शिक्षक से प्रश्न करते थे तो दूसरी ओर शिक्षक भी विद्यार्थियों के अधिगम परीक्षण के लिए प्रश्नोत्तर विधि का प्रयोग करते थे। इस

विधि द्वारा प्रकरण के मूलभाव को आत्मसात् करना सरल हो जाता है। किसी प्रकरण या सन्दर्भ के आमूल अधिगम के लिए प्रश्नोत्तर विधि का अनुपालन आज भी सफलतापूर्वक किया जाता है।

आगमन विधि

भाषा-शिक्षण; विशेषतः व्याकरण नियमों तथा सिद्धान्तों के अध्यापन के लिए सूत्रों या नियमों से पहले उदाहरणों का उल्लेख प्राचीन काल से ही किया जाता रहा है। सरलता और बोधगम्यता के लिए इस विधि से न केवल नियमों के बारे में विद्यार्थियों की जिज्ञासा को उद्‌बुद्ध किया जाता है अपितु नियमों की जटिलता को भी दूर किया जा सकता है। यह विधि व्याकरण शिक्षण की विशिष्ट विधि है। इसके अन्तर्गत शिक्षण के प्रथम चरण के रूप में विद्यार्थियों के समक्ष अनेक उदाहरण प्रस्तुत किए जाते हैं। उन्हें उदाहरणों में मौजूद समान लक्षणों की पहचान के लिए प्रेरित किया जाता है ताकि वे स्वयं नियम का व्यावहारिक उपयोग सीख सकें। इस विधि का प्रयोग दो प्रकार से किया जाता रहा है। इनके नाम 'प्रयोग विधि' और 'सहसम्बन्ध विधि' हैं। इनका परिचय इस प्रकार है—

I. प्रयोग विधि

प्रयोग विधि का अनुपालन विशेष रूप से व्याकरण-शिक्षण के लिए किया जाता है। उदाहरण के लिए यदि कक्षा में विशेषण का शिक्षण किया जाना है तो शिक्षक श्यामपट्ट पर कुछ विशेषण-युक्त वाक्य लिखकर विद्यार्थियों से उनका विश्लेषण और संश्लेषण कराएँगे। जब विद्यार्थी उन वाक्यों में निहित समानताओं को पहचान लेंगे तो शिक्षक उनका परिचय देंगे और तत्सम्बन्धी नियम बताने को कहेंगे। इस विधि के अन्तर्गत निम्नलिखित चरणों को सम्मिलित किया जाता है—

(क) उदाहरणों का प्रस्तुतिकरण।
(ख) प्रस्तुत उदाहरणों की मीमांसा—व्याख्या, तुलना एवं विश्लेषण।
(ग) नियम बताना।

II. सहसम्बन्ध विधि

इस विधि के अन्तर्गत व्याकरण का शिक्षण विशेष रूप से न करके अन्य पाठ्य विषयों के अध्यापन के दौरान प्रसंगवश आए नियमों की व्याख्या द्वारा किया जाता है। इस प्रक्रिया से व्याकरण के नियमों को अधिकाधिक व्यावहारिक और बोधगम्य बनाया जाता है। इस प्रसंग में भी व्याकरण के किसी नियम का उदाहरण विद्यार्थियों के सामने मौजूद होता है। उसी उदाहरण को आधार बनाकर शिक्षक अन्य उदाहरण प्रस्तुत करता है और विद्यार्थियों को उनमें मौजूद समानता की पहचान के लिए प्रेरित करता है।

उदाहरण के लिए किसी प्रसंग के शिक्षण के दौरान करण तत्पुरुष का उदाहरण सामने आने पर शिक्षक अन्य उदाहरण प्रस्तुत करके विद्यार्थियों को उन उदाहरणों में मौजूद समानताओं की पहचान के लिए कहते हैं और विद्यार्थियों द्वारा ऐसा किए जाने पर उन उदाहरणों में नियम की खोज के लिए प्रेरित करते हैं। अन्त में नियम के माध्यम से विद्यार्थियों को प्रसंगगत उदाहरण की सार्थकता और उपयोगिता का अनुभव कराया जाता है।

निगमन विधि

यह विधि काफी पुरानी है और संस्कृत व्याकरण के शिक्षण में परम्परागत रूप से प्रयुक्त होती रही है। इसके अन्तर्गत विद्यार्थियों को सर्वप्रथम व्याकरण के नियम बताए या कण्ठस्थ कराए जाते हैं। तदुपरान्त व्यावहारिक भाषा में उनके प्रयोग द्वारा अभ्यास कराया जाता है। हिन्दी व्याकरण के शिक्षण के लिए भाषा-शिक्षक काफी समय से इस विधि का प्रयोग करते रहे हैं।

उदाहरणस्वरूप कक्षा में 'क्रिया' के शिक्षण के लिए शिक्षक प्रोजेक्टर, चार्ट या श्यामपट्ट के माध्यम से विद्यार्थियों को क्रिया की परिभाषा से परिचित कराता है। इसके बाद कुछ उदाहरण प्रस्तुत किए जाते हैं। विद्यार्थी परिभाषा पढ़कर नियम को जानते हैं और उदाहरणों के माध्यम से उसके व्यावहारिक पक्ष से परिचित होते हैं।

विश्लेषण विधि

इस प्रणाली के अन्तर्गत व्याकरण के किसी नियम को समझाने के लिए विद्यार्थियों के सामने अनेक उदाहरण प्रस्तुत किए जाते हैं; ठीक वैसे ही जैसे निगमन विधि में किया जाता है। इसके बाद विद्यार्थियों की सहायता से उन उदाहरणों की पड़ताल की जाती है। इस प्रक्रिया में प्रश्नोत्तर, वाद-प्रतिवाद और प्रयोग द्वारा उदाहरणों के सामान्य धर्मों और उनके अन्तर्निहित तत्त्वों को स्पष्ट किया जाता है। अन्ततः प्रयोग या व्यवहार द्वारा नियम का कथन कराया जाता है। उदाहरणों की पड़ताल और विश्लेषण और नियमों के कथन में विद्यार्थियों की भूमिका के चलते यह विधि निगमन विधि से उन्नत है। निगमन की अपेक्षा यह विधि वरिष्ठ विद्यार्थियों या जटिलतर नियमों के अध्यापन के लिए अधिक उपयुक्त है।

उदाहरण के लिए इस विधि द्वारा 'चौपाई' छन्द का परिचय देने के लिए शिक्षक कक्षा में कुछ चौपाइयाँ गाकर सुनाता है और विद्यार्थियों को उसी धुन के अन्य पद्य प्रस्तुत करने का निर्देश देता है। फिर वह एक चौपाई की मात्राओं की गणना करता है और विद्यार्थियों को अन्य चौपाइयों की मात्राएँ गिनने का निर्देश देता है। इस प्रकार विद्यार्थी चौपाई के गायन और विश्लेषण में सक्षम हो जाते हैं।

संश्लेषण विधि

विश्लेषण विधि के विपरीत इस प्रणाली में पहले नियम या सिद्धान्त का प्रस्तुतिकरण किया जाता है। तदुपरान्त उस नियम की व्याख्या की जाती है। इस प्रक्रिया में प्रश्नोत्तर, वाद-प्रतिवाद और प्रयोग द्वारा नियम के अन्तर्निहित तत्त्वों को स्पष्ट किया जाता है। अन्ततः प्रयोग या व्यवहार द्वारा नियम का अभ्यास कराया जाता है। नियम की व्याख्या और विश्लेषण में विद्यार्थियों की भूमिका के चलते यह विधि आगमन विधि से उच्चतर है। आगमन की अपेक्षा यह विधि वरिष्ठ विद्यार्थियों या सन्धि और छन्द जैसे जटिलतर नियमों के अध्यापन के लिए व्यवहार की जाती है।

उदाहरण के लिए इस विधि द्वारा सन्धि के शिक्षण के लिए शिक्षक विद्यार्थियों को बताता है कि 'अ' और 'अ' के संयोग से 'आ' बनता है। ऐसा 'अ' के किसी भी संयोग से हो सकता है। इसके बाद शिक्षक विद्यार्थियों को यह जानने के लिए प्रेरित करता है कि 'अ' के अन्यान्य संयोग क्या हो सकते हैं। विद्यार्थी बताते हैं कि अ + अ, अ + आ, आ + अ और आ + आ के संयोग से 'आ' बनता है। इसके बाद उदाहरण प्रस्तुत किए जाते हैं और विद्यार्थी स्वयं सन्धि करने में सक्षम हो जाते हैं।

पाठ्यपुस्तक विधि

बौद्धकाल के दौरान विभिन्न विषयों के संग्रहीत ज्ञान को लिखित रूप प्रदान किया गया। इसके साथ ही एक नई अध्यापन विधि प्रचलित हो गई, जिसमें लिखित भाषा के माध्यम से भाषा के ध्वनि, शब्द, व्याकरण इत्यादि पक्षों का ज्ञान कराया जाता था। उन्हें भाषा जानने-समझने और व्यक्त करने के साथ ही पठित और लिखित भाषा के प्रयोग में भी दक्ष किया जाता था। समय के साथ भाषा के ज्ञान के लिए विशिष्ट भाषा पुस्तकों का प्रचलन हो गया। शिक्षक इन पुस्तकों को पढ़कर या विद्यार्थियों को पढ़वाकर विषय-वस्तु का ज्ञान कराते थे। इस विधि को आज पाठ्यपुस्तक विधि के नाम से जाना जाता है।

मातृभाषा-शिक्षण की नवीन विधियाँ

आधुनिक युग में शिक्षा और शिक्षण के क्षेत्र में विज्ञान, तकनीक, मनोविज्ञान और अधुनातन सन्दर्भों के प्रवेश से बड़े क्रान्तिकारी परिवर्तन हुए हैं। शिक्षा के व्यवसायीकरण से विद्यालय परियोजना के हार्डवेयर यानि संसाधन और सॉफ्टवेयर

अर्थात् तकनीक में आमूलचूल बदलाव आए हैं। जिनसे शिक्षण प्रक्रिया शिक्षकोन्मुखी और पाठ्यपुस्तक केन्द्रित न रहकर छात्रोन्मुख हो गई है। भाषा-शिक्षण में सहायक उपकरणों के प्रयोग और भाषा-प्रयोगशाला के विकास से भाषा-शिक्षण अधिक सटीक और उपयोगी हुआ है। मनोवैज्ञानिकों और शिक्षाशास्त्रियों द्वारा प्रतिपादित अधिगम-नियमों और सिद्धान्तों के आधार पर भाषा-शिक्षण की अनेक विधियों का विकास हुआ है। इनमें से कुछ का अत्यन्त उपदेय हैं। उनका परिचय यहाँ प्रस्तुत है।

किण्डर गार्टन प्रणाली

इस शिक्षण विधि का प्रतिपादन जर्मन शिक्षाशास्त्री फ्रेडरिक ऑगस्ट फ्रॉबेल (1782–1882) ने किया था। उनका मानना था कि जिस प्रकार एक बीज में वृक्ष बनने का सामर्थ्य निहित होता है ठीक उसी प्रकार प्रत्येक बालक में पूर्ण मनुष्य के रूप में विकसित होने की फितरत होती है। जैसे एक पौधे का विकास उसके पर्यावरण अर्थात् हवा, मिट्टी, पानी, खनिज, उर्वरक इत्यादि से निर्धारित होता है उसी प्रकार उचित पर्यावरण अर्थात् परिवार, विद्यालय, शिक्षा इत्यादि पाकर कोई बालक पूर्ण ज्ञान, कौशल और भाव सम्पन्न व्यक्ति बन सकता है।

1837 में फ्रॉबेल ने एक स्कूल खोला और 1839 में उसे 'किण्डर गार्टन' का नाम दिया। किण्डर गार्टन जर्मन भाषा का शब्द है जिसका अर्थ है बच्चों का बाग। उनका मत था कि विद्यालय में बालकों की देखभाल, शिक्षा और प्रशिक्षण का कार्य इस प्रकार किया जाना चाहिए जैसे किसी बाग में माली द्वारा पौधों का होता है। फ्रॉबेल बच्चों के स्वाभाविक विकास में विश्वास करते थे और इसके लिए बालकों को अधिकाधिक अभिव्यक्ति और प्रयोग की सुविधा दिए जाने के पक्षधर थे। इसके लिए उन्होंने तीन साधनों गीत, गति और रचना का सुझाव दिया। ये बालक की स्वाभाविक गतिविधियाँ हैं और इनका उद्देश्यपूर्ण इस्तेमाल करके ज्ञान और कौशल की प्राप्ति का उपकरण बनाया जा सकता है।

किण्डर गार्टन प्रणाली के प्रमुख सिद्धान्त

इस प्रणाली के अन्तर्गत बालकों को खेल, शिक्षा और अधिगम के अन्य साधनों में अधिकतम स्वतन्त्रता प्रदान की जाती है। विद्यालय में आने के बाद बच्चों को कुछ आधारभूत सिद्धान्तों के अनुसार समायोजित किया जा सकता है। इससे बालक को विद्यालय-परिवार के साथ एकात्म स्थापित करने में सरलता होती हैं। विद्यालय का पहला प्रयास उपयुक्त संसाधनों और शिक्षकों के प्रयास से बालक को विद्यालय में स्वाभाविक तौर पर समायोजित करना होना चाहिए। यदि ऐसा हो पाता है तो उसे गीत, गति और रचना की गतिविधियों द्वारा अधिगम के लिए प्रेरित किया जा सकता है। बालक के विद्यालय के साथ सहज समायोजन के सिद्धान्तों का परिचय यहाँ प्रस्तुत है–

एकता का सिद्धान्त–कोई बालक अनेक शक्तियों, क्षमताओं, रुचियों और जिज्ञासाओं का समूह न होकर एक सम्पूर्ण इकाई होता है। इसलिए विद्यालय के पास उसके व्यक्तित्व के विकास के तमाम क्षेत्रों के लिए उपयुक्त संसाधनों की व्यवस्था होनी चाहिए। किसी एक प्रकार के अनुभव का अवसर प्रदान किए जाने पर उसके व्यक्तित्व के अन्य पक्षों पर भी सकारात्मक प्रभाव पड़ता है।

ज्ञान के प्रकटीकरण का सिद्धान्त–यदि बालक को उचित अवसर प्रदान किया जाए तो वह स्वयं अपनी शक्तियों और क्षमताओं को प्रकट करता है। इसके लिए उसके समक्ष अनेक प्रकार के उद्दीपन प्रस्तुत किए जा सकते हैं। इस प्रक्रिया द्वारा बालक की अन्तर्निहित योग्यताओं के स्वाभाविक विकास में सहायता की जा सकती है।

स्वतन्त्रता का सिद्धान्त–माता-पिता और परिवार के अन्य सदस्य किसी भी बालक को अपनी इच्छा और आवश्यकता के अनुसार कार्य व व्यवहार के लिए प्रशिक्षित करना चाहते हैं। यदि बालक इसके लिए तैयार न दिखे तो वे भय या बल का प्रयोग करने से भी पीछे नहीं हटते। उनकी दृष्टि में यही अनुशासन है और अच्छे चरित्र की निशानी है। जबकि वास्तव में यह व्यवहार बालक की स्वाभाविक वृत्ति और क्षमताओं को कुंद करता है। फ्रॉबेल के विचार में बालक को अपनी नैसर्गिक क्षमता और अभिवृत्ति के प्रकाशन के लिए पूरी स्वतन्त्रता दी जानी चाहिए।

आत्मक्रिया का सिद्धान्त–अभिभावक बालक के दैनन्दिन व्यवहारों में अवांछित सहायता करने के लिए तत्पर होते हैं। उनका मानना है कि बालक का ज्ञान और अनुभव कम होने के कारण उसे सलाह और सहारा दिया जाना चाहिए। जबकि फ्रॉबेल का मत है कि बालक द्वारा स्वयं प्रयास और अनुभव करके सीखने की प्रक्रिया ज्यादा सही है। स्वयं सीखने के अनुभव द्वारा बालक का आत्मविश्वास प्रबल होता है जो उसके भावी विकास और अभिवृद्धि के लिए शुभ संकेत है।

खेल द्वारा सीखने का सिद्धान्त–खेलना बालक की स्वाभाविक वृत्तियों में अन्यतम है। इससे वह बिना गंभीर प्रयास के नए ज्ञान और अनुभव को प्राप्त करता है। सफलता के साथ ही असफलता द्वारा भी ज्ञान और अनुभव की प्राप्ति खेल द्वारा सीखने का सर्वाधिक सकारात्मक पहलू है। इससे शारीरिक अंगों के कौशल और क्षमता का विकास होता है और सहपाठियों के साथ बेहतर समायोजन भी विकसित होता है।

सामाजिक सहयोग का सिद्धान्त–बालक की विकास प्रक्रिया में परिवार, सहपाठियों और शिक्षकों के सान्निध्य की भूमिका निर्णायक होती है। इनके सान्निध्य में बालक बिना नियोजन और प्रयास के भी अनेक जीवनोपयोगी अनुभव प्राप्त करता रहता है। बालक में प्रेक्षण और अवशोषण यानि देखकर सीखने की क्षमता स्वाभाविक तौर पर मौजूद रहती है। यदि वह समूह में रहता है तो दूसरों के साथ मिलकर कार्य करने का अभ्यास भी सहज ही विकसित कर लेता है।

किण्डर गार्टन प्रणाली की कार्य योजना

किण्डर गार्टन विद्यालयों का अपना विशिष्ट स्वरूप होता है। इनके भवन, फर्नीचर, खेल का मैदान, खेल-सामग्री, शिक्षण-सामग्री इत्यादि बालकों की रुचियों और आवश्यकताओं के अनुरूप बनाए और चुने जाते हैं। इन विद्यालयों में अनिवार्य रूप से अध्यापिकाओं की ही नियुक्ति की जाती है क्योंकि वे स्वभावतः नम्र और वात्सल्यपूर्णा होती हैं तथा बालकों की मानसिकता और आवश्यकताओं को सहजतः समझ सकती हैं। इन विद्यालयों में शैक्षिक गतिविधियों को दो पारियों में सम्पन्न किया जाता है।

प्रथम पारी में धार्मिक एवं नैतिक शिक्षा, इन्द्रिय प्रशिक्षण, पठन, लेखन और अंकगणित के शिक्षण की व्यवस्था होती है और दूसरी पारी में अन्य विषयों के शिक्षण और क्रियाओं के सम्पादन की व्यवस्था होती है। इस प्रणाली में भाषा-शिक्षण का क्रम पूर्णतः मनोवैज्ञानिक और काफी रुचिकर होता है। पहले बालकों को ऐसे गीत और कविताएँ कण्ठस्थ कराई जाती हैं जिनकी प्रत्येक पंक्ति का आरम्भ अक्षरमाला के किसी अक्षर से होता है। फिर इन्हीं गीतों और कविताओं के माध्यम से बालकों को अक्षरों का ज्ञान कराया जाता है।

अक्षरों के आकार का ज्ञान कराने के लिए घड़ियों और डोरे का प्रयोग किया जाता है। पठन-कौशल की शिक्षा के लिए चित्रों की सहायता से कहानियाँ सुनाई जाती हैं। इस दौरान प्रयुक्त विभिन्न शब्दों को श्यामपट्ट पर लिखा जाता है। कहानी की समाप्ति पर शिक्षिका श्यामपट्ट पर लिखे गए शब्दों का उच्चारण करती है और बालक उसके अनुकरण से शब्दों का अभ्यास करते हैं। अभिनय प्रधान गीतों द्वारा बालकों को गीत और अभिनय की शिक्षा देना इस प्रविधि की प्रमुख विशेषता है। लेखन की शिक्षा के लिए बालकों को कलमें दी जाती हैं और वे अभ्यास और प्रशिक्षण द्वारा अपनी गति से लिखना सीख जाते हैं। लिखना सीखने के पश्चात् पठन और लेखन के साथ-साथ अभ्यास का अवसर दिया जाता है। यह सब कार्य खेल-खेल में किया जाता है।

किण्डर गार्टन प्रणाली का मूल्यांकन

किण्डर गार्टन निस्सन्देह एक मनोवैज्ञानिक प्रणाली है। इसके माध्यम से बालक बिना किसी दबाव और तनाव के खेल और अभ्यास द्वारा ज्ञान और कौशल अर्जित कर लेते हैं। इस प्रणाली के अन्तर्गत उपयोग में आने वाले उपकरणों और साधनों में आज काफी बदलाव आ चुका है। रबर, प्लास्टिक और धातुओं से निर्मित और बैटरी तथा चाभी द्वारा चालित बहुत से खिलौने व उपकरण विद्यालयों में प्रयुक्त हो रहे हैं। इस कारण फॉबेल के मूल सिद्धान्तों से विचलन भी हुआ है। फिर भी यह विधि मान्य और प्रचलित है।

मॉण्टेसरी प्रणाली

इस शिक्षण प्रणाली का प्रणयन इटली की विख्यात चिकित्सक और शिक्षाशास्त्री डॉ. मारिया मॉण्टेसरी (1870–1952) ने किया। मॉण्टेसरी फ्रॉबेल के इस विचार से सहमत थीं कि बालक की अन्तर्निहित शक्तियों को प्रकट करना ही उसका विकास करना है। इन शक्तियों का विकास तभी सम्भव है जब बच्चों को उनकी प्रकृति के अनुसार कार्य करने की स्वतन्त्रता दी जाए। उन्हें स्वयं करके सीखने के अवसर दिए जाएँ। इसके लिए बालकों की ज्ञानेन्द्रियों और कर्मेन्द्रियों का सुदृढ़ होना आवश्यक है। अपने शिक्षा व शिक्षण सम्बन्धी विचारों को मूर्त रूप देने के लिए मैडम मारिया ने एक स्कूल खोला। इस स्कूल का नाम रखा गया—बालगृह। इस विद्यालय में उन्होंने छह वर्ष तक के बालकों को ज्ञान तथा कर्मेन्द्रियों की कुशलता के विकास द्वारा शिक्षित करने की विधि का विकास किया। यह विधि आज मॉण्टेसरी शिक्षा प्रणाली के नाम से जानी जाती है।

मैडम मॉण्टेसरी की राय थी कि विद्यालय में बालकों को घर जैसा वातावरण उपलब्ध कराया जाना चाहिए। इसके लिए उन्होंने अपने स्कूल में दो तरह के कमरे बनवाने का सुझाव दिया। कुछ बड़े कमरे अध्ययन-अध्यापन के लिए और कुछ छोटे कमरे स्नान, कपड़े बदलने, भोजन, विश्राम आदि विभिन्न दैनिक कार्यों के सम्पादन के लिए। इस प्रकार के स्कूल में एक खुला मैदान भी होता है जिसमें खेलने के स्थान के साथ ही कुछ क्यारियाँ भी होती हैं, जिनमें बच्चे बागवानी करते हैं ताकि वे प्रकृति के निकट आ सकें। मॉण्टेसरी विद्यालयों में दो तरह के उपकरण होते हैं। एक—घरेलू; जैसे टुथब्रश, टुथपेस्ट, जूते की पॉलिश और ब्रश, झाड़ू-पौंछा इत्यादि। दूसरे किस्म के उपकरण शैक्षिक उपकरण हैं जैसे श्यामपट्ट, रंग-बिरंगे चॉक, डस्टर, और ज्ञान तथा कर्मेन्द्रियों को सक्रिय और सुदृढ़ करने वाले उपकरण, भाषा और गणित सीखने वाले उपकरण आदि। इनके अलावा मॉण्टेसरी ने कुछ उपदेशात्मक उपकरणों का आविष्कार भी किया था जिन्हें डाइडेक्टिक ऑपरेटस का नाम दिया गया है।

मॉण्टेसरी प्रणाली की शिक्षण-विधि

मॉण्टेसरी शिक्षा बालक के स्वाभाविक और क्रमिक विकास के सिद्धान्त पर आधारित है। इसमें बालक को केन्द्र में रखकर शिक्षण-गतिविधियों का नियोजन और संचालन किया जाता है। विद्यालय को बालक के दूसरे घर के रूप में स्थापित करने के लिए उपकरणों और स्थानों की व्यवस्था की जाती है। बालकों के साथ अन्तर्क्रिया के लिए मनोवैज्ञानिक और मानवीय सिद्धान्तों का अनुपालन किया जाता है। मॉण्टेसरी शिक्षा प्रणाली में शिक्षण-प्रविधि को तीन भागों में विभाजित किया गया है।

कर्मेन्द्रियों की शिक्षा—इस प्रक्रिया में बालकों की कर्मेन्द्रियों (हाथ, पाँव आदि) को सुदृढ़ करने के लिए गतिविधियाँ कराई जाती हैं। इसके लिए बालकों को अपने दैनिक कार्य जैसे नहाना, कपड़े धोना, सफाई आदि स्वयं ही करने के लिए प्रेरित किया जाता है। इससे एक ओर तो उनमें स्वावलम्बन का अभ्यास विकसित होता है, आत्मविश्वास विकसित होता है तो साथ ही उनकी कर्मेन्द्रियाँ कुशल और मज़बूत होती हैं। इस प्रकार यह प्रणाली 'स्वस्थ शरीर में स्वस्थ मस्तिष्क' की अरस्तु की परिकल्पना को साकार करती है।

ज्ञानेन्द्रियों की शिक्षा—मॉण्टेसरी का मत था कि शिक्षण-प्रक्रिया में आँख, कान, नाक, जीभ और त्वचा के माध्यम से विभिन्न तथ्यों, जानकारियों और अनुभवों की शिक्षा दी जानी चाहिए। ज्ञानेन्द्रियों की सक्रियता और प्रशिक्षण के लिए मॉण्टेसरी ने अनेक प्रकार के उपकरणों का विकास किया। उदाहरण के लिए आँखों के प्रशिक्षण के लिए रंग-बिरंगी टिकियाएँ, कानों के प्रशिक्षण के लिए अलग-अलग आवाजों वाली घण्टियाँ, नाक के प्रशिक्षण के लिए विभिन्न प्रकार की गन्धों वाले तरल पदार्थों से भरी बोतलें। त्वचा के प्रशिक्षण के लिए चिकने और खुरदरे पदार्थ और जीभ के लिए अलग अलग स्वादों वाले खाद्य पदार्थ।

भाषा तथा गणित की शिक्षा—भाषा व गणित के शिक्षण के लिए डॉ. मॉण्टेसरी ने अनेक प्रकार के उपकरण तैयार किए जिनकी सहायता से बालक बिना किसी औपचारिक प्रयास के खेल-खेल में भाषा और गणित के कौशल विकसित

कर लेते हैं। गणित के कौशलों में गिनना, जमा, घटा और गुणा करना तथा भाषा के कौशलों में सुनने, बोलने, पढ़ने और लिखने के अभ्यास विकसित किए जाते हैं। इस प्रक्रिया में शिक्षिका की सहायता नगण्य; लेकिन उसका निरीक्षण और निर्देशन महत्त्वपूर्ण होता है।

मॉण्टेसरी प्रणाली में भाषा-शिक्षण

मारिया मॉण्टेसरी पढ़ना सीखने से पहले लिखना सिखाने के पक्ष में थी। उनका मानना था कि लिखने की क्रिया पढ़ने की क्रिया से सरल होती है। लिखने के लिए केवल अक्षरों की आकृतियों को पहचानना होता है जबकि पढ़ने के लिए आकृति को पहचानने के साथ ही शब्द में आए अनेक अक्षरों को एक साथ पहचानना और शब्द तथा उनके समूह के रूप में वाक्य का अर्थ जानना होता है। इसके साथ ही उच्चारण, लहजे और भाव का ध्यान भी रखना होता है।

मॉण्टेसरी विधि में बच्चों को लिखना सिखाने के लिए सर्वप्रथम लकड़ी या गत्ते से बने अक्षरों पर उंगली फिराने को कहा जाता है। जब बालकों की मांसपेशियाँ इस कार्य में प्रवीण हो जाती हैं तो उन्हें अक्षरों की कटी हुई आकृतियों में स्याही या अक्षरों के चित्रों में रंग भरने के लिए कहा जाता है। इन गतिविधियों के साथ ही बच्चे उन अक्षरों का उच्चारण भी करते रहते हैं। यह प्रक्रिया शिक्षिकाओं के सतत मार्गदर्शन में सम्पन्न होती हैं। इस विधि से बालक धीरे-धीरे भाषा की समस्त मूल ध्वनियों का उच्चारण और लेखन सीख जाते हैं। इसके बाद पढ़ने की क्रिया अपने आप ही आरम्भ हो जाती है। पठन कौशल के अभ्यास के लिए फ्लैश कार्ड और अन्य शिक्षण उपकरणों का उपयोग किया जाता है। इन कार्डों पर बालकों के लिए विभिन्न क्रियाएँ और आदेश लिखे होते हैं। बच्चे उनका पालन करते हैं और खेल ही खेल में भाषा सीख जाते हैं।

मॉण्टेसरी शिक्षा का मूल्यांकन

मॉण्टेसरी शिक्षण विधि परम्परागत शिक्षण विधियों के विपरीत बालक केन्द्रित है। यहाँ बालक की सहज वृत्तियों और क्षमताओं को प्राथमिकता दी जाती है और बाहरी प्रभावों को कमतर किया जाता है। इससे बालक का स्वाभाविक विकास सम्भव होता है। शारीरिक अभिवृद्धि और विकास सुनिश्चित करने के लिए इन्द्रियों के प्रशिक्षण की व्यवस्था है। किन्तु पठन से पहले लेखन की शिक्षा दिया जाना युक्ति संगत नहीं है। इसके लिए मॉण्टेसरी ने जो तर्क दिया है उसमें बालकों की अनुकरण और अधिगम की वृत्ति की उपेक्षा की गई है। मॉण्टेसरी पद्धति में पूर्व प्राथमिक स्तर से ऊपर की शिक्षा की कोई योजना नहीं है।

डाल्टन प्रणाली

डाल्टन प्रणाली का प्रणयन अमरीकी शिक्षिका हेलन पार्कहर्स्ट ने किया। पार्कहर्स्ट ने कुछ दिन मारिया मॉण्टेसरी के साथ काम किया था और वे उनके विचारों और कार्य प्रणाली से प्रभावित थीं। किन्तु उनके सामने प्रश्न था छह वर्ष से बड़े बच्चों की शिक्षा का। उन्होंने इस दिशा में खूब सोचा-विचारा और अनेक प्रयोग किए। अन्ततः सन् 1913 में उन्होंने अपनी शिक्षाप्रविधि की घोषणा की। इस योजना का प्रयोग सर्वप्रथम अमरीका के डाल्टन नामक नगर में किया गया था इसलिए इसे 'डाल्टन शिक्षण प्रणाली' कहा जाता है। इस शिक्षण प्रणाली के प्रमुख सिद्धान्त इस प्रकार हैं--

1. बाल केन्द्रित शिक्षा।
2. व्यक्तिगत और सामूहिक शिक्षा में समन्वय।
3. स्वानुभव द्वारा शिक्षा।
4. शिक्षक—पथ प्रदर्शक के रूप में।
5. रुचि का सिद्धान्त।
6. स्वतन्त्रता का सिद्धान्त। और
7. आत्मानुशासन का सिद्धान्त।

डाल्टन प्रणाली में कक्षा-शिक्षण नहीं होता, विद्यार्थी स्वयं ही विभिन्न प्रयोगशालाओं में जाकर अध्ययन करते हैं, प्रयोग करते हैं और सीखते हैं। पार्कहर्स्ट के अनुसार शिक्षक का दायित्व विद्यार्थियों के मार्गदर्शन तक ही सीमित होना चाहिए। डाल्टन प्रणाली के विद्यालयों में प्रत्येक विषय के लिए पृथक प्रयोगशालाएँ होती हैं। जिसमें आवश्यक पुस्तकें, उपकरण और प्रयोग-उपकरण होते हैं।

डाल्टन प्रणाली की कार्य-विधि

पाठ का अनुबन्ध–शिक्षक पूरे वर्ष की पाठ्यचर्या की रूपरेखा तैयार करता है। इसके लिए सम्पूर्ण पाठ्यक्रम को तार्किक क्रम से बारह भागों में बाँटा जाता है। जिसमें प्रत्येक महीने के लिए निश्चित पाठ्यवस्तु, अभ्यास, प्रयोग और व्यवहार की व्यवस्था की जाती है। इसका परिचय विद्यार्थियों को पाठ्यक्रम निर्देशिका द्वारा कराया जाता है। विद्यार्थी इस योजना के अनुरूप स्वयं नियोजन और कार्यान्वयन का प्रयास करते हैं।

निर्दिष्ट पाठ–पाठ्यक्रम निर्देशिका में प्रत्येक मास के कार्य को चार सप्ताहों के लिए चार भागों में बाँट दिया जाता है। इस साप्ताहिक कार्य को 'निर्दिष्ट पाठ' कहा जाता है। इससे विद्यार्थियों को पाठ्यक्रम के व्यावहारिक नियोजन में सहायता मिलती है। पाठ्यक्रम नियोजन में विद्यार्थियों की सहभागिता इस प्रणाली की सर्वाधिक उल्लेखनीय विशेषता है। इससे उनमें उत्तरदायित्व और जिम्मेदारी की भावना का विकास होता है।

इकाई–इस चरण के अन्तर्गत एक सप्ताह की कार्य योजना को पाँच भागों में बाँटा जाता है। प्रत्येक भाग को 'इकाई' कहा जाता है। छात्रों से अपेक्षा की जाती है कि वे दिन में एक इकाई को पूरा करें। वैसे उन्हें स्वतन्त्रता रहती है कि वे मास भर का कार्य अपनी योग्यता और क्षमता के अनुसार कभी भी पूरा कर सकते हैं। इन तीन चरणों के माध्यम से विद्यार्थियों को अपने कार्यों और अनुबन्ध से परिचित कराया जाता है, उनके नियोजन में सहायता की जाती है और अपनी गति के मुताबिक कार्य सम्पादन की स्वतन्त्रता दी जाती है।

प्रयोगशालाएँ–डाल्टन प्रणाली में प्रत्येक विषय के अध्ययन और अभ्यास के लिए प्रयोगशालाएँ होती हैं। इनमें सम्बद्ध विषय के ज्ञान, अभ्यास और मूल्यांकन के लिए उपकरणों की व्यवस्था होती है। प्रत्येक प्रयोगशाला में विषयाध्यापक उपस्थित रहते हैं। विद्यार्थी इन प्रयोगशालाओं में जाकर पुस्तकों का अध्ययन करते हैं, रचनात्मक कार्य करते हैं, प्रयोग करते हैं और निष्कर्ष निकालते हैं। इन सभी अवसरों और विषयों में शिक्षक उनकी सहायता करते हैं।

सम्मेलन और विचार सभाएँ–विद्यालय में कार्य आरम्भ होने से पहले सभी छात्र एक स्थान पर एकत्रित होते हैं। शिक्षक अपनी अपनी कक्षा के विद्यार्थियों को निर्देश देते हैं और बच्चे उन निर्देशों के अनुसार अपने-अपने कार्य को पूरा करने का प्रयास करते हैं। शाम के समय विद्यालय में प्रत्येक कक्षा के विद्यार्थियों की विचार-विमर्श सभा होती है, जिसमें सभी छात्र दिन-भर के अपने अनुभवों और कठिनाइयों को अपने शिक्षक के सामने रखते हैं। शिक्षक और विद्यार्थी मिलकर उन कठिनाइयों के निस्तारण के लिए सुझाव और सहायता प्रदान करते हैं।

प्रगतिसूचक लेखा/लेखाचित्र–पाठ्यक्रम के विभिन्न विषयों में विद्याथियों की प्रगति जानने के लिए लेखाचित्रों का प्रयोग किया जाता है। विद्यार्थी भिन्न-भिन्न विषयों में अपनी प्रगति दर्शाने के लिए अलग-अलग ग्राफ बनाते हैं और अपने किए गए कार्यों को उसमें अंकित करते हैं। एक दूसरा ग्राफ विषयाध्यापक भी तैयार करते हैं। इन दोनों लेखाचित्रों के अनुपात से किसी विद्यार्थी की वास्तविक प्रगति का अनुमान किया जाता है। इसी के साथ एक तीसरा ग्राफ भी तैयार किया जाता है जिसमें समस्त विषयों की प्रगति जानने के लिए कक्षा विशेष के छात्रों का विवरण अंकित किया जाता है।

परीक्षामुक्त मूल्यांकन प्रणाली–डाल्टन प्रणाली की प्रमुख विशेषताओं में से एक है–परीक्षाओं का अभाव। इस प्रणाली के अन्तर्गत विद्यार्थियों के अधिगम स्तर की जाँच के लिए परीक्षाएँ नहीं होतीं। दूसरे शब्दों में उनकी परीक्षा वर्ष-भर जारी रहती हैं। विद्यार्थियों की प्रगति, लेखाचित्रों और वर्षभर के कार्यों के आधार पर ही उन्हें कक्षोन्नति दी जाती है। इस रूप में यह शिक्षण प्रणाली परम्परागत मूल्यांकन पद्धति का प्रभावी विकल्प प्रस्तुत करती है। इससे विद्यार्थियों को परीक्षा पास करने के लिए की जाने वाली कृत्रिम तैयारी और उससे होने वाले तनाव की सम्भावना से मुक्ति मिल जाती है।

डाल्टन प्रणाली और भाषा-शिक्षण

भाषा कौशलों के विकास के लिए इस प्रणाली के अन्तर्गत भाषा-शिक्षक विद्यार्थियों को प्रकरण विशेष का अनुबन्ध आबण्टित करते हैं। यह अनुबन्ध 'निर्दिष्ट पाठ' और 'इकाई' के रूप में होता है। विद्यार्थी उसका नियोजन करते हैं और भाषा-प्रयोगशाला में जाकर अपना कार्य करते हैं। वहाँ उपस्थित विषयध्यापक उनका निर्देशन और पथ-प्रदर्शन करते हैं। इस प्रविधि द्वारा अधिगत और अभ्यस्त भाषा-कौशल अधिक प्रभावी होते हैं क्योंकि उनका अधिगम पूरी तरह विद्यार्थियों के प्रयास से होता है।

डाल्टन प्रणाली का मूल्यांकन

यह प्रणाली माध्यमिक कक्षाओं में भाषा शिक्षण के लिए उपयुक्त है। इस प्रणाली में विद्यार्थी व्यक्तिगत रूप से स्वयं करके सीखते हैं। इस कारण भाषा-शिक्षण के अनेक पहलुओं का शिक्षण इस माध्यम से नहीं कराया जा सकता। इस प्रणाली में मौखिक अभिव्यक्ति का अवसर भी कम ही होता है। अतः इस प्रणाली को भाषा-शिक्षण के लिए उपयुक्त नहीं कहा जा सकता।

परियोजना प्रणाली

शिक्षण की परियोजना विधि के विकास का श्रेय एक अमरीकी शिक्षाशास्त्री प्रोफेसर किलपैट्रिक को जाता है। इस प्रणाली के अन्तर्गत इस बात पर बल दिया जाता है कि विद्यालयों में विभिन्न विषयों का शिक्षण कक्षा के कृत्रिम वातावरण की अपेक्षा वास्तविक और स्वाभाविक परिवेश के दरम्यान किया जाए। इस स्वाभाविक शिक्षण प्रविधि को उन्होंने परियोजना (प्रोजेक्ट) विधि का नाम दिया। परियोजनाएँ सामान्यतः दो प्रकार की हैं—एक सरल और दूसरी बहुमुखी। सरल परियोजना के अन्तर्गत विद्यार्थी को केवल एक ही कार्य करना होता है; जैसे—पुस्तक खरीदना। जबकि बहुमुखी परियोजना में अनेक क्रमिक कार्यों का सम्पादन किया जाता है; जैसे पार्सल करना। परियोजना प्रणाली के प्रमुख सिद्धान्त इस प्रकार हैं—

प्रयोजन अथवा निश्चित उद्देश्य का सिद्धान्त—परियोजना के निर्धारण से पहले यह निश्चित होना चाहिए कि उसका लक्ष्य या उद्देश्य क्या है। यह उद्देश्य विद्यार्थी के स्तर, श्रेणी और शिक्षण लक्ष्यों के अनुरूप होना चाहिए।

क्रियाशीलता का सिद्धान्त—परियोजना विधि का मुख्य लक्ष्य विद्यार्थियों द्वारा स्वयं प्रयास से ज्ञान और कौशल का अधिगम है इसलिए परियोजना के नियोजन और कार्यान्वयन में विद्यार्थियों की सक्रियता सुनिश्चित होनी चाहिए।

वास्तविकता का सिद्धान्त—कोई भी परियोजना मात्र खानापूर्ति या औपचारिकता के लिए नहीं होनी चाहिए। वह व्यावहारिक और उपयोगी हो तभी विद्यार्थियों के भाषा अधिगम में सहायक होगी।

उपयोगिता का सिद्धान्त—परियोजना भाषा अध्ययन और अभ्यास के किसी पहलू या पक्ष की पूर्ति का माध्यम होनी चाहिए। भाषा अधिगम के कौशलों की प्राप्ति के लिए इसमें ज्ञान के साथ ही अभ्यास की भी गुंजाइश होनी चाहिए।

सह-सम्बन्ध का सिद्धान्त—किसी स्तर और श्रेणी के विद्यार्थियों के लिए परियोजनाओं के निर्धारण में क्रमबद्धता और परस्पर निर्भरता का ध्यान रखा जाना चाहिए। प्रत्येक परियोजना आगामी परियोजना के लिए आधारस्वरूपा होनी चाहिए।

स्वतन्त्रता का सिद्धान्त—विद्यार्थियों को परियोजना के चयन, नियोजन और कार्यान्वयन में स्वयं निर्णय का अवसर दिया जाना चाहिए। परियोजना के चरणों के निर्धारण और उनकी पूर्ति में भी उन्हें स्वतन्त्रता होनी चाहिए।

सामाजिक विकास का सिद्धान्त—परियोजना का लक्ष्य केवल व्यक्तिगत क्षमताओं का विकास ही नहीं अपितु उनके माध्यम से विद्यार्थी का सामाजिक समायोजन सुनिश्चित करना भी है। भाषा समाज के साथ व्यवहार और समायोजन का उपकरण है। परियोजना के समापन पर विद्यार्थी इन उद्देश्यों की पूर्ति में भी सक्षम होना चाहिए।

परियोजना विधि की कार्य प्रणाली

किसी परियोजना को पूरा करने में अनेक चरणों का अनुसरण किया जाता है। इसमें परियोजना के चयन, कार्यविधि का निर्धारण, क्रियान्वयन, मूल्यांकन और परियोजना-लेखन की गतिविधियाँ शामिल हैं। इनका परिचय इस प्रकार है—

परियोजना का चयन—परियोजना का चयन करते समय ध्यान रखा जाना चाहिए कि विषय सरल, व्यावहारिक और बालकों के जीवन से सम्बद्ध हो और साथ ही वह बालकों की रुचि और जिज्ञासा का विषय भी होना चाहिए।

परियोजना की कार्यविधि का निर्धारण—इस पद में निर्धारित कार्य को अनेक सरल और रोचक चरणों में विभाजित कर बालकों को उनकी रुचि और योग्यता के अनुसार भिन्न-भिन्न कार्य सौंप दिए जाते हैं।

कार्यविधि का क्रियान्वयन—सभी विद्यार्थी अपनी गति और सुविधानुसार आबण्टित कार्यों का सम्पादन करते हैं। इस प्रक्रिया में शिक्षक सतत निरीक्षण और मार्गदर्शन करते हैं। विद्यार्थियों को कठिनाई होने या अन्य प्रसंगों के समायोजन की आवश्यकता पड़ने पर कार्यविधि में सुधार या परिवर्तन भी किए जा सकते हैं।

परियोजना का मूल्यांकन—परियोजना की समाप्ति के बाद उसका मूल्यांकन किया जाता है। इसके अन्तर्गत निर्धारित लक्ष्यों के अनुपात में प्राप्त लक्ष्यों की पड़ताल की जाती है। विद्यार्थियों को आबण्टित कार्यों की सफलता और विफलता के कारणों का आकलन किया जाता है।

परियोजना का लेखन—प्रविधि के अन्त में विद्यार्थी अपनी अपनी परियोजना पुस्तिकाओं में परियोजना के विषय, स्वयं को आबण्टित कार्य, कार्य सम्पादन की तकनीक, प्रयुक्त सामग्री, पुस्तकों व उपकरणों, अनुभूत कठिनाइयों तथा प्राप्त लक्ष्यों और अनुभवों का पूरा विवरण अंकित करते हैं।

परियोजना प्रणाली द्वारा भाषा शिक्षण

इस प्रणाली के अन्तर्गत भाषा की शिक्षा सहज और स्वाभाविक रूप में होती है। परियोजना-निर्माण और क्रियान्वयन के अतिरिक्त भी विद्यार्थियों और अध्यापकों की बातचीत, परियोजना चयन, रूपरेखा निर्माण, विचार-विमर्श, तर्क-वितर्क इत्यादि के माध्यम से भाषा-शिक्षण किया जाता है। इस प्रकार परियोजना विधि में अनेक प्रकार से भाषा-शिक्षण का कार्य किया जाता है।

परियोजना प्रणाली का मूल्यांकन

इस प्रणाली के माध्यम से भाषा का क्रमबद्ध शिक्षण सम्भव नहीं है। व्याकरण, पद्य निबन्ध आदि साहित्य की गूढ़ विधाओं के शिक्षण का तो इसमें कोई उपाय ही नहीं है। वर्ष में सभी विषयों के साथ कुछ ही परियोजनाओं पर कार्य हो सकता है और उनके माध्यम से भाषा के कुछ ही पहलुओं का ज्ञान कराया जा सकता है।

बेसिक शिक्षा प्रणाली

ब्रिटिश सरकार द्वारा भारत में विहित शिक्षा प्रणाली काफी संकुचित थी। उसके उद्देश्य मुख्य रूप से दो ही थे—एक, शासन कार्य में मदद के लिए पढ़े-लिखे बाबू तैयार करना और दूसरा भारतीयों को अंग्रेज़ी भाषा और पाश्चात्य संस्कृति का पोषक बनाना। स्वतन्त्रता संघर्ष के साथ-साथ भारतीय शिक्षाशास्त्रियों और महात्मा गांधी की अगुआई में सुधारवादी नेताओं ने इस ओर भी ध्यान दिया।

1937 में वर्धा में अखिल भारतीय शिक्षा सम्मेलन का आयोजन हुआ जिसमें भारतीय शिक्षा के स्वरूप पर विचार किया गया। यहाँ उपस्थित शिक्षाशास्त्रियों, नेताओं और शिक्षासमितियों के प्रतिनिधियों ने मिलकर सात से चौदह वर्ष तक के विद्यार्थियों के लिए एक आधारभूत राष्ट्रीय शिक्षा योजना प्रस्तुत की। इस योजना का परीक्षण कांग्रेस शासित राज्यों में किया गया। बाद में ब्रिटिश सरकार ने भी इसकी उपयोगिता का परीक्षण कराया और मान्यता प्रदान की। इस शिक्षा व्यवस्था को बेसिक शिक्षा का नाम दिया गया। इस प्रणाली के प्रमुख सिद्धान्त इस प्रकार के हैं—

मातृभाषा के माध्यम से शिक्षण का सिद्धान्त—विश्वभर के शिक्षाशास्त्रियों और मनोवैज्ञानिकों की राय में मातृभाषा आरम्भिक शिक्षा का सर्वोत्तम माध्यम है। इससे बालक के सहज विकास और निर्बाध ज्ञान अवाप्ति में सहायता मिलती है।

ज्ञान को एक इकाई के रूप में स्वीकार करने का सिद्धान्त—भाषा और अन्य पाठ्यविषयों से जो भी ज्ञान, अनुभव और कौशल प्राप्त होता है उसे प्राप्त करने की प्रक्रिया तो क्रमिक होती है किन्तु उसका समायोजन एक इकाई के रूप में ही होता है।

केन्द्रीयकरण का सिद्धान्त—विद्यालय में विद्यार्थियों को जो भी शैक्षिक अनुभव प्राप्त होते हैं वे अन्ततः उनके व्यक्तित्व-विकास में उपयोगी होते हैं। इनसे उन्हें व्यक्तिगत विकास, सामाजिक समायोजन और राष्ट्रीय कर्त्तव्यों के निर्वहन की क्षमता हासिल होती है।

शिक्षा को जीवन से सम्बन्ध जोड़ने का सिद्धान्त—गांधी जी द्वारा अंग्रेज़ी शिक्षा के विरोध का सबसे बड़ा कारण था कि अंग्रेज़ी लिख-पढ़कर लोग स्वयं को आम भारतीय से अलग और उत्कृष्ट समझने लगते थे। जबकि उनकी दृष्टि में शिक्षित व्यक्ति वही है जो आत्मोन्नति के साथ समाज के विकास और राष्ट्र-उत्थान के लिए भी प्रयास करे।

स्वाभाविकता का सिद्धान्त—शिक्षा व्यक्ति के परिवेश से परिचय और समायोजन में सहायक होनी चाहिए। शिक्षा से व्यक्ति में अपने परिवेश को सँवारने की ललक उभरनी चाहिए।

सक्रियता और स्वानुभव का सिद्धान्त—शिक्षा का अर्थ विद्यार्थी को शब्दों और तथ्यों से भरना नहीं होना चाहिए। अनेक विख्यात दार्शनिकों और शिक्षाशास्त्रियों के विचार में विद्यालय की भूमिका ज्ञान, अनुभव और कौशल के ग्रहण के लिए माहौल उपलब्ध कराना है। विद्यार्थी स्वयं उस माहौल से अन्तर्क्रिया करते हैं और अपने व्यक्तित्व का विकास करते हैं।

बेसिक शिक्षा प्रणाली और भाषा-शिक्षण

बेसिक शिक्षा में किसी भी विषय की शिक्षा तीन माध्यमों से दी जाती है। ये तीन विधियाँ हैं—हस्तकार्य, प्रकृति का निरीक्षण और कोई सामाजिक कार्य। 'स्वयं करके सीखना' गांधीजी के विचार में सर्वाधिक प्रभावी अधिगम प्रविधि है। प्रकृति के निरीक्षण से विद्यार्थी समायोजन और व्यवहार का प्रशिक्षण प्राप्त करता है। समाज के साथ सक्रिय भागीदारी प्रकृतिवादी शिक्षाविदों की दृष्टि में ज्ञान और अनुभव की प्राप्ति का सहज माध्यम है। अनेक सन्दर्भ जो किसी पाठ्यक्रम में नहीं होते, वे समाज के सान्निध्य से सहज ही प्राप्त हो जाते हैं। बेसिक शिक्षा प्रणाली में भाषा-शिक्षण के लिए भी इन्हीं तीन विधियों का आश्रय लिया जाता है। इनका विवरण यहाँ प्रस्तुत है—

हस्तकार्यों के माध्यम से भाषा-शिक्षण

विद्यार्थियों द्वारा चयनित हस्तकार्य के महत्त्व, उपयोगिता और प्रविधि के विषय में बातचीत से बालक उस विषय में प्रयुक्त शब्दावली से परिचित हो जाते हैं। इसी के औपचारिक पक्ष में बालकों को हस्तकार्य विशेष में प्रयुक्त होने वाले उपकरणों के नाम बताए और लिखवाए जाते हैं। साथ ही उपकरणों पर भी उनके नाम लिख दिए जाते हैं ताकि बालक उनको पहचान सकें और उनके नाम भी जान सकें। बाद में उपकरणों की प्रयोग-विधि बताने और लिखवाने के क्रम में बालकों को भाषा का ज्ञान कराया जाता है। इस विधि से भाषा का व्यावहारिक ज्ञान तो होता ही है साथ ही बालक अपने हस्तकौशल और व्यवसाय से सम्बद्ध भाषा से भी परिचित हो जाते हैं। किन्तु यह विधि हस्तकौशल के शिक्षण के लिए ही अधिक उपयोगी है भाषा शिक्षण के लिए नहीं। इस प्रणाली से भाषा का व्यवस्थित और क्रमानुसार ज्ञान नहीं कराया जा सकता और व्याकरण तथा साहित्य जैसी विधाओं के शिक्षण का भी इसमें कोई स्थान नहीं है।

प्रकृति निरीक्षण के माध्यम से भाषा शिक्षण

प्रकृति से मनुष्य का अटूट सम्बन्ध है। इसके माध्यम से भाषा-शिक्षण के सन्दर्भ में प्रकृति का तात्पर्य मात्र आसपास का वातावरण न होकर घर, पास-पड़ौस, विद्यालय, खेत और जंगल—जिनसे विद्यार्थियों का नाता है और जहाँ वे आते-जाते,

काम करते तथा जिसके संसाधनों का वे उपयोग करते हैं; उन सब का समन्वय है। प्रकृति के मध्य रहने, उसके विषय में बातचीत, उसके अंग-प्रत्यंगों को जानने-पहचानने और उपयोग के क्रम में विद्यार्थी भाषा के विभिन्न पहलुओं से परिचित होते हैं। प्राकृतिक स्थितियों और दृश्यों, इसके विभिन्न रूपों, पहलुओं और प्रभावों के वर्णन में भी भाषा ज्ञान के अनेक अवसर उपलब्ध होते हैं।

सामाजिक कार्यों के माध्यम से भाषा-शिक्षण

सामाजिक कार्यों के अन्तर्गत विद्यार्थियों को आपसी व्यवहार से लेकर परिवार, विद्यालय और समाज के विभिन्न घटकों, सांस्कृतिक परिस्थितियों तथा उत्सव, मेला, सभा, सामूहिक गतिविधियों इत्यादि के माध्यम से भाषा-व्यवहारों की शिक्षा दी जाती है। इसका अर्थ है कि बालकों को निजी कार्यों, विद्यालय की सफाई, बागवानी और साज-सज्जा जैसी व्यवस्थाओं, ग्राम सुधार, रोगी-परिचर्या, खेल-कूद और त्यौहारों तथा अन्य उत्सवों के आयोजन जैसी गतिविधियों के माध्यम से भाषा-व्यवहारों की शिक्षा दी जाती है। इस क्रम में वाद-विवाद, कार्य-नियोजन, दायित्वों के आबण्टन, लोगों से बातचीत, प्रतियोगिताओं के आयोजन, भाषण, काव्यपाठ इत्यादि के माध्यम से भाषा-शिक्षण के अवसर उत्पन्न होते हैं। इसी के साथ भी भाषा-शिक्षक अपनी आवश्यकता के अनुसार कुछ प्रकरणों का परिचय करा सकता है।

बेसिक शिक्षा प्रणाली का मूल्यांकन

सिद्धान्त रूप में यह प्रणाली भाषा-शिक्षण के लिए बहुआयामी और व्यावहारिक परिस्थितियाँ उपलब्ध कराती है। इसके माध्यम से बालकों को घर, विद्यालय, पास-पड़ौस, समाज, व्यवसाय और सांस्कृतिक व्यवहारों की भाषा का ज्ञान सहज ही कराया जा सकता है। किन्तु भाषा-शिक्षण की दृष्टि से देखा जाए तो यह विधि केवल आधारभूत भाषा व्यवहारों के ज्ञान के लिए उपयुक्त है। मानक भाषा, भाषा के औपचारिक स्वरूप, व्याकरण, साहित्य की विविध विधाओं के शिक्षण का अवसर यहाँ काफी सीमित है। इन कारणों से यह प्रणाली उच्च स्तर पर भाषा के पूर्ण ज्ञान के शिक्षण के लिए अनुपयुक्त मानी जाती है।

खेल विधि

पाश्चात्य शिक्षाशास्त्री हेनरी काल्डवैल कुक ने अपनी पुस्तक खेल-विधि (PLAY WAY) में पाठ्य-विषयों और भाषा की शिक्षा के लिए अनौपचारिक शिक्षण विधियों के प्रयोग की सलाह दी। उनके अनुसार भाषा की अन्यान्य विधाओं, विशेष रूप से नाटक, कहानी, संस्मरण आदि को विद्यार्थियों के सक्रिय सहयोग से पढ़ाया जाना चाहिए। इस विधि से एक ओर तो पाठ्यक्रम के साथ विद्यार्थियों का सक्रिय सम्बन्ध हो सकेगा और दूसरी तरफ वे उत्साहित होकर खेल-खेल में भाषा सीख सकेंगे। इस प्रविधि के मुख्य सिद्धान्त इस प्रकार हैं–

स्वाभाविकता का सिद्धान्त–हेनरी कुक के विचार में शिक्षा विद्यार्थियों के सहज जीवन के अनुरूप होनी चाहिए। इससे विद्यार्थियों की जीवन-चर्या, व्यवहार और कार्यशैली में कृत्रिमता नहीं आनी चाहिए। शिक्षा-प्रक्रिया से विद्यार्थियों के स्वभाव पर विपरीत प्रभाव नहीं होना चाहिए।

रुचि का सिद्धान्त–शिक्षा अर्थात् पाठ्यक्रम और शिक्षण प्रविधि यदि विद्यार्थियों की सहज रुचियों के अनुरूप होती है तो उसके प्रति उनका नैसर्गिक लगाव होता है। इससे अधिगम लक्ष्यों की अवाप्ति सहज होती है।

क्रियाशीलता का सिद्धान्त–शिक्षण की प्रक्रिया शिक्षक के स्तर पर एकपक्षीय गतिविधि नहीं है। इसमें विद्यार्थी का सक्रिय होना अनिवार्य है। यदि वे कक्षा में शिक्षक द्वारा संचालित क्रियाविधियों में सहभागी नहीं होते तो शिक्षण सफल नहीं हो सकता।

स्वतन्त्रता का सिद्धान्त–शिक्षण अधिगम प्रक्रिया में विद्यार्थियों का सहयोग प्राप्त करने के लिए उन्हें बोलने, प्रतिक्रिया देने, गतिविधियों में सहभागी होने और प्रश्न पूछने की स्वतन्त्रता मिलनी चाहिए। यदि वे इन गतिविधियों के लिए स्वयं को सक्षम पाते हैं तो वास्तविक अधिगम सुनिश्चित किया जा सकता है।

खेल विधि और भाषा-शिक्षण

खेल विधि के अन्तर्गत विषयों का शिक्षण दो प्रकार से किया जाता है। एक—खेलों के माध्यम से और दूसरा—पाठ्यवस्तु को खेल के रूप में बदलकर। प्रथम शिक्षण प्रविधि में विद्यार्थियों के शारीरिक, मनोवैज्ञानिक और भाषायी विकास के लिए खेल और अन्य मनोरंजक गतिविधियाँ कराई जाती हैं। इसी प्रकार सामाजिक विकास के लिए सामूहिक खेल, अभिनय, वार्तालाप, अनुभव और विचारों के प्रस्तुतिकरण जैसी क्रियाएँ कराई जाती हैं। दूसरे प्रकार की खेल विधि में बालकों को खेल में स्वतन्त्रता दी जाती है। कार्य को आनन्दमय बनाया जाता है। बालक इस आनन्द और सन्तोष से प्रेरित होकर स्वयं कार्य करते हैं जिससे उन्हें भाषा और व्यवहार के अनेक सबक अनायास ही प्राप्त होते हैं।

साहित्यिक खेलों जैसे भाषण, वाद-विवाद, अन्त्याक्षरी, कविता या कवि दरबार आदि में भाग लेने से बालकों की सृजनात्मकता और मौखिक भाषा का विकास होता है। इस प्रकार के शैक्षिक खेलों द्वारा उन्हें उच्चारण, वर्तनी और रचना कौशल की शिक्षा भी दी जा सकती है। खेल विधि के अन्तर्गत ऐसी परिस्थितियों को प्रस्तुत किया जाता है जिनसे बालक स्वयं ही भाषा के विविध पहलुओं और रूपों का ज्ञान पाने के लिए प्रेरित होते हैं। बाहरी प्रयासों और अभिप्रेरणों को यहाँ प्रश्रय नहीं दिया जाता।

खेल विधि का मूल्यांकन

इस विधि के सिद्धान्त व्यावहारिक तथा मनोवैज्ञानिक दृष्टि से काफी उपयोगी हैं। इस विधि के अन्तर्गत सीखने की क्रिया स्वाभाविक रूप से अन्तर्प्रेरणा द्वारा संचालित होती है। बालकों को मन और मस्तिष्क के साथ ही समस्त ज्ञान और कर्मेन्द्रियों के उपयोग का अवसर उपलब्ध होता है। इस विधि में वे स्वयं की क्रियाओं और अनुभवों से भाषा का व्यावहारिक और अवसरानुकूल प्रयोग सीख जाते हैं। इस प्रकार भाषा-शिक्षण में इस विधि का उपयोग प्रशंसनीय है।

किन्तु दूसरी ओर इस विधि की अनेक सीमाएँ भी हैं। जैसे शिशु और बालक तो स्वाभावतः खेलों और गतिविधियों में रस लेते हैं किन्तु किशोर होने पर उनकी रुचि परम्परागत और स्थापित खेलों की तरफ हो जाती है। उस अवस्था में उन्हें इस विधि के माध्यम से भाषा का ज्ञान देना सम्भव नहीं हो पाता। इसके साथ ही भाषा के व्याकरण और साहित्यिक स्वरूप का ज्ञान देने के लिए भी यह विधि पर्याप्त नहीं है। सारतः कहा जा सकता है कि यह विधि कनिष्ठ स्तर की कक्षाओं के विद्यार्थियों को भाषा का प्रारम्भिक और व्यावहारिक ज्ञान देने के लिए तो उपयुक्त है किन्तु वरिष्ठ कक्षाओं के विद्यार्थियों को भाषा का समग्र ज्ञान देने हेतु उपयोगी नहीं है।

प्रश्न

1. भारत में मातृभाषा और मात्रेतर भाषा के रूप में हिन्दी की स्थिति पर टिप्पणी कीजिए।
2. व्यक्तित्व-विकास में मातृभाषा के योगदान की समीक्षा कीजिए।
3. शिक्षण-माध्यम के रूप में मातृभाषा की उपयुक्तता पर अनुच्छेद लिखिए।
4. मातृभाषा-शिक्षण की अनुकरण और अभ्यास विधियों के गुण-दोषों का विवेचन कीजिए।
5. व्याख्या विधि किस प्रकार की पाठ्यवस्तु के शिक्षण के लिए सर्वाधिक उपयुक्त है? इसकी सीमाओं और गुणों की सूची बनाइए।
6. प्रश्नोत्तर विधि से क्या तात्पर्य है? कक्षा में इसका प्रयोग किस प्रकार किया जाता है?
7. आगमन और निगमन विधियों में उदाहरण सहित अन्तर स्पष्ट कीजिए।
8. मातृभाषा शिक्षण विधि के रूप में सहसम्बन्ध विधि की उपयुक्तता की समीक्षा कीजिए।
9. विश्लेषण और संश्लेषण विधियों का अन्तर स्पष्ट कीजिए।
10. किंडर गार्टन विधि के अन्तर्गत भाषा-शिक्षण के प्रमुख सिद्धान्तों का परिचय दीजिए।

11. भाषा शिक्षण प्रविधि के तौर पर किंडर गार्टन विधि की उपयुक्तता की समीक्षा कीजिए।
12. मॉण्टेसरी विधि के अन्तर्गत भाषा-शिक्षण के लिए अपनाए जाने वाले कदमों का परिचय दीजिए।
13. डाल्टन विधि के अनुसार भाषा-शिक्षण की कार्यविधि का वर्णन कीजिए।
14. भाषा-शिक्षण की मॉण्टेसरी और डाल्टन विधियों की तुलना कीजिए।
15. परियोजना प्रणाली द्वारा भाषा-शिक्षण में किन चरणों का अनुपालन किया जाता है?
16. भाषा-शिक्षण की परियोजना विधि के प्रमुख सिद्धान्तों का परिचय दीजिए।
17. भाषा-शिक्षण विधि के रूप में परियोजना विधि का मूल्यांकन कीजिए।
18. बेसिक शिक्षा प्रणाली में भाषा-शिक्षण के सिद्धान्तों की उपयुक्तता पर अपने विचार लिखिए।
19. बेसिक शिक्षा विधि के अन्तर्गत सामाजिक कार्यों, प्रकृति निरीक्षण और सहसम्बन्ध द्वारा भाषा-शिक्षण की सम्भावनाओं पर टिप्पणी कीजिए।
20. भाषा-शिक्षण विधि के तौर पर बेसिक शिक्षा प्रणाली की समीक्षा कीजिए।
21. भाषा-शिक्षण की खेल-विधि का संक्षिप्त परिचय दीजिए।

14 मात्रेतर भाषा के रूप में हिन्दी शिक्षण की उपयोगी विधियाँ

प्रकरण का उद्‌देश्य

विगत अध्याय में मातृभाषा हिन्दी के शिक्षण हेतु उपयोगी परम्परागत और आधुनिक विधियों का विस्तृत परिचय दिया गया है। इन विधियों में नौ परम्परागत हैं जबकि छह आधुनिक विधियाँ हैं। इनके माध्यम से शिक्षकगण सभी प्रवृत्तियों और अधिगम क्षमता के विद्यार्थियों को हिन्दी भाषा के सभी पक्षों से अवगत करा सकते हैं। इनमें परम्परासिद्ध विधियों से लेकर मनोवैज्ञानिक अनुसन्धानों से उपजी प्रविधियाँ शामिल हैं। लेकिन हिन्दी आज केवल हिन्दी भाषी क्षेत्रों और लोगों तक सीमित नहीं है। भारतवर्ष के अन्यान्य हिस्सों से लेकर दुनियाभर के लगभग बीस देशों में अनेक स्तरों पर हिन्दी का शिक्षण होता है। इन अहिन्दीभाषी अध्येताओं को हिन्दी सिखाने के लिए भिन्न विधियों का आश्रय लिया जाता है। इनमें से प्रमुख विधियों का परिचय इस अध्याय में दिया गया है।

विगत अध्याय में बताया गया है कि हिन्दी लगभग सत्रह बोलियों के अलावा अनेक क्षेत्रीय रूपों में भी बोली जाती है। इनमें बम्बइया, कलकतिया, दक्खिनी, हिन्दवी आदि के नाम विशेष तौर पर उल्लेखनीय हैं। इसके अलावा व्यापार, प्रवास, शिक्षा, यात्रा आदि के सिलसिले में हिन्दी प्रदेशों में बसने वाले अन्य भाषाभाषी भी हिन्दी सीखते हैं। भारत में अनेक देशों के लोग हिन्दी सीखने के उद्‌देश्य से आते हैं। इन सब स्थितियों में हिन्दी के शिक्षकों को हिन्दीतर हिन्दीभाषियों को भाषा-शिक्षण की उपयोगी और प्रभावी विधियों से परिचित रहना चाहिए। इन विधियों में से अनेक भारतीय परिवेश में विकसित हुई हैं जबकि अनेक पाश्चात्य भाषा-शिक्षण प्रविधियों का रूपान्तरण हैं। इनके ज्ञान एवं अभ्यास से हिन्दी शिक्षकों को अपना दायित्व प्रभावी ढंग से निभाने में सहायता मिलेगी।

भाषा शिक्षण को ज्यादा प्रभावी, सटीक और सहज बनाने के लिए परम्परागत रूप से अनेक विधियों का प्रयोग किया जाता रहा है। जटिल होते सामाजिक व्यवहारों और व्यावसायिक सम्प्रेषण की पेचीदगियों के मद्‌देनज़र भाषायी कुशलता आज के दौर की अनिवार्य ज़रूरत है। विज्ञान और तकनीक द्वारा उपलब्ध संसाधनों के माध्यम से भाषा के विभिन्न पक्षों पर यथेष्ट ध्यान दिया जाना संभव हो सका है। दूसरी तरफ मनोविज्ञान तथा शिक्षण प्रविधियों में हुए अनुसंधानों ने भी भाषा-शिक्षण के नए आयामों का खुलासा किया है। इन माध्यमों से भाषा के विभिन्न पक्षों का व्यावहारिक कौशल विकसित करना सहज हो गया है। द्वितीय भाषा के रूप में हिन्दी-शिक्षण की जिन विधियों का प्रयोग आजकल किया जा रहा है उनका परिचय इस प्रकार है—

संसर्ग विधि

बालक घर और बाहर जिन लोगों के सम्पर्क में आते हैं उनकी भाषा, शैली और शब्दावली अपना लेते हैं। इसी विधि को भाषा ज्ञान की संसर्ग, व्यवहार अथवा अनुकरण विधि के नाम से जाना जाता है। बालक हों या वयस्क यदि उन्हें मात्रेतर भाषा क्षेत्र में रहने का अवसर दिया जाए तो सुन और समझकर वे उस भाषा को समझने और बोलने लगते हैं। इसी क्रम से उन्हें इस भाषा को पढ़ना और लिखना भी सिखाया जा सकता है।

अप्रत्यक्ष विधि

इस विधि के अन्तर्गत बालकों को सर्वप्रथम द्वितीय भाषा की मूल ध्वनियों, शब्दों, वाक्य-रचना और व्याकरण का ज्ञान कराया जाता है। इसी क्रम में मातृभाषा के शब्दों और वाक्यों के साथ द्वितीय भाषा के शब्द और वाक्य बताए जाते हैं। द्वितीय भाषा के व्याकरण का ज्ञान भी मातृभाषा के व्याकरण के माध्यम से कराया जाता है। इस प्रणाली के अन्तर्गत पहले से अधिगत मातृभाषा के माध्यम से द्वितीय भाषा के शुद्धस्वरूप का ज्ञान कराया जाता है। इस प्रकार सीखी गई भाषा की शब्दावली अपेक्षाकृत ज्यादा शुद्ध और परिष्कृत होती है। उस पर किसी अन्य भाषा की शैली और लहजे का भी प्रभाव नहीं पड़ता। किन्तु दूसरी ओर इस प्रणाली में पुस्तकीय और अनुकरण तत्त्व की प्रधानता के कारण विद्यार्थी द्वितीय भाषा के अनौपचारिक और स्वतन्त्र प्रयोग में दक्ष नहीं हो पाते।

प्रत्यक्ष विधि

इस विधि में द्वितीय भाषा की शिक्षा वास्तविक परिस्थितियों में वार्तालाप के माध्यम से आरम्भ की जाती है। विद्यार्थी वार्तालाप, कहानी, घटना, संस्मरण या इसी प्रकार की प्रस्तुतियाँ सुनकर भाव ग्रहण करने का प्रयास करते हैं। इस प्रकार की प्रस्तुतियों के लिए रेडियो, टेप-रिकॉर्डर और टेलीविज़न की मदद ली जा सकती है। किन्तु इस विधि में शिक्षार्थियों को द्वितीय भाषा के साहित्य और व्याकरण की शिक्षा नहीं दी जा सकती। अतः भाषा में उच्चारण और व्याकरण सम्बन्धी अशुद्धियाँ होने की सम्भावना बनी रहती है। इसकी अन्य सीमा भी है कि पूर्व-प्राथमिक स्तर पर मातृभाषा के ज्ञान की प्रक्रिया से गुज़र रहे बालकों को इस विधि द्वारा भाषा-शिक्षण कराने से मातृभाषा पर अधिकार करने की उनकी क्षमता पर विपरीत असर होने की सम्भावना रहती है।

वेस्ट विधि

इस विधि के प्रणेता डॉ. माइकल वेस्ट थे। उन्होंने इस विधि का विकास अंग्रेज़ी भाषा के शिक्षण के लिए किया था। इस विधि के अन्तर्गत द्वितीय भाषा के शिक्षण की शुरुआत पठन प्रक्रिया से होती है। पठन के लिए उपलब्ध कराई गई पुस्तकों में द्वितीय भाषा के शब्दों के पर्याय मातृभाषा में दिए गए होते हैं। इस प्रणाली में भाषा-शिक्षण के सभी कौशलों की शिक्षा पृथक रूप में दी जाती है। इनमें से भी पठन कौशल का ज्ञान सर्वप्रथम कराया जाता है। जब तक विद्यार्थियों को द्वितीय भाषा के शब्दों और वाक्यों का ज्ञान नहीं हो जाता, तब तक लिखना और बोलना सम्भव नहीं हो पाता।

पठन कौशल की शिक्षा के दौरान पठनमाला की पुस्तकों के अर्थ को सहज बोधगम्य बनाने के लिए सहायक पुस्तकों की मदद ली जाती है। इसका लाभ यह है कि सहायक पुस्तकों के उपयोग के दौरान बालक रचना कौशल में भी प्रवीण हो जाते हैं। इस प्रणाली की एक खास बात और है कि इसमें आवश्यकता के अनुसार मातृभाषा के उपयोग की सुविधा रहती है इस कारण बालक स्वच्छन्द होकर भाषार्जन का प्रयास करता है।

वेस्ट विधि की सीमा है कि भाषा के समस्त कौशलों का पृथक ज्ञान देने के कारण यह विधि प्रशंसनीय नहीं मानी जाती। भाषा के ज्ञान और उपयोग के सभी सैद्धान्तिक पहलुओं को अलग-अलग करने से भाषार्जन की प्रक्रिया समग्र और सहज नहीं रहती। हो सकता है कि डॉ. वेस्ट को इस विधि से अंग्रेज़ी सिखाने में सफलता मिली हो किन्तु दूसरी भाषा के रूप में हिन्दी के अध्यापन के लिए अभी भी वेस्ट विधि के अनुरूप पाठ्य-पुस्तकों और सहायक पुस्तकों का निर्माण नहीं हुआ है। इस कारण मात्रेतर अथवा द्वितीय भाषा के रूप में हिन्दी-शिक्षण के लिए इस विधि को उपयुक्त नहीं माना जा सकता।

अभिक्रमित अनुदेशन

भाषा शिक्षण की अधुनातन विधियों में अभिक्रमित अनुदेशन (Programmed Learning) का स्थान अग्रगण्य है। विख्यात अमरीकी वैज्ञानिक बी.एफ. स्किनर ने शिक्षा और मनोविज्ञान के क्षेत्र में अपने प्रयोगों के आधार पर वर्ष 1954 में

शिक्षण-अधिगम की एक नई विधि का आविष्कार किया। इस विधि को उन्होंने अभिक्रमित अनुदेशन (Programmed Learning) का नाम दिया। उन्होंने शिक्षण-अधिगम की प्रक्रिया और प्रचलित शिक्षण विधियों के तुलनात्मक अध्ययन के फलस्वरूप पाया कि थॉर्नडाइक द्वारा प्रतिपादित 'प्रयत्न तथा भूल' विधि की अपेक्षा 'प्रयत्न तथा सफलता' विधि द्वारा किसी विषय को सीखना व समझना ज्यादा सफल और चिरस्थायी होता है। उनका मानना था कि प्रयास के असफल होने पर कुण्ठा होती है, जबकि सफलता मिलने पर उत्साह होता है। यह उत्साह सीखने की प्रक्रिया को तीव्र करता है। मनोविज्ञान की शब्दावली में इस स्थिति को पुनर्बलन के सिद्धान्त के नाम से जाना जाता है।

अभिक्रमित अनुदेशन विधि द्वारा शिक्षण के लिए पाठ्यसामग्री को छोटे-छोटे सोपानों में विभक्त करके प्रस्तुत किया जाता है जिन्हें 'फ्रेम' कहा जाता है। ये सोपान सरल से कठिन और ज्ञात से अज्ञात के क्रम में आबद्ध होते हैं। इन फ्रेमों को कार्डों, मशीन की प्लेटों अथवा कम्प्यूटर के पावर प्वाइंट प्रस्तुतिकरण के माध्यम से एक-एक कर विद्यार्थियों के सम्मुख प्रस्तुत किया जाता है। आवश्यकता होने पर कार्डों या फ्रेमों को पुस्तक के रूप में भी तैयार किया जा सकता है।

अभिक्रमित अनुदेशन व्यष्टि शिक्षण की विधि है अर्थात् इसके माध्यम से पूरी कक्षा का शिक्षण एक साथ नहीं होता अपितु प्रत्येक विद्यार्थी को उसकी रुचि, तत्परता और प्रगति के आधार पर निर्देशित और प्रोत्साहित किया जाता है। इस प्रक्रिया में शिक्षक की भूमिका विद्यार्थी की अपेक्षा गौण होती है। विद्यार्थी न केवल अपनी क्षमता के अनुसार सीखता है अपितु फ्रेम के अन्त में दिए गए मूल्यांकन अभ्यासों की सहायता से स्वयं अपना मूल्यांकन भी करता है। ये मूल्यांकन अभ्यास मूलतः वस्तुनिष्ठ कोटि के होते हैं। इनके उत्तर भी फ्रेम अथवा पाठ्यपुस्तक के अन्त में दिए गए होते हैं ताकि विद्यार्थी स्व-मूल्यांकन कर सकें। फ्रेम में ऐसी व्यवस्था भी होती है कि सन्दर्भ स्पष्ट न होने की स्थिति में विद्यार्थी विषयवस्तु के सम्बद्ध पक्ष को फिर से जान सकें। ऐसी स्थिति में शिक्षक की भूमिका प्रमुख हो जाती है। इस प्रविधि में एक फ्रेम का सफल अध्ययन के बाद विद्यार्थी स्वयमेव आगामी फ्रेम की ओर बढ़ने का पात्र हो जाता है।

अभिक्रमित अनुदेशन विधि मुख्य रूपेण छह सिद्धान्तों पर आधारित है। ये सिद्धान्त अभिक्रमित अनुदेशन की पाठ्यवस्तु के संयोजन, फ्रेमों के निर्माण और मूल्यांकन विधि के निर्धारण में उपयोगी हैं। इनका संक्षिप्त परिचय इस प्रकार है–

अभिक्रमित अनुदेशन के सिद्धान्त

क्रमिक लघुपदों का सिद्धान्त–इसका तात्पर्य है कि अभिक्रमित अनुदेशन विधि के अन्तर्गत पाठ्यसामग्री को सरल से कठिन और ज्ञात से अज्ञात के क्रम में छोटे-छोटे फ्रेमों में इस प्रकार विभक्त किया जाता है कि (अ) उनका अध्ययन स्वयं के प्रयास से सरलतापूर्वक किया जा सके और (ब) पाठ्य सामग्री विद्यार्थियों के अवगत ज्ञान से सम्बद्ध हो और कठिन व अज्ञात सन्दर्भों के ज्ञान का आधार बन सके।

सक्रिय अनुक्रिया का सिद्धान्त–विद्यार्थियों से अपेक्षा होती है कि वे पाठ्यवस्तु अधिगम के लिए शिक्षक-क्रिया पर निर्भर न रहकर स्वयं सक्रिय रहें। फ्रेम में दी गई पाठ्यवस्तु और निर्देशों का यथायोग्य पालन करें और उसमें अन्तर्निहित ज्ञान व कौशल पर अधिकार करें।

स्वगति का सिद्धान्त–इसके अन्तर्गत पाठ्यसामग्री को पढ़ने-समझने की कोई अवधि या रूपरेखा निर्धारित नहीं होती। ऐसी भी कोई अनिवार्यता नहीं होती कि कक्षा के सभी विद्यार्थी एक साथ किसी फ्रेम का अध्ययन पूरा करें। इस विधि में कक्षा के प्रत्येक विद्यार्थी को अपनी गति और रुचि के अनुरूप आगे बढ़ने की स्वतन्त्रता है। जैसे-जैसे कोई विद्यार्थी फ्रेमों का अध्ययन पूरा करता है, वह आगे के फ्रेमों की ओर गति करता जाता है। किसी भी कक्षा के सभी विद्यार्थियों का पूर्वज्ञान, बुद्धिलब्धि स्तर, अभिरुचि और तत्परता भिन्न होते हैं। इन भिन्नताओं के बावजूद परम्परागत कक्षाओं में जहाँ मेधावी, मध्यम-स्तरीय और दीर्घसूत्री विद्यार्थी अनिवार्य रूप से उपस्थित होते हैं; शिक्षक साधारण श्रेणी के विद्यार्थियों को लक्ष्य करके शिक्षण करता है। मनोवैज्ञानिक दृष्टि से यह प्रक्रिया मेधावी और मन्दगति विद्यार्थियों के प्रतिकूल है। स्वगति सिद्धान्त के अन्तर्गत प्रत्येक विद्यार्थी को अपनी गति-प्रगति और ज़रूरत के अनुरूप पढ़ने-बढ़ने की सुविधा होती है।

प्रतिपुष्टि का सिद्धान्त—मनोविज्ञान के सिद्धान्तों के अनुसार यदि विद्यार्थी ज्ञान अथवा कौशल के अधिगम में सही प्रतिक्रिया प्रदर्शित करता है तो उसे प्रोत्साहित किया जाना चाहिए। ऐसा होने पर उसका अधिगम स्तर उन्नत होगा और रुचि और तत्परता का विकास होगा। इसका साक्षात् परिणाम विद्यार्थी के व्यवहार तथा मूल्यांकन परिणामों द्वारा अनुभव किया जा सकता है।

पुनर्बलन का सिद्धान्त—शिक्षण अधिगम प्रक्रिया में पुनर्बलन का तात्पर्य है—किसी सन्दर्भ को प्रकारान्तर से पुनः स्पष्ट करना। किसी कठिन शब्द का अर्थ स्पष्ट करने की प्रक्रिया में समानार्थक व विलोम शब्दों का प्रयोग, सन्धि व सन्धि-विग्रह और वाक्य-प्रयोग करना पुनर्बलन का सटीक उदाहरण है। इस प्रक्रिया में सही प्रतिक्रिया को प्रोत्साहित करने के लिए अनेक दिशाओं व कोणों से उसे दृढ़ किया जाता है।

स्वमूल्यांकन का सिद्धान्त—सृष्टि का प्रत्येक जीव किसी न किसी सन्दर्भ में स्वाभिमानी है। मनुष्य में यह गुण अपेक्षाकृत अधिक गहन और परिणामकारी है। इसलिए वह निन्दा व प्रशंसा से तुरन्त प्रभावित होता है। यह सिद्धान्त स्वमूल्यांकन के सिद्धान्त का आधार है। शिक्षण अधिगम प्रक्रिया में मूल्यांकन का अधिकार यदि विद्यार्थी के पास हो तो ऐसी दशा में मूल्यांकन के परिणाम नकारात्मक भी हों तो अन्तरावलोकन और आत्मानुशासन की सम्भावना ज्यादा होती है। ऐसे मूल्यांकन के असहज, विभेदकारी या सार्वजनिक होने की संभावना नगण्य होती है इसलिए वह किसी भी विद्यार्थी को सहज स्वीकार्य होता है।

अभिक्रमित अनुदेशन प्रक्रिया के चरण

अभिक्रमित अनुदेशन प्रक्रिया में पाठ्यसामग्री को सरल से कठिन और ज्ञात से अज्ञात की ओर गति के उद्देश्य से इस प्रकार संयोजित किया जाता है कि—(क) विद्यार्थी अपने पूर्व-ज्ञान के स्तर के अनुसार किसी भी फ्रेम से अध्ययन प्रारम्भ कर सके और (ख) किसी एक फ्रेम का अध्ययन आने वाले फ्रेम के अध्ययन के लिए पृष्ठभूमि तैयार करे। इस लक्ष्य के अनुसार फ्रेमों के निर्माण के लिए शिक्षक को पाठ्यसामग्री, विद्यार्थियों के लब्धिस्तर और अधिगम लक्ष्यों का स्पष्ट ज्ञान होना अनिवार्य है। ऐसा न हो तो फ्रेम अधिगम माध्यम न होकर भूल-भूलैया बन जाएँगे और विषय अबूझ पहेली हो जाएगा। अभिक्रमित अनुदेशन के पदों या चरणों को अभिक्रमण कहा जाता है। इनका निश्चित क्रम और उनका संक्षिप्त परिचय इस प्रकार है—

अधिगम लक्ष्यों का निर्धारण—विद्यार्थियों के स्तर, श्रेणी के अनुरूप अधिगम लक्ष्यों का निर्धारण अभिक्रमण का प्रथम चरण है। लक्ष्यों की नींव पर ही अभिक्रमण के अन्य चरणों का निर्धारण और कार्यान्वयन होता है।

पाठ्यसामग्री का चयन—अधिगम लक्ष्यों की अवाप्ति के लिए उपयुक्त और सक्षम पाठ्यसामग्री की व्यवस्था की जाती है। यह सामग्री सरल और विद्यार्थियों के स्तरानुकूल होनी चाहिए। इसमें भाषा के अन्यान्य पक्षों और आयामों से सम्बद्ध अंशों का समन्वय होना चाहिए।

पाठ्यसामग्री का विभाजन—संकलित पाठ्यसामग्री का सरल से कठिन और ज्ञात से अज्ञात के क्रम में संयोजन किया जाना चाहिए। इससे विद्यार्थियों को उसके अध्ययन और अवबोधन में सहजता होती है।

अभिक्रमित सामग्री का लेखन—पाठ्यसामग्री के यथोचित संयोजन के बाद फ्रेम दर फ्रेम उनका लेखन किया जाता है। इस चरण में चयनित विषय सामग्री को क्रमबद्ध रूप से इस प्रकार लेखन किया जाता है कि प्रत्येक फ्रेम के बाद मूल्यांकन की व्यवस्था हो सके।

अभिक्रमित सामग्री का परिनिरीक्षण—फ्रेमों के लेखन के बाद शुरु से अन्त तक उनका निरीक्षण किया जाता है। इस बात का ख्याल रखा जाता है कि सम्पूर्ण चयनित सामग्री को यथानिर्धारित क्रम में और मूल्यांकन की व्यवस्था के साथ अंकित किया जाए।

अभिक्रमित सामग्री का पूर्व-परीक्षण—इस प्रकार तैयार अभिक्रमित सामग्री को अध्ययन और मूल्यांकन के लिए विद्यार्थियों के छोटे समूह को सौंपा जाता है। उनसे अपेक्षा होती है कि वे निष्ठा और गंभीरतापूर्वक उसका अध्ययन और स्वमूल्यांकन करें।

अभिक्रमित सामग्री का वैधीकरण–यदि विद्यार्थी अभिक्रमित सामग्री के प्रारूप को सफलतापूर्वक पूरा करते हैं और स्वमूल्यांकन द्वारा सन्तोषजनक परिणाम पाते हैं तो इस प्रारूप को सफल माना जाता है। दूसरी ओर कोई कमी पाई जाने पर अपेक्षित संशोधनों सहित इसे वैध करार दे दिया जाता है।

अन्तिम प्रारूप का निर्माण–निर्दिष्ट संशोधनों और परामर्शों के समावेश से अभिक्रमण का अन्तिम प्रारूप तैयार किया जाता है। यह प्रारूप विद्यार्थियों द्वारा प्रयोग के लिए उपलब्ध होता है।

अभिक्रमित अनुदेशन के प्रकार

शिक्षण अधिगम के क्षेत्र में अभिक्रमित अनुदेशन का प्रवेश एक प्रभावी नवाचार के रूप में हुआ है। पश्चिम के परिवर्तनकारी शिक्षाशास्त्रियों ने इसकी उपयोगिता और मनोवैज्ञानिकता की प्रभूत सराहना की है। वहाँ के विद्यालयों में इस प्रविधि का परीक्षण और प्रयोग उत्साहपूर्वक किया गया और आवश्यकता के अनुसार इसमें बदलाव भी किए गए। इसे विभिन्न पाठ्यक्रमों के शिक्षण हेतु अनुकूल बनाने के लिए भी अभिक्रमित अनुदेशन के प्रकारों का विकास किया गया। इस क्रम से अब तक इस प्रविधि के पाँच प्रकारों को मान्यता प्राप्त हो चुकी है। इनके नाम हैं–रेखीय अभिक्रम, शाखीय अभिक्रम, कम्प्यूटर आधारित अभिक्रम, स्वयं निर्देशित अभिक्रम और मैथेटिक्स अभिक्रम। इन प्रकारों का विकास विभिन्न उद्देश्यों को लेकर हुआ किन्तु इनमें से सभी एक समान उपयोगी और जनप्रिय सिद्ध नहीं हुए। व्यावहारिकता और प्रचलन की दृष्टि से प्रथम दो अर्थात् रेखीय और शाखीय अभिक्रम आज अधिक उपादेय हैं। इनका सामान्य परिचय यहाँ प्रस्तुत है–

रेखीय अभिक्रम–रेखीय अभिक्रम का प्रणेता बी.एफ. स्किनर को माना जाता है। रेखीय अभिक्रम में पाठ्यवस्तु का संयोजन सरल और क्रमबद्ध रूप से फ्रेमों में किया जाता है। सूचनाओं को सरल से कठिन और ज्ञात से अज्ञात के क्रमों में इस प्रकार संयोजित किया जाता है कि उनके अध्ययन, अभ्यास और मूल्यांकन में गलतियों की संभावना नगण्य होती है। किसी कारणवश यदि कोई त्रुटि रह भी जाए तो सम्बन्धित फ्रेम की सहायता से तुरन्त अशुद्धि संशोधन किया जा सकता है। इस प्रक्रिया को एक उदाहरण द्वारा स्पष्ट किया जा सकता है–

प्रकरण: सर्वनाम का परिचय

फ्रेम 1

संज्ञा के स्थान पर प्रयोग किए जाने वाले शब्दों को सर्वनाम कहा जाता है। सर्वनाम के प्रयोग से संज्ञा के बार-बार प्रयोग की ज़रूरत नहीं रहती। किसी वाक्य या अनुच्छेद में एक ही शब्द के बारम्बार प्रयोग को पुनरुक्ति दोष कहा जाता है। सर्वनाम का प्रयोग पुनरुक्ति दोष से बचने का उत्तम साधन है। सर्वनाम मुख्य रूप से पाँच प्रकार के होते हैं।

मूल्यांकन

1. सर्वनाम किसे कहते हैं–
   (क) संज्ञा को।
   (ख) संज्ञा के पर्यायवाची को।
   (ग) संज्ञा के स्थान पर प्रयोग किए जाने वाले शब्द को।
2. सर्वनाम का प्रयोग क्यों किया जाता है–
   (क) पुनरुक्ति दोष से बचने के लिए।
   (ख) वाक्य में विविधता लाने के लिए।
   (ग) वाक्य को छोटा करने के लिए।

3. पुनरुक्ति दोष क्या है–
   (क) किसी शब्द का अनेक बार प्रयोग।
   (ख) एक ही बात को बार-बार लिखना।
   (ग) वाक्य में किसी शब्द का उसी अर्थ में अनेक बार प्रयोग।
4. सर्वनाम मुख्यतः कितने प्रकार का होता है–
   (क) सात
   (ख) पाँच
   (ग) छह

रेखीय अभिक्रम विधि उच्च प्राथमिक (छठी से आठवीं) कक्षाओं के भाषा शिक्षण के लिए विशेष रूप से उपयोगी है। इस स्तर पर पाठ्यवस्तु का विस्तार सीमित होता है और विद्यार्थी स्वयं मूल्यांकन में सक्षम होते हैं।

शाखीय अभिक्रम–शाखीय अभिक्रम का विकास विख्यात शिक्षाविद् नॉर्मन ए. क्राउडर ने किया था। रेखीय अभिक्रम की अपेक्षा यह अभिक्रम वरिष्ठतर कक्षाओं के लिए प्रारूपित है। इसके माध्यम से क्लिष्ट और व्यापक सन्दर्भ भी शिक्षक की मध्यस्थता के बिना विद्यार्थियों तक अन्तरित किए जा सकते हैं। चूँकि इस व्यवस्था में पाठ्यवस्तु के विभिन्न पक्षों को तने से विभक्त शाखाओं की तरह बनाए गए अनेक फ्रेमों में संयोजित किया जाता है इसलिए कठिन व जटिल सन्दर्भों के अलग-अलग पक्षों को स्पष्ट करना संभव हो जाता है। ऐसा होने पर भी विद्यार्थियों द्वारा विषयवस्तु का सहज बोध शतशः सुनिश्चित नहीं किया जा सकता और त्रुटियों की सम्भावना बनी रहती है। प्रत्येक फ्रेम के अन्त में मूल्यांकन प्रश्न दिए जाते हैं ताकि विद्यार्थी पाठ्यवस्तु के अध्ययन के उपरान्त स्वमूल्यांकन कर सकें। इन प्रश्नों उत्तरों की शुद्धता की जाँच फ्रेमों में उपलब्ध पाठ्यसामग्री की सहायता से की जा सकती है।

अभिक्रमित अनुदेशन विधि का मूल्यांकन

भाषा-अधिगम मूलरूप से भाषायी कौशलों का अधिगम और विकास है। इस पर अधिकार के लिए न केवल भाषा के विविध तत्त्वों के ज्ञान अपितु अभ्यास की भी आवश्यकता होती है। ज्ञान पक्ष में वर्णों, शब्दों व्याकरण-नियमों और छन्दालंकारादि का ज्ञान अभिक्रमित अनुदेशन विधि द्वारा कराया जा सकता है। इस प्रकार यह विधि भाषा के एक अपेक्षातर कम महत्त्वपूर्ण 'ज्ञानपक्ष' के ही अधिगम में उपयोगी है। इस कारण इसे भाषा शिक्षण की उपयुक्त और उपयोगी विधि नहीं कहा जा सकता।

संरचनात्मक विधि

भाषा शिक्षण को सरल, सहज और चिरस्थायी बनाने के लिए नए माध्यमों या उपायों पर शोध, प्रयोग और विश्लेषण वर्तमान समय की माँग बन गया है। शिक्षण तकनीकी और मनोविज्ञान के सिद्धान्तों के अन्तर्गत सभी प्रकार के विद्यार्थियों और विषयों के शिक्षण के लिए अनेक तकनीकों और विधियों की संकल्पना सामने आई है। इनमें से कुछ का प्रयोग आधुनिक भाषाओं के शिक्षण में सफलतापूर्वक किया जा रहा है। इनमें भाषा शिक्षण की परम्परागत कमियों और त्रुटियों का संशोधन और मनोविज्ञान के सिद्धान्तों का समावेश किया गया है। संरचनात्मक पद्धति अथवा वाक्य-गठन पद्धति ऐसी भाषा-शिक्षण पद्धतियों में अग्रगण्य है जिन्हें भाषा-शिक्षण और शिक्षण-मनोविज्ञान की अधुनातन मान्यताओं के आधार पर प्रारूपित किया गया है।

संरचनात्मक पद्धति के अन्तर्गत वाक्य को भाषा की प्राथमिक और प्रधान इकाई माना गया है। इसका सिद्धान्त है कि शब्द नहीं अपितु वाक्य भाव-सम्प्रेषण का माध्यम है। आधुनिक भाषा विज्ञान के अनुसार भी वाक्य भाषा की प्रमुख इकाई है। तदनुसार "वाक्य विचार की इकाई है।" परम्परागत रूप से संस्कृत व्याकरण में शब्द की अपेक्षा पद (वाक्य

में प्रयुक्त शब्द) को भाषा की वास्तविक इकाई स्वीकार किया गया है इसी धारणा को आगे बढ़ाते हुए भाषा-विज्ञान का मत है कि शब्दों का वास्तविक अर्थ तभी प्रकट होता है जब उनका वाक्यों में प्रयोग किया जाता है। भाव सम्प्रेषण में भी ध्वनियों या शब्दों का एकाकी उच्चारण न होकर वाक्य के रूप में समवेत कथन होता है।

प्रत्येक भाषा में सरल से कठिन के क्रम में वाक्यों के अनेक प्रकार होते हैं। हिन्दी व्याकरण में दो प्रकार के वाक्यों का अस्तित्व स्वीकार किया गया है—पहला 'व्याकरणिक' और दूसरा 'आलंकारिक'। व्याकरणिक वाक्यों के तीन प्रकार हैं—सरल, मिश्र और संयुक्त। सरल वाक्य में कम से कम एक कर्त्तापद और एक क्रियापद का होना आवश्यक है। जैसे 'राम जाता है।' इस वाक्य को आधारभूत वाक्य कहा जा सकता है। इस वाक्य में यथायोग्य परिवर्तन करके विविध भावों का सम्प्रेषण किया जा सकता है। उदाहरणतः

1. 'राम जाता है।' —सकारात्मक या विधायी वाक्य।
2. राम नहीं जाता है। —नकारात्मक या निषेध सूचक वाक्य।
3. क्या राम जाता है? —प्रश्नवाचक या प्रश्नसूचक वाक्य।

इन वाक्य-प्रकारों को व्याकरणिक संरचना की सहायता से भी स्पष्ट किया जा सकता है। जैसे—

1. कर्त्तापद + क्रियापद। —सकारात्मक वाक्य।
2. कर्त्तापद + नहीं + क्रिया पदबन्ध। —नकारात्मक वाक्य।
3. क्या + कर्त्तापद + क्रिया पदबन्ध। —प्रश्नवाचक।

यह उदाहरण वर्तमान काल के परिप्रेक्ष्य में है। इसी प्रकार भूतकाल और भविष्यत्‌काल के वाक्यों की रचना भी संरचनात्मक पद्धति से की जा सकती है। इन आधारभूत वाक्यों की सहायता से मिश्र और संयुक्त वाक्यों की रचना की विधि भी सिखाई जा सकती है। इस प्रकार वाक्य गठन का अभ्यास कराकर अहिन्दीभाषी विद्यार्थियों को हिन्दी भाषा का व्यावहारिक ज्ञान कराया जा सकता है।

संरचनात्मक विधि की परिभाषा

संरचनात्मक विधि के अन्तर्गत वाक्यों की रचना शब्दों को विशिष्ट क्रम में व्यवस्थित करके की जाती है। इसके लिए भाषा का वैज्ञानिक अध्ययन करके मूल संरचनाओं की पहचान की जाती है। मेनन एवं पटेल के अनुसार 'संरचनात्मक आयाम इस विश्वास पर आधारित है कि द्वितीय भाषा के वाक्यों की संरचना पर अधिकार प्राप्त करके भाषा का पूर्णज्ञान प्राप्त किया जा सकता है। इस विधि के पक्षकारों के अनुसार 'शब्द भण्डार के अर्जन की अपेक्षा वाक्य संरचना का ज्ञान अधिक महत्त्वपूर्ण है।'

संरचनात्मक विधि के विषय में विख्यात भाषाशास्त्री श्री सी.एस. भण्डारी का मत है कि "संरचनात्मक विधि कोई शिक्षण विधि नहीं; अपितु शिक्षण आयाम है जिसे किसी भी शिक्षण विधि में प्रयुक्त किया जा सकता है।" इसका तात्पर्य है कि कोई भी भाषा चाहे वह मातृभाषा हो या द्वितीय भाषा, किसी एक ही प्रकार के वाक्य संरचना विधि में बँधी नहीं होती। आधारभूत वाक्य—जो व्याकरणिक वाक्य रचना के नियमों में निबद्ध होते हैं—के अतिरिक्त भी भाषा में अनेक प्रकार की वाक्य गठन प्रणालियाँ होती हैं। इनका परिचय सामान्य भाषा शिक्षण के दौरान किसी भी स्तर पर कराया जा सकता है। इनमें क्षेत्रीय प्रयोगों से लेकर आलंकारिक प्रयोगों तक के वाक्य-प्रकार सम्मिलित हैं।

श्री एस.के. देशपाण्डे के मतानुसार भाषा शिक्षण की संरचनात्मक विधि के अन्तर्गत प्रत्येक वाक्य-संरचना को सार्थक (दैनन्दिन की जानी-पहचानी परिस्थितियों के) सन्दर्भ में प्रस्तुत किया जाता है। इससे विद्यार्थी की रुचि जागृत होती है और भाषा-अध्ययन की प्रगति सन्तोषप्रद होती है।

संरचनाओं के प्रकार

'वाक्यों में शब्दों की व्यवस्था के प्रारूप को संरचना कहते हैं'–सी.एस. भण्डारी। वाक्य में शब्दों की यह व्यवस्था सब भाषाओं में एक समान नहीं होती। वाक्य में शब्दों का क्रम बदल देने से वाक्य का अर्थ बदल सकता है। इसका भाषा की सम्प्रेषणीयता पर विपरीत प्रभाव होता है और अर्थ का अनर्थ हो सकता है इसलिए किसी भाषा के ज्ञान के लिए उसकी वाक्य संरचना का ज्ञान अनिवार्य है। हिन्दी भाषा के सन्दर्भ में वाक्य संरचनाओं को चार वर्गों में रखा गया है। ये वर्ग हैं–वाक्य प्रारूप, संक्षिप्त वाचन प्रारूप, मुहावरा या कहावत प्रारूप और सूत्र प्रारूप। इनका संक्षिप्त परिचय इस प्रकार है–

वाक्य प्रारूप–वाक्य प्रारूप का तात्पर्य है, शब्दों का एक व्यवस्थित क्रम जो निश्चित अर्थ को व्यक्त करता है और जिसमें कर्त्ता और क्रिया बदलकर वक्तव्य बदला जा सकता है। किसी वाक्य प्रारूप में कर्त्ता और क्रिया बदलने पर वाक्य का अर्थ और भाव तो बदलता है किन्तु उसकी संरचना और आकार समान रहते हैं। साथ ही वाक्य में कर्त्ता और क्रिया का स्थान भी अपरिवर्तित रहता है। उदाहरण–

(क)

- श्रीराम कौशल्या और दशरथ के पुत्र थे।
- श्रीकृष्ण देवकी और वसुदेव के पुत्र थे।
- महात्मा गांधी पुतलीदेवी और करमचन्द के पुत्र थे।

(ख)

- श्रीराम का जन्म अयोध्या में हुआ।
- श्रीकृष्ण का जन्म मथुरा में हुआ।
- महात्मा गांधी का जन्म पोरबन्दर में हुआ।

इस प्रकार वाक्य प्रारूप में एक ही प्रकार के पदक्रम का प्रयोग किया जाता है। एक ही प्रकार के वाक्य प्रारूप में कर्त्ता और क्रिया को बदल कर अन्य सूचना दी जा सकती है। किसी भी भाषा में इस प्रकार के वाक्य-प्रारूपों की संख्या अनिश्चित होती है और भाषा के प्रयोक्ता कथ्य और परिस्थिति के अनुसार नए वाक्य-प्रारूप गढ़ते भी रहते हैं।

संक्षिप्त वाचन प्रारूप–संक्षिप्त वाचन प्रारूप को वाक्यांश प्रारूप भी कहा जा सकता है। इस प्रारूप में कर्त्ता और क्रियायुक्त सम्पूर्ण वाक्य के स्थान पर अपूर्ण वाक्य द्वारा भाव-सम्प्रेषण किया जाता है। ऐसा प्रायः प्रश्न पूछते हुए या उसका उत्तर देते हुए होता है। बातचीत के लिए इस प्रकार के प्रारूप का प्रयोग सामान्यतः होता ही रहता है। उदाहरण–

(क)

- जैसा आप कहें...
- जहाँ आप कहें...
- जब आप कहें...

(ख)

- तो मैं कब आऊँ?
- फिर मैं क्या खाऊँ?
- अब मैं क्या करूँ?

कहावत प्रारूप–कहावतें और मुहावरे किसी भी भाषा के अनन्य अंग होते हैं। ये परिपूर्ण वाक्य, कथन या वक्तव्य न होते हुए भी भाव-सम्प्रेषण के सशक्त उपकरण हैं। कहावतें उदाहरण के रूप में और मुहावरे वाक्य के अंग के रूप में किसी स्थिति का कथन करते हैं। कहावतों और मुहावरों का सृजन व्याकरण के नियमों या आलंकारिक उपकरणों के

स्थान पर भाषा प्रयोक्ताओं के दैनन्दिन जीवन की परिस्थितियों में सहज ही हो जाता है। इनका प्रयोग भाषा को समृद्ध और प्रभावपूर्ण बनाता है।

उदाहरण–

- नाच न आवै आँगन टेढ़ा।
- न नौ मन तेल होगा न राधा नाचेगी।
- आग बबूला होना।
- नौ दो ग्यारह होना।

सूत्र प्रारूप–भाषा में कुछ प्रयोग नितान्त औपचारिक होते हैं और उनका प्रयोग सर्वसाधारण की बातचीत में न होकर औपचारिक अवसरों और परिस्थितियों में ही होता है। ऐसी स्थितियों में यदि इनका प्रयोग न किया जाए तो भाषा प्रयोक्ता और श्रोता दोनों को असहज अनुभव हो सकता है। इनके ज्ञान और प्रयोग से भाषा प्रयोक्ता की कुलीनता और सभ्यता परिलक्षित होती है।

उदाहरण–

- क्षमा कीजिए।
- कृपया रास्ता दीजिए।
- पहले आप।
- धन्यवाद।

संरचनात्मक विधि द्वारा भाषा शिक्षण

भौगोलिक विस्तार की दृष्टि से भारत विश्व का सातवाँ सबसे बड़ा देश है। भारतीय संविधान में बाइस भाषाओं को राजकीय भाषा के रूप में मान्यता दी गई है। जनसांख्यिकीय आँकड़ों के अनुसार यहाँ लगभग 700 ऐसी उपभाषाएँ मौजूद हैं जिन्हें कम से कम एक हज़ार लोग प्रयोग करते हैं। इन तथ्यों को सामने रखते हुए और भाषा के प्रति लोगों की भावुकता और प्रतिबद्धता को अनुभव करते हुए 1956 में राज्य पुनर्गठन अधिनियम द्वारा भारत में भाषायी राज्यों का गठन किया गया। इस प्रकार प्रत्येक राज्य में वहाँ की अपनी राज्यभाषा है जो वहाँ के अधिसंख्य नागरिकों की मातृभाषा भी है। राष्ट्रीय शिक्षा आयोग 1964–66 द्वारा प्रस्तुत त्रिभाषा सूत्र के अनुसार माध्यमिक स्तर के विद्यार्थियों के लिए एक आधुनिक भारतीय भाषा, एक संघ की आधिकारिक भाषा और क्षेत्रीय भाषा के रूप में तीन भाषाओं का अध्ययन अनिवार्य किया गया है। इस प्रकार जिन राज्यों में हिन्दी मातृभाषा नहीं है वहाँ इसका शिक्षण द्वितीय भाषा के रूप में होता है।

संरचनात्मक आयाम का प्रारूप द्वितीय भाषा के शिक्षण को ध्यान में रखते हुए तैयार किया गया है। इस आयाम द्वारा भाषा शिक्षण के लिए शिक्षक द्वारा भाषा संरचना का सूक्ष्म अध्ययन अनिवार्य है। दूसरी ओर भाषा अधिगम के सभी पक्षों पर भी ध्यान दिए जाने की अपेक्षा है। इनमें से प्रमुख बिन्दुओं का उल्लेख यहाँ प्रस्तुत है–

उपयुक्त संरचनाओं का चयन

संरचनात्मक आयाम आधुनिक युग की अधिकांश शिक्षण पद्धतियों के विपरीत शिक्षक केन्द्रित विधि है। विद्यार्थियों के सम्मुख उनकी मातृभाषा से इतर और अविज्ञात भाषा को सक्रिय विधि द्वारा प्रस्तुत करने के लिए सरल और व्यावहारिक शब्दों और वाक्य प्रारूपों का चयन अत्यावश्यक है। दूसरी ओर भाषा के व्यावहारिक पक्ष को उसके सैद्धान्तिक और व्याकरणिक पक्षों से पहले प्रस्तुत करने के लिए शिक्षक के स्तर पर विशेष कुशलता, सतर्कता और अवधान की अपेक्षा होती है।

किसी भी भाषा में वक्ता की योग्यता, श्रोता के स्तर और परिस्थिति के अनुरूप शब्दों और वाक्य प्रारूपों का प्रयोग किया जाता है। भाषा-शिक्षण हेतु शिक्षक द्वारा ऐसे भाषा प्रारूपों का सृजन अथवा चयन किया जाना चाहिए जो छात्रोन्मुख हों, सरल हों और भाषा की संरचना को समझने में उपयोगी हों। इस प्रकार संरचना निर्माण एक निर्णायक प्रक्रिया है क्योंकि इसी पर विद्यार्थियों की भाषा योग्यता और सृजनात्मकता निर्भर करती है। भाषा शिक्षण के लिए वाक्य प्रारूपों का चयन कतिपय नियमों के आधार पर किया जाता है। इन नियमों के नाम हैं—उपयोगिता, सरलता, शिक्षणीयता और उत्पादकता। इन नियमों का सामान्य परिचय इस प्रकार है—

उपयोगिता—संरचनात्मक विधि द्वारा भाषा शिक्षण का सर्वप्रमुख उद्देश्य है—कम से कम समय, ऊर्जा और प्रयास से भाषा का व्यावहारिक ज्ञान कराना। इसके लिए शिक्षक द्वारा ऐसे वाक्य प्रारूपों का चयन किया जाना चाहिए जो भाषा प्रयोग की दृष्टि से उपयोगी हों और जिन्हें सीखने के तुरन्त बाद भाव-सम्प्रेषण के लिए प्रयोग किया जा सके।

सरलता—भाषा शिक्षण के लिए वाक्य प्रारूपों के चयन में उपयोगिता के साथ ही सरलता के सिद्धान्त को भी ध्यान में रखा जाना चाहिए। उपयोगिता बढ़ाने के लिए जटिल वाक्य प्रारूपों का चयन भाषा-ज्ञान को कुंठित करता है और इसका भाषा-ज्ञान की प्रगति पर बुरा प्रभाव होता है। इसलिए भाषा-शिक्षण का आरम्भ सरल प्रारूपों से किया जाना चाहिए।

शिक्षणीयता—भाषा-शिक्षण के लिए ऐसे प्रारूपों का चयन किया जाना चाहिए जिन्हें कक्षा में सरलतापूर्वक प्रस्तुत किया जा सके। ऐसे वाक्य जिनके प्रस्तुतिकरण के लिए दृश्य-श्रव्य उपकरणों के प्रयोग का प्रावधान किया जा सके, शिक्षणीयता की दृष्टि से अधिक उपयोगी होते हैं।

उत्पादकता—जो भाषा-प्रारूप अन्य भाषा-प्रारूपों को समझने में उपयोगी होते हैं, उन्हें उत्पादकता की दृष्टि से उत्तम समझा जाता है। इन वाक्य प्रारूपों की संरचना गणितीय होती है जिनमें शब्दों को जोड़ कर अन्य वाक्य प्रारूपों की रचना की जा सकती है।

संरचनाओं का प्रस्तुतिकरण

संरचना प्रस्तुतिकरण पूरी तरह से शिक्षक नियन्त्रित क्रिया है। इसका प्रथम चरण है भूमिका या परिस्थिति तैयार करना। विद्यार्थियों के सम्मुख सीधे तौर पर वाक्य प्रस्तुत करने और उदाहरण देने से पहले यदि चित्र, आकृति, मॉडल जैसे उपकरणों, हाव-भाव, संकेत इत्यादि द्वारा परिस्थिति निर्माण किया जाए तो वाक्य प्रारूपों की प्रस्तुति अधिक प्रभावी होगी। इन साधनों के अतिरिक्त विद्यार्थियों की मातृभाषा में भूमिका भी तैयार की जा सकती है। ऐसा होने पर विद्यार्थियों के लिए वाक्य प्रारूप को समझना सरल होगा। संरचना प्रस्तुति को सहज और प्रभावी बनाने के लिए उच्चारण की शुद्धता और स्पष्टता अनिवार्य है। इससे विद्यार्थियों के लिए शब्दों और वाक्य संरचना को समझना सरल हो जाता है।

संरचनाओं का अभ्यास

उपयुक्त भूमिका और स्पष्ट उच्चारण सहित संरचना प्रस्तुति के उपरान्त उनका पर्याप्त अभ्यास कराया जाना चाहिए। इसके लिए संरचना प्रस्तुतिकरण के बाद सामूहिक अभ्यास और व्यक्तिगत अभ्यास का अवसर दिया जा सकता है। कक्षा में किसी एक वाक्य प्रारूप का तब तक अभ्यास कराया जाना चाहिए जब तक सभी विद्यार्थी प्रस्तुत संरचना और उससे मिलती-जुलती संरचनाओं के प्रयोग में प्रवीण न हो जाएँ। अधिगम की परिपक्वता सुनिश्चित करने के लिए विद्यार्थियों को प्रस्तुत संरचना के वाक्यों में परस्पर बातचीत का अवसर दिया जा सकता है। इस दौरान भी शिक्षक को सक्रिय रहकर विद्यार्थियों के उच्चारण, वाक्य-संरचना और सटीकता की जाँच करते रहना चाहिए ताकि यदि कोई विद्यार्थी किसी स्तर पर कोई अशुद्धि प्रदर्शित करता है तो उसे शुद्ध किया जा सके।

नवीन संरचनाओं की सृजन-क्षमता का विकास

संरचनाओं के अध्ययन और मूल्यांकन के साथ-साथ विद्यार्थियों में अभ्यस्त संरचनाओं के आधार पर नवीन संरचनाओं के निर्माण की अभिवृत्ति और क्षमता का विकास होना चाहिए। कोई भी भाषा व्याकरणिक और औपचारिक तौर पर तो

निश्चित संरचनाओं में आबद्ध हो सकती है किन्तु व्यावहारिक और साहित्यिक भाषा पर संरचनाओं की बंदिश नहीं होती। इसके लिए संरचनात्मक शिक्षण के पूरक के रूप में विद्यार्थियों को पत्र-पत्रिकाएँ और चुनिंदा साहित्यिक पुस्तकें उपलब्ध कराई जाना चाहिएँ। इससे उन्हें सामान्य बातचीत और लेखन में नए प्रयोग करने की प्रेरणा मिलेगी।

क्रियाशीलता

संरचनात्मक विधि से भाषा शिक्षण में अध्ययन और अभ्यास का आधार तो शिक्षक द्वारा उपलब्ध कराया जाता है लेकिन उस आधार पर भाषा के व्यावहारिक प्रयोग और प्रवीणता हासिल करने के लिए विद्यार्थी को स्वयं प्रयास करना होता है। व्याकरणिक संरचना से आलंकारिक या साहित्यिक संरचनाओं और संरचनामुक्त वाक्यों के सृजन और प्रयोग के लिए विद्यार्थियों को स्वयं निरीक्षण और विश्लेषण करना होता है। इस विषय में कोई विद्यार्थी जितना अधिक सक्रिय और जागृत होता है उसकी भाषा कुशलता भी उतनी उत्कृष्ट होती है।

संरचनात्मक विधि का मूल्यांकन

उल्लिखित विवरण से स्पष्ट है कि संरचनात्मक विधि शिक्षक केन्द्रित है और इसलिए इस युग की मान्य शिक्षण विधियों में इसे अपेक्षित सम्मान प्राप्त नहीं है। दूसरी ओर विद्यार्थियों की क्रियाशीलता और स्वयं प्रगति की परिपाटी के अनुपालन के चलते इसे व्यावहारिक भाषा शिक्षण प्रविधि के रूप में भी मान्यता प्राप्त है। मात्रेतर भाषा के ज्ञान और प्रयोग में प्रवीणता हासिल करने के लिए यह विधि उपयोगी है। इसके माध्यम से भाषा के व्याकरणिक पक्ष के साथ ही आलंकारिक या साहित्यिक रूप अभ्यास भी संभव है।

त्रुटि विश्लेषण

भाषा का सामान्य परिचय हमें अपने आस-पास मौजूद जगत और उसकी गतिविधियों के ज्ञान अनुभवों और प्रयोगों से ही होता है। सुनना, देखना, स्पर्श करना और अन्तर्क्रिया जैसी गतिविधियाँ करके हम भाषा, व्यवहार और तौर-तरीकों का परिचय पाते हैं। व्यवहार सीखने और करने की प्रक्रियाएँ बहुधा साथ-साथ चलती हैं। भाषा का प्रयोग करते हुए हम उसके व्यवहार में अधिकाधिक कुशल और पारंगत होते जाते हैं। इस प्रक्रिया में ग़लतियाँ और भूलें होना स्वाभाविक है। हम जितनी ग़लतियाँ और भूलें सुधारते हैं उतनी ही हमारी भाषा समृद्ध और सशक्त होती है। इस दृष्टि से अपनी भूलों को जानना और शुद्ध करना भाषा पर अधिकार की प्रक्रिया का अनिवार्य अंग है।

भाषा सीखने की प्रक्रिया में भूलें और त्रुटियाँ होना सहज बात है। कोई भी विद्यार्थी बिना ग़लतियाँ किए और उनका सुधार किए भाषा नहीं सीखता। पहले भाषा सीखना और बाद में उसका व्यवहार करने की बात वैसी ही है जैसे पहले तैरना सीखकर फिर पानी में उतरने की योजना बनाना। मनुष्य भाषा का व्यवहार बाल्यावस्था में आरम्भ करता है जब उसे उच्चारण, शब्द-संरचना, वाक्य-विन्यास जैसे किसी सन्दर्भ का आभास भी नहीं होता। फिर भी वह सम्प्रेषण के उद्देश्य को सहज ही प्राप्त करता है। ज्ञान के स्रोतों के विकास और अधिकाधिक प्रयोग से वह धीरे-धीरे सही भाषा प्रयोग में कुशल होता जाता है।

भाषा व्यवहार में त्रुटि का अर्थ है उच्चारण, शब्द-प्रयोग, वाक्य-विन्यास और व्याकरण सम्बन्धी भूल या अशुद्ध प्रयोग करना। इस प्रकार की त्रुटियों के कारण अज्ञान, अनभ्यास, अशिक्षा, अनभिज्ञता, अनवधानता, परिवेशगत संस्कार इत्यादि हो सकते हैं। इनके परिष्कार के लिए सही भाषा सुनना और पढ़ना सरलतम उपाय हैं। लेकिन इसके लिए उपयुक्त परिवेश की आवश्यकता होती है जो सामान्यतः दुर्लभ होता है। अन्य उपाय के रूप में कक्षा में भाषा-शिक्षण के दौरान विद्यार्थी द्वारा की जाने वाली अशुद्धियों के विश्लेषण और सुधार का विकल्प उपस्थित होता है। इस प्रक्रिया को त्रुटि विश्लेषण के नाम से जाना जाता है।

भाषागत त्रुटियों के प्रकार

भाषा प्रयोग में असंख्य प्रकार की त्रुटियाँ हो सकती हैं। इसी प्रकार इनके कारण भी अनन्त हो सकते हैं। किन्तु सहज विश्लेषण की दृष्टि से भाषागत त्रुटियों को दो श्रेणियों में रखा जाता है–1. व्यवस्थित त्रुटियाँ और अव्यवस्थित त्रुटियाँ। इनका सामान्य परिचय इस प्रकार है–

व्यवस्थित त्रुटियाँ–व्यवस्थित त्रुटियों का अभिप्राय भाषा व्यवहार की उन भूलों और अशुद्धियों से है जो किसी व्यक्ति के पारिवारिक और परिवेशगत संस्कारों के चलते उत्पन्न होती हैं। इस प्रकार की भाषायी अशुद्धियाँ प्रायः स्थायी होती हैं और इनका उपशमन कठिन व अभ्यास साध्य होता है। इन अशुद्धियों में अनुचित उच्चारण और शब्दों के अशुद्ध रूपों का प्रयोग साधारण है। आमतौर पर इस प्रकार की अशुद्धियाँ किसी एक व्यक्ति के भाषा व्यवहार में ही न होकर उस परिवेश से सभी भाषा प्रयोक्ताओं में समान रूप से मौजूद होती हैं। इसी कारण विद्यालय गए बिना और सही रूप का ज्ञान हुए बिना बालक को इनका पता भी नहीं लगता। शुद्ध भाषा परिवेश और कक्षा में औपचारिक भाषा-शिक्षण इस प्रकार की भाषा त्रुटियों के संशोधन का एकमात्र उपाय है।

अव्यवस्थित त्रुटियाँ–इस प्रकार की अशुद्धियाँ स्थायी न होकर तात्कालिक कारणों से होती हैं। इनके कारणों में शीघ्रता, अनवधानता, हड़बड़ाहट, क्रोध या आह्लाद जैसे आवेग प्रमुख हैं। इस प्रकार की त्रुटियाँ कभी भी एक समान नहीं होतीं क्योंकि भाषा प्रयोक्ता सही भाषा के सही रूप से परिचित होता है लेकिन क्षणिक कारणों से उसका प्रयोग नहीं कर पाता। दूसरी ओर इन अशुद्धियों के कारण सम्प्रेषणीयता पर नकारात्मक असर होता ही है। इस प्रकार की त्रुटियों से बचने का कोई सुनिश्चित उपाय नहीं है क्योंकि इनके होने की कोई सुनिश्चित परिस्थिति नहीं है।

भाषा-शिक्षण और त्रुटि विश्लेषण

भाषा-शिक्षण में त्रुटि विश्लेषण के सन्दर्भ का श्रेय एस.पी. कॉर्डर और उनके साथियों को जाता है। 1970 के दशक में व्यवहारवाद और संरचनावाद के प्रभाव से भाषा में अशुद्धियों के कारणों का अनुमान लगाने के लिए व्यापक सर्वेक्षण किया गया। इस सर्वेक्षण का मूल उद्‌देश्य मात्रेतर भाषा सीखने के दौरान की जाने वाली अशुद्धियों के कारणों का पूर्वानुमान लगाना था। इस अध्ययन से सामने आया कि मातृभाषा के प्रयोग में व्यवस्थित त्रुटियों की संख्या अधिक होती है जबकि मात्रेतर भाषा के व्यवहार में अव्यवस्थित त्रुटियाँ ज्यादा होती हैं। इनका सामान्य कारण है कि मातृभाषा मूलतः अनुकरण द्वारा सीखी जाती है जबकि मात्रेतर भाषा का अभ्यास नियमों के ज्ञान से आरम्भ होता है और उसका प्रयोग बहुधा नियन्त्रित दशाओं में आरम्भ किया जाता है।

त्रुटि विश्लेषण की प्रक्रिया

कक्षा में त्रुटि विश्लेषण का कार्य मौखिक, पठित और लिखित भाषा के सन्दर्भ में हो सकता है। इन तीनों सन्दर्भों में अशुद्धियों की प्रकृति भिन्न होने के कारण इनमें से प्रत्येक के त्रुटि विश्लेषण के लिए अलग प्रक्रिया और मानदण्डों का प्रयोग अपेक्षित है। इन सन्दर्भों में त्रुटि विश्लेषण का कार्य भी एक साथ न होकर अलग-अलग किया जाता है। हिन्दी में लिखित भाषा के उच्चारण आधारित होने के कारण त्रुटि विश्लेषण का कार्य अत्यन्त महत्त्वपूर्ण है। भाषा के मौखिक, पठित और लिखित पक्षों के परस्पर सम्बद्ध होने के कारण किसी एक में सुधार का प्रभाव अन्य सन्दर्भों पर भी अनिवार्यतः होता है। इनमें से प्रत्येक पक्ष के त्रुटि विश्लेषण की प्रक्रिया का परिचय यहाँ प्रस्तुत है–

मौखिक भाषा में त्रुटि विश्लेषण–मौखिक भाषा में होने वाली त्रुटियों के विश्लेषण के लिए आशुवाचन, व्याख्या और दिए गए विषय पर विचार प्रस्तुति जैसे उपकरणों का प्रयोग किया जा सकता है जिनमें विद्यार्थी स्वयं की ओर से मौखिक प्रस्तुति कर सकते हैं। मौखिक भाषा में त्रुटि विश्लेषण के लिए सर्वप्रथम मौखिक भाषा प्रयोग के सन्दर्भ में विद्यार्थियों द्वारा सामान्यतः की जाने वाली त्रुटियों या अशुद्धियों की सूची तैयार की जाती है। इस सूची में उच्चारण, वर्ण-विपर्यय, अनुपयुक्त

शब्द का प्रयोग जैसी अशुद्धियों को रखा जा सकता है। त्रुटि विश्लेषण के लिए कम से कम तीन विश्लेषकों की नियुक्ति की जानी चाहिए। इसके उपरान्त त्रुटि विश्लेषण लेखा तैयार किया जाता है जिसका प्रस्तावित प्रारूप यहाँ प्रस्तुत है—

मौखिक भाषा त्रुटि विश्लेषण लेखा

दिनांक.......................... कक्षा..........................

क्र.संख्या	विद्यार्थी का नाम	अशुद्ध उच्चारण	वर्ण-विपर्यय	अनुपयुक्त शब्द का प्रयोग	त्रुटियों का योग
1.	कमलेश्वर	1+1+1+1+1 = 5	1+1+1 = 3	1+1+1+1+1+1+1+1 = 8	16
2.	सुकीर्ति शर्मा	1+1+1+1+1+1 = 6	1+1 = 2	1+1+1+1+1 = 5	13

विश्लेषक के हस्ताक्षर ( ) विश्लेषक का नाम

विश्लेषक के हस्ताक्षर ( ) विश्लेषक का नाम

विश्लेषक के हस्ताक्षर ( ) विश्लेषक का नाम

प्रस्तुत लेखा द्वारा मौखिक भाषा में प्रत्येक विद्यार्थी द्वारा की जाने वाली अशुद्धियों का अंकन किया जाता है। इससे यह सूचना मिलती है कि कक्षा के कितने विद्यार्थी एक समान प्रकृति की अशुद्धियाँ करते हैं। इन विद्यार्थियों का समूह बनाकर अशुद्धि संशोधन का प्रयास किया जाता है।

पठित भाषा में त्रुटि विश्लेषण—किसी पाठ्यवस्तु के वाचन के दौरान विद्यार्थी अनेक प्रकार की अशुद्धियाँ करते हैं। इनकी पहचान और अंकन के लिए शिक्षक द्वारा त्रुटि विश्लेषण किया जाता है। इसके लिए किसी पाठ्य-पुस्तक, समाचार-पत्र, पत्रिका इत्यादि के निर्धारित अंश के वाचन की व्यवस्था की जाती है। पठित भाषा में अशुद्ध उच्चारण, धीमे या तेज़ पढ़ना, विराम चिह्नों की उपेक्षा, संवादों को भावानुसार न पढ़ पाना जैसी अशुद्धियाँ प्रायः होती हैं। इन अशुद्धियों को पठित भाषा त्रुटि विश्लेषण लेखा पर अंकित किया जाता है। तीन विश्लेषकों की नियुक्ति की जाती है जिनमें एक भाषा शिक्षक और दो विद्यार्थी हो सकते हैं। लेखा पर त्रुटियों के अंकन के अनुसार त्रुटि संशोधन की व्यवस्था की जाती है।

लिखित भाषा में त्रुटि विश्लेषण—लिखित भाषा में की जाने वाली त्रुटियों के विश्लेषण के लिए विद्यार्थियों को श्रुतलेख या अनुलेख का अवसर दिया जा सकता है। इसके उपरान्त लिखित भाषा में विद्यार्थियों द्वारा की जाने वाली संभावित अशुद्धियों की सूची तैयार की जाती है। इस सूची में मात्राओं की अशुद्धियाँ, वर्णों को उचित आकार में न लिख पाना, व्याकरण (लिंग, वचन, कारक) सम्बन्धी अशुद्धियाँ, उल्टे अक्षर लिखना, शिरोरेखा न लगाना इत्यादि को शामिल किया जाता है। इसके बाद इन अशुद्धियों को लिखित भाषा में त्रुटि विश्लेषण लेखा पर अंकित किया जाता है और विश्लेषकों की नियुक्ति की जाती है। विश्लेषकों में विद्यार्थियों को भी शामिल किया जा सकता है। अशुद्धियों के अंकन के पश्चात् एक समान त्रुटियाँ करने वाले विद्यार्थियों का समूह बनाकर दोष सुधार की व्यवस्था की जाती है।

त्रुटि विश्लेषण विधि का मूल्यांकन

त्रुटि विश्लेषण भाषा शिक्षण की विधि नहीं है। इसके द्वारा भाषा के किन्हीं नवीन प्रत्ययों का शिक्षण नहीं होता अपितु भाषा शिक्षण में शिक्षक द्वारा अनुभव की जाने वाली कठिनाइयों का निवारण होता है। इस प्रकार यह भाषा-कौशलों के परिष्कार का उपकरण है।

भाषा-प्रयोगशाला

विज्ञान और तकनीक के विकास ने मानव जीवन के प्रत्येक पक्ष को प्रभावित किया है। शिक्षा-व्यवस्था और शिक्षण-प्रणाली भी इनसे अछूती नहीं है। इनके माध्यम से परम्परागत शिक्षण की त्रुटियों और न्यूनताओं को दूर करने और शिक्षण को

सरल और अधिगम को चिरस्थायी बनाने के प्रयास किए जा रहे हैं। शिक्षा को सरल और मनोवैज्ञानिक सिद्धान्तों के अनुरूप बनाने में भी विज्ञान और तकनीक का योगदान अद्वितीय है। इस दिशा में भाषा-प्रयोगशाला एक उपयोगी कदम है।

भाषा-प्रयोगशाला की संरचना

भाषा-प्रयोगशाला का उद्भव शिक्षण तकनीकी से सम्बद्ध अमेरिकी संस्था–राष्ट्रीय शैक्षिक तकनीकी परिषद (National Council of Educational Technology – NCET) द्वारा आरम्भ हुआ। भाषा-प्रयोगशाला का लक्ष्य विज्ञान प्रयोगशाला की तरह कक्षा के विद्यार्थियों को भाषा के सूक्ष्म पक्षों से परिचित कराना है ताकि वे उच्चारण और प्रयोग के क्षेत्र में स्पष्टता और सटीकता ला सकें। भाषा-प्रयोगशाला में प्रत्येक विद्यार्थी के बैठने के लिए ऐसा केबिन बना होता है जहाँ से वह कक्षा के अन्य विद्यार्थियों को देख-सुन नहीं सकता, लेकिन शिक्षक के निर्देशों को सुन सकता है। इस केबिन में टेपरिकॉर्डर, हैडफोन और भाषा कौशल के विभिन्न पक्षों से सम्बद्ध ऑडियो कैसेट्स की व्यवस्था होती है।

आजकल माइक्रोफोन, टेपरिकॉर्डर और ऑडियो कैसेट्स के स्थान पर कम्प्यूटर का प्रयोग प्रचलित हो रहा है। कम्प्यूटर के माध्यम से ऑडियो रिकॉर्डिंग (ध्वन्यांकन) और प्रस्तुतिकरण के अलावा ध्वनि और उच्चारण के सूक्ष्म विश्लेषण की सुविधा वाले अनेक कम्प्यूटर सॉफ्टवेयर बाज़ार में उपलब्ध हैं। इस प्रकार के सॉफ्टवेयर की मदद से ध्वनि की सूक्ष्म और सटीक रिकॉर्डिंग और स्पष्ट प्रस्तुति सम्भव है। कम्प्यूटर की क्षमता टेपरिकॉर्डर और ऑडियो कैसेट्स की अपेक्षा काफी अधिक होती है इसलिए किसी सामान्य कक्षा के सभी विद्यार्थियों के उच्चारण, वाचन और शैली के नमूनों को भावी सन्दर्भ के लिए सुरक्षित रखा जा सकता है।

प्रयोगशाला में शिक्षक का स्थान ऐसी स्थिति में होता है कि वह सभी विद्यार्थियों पर नज़र और नियन्त्रण रख सके। उसकी मेज़ पर विद्यार्थियों के पास मौजूद उपकरणों के साथ ही प्रयोगशाला के सभी केबिनों से सम्पर्क की सुविधा होती है। वह किसी भी विद्यार्थी से व्यक्तिगत या सभी विद्यार्थियों से एक साथ सम्पर्क करके निर्देश दे सकता है। यह सम्पर्क द्विपक्षीय होता है अर्थात् विद्यार्थी भी अपने केबिन में उपलब्ध बटन दबाकर शिक्षक से सम्पर्क कर सकते हैं। इस प्रकार शिक्षक और विद्यार्थी अपने स्थान पर बैठे रहकर भी दिशानिर्देशों का आदान-प्रदान कर सकते हैं, समस्या का समाधान कर सकते हैं और एक के बाद दूसरी के क्रम से अनेक गतिविधियों का संचालन कर सकते हैं।

भाषा-प्रयोगशाला की कार्यविधि

भाषा-प्रयोगशाला का लक्ष्य भाषा के व्यावहारिक पक्ष को सुदृढ़ करना है। इसके द्वारा उच्चरित भाषा के अवयवों जैसे उच्चारण, बलाघात, विराम, भाव, शैली, शब्द-चयन, वाक्य-संरचना और विचार संयोजन के साथ पुस्तक-वाचन और कविता पाठ इत्यादि की शुद्ध विधि का शिक्षण, अभ्यास और संशोधन का प्रयास किया जाता है। इसके लिए शिक्षक साहित्य की विविध विधाओं के ध्वन्यांकित टेप या सी.डी. विद्यार्थियों को सुनवाता है। बीच-बीच में वह भाषा, उच्चारण और शैली के ध्यातव्य पक्षों पर टिप्पणी भी करता है और उन्हें नोट करने की हिदायत देता है ताकि विद्यार्थी उन पक्षों पर विशेष ध्यान दें।

इसके उपरान्त वह विद्यार्थियों को सुनी गई विधा में ही पुस्तक अथवा कम्प्यूटर स्क्रीन की मदद से वाचन या पाठन करने और उसे ध्वन्यांकित/रिकार्ड करने का निर्देश देता है। फिर विद्यार्थी उस ध्वन्यांकित अंश को सुनते हैं और नोट किए गए बिन्दुओं के आधार पर अपना मूल्यांकन करते हैं। इस कार्य में शिक्षक विद्यार्थियों की सहायता करता है। वह क्रमशः प्रत्येक विद्यार्थी के ध्वन्यांकित वाचन/पाठन के अंश सुनकर सुधार के लिए परामर्श देता है। यह प्रक्रिया पाठ्य अंश के वाचन में अपेक्षित सुधार आने तक दोहराई जाती है।

भाषा-प्रयोगशाला विधि का मूल्यांकन

भाषा-प्रयोगशाला मौखिक अभिव्यक्ति कौशल के विकास का उपयोगी माध्यम है। मौखिक भाषा का अधिगम परिवार और परिवेश से होता है। लेकिन वहाँ प्रचलित भाषा का उच्चारण, शब्द-प्रयोग, शैली इत्यादि की दृष्टि से शुद्ध और सटीक होना

प्रायः असंभव ही होता है। विद्यालय में भी सभी विद्यार्थियों और शिक्षकों की भाषा का सर्वभावेन त्रुटिहीन होना असम्भव है। कक्षा में हिन्दी-शिक्षण के दौरान शिक्षक से यथायोग्य वाचन की अपेक्षा की जाती है किन्तु उसे सभी विद्यार्थियों द्वारा ग्रहण किए जाने के विषय में कुछ नहीं कहा जा सकता। यदि कक्षा में वाचन/पाठन अभ्यास की बात की जाए तो वहाँ एक समय में अधिकाधिक एक ही विद्यार्थी को अवसर दिया जा सकता है और इससे सभी विद्यार्थियों के वाचन-कौशल के विकास को सुनिश्चित नहीं किया जा सकता। इन वास्तविकताओं को दृष्टिगत रखते हुए भाषा-प्रयोगशाला को सभी विद्यालयों के लिए अनिवार्य पाठ्य उपकरण माना जाना चाहिए।

भाषा-प्रयोगशाला में सभी विद्यार्थी एक साथ व्यक्तिगत तन्मयता के साथ पाठ्यवस्तु के ध्वन्यांकित अंश सुनते हैं, शिक्षक के निर्देशानुसार ध्यातव्य अंशों पर ध्यान केन्द्रित करते हैं, विशेष बिन्दुओं को नोट करते हैं और उच्चारण, विराम, बलाघात, यति-गति, अनुतान और शैली जैसे तत्त्वों को यथारूप ग्रहण करते हैं। फिर उसी विधा के पाठ्यांशों का स्वयं वाचन करके उसे रिकॉर्ड करते हैं और विशेषज्ञ की दृष्टि से उसका पुनःश्रवण करते हैं। शिक्षक के निर्देशों, नोट किए गए बिन्दुओं और उच्चरित भाषा के मानकों को जानने के बाद वे स्वयं अपनी ही भाषा का विश्लेषण कर सकते हैं और अपनी भाषा, शब्द-प्रयोग, वाचन विधि और उच्चारण की त्रुटियों का निवारण कर सकते हैं। इस विधि से उच्चरित भाषा कौशल का विकास सरलता से कराया जा सकताा है।

मौखिक के साथ ही लिखित भाषा कौशल के विकास के लिए भी भाषा-प्रयोगशाला का प्रयोग किया जा सकता है। इसके लिए शिक्षक ध्वन्यांकित अंश सुनाने के उपरान्त विद्यार्थियों को उसी विधा की लघु रचना लिखने के लिए प्रेरित कर सकता है। इस माध्यम से छोटी कहानी, यात्रा-विवरण, संस्मरण, रिपोर्ट, निबन्ध आदि की रचना का कौशल विकसित किया जा सकता है। यद्यपि इस माध्यम से वर्तनी और लेखन शैली का यथेष्ट विकास तो सुनिश्चित नहीं किया जा सकता किन्तु अभिप्रेरण की दृष्टि से भाषा-प्रयोगशाला का प्रयोग उपयोगी हो सकता है।

भाषा के सम्बन्ध में विद्यार्थियों को सजग और संवेदनशील बनाने में भी भाषा-प्रयोगशाला का प्रभूत महत्त्व है। अपने केबिन में बैठकर हैडफोन के माध्यम से ध्वन्यांकन को सुनकर उसे आसानी से अनुभव हो जाता है कि भाषा में किस तत्त्व का कितना महत्त्व और उपयोग है। इस दौरान एकाग्रता और शिक्षक के निर्देशों के कारण विद्यार्थी भाषा के उन तत्त्वों को भी सुनता और अनुभव करता है जिन्हें कक्षा में अथवा आम बोल-चाल के समय वह पहचान नहीं पाता।

भाषा-प्रयोगशाला की एक अन्य उपयोगिता व्यक्तिगत अवधान है। प्रयोगशाला में प्रत्येक विद्यार्थी अपनी गति के अनुसार ध्वन्यांकन का श्रवण और अपनी रचना या निर्दिष्ट रचना का ध्वन्यांकन कर सकता है। जहाँ-कहीं वह श्रवण अथवा वाचन में कठिनाई अनुभव करता है; बटन दबाकर शिक्षक से उसके बारे में स्पष्टीकरण या निर्देश प्राप्त कर सकता है। दूसरी ओर शिक्षक भी नियन्त्रण कक्ष से ही बटन दबाकर किसी भी विद्यार्थी द्वारा की जा रही गतिविधियों की जानकारी प्राप्त कर सकता है और आवश्यक निर्देश दे सकता है। इस प्रकार भाषा-प्रयोगशाला के माध्यम से विद्यार्थियों के श्रवण और मौखिक भाषा-कौशल का विकास सुनिश्चित किया जा सकता है।

भाषा-प्रयोगशाला के अनेक लाभ हैं किन्तु कुछ सीमाएँ भी हैं। इनमें सर्वप्रथम है कि इस व्यवस्था में शिक्षक और विद्यार्थी का सम्बन्ध अप्रत्यक्ष होता है जो कक्षा की अवधारणा से बिलकुल विपरीत है। भाषा शिक्षण के सन्दर्भ में चाक्षुष सम्पर्क का बहुत महत्त्व है। बातचीत हो, वाचन हो या पठन; हाथों, आँखों, सिर और अन्य अंगों के संचालन से कथन को स्पष्ट करना भी भाव-सम्प्रेषण का माध्यम होता है। भाषा के अन्य अवयवों की ही तरह अंग-संचालन का अभ्यास भी सम्पर्क और निरीक्षण के माध्यम से ही होता है। किन्तु भाषा-प्रयोगशाला की सारी कार्यविधि यान्त्रिक होती है जिससे सम्पर्कजन्य अभ्यास की सम्भावना नहीं रहती।

भाषा-प्रयोगशाला विशुद्ध रूप से व्यष्टि शिक्षण का माध्यम है। सामान्य कक्षा में विद्यार्थियों के सामने अन्य विद्यार्थियों की अशुद्धियों, त्रुटियों और असफलताओं के माध्यम से भी सीखने की सम्भावना होती है। सजग विद्यार्थी शिक्षक द्वारा अन्य विद्यार्थियों को दिए जाने वाले निर्देशों और संकेतों से भी अपने भाषा प्रयोग को सुधारता है। भाषा-प्रयोगशाला में

बैठा विद्यार्थी अन्य विद्यार्थियों की योग्यताओं और कमियों से अपरिचित रहता है और हर निर्देश अथवा परामर्श के लिए शिक्षक पर ही निर्भर होता है। यह स्थिति विद्यार्थियों को दिग्भ्रमित भी कर सकती है।

भाषा-प्रयोगशाला में शिक्षक का दायित्व काफी बढ़ जाता है। उससे अपेक्षा होती है कि वह प्रत्येक विद्यार्थी को उसकी कमियों को दृष्टिगत करके ध्वन्यांकित अंश सुनवाए और उसमें ध्यातव्य बिन्दुओं पर टिप्पणी करे। साथ ही उसे प्रत्येक विद्यार्थी द्वारा ध्वन्यांकित अंश को सुनकर आवश्यक टिप्पणी, परामर्श या निर्देश भी देना होता है। किसी भी वास्तविक परिस्थिति में इन दायित्वों को निभा पाना कठिन होता है।

प्रश्न

1. संसर्गविधि से क्या तात्पर्य है? इसके माध्यम से भाषा सीखना कितना उपयोगी है?
2. भाषा-शिक्षण की अप्रत्यक्ष विधि पर संक्षिप्त टिप्पणी कीजिए।
3. भाषा-अधिगम की दृष्टि से प्रत्यक्ष और अप्रत्यक्ष विधियों की तुलना कीजिए।
4. भाषा-शिक्षण की वेस्ट विधि के लाभों और सीमाओं का उल्लेख कीजिए।
5. हिन्दी शिक्षण-अधिगम के लिए अभिक्रमित अनुदेशन की उपयोगिता की समीक्षा कीजिए।
6. अभिक्रमित अनुदेशन के मुख्य सिद्धान्तों का परिचय दीजिए।
7. अभिक्रमित अनुदेशन के रेखीय और शाखीय अभिक्रमों में अन्तर स्पष्ट कीजिए।
8. हिन्दी भाषा शिक्षण में संरचनात्मक विधि का सामान्य परिचय दीजिए।
9. भाषा शिक्षण की संरचनात्मक विधि के गुणों और सीमाओं पर टिप्पणी कीजिए।
10. 'त्रुटि विश्लेषण भाषा शिक्षण की नहीं बल्कि भाषा सुधार की विधि है'—टिप्पणी कीजिए।
11. भाषा प्रयोगशाला के विद्यार्थियों की व्यावहारिक भाषा में किस प्रकार सुधार किया जा सकता है?

15 हिन्दी शिक्षण में प्रत्यय संरचनावाद (कंस्ट्रक्टिविज़्म) का प्रयोग

प्रकरण का उद्देश्य

शिक्षण की प्रक्रिया को अधिकाधिक सरल, सहज और रुचिकर बनाने के लिए नए-नए प्रयोगों की परम्परा काफी पुरानी है। व्यवहारवाद से लेकर बहुस्तरीय बुद्धिमत्ता यानि मल्टीपल इंटेलिजेंस तक की यात्रा ने कक्षागत परिस्थितियों में शिक्षकों और विद्यार्थियों के व्यवहार को एक नया आयाम दिया है। इस दौरान एक शिक्षण-अधिगम उपागम ने बहुत से शिक्षाविदों और शिक्षा नियोजकों का ध्यान आकर्षित किया है। इसे संरचनावाद या प्रत्यय संरचनावाद का नाम दिया जाता है। इसके अनुसार कोई भी अधिगमकर्त्ता शिक्षक या शिक्षण-प्रक्रिया के अनुसार नहीं अपितु स्वयं अपने प्रयास और तरीके से ज्ञान, बोध, अनुभव आदि का अधिगम करता है। इस परिकल्पना ने शिक्षक को कक्षा में शैक्षिक गतिविधियों के संचालक के बदले अधिगम परिस्थितियों के निर्माता, उत्प्रेरक और उद्‌बोधक की भूमिका में ला दिया है। निश्चित ही यह भूमिका पारम्परिक उत्तरदायित्वों से बहुत अलग और चुनौतीपूर्ण है। प्रस्तुत प्रकरण में भाषा शिक्षण में प्रत्यय संरचनावाद के उपयोग पर विचार किया गया है।

शिक्षण अधिगम में विद्यार्थियों की सहभागिता बढ़ाने के प्रयास विगत शताब्दी से ही किए जा रहे हैं। शिक्षा-दार्शनिकों, शिक्षा-मनोवैज्ञानिकों, प्रशासकों और शिक्षकों ने शिक्षण-प्रक्रिया को अधिकाधिक मनोवैज्ञानिक और विद्यार्थी केन्द्रित बनाने के लिए अथक प्रयास किए हैं। वाटसन के व्यवहारवाद और पियाजे के संज्ञानात्मक विकास के आगामी चरण के रूप में प्रत्यय संरचनावादी आन्दोलन की शुरुआत पिछली शताब्दी में ही हो गई थी। हमारे देश में भी शिक्षकों को 'सेवापूर्व अध्यापक शिक्षा पाठ्यक्रम' के दौरान इस उपागम के सैद्धान्तिक एवं व्यावहारिक पक्षों से परिचित कराया जाता है। लेकिन विडम्बना ही है कि प्रत्यय संरचनावादी उपागम से परिचित शिक्षक भी कक्षागत परिस्थितियों में इसके व्यवहार के प्रति उदासीन रहते हैं। इसका प्रमुख कारण विद्यालय प्रबन्धकों का इस उपागम के प्रति अनभिज्ञ होना है तो दूसरा बड़ा कारण शिक्षकों का नई और चुनौतीपूर्ण परिस्थितियों का सामना करने के प्रति उदासीनता है। परिणाम यह है कि नगरीय क्षेत्रों के कुछ गिनेचुने निजी विद्यालयों के अलावा यह उपागम अभी शिक्षक-सम्मेलनों और कार्यशालाओं की चर्चाओं और अभ्यासों तक ही सीमित है।

सौभाग्य से पिछले कुछ दशकों में भारतीय विद्यालयों की कक्षागत गतिविधियों में व्यापक परिवर्तन हुए हैं। शिक्षण प्रक्रिया में नवाचारों के प्रति उभरे रुझान के कारण अनेक विद्यालय प्रशासक कक्षा में नई तकनीकों, सहायक सामग्रियों और उपागमों के प्रयोग के प्रति उन्मुख हो रहे हैं। विद्यालय प्रशासन में पुरानी परम्परा के प्रधानाचार्य और उप-प्रधानाचार्य के प्रशासन के स्थान पर प्रत्येक कक्षा या स्तर के लिए शिक्षा-प्रबन्धकों की सेवाएँ लेने का चलन ज़ोर पकड़ रहा है। इन बदलावों के चलते प्रत्यय संरचनावाद भी सम्मेलनों की परिचर्चाओं से निकलकर व्यावहारिक धरातल पर आ रहा है। अनेक विद्यालयों में शिक्षक पारम्परिक शिक्षण के हटकर अधिगम परिस्थितियों के निर्माण के प्रति उन्मुख होने लगे हैं। इससे विद्यार्थियों को उनके प्रेक्षण, अन्तर्क्रिया, चिन्तन और प्रयास से ही ज्ञान, बोध और कौशल के अधिगम के लिए उत्प्रेरित किया जा रहा है।

प्रत्यय संरचनावाद की पृष्ठभूमि

शिक्षण-प्रक्रिया में मनोवैज्ञानिक सिद्धान्तों और तकनीकों के प्रयोग और खोज का सिलसिला काफी पुराना है। वाटसन, स्किनर, पावलव आदि ने व्यवहारवाद द्वारा शिक्षण का एकमात्र लक्ष्य विद्यार्थी के ज्ञानात्मक और व्यवहारात्मक बदलाव तक सीमित किया था। जबकि बाद में बुद्धिमत्तावाद के प्रवर्तकों जीन पियाजे और ब्रूनर आदि ने शिक्षण को मानसिक या बौद्धिक गतिविधि सिद्ध किया। जिसका सीधा परिणाम यह हुआ कि शिक्षण को बाहरी व्यवहार या बरताव के स्थान पर विचार, मानसिकता और चिन्तन में विकास और गहनता का माध्यम मान लिया गया। इसके बाद ए. बरुण्डा आदि के प्रयासों से शिक्षण में शिक्षक के साथ ही कक्षागत परिवेश, सहपाठियों, सहायक सामग्रियों आदि पक्षों के सहयोग पर बल देने वाली सहकारिता अधिगम या सोशल लर्निंग् को मान्यता मिली। लेकिन इन सभी प्रयासों में अधिक बल शिक्षण उद्देश्यों, प्रक्रिया अथवा परिवेश पर ही रहा। विद्यार्थी केन्द्रित शिक्षण पर बातें की गईं लेकिन इसका कोई व्यावहारिक और उपयोगी माध्यम सामने नहीं ला सका। इस बीच लेव वायगोस्की ने बालकों के बौद्धिक विकास में परिवेशगत परिस्थितियों और उनके प्रति प्रतिक्रिया पर काम किया। उनके प्रॉक्सिमल लर्निंग् ज़ोन के सिद्धान्त ने शिक्षामनोविज्ञान में एक नए लेकिन सर्वसमावेशी उपागम के विकास का सुझाव दिया। प्रत्यय संरचनावाद के नाम से प्रचलित इस उपागम में किसी विशेष शिक्षण-अधिगम प्रविधि के स्थान पर बहुपक्षीय गतिविधियों के प्रयोग का विकल्प सुझाया गया है।

प्रत्यय संरचनावाद का मूल सिद्धान्त है कि कोई भी विद्यार्थी स्वयं के प्रयास, निरीक्षण, परीक्षण, जिज्ञासा और आत्मचिन्तन से ही ज्ञान, बोध, कौशल आदि का अधिगम करता है। हो सकता है कि कोई शिक्षक अपने विषय का बहुत अच्छा जानकार हो, उसके शिक्षण का तरीका बहुत प्रभावी हो और उसके द्वारा प्रयुक्त शिक्षण उपकरण भी सटीक और उत्प्रेरक हों लेकिन ज़रूरी नहीं कि इन सभी पक्षों के समन्वय वाली कक्षा के सभी विद्यार्थी पाठ्यवस्तु को जान लें, समझ जाएँ या उसमें प्रवीण हो जाएँ। कक्षा में उपस्थित प्रत्येक विद्यार्थी की पारिवारिक, सामाजिक व शैक्षिक पृष्ठभूमि और शारीरिक, बौद्धिक तथा ग्राह्यता क्षमता भिन्न होती है। इन भिन्नताओं के आयाम और सीमाएँ निर्धारित करना उतना ही कठिन होगा जितना आसमान के तारे गिनना। एक शिक्षक अपने ज्ञान का स्तर, अपनी शिक्षण प्रविधि की उपयोगिता, शिक्षण उपकरणों की सटीकता आदि तो सुनिश्चित कर सकता है; लेकिन भिन्न विद्यार्थियों पर उनके प्रभाव की सीमाओं का आकलन करना उसके लिए शायद कभी भी सम्भव न हो। इस बारे में एक और तथ्य पर ध्यान दिया जाना चाहिए कि शिक्षण चाहे शिक्षक, शिक्षण प्रविधि, पाठ्यपुस्तकों, उपकरणों आदि पर आधारित हो लेकिन अधिगम तो पूर्णतः किसी विद्यार्थी की व्यक्तिगत विशेषता पर निर्भर है। इन व्यक्तिगत भिन्नताओं के कारण ही प्रत्यय संरचनावाद में शिक्षण के स्थान पर अधिगम पर बल दिया जाता है।

अधिगम पर अधिक ज़ोर दिए जाने के कारण प्रत्यय संरचनावाद में शिक्षक की ओर से किसी पद्धति विशेष के अनुपालन की सिफ़ारिश नहीं की गई है। प्रत्यय संरचनावाद के कुछ जानकारों के अनुसार तो इस उपागम में शिक्षण नाम की गतिविधि कुछ रह ही नहीं जाती। किसी प्रत्यय संरचनावादी कक्षा में शिक्षक का दायित्व केवल उन परिस्थितियों के निर्माण तक ही सीमित रह जाता है जो विद्यार्थियों को किसी पाठ्यवस्तु या सन्दर्भ को जानने के प्रति उत्सुक करती हैं और उस ज्ञान, बोध या अनुभव के लिए सहयोगी होती हैं। प्रत्यय संरचनावादी कक्षा में शिक्षक का पहला काम विद्यार्थियों के ध्यान को पाठ्यवस्तु के अधिगम के लिए उत्सुक करना है। इसके लिए वह चित्र, कहानी, घटना-कथन, बातचीत, अखबार-पठन, गीत सुनाना, चलचित्र-प्रदर्शन आदि तमाम माध्यमों का उपयोग कर सकता है। विद्यार्थियों के ध्यान को पाठ्यवस्तु पर केन्द्रित करने के बाद वह उन्हें पाठ्यवस्तु के अध्ययन के महत्त्व से परिचित कराता है। यदि विद्यार्थी पाठ्यवस्तु के महत्त्व को अच्छी तरह समझ जाएँ तो शिक्षक का एक बड़ा उद्देश्य पूरा हो जाता है। वह मान सकता है कि पाठ्यवस्तु के विषय में जिज्ञासा जागृत होने के बाद विद्यार्थी स्वयं ही उत्तरवर्ती तथ्यों, कारणों, परिणामों, विवरणों आदि की खोज में तत्पर हो जाएँगे। इस गतिविधि के लिए शिक्षक उन्हें पाठ्यपुस्तक, पूरक पुस्तक, सहायक उपकरण, कम्प्यूटर, इंटरनेट आदि की सुविधा उपलब्ध करवा सकता है।

प्रत्यय संरचनावाद और शिक्षक

परम्परागत शिक्षण उपागमों में शिक्षक कक्षा में सभी और सब प्रकार की गतिविधियों का केन्द्र होता है। वह विद्यार्थियों को पाठ्यपुस्तकों में दी गई पाठ्यवस्तुओं के ज्ञानात्मक, बोधात्मक और कौशलात्मक उद्देश्यों की प्राप्ति के लिए अनेक प्रकार के उपाय करता है। कभी वह लिखित योजना बनाता है, कभी मानसिक तौर पर तैयारी करता है, कभी सहकर्मियों से सलाह-मश्विरा करता है तो कभी चिन्तन करके पाठ्यवस्तु के प्रभावी अन्तरण की तैयारी करता है। इन सब गतिविधियों के माध्यम से वह कक्षा में केन्द्रीय भूमिका निभाता है। वह कक्षा का नेता होता है जबकि सभी विद्यार्थी उसका अनुकरण करते हैं। इससे ऐसा अहसास होता है जैसे कक्षा में सफल शिक्षण केवल शिक्षक की ही ज़िम्मेदारी हो या येन-केन प्रकारेण पाठ्यक्रम को पूरा करा देना ही शिक्षक की ज़िम्मेदारी हो। ऐसा करते हुए हम भूल जाते हैं कि विद्यालय की समस्त गतिविधियों का लक्ष्य, उद्देश्य और केन्द्र; शिक्षक या पाठ्यक्रम नहीं बल्कि विद्यार्थी है। यदि शिक्षक और पाठ्यक्रम मिलकर विद्यार्थियों की अधिगम आवश्यकताओं को सन्तुष्ट नहीं कर पाते तो उनका कोई स्थान या महत्त्व नहीं है।

इस उपागम में एक दृष्टि से तो शिक्षक का दायित्व सीमित महसूस होता है। उसे पुस्तक नहीं पढ़नी है, व्याख्या नहीं करनी है, उदाहरण नहीं ढूँढने, प्रश्नों के उत्तर नहीं देने या लिखवाने और इसी तरह के तमाम काम नहीं करने लेकिन इसका यह अर्थ तो नहीं है कि कक्षा में ये सब गतिविधियाँ होंगी ही नहीं। प्रत्यय संरचनावाद की विशेषता है कि उसके व्यवहार में ऊपर लिखी गई और उनसे सम्बद्ध सभी गतिविधियाँ शिक्षक के स्थान पर विद्यार्थियों की ओर से होती हैं और इन सबके पीछे नियोक्ता होता है—शिक्षक। विद्यार्थी न विषय को जानते हैं और न ही उसके अध्ययन के महत्त्व से परिचित होते हैं। उन्हें यह आभास नहीं होता है कि यदि वे पाठ्यक्रम में दिए गए किसी विषय से परिचित नहीं हैं तो उनके बौद्धिक विकास और परिपक्वता में क्या कमी है। उन्हें पता नहीं है कि भाषाध्ययन की प्रक्रिया उनके जीवन के निर्माण से किस प्रकार सम्बद्ध है। दूसरी ओर शिक्षक और शिक्षणतन्त्र इन सभी तथ्यों से परिचित होता है। उसे आभास होता है कि पाठ्यक्रम क्या है, शिक्षण का लक्ष्य और उद्देश्य क्या है और इनके माध्यम से विद्यार्थी के जीवन में क्या परिवर्तन लाया जाना है। लेकिन इसके बावजूद हमारी परम्परगत शिक्षण पद्धति अधिगमकर्त्ता या विद्यार्थी को हाशिए पर रखा जाता रहा है। प्रत्यय संरचनावाद में पहली बार वास्तविक अर्थों में शिक्षण पद्धति को विद्यार्थी-केन्द्रित बनाने में सफलता प्राप्त हुई है। इसके लिए शिक्षक के दायित्व में बदलाव ज़रूरी है।

प्रत्यय संरचनावाद और पाठयोजना

पाठयोजना का सामान्य उद्देश्य कक्षागत गतिविधियों को व्यवस्थित रूप देना है ताकि शिक्षक कक्षा के समय और संसाधनों का समुचित उपयोग सुनिश्चित कर सके। हरबर्ट, ब्लूम और आर.सी.ई.एम. उपागमों में कक्षागत गतिविधियों में शिक्षक को केन्द्र में रखते हुए पाठयोजना का प्रावधान है। विद्यार्थी जो कुछ भी करते हैं वह या तो शिक्षक की गतिविधियों की प्रतिक्रियास्वरूप होता है या उसके निर्देश पर। इन पद्धतियों में पाठ्यक्रम की समाप्ति, वरणीय शिक्षण विधियों के प्रयोग और प्रभावी सहायक उपकरणों की सहायता सुनिश्चित करने पर खासा बल दिया गया है। स्वदेशी और पश्चिमी मनोवैज्ञानिकों द्वारा प्रस्तुत अधिगम सिद्धान्तों को जानने पर भी कभी यह नहीं सोचा गया कि इन्हें वास्तविक परिस्थितियों में कैसे अपनाया जाए। इस अर्थ में प्रत्यय संरचनावादी उपागम को परम्परागत शिक्षण उपागमों की तुलना में नए युग का शुभारंभ कहा जा सकता है।

प्रत्यय संरचनावादी उपागम के प्रयोग को अधिकाधिक व्यावहारिक बनाने के लिए शिक्षक को कक्षा में नवाचारी गतिविधियों और रचनात्मकता के लिए तैयार होना है। लेकिन यह तैयारी तब तब पूरी नहीं होगी जब तक वह प्रत्यय संरचनावाद के समस्त सिद्धान्तों को व्यवहार में लाने के लिए पूर्व तैयारी न करे। इसके लिए अनेक समूहों द्वारा प्रत्यय संरचनावादी पाठयोजना के निर्माण के प्रयास किए जा रहे हैं। इनका उद्देश्य परम्परागत पाठयोजना की तर्ज पर शिक्षकों को उनकी भूमिका के लिए अधिक सजग और तैयार करना है। इस दिशा में अंग्रेज़ी के 'ई' से शुरु होने वाले पाँच अक्षरों को नामतः एंगेज (सहभागिता), एक्सप्लोर (खोज), एक्सप्लेन(वर्णन), इलेबोरेट(व्याख्या) और इवैल्युएट(मूल्यांकन) को

आधार बनाकर पाठयोजना बनाई जा रही है। इस प्रकार की पाठयोजना में शिक्षकों को नए-नए माध्यमों और उपायों से विद्यार्थियों को पाठ्यवस्तु के अन्तर्हित पक्षों व उनके महत्त्व और उपयोग खोजने, उसके आयामों के वर्णन और व्याख्या में सहभागी बनाने का अवसर प्राप्त होता है। इससे कक्षा के सभी विद्यार्थी स्वयं अपने प्रयास से, अपनी गति से और अपने तरीके से पाठ्यवस्तु को जानते-सीखते हैं। वे कक्षा के अधिगम परिवेश में सक्रिय होकर वहाँ उपस्थित व्यक्तियों, वस्तुओं और प्रक्रियाओं से अपने को जोड़ते हैं और ज्ञान, बोध, अनुभव तथा कौशल अर्जित करते हैं। वे शिक्षक या पाठ्यवस्तु पर निर्भर नहीं रहते और न ही उनके सीखने की सीमा उनके द्वारा निर्धारित या सीमित की जा सकती है। वे जब, जितना और जब चाहें; तब, उतना और वैसे सीख सकते हैं। इससे स्पष्ट है कि पाँच 'ई' से समन्वित प्रत्यय संरचनावादी पाठयोजना में शिक्षण के अधिक बल अधिगम पर होता है। इसीलिए प्रत्यय संरचनावाद में कक्षागत गतिविधियों को शिक्षण-अधिगम के स्थान पर अधिगम-शिक्षण कहा जाता है।

पाँच 'ई' वाली पाठयोजना से अलग भी प्रत्यय संरचनावादी पाठ-नियोजन के प्रयास कर रहे हैं। इनमें 'आगरा प्रयोग' नाम से जानी जाने वाली पाठयोजना उल्लेखनीय है। इसमें पाँच 'ई' से आगे बढ़कर विद्यार्थी केन्द्रित पाठयोजना बनाने के साथ ही परम्परागत पाठयोजना के गुणों के समावेश के लिए कोशिश की गई है। इससे उन्हें प्रत्यय संरचनावादी पाठयोजना को अध्यापक-शिक्षकों और छात्राध्यापकों के लिए अधिक सहज और सरल बनाने में सफलता मिली है। इस पाठयोजना में कुल मिलाकर छह चरण हैं जो आगे कुछ अन्य उपचरणों में बँटे होते हैं। ये चरण और उनके उपविभाग इस प्रकार हैं—

1. उद्देश्यों का व्यावहारिक शब्दावली में उल्लेख (क) ज्ञानात्मक, (ख) भावात्मक और (ग) मनोक्रियात्मक)
2. एकाग्र खोज—
   - 2.1 केन्द्रीकरण एवं साहचर्य (क) अधिगमकर्त्ता के अवधान का केन्द्रीकरण, (ख) पूर्व अधिगम की जाँच, (ग) पूर्व अधिगम का पाठ्यवस्तु से संयोजन,
   - 2.2 प्रकरण का महत्त्व और
   - 2.3 उद्देश्य-कथन
3. मस्तिष्क चित्र निर्माण—अध्यापक का योगदान (क) अन्वेषण (ख) संवर्धन और (ग) गुणवत्ता विकास
4. अभ्यास (क) निर्देशित-अभ्यास (ख) स्वतन्त्र-अभ्यास
5. विवेचना एवं मूल्यांकन
6. निष्कर्षीकरण (क) संक्षिप्तीकरण (ख) समापन

इस प्रयोग की अन्य विशेषता पाठयोजना के अन्त में पर्यवेक्षक की टिप्पणी के साथ ही छात्राध्यापक द्वारा निदिध्यासन या चिन्तन का प्रावधान है। इसके अन्तर्गत छात्राध्यापक द्वारा पाठयोजना के निर्माण और कार्यान्वयन पर अनुचिन्तन और टिप्पणी की व्यवस्था की जाती है। इन चरणों में स्थान और अवसर के अनुरूप समूह चर्चा, समूह खोज, प्रश्न पूछना, उत्तर खोजना, चित्र बूझना, काल्पनिक परिस्थिति निर्माण, सहसम्बन्ध, मॉक ड्रिल, तथ्यखोज, प्रस्तुतिकरण, परिचर्चा, मंचन आदि प्रविधियों को शामिल करके पाठयोजना को अधिकाधिक क्रियाशील और गतिविधिपूर्ण बनाने का प्रयास किया गया है।

प्रत्यय संरचनावाद का मूल्यांकन

भाषा के शिक्षण-माध्यम के रूप में प्रत्यय संरचनावाद की ख्याति का एक कारण इसकी बहुरूपता और लचीलापन है। कतिपय विद्वान प्रत्यय संरचनावाद को सिद्धान्त विशेष न मानकर अन्यान्य उपागमों के समन्वय के रूप में स्वीकार करते हैं, जबकि अन्य के अनुसार यह बहुरूपता और लोच ही प्रत्यय संरचनावाद की सबसे बड़ी शक्ति है। कक्षागत शिक्षण में प्रयोज्यमान प्रत्यय संरचनावाद अपने तीन प्रकारों यानि 'संज्ञानात्मक', 'सामाजिक' और 'मौलिक' का समन्वित रूप है। यही कारण है कि इस सिद्धान्त के अन्तर्गत किन्हीं निश्चित शिक्षण-अधिगम प्रविधियों की अनुशंसा नहीं की जाती अपितु कक्षा, स्तर, समय, अवसर, परिस्थितियों, संसाधनों, परिवेश इत्यादि के अनुसार अधुनातन और रचनात्मक प्रविधियों का अन्वेषण

और प्रयोग किया जाता है। प्रत्यय संरचनावादी पाठयोजना में विद्यार्थियों के स्तर पर एकाग्र खोज, मस्तिष्क चित्र निर्माण, अन्वेषण, संवर्धन, गुणवत्ता विकास, निर्देशित व स्वतन्त्र अभ्यास, विवेचना, मूल्यांकन, संक्षिप्तीकरण और समापन के लिए लचीली व्यवस्था पाई जाती है। साथ ही पाठयोजना के अन्त में शिक्षक के स्तर पर पाठ के नियोजन और कार्यान्वयन की मीमांसा या अनुचिन्तन की व्यवस्था की जाती है, ताकि पाठयोजना अथवा उसके कार्यान्वयन में अनुभूत समस्याओं तथा कठिनाइयों का निराकरण आगामी पाठयोजनाओं और उनके क्रियान्वयन में किया जा सके।

भाषा-अधिगम में प्रत्यय संरचनावाद के प्रयोग पर अनेक अनुसन्धान, प्रयोग और व्याख्याएँ हुई हैं। इनमें से अधिकांश के अनुसार भाषा अधिगम में प्रत्यय संरचनावाद के प्रयोग के लिए पाठ्यक्रम, शिक्षक-प्रशिक्षण, सहायक-उपकरणों, संसाधन-विकास, कक्षागत-संरचना, मूल्यांकन-प्रक्रिया, विद्यालय-प्रशासन इत्यादि के स्तर पर युगान्तकारी बदलावों की आवश्यकता है। जिससे विद्यार्थियों को शिक्षक-केन्द्रित और नियन्त्रित अधिगम-गतिविधियों के स्थान पर स्वयं के प्रयास और पहल से ज्ञान, बोध तथा कौशल के अधिगम के लिए परिवेश-निर्माण में सहायता प्रदान की जा सके। प्रत्यय संरचनावाद के सम्यक् अनुपालन के लिए सर्वप्रथम नवाचारी पाठ्यक्रम की आवश्यकता है ताकि विद्यार्थियों को पूछने, खोजने, अनुप्रयोग, सहयोग और खोज के आनन्द का अनुभव करने का अवसर उपलब्ध कराया जा सके।

भाषा-अधिगम में प्रत्यय संरचनावाद जैसी अधुनातन विधियों के अनुपालन में शिक्षकों की अनिच्छा का एक बड़ा कारण है कि शिक्षक-प्रशिक्षण के दौरान आधुनिक और नवाचारी शिक्षण-अधिगम सिद्धान्तों का अध्ययन और अभ्यास करने वाले विद्यार्थी जब शिक्षक के रूप में विद्यालय में प्रवेश करते हैं तो वहाँ पहले से कार्यरत शिक्षकों को परम्परागत विधियों का प्रयोग करते देखकर वे भी अपनी विशेषता की उपेक्षा करने लगते हैं। उन्हें कक्षा में जाकर परम्परागत विधियों से शिक्षण करना सरल अनुभव होता है क्योंकि वे विद्यालय प्रशासन को नवाचारी प्रविधियों के अनुपालन के प्रति सशंक और निरुत्साही पाते हैं। इसलिए परम्परा से स्वीकृत शिक्षक-केन्द्रित विधियों के प्रयोग में सहजता अनुभव करते हैं। इस प्रकार प्रत्यय संरचनावाद जैसे नवाचारी अधिगम-शिक्षण उपागमों के प्रयोग में निपुण शिक्षक भी परिस्थितिगत कारणों से अधिगम-शिक्षण और मूल्यांकन के लिए इनका प्रयोग नही कर पाते। जिन विद्यालयों में गणित, विज्ञान तथा सामाजिक अध्ययन जैसे विषयों में कम्प्यूटर आधारित अधिगम, स्मार्ट-बोर्ड और अन्तर्क्रियात्मक पद्धतियों का अनुपालन हो रहा है, वहाँ भी भाषा-शिक्षण के विषय में परम्परागत प्रविधियों का ही प्रयोग किया जा रहा है। यह कथन हिन्दी के साथ ही संस्कृत और अंग्रेज़ी भाषाओं के विषय में भी समान रूप से सत्य है।

प्रत्यय संरचनावाद में भाषा के अधिगम के साथ ही उसके मूल्यांकन को व्यापक और सहयोगपूर्ण बनाने पर बल दिया जाता है। डिक और कैरी ने प्रत्यय संरचनावादी मूल्यांकन में चार चरणों के समावेश का सुझाव दिया है। ये हैं—विशेषज्ञ समीक्षा, व्यक्तिगत मूल्यांकन, सामूहिक मूल्यांकन और प्रायोगिक मूल्यांकन। स्वाभाविक है कि इन उपायों से मूल्यांकन को व्यक्तिपरक और सामयिक के स्थान पर वस्तुपरक और व्यापक बनाया जा सकता है। प्रस्तुत उद्धरणों से स्पष्ट है कि भाषा शिक्षण में प्रत्यय संरचनावाद के उपयोग के लिए न केवल शिक्षक और विद्यार्थी अपितु विद्यालय, संसाधन, प्रशासन और तकनीकी स्तर पर भी अनेक बदलावों और सुधारों की अपेक्षा है। जिन संस्थानों ने इन दिशाओं में अपेक्षित पहल की है, उनका अनुभव है कि प्रत्यय संरचनावाद के व्यवहार से कक्षागत अधिगम-शिक्षण गतिविधियों और मूल्यांकन प्रणाली में अपेक्षित बदलाव लाए जा सकते हैं। इन बदलावों को गति प्रदान करने के उद्देश्य से इस पुस्तक में गद्य, पद्य और व्याकरण की परम्परागत पाठयोजनाओं के साथ ही प्रत्यय संरचनावादी पाठयोजनाओं (आगरा प्रयोग) को भी प्रस्तुत किया गया है।

प्रश्न

1. भाषा-शिक्षण की दृष्टि से प्रत्यय संरचनावाद का सामान्य परिचय दीजिए।
2. प्रत्यय संरचनावाद के विकास के कारणों और आधारों पर संक्षिप्त अनुच्छेद लिखिए।
3. प्रत्यय संरचनावाद में शिक्षक की भूमिका पर टिप्पणी कीजिए।
4. प्रत्यय संरचनावादी पाठयोजना के विशिष्ट चरणों का परिचय दीजिए।
5. भाषा-शिक्षण की दृष्टि से प्रत्यय संरचनावाद का मूल्यांकन कीजिए।

16 शिक्षण नियोजन–इकाई योजना और पाठयोजना निर्माण

प्रकरण का उद्‌देश्य

किसी भी कार्य को करने से पूर्व यदि उसकी व्यावहारिक योजना बना ली जाए तो लक्ष्य की प्राप्ति सुनिश्चित की जा सकती है। यही तथ्य कक्षा में पाठ्‌यवस्तु के शिक्षण पर भी शतशः लागू होती है। विद्यालय में पढ़ाए जाने वाले अन्य विषयों की ही तरह भाषा शिक्षण में भी दो प्रकार के नियोजन की व्यवस्था है। इनमें से एक के अन्तर्गत किसी शैक्षणिक सत्र में पढ़ाए जाने वाली समग्र पाठ्‌यसामग्री का नियोजन किया जाता है जबकि अन्य के तहत किसी एक कक्षा में पढ़ाए जाने वाली पाठ्‌यवस्तु पर आधारित योजना बनाई जाती है। इन्हें क्रमशः इकाई-नियोजन और पाठ-नियोजन का नाम दिया जाता है। सफल भाषा शिक्षण के लिए हिन्दी शिक्षक को इन दोनों नियोजनों में कुशल होना चाहिए। प्रस्तुत अध्याय में इन दोनों सन्दर्भों पर विस्तारपूर्वक विचार किया गया है।

शैक्षिक नियोजन का अर्थ

निश्चित, व्यावहारिक और अचूक योजना किसी भी कार्य की सफलता का आधार होती है। बृहत् परियोजनाओं से सामान्य घरेलू काम-काज तक समस्त व्यवहार पूर्व-निर्धारित या सामयिक योजना के अनुसार ही संचालित होते हैं। योजना के निर्माण से किसी कार्य के उद्‌देश्यों और लक्ष्यों की प्राप्ति सुनिश्चित की जा सकती है। कार्य-सम्पादन में प्रयुक्त होने वाले संसाधनों, प्रक्रियाओं और प्रयासों के पूर्व-निर्धारण द्वारा उससे सम्बद्ध सभी पक्षों के समय, श्रम, ऊर्जा और संसाधनों का सदुपयोग किया जा सकता है और भविष्य के लिए सुदृढ़ तथा विश्वसनीय आधार की स्थापना की जा सकती है। इन लाभों और कतिपय मनोवैज्ञानिक सिद्धान्तों के प्रभाव से शिक्षण में भी नियोजन के महत्त्व को स्वीकार किया गया है। विद्यार्थियों के ज्ञान, विचार, व्यवहार, रुचि इत्यादि में स्थायी परिवर्तन का माध्यम होने के कारण, शिक्षण में नियोजन का व्यवहार अत्यन्त महत्त्वपूर्ण है। मानवकेन्द्रित और भविष्योन्मुख होने से यह कार्य संवेदनशीलता और सावधानी से किया जाना चाहिए।

शैक्षिक नियोजन की प्रकृति

शिक्षण के तीनों ध्रुवों नामतः पाठ्‌यक्रम, शिक्षक और विद्यार्थी के सन्दर्भ में नियोजन का अपना महत्त्व है। नियोजन द्वारा शिक्षण के लक्ष्यों का पूर्व निर्धारण, उनका सटीक व सामयिक अनुपालन और यथारूप मूल्यांकन सम्भव होता है। इन तीनों के अन्तर्सम्बद्ध और अन्योन्याश्रय के कारण शैक्षिक नियोजन की प्रकृति काफी संवेदनशील है। किसी एक क्षेत्र में योजनागत दुर्बलता या विसंगति; शिक्षण की पूरी प्रक्रिया के उद्‌देश्य एवं लक्ष्यों को दिग्भ्रमित कर सकती है। इसलिए शिक्षण में नियोजन की प्रकृति, कार्यों, प्रक्रिया एवं प्रविधि का ज्ञान प्रत्येक शिक्षक के लिए अनिवार्य है।

शैक्षिक नियोजन की पृष्ठभूमि

शैक्षिक नियोजन का प्रादुर्भाव गैस्टाल्ट मनोविज्ञान के सिद्धान्तों के आधार पर हुआ है। इस सिद्धान्त का प्रादुर्भाव और विकास जर्मनी में हुआ। इसके अनुसार 'हमारे समस्त अनुभव गैस्टाल्ट से युक्त होते हैं। अर्थात् हमारे अनुभव जिन अवयवों या पहलुओं पर निर्भर होते हैं उन्हें किसी विषय के घटकों के रूप में नहीं देखा जा सकता और न ही उन्हें किन्हीं घटकों के जोड़ के रूप में देखा जा सकता है। गैस्टाल्ट का तात्पर्य है किसी उद्दीपन के प्रति हमारी प्रतिक्रिया अपने आप में परिपूर्ण और अविश्लेषणीय होती है। उसे किन्हीं खण्डों या तत्त्वों के रूप में तोड़ा नहीं जा सकता।

> GESTALTEN— All our experiences consists of GESTALTEN i.e. any of the integral structures or patterns that make up all experiences and have specific properties which can neither be derived from the elements of the whole nor considred simply as the sum of these elements.
>
> The response of an organism to a situation is a complete and un-analyzable whole rather than a sum of the responses to specific elements in the situation.

इस सिद्धान्त को मानव व्यवहार के समस्त पहलुओं में मान्यता मिली और शिक्षण में तो इसे मानकता और वैज्ञानिकता के समावेश के उपकरण के रूप में पर्याप्त उपयोगी माना गया। परिणाम यह हुआ कि पाठ्यक्रम-निर्धारण और शिक्षण-नियोजन को ज्यादा व्यावहारिक और सुसम्बद्ध बनाने की आवश्यकता अनुभव की जाने लगी। शिक्षाविदों और मनोवैज्ञानिकों ने शिक्षण में गैस्टाल्ट के व्यावहारिक उपयोग के लिए अनेक उपाय प्रस्तुत किए। जिसका एक महत्त्वपूर्ण पक्ष है–शैक्षिक नियोजन। इस प्रणाली के अन्तर्गत शिक्षक सम्पूर्ण सत्र के पाठ्यक्रम, शिक्षण गतिविधियों, सहायक उपकरणों इत्यादि का उद्देश्यपूर्ण और लक्ष्यबद्ध नियोजन करता है। इस नियोजन को इकाई योजना के नाम से जाना जाता है। इकाई योजना द्वारा शिक्षक अपने कार्य को अधिकाधिक उपयोगी, लक्ष्यबद्ध और फलप्रद बना सकता है। इसके चरणों को विस्तारपूर्वक समझने के लिए निम्नलिखित प्रक्रिया का अनुपालन अपेक्षित है–

इकाई योजना–परिचय और प्रक्रिया

इकाई योजना का तात्पर्य है–किसी सत्र के लिए उपलब्ध कार्य-दिवसों के अनुपात में, पाठ्यक्रम में निर्धारित समस्त पाठ्यसामग्री, पाठ्यक्रियाओं और सहगामी गतिविधियों के सुचारु सम्पादन के लिए कार्यक्रम निश्चित करना। ऐसा करने से शिक्षक को उपलब्ध समय व संसाधनों के अनुसार पाठ्यक्रम के नियोजन की सुविधा उपलब्ध होती है। इकाई योजना के माध्यम से शिक्षक स्वयं को सुनिश्चित कार्यक्रमानुसार शिक्षण के लिए सन्नद्ध करता है और अपेक्षित संसाधनों की व्यवस्था भी सहज हो जाती है। यदि इकाई योजना को सूचनापट्ट के माध्यम से विद्यार्थियों की जानकारी के लिए उपलब्ध कराया जाता है तो विद्यार्थी भी उत्सुक और तैयार रहते हैं, जिसका परिणाम सभी के लिए हितकर होता है।

पाठ्य योजना निर्माण के लिए शिक्षक को अनेक प्रयास करने होते हैं। इसमें काफी आकलन, नियोजन और अनुमान की अपेक्षा होती है। शिक्षक को सत्र के दौरान उपलब्ध कार्य-दिवसों तथा पाठ्यक्रम में निर्धारित समस्त पाठ्यसामग्री, पाठ्यक्रियाओं और सहगामी गतिविधियों का ज्ञान होना चाहिए। इन्हीं के आकलन और नियोजन से इकाई योजना का कार्य सम्पन्न होता है। इन गतिविधियों का परिचय इस प्रकार है–

पाठ्यसामग्री का आकलन–शिक्षण सत्र के आरम्भ में कक्षा विशेष के लिए निर्धारित पाठ्यपुस्तक, सहायक अथवा पूरक-पुस्तक, व्याकरण खण्ड अैर शिक्षण सहगामी क्रियाओं के सम्पूर्ण योग का आकलन करना। इस प्रक्रिया द्वारा शिक्षक को पाठन, अभ्यास, गतिविधियों और अन्य उपायों द्वारा पाठ्यसामग्री की मात्रा व प्रकृति का अनुमान हो सकेगा।

कार्य-दिवसों/कालांशों का आकलन–शिक्षण सत्र के दौरान शिक्षण गतिविधियों के लिए उपलब्ध कार्य-दिवसों की संख्या और उनमें (हिन्दी) भाषा-शिक्षण के लिए उपलब्ध कालांशों की संख्या, अवधि और इनके माध्यम से प्राप्त होने वाले कुल

समय का आकलन करना। इस कार्य के लिए शिक्षक को वार्षिक कैलेण्डर, अवकाश-सूची और स्कूल कैलेण्डर की आवश्यकता होती है। उपलब्ध कालांशों की संख्या का आकलन करते हुए शिक्षक को कुछ अंश तक लचीलापन बरतना चाहिए ताकि किन्हीं अपरिहार्य कारणों से यदि विद्यालय में कुछ दिन अवकाश रहे, तो भी शिक्षण नियोजन प्रभावी और कार्यक्षम रहे।

शिक्षण सामग्री को क्रमबद्ध करना—पाठ्यक्रम में निर्धारित सामग्री को क्रमबद्ध करने का उद्देश्य भाषा-शिक्षण को अधिकाधिक अभ्यास और आवृत्ति द्वारा उपयोगी और सफल बनाना है। पाठ्यक्रम के परस्पर सम्बद्ध अंशों को समायोजित करके शिक्षण-अभ्यासों को सघन किया जा सकता है। यह सह-सम्बन्ध प्रणाली अनेक शिक्षाविदों जिनमें महात्मा गांधी और गुरुवर टैगोर भी शामिल हैं, को अत्यन्त प्रिय रही है। इस क्रम निर्धारण के लिए कतिपय विधियों का अनुपालन किया जा सकता है।

(क) **वार्षिक कैलेण्डर के अनुसार**—पाठ्यक्रम में महावीर जयन्ती, रामनवमी, वसन्त, ग्रीष्म, वर्षा आदि ऋतुओं, स्वतन्त्रता दिवस, वन-महोत्सव और इसी प्रकार के अन्य अवसरों के सम्बद्ध पाठों का क्रम, उनके आयोजन के तिथिक्रम के अनुसार निश्चित किया जाए। परिवेश में अवसरानुकूल माहौल और पाठ्यक्रम में उनसे सम्बद्ध विवरण का संयोग विद्यार्थियों के लिए सरल, उपयोगी और सामयिक होता है। विद्यालय के भीतर और बाहर, शिक्षण और व्यवहार में एक समान अनुभवों के कारण सम्बद्ध विषय का अधिगम सहज और चिरस्थायी होता है।

(ख) **बोध, अनुभव व अभ्यास के क्रमानुसार**—पाठ्यपुस्तक, पूरक-पुस्तक और सहगामी क्रियाओं के जो तत्त्व समान विषय, प्रकृति और परिणाम वाले हों, उन्हें एक साथ रखा जाना चाहिए। किसी कक्षा की पाठ्यपुस्तक के जो अंश एक ही कवि, समान भाव, समान छन्द, रस या भाव वाली हों उन्हें एक साथ पढ़ाया जाना चाहिए। इसी प्रकार यदि छठी कक्षा का उदाहरण लें तो इस कक्षा की पाठ्य-पुस्तक में तुलसीदासकृत रामचरित मानस से जो अंश संकलित हों उन्हें इसी कक्षा की पूरक पुस्तक 'संक्षिप्त रामायण' के सम्बद्ध अंश के साथ पढ़ाया जाए तो आवृत्ति के कारण अधिगम व अभ्यास बेहतर होता है।

(ग) **गद्य, पद्य और व्याकरण अंशों का क्रमशः शिक्षण**—भाषा-शिक्षण की समस्त विधाओं को मूलरूप में गद्य, पद्य, और व्याकरण के अन्तर्गत रख जा सकता है। इनके शिक्षण के उद्देश्यों और विधियों में पर्याप्त अन्तर है। इसे देखते हुए यदि पाठ्यपुस्तक और पूरक पुस्तक के गद्य और पद्य अंशों को क्रमशः पढ़ाया जाए और फिर व्याकरण का शिक्षण किया जाए, तो भाषाकौशलों की प्राप्ति और इन विधाओं का शिक्षण बेहतर हो सकता है। इस प्रणाली में हर तिमाही के लिए गद्य, पद्य और व्याकरण अंशों का निर्धारण किया जाता है और क्रमशः उनका शिक्षण किया जाता है। यह विधि शिक्षक और विद्यार्थी दोनों के लिए सरल है।

कक्षा में भाषा-शिक्षण के पाठ्यक्रम का विभाजन उपरोक्त में से किसी भी विधि से किया जाए किन्तु सरल से कठिन, ज्ञात से अज्ञात और रूपात्मक से भावात्मक जैसे कतिपय सिद्धान्तों का परिपालन हर स्थिति में अनिवार्य होता है। यदि इकाइयों का नियोजन क्रम और तार्किक सम्बन्ध सुस्थापित किया जा सके तो एक पाठ्य बिन्दु दूसरे के लिए आधार का कार्य कर सकता है। यदि विद्यार्थियों की रुचि, क्षमता और योग्यता को भी पाठ्यवस्तु के क्रम-निर्धारण का आधार बनाया जा सके तो शिक्षण को रुचिकर और सन्तोषप्रद बनाया जा सकता है।

पाठ्य-सामग्री का इकाइयों में वर्गीकरण—पाठ्यक्रम को क्रमबद्ध करने के पश्चात्, शिक्षण की दृष्टि से उसका मासिक, साप्ताहिक और दैनिक शिक्षण-इकाइयों में विभाजन किया जाता है। एक शिक्षण सत्र में दो त्रैमासिक और एक वार्षिक परीक्षा अनिवार्य रूप से आयोजित की जाती हैं। जबकि कुछ विद्यालयों में मासिक और साप्ताहिक परीक्षाएँ भी आयोजित की जाती हैं। इसके अतिरिक्त इकाई के अन्त में परीक्षा के आयोजन का प्रचलन भी बहुत से विद्यालयों में है। इकाई वर्गीकरण इन परीक्षाओं के सार्थक आयोजन में उपयोगी है।

इकाई विभाजन का मुख्य आधार त्रैमासिक परीक्षाओं को बनाया जाए तो वर्गीकरण सरल हो सकता है। साप्ताहिक परीक्षाओं में गद्य, पद्य या व्याकरण में से किसी एक खण्ड की परीक्षा ली जा सकती है, जिसका उस सप्ताह में शिक्षण किया

गया हो। मासिक परीक्षा में इनमें से किन्हीं दो को आधार बनाया जा सकता है। जबकि त्रैमासिक परीक्षा में इन तीनों का समावेश किया जाना चाहिए। इस दृष्टि से त्रैमासिक परीक्षा को पाठ्यक्रम विभाजन का आधार बनाना श्रेयस्कर है। इस क्रम से प्रत्येक पाठ, प्रकरण या पाठ्य-बिन्दु के शिक्षण के लिए अपेक्षित समयानुसार उनके शिक्षण का माह, सप्ताह और दिन निर्धारण किया जाए। इसके लिए तालिका की सहायता ली जा सकती है।

पाठ्यक्रम का साप्ताहिक वर्गीकरण

दिन	दिनांक	पाठ्य बिन्दु
सोमवार	11.07.13	सन्धि परिचय, सन्धियों के प्रकार, स्वर सन्धि—दीर्घ व गुण—परिभाषाएँ व उदाहरण।
मंगलवार	12.07.13	पुनरभ्यास, वृद्धि, यण और अयादि सन्धि, परिभाषाएँ व उदाहरण।
बुधवार	13.07.13	व्यंजन सन्धि—विषय-प्रवेश, परिभाषा, श्चुत्व, श्टुत्व और सत्व सन्धि परिभाषाएँ व उदाहरण।
गुरुवार	14.07.13	व्यंजन सन्धि—जशत्व, प्रथम को तृतीय व अन्य सन्धियाँ, परिभाषाएँ व उदाहरण।
शुक्रवार	15.07.13	स्वतन्त्रता दिवस—राष्ट्रीय अवकाश
शनिवार	16.07.13	सन्धि के सभी प्रकारों की पुनरावृत्ति व मौखिक परीक्षा।

इसी प्रकार मासिक और त्रैमासिक तालिकाएँ भी शिक्षक दैनन्दिनी में बनाई जा सकती हैं। यदि किसी इकाई के लिए विशेष शिक्षणोपकरणों की आवश्यकता हो तो तारांकित चिह्न के माध्यम से उनका उल्लेख किया जा सकता है। इस प्रकार दैनिक शिक्षण-बिन्दुओं का निर्धारण करके दैनिक पाठयोजनाएँ व सहायक सामग्री तैयार की जा सकती है।

इकाई योजना का मूल्यांकन

इकाई योजना के निर्धारण से शिक्षण-प्रक्रिया को व्यवस्थित व अनुशासित किया जा सकता है। शिक्षण को लक्ष्यबद्ध एवं उद्देश्यपूर्ण बनाने और उनकी पूर्ति सुनिश्चित कराने के लिए इकाई नियोजन उपयोगी उपाय है। इकाई-नियोजन शिक्षक और विद्यार्थियों के लिए पथ-प्रदर्शक होता है, जिस पर प्रत्येक चरण का क्रम, समय और विधि निर्धारित होती है। इस कारण शिक्षक और विद्यार्थी अपनी शिक्षण और अधिगम गतिविधियों के लिए सब दृष्टियों से सन्नद्ध रहते हैं। इस कारण कक्षा में सक्रियता, अन्तःक्रिया और उद्देश्यबद्धता कायम रहती है। परस्पर सम्बद्ध और सन्तुलित रहने के कारण पाठ्य बिन्दुओं का शिक्षण सुबोध्य और स्थायी होता है।

दूसरी तरफ इकाई नियोजन, पाठ्यक्रम केन्द्रित होने के कारण विद्यार्थियों और शिक्षकों के लिए बाध्यकारी और अरुचिकर मालूम होता है। पाठ्यक्रम के यथाक्रम शिक्षण से विषयों और विधाओं की जो भिन्नता रहती है, वह इकाई नियोजन में नज़र नहीं आती। सहसम्बन्ध विधि से विहित नियोजन नीरस अैर बोझिल हो जाता है। समय, अवसर, रुचि और आवश्यकता के अनुरूप शिक्षण-क्रम के निर्धारण या समायोजन की स्वतन्त्रता न होने के कारण कभी-कभी इकाई नियोजन निर्जीव और अनुपयोगी प्रतीत होता है। पूर्व-निश्चित होने के चलते इकाई के कार्यान्वयन में शिक्षक और विद्यार्थी दोनों ही बन्धन अनुभव करते हैं। इन सीमाओं के चलते इकाई नियोजन को सर्वभावेन सम्पूर्ण नहीं माना जाता। सारतः कहा जा सकता है कि इकाई नियोजन को भाषा-शिक्षण की उपयोगी प्रक्रिया बनाने के लिए उसे लचीला और समायोजनकारी बनाया जाना चाहिए।

पाठयोजना

शिक्षण एक त्रिकोणीय प्रक्रिया है। इसके एक सिरे पर शिक्षक, दूसरे पर विद्यार्थी और तीसरे पर पाठ्यक्रम है। ये तीनों पक्ष परस्पर सम्बद्ध और अन्योन्यापेक्षी हैं। इनमें से एक स्तर पर अनियोजन अथवा उपेक्षा का परिणाम शिक्षण प्रक्रिया को

निष्फल कर सकता है। पाठ्यक्रम सार्थक हो पर शिक्षक कुशल न हो, शिक्षक कुशल हो पर विद्यार्थी उत्सुक व सक्रिय न हो और शिक्षक व विद्यार्थी दोनों अपनी सही भूमिका में हों किन्तु पाठ्यक्रम यदि निम्नस्तरीय हो; इन तीनों ही स्थितियों में शिक्षण लक्ष्यों के अधिगम की प्रक्रिया सफल नहीं हो सकती।

इन तीनों में से पाठ्यक्रम अर्थात् शिक्षण-बिन्दु प्रशासन द्वारा सुविचारित योजना व मानकों के अनुसार निर्धारित होता है। इसलिए विद्यालयों के पास उसकी योजना बनाकर, लक्ष्य निर्धारित करके, अपेक्षित उपकरणों व विधियों के अनुरूप उनके शिक्षण का दायित्व शेष रहता है। इस दायित्व की पूर्ति के लिए शिक्षकों से अनेक प्रकार के प्रयासों की अपेक्षा होती है, जिनमें भाषा की प्रकृतिगत विशेषताएँ, पाठ्यसामग्री के ज्ञान, कौशल व अभिरुचिगत पक्ष और व्यवहार कौशलों के हस्तांतरण की विधियाँ सर्वप्रमुख हैं। इस सभी दायित्वों व अपेक्षाओं के निर्वाह के लिए योजना का निर्वाह अनिवार्य है।

परिचय एवं परिभाषा

पाठयोजना का तात्पर्य है—पाठ्यवस्तु के लक्ष्य व उद्देश्यों, शिक्षण-विधियों, विद्यार्थी-शिक्षक अन्तर्क्रिया, मूल्यांकन व गृहकार्य जैसे तत्त्वों का पूर्व-निर्धारण। पाठयोजना की परिभाषा, महत्त्व और आवश्यकता को स्पष्ट करते हुए अन्तर्राष्ट्रीय शिक्षा शब्दकोश में कहा गया है—''पाठयोजना किसी पाठ के उन आवश्यक बिन्दुओं की रूपरेखा है जिन्हें उस क्रम में व्यवस्थित किया जाता है, जिस क्रम में उन्हें शिक्षक द्वारा विद्यार्थियों के सम्मुख प्रस्तुत किया जाना है।''

> "Lesson plan is the outline of the important points of a lesson arranged in the order in which they are to be presented to students by the teacher." (International Dictionary of Education)

पाश्चात्य विद्वान एन.एल. बौसिंग् ने पाठयोजना को परिभाषित करते हुए लिखा है कि—''पाठयोजना वह विवरण है जिसमें यह स्पष्ट किया जाता है कि किसी पाठ से क्या उपलब्धियाँ हासिल की जानी हैं, किन साधनों द्वारा करनी हैं और किन गतिविधियों द्वारा की जानी हैं।''—एन.एल. बौसिंग्।

> "Lesson plan is the title given to a statement of achievements to be realized and the specific means by which these are to be attained as a result of the actiivities engaged in during the period."
>
> —N.L. Bossing

इस प्रकरण में एक अन्य परिभाषा द्रष्टव्य है—''दैनिक पाठयोजना में उद्देश्यों को परिभाषित करने, पाठ्यवस्तु के चयन, उसे क्रमवार प्रस्तुत करने और विधियों तथा प्रक्रियाओं के निर्धारण को सम्मिलित किया जाता है।'' यह परिभाषा बाइनिंग् और बाइनिंग् द्वारा प्रदत्त है।

> "Daily lesson planning involves defining the objective, selecting and arranging the subject matter and determining the method and procedure."
>
> —Bining & Bining

इन तथ्यों के प्रकाश में कहा जा सकता है कि पाठयोजना में किसी पाठ के लक्ष्यों, उद्देश्यों, व्यावहारिक उद्देश्यों, शिक्षक-क्रिया, विद्यार्थी-क्रिया, सहायक उपकरणों, मूल्यांकन-विधि और गृह-कार्य का नियोजन और लेखा-जोखा संकलित किया जाता है।

पाठयोजना का लक्ष्य

पाठयोजना आज की शिक्षण प्रविधि का अनिवार्य अंग है। न केवल शिक्षक-शिक्षा पाठ्यक्रम अपितु वास्तविक कक्षा शिक्षण में इसका प्रयोग बहुतायत से होता है। सूक्ष्म शिक्षण, अनुरूप (सिमुलेटिड) शिक्षण और विद्यालय शिक्षण की गतिविधियाँ पाठयोजना के बिना नहीं की जा सकतीं। इसके लाभों को स्वीकार करते हुए अनेक निजी विद्यालयों में पाठयोजना का निर्माण शिक्षण के अनिवार्य अंग के तौर पर हो रहा है। आज के वैज्ञानिक और तकनीकी युग में समय और संसाधनों के सदुपयोग की दृष्टि से पाठ नियोजन को पर्याप्त स्वीकृति मिल रही है। पाठयोजना का लक्ष्यों को निम्नलिखित शीर्षकों के अन्तर्गत जाना जा सकता है–

शिक्षण-अधिगम लक्ष्यों का निर्धारण–किसी भी पाठयोजना का प्रथम चरण पाठ्यवस्तु शिक्षण के साधारण, विशिष्ट एवं व्यवहारगत लक्ष्यों का निर्धारण होता है। साधारण लक्ष्य व्यापक होते हैं जबकि विशिष्ट लक्ष्यों का अधिगम किसी एक पाठ्यवस्तु के अध्ययन के समापन पर सुनिश्चित किया जा सकता है। इस प्रक्रिया द्वारा शिक्षक को अपने शिक्षण की दशा-दिशा के चयन और विद्यार्थियों के साथ की जाने वाली अन्तर्क्रिया व मूल्यांकन प्रविधि के नियोजन में मदद मिलती है।

शिक्षण बिन्दुओं का विभाजन–किसी कालांश के लिए निश्चित पाठ्यवस्तु को कभी भी एक इकाई के रूप में, एक साथ नहीं पढ़ाया जाता; अपितु पृथक पदों, अनुच्छेदों या चरणों में विभाजित करके प्रस्तुत किया जाता है। इनमें से प्रत्येक अंश का अपना व्यावहारिक उद्देश्य होता है, जिसकी अवाप्ति अग्रिम अंश की प्रस्तुति से पूर्व मूल्यांकन द्वारा सुनिश्चित की जाती है। सम्पूर्ण पाठयोजना में ऐसे चार से छह शिक्षण बिन्दु निश्चित किए जाते हैं।

संसाधनों का सदुपयोग–पाठ्यवस्तु, शिक्षण बिन्दु, शिक्षण प्रविधि और लक्ष्यों के पूर्व-निर्धारित होने के कारण शिक्षक और विद्यार्थियों को सार्थक अन्तर्क्रिया, तार्किक क्रम और सन्तुलित गति बनाए रखने में मदद मिलती है। इसका लाभ है कि कक्षा दिग्भ्रमित, लक्ष्यहीन और निरर्थक गतिविधियों से बची रहती है और मानव-संसाधन और शिक्षण उपकरणों का सर्वोत्तम उपयोग सम्भव हो पाता है।

उद्देश्यों की प्राप्ति सुनिश्चित करना–पाठयोजना के आरम्भ में जिन लक्ष्यों का निर्धारण किया जाता है; कालांश के दौरान शिक्षक-विद्यार्थी अन्तर्क्रिया के माध्यम से उनके अधिगम का प्रयास किया जाता है। उद्देश्यों की प्राप्ति सुनिश्चित कराने के लिए प्रत्येक शिक्षण बिन्दु का मूल्यांकन होता है। पाठ्यवस्तु शिक्षण के अन्त में पठित वस्तु का पुनःस्मरण किया जाता है। इसके उपरान्त पाठ्यवस्तु शिक्षण के समस्त लक्ष्यों की प्राप्ति सुनिश्चित करने के लिए मूल्यांकन किया जाता है। मूल्यांकन के परिणामों के सन्तोषप्रद होने से उद्देश्यों की प्राप्ति सुनिश्चित की जा सकती है।

पाठयोजना के तत्त्व

पाठयोजना, शिक्षण से सम्बद्ध पक्षों (शिक्षक, विद्यार्थी और पाठ्यक्रम) और संसाधनों (पाठ्यपुस्तक, शिक्षण-उपकरणों) के साथ-साथ उपलब्ध समय तथा श्रम के सदुपयोग का प्रयास है। यद्यपि इस प्रयास को सार्थक करने में शिक्षण से सम्बद्ध सभी पक्षों का समन्वय अपेक्षित होता है किन्तु अधिकांश दायित्व शिक्षक के कंधों पर है। वह पाठयोजना का सृजन, दिशा-निर्धारण और मूल्य संवर्धन करता है। पाठयोजना का कार्यान्वयन और मूल्यांकन भी उसी का जवाबदेही है। शिक्षक यदि पाठयोजना के उद्देश्य, प्रक्रिया, तत्त्वों और प्रविधियों से परिचित हो तो उत्तम, व्यवहार्य और फलप्रद पाठयोजना का निर्माण कर सकता है।

पाठ्यवस्तु–पाठयोजना का निर्माण पाठ्यवस्तु पर आधारित होता है। पाठ्यवस्तु की प्रकृति और विधा को भली प्रकार समझे बिना विद्यार्थियों तक उसके ज्ञान, बोध, प्रयोगादि पक्षों का अन्तरण सम्भव नहीं है। पाठ्यवस्तु के ज्ञान का तात्पर्य केवल उसके शाब्दिक पक्ष का परिचय न होकर उसमें चिह्नित क्रियात्मक और व्यावहारिक पक्षों के ज्ञान से भी है। उदाहरण के लिए यदि पाठ्यवस्तु में ग्रामीण परिवेश से सम्बद्ध कोई कहानी संकलित है तो पात्रों, संवादों और घटनाओं के

साथ ग्रामीण जीवनशैली, विचारधारा, मूल्य, विश्वास और परम्परा आदि से परिचित होना अनिवार्य है। इसी प्रकार शहीद भगतसिंह की जीवनी को राष्ट्रीय स्वतन्त्रता आन्दोलन, उसकी दशा-दिशा, विचारधारा, सरकारी नीतियों इत्यादि के परिचय के बिना पढ़ना-पढ़ाना उपयोगी नहीं हो सकता।

शिक्षण लक्ष्य—पाठ्यवस्तु से भली प्रकार परिचय होने पर शिक्षक उसके शिक्षण उद्देश्यों और लक्ष्यों का आकलन कर सकता है। शिक्षण लक्ष्यों के आकलन हेतु अनेक प्रणालियाँ और विधियाँ प्रचलित हैं। इनमें से कुछ मनोवैज्ञानिक दृष्टि से, कुछ तार्किक जबकि कुछ व्यावहारिक दृष्टि से ज्यादा उपयोगी और व्यवहार्य हैं। इस प्रकार के लक्ष्यों को सामान्य, विशिष्ट और व्यावहारिक—इन तीन श्रेणियों में रखा गया है। इन लक्ष्यों के निर्धारण के साथ ही उनके लेखन का भी समान महत्त्व है। इन उद्देश्यों को सटीक और व्यावहारिक शब्दावली में प्रस्तुत करना भाषा-शिक्षकों के लिए गंभीर चुनौती है।

शिक्षण विधियाँ—भाषा-शिक्षण के विविध पक्षों (गद्य, पद्य व व्याकरण) और विधाओं (पद्य के छन्दों व गद्य की विधाओं) के शिक्षण के लिए विभिन्न विधियों का प्रयोग किया जाता है। पाठ्यवस्तु के सफल शिक्षण की दृष्टि से कब किस विधि का प्रयोग उपयोगी और फलप्रद होगा, यह निर्णय बहुत महत्त्वपूर्ण है। यह निर्णय पाठ्यवस्तु और शिक्षण-लक्ष्यों के साथ-साथ विद्यार्थियों की श्रेणी और स्तर पर भी निर्भर होता है। इस दृष्टि से पाठयोजना बनाते हुए पाठ्यवस्तु, शिक्षण-लक्ष्य, विद्यार्थियों के स्तर और प्रकृति का आकलन उपयोगी होता है।

विद्यार्थी—पाठ्यक्रम, शिक्षक, शिक्षण-प्रक्रिया, शिक्षण-उपकरण और प्रविधि—इन सबका एकमात्र लक्ष्य विद्यार्थियों में अनुभवजन्य और स्थायी परिवर्तन लाना है। इस प्रकार विद्यार्थी सम्पूर्ण शिक्षण गतिविधियों व संसाधनों का केन्द्रीय तत्त्व है। समस्त शिक्षण गतिविधियाँ, संसाधन और प्रणालियाँ उन्हीं को लक्ष्य करके निर्धारित और सृजित होती हैं। अतः विद्यार्थियों की प्रकृति, श्रेणी, स्तर, रुचि, पूर्वज्ञान और अभिवृत्ति को जाने बिना शिक्षण-नियोजन का प्रयास आँखें मूँद कर जंगल पार करने जैसा होगा। ऐसा प्रयास असफल तो निःसन्देह होगा, दिग्भ्रमित और कुंठित भी कर सकता है।

संसाधन—शिक्षण को निर्धारित लक्ष्य तक पहुँचाने में शिक्षण उपकरणों—जैसे पुस्तक, अभ्यास-पुस्तिका, लेखन-सामग्री, श्याम-पट्ट, चार्ट, चित्र, और संकेतक जैसे इन्द्रियगम्य (Hardware) और विद्यार्थियों की जिज्ञासा, समय, इच्छा, रुचि व शिक्षककी योग्यता, क्षमता, ज्ञान जैसे अनुभवगम्य (Software) का बहुमूल्य योगदान है। पाठयोजना बनाते हुए इनके आकलन व उपयोग विधियों का परिचय उपयोगी होता है। इनमें से किसी भी संसाधन की उपेक्षा करके सफल पाठयोजना का निर्माण नहीं किया जा सकता। इन तत्त्वों की प्रकृति, उपयोग, प्रयोगविधि और महत्त्व का ज्ञान पाठयोजना के निर्माण और सफल कार्यान्वयन के लिए अनिवार्य है। यदि शिक्षक इनमें से किसी एक भी पक्ष से अनभिज्ञ है या उसकी उपेक्षा करता है तो सफल कार्ययोजना की आशा नहीं की जा सकती।

पाठयोजना के उपागम

पाठ की योजना को लिखित रूप में प्रस्तुत करना या पहले उसे लिखित रूप में तैयार करना और फिर उसका कार्यान्वयन भारतीय शिक्षा में अंग्रेज़ी शासन के दौरान उपजी व्यवस्था नहीं है। हालाँकि भारतवर्ष में (सन् 1716 में) पहला शिक्षक प्रशिक्षण विद्यालय (Normal School) खोलने का श्रेय डेन मिशनरियों के नाम है, लेकिन वुड घोषणापत्र—1954 के बाद ब्रिटिश सरकार ने प्राथमिक, माध्यमिक और उच्च सभी स्तरों के अध्यापकों के प्रशिक्षण के लिए शिक्षक-प्रशिक्षण की व्यवस्था की। इस उद्देश्य से स्थापित शिक्षण-महाविद्यालयों में जर्मन शिक्षाशास्त्री हरबर्ट द्वारा प्रणीत—पूर्वानुवर्ती प्रत्यक्ष (Apperception) सिद्धान्त पर आधारित और उनके शिष्य ज़िलर द्वारा विकसित पाठयोजना प्रणाली का अनुसरण होता था।

स्वतन्त्रता के उपरान्त वर्ष 1961 में राष्ट्रीय शैक्षिक अनुसन्धान और प्रशिक्षण परिषद् का गठन होने पर शैक्षिक नियोजन में अमरीकी पद्धति 'ब्लूम उपागम' का प्रचलन आरम्भ हुआ। ये दोनों उपागम मनोवैज्ञानिक और पर्याप्त व्यावहारिक हैं। आज भी भारतवर्ष के अधिकांश शिक्षक-शिक्षा महाविद्यालयों में इन्हीं उपागमों का अनुसरण किया जाता है। इनके अनुपालन से छात्राध्यापकों में शिक्षण को सटीक और व्यावहारिक बनाने का संकल्प उपजता है और शिक्षण को लक्ष्यबद्ध और परिणामोन्मुख बनाने में सहायता मिलती है। इन उपागमों का संक्षिप्त परिचय यहाँ प्रस्तुत है—

हरबर्ट उपागम (पंचपदीय शिक्षण उपागम)

जॉन फ्रड्रिक हरबर्ट (Herbert, John Fredrick – 1776–1841) जर्मनी के विख्यात दार्शनिक और मनोवैज्ञानिक थे। उनके अध्ययन और शोध का क्षेत्र शिक्षा और शिक्षण तक व्याप्त था। शिक्षण के क्षेत्र में तो उनके विचार और सिद्धान्त इतने मौलिक और उपयोगी हैं कि वे शिक्षक-शिक्षा के समस्त महाविद्यालयों में और स्तरों पर मान्य व अनुपालनीय हैं। हरबर्ट द्वारा उपस्थापित शिक्षण प्रक्रिया सिद्धान्त और पाठयोजना उपागम सर्वाधिक प्राचीन होने पर भी आज तक व्यवहार्य है। इसके प्रमुख बिन्दु इस प्रकार हैं–

पूर्वानुवर्ती प्रत्यक्ष का सिद्धान्त–हरबर्ट के अनुसार शिक्षण प्रक्रिया में संचित ज्ञान की भूमिका महत्त्वपूर्ण है। हम ज्ञान व अनुभव के रूप में जो बोध प्राप्त करते हैं वह चेतन मस्तिष्क द्वारा ग्रहण किया जाता है और फिर अचेतन में संग्रहीत हो जाता है। इस प्रकार अचेतन मस्तिष्क में विभिन्न विषयों से सम्बद्ध शब्द, चित्र और अनुभव एकत्र होते जाते हैं। इन संग्रहीत विषयों से सम्बद्ध ज्ञान, विचार या अनुभव दोबारा उपस्थित होने पर अचेतन में मौजूद प्रत्यय फिर से चेतन मस्तिष्क में उपस्थित होकर नए प्रत्ययों को आत्मसात् करने में मदद करते हैं। कुछ समय तक निष्क्रिय रहने से ये प्रत्यय फिर से अचेतन मस्तिष्क में प्रसुप्त हो जाते हैं। इस क्रम से मस्तिष्क में विविध विषयों का ज्ञान संग्रहीत होता जाता है और नए अनुभवों के अधिगम में सहायक होता है। इस सिद्धान्त को पूर्वानुवर्ती प्रत्यक्ष के सिद्धान्त के रूप में जाना जाता है।

इस सिद्धान्त का शैक्षिक अनुप्रयोग 'ज्ञात से अज्ञात' नामक शिक्षण-सिद्धान्त के रूप में जाना जाता है। व्यावहारिक दृष्टि से इसका एक अन्य उपयोग है कि विद्यार्थियों को जो भी ज्ञान व अनुभव उपलब्ध कराया जाए उसे उनके पूर्व-ज्ञान से सम्बद्ध किया जाना चाहिए। इसका बेहतर उपाय है कि किसी भी विषय के अध्यापन से पहले उससे सम्बद्ध पूर्व-ज्ञान का अनुमान और परीक्षा की जाए नए ज्ञान को पूर्व ज्ञान से सम्बद्ध करके प्रस्तुत करने से उसे समझने और लम्बे समय तक बनाए रखने में सफलता मिलती है।

अधिगम प्रक्रिया–हरबर्ट के अनुसार हमारे स्थायी ज्ञान, बोध या अनुभव कोश का अंग बनने के लिए किसी प्रत्यय को ज्ञानेन्द्रियों और मस्तिष्क के चार चरणों से गुज़रना होता है।

(क) **अवलोकन (Observation)**–इस चरण में हम आँख, कान, नासिका इत्यादि ज्ञानेन्द्रियों या हाथ-पाँव आदि कर्मेन्द्रियों के माध्यम से प्रस्तुत ज्ञान के सम्पर्क और परिचय प्राप्त करते हैं।

(ख) **प्रत्याशा (Expectation)**–इस चरण में मस्तिष्क पूर्व प्राप्त ज्ञान और अनुभवों की पृष्ठभूमि में प्राप्त होने वाले ज्ञान और अनुभव के लाभ या उपयोग का आकलन करता है।

(ग) **माँग (Demand)**–यदि मस्तिष्क के आकलन के अनुसार प्राप्त होने वाले प्रत्यय नए और उपयोगी हैं तो वह उनके अधिगम के लिए स्वयं को सन्नद्ध करता है। और

(घ) **क्रिया (Process)**–इस चरण में मस्तिष्क उपलब्ध प्रत्ययों का अधिगम और संकलन करता है। कुछ समय तक (कुछ मनोवैज्ञानिकों के मतानुसार आठ घण्टे तक) ये प्रत्यय मस्तिष्क के जागृत/चेतन भाग में रहते हैं। यदि व्यक्ति इनका सतत उपयोग करता है तो वे वहीं अवस्थित रहते हैं। यदि ऐसा न हो तो धीरे-धीरे वे मस्तिष्क के अवचेतन भाग में अन्तरित हो जाते हैं। यदि यहाँ भी इनका निरन्तर प्रयोग न हो तो ये मस्तिष्क के अचेतन भाग में चले जाते हैं।

इन चारों प्रक्रियाओं के परिणामस्वरूप प्रत्यय पहले मस्तिष्क के सक्रिय भाग–चेतन मस्तिष्क में स्थान पाता है। कुछ समय तक प्रयुक्त न होने पर वह अवचेतन का अंग हो जाता है और वहाँ भी निष्प्रयोज्य रहने पर अचेतन मस्तिष्क में चला जाता है। उपरोक्त चरणों के अनुसार प्रत्ययों को सुग्राहृय बनाने के लिए विषयवस्तु को व्यवस्थित रूप में प्रस्तुत किया जाना चाहिए। गृहीत प्रत्ययों के अभ्यास और परीक्षण की व्यवस्था से उन्हें स्थायी बनाने का प्रयास भी किया जाना चाहिए। इसके लिए भी चार प्रक्रियाओं का निर्धारण किया जाता है। इनका परिचय इस प्रकार है–

1. **स्पष्टता**–विषय-सामग्री को स्पष्ट और सुबोध रूप में विद्यार्थियों के सम्मुख प्रस्तुत किया जाना चाहिए ताकि वे उन्हें यथारूप ग्रहण कर सकें और उनके लाभ व प्रयोग से परिचित हो सकें। तभी उनमें नए प्रत्ययों को जानने-समझने की सन्नद्धता उपस्थित होगी।
2. **सम्बन्ध**–नए प्रत्ययों की प्रस्तुति से पहले विद्यार्थियों के पूर्व-ज्ञान का अनुमान व परीक्षण किया जाना चाहिए। इस बात की व्यवस्था की जानी चाहिए कि वे नए ज्ञान, अनुभव और कौशलादि का मस्तिष्क के पूर्व-स्थापित प्रत्ययों से सम्बन्ध स्थापित कर सकें।
3. **व्यवस्था**–नए प्रत्ययों को ज्ञात से अज्ञात या सरल से कठिन के क्रम में व्यवस्थित किया जाना चाहिए। इससे विद्यार्थी बिना भ्रम और बाधा के नए सन्दर्भों को आत्मसात् कर सकते हैं।
4. **व्यावहारिक प्रयोग**–मस्तिष्क के सक्रिय खण्ड में वही प्रत्यय उपस्थित रहते हैं जिनका व्यवहार लगातार होता रहता है। इसलिए विद्यार्थियों को अर्जित ज्ञान के प्रयोग के लिए पर्याप्त अवसर उपलब्ध कराए जाने चाहिएँ। इस प्रक्रिया से ज्ञान की प्राप्ति और व्यावहारिक उपयोग को सम्भव किया जा सकता है।

पंचपदीय प्रणाली

हरबर्ट द्वारा प्रतिपादित शिक्षण पदों के आधार पर उनके शिष्य ज़िलर ने शिक्षण-नियोजन के पाँच पदों को प्रस्तुत किया। ये पाँच चरण इस प्रकार हैं–

1. **प्रस्तावना (Introduction)**–इस चरण को पहले तैयारी या Preparation के नाम से जाना जाता था। इसके अन्तर्गत पाठ्यवस्तु के प्रस्तुतिकरण से पूर्व विद्यार्थियों के अर्जित ज्ञान का पूर्वानुमान, उसके परीक्षण और पाठ्यवस्तु से परिचय जैसे चरणों को शामिल किया जाता है।
2. **प्रस्तुतिकरण (Presentation)**–इस चरण में शिक्षक पाठ्यवस्तु को विद्यार्थियों के समक्ष प्रस्तुत करता है। पाठ्यवस्तु को उपयुक्त विभागों अथवा इकाइयों में विभक्त करके क्रमशः प्रस्तुत किया जाता है। इस कार्य के लिए उपयुक्त उपकरणों, शिक्षण विधियों और प्रश्नोत्तर की सहायता ली जाती है।
3. **व्याख्या (Explanation)**–इस चरण के अन्तर्गत कथा, उदाहरण, दृष्टान्त, प्रश्नोत्तर और प्रयोगों द्वारा पाठ्यवस्तु को स्पष्ट किया जाता है। इस पद में भी अधिगत और प्रस्तुत प्रत्ययों का सह-सम्बन्ध प्रस्तुत किया जाता है।
4. **सामान्यीकरण (Generalization)**–इस चरण में विद्यार्थियों की मदद से अवाप्त ज्ञान, अनुभव, कौशल आदि के दैनन्दिन जीवन के अन्यान्य क्षेत्रों में प्रयोग की सम्भावनाओं पर विचार किया जाता है। इस प्रक्रिया से कक्षागत गतिविधियों से प्राप्त ज्ञान, बोध व अनुभव को व्यावहारिक जीवन में उपयोगी बनाने में मदद मिलती है।
5. **प्रयोग (Application)**–इस चरण के अन्तर्गत पाठ्यवस्तु को विद्यार्थियों के व्यक्तित्व का स्थायी अंश बनाने के लिए प्रयोग के अवसर उपलब्ध कराए जाते हैं। इससे सीखे गए ज्ञान की वास्तविकता और व्यावहारिकता की परीक्षा भी हो जाती है और विद्यार्थी उसकी प्रयोग-विधि से भी परिचित हो जाते हैं।

हरबर्ट उपागम के अनुसार पाठयोजना की रूपरेखा

हरबर्ट उपागम के अनुसार ग्रथित पाठयोजना में निम्नलिखित चरणों को सम्मिलित किया जाता है–

1. कक्षा, विषय व उप-विषय का निर्धारण। Deciding the class, subject and the topic.
2. सामान्य उद्देश्यों का लेखन। Inscribing the general objectives.
3. विशिष्ट उद्देश्यों का लेखन। Inscribing the specific objectives.

4.	सहायक सामग्री का नियोजन।	Planning the teaching aids.
5.	पूर्व-ज्ञान का अनुमान व परीक्षण।	Estimating and testing of previous knowledge.
6.	प्रस्तावना।	Introduction.
7.	व्यावहारिक उद्देश्य कथन।	Statement of general aim.
8.	प्रस्तुतिकरण।	Presentation.
9.	श्यामपट्ट सार।	Black-board summary.
10.	पुनरावृत्ति।	Recapitulation.
11.	गृहकार्य।	Home-work.

ब्लूम उपागम (Bloom Approach)

बी.एस. ब्लूम अमेरिका के शिकागो महाविद्यालय में प्रॉफेसर थे। उनके मतानुसार शिक्षण एक उद्देश्यपूर्ण प्रक्रिया है जिसका उद्देश्य विद्यार्थियों के व्यवहार में अपेक्षित परिवर्तन लाना है। इसके लिए शिक्षण से पूर्व उद्देश्य निर्धारण और अन्त में मूल्यांकन द्वारा व्यवहार परिवर्तन को सुनिश्चित और अनुभवगम्य बनाया जाना चाहिए। इसके लिए ब्लूम ने तीन चरणों का निर्धारण किया है जिन्हें 'मूल्यांकन उपागम के पद' कहा जाता है। इसी के आधार पर ब्लूम उपागम को मूल्यांकन उपागम के नाम से भी जाना जाता है। इनका संक्षिप्त विवरण इस प्रकार है–

शैक्षिक उद्देश्यों का निर्धारण–शिक्षण एक उद्देश्यपूर्ण प्रक्रिया है जिसके सभी चरण उद्देश्य केन्द्रित होते हैं। यदि शिक्षण से पूर्व उद्देश्य निर्धारित न किए जाएँ तो शिक्षण निरर्थक हो सकता है। ये उद्देश्य व्यवहारगत परिवर्तनों के रूप में होते हैं। किसी पाठ्यवस्तु के शिक्षण से पूर्व ज्ञान, बोध, अनुभव और कौशल-विकास के रूप में जिन व्यवहारगत लक्ष्यों का निर्धारण किया जाता है; कक्षा के समापन पर मूल्यांकन द्वारा उनका अधिगम सुनिश्चित किया जाता है।

अधिगम अनुभव–अधिगम अनुभव उन साधनों, उपायों या उपकरणों का सामूहिक नाम है जिनकी सहायता से शिक्षण उद्देश्यों को प्राप्त करने का प्रयास किया जाता है। कक्षा में शिक्षक द्वारा संचालित वे समस्त गतिविधियाँ अधिगम अनुभव हैं; जो पाठ्यवस्तु के ज्ञान, अनुभव आदि तत्त्वों को विद्यार्थियों के व्यक्तित्व का अंश बना सकें। इसके लिए पाठ्यवस्तु के परिचय, व्याख्या, दृष्टान्त, प्रश्नोत्तर और शिक्षण उपकरणों का प्रयोग किया जाता है।

व्यवहारगत परिवर्तन–इस चरण में अधिगम अनुभव की प्रक्रिया द्वारा विद्यार्थियों के व्यवहार में परिवर्तन का मूल्यांकन किया जाता है। इस प्रक्रिया द्वारा जाँच की जाती है कि निर्धारित शिक्षण लक्ष्यों को किस सीमा तक अधिगम किया गया है। व्यवहारगत परिवर्तनों का मूल्यांकन तीन शीर्षकों के अन्तर्गत किया जाता है–(01) ज्ञानात्मक (Cognitive) (02) भावात्मक (Affective) और (03) कौशलात्मक (Psycho-motive). इन तीनों प्रकार के परिवर्तनों का सटीक अधिगम सुनिश्चित करने के लिए मूल्यांकन उपागम में अनेक विधियों की व्यवस्था है।

मूल्यांकन उपागम के अन्तर्गत पाठयोजना के घटक

1.	शिक्षण बिन्दु	Teaching point
2.	उद्देश्यों का निर्धारण	Determination of objectives
3.	शिक्षक-क्रियाएँ	Teacher activity
4.	विद्यार्थी-क्रियाएँ	Student activity
5.	शिक्षण-विधि, प्रक्रिया एवं सामग्री	Teaching techniques, process & material
6.	मूल्यांकन	Evaluation

पाठयोजना के चरण

शिक्षक-शिक्षा के अन्तर्गत इकाई-नियोजन और पाठयोजना के महत्त्व को देखते हुए आजकल विभिन्न प्रशिक्षण विश्वविद्यालयों, महाविद्यालयों और संस्थानों में शिक्षण-नियोजन की विभिन्न विधियाँ अपनाई जाती हैं। इस प्रक्रिया में किसी एक उपागम के अनुपालन के स्थान पर व्यावहारिकता और उपयोगिता की दृष्टि से मिश्रित विधि को प्रश्रय दिया जाता है। भारतवर्ष में पाठयोजना के लिए मुख्यतः हरबर्ट, ब्लूम और आर.सी.ई.एम. उपागमों के समन्वित रूप को अपनाया जाता है। इस विधि के अन्तर्गत पाठ्यवस्तु के शिक्षण-उद्देश्यों की यथार्थ उपलब्धि के लिए जिन चरणों को सम्मिलित किया जाना चाहिए, उनकी सूची इस प्रकार है–

1.	सामान्य उद्देश्यों का लेखन	Inscribing the general objectives
2.	विशिष्ट उद्देश्यों का लेखन	Inscribing the specific objectives
3.	पूर्व-ज्ञान का अनुमान	Estimating the previous knowledge
4.	पूर्व-ज्ञान परीक्षण	Testing of previous knowledge
5.	प्रस्तावना	Introduction
6.	उपविषय की घोषणा	Declaration of topic
7.	शिक्षण बिन्दुओं का निर्धारण	Teaching point
8.	व्यावहारिक उद्देश्यों का निर्धारण	Statement of behavioural objectives
9.	शिक्षक-क्रियाएँ	Teacher's activity
10.	विद्यार्थी-क्रियाएँ	Students' activity
11.	सहायक सामग्री का नियोजन	Planning the teaching aids
12.	श्यामपट्ट सार	Black-board summary
13.	शिक्षण-बिन्दुओं का मूल्यांकन	Evaluation of teaching points
14.	पुनरावृत्ति	Recapitulation
15.	पाठ्यवस्तु का मूल्यांकन	Evaluation of subject matter
16.	गृहकार्य	Home-work

इन चरणों के निर्धारण से शिक्षक द्वारा कक्षा में की जाने वाली समस्त गतिविधियों, प्रयोग की जाने वाली शिक्षण-प्रविधियों, सहायक सामग्री और मूल्यांकन तकनीकों का विवरण अंकित किया जाता है। इन चरणों के अन्तर्गत शिक्षण-नियोजन क्रियाओं की प्रकृति और प्रक्रिया का संक्षिप्त परिचय इस प्रकार है–

सामान्य उद्देश्यों (General objectives) का निर्धारण–इस चरण के अन्तर्गत पाठ्यवस्तु शिक्षण के सामान्य उद्देश्यों का उल्लेख किया जाता है। भाषा-शिक्षण में गद्य-पद्य की अन्यान्य विधाओं के शिक्षण के पृथक उद्देश्य होते हैं। ये उद्देश्य किसी एक प्रकरण द्वारा अधिगम्य न होकर सम्पूर्ण शिक्षण प्रक्रिया के दौरान प्राप्त किए जाते हैं। उदाहरण के तौर पर गद्य शिक्षण का एक सामान्य उद्देश्य है–पढ़कर अर्थ ग्रहण करने की योग्यता। यह उद्देश्य किसी एक कक्षा या किसी प्रकरण विशेष के अध्यापन से प्राप्त नहीं किया जा सकता। फिर भी इसके उल्लेख द्वारा शिक्षक और विद्यार्थियों के सम्मुख शिक्षण की दिशा स्पष्ट की जाती है।

विशिष्ट उद्देश्यों (Specific objectives) का निर्धारण–किसी प्रकरण विशेष के शिक्षण से प्राप्त होने वाले उद्देश्यों को विशिष्ट उद्देश्य कहा जाता है। ये उद्देश्य प्रकरण-दर-प्रकरण भिन्न होते हैं और उनकी विषय-वस्तु पर आधारित होते हैं। उदाहरणतः 'झांसी की रानी' के जीवन से सम्बन्धित प्रकरण के शिक्षण के विशिष्ट उद्देश्य 'झांसी की रानी' के वास्तविक नाम, माता-पिता के नाम, जन्म-स्थान, शिक्षा-प्रशिक्षण, विवाह-तिथि और पति के नाम इत्यादि के विषयों की तथ्यात्मक जानकारी के रूप में होगा।

अनुमानित पूर्व-ज्ञान (Previous knowledge)–हरबर्ट उपागम के अनुसार–अधिगत ज्ञान, नए ज्ञान की अवाप्ति में सहायक होता है। इस सिद्धान्त के अनुसार किसी नये प्रकरण के शिक्षण से पहले शिक्षक को अनुमान लगाना चाहिए कि विद्यार्थी उसे जानने-समझने के लिए कितने सक्षम हैं। इसके लिए शिक्षक विद्यार्थियों की पृष्ठभूमि, बोध और जिज्ञासा के स्तर का अनुमान लगाता है। उदाहरण के लिए रानी लक्ष्मीबाई द्वारा 1857 के विद्रोह में झांसी की अगुआई करने सम्बन्धी प्रकरण को पढ़ाने से पहले शिक्षक को यह अवश्य सुनिश्चित करना चाहिए कि विद्यार्थी लक्ष्मीबाई के सैन्य प्रशिक्षण, झांसी राज्य की स्थिति, और विद्रोह के कारणों से परिचित हों।

पूर्व-ज्ञान परीक्षण (Testing of previous knowledge)–शिक्षक द्वारा अनुमानित पूर्व-ज्ञान के विषय में सुनिश्चित होने के लिए उपयुक्त प्रश्नों के माध्यम से उसका परीक्षण किया जाता है। पाठ्यवस्तु के शिक्षण से पहले पूर्व विद्यार्थियों से प्रश्न करता है जिसका उद्देश्य यह जानना है कि वे प्रकरण से सम्बद्ध सामान्य ज्ञान से परिचित हैं या नहीं। इस चरण को पूर्व-ज्ञान परीक्षण का नाम दिया गया है। यह आकलन उन्हीं विषयों पर केन्द्रित होता है जिनका समावेश पाठ्यवस्तु में होता है। यदि पूर्व-ज्ञान सटीक है तो पाठ्यवस्तु को उससे जोड़कर प्रस्तुत करना सरल हो जाता है। किन्तु यदि शिक्षक द्वारा विद्यार्थियों के पक्ष में अनुमानित पूर्व-ज्ञान सम्यक् या सटीक नहीं है तो शिक्षक को अपने प्रश्नों को और शिक्षण प्रक्रिया को सरल बनाना होता है।

पूर्व-ज्ञान परीक्षण को मनोवैज्ञानिक प्रक्रिया बनाने की दृष्टि से शिक्षक को चाहिए कि केवल तीन या चार प्रश्न पूछे जाएँ, सभी प्रश्न परस्पर सम्बद्ध हों और अन्तिम प्रश्न अपेक्षाकृत कठिन पूछा जाए; जिसका उत्तर विद्यार्थी न दे पाएँ या ग़लत दें। ऐसा होने पर कक्षा में जिज्ञासा और उत्सुकता का माहौल पनपेगा। इस माहौल में पाठ्यवस्तु का परिचय देना सरल होगा। विद्यार्थियों की ग्राह्यता बढ़ने के कारण प्रस्तुत विषय का अधिगम कराना सरल होगा।

प्रस्तावना (Introduction)–अनुत्तरित या अशुद्ध उत्तर से उत्पन्न जिज्ञासा के माहौल में प्रश्न का सही उत्तर प्रस्तुत करते हुए शिक्षक पाठ्यवस्तु की ओर संकेत करने का उपक्रम करता है। यह संकेत एक वाक्य में न होकर पाठ्यवस्तु की भूमिका के रूप में होता है। इस चरण में विद्यार्थी कथा, प्रसंग, उदाहरण, घटना, सूक्ति या ऐसे ही किसी उपाय द्वारा पाठ्यवस्तु की रूपरेखा से परिचित होते हैं। पाठ्यवस्तु के सामान्य विवरण, शीर्षकों और प्रमुख बिन्दुओं की जानकारी से विद्यार्थियों को उत्सुक और तैयार करने में सहायता मिलती है।

उपविषय की घोषणा (Declaration of topic)–पाठ्यवस्तु की बाहरी रूपरेखा या सामान्य जानकारी प्रस्तुत करने के उपरान्त शिक्षक उसके शीर्षक या नाम के बारे में सटीक घोषणा करता है। इसी के साथ पाठ के लेखक, पृष्ठभूमि और अन्य ज्ञेय पक्षों का विवरण भी प्रस्तुत किया जा सकता है। उदाहरण के लिए उपविषय की घोषणा करते हुए शिक्षक कह सकता है–"इस प्रकार भारत का स्वतन्त्रता आन्दोलन दो दिशाओं में गतिमान हो गया। एक तरफ धरने, प्रदर्शन, चुनाव और अन्य लोकतान्त्रिक उपायों से सरकार को प्रभावित करने के शान्तिपूर्ण प्रयास जारी थे तो दूसरी ओर बम धमाकों, क्रूर तथा अन्यायी अधिकारियों पर हमले और सरकारी मशीनरी को पंगु करने जैसे उपायों से विदेशी ताकत का प्रतिरोध किया जा रहा था। इनमें से पहले को 'नरमदल' और दूसरे को 'गरमदल' के नाम से जाना जाता था। गरमदल के कार्यकर्ताओं में भगतसिंह का नाम अग्रणी था। आज हम उनके बचपन, शिक्षा, विचारों, कार्यों इन्यादि के विषय में जानकारी प्राप्त करेंगे।"

शिक्षण बिन्दुओं का निर्धारण (Declaring teaching points)–शिक्षण बिन्दु का तात्पर्य है पाठ्यवस्तु का वह घटक जो स्वयं में परिपूर्ण हो, सार्थक व भावप्रद हो और जिसका सम्बन्ध आगामी पाठ्य बिन्दुओं से भी हो। गद्य पाठों में एक अनुच्छेद या परस्पर सम्बद्ध अनुच्छेदों को एक शिक्षण बिन्दु के रूप में चिह्नित किया जा सकता है। पद्य खण्ड में छन्दों या भावबद्ध पंक्तियों के समूह को एक शिक्षण बिन्दु माना जा सकता है। इसी प्रकार व्याकरण के प्रकरण में परिभाषा, प्रकार, भेद, नियम इत्यादि को एक इकाई का रूप दिया जा सकता है। एक पाठयोजना में ऐसी चार से छह इकाइयों का होना साधारण बात है।

व्यावहारिक उद्देश्यों का निर्धारण (Statement of behavioural objectives)–किसी शिक्षण बिन्दु के प्रस्तुतिकरण के परिणामस्वरूप विद्यार्थियों के व्यवहार में होने वाले परिवर्तनों को सुनिश्चित करने के लिए व्यावहारिक उद्देश्यों का

निर्धारण किया जाता है। प्रत्येक शिक्षण-बिन्दु का शिक्षण सोद्देश्य होना चाहिए। इस उद्देश्य की प्राप्ति मूल्यांकन द्वारा सुनिश्चित की जाती है। व्यावहारिक उद्देश्यों को निश्चयात्मक भाषा और कार्यपरक क्रियाओं द्वारा व्यक्त किया जाना चाहिए। उदाहरण—विद्यार्थी शहीद भगतसिंह के विचारों व कार्यों में सम्बन्ध स्थापित करते हैं।

शिक्षक क्रियाएँ (Teachers' activity)—इस स्तम्भ के अन्तर्गत पाठ्यबिन्दु के व्यावहारिक उद्देश्यों को प्राप्त करने के लिए शिक्षक द्वारा किए जाने वाले प्रयासों को अंकित किया जाता है। इसके अन्तर्गत शिक्षक द्वारा प्रस्तुत वक्तव्यों, पूछे गए प्रश्नों, संचालित गतिविधियों, प्रयुक्त शिक्षण विधियों और सामग्रियों का विवरण अंकित किया जाता है। पाठयोजना में निर्धारित समस्त शिक्षण-बिन्दुओं के प्रस्तुतिकरण के दौरान यदि शिक्षक ही वक्ता, नेता, व्याख्याता और दिशा-निर्धारक बना रहे तो ऐसी योजना को सन्तुलित नहीं कहा जाएगा।

जिस योजना में कक्षा में उपस्थित विद्यार्थी मात्र श्रोता या दर्शक ही बने रहें, शिक्षण-अधिगम प्रक्रिया के सक्रिय सहभागी न बनें; ऐसी योजना मनोवैज्ञानिक और तार्किक किसी भी दृष्टि से सम्यक् नहीं है। दूसरी ओर यदि विद्यार्थी ही किसी कक्षा के कर्त्ता-धर्त्ता बने रहें तो भी शिक्षण-अधिगम सुचारुतया नहीं चल सकता। अतः जिस कक्षा में पाठ्यबिन्दु शिक्षण के व्यावहारिक उद्देश्यों के अधिगम की दिशा में, शिक्षक और विद्यार्थियों द्वारा, सहायक उपकरणों के माध्यम से समन्वित प्रयास किया जाए, उसे उत्तम और सन्तुलित शिक्षण कहा जा सकता है।

विद्यार्थी क्रियाएँ (Students' activity)—शिक्षक कक्षा में होने वाली समस्त गतिविधियों का उत्प्रेरक होता है। इसके परिणामस्वरूप विद्यार्थी प्रश्नों के उत्तर देने, उदाहरण बताने, क्रियाएँ व प्रयोग करने और विचार तथा प्रतिक्रिया प्रस्तुति जैसी गतिविधियाँ करते हैं। ये गतिविधियाँ प्रायः शिक्षक क्रियाओं के परिणामस्वरूप होती हैं। विद्यार्थी क्रिया के स्तम्भ में ऐसी सम्भावित क्रियाओं का उल्लेख किया जाता है। जिस कक्षा के विद्यार्थी अधिक सक्रिय और मुखर होते हैं और अध्यापक द्वारा उन्हें अधिकतम अन्तर्क्रिया का अवसर प्राप्त होता है उसका अधिगम स्तर बेहतर होता है और उस कक्षा को जीवन्त और सफल कहा जा सकता है।

सहायक सामग्री का नियोजन (Planning the teaching aids)—विभिन्न शिक्षण बिन्दुओं के व्यावहारिक उद्देश्यों को प्राप्त करने के लिए शिक्षण के दौरान शिक्षक और विद्यार्थियों के द्वारा जिन उपकरणों का प्रयोग किया जाता है उनका विवरण इस स्तम्भ के अन्तर्गत किया जाता है। श्यामपट्ट, चॉक और डस्टर जैसे उपकरणों का प्रयोग आमतौर पर प्रत्येक कक्षा में होता है। इसलिए इन्हें सामान्य कक्षोपयोगी उपकरण (Usual Classroom Appliances—UCA) कहा जाता है और प्रत्येक चरण में इनका नामतः उल्लेख अनिवार्य नहीं माना जाता।

कक्षा में शिक्षण-अधिगम से सम्बद्ध गतिविधियों के दौरान जिन सहायक उपकरणों—चार्ट, चित्र, मानचित्र, मॉडल इत्यादि का प्रयोग किया जाता है, उनके संक्षिप्त प्रतिरूप (Miniature) को प्रस्तुत स्तम्भ में उपयुक्त शिक्षण बिन्दु के सम्मुख प्रस्तुत किया जाना चाहिए।

श्यामपट्ट सार (Black-board summary)—शिक्षण कार्य के दौरान वर्तनी बताने, उत्तर लिखने, शब्दार्थ स्पष्ट करने, अशुद्धि-संशोधन और अन्य उद्देश्यों के लिए श्यामपट्ट का प्रयोग किया जाता है। शिक्षण योजना का प्रारूप तैयार करते हुए शिक्षक को यह तय कर लेना चाहिए कि श्यामपट्ट का प्रयोग कब, किस उद्देश्य के लिए, किस प्रकार और कितनी बार किया जाएगा। इस योजनानुसार श्यामपट्ट के लिए निर्धारित कार्य को काले चार्ट पर चाँदी के रंग वाले पैन या पेन्सिल से श्यामपट्ट-कार्य के स्तम्भ में अंकित किया जाए। श्यामपट्ट पर लिखे जाने वाले सामान्य निर्देशों व संकेतों जैसे—कक्षा, विभाग, कालांश, विषय, प्रकरणादि को श्यामपट्ट-कार्य के स्तम्भ में प्रदर्शित नहीं किया जाता।

शिक्षण-बिन्दुओं का मूल्यांकन (Evaluation of teaching points)—प्रत्येक शिक्षण बिन्दु के प्रस्तुतिकरण के उपरान्त उसके लिए निर्धारित व्यावहारिक उद्देश्यों की प्राप्ति सुनिश्चित करने के लिए मूल्यांकन का प्रावधान किया जाता है। मूल्यांकन का परिणाम सकारात्मक होने पर ही अग्रिम बिन्दु का शिक्षण प्रारम्भ किया जाना चाहिए। अन्यथा विगत बिन्दु के सन्दर्भ में निदानात्मक और चिकित्सकीय शिक्षण का प्रावधान किया जाना चाहिए। सरल, सटीक और स्पष्ट परिणामदायी होने के कारण शिक्षण बिन्दु के मूल्यांकन के लिए प्रश्नोत्तर विधि सर्वाधिक उपयुक्त मानी जाती है।

पुनरावृत्ति (Recapitulation)–समस्त शिक्षण बिन्दुओं की प्रस्तुति और मूल्यांकन के उपरान्त, उनके प्रमुख तत्त्वों का पुनरावलोकन या दोहराव किया जाता है। इसका उद्देश्य पाठ्यवस्तु को एक सम्पूर्ण इकाई के रूप में प्रस्तुत करना और स्मृति व बोध की दृष्टि से सरल बनाना है। यह कार्य सदा शिक्षक की ओर से न होकर समय, विषय और सरलता को देखते हुए विद्यार्थियों की सहायता से भी किया जा सकता है।

पाठ्यवस्तु का मूल्यांकन (Evaluation of subject matter)–पाठयोजना के द्वितीय चरण के अन्तर्गत जिन विशिष्ट उद्देश्यों का निर्धारण किया गया था, उनकी प्राप्ति सुनिश्चित करने के लिए सम्पूर्ण पाठ्यवस्तु के मूल्यांकन की व्यवस्था की जानी चाहिए। यह मूल्यांकन स्वच्छन्द न होकर पूर्व-निर्धारित बिन्दुओं या विशिष्ट उद्देश्यों के अनुसार होना चाहिए। इस मूल्यांकन का परिणाम यदि सकारात्मक हो तो शिक्षण को सफल और सार्थक कहा जा सकता है।

गृहकार्य (Home-work)–पाठ्यवस्तु को विद्यार्थियों के लिए स्मृतिगम्य और चिरस्थायी बनाने के लिए उसके अभ्यास और आवृत्ति की आवश्यकता होती है। विद्यार्थियों को गम्भीर और उत्तरदायी बनाने और पाठ्यवस्तु के अन्यान्य पहलुओं की खोज का अवसर देने के लिए भी आवृत्ति व अभ्यास उपयोगी क्रियाएँ हैं। इन बिन्दुओं को ध्यान में रखते हुए विद्यार्थियों को गृहकार्य दिया जाना चाहिए।

गृहकार्य पाठ्यवस्तु से सम्बद्ध, उपयोगी और रचनात्मक होना चाहिए। उसकी मात्रा भी सीमित व सन्तुलित होनी चाहिए। यदि सम्भव हो तो कक्षा के समस्त विद्यार्थियों को एक समान गृहकार्य देने की अपेक्षा उन्हें कुछ वर्गों या समूहों में विभक्त कर अलग-अलग गृहकार्य भी दिया जा सकता है। गृहकार्य विद्यार्थियों के लिए दण्ड-स्वरूप न होकर उपयोगी और सोद्देश्य हो तो विशिष्ट व व्यावहारिक उद्देश्यों की प्राप्ति के फलस्वरूप उत्पन्न व्यवहार परिवर्तन को स्थायित्व प्रदान किया जा सकता है।

प्रश्न

1. शैक्षिक नियोजन का क्या अर्थ है? इसकी आवश्यकता और उपयोगिता का विवेचन कीजिए।
2. शिक्षण नियोजन की पृष्ठभूमि पर संक्षिप्त टिप्पणी लिखिए।
3. इकाई योजना का परिचय दीजिए। इकाई नियोजन की प्रक्रिया में सम्मिलित चरणों का सोदाहरण उल्लेख कीजिए।
4. इकाई नियोजन में शिक्षण सामग्री को क्रमबद्ध करने के लिए किन विधियों का अनुपालन किया जा सकता है।
5. पाठयोजना का क्या तात्पर्य है? इसकी आवश्यकता और उपयोगिता का विवेचन कीजिए।
6. इकाई योजना और पाठयोजना का अन्तर स्पष्ट कीजिए।
7. पाठयोजना के लक्ष्यों और तत्त्वों का सोदाहरण उल्लेख कीजिए।
8. हरबर्ट द्वारा उपस्थापित शिक्षण प्रक्रिया के सिद्धान्तों और चरणों का उल्लेख कीजिए।
9. हरबर्ट द्वारा प्रतिपादित शिक्षण पदों के आधार पर शिक्षण-नियोजन के पाँच पदों का परिचय दीजिए।
10. ब्लूम के त्रिपदीय मूल्यांकन उपागम का परिचय दीजिए।
11. पाठयोजना के चरणों का परिचय और महत्त्व लिखिए।
12. सामान्य और विशिष्ट उद्देश्यों में अन्तर स्पष्ट कीजिए।

17 सूक्ष्म शिक्षण और सूक्ष्म पाठयोजनाएँ

पृष्ठभूमि

शिक्षण निर्विवाद रूप से मानव समाज की सबसे प्राचीन और मौलिक गतिविधि है। शिक्षण को शुरुआत से ही पवित्र, सम्माननीय और विशेषज्ञ गतिविधि के तौर पर देखा जाता रहा है। काफी समय तक इसे एक प्रकार की कला और जन्मजात गुण माना जाता था। भारतीय इतिहास में काफी समय ऐसा भी रहा है जबकि पढ़ने-पढ़ाने का अधिकार समाज के बहुत सीमित वर्ग को ही प्राप्त था। हालाँकि शिक्षा में बहुत से विषयों, कला-कौशलों और प्रशिक्षणों का समावेश था और इन्हें विशेषज्ञ शिक्षकों द्वारा योग्य और जिज्ञासु विद्यार्थियों को लगभग मुफ्त उपलब्ध कराया जाता था; लेकिन फिर भी समाज का एक बड़ा वर्ग शिक्षा से वंचित था। समय के साथ समाज में जागृति आई और सभी के लिए शिक्षा की माँग उठने लगी। 1906 में लोकमान्य तिलक ने पहली बार बॉम्बे विधानसभा में अनिवार्य और निशुल्क शिक्षा की माँग रखी जिसे 1930 में स्वीकार कर लिया गया। इससे निजी, सरकारी और स्वयंसेवी संस्थाओं द्वारा संचालित औपचारिक स्कूलों की संख्या में खासा इज़ाफ़ा हुआ। विद्यार्थियों की संख्या बढ़ने से शिक्षकों की माँग में तेज़ी आना स्वाभाविक हो गया। इस माँग की पूर्ति के लिए जन्मजात और एक वर्ग विशेष से आने वाले शिक्षकों के अतिरिक्त विद्वान और कुशल लोगों को शिक्षकों के रूप में नियुक्त करने की ज़रूरत महसूस होने लगी। इसके लिए उन्हें शिक्षा से सम्बन्धित मूलभूत जानकारी और शिक्षण-विधियों का प्रशिक्षण दिया जाना जरूरी था।

इस दिशा में पहल करते हुए 1776 में जिगनबल्ग के नेतृत्व वाली एक डच मिशनरी ने त्रावणकोर में नार्मल स्कूल या शिक्षक प्रशिक्षण विद्यालय की स्थापना की। इसके बाद देश के अनेक भागों में शिक्षक प्रशिक्षण केन्द्रों की स्थापना होने लगी। 1826 में ब्रिटिश सरकार ने भी अपने प्रान्तों में शिक्षक प्रशिक्षण संस्थान खोलने आरम्भ कर दिए। इसके अलावा अनेक भारतीय शिक्षण संस्थाओं ने अपने शिक्षक प्रशिक्षण विद्यालय भी खोले इनमें राजा राममोहन राय के नेतृत्व वाली कलकत्ता स्कूल सोसायटी का नाम प्रमुख है। इस प्रकार शिक्षक प्रशिक्षण का दायरा निरन्तर बढ़ता चला गया। आज़ादी से पहले और बाद में सरकारों द्वारा नियुक्त अनेक शिक्षा आयोगों और समितियों ने शिक्षक-शिक्षा के बारे में अनुशंसाएँ दीं। इनके अनुसार देश में विभिन्न स्तरों पर स्थापित शिक्षक-शिक्षा संस्थानों में नई रीतियों और परम्पराओं का प्रयोग होने लगा। इसी के साथ दुनिया के अन्यान्य हिस्सों में शिक्षक प्रशिक्षण के लिए प्रयोग की जाने वाली विधियों के भारत आने का सिलसिला भी चल निकला। आज़ाद भारत में स्कूली शिक्षा और शिक्षक-शिक्षा को नई दिशा देने के लिए 1961 में राष्ट्रीय शैक्षिक अनुसन्धान और प्रशिक्षण परिषद (एन.सी.ई.आर.टी.) की स्थापना की गई। 1973 में एन.सी.ई.आर.टी. के शिक्षक प्रशिक्षण विभाग में राष्ट्रीय अध्यापक शिक्षण परिषद् (एन.सी.टी.ई.) का गठन हुआ जिसे अगस्त 1995 में संसद की अनुशंसा द्वारा वैधानिक दर्जा प्रदान किया गया। इन संस्थाओं ने मिलकर देश में शिक्षक प्रशिक्षण की अधुनातन विधियों का विकास और विस्तार किया। साथ ही विश्व पटल पर उभरने वाली विभिन्न शिक्षक प्रशिक्षण तकनीकों में से उपयोगी विधियों को भारत में लागू किया। सूक्ष्म शिक्षण तकनीक भी इन्हीं में से एक है।

सामान्य परिचय

शिक्षण को परम्परा से कला की श्रेणी में रखा जाता रहा है। ऐसा माना जाता रहा है कि शिक्षक पैदा होते हैं; तैयार नहीं किए जा सकते। लेकिन शिक्षण के क्षेत्र में हुए शोधों ने इस धारणा को भ्रम साबित कर दिया है। देश और विदेशों में शिक्षण प्रक्रिया को समझने और सुधारने के लिए किए गए प्रयासों के परिणामस्वरूप अनेक विधियों और तकनीकों का विकास हुआ है। सूक्ष्म शिक्षण या माइक्रो टीचिंग् इनमें से एक है। इसका आविष्कार उन प्रयासों का हिस्सा है जिनमें शिक्षण को सरल, बेहतर और प्रभावशाली बनाने के लिए शिक्षण प्रक्रिया का विश्लेषण किया गया। यह जानने का प्रयास किया गया कि उत्तम, मध्यम और सामान्य शिक्षण में क्या अन्तर हैं और इन्हें कैसे समायोजित किया जा सकता है। इसके अन्तर्गत सभी श्रेणियों के शिक्षकों के निरीक्षण से उन सामान्य गतिविधियों की सूची तैयार की गई जिनका कक्षा-शिक्षण में प्रयोग किया जाता है। इस दिशा में 1970 के दशक में अमरीका के स्टेनफोर्ड विश्वविद्यालय के डॉ. रॉबर्ट एन. बुश, डॉ. इवाइट डब्ल्यू. एलन और कीथ एचिसन के प्रयास उल्लेखनीय हैं। उन्होंने कक्षा-शिक्षण की वीडियो रिकॉर्डिंग् की और उसके विश्लेषण से शिक्षण की बारीकियों को स्पष्ट करने के प्रयास किए। उनका मानना था कि शिक्षण कोई एकीकृत गतिविधि नहीं है बल्कि अनेक प्रक्रियाओं का समावेश है। उन्होंने स्पष्ट किया कि सभी शिक्षक कक्षा शिक्षण के दौरान अनिवार्य तौर पर कुछ सामान्य गतिविधियों का आयोजन करते हैं। ये गतिविधियाँ सभी स्तरों यानि प्राथमिक, माध्यमिक, उच्च माध्यमिक कक्षाओं में, सभी विषयों के शिक्षण में और सभी प्रकार के शिक्षकों जैसे प्रशिक्षित/अप्रशिक्षित, ग्रामीण/शहरी तथा अनुभवी व कम अनुभवी शिक्षकों द्वारा आमतौर पर प्रयोग की जाती हैं। उन्होंने इन गतिविधियों को सूक्ष्म गतिविधियों का नाम दिया। इन गतिविधियों की एक सूची बनाकर उनके तौर-तरीकों पर ध्यान केन्द्रित किया गया, जिससे यह साफ हो गया कि कक्षा-शिक्षण की इन सूक्ष्म गतिविधियों का बेहतर आयोजन कैसे किया जाता है। इससे शोधकर्त्ताओं को उन बारीकियों का पता लगा जो इन गतिविधियों का अनिवार्य हिस्सा थीं। इस पूरी प्रक्रिया में दो बातें सामने आईं एक सूक्ष्म कौशलों की सूची और दूसरी उनके अवयव। इन दोनों को मिलाकर सूक्ष्मशिक्षण की पूरी संरचना सामने आई। जल्दी ही इस प्रविधि का इस्तेमाल शिक्षक-शिक्षा में होने लगा, ताकि कक्षा-शिक्षण को सरल और प्रभावी बनाया जा सके। इन प्रयासों को व्यापक सफलता और प्रसिद्धि मिली, जिसके चलते भारत सहित दुनिया के विभिन्न देशों में सूक्ष्मशिक्षण पर प्रयोग होने लगे।

भारत में 1970 में बड़ौदा स्थित महाराजा सयाजीराव विश्वविद्यालय, बड़ौदा के सैण्टर फॉर एडवांस्ड स्टडीज़ इन एजुकेशन में सूक्ष्मशिक्षण पर प्रयोग आरम्भ हुए। 1975 में एन.सी.ई.आर.टी. ने देश के विभिन्न हिस्सों में सूक्ष्मशिक्षण पर शोध संगोष्ठियों का आयोजन किया। इनके परिणामों पर 1976 में आर.सी. दास, बी.के. पासी और एल.सी. सिंह द्वारा सम्पादित विवरण–'ए स्टडी ऑफ द इफैक्टिवनैस ऑफ माइक्रो टीचिंग् इन ट्रेनिंग् ऑफ टीचर्स' का प्रकाशन हुआ। इस रिपोर्ट में स्वीकार किया गया कि सूक्ष्मशिक्षण तकनीकों के प्रयोग से कम समय और प्रयास से छात्राध्यापकों में कक्षाशिक्षण कौशलों का विकास किया जा सकता है। साथ ही यह संस्तुति भी की गई कि भारत में शिक्षक-शिक्षा को प्रभावशाली बनाने के लिए सूक्ष्मशिक्षण प्रविधि का व्यापक प्रसार किया जाना चाहिए। इसके बाद एन.सी.ई.आर.टी. और बड़ौदा विश्वविद्यालय के सैण्टर फॉर एडवांस्ड स्टडीज़ इन एजुकेशन के संयुक्त तत्वावधान में देशभर में सूक्ष्मशिक्षण शोध और प्रसार संगोष्ठियों का आयोजन किया गया। इस प्रकार सूक्ष्मशिक्षण भारत में शिक्षक-शिक्षा की एक अनिवार्य गतिविधि बन गया।

सूक्ष्मशिक्षण की परिभाषा

- "सूक्ष्मशिक्षण कक्षा के आकार, विद्यार्थीसंख्या और समय के स्तरों पर सीमित शिक्षण है।" –एलन (1968)
- "सूक्ष्मशिक्षण एक शिक्षक-शिक्षा तकनीक है जिसमें शिक्षक को स्पष्टतः परिभाषित शिक्षणकौशलों का अभ्यास विशेष तौर पर तैयार पाठयोजनाओं के माध्यम से पाँच से दस मिनट में विद्यार्थियों के एक छोटे समूह के साथ करना होता है। उसे विडियो टेप के माध्यम से अपने कौशल के निरीक्षण का अवसर भी प्राप्त होता है।"
  –बुश (1968)

- ''सूक्ष्मशिक्षण नियंत्रित शिक्षण अभ्यास की एक व्यवस्था है जिसमें किसी विशेष शिक्षण व्यवहार पर ध्यान देने और नियंत्रित स्थितियों में शिक्षण अभ्यास की सुविधा होती है।'' —एलन एवं ईव (1968)
- ''सूक्ष्मशिक्षण एक अध्यापक शिक्षण प्रक्रिया है जिसमें कम समय और विद्यार्थियों के साथ शिक्षण को सरल और नियन्त्रित करके किसी विशेष कौशल के अभ्यास तक सीमित कर दिया जाता है।'' —क्लिफ्ट एवं अन्य (1976)

इन परिभाषाओं के आधार पर सूक्ष्मशिक्षण की विशेषताओं को सूचीबद्ध किया जा सकता है—

1. सूक्ष्मशिक्षण वास्तविक शिक्षण है। यह अनुरूप या अवास्तविक शिक्षण नहीं है।
2. सूक्ष्मशिक्षण में एक सत्र में किसी एक शिक्षणकौशल के अभ्यास पर ध्यान केन्द्रित किया जाता है।
3. सूक्ष्मशिक्षण के लिए कक्षा के समय, आकार (स्थान) और विद्यार्थी-संख्या को सीमित कर दिया जाता है।
4. सूक्ष्मशिक्षण अभ्यास सत्र में छात्राध्यापकों की गतिविधियों की विडियो रिकॉर्डिंग् की जाती है। इसके निरीक्षण द्वारा छात्राध्यापक स्वयं अपनी सीमाओं से परिचित हो सकते हैं।
5. विडियो रिकॉर्डिंग् के साथ ही एक या अनेक निरीक्षक पर्यवेक्षण अनुसूची पर छात्राध्यापक के प्रदर्शन का अंकन करते हैं।
6. इस प्रकार के निरीक्षण की प्रतिपुष्टि के आधार पर छात्राध्यापक को अपनी कमियों के सुधार के लिए पुनःशिक्षण का अवसर दिया जाता है।
7. सूक्ष्मशिक्षण की प्रक्रिया में योजना बनाना, शिक्षण, प्रतिपुष्टि, पुनर्योजना, पुनःशिक्षण और पुनः प्रतिपुष्टि के चक्र का अनुपालन किया जाता है।

सूक्ष्मशिक्षण कौशल

शिक्षण प्रक्रिया को जन्मजात गुण के स्थान पर अर्जित कौशल मानने वाले शिक्षाशास्त्रियों ने घोषणा की कि शिक्षण कोई समेकित गतिविधि नहीं बल्कि अनेक कार्यकलापों का समूह है। इन कार्यकलापों का एक-एक करके अभ्यास और उनके कार्यान्वियन में कुशलता अर्जित करना ही सूक्ष्मशिक्षण का ध्येय है। शिक्षण के घटक रूप में मौजूद कौशलों के माध्यम से कक्षाशिक्षण में प्रवीणता हासिल करना सूक्ष्म शिक्षण का सबसे महत्त्वपूर्ण लाभ है। यहाँ कौशलों का तात्पर्य उन व्यवहारों से है जो कक्षा में विद्यार्थियों के ज्ञानात्मक, बोधात्मक और कौशलात्मक व्यवहारों में बदलाव के लिए अपनाए जाते हैं। प्रभावशाली शिक्षण में सूक्ष्मशिक्षण कौशलों के महत्त्व को स्वीकार करते हुए एलन स्पष्ट किया कि प्रतिनिधि शिक्षण कौशलों की पहचान और अभ्यास से न केवल कक्षा में इनके व्यवहार बल्कि सामान्य शिक्षण क्षमता का भी विकास होता है। इनके माध्यम से कक्षा को समझने, अन्तर्क्रिया करने और निर्धारित परिणाम हासिल करने की शिक्षक की क्षमता का विस्तार होता है। आमतौर पर किसी कक्षा में शिक्षक की गतिविधियों को तीन भागों में बाँटा जाता है। ये हैं—पाठनियोजन या पाठयोजना का निर्माण, प्रस्तुतिकरण यानि नियोजित पाठयोजना का कक्षा में प्रस्तुतिकरण और समापन अर्थात् पाठ्यवस्तु की प्रस्तुति के बाद शिक्षण गतिविधियों का उपसंहार। इनमें से पाठनियोजन और समापन शिक्षण कौशल के विषय नहीं हैं इसलिए सूक्ष्मशिक्षण के सभी घटकों का प्रयोग प्रस्तुतिकरण चरण में ही होता है। जहाँ तक सूक्ष्मशिक्षण कौशलों की संख्या का प्रश्न है तो विभिन्न देशों, संस्थानों, शिक्षाशास्त्रियों और प्रशासकों के बीच काफी मतभेद नज़र आता है। जिसके कारण सूक्ष्मशिक्षण कौशलों की संख्या दस से लेकर बत्तीस तक स्वीकार की जाती है। इन्हें कक्षापूर्व, कक्षाकालीन और कक्षोपरांत नामक तीन श्रेणियों में रखा जाता जिनमें से व्यावहारिक तौर पर अधिक प्रचलित कौशलों की नामावली और उनके मूल्यांकन घटकों की सूची इस प्रकार है—

क्र.संख्या	सूक्ष्मशिक्षण कौशलों के नाम	सूक्ष्मशिक्षण कौशलों के मूल्यांकन घटक
1.	पाठ प्रारम्भन कौशल	• लेखपट्ट पर प्रविष्टियों का अंकन • पूर्वज्ञान प्रश्नों की प्रासंगिकता • पूर्वज्ञान प्रश्नों में सातत्य • अंतिम प्रश्न की उपयुक्तता • अंतिम प्रश्न के उत्तर द्वारा पाठ्यवस्तु की ओर संकेत • पाठ्यवस्तु के उद्देश्य और महत्त्व की घोषणा
2.	प्रश्न प्रस्तुति कौशल	**(क) प्रश्न संरचना** • भाषा की दृष्टि से शुद्ध • व्याकरण की दृष्टि से शुद्ध • विषय से सम्बद्धता • संक्षिप्तता • परस्पर सम्बद्धता **(ख) प्रश्नों की प्रयोगविधि** • समयगत सटीकता • आवाज़ और गति का समन्वय • वाणी की स्पष्टता • विद्यार्थी का चयन • प्रश्नों का वितरण **(ग) सही उत्तर पाने के प्रयास** • उपयुक्त सुराग देना • प्रश्न को सरल करके पूछना • अनुबोधन करना • सम्बद्ध प्रश्न को अन्य विद्यार्थी से पूछना • सही उत्तर पाने पर असफल विद्यार्थी से दोहरवाना **(घ) अतिरिक्त प्रश्नोत्तर गतिविधियाँ** • सही उत्तर को अन्य विद्यार्थियों से दोहरवाना • सही उत्तर को लेखपट्ट पर लिखना • अधिक सूचना प्राप्ति • समीक्षात्मक अभिज्ञता का विकास • विषय पर पुनर्केन्द्रण
3.	व्याख्या कौशल	**(क) अपेक्षित व्यवहार** • विषय प्रवेश • प्रमुख बिन्दुओं का स्पष्टीकरण • विद्यार्थियों से अन्तर्क्रिया • विद्यार्थियों के भ्रम/जिज्ञासा निवारण • समाप्ति कथन **(ख) अनपेक्षित व्यवहार** • अप्रासंगिक वर्णन • सातत्य का अभाव

(क्रमशः)

क्र.संख्या	सूक्ष्मशिक्षण कौशलों के नाम	सूक्ष्मशिक्षण कौशलों के मूल्यांकन घटक
		• अप्रासंगिक शब्दावली • सहजता का अभाव • अस्पष्टता
4.	दृष्टान्त कौशल	• सुगमता • सरलता • प्रासंगिकता • रोचकता • औचित्य
5.	दृश्य-श्रव्य उपकरण और उनका प्रयोग-कौशल	**(क) सहायक उपकरणों की गुणवत्ता** • उपयुक्त आकार • दृश्यगत वास्तविकता • सूचनाओं की स्पष्टता • कथ्य की सरलता • कथ्य की संक्षिप्तता **(ख) सहायक उपकरणों की प्रयोगविधि** • अर्थपूर्ण • रोचक • प्रभावशाली • ध्यानाकर्षक • अभिप्रेरण में सक्षम • मानसिक बिम्बनिर्माण में सक्षम • समीक्षात्मक चिन्तन में उपयोगी • धारणा में सहायक
6.	उद्दीपन परिवर्तन कौशल	• संचलन • हाव-भाव • वाक्संरूप परिवर्तन • केन्द्रण • अन्तर्क्रिया शैली परिवर्तन • विराम • दृश्य-श्रव्य बदलाव • विद्यार्थी सहभागिता
7.	लेखपट्ट प्रयोग कौशल	**(क) लेखन सौन्दर्य** • अक्षरों की स्पष्टता • अक्षरों की उपयुक्तता • शब्दों के बीच अन्तराल • अक्षरों का आकार • मात्राओं की स्पष्टता **(ख) लेखन की स्पष्टता** • शिरारेखाओं का लेखपट्ट के समान्तर होना।

क्र.संख्या	सूक्ष्मशिक्षण कौशलों के नाम	सूक्ष्मशिक्षण कौशलों के मूल्यांकन घटक
		• दो वाक्यों की शिरारेखाओं के बीच उपयुक्त अंतर होना। • अक्षरों व शब्दों में उपरिलेखन का निवारण • महत्त्वपूर्ण शब्दों का रेखांकन • रंगीन लेखन सामग्री (चॉक/पैन) का प्रयोग **(ग) लेखन की उपयुक्तता** • लिखित कार्य का अनिवार्य होना • लिखित कार्य का भाषा और वर्तनी की दृष्टि से शुद्ध होना • लिखित कार्य का क्रमबद्ध होना • सूचना और चित्रों का स्पष्ट संयोजन • चित्र/रेखाचित्र, मानचित्र आदि का सरूप होना **(घ) लेखपट्ट प्रयोग की विधि** • लेखन से पूर्व लेखपट्ट की सफ़ाई सुनिश्चित करना • लेखपट्ट और विद्यार्थियों के बीच व्यवधान न बनना। • स्पष्ट लेखन के लिए लेखनसामग्री का समुचित प्रयोग • अप्रासंगिक सूचनाओं को यथासमय मिटाना • प्रयोग के बाद लेखपट्ट को साफ कर देना।
8.	प्रबलन कौशल	• शाब्दिक प्रबलन • तथ्यों की पुनरावृत्ति • अतिरिक्त शाब्दिक संकेतों का प्रयोग • शब्देतर संकेतों द्वारा प्रबलन • विद्यार्थियों की प्रतिक्रिया का लेखपट्ट पर अंकन • नकारात्मक शाब्दिक प्रबलन • नकारात्मक अशाब्दिक प्रबलन
9.	समापन कौशल	• पाठ्यवस्तु के मुख्य बिन्दुओं का दोहराव • पाठ्यवस्तु के मुख्य बिन्दुओं पर प्रश्न पूछना • विद्यार्थियों की सहायता से पाठ्यवस्तु का सार कथन • पाठ्यवस्तु के व्यावहारिक बिन्दुओं का चयन • अनावश्यक और भ्रामक तत्वों का निराकरण
10.	गृहकार्य प्रदान कौशल	• प्रत्येक पाठ्यबिन्दु से ज्ञानात्मक, बोधात्मक और कौशलात्मक क्रियाकलापों का चयन • लेखन, पठन और क्रियात्मक अंशों का सन्तुलन • पाठ्यवस्तु के दोहराव और प्रयोग के लिए उपयोगी कार्यों का समायोजन • गृहकार्य के उद्देश्य और महत्त्व पर चर्चा • गृहकार्य प्रस्तुति के लिए सर्वसम्मत समयसीमा की घोषणा।

सूक्ष्मशिक्षण कौशलों के सूचीकरण के साथ ही यह जानना उपयोगी होगा कि वर्तमान परिदृश्य में अधिकांश शिक्षक शिक्षा संस्थानों में औसतन पाँच कौशलों का अभ्यास कराया जाता है। इस अभ्यास में विडियो रिकॉर्डिंग् की परम्परा क्षीण पड़ती जा रही है। इसके स्थान पर सहपाठियों और शिक्षक/शिक्षकों द्वारा दिए गए पृष्ठपोषण पर ही कौशल-सुधार का सारा दारोमदार है। एक अन्य शोचनीय तथ्य है कि सूक्ष्मकौशलों में सुधार के लिए चलने वाले शिक्षण और पुनःशिक्षण

के क्रम के स्थान पर केवल एक शिक्षण और एक पुनःशिक्षण सत्र के आयोजन का चलन चल निकला है। हालाँकि ऐसा शिक्षक-शिक्षा के कम समय और अधिक गतिविधियों के कारण किया जाता है लेकिन इससे सूक्ष्मशिक्षण के प्रति घटती दिलचस्पी का पता लगता है। इस उपेक्षा के बावजूद शिक्षाशास्त्रीय दृष्टि से सूक्ष्मशिक्षण के निष्प्रभावी होने का कोई प्रमाण सामने नहीं आया है और न ही इसके विकल्प के रूप में किसी माध्यम की खोज हुई है। जब तक ऐसा नहीं होता; सूक्ष्मशिक्षण शिक्षक-शिक्षा का अनिवार्य हिस्सा बना रहेगा।

पाठयोजना–1

पाठ प्रारम्भन कौशल

अनिवार्य सूचनाएँ

दिनांक ....*21 जनवरी* 2014............. कक्षा ....*छठी*..................... अवधि ....5–8.........मिनट

विषय ....*हिन्दी (गद्यपाठ)*.. उपविषय ....*झांसी की रानी*.................

छात्राध्यापक का नाम ....*विश्वेश्वर शर्मा*....................... अनुक्रमांक ....1496...............................

पर्यवेक्षक का नाम ....*डॉ. महाश्वेता पाराशर*.................. शिक्षण/पुनर्शिक्षण .... *शिक्षण* ....

पाठ्यबिन्दु	शिक्षक गतिविधि	विद्यार्थी प्रतिक्रिया	घटक व्यवहार
पूर्वज्ञान परीक्षण	शिक्षक लेखपट्ट पर पाठ्यबिन्दु से सम्बन्धित तथ्य अंकित करते हैं।		लेखपट्ट प्रविष्टियों का अंकन
	क्या आप जानते हैं कि 15 अगस्त 1947 से पहले भारत गुलाम था?	जी हाँ।	पूर्वज्ञान परीक्षण
	गुलामी के दौर में भारत पर कौन राज्य करते थे? अंग्रेज़ या अमरीकी?	उस समय भारत पर अंग्रेज़ राज करते थे।	प्रासंगिक प्रश्न
	क्या अंग्रेज़ खुद ही भारत को छोड़कर चले गए थे?	जी नहीं। भारत को आज़ाद कराने के लिए एक लम्बी लड़ाई लड़ी गई।	प्रश्नों में सातत्य
	क्या लड़ाई किन्हीं दो सेनाओं के बीच लड़ी गई थी?	जी नहीं। इस लड़ाई को अनेक नेताओं ने आम लोगों की सहायता से लड़ी।	प्रश्नों में सातत्य
	इस लड़ाई में भाग लेने वाली कुछ महिलाओं के नाम बताइए।	सरोजिनी नायडू, ममता बनर्जी आदि।	अंतिम प्रश्न की उपयुक्तता
	इनमें से सरोजिनी नायडू तो सही है लेकिन ममता बनर्जी आधुनिक भारत की नेता हैं। इनके अलावा भी बहुत सी महिलाओं ने भारत की आज़ादी की लड़ाई में योगदान दिया है जिनमें से एक हैं—मनुबाई जो 'झांसी की रानी' के नाम से प्रसिद्ध हैं। आज हम इन्हीं झांसी की रानी—मनुबाई के जन्मस्थान और माता-पिता का नाम जानेंगे। पता लगाएँगे कि उनकी शिक्षा कहाँ हुई और उन्होंने कौन से विषय पढ़े। पाठ के दौरान यह जानना भी उपयोगी होगा कि अपने बचपन में वे कौन से खेल खेलती थीं और उनके मित्र कौन थे? हम पता लगाएँगे कि उनका विवाह कितनी उम्र में और		समापन कथन और पाठ्यवस्तु की घोषणा

पाठ्यबिन्दु	शिक्षक गतिविधि	विद्यार्थी प्रतिक्रिया	घटक व्यवहार
	किसके साथ हुआ। अन्त में हग उन स्थितियों को समझने की कोशिश करेंगे जिनके कारण उन्हें अंग्रेज़ों के खिलाफ़ युद्ध लड़ना पड़ा। अन्त में हम पता लगाएँगे कि इस युद्ध का क्या परिणाम हुआ?		
	किसी भी देश के लिए जितना महत्त्व उसकी आज़ादी का होता है उससे अधिक उन लोगों का होता है जो अपने प्रयासों से स्वतन्त्रता अर्जित करते हैं। ऐसा इसलिए होता है क्योंकि आज़ादी स्वयं नहीं आती बल्कि लाई जाती है ऐसे लोगों के द्वारा जिनमें अपने सुख-सन्तोष से ज़्यादा सन्तोष देश की आज़ादी का जुनून होता है। आज़ादी मिलने के बाद उसे बनाए और बचाए रखने के लिए भी इसी प्रकार के लोगों की ज़रूरत होती है। ऐसे लोगों को प्रेरणा उन्हीं से मिलती है जो आज़ादी की लड़ाई में हिस्सेदार रहे हों। झांसी की रानी लक्ष्मीबाई हमारे देश के उन सेनानियों में अग्रगण्य हैं जिन्होंने देश की स्वतन्त्रता के लिए अपने प्राणों की बाजी लगा दी। उनके बारे में जानकर हममें समझ पैदा होती है कि किस प्रकार एक साधारण स्त्री और पुरुष एक लक्ष्य से जुड़कर बड़े काम कर सकता है और अन्यों के लिए प्रेरणा बन सकता है। आज के पाठ को पढ़कर हमें ऐसी ही प्रेरणा प्राप्त होगी ऐसी उम्मीद है।		पाठ्यवस्तु के उद्देश्य और महत्त्व की घोषणा

पर्यवेक्षण अनुसूची

घटक	मूल्यांकन	कुल अंक
इस अनुसूची के माध्यम से कक्षा में पाठ्यवस्तु के प्रथम प्रस्तुतिकरण के कौशल की परीक्षा की जाती है।		
लेखपट्ट प्रविष्टियों का अंकन	दिनांक, कक्षा, विषय और उपविषय—प्रत्येक के लिए एक अंक	
पूर्वज्ञान प्रश्नों की प्रासंगिकता	हाँ अथवा नहीं (हाँ के लिए प्रतिप्रश्न एक अंक)	
पूर्वज्ञान प्रश्नों में सातत्य	हाँ अथवा नहीं (हाँ के लिए प्रतिप्रश्न एक अंक)	
अंतिम प्रश्न की उपयुक्तता	अन्तिम प्रश्न अपेक्षाकृत कठिन होना चाहिए ताकि उसके माध्यम से विद्यार्थियों की उत्सुकता जागृत की जा सके। इस प्रश्न के अनेक अनेक या ग़लत उत्तर मिलना आदर्श स्थिति है जिससे विद्यार्थी शिक्षक के समापन कथन के प्रति उत्सुक हो जाते हैं।	
समापन कथन और पाठ्यवस्तु की घोषणा	समापन कथन में अन्तिम प्रश्न के उत्तर के साथ-साथ पाठ्यवस्तु की ओर संकेत किया जाना चाहिए।	
पाठ्यवस्तु के उद्देश्य और महत्त्व की घोषणा	पाठ्यवस्तु की घोषणा से विद्यार्थियों को पाठ के प्रति उत्सुक और सक्रिय करने में सहायता होती है। उसके महत्त्व की जानकारी से विद्यार्थी अध्ययन और अन्तर्क्रिया के प्रति गम्भीर और सजग हो जाते हैं।	
	प्राप्तांकों का कुल योग—	

पाठयोजना–2
प्रश्न प्रस्तुति कौशल

अनिवार्य सूचनाएँ

दिनांक ....21 जनवरी 2014.......................... कक्षा .... छठी............... अवधि ....5–8.............मिनट

विषय ....सामाजिक अध्ययन.. उपविषय ....जलचक्र...............................

छात्राध्यापक का नाम ....चाँदनी अग्रवाल.................................... अनुक्रमांक ....587................................

पर्यवेक्षक का नाम ....डॉ. रजनीश कौशिक............................. शिक्षण/पुनर्शिक्षण ....शिक्षण..................

पाठ्यबिन्दु	शिक्षक गतिविधि	विद्यार्थी प्रतिक्रिया	घटक व्यवहार
वाष्पन	(एक सोख्ता कागज़ को हल्का सा गीला करते हुए) सन्दीप! अगर मैं इसे थोड़ी देर के लिए ऐसे ही छोड़ दूँ तो क्या होगा?	संदीप–यह सूख जाएगा।	शुद्ध, सम्बद्ध और संक्षिप्त प्रश्न।
	युगान्त! तुम अंदाज़े से बताओ कि इस कागज़ को सूखने में कितना समय लगना चाहिए?	युगान्त–श्रीमान! इस कागज़ को सूखने में पाँच से सात मिनट का समय लगना चाहिए।	परस्पर सम्बद्ध प्रश्न
	शालिनी! अगर मैं इसे खिड़की के बाहर धूप में रख दूँ तो इसे सूखने में कितना समय लगेगा?	शालिनी–सर! मेरे अनुमान से तब यह दो–तीन मिनट में ही सूख जाएगा।	सटीक समय पर विद्यार्थी के चयन सहित पूछा गया प्रश्न
	सन्तोष! क्या आप बता सकते हैं कि धूप में कागज़ जल्दी क्यों सूखता है?	सन्तोष–धूप में पानी के वाष्पित होने की गति बढ़ जाती है इसलिए कागज़ जल्दी सूख जाता है।	प्रश्न का उत्तर देने के लिए कक्षा के विभिन्न विद्यार्थियों का चयन।
	क्षितिज! आप बताइए कि हवा या धूप में पानी के सूखने की प्रक्रिया को विज्ञान की भाषा में क्या कहा जाता है?	क्षितिज मौन रहता है।	परस्पर सम्बद्ध प्रश्न
	क्षितिज द्वारा इस प्रश्न का उत्तर न मिलने पर शिक्षक पूछते हैं कि क्या वह इस बात को जानता है कि किसी गीली चीज़ के सूखने का कारण उसमें से पानी का उड़ना होता है?	क्षितिज इस प्रश्न का उत्तर 'जी सर' कह कर देता है। लेकिन उस प्रक्रिया का नाम नहीं बता पाता।	प्रश्न को सरल करके पूछना
	शिक्षक क्षितिज को अपने प्रश्न के बारे में सुराग़ देते हैं–जब पानी को किसी पतीली में डालकर गर्म किया जाता है तो वह छोटी-छोटी बूँदों के रूप में उड़ता है। इस प्रक्रिया को क्या कहा जाता है?	क्षितिज–सर! उसे भाप कहते हैं।	सुराग देना।

पाठ्यबिन्दु	शिक्षक गतिविधि	विद्यार्थी प्रतिक्रिया	घटक व्यवहार
	बहुत अच्छे, लेकिन भाप तेज़ गरमी से उड़ते हुए पानी को कहते हैं। फिर उस प्रक्रिया को क्या नाम दिया जाता है?	क्षितिज निरुत्तर रहता है।	अनुबोधन करना।
	सुधीर क्या तुम बता सकते हो कि इस प्रक्रिया का क्या नाम है?	सुधीर—जी इस प्रक्रिया का नाम है—वाष्पन।	सम्बद्ध प्रश्न को अन्य विद्यार्थी से पूछना
	बहुत अच्छे। पानी के छोटी बूँदों के रूप में ऊपर उठने को 'वाष्पन' कहा जाता है। अच्छा क्षितिज, क्या तुम अब इस प्रश्न का उत्तर बता सकते हो?	क्षितिज—जी हाँ, अब मुझे याद आ गया कि पानी के भाप बनकर उड़ने को 'वाष्पन' कहा जाता है।	सही उत्तर पाने पर असफल विद्यार्थी से दोहरवाना
	विद्यार्थियों! अभी हमने पता लगाया कि पानी के भाप बनकर उड़ने को 'वाष्पन' कहा जाता है। (शिक्षक इस कथन को लेखपट्ट पर लिखते हैं।) अब हम सभी इस कथन को दोहराएँगे।	सभी विद्यार्थी शिक्षक के साथ-साथ लेखपट्ट पर लिखे गए वाक्य को दोहराते हैं।	सही उत्तर को लेखपट्ट पर लिखना और अन्य विद्यार्थियों से दोहरवाना
	क्या सबसे पीछे दाईं पंक्ति के दोनों विद्यार्थियों में से कोई बता सकता है कि वाष्प ऊपर उठकर कहाँ जाता है?	एक विद्यार्थी—ये जलवाष्प ऊपर जाकर घना हो जाता है और बादलों का रूप ले लेता है।	अधिक सूचना प्राप्ति
	बहुत बढ़िया, अब मैं साथ वाले विद्यार्थी से जानना चाहूँगा कि ये बादल कब तक ऊपर चढ़ते रहते हैं।	विद्यार्थी निरुत्तर रहता है।	समीक्षात्मक अभिज्ञता का विकास
	शिक्षक कक्षा के विद्यार्थियों से पूछते हैं कि क्या कोई अन्य इस प्रश्न का उत्तर दे सकता है?	विद्यार्थी भिन्न प्रकार के उत्तर देते हैं।	सम्बद्ध प्रश्न को अन्य विद्यार्थी से पूछना, समीक्षात्मक अभिज्ञता का विकास
मेघों का बनना	शिक्षक बताते हैं कि संघनित जलवाष्प तब तक ऊपर उठता रहता है जब तक हवा का दबाव उसे अधिक ऊपर उठने से रोक नहीं देता। इसके बाद जलवाष्प में संघनन की प्रक्रिया शुरु होती है। संघनन के दौरान जब जल की बूँदें इतनी भारी हो जाती हैं कि हवा उन्हें थाम नहीं पाती; तब वर्षण यानि बारिश आरम्भ हो जाती है।	विद्यार्थी शिक्षक द्वारा दिए गए विवरण का सार अपनी अभ्यास पुस्तिका में अंकित करते हैं।	समीक्षात्मक अभिज्ञता का विकास
संघनन और वर्षण	ब्रजेश—अब आप दिए गए वर्णन के आधार पर वाष्पन और वर्षण के बीच सम्बन्ध स्थापित कीजिए।	ब्रजेश—वाष्पन जलचक्र का प्रथम चरण है और वर्षण अन्तिम। वाष्पन से जल अवशोषित होता है जबकि बारिश से उसका वर्षण होता है।	विषय पर पुनर्केन्द्रण

पर्यवेक्षण अनुसूची

घटक	मूल्यांकन	कुल अंक
प्रश्न संरचना	यह अनुसूची प्रश्नों की शुद्धता, संक्षिप्तता और अन्य प्रश्नों से सम्बद्धता के मूल्यांकन से सम्बन्धित है। हाँ अथवा नहीं (हाँ के लिए प्रतिप्रश्न एक अंक)	
भाषा की दृष्टि से शुद्ध व्याकरण की दृष्टि से शुद्ध विषय से सम्बद्धता संक्षिप्तता परस्पर सम्बद्धता		
प्रश्नों की प्रयोगविधि	इस अनुसूची के माध्यम से प्रश्न पूछने के समय, तरीके, विद्यार्थी-चयन और कक्षा की सभी दिशाओं में बैठे विद्यार्थियों को प्रश्नोत्तर की प्रक्रिया में शामिल करने के कौशलों की जाँच की जाती है। हाँ अथवा नहीं (हाँ के लिए प्रतिप्रश्न एक अंक)	
समयगत सटीकता आवाज़ व गति का समन्वय वाणी की स्पष्टता विद्यार्थी का चयन प्रश्नों का वितरण		
सही उत्तर पाने के प्रयास	शिक्षक द्वारा मूल्यांकन के दौरान अनेक माध्यमों से विद्यार्थी को सही उत्तर की ओर ले जाना होता है। प्रस्तुत अनुसूची के माध्यम से इन्हीं प्रयासों का मूल्यांकन किया जाता है। हाँ अथवा नहीं (हाँ के लिए प्रतिप्रश्न एक अंक)	
उपयुक्त सुराग देना प्रश्न को सरल करके पूछना अनुबोधन करना सम्बद्ध प्रश्न को अन्य विद्यार्थी से पूछना सही उत्तर पाने पर असफल विद्यार्थी से दोहरवाना		
अतिरिक्त प्रश्नोत्तर गतिविधियाँ	शिक्षक के लिए पूछे गए प्रश्नों के उत्तर पाने के साथ ही उनका पाठ्यवस्तु के साथ संयोजन करना भी ज़रूरी होता है। इस अनुसूची में उन्हीं गतिविधियों के मूल्यांकन की व्यवस्था है। हाँ अथवा नहीं (हाँ के लिए प्रतिप्रश्न एक अंक)	
सही उत्तर को अन्य विद्यार्थियों से दोहरवाना सही उत्तर को लेखपट्ट पर लिखना अधिक सूचना प्राप्ति समीक्षात्मक अभिज्ञता का विकास विषय पर पुनर्केन्द्रण		
	प्राप्तांकों का कुल योग–	

पाठयोजना–3
व्याख्या कौशल

अनिवार्य सूचनाएँ

दिनांक ....21 जनवरी 2014.............. कक्षा ....छठी.................... अवधि ....5–8.............मिनट

विषय ....जीव विज्ञान.. उपविषय ....परिवेश का परिचय...........

छात्राध्यापक का नाम ....दीपिका खण्डेलवाल........................... अनुक्रमांक ....4272...............................

पर्यवेक्षक का नाम ....डॉ. क्षितिज कुमार सिंह......................... शिक्षण/पुनर्शिक्षण ....शिक्षण................

पाठ्यबिन्दु	शिक्षक गतिविधि	विद्यार्थी प्रतिक्रिया	घटक व्यवहार
परिवेश का सामान्य परिचय	शिक्षक प्रश्न पूछते हैं– शम्भूनाथ! हमारे घरों में गोरैया, बिल्ली और छिपकली तो मिलते हैं गिद्ध या सियार क्यों नहीं पाए जाते?	शम्भुनाथ—सर! गिद्ध और सियार जंगली जानवर हैं वे हमारे घरों में नहीं बस सकते।	विषय प्रवेश अप्रासंगिक वर्णन का निषेध
	सौरव! क्या इसी प्रकार का व्यवहार पेड़-पौधों में भी पाया जाता है?	जी श्रीमान्! नीम और शीशम तो हमारे क्षेत्र में काफी हैं लेकिन नारियल एक भी नहीं।	विद्यार्थियों से अन्तर्क्रिया सातत्य बनाए रखना
	क्या आप पशु-पक्षियों और पेड़-पौधों के इस व्यवहार का कारण बता सकते हैं?	विद्यार्थी अनेक उत्तर देते हैं।	विद्यार्थियों से अन्तर्क्रिया
	शिक्षक—इस संसार में हर जीव वह चाहे पशु-पक्षियों की तरह सचल हो या पेड़-पौधों जैसा निश्चल; एक खास माहौल में ही जन्मता, विकसित होता और बचा रहता है। क्या आप किसी ऐसे सजीव का नाम बता सकते हैं जिस पर आसपास के मौसम और परिस्थितियों का कोई असर न होता हो?	ऐसा होना तो नामुममिन लगता है श्रीमान्।	विद्यार्थियों से अन्तर्क्रिया, विद्यार्थियों के भ्रम/जिज्ञासा निवारण प्रासंगिक शब्दावली का प्रयोग
	इसका अर्थ है कि हर जीव को अपने सातत्य के लिए खास माहौल की ज़रूरत होती है। इस परिस्थिति को जीवविज्ञान की भाषा में परिवेश या हैबिटेट का नाम दिया जाता है।	विद्यार्थी परिवेश की परिभाषा दोहराते हैं।	विद्यार्थियों के भ्रम/जिज्ञासा निवारण, सहजता और स्पष्टता
	सुधीर! आप बताइए कि आपके आसपास रहने वाले पक्षियों के लिए यह परिवेश किस प्रकार अनुकूल है?	सुधीर—सर! हमारे आसपास चिड़ियाँ रहती हैं जो कमज़ोर होने के कारण पेड़ों के बजाय हमारे घरों में घोंसले बनाती हैं।	विद्यार्थियों से अन्तर्क्रिया

(क्रमशः)

पाठ्यबिन्दु	शिक्षक गतिविधि	विद्यार्थी प्रतिक्रिया	घटक व्यवहार
	बहुत बढ़िया सुधीर! अशोक! क्या तुम इस बारे में और अनुभव बता सकते हो?	श्रीमान्! मुझे लगता है कि चिड़ियाँ भोजनचक्र में काफी नीचे हैं और अन्य पक्षियों से प्रतियोगिता करके गुज़ारा नहीं कर सकतीं।	विद्यार्थियों से अन्तक्रिया सातत्य बनाए रखना
	बिलकुल ठीक! क्या कोई और विद्यार्थी इस विषय पर कुछ जानकारी देना चाहता है?	वसन्त—सर मैंने एक बात और महसूस की है कि चिड़ियों का छोटा आकार भी घरेलू परिवेश के लिए सुविधाजनक है।	विद्यार्थियों से अन्तक्रिया सातत्य बनाए रखना
	जी हाँ! इसी प्रकार आप अन्य प्रकार अपने आसपास रहने वाले जीव-जन्तुओं और पेड़-पौधों की परिवेशगत अनुकूलता पर चर्चा कर सकते हैं।	विद्यार्थी निर्दिष्ट समूहों में चर्चा करते हैं।	विद्यार्थियों से अन्तक्रिया सातत्य बनाए रखना
	आज हमने जाना कि संसार में प्रत्येक जीव और वनस्पति का अपना परिवेश होता है जिसके बिना वह जीवन धारण नहीं कर सकता।	विद्यार्थी दी गई सूचना को अपनी अभ्यास पुस्तिका में लिखते हैं।	समापित कथन

पर्यवेक्षण अनुसूची

घटक	मूल्यांकन	कुल अंक
अपेक्षित व्यवहार	इस अनुसूची में कठिन प्रसंगों की व्याख्या के लिए ज़रूरी चरणों के मूल्यांकन की व्यवस्था है। हाँ अथवा नहीं (हाँ के लिए प्रति व्यवहार एक अंक)	
विषय प्रवेश		
प्रमुख बिन्दुओं का स्पष्टीकरण		
विद्यार्थियों से अन्तक्रिया		
विद्यार्थियों के भ्रम/जिज्ञासा निवारण		
समाप्ति कथन		
अनपेक्षित व्यवहार	कक्षा में अबूझ तत्त्वों की व्याख्या करते हुए शिक्षक को कुछ व्यवहारों से परहेज रखना चाहिए। उन तत्त्वों को इस अनुसूची में शामिल किया गया है। हाँ अथवा नहीं (**नहीं** के लिए प्रतिव्यवहार एक अंक)	
अप्रासंगिक वर्णन		
सातत्य का अभाव		
अप्रासंगिक शब्दावली		
सहजता का अभाव		
अस्पष्टता		
	प्राप्तांकों का कुल योग—	

पाठयोजना–4
दृष्टान्त कौशल

अनिवार्य सूचनाएँ

दिनांक ....21 जनवरी 2014........... कक्षा ....छठी................ अवधि ....5–8.................... मिनट

विषय ....भौतिक विज्ञान.. उपविषय ....पदार्थ की अवस्थाएँ............

छात्राध्यापक का नाम ....स्वस्ति निधि.. अनुक्रमांक ......1807...................................

पर्यवेक्षक का नाम ....डॉ. आभा पाण्डेय....................................... शिक्षण/पुनर्शिक्षण ....शिक्षण.................

पाठ्यबिन्दु	शिक्षक गतिविधि	विद्यार्थी प्रतिक्रिया	घटक व्यवहार
पदार्थ की अवस्थाएँ	शिक्षक प्रयोगशाला का रेफ्रिजरेटर दिखाकर प्रश्न पूछते हैं– पुनीत! क्या इसमें कोई ऐसा पदार्थ है जो एक से अधिक रूपों में मौजूद हो?	पुनीत उत्तर नहीं दे पाता।	सहजता
	विपुल! क्या तुम्हें ऐसा कोई पदार्थ नज़र आ रहा है?	विपुल–सर! इस फ्रिज में कुछ पानी की बोतलें हैं जबकि फ्रीजर में बर्फ भी है।	सरलता
	शाबाश! बहुत अच्छे! तरुण! अब तुम बताओ कि पानी जब बोतल में है तो किस रूप में है और बर्फ बनकर उसके रूप में क्या बदलाव आ गया?	तरुण–श्रीमान्! बोतल का पानी लिक्विड यानि तरल है जबकि बर्फ बनकर वही ठोस रूप में आ गया है।	प्रासंगिकता
	तो इसका अर्थ है कि पानी दो रूपों में मिल. ता है–तरल और ठोस। क्या यह सही है?	अधिकांश विद्यार्थी स्वीकार करते हैं कि पानी दो रूपों में मिलता है।	सहजता
	शिक्षक (फ्रीजर का दरवाज़ा खोलते हुए)–रोहित! यह धुएँ जैसा क्या है?	रोहित–सर! जब हम फ्रीजर का डोर खोलते हैं तो यहाँ की ठण्डक से आसपास का जलवाष्प जम गया और धुएँ जैसा दिख रहा है।	रोचकता
	बिलकुल ठीक! तो इसका अर्थ है कि यह धुआँ नहीं पानी का ही गैस रूप है। मैंने ठीक कहा अंजू?	जी सर! फ्रीजर से निकलने वाला धुआँ पानी का गैस रूप है।	औचित्य
	शाबाश! अब हम जानते हैं कि पानी तीन रूपों यानि तरल, ठोस और गैस में पाया जाता है। रेणु! क्या कोई और पदार्थ भी तीनों रूपों में पाया जाता है?	सर! ज़्यादातर पदार्थ एक ही रूप में पाए जाते हैं जबकि कुछ दो रूपों में मिलते हैं। लकड़ी केवल ठोस रूप में होती है जबकि लोहे के तरल और ठोस दो रूप हो सकते हैं।	औचित्य
	राजकुमार! क्या तुम कुछ ऐसे पदार्थों के नाम बता सकते हो जो दो रूपों में मिलते हैं?	राजकुमार–श्रीमान्! अधिकतर धातुएँ दो रूपों में पाई जाती हैं जबकि पारा तो तरल अवस्था में भी हो सकता है।	रोचकता

(क्रमशः)

पाठ्यबिन्दु	शिक्षक गतिविधि	विद्यार्थी प्रतिक्रिया	घटक व्यवहार
	आपने बहुत समझदारी से उत्तर दिया है। मैं इसमें एक सूचना और जोड़ रहा हूँ कि हमारे घरों में प्रयोग होने वाली एल.पी.जी. वास्तव में एक गैस है जिसे उच्चदाब पर तरल बना दिया जाता है। जयप्रकाश! क्या सभी गैसों को तरल बनाया जा सकता है?	जयप्रकाश—सर! सभी गैसों को तरल नहीं बनाया जा सकता। जैसे गाड़ियों के ईंधन के तौर पर प्रयोग होने वाली सी.एन.जी. ऊँचे दबाव पर भी गैस ही रहती है और हम इसे कंप्रेस्ड नेचुरल गैस कहते हैं।	प्रासंगिकता, रोचकता
	तो आज हमने जाना कि पदार्थ की तीन अवस्थाएँ होती हैं। कुछ पदार्थ तीनों अवस्थाओं में पाए जा सकते हैं जबकि कुछ दो और अधिकांश एक ही रूप में मिलते हैं।	विद्यार्थी शिक्षक द्वारा प्रस्तुत सारांश को अपनी अभ्यास पुस्तिका में लिखते हैं।	सरलता प्रासंगिकता औचित्य

पर्यवेक्षण अनुसूची

घटक	मूल्यांकन	कुल अंक
उदाहरणों की प्रकृति	इस अनुसूची में पाठ्यवस्तु के सरलीकरण के लिए देय उदाहरणों की प्रकृति और प्रयोग-कौशलों का समावेश है। हाँ अथवा नहीं (हाँ के लिए प्रति उदाहरण एक अंक)	
सहजता		
सरलता		
प्रासंगिकता		
रोचकता		
औचित्य		
	प्राप्तांकों का कुल योग–	

पाठयोजना–5

दृश्य-श्रव्य उपकरण और उनका प्रयोग-कौशल

अनिवार्य सूचनाएँ

दिनांक ....*21 जनवरी 2014*............ कक्षा ....*छठी*................ अवधि ....5–8.....................मिनट

विषय ....*शारीरिक शिक्षा* .... उपविषय ....*खेल और उनके उपकरण*..................

छात्राध्यापक का नाम ....*सात्विक पाण्डेय*.................... अनुक्रमांक ....1807...............................

पर्यवेक्षक का नाम ....*श्रीमती श्रेयसी ओझा*............... शिक्षण/पुनर्शिक्षण ....*शिक्षण*...............................

पाठ्यबिन्दु	शिक्षक गतिविधि	विद्यार्थी प्रतिक्रिया	घटक व्यवहार
खेल और उनके उपकरण	शिक्षिका खेलकक्ष में विद्यार्थियों को खेल-उपकरण दिखाते हुए प्रश्न करती है—मणि ! तुम्हें कौन सा खेल पसन्द है?	मणि—मैडम! मुझे बेडमिंटन खेलना अच्छा लगता है।	कथ्य की संक्षिप्तता, दृश्यगत वास्तविकता

ठीक है। श्रेया! इनमें से बेडमिंटन के उपकरण छाँटकर अलग करो और उनके नाम बताओ।	श्रेया—बेडमिंटन रैकेट और शटल कॉक।	वास्तविक, अर्थपूर्ण, प्रभावशाली, रोचक और ध्यानाकर्षक उपकरण
मणि! क्या इस खेल में इन्हीं दो उपकरणों का प्रयोग होता है?	मणि—जी, इनके साथ मार्किंग् डस्ट, बेडमिंटन नेट, स्कोर बोर्ड और शटल कॉक होल्डर को भी रखा जा सकता है।	
बहुत अच्छे! सौरव! तुम कौन सा खेल खेलते हो?	सौरव—मैडम मैं फुटबॉलर हूँ लेकिन फुटबॉल के सभी उपकरण यहाँ नहीं हैं।	मानसिक बिम्बनिर्माण में सक्षम
कोई बात नहीं। तुम इस चार्ट में फुटबॉल के उपकरणों पर पेन्सिल से घेरा लगाओ।	सौरव फुटबॉल, स्पाइक्स्, नीकैप, फ्लैश कार्ड और गोलपोस्ट पर निशान लगाता है।	समीक्षात्मक चिन्तन में उपयोगी
शिक्षिका एक बास्केटबॉल को हाथ से उछालते हुए पूछती है इस गतिविधि को क्या कहते हैं मनीष?	मनीष—मैडम यह ड्रिबलिंग् है और इसका प्रयोग बास्केटबॉल खेलते हुए किया जाता है।	
प्रतिभा और आशीष! तुम दोनों क्रिकेट-उपकरणों के कटआउट्स को छाँटो और उनके नाम बताओ।	प्रतिभा—बैट, बॉल, स्टैम्प्स्, दस्ताने, एलगार्ड, नीगार्ड, आशीष—थाईपैड, हैलमेट, हैडगार्ड, मार्किंग् डस्ट, स्कोर बोर्ड	कथ्य की सरलता व संक्षिप्तता
देवव्रत! क्या तुम टेबल टेनिस में प्रयोग होने वाले उपकरणों का परिचय दे सकते हो?	देवव्रत—टेबल टेनिस मेज़, बैट, बॉल, नेट, बैट होल्डर, बॉल पिकर।	धारणा में सहायक
शाबाश! अब मैं आपको कुछ रिकॉर्ड सुनवा रही हूँ। आपको बताना है कि ये कमेण्टरी किस खेल की है? (शिक्षिका रिकॉर्ड बजाती है)	सुधीर—मैडम ये मराठी कबड्डी के खेल का आँखों देखा हाल है जिसे 'हू तू तू' कहा जाता है। इसमें डेड, स्टॉपर और रेडर शब्दों का भी इस्तेमाल हो रहा है।	धारणा में सहायक
अति उत्तम! अब ये वीडियो देखिए और बताइए कि यह कौन सा खेल है और कहाँ खेला जाता है?	अमित—मैडम! ये खेल बेसबॉल है जो अनेक पश्चिमी देशों में बहुत लोकप्रिय है।	
शाबाश! क्या तुम इस खेल में प्रयोग होने वाले उपकरणों को पहचान सकते हो?	अमित—वीडियो को ठहराव (पॉज़) की स्थिति में लाकर—ये बेसबॉल बैट है, ये बॉल है और ये ग्लव्स यानि दस्ताने हैं।	कथ्य की संक्षिप्तता
बहुत बढ़िया! इनके साथ बेसबॉल के खिलाड़ी मज़बूत हैलमेट भी पहनते हैं।	विद्यार्थी उपकरणों के नामों को दोहराते हैं।	कथ्य की संक्षिप्तता
भगवानदास! आज हमने किन-किन खेलों के उपकरणों को देखा और पहचाना?	भगवानदास—बैडमिंटन, फुटबॉल, क्रिकेट, टेबल-टेनिस, कबड्डी और बेसबॉल खेलों और उनके उपकरणों को पहचाना।	
शिक्षिका सभी खेलों के नामों को लेखपट्ट पर लिखती हैं और विद्यार्थियों को उन्हें अपने अभ्यास-पुस्तिका में लिखने का निर्देश देती हैं।	विद्यार्थी लेखपट्ट पर लिखी गई सामग्री को अपनी अभ्यास-पुस्तिकाओं में अंकित करते हैं।	समीक्षात्मक चिन्तन में उपयोगी

पर्यवेक्षण अनुसूची

घटक	मूल्यांकन	कुल अंक
सहायक उपकरणों की गुणवत्ता	इस घटक में पाठ्यवस्तु को सरल, रोचक, प्रभावशाली और अविस्मरणीय बनाने के लिए उपयोगी उपकरणों की गुणवत्ता का मूल्यांकन किया जाता है। हाँ अथवा नहीं (हाँ के लिए एक अंक)	
उपयुक्त आकार		
दृश्यगत वास्तविकता		
सूचनाओं की स्पष्टता		
कथ्य की सरलता		
कथ्य की संक्षिप्तता		
सहायक उपकरणों की प्रयोगविधि	इस घटक में पाठ्यवस्तु को सरल, रोचक, प्रभावशाली और अविस्मरणीय बनाने के लिए निर्मित उपकरणों के प्रयोग-कौशल की समीक्षा की जाती है। हाँ अथवा नहीं (हाँ के लिए एक अंक)	
अर्थपूर्ण		
रोचक		
प्रभावशाली		
ध्यानाकर्षक		
अभिप्रेरण में सक्षम		
मानसिक बिम्बनिर्माण में सक्षम		
समीक्षात्मक चिन्तन में उपयोगी		
धारणा में सहायक		
	प्राप्तांकों का कुल योग–	

पाठयोजना–6

उद्दीपन परिवर्तन कौशल

अनिवार्य सूचनाएँ

दिनांक ....*21 जनवरी 2014*........... कक्षा ....*छठी*...................... अवधि ....5–8.............मिनट

विषय ....*हिन्दी व्याकरण*.................................... उपविषय ....*क्रिया विशेषण*.....................

छात्राध्यापक का नाम ....*वैभव वसन्त ओझा*.............................. अनुक्रमांक ....2709..............................

पर्यवेक्षक का नाम ....*डॉ रजनी चतुर्वेदी*.............................. शिक्षण/पुनर्शिक्षण ....*शिक्षण*..................

पाठ्यबिन्दु	शिक्षक गतिविधि	विद्यार्थी प्रतिक्रिया	घटक व्यवहार
क्रिया विशेषण की परिभाषा	शिक्षक अपने हाथों को अलग-अलग मुद्राओं में भिन्न प्रकार से घुमाते हुए विद्यार्थियों से प्रश्न पूछते हैं— युधिष्ठिर! मेरे हाथ की गतिविधियों को देखकर उनका वर्णन करिए—	युधिष्ठिर—सर, आप अपना हाथ गोल-गोल घुमा रहे हैं। अब आप अपना हाथ तेज़ गति से हिला रहे हैं। सर, आप अपने सिर को ऊपर-नीचे कर रहे हैं।	संचलन हाव-भाव
	शिक्षक उत्तरों को लेखपट्ट पर लिखते हुए— बिन्दिया! इन वाक्यों में प्रयुक्त क्रियाओं को रेखांकित कीजिए—	बिन्दिया 'घुमा', 'हिला' और 'कर' के नीचे रेखा खींचती है।	ध्वनिसंरूप परिवर्तन

पाठ्यबिन्दु	शिक्षक गतिविधि	विद्यार्थी प्रतिक्रिया	घटक व्यवहार
	रामप्रकाश! लेखपट्ट पर रेखांकित शब्दों को व्याकरण की भाषा में क्या कहा जाता है?	रामप्रकाश—श्रीमान्! ये तीनों शब्द विशेषण हैं।	हाव-भाव
	शाबाश ! महेन्द्र! लेखपट्ट पर लिखे वाक्यों में ऐसे शब्दों को छाँटो जो इन विशेषणों से सीधे जुड़े हों—	महेन्द्र—सर, इन वाक्यों में 'गोल-गोल' 'तेज़' और 'ऊपर-नीचे' शब्द विशेषणों के साथ जुड़े हुए हैं।	विद्यार्थी सहभागिता
	विवेक! महेन्द्र के बताए शब्दों का विशेषणों के साथ क्या सम्बन्ध है?	विवेक—सर! जैसा सम्बन्ध संज्ञा और विशेषण में है वैसा ही सम्बन्ध इन शब्दों का विशेषणों के साथ है।	केन्द्रण
	विवेक तुम्हारी बात तो ठीक है लेकिन तुम ज़रा अपने आसपास के विद्यार्थियों से पूछकर बताओ कि उन्हें इससे क्या समझ आया।	विद्यार्थी आपस में बात करते हैं। उनमें से एक खड़ी होकर अन्यों से कहती है—जैसे विशेषण संज्ञाओं की विशेषता बताते हैं वैसे ही ये शब्द क्रियाओं की विशेषता बताते हैं।	केन्द्रण
	शाबाश मानसी! अब आप सब आपस में चर्चा करके पता कीजिए कि इस प्रकार के शब्दों को क्या कहा जा सकता है?	विद्यार्थी फिर से समूहों में चर्चा करते हैं। एक विद्यार्थी बताता है कि इस प्रकार के शब्दों को क्रिया-विशेषण कहा जाता है।	विद्यार्थी सहभागिता अन्तर्क्रिया शैली परिवर्तन
	बिलकुल ठीक, बृजमोहन! अब आप सभी अपनी-अपनी अभ्यास पुस्तिकाओं में क्रिया-विशेषण की परिभाषा लिखिए।	सभी विद्यार्थी लेखन गतिविधि में जुट जाते हैं।	विराम
	शिक्षक एक चार्ट दिखाते हुए—आप में से जिन्होंने यहाँ दी गई परिभाषा से मिलती जुलती परिभाषा लिखी है वे खड़े हो जाइए और बैठे हुए विद्यार्थियों की परिभाषा को शुद्ध कीजिए।	अधिकांश विद्यार्थी खड़े हो जाते हैं। वे बैठे हुए विद्यार्थियों की लिखी हुई परिभाषाओं की जाँच करके अपेक्षित सुधार करते हैं।	दृश्य-श्रव्य बदलाव अन्तर्क्रिया शैली परिवर्तन

पर्यवेक्षण अनुसूची

घटक	मूल्यांकन	कुल अंक
उद्दीपन परिवर्तन की प्रकृति	कक्षा में विद्यार्थियों का अवधान, रुचि और सक्रियता बनाए रखने के लिए शिक्षक को यथास्थिति में अनेक प्रकार से बदलाव करने होते हैं। इस घटक में उन प्रयासों का मूल्यांकन किया जाता है। हाँ अथवा नहीं (हाँ के लिए एक अंक)	
संचलन		
हाव-भाव		
ध्वनिसंरूप परिवर्तन		
केन्द्रण		
अन्तर्क्रिया शैली परिवर्तन		
विराम		
दृश्य-श्रव्य बदलाव		
विद्यार्थी सहभागिता		
	प्राप्तांकों का कुल योग—	

पाठयोजना–7
लेखपट्ट प्रयोग कौशल

अनिवार्य सूचनाएँ

दिनांक ....21 जनवरी 2014........................ कक्षा ....छठी............... अवधि ....5–8..............मिनट

विषय ....गणित.. उपविषय ....त्रिकोणों के प्रकार...........

छात्राध्यापक का नाम ....सुरेन्द्र कुमार......................... अनुक्रमांक ....2709.............................

पर्यवेक्षक का नाम ....डॉ अशोक अरोड़ा................ शिक्षण/पुनर्शिक्षण ....शिक्षण..................................

पाठ्यबिन्दु	शिक्षक गतिविधि	विद्यार्थी प्रतिक्रिया	लेखपट्ट कार्य	घटक व्यवहार
त्रिकोणों के प्रकार	शिक्षक लेखपट्ट को भली प्रकार साफ करके उस पर एक आकृति बनाते हैं।		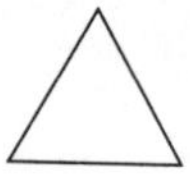 त्रिभुज या त्रिकोण	लेखन से पूर्व लेखपट्ट की सफ़ाई, अक्षरों की स्पष्टता, सही आकार, शब्दों की शुद्धता और वाक्यों के बीच सही अन्तराल।
न्यूनकोण तीनों कोण 90° से कम	गौरव! ये कौन सी आकृति है। गिरीश! क्या इसे किसी अन्य नाम से भी जानते हैं।	सर! यह आकृति एक त्रिभुज है। जी! इसे त्रिकोण के नाम से भी जाना जाता है।		
अधिककोण कोई एक कोण 90° से अधिक	शाबाश! सीमा! आप बताइए कि ये आकृति क्या दर्शाती है?	यह आकृति अंग्रेज़ी का 'एल' अक्षर है।	 समकोण	रेखाचित्रों का सरूप होना
	मीनाक्षी! क्या इस आकृति को किसी अन्य प्रकार से भी देखा जा सकता है?	जी सर! इस आकृति में एक 90° का कोण है।		क्रमबद्ध लेखनकार्य
समकोण कोई एक कोण, कोण 90° का हो	बहुत बढ़िया! अमित! आप कैसे कह सकते हैं कि यह 90° का कोण है?	सर! वैसे तो इसे नापा जा सकता है लेकिन आमतौर पर अंग्रेज़ी का 'कैपिटल एल' 90° का कोण होता है।		रंगीन लेखन सामग्री का प्रयोग
	शिक्षक दी गई आकृति के दो सिरों को जोड़ देते हैं। रवीन्द्र! आप बताएँ कि इस त्रिभुज की क्या विशेषता है?	श्रीमान्! यह एक ऐसा त्रिभुज है जिसका एक कोण 90° का है।	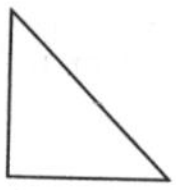	अनिवार्य लेखनकार्य
	क्या कोई बता सकता है कि इस प्रकार के त्रिभुज को किस नाम से जाना जाता है?	विद्यार्थी अलग-अलग नाम बताते हैं। उनमें से एक नाम 'समकोण' है।	समकोण त्रिभुज	सूचना और चित्रों का स्पष्ट संयोजन
	शिक्षक त्रिभुज के नीचे उसका नाम लिखते हैं और एक अन्य त्रिभुज बनाते हैं–		 अधिककोण	दो वाक्यों की शिरारेखाओं के बीच उपयुक्त अंतर
	केशव! इस त्रिकोण की क्या विशेषता है?	सर! इस त्रिभुज में एक कोण 90° से आगे की ओर झुका हुआ है।		

पाठ्यबिन्दु	शिक्षक गतिविधि	विद्यार्थी प्रतिक्रिया	लेखपट्ट कार्य	घटक व्यवहार
	अति उत्तम! पूनम! क्या आप बता सकती हैं कि 90° से अधिक कोण वाले त्रिभुज का क्या नाम होता है?	सर! क्या हम इसे विषमकोण त्रिभुज कह सकते हैं?		
	विषम कोण त्रिभुज के स्थान पर क्या इसे अधिक कोण त्रिभुज कहा जा सकता है?	विद्यार्थी बताती है कि 'विषमकोण' के स्थान पर 'अधिककोण' त्रिभुज नाम अधिक सटीक है।		लेखपट्ट और विद्यार्थियों के बीच व्यवधान न बनना।
	बिलकुल ठीक, इस प्रकार के त्रिभुज को गणित में अधिककोण त्रिभुज कहा जाता है। वे एक अन्य त्रिभुज की आकृति बनाते हैं। चिदम्बरा! इस आकृति की विशेषता बताइए।	चिदम्बरा—सर, यह भी एक त्रिभुज की आकृति है लेकिन इसका कोई भी कोण न तो 90° का है और न उससे अधिक है।		अप्रासंगिक सूचनाओं को यथासमय मिटाना
	शाबाश! जयदेव! क्या आप बता सकते हैं कि इस प्रकार के त्रिभुज को क्या नाम दिया जाता है?	जयदेव—श्रीमान! इस प्रकार के त्रिभुज को शायद कमकोण त्रिकोण कह सकते हैं।	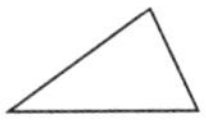 न्यूनकोण त्रिभुज	
	आपका उत्तर कुछ-कुछ ठीक है। लेकिन गणित की परिभाषा में इसे कमकोण के स्थान पर न्यूनकोण के नाम से जाना जाता है।	जयदेव दोहराता है—जिस त्रिभुज के सभी कोण 90° से कम हों उसे न्यूनकोण त्रिकोण कहा जाता है।		
	विद्यार्थियो! आज हमने जाना कि ज्यामिति में तीन प्रकार के त्रिकोण होते हैं—समकोण त्रिभुज, अधिककोण त्रिभुज और न्यूनकोण त्रिभुज।	विद्यार्थी शिक्षक का वक्तव्य दोहराते हैं और तीनों प्रकारों के कोणों की आकृति व नाम अपनी अभ्यास पुस्तिका में अंकित करते हैं।	समकोण, अधिककोण और न्यूनकोण त्रिभुज	शिरारेखाओं के बीच उपयुक्त, उपरिलेखन का निवारण महत्त्वपूर्ण अंकों का रेखांकन।

पर्यवेक्षण अनुसूची

घटक	मूल्यांकन	कुल अंक
लेखन सौन्दर्य	इस घटक में लेखन की स्पष्टता व सुन्दरता का मूल्यांकन किया जाता है। हाँ अथवा नहीं (हाँ के लिए एक अंक)	
अक्षरों की स्पष्टता		
अक्षरों की उपयुक्तता		
शब्दों के बीच अन्तराल		
अक्षरों का आकार		
मात्राओं की स्पष्टता		
लेखन की स्पष्टता	इस घटक के अन्तर्गत लिखित सामग्री की दृष्यता का मूल्यांकन होता है। हाँ अथवा नहीं (हाँ के लिए एक अंक)	
शिरारेखाओं का लेखपट्ट के समान्तर होना।		
दो वाक्यों की शिरारेखाओं के बीच उपयुक्त अंतर होना।		
अक्षरों व शब्दों में उपरिलेखन का निवारण		
महत्त्वपूर्ण शब्दों का रेखांकन		
रंगीन लेखन सामग्री (चॉक/पैन) का प्रयोग		

(क्रमशः)

घटक	मूल्यांकन	कुल अंक
लेखन की उपयुक्तता	इस घटक में लिखित सामग्री की अनिवार्यता और सटीकता की जाँच की जाती है। हाँ अथवा नहीं (हाँ के लिए एक अंक)	
लिखित कार्य का अनिवार्य होना		
लिखित कार्य का भाषा और वर्तनी की दृष्टि से शुद्ध होना		
लिखित कार्य का क्रमबद्ध होना		
सूचना और चित्रों का स्पष्ट संयोजन		
चित्र/रेखाचित्र, मानचित्र आदि का सरूप होना		
लेखपट्ट प्रयोग विधि	प्रस्तुत घटक लेखपट्ट के समुचित उपयोग को सुनिश्चित करता है। हाँ अथवा नहीं (हाँ के लिए एक अंक)	
लेखन से पूर्व लेखपट्ट की सफ़ाई सुनिश्चित करना		
लेखपट्ट और विद्यार्थियों के बीच व्यवधान न बनना।		
स्पष्ट लेखन के लिए लेखन सामग्री का समुचित प्रयोग		
अप्रासंगिक सूचनाओं को यथासमय मिटाना		
प्रयोग के बाद लेखपट्ट को साफ कर देना।		
	प्राप्तांकों का कुल योग–	

पाठयोजना–8
प्रबलन कौशल

अनिवार्य सूचनाएँ

दिनांक ....*21 जनवरी 2014*.......................... कक्षा ....*छठी*................ अवधि ....5–8.............मिनट

विषय ....*सामान्य ज्ञान*........................ उपविषय ....*राज्यों की राजधानियां*.................

छात्राध्यापक का नाम ....*अनिरुद्ध*................................अनुक्रमांक ....2709...............................

पर्यवेक्षक का नाम ....*डॉ रविकान्त*......................... शिक्षण/पुनर्शिक्षण ....*शिक्षण*..................................

पाठ्यबिन्दु	शिक्षक गतिविधि	विद्यार्थी प्रतिक्रिया	घटक व्यवहार
राज्यों की राजधानियाँ	मानचित्र दिखाते हुए– निशा! यह किस प्रकार का मानचित्र है? बिलकुल ठीक। यह भारत का राजनीतिक नक्शा है।	निशा–सर, यह भारत का राजनीतिक मानचित्र है।	शाब्दिक प्रबलन
	यश! क्या तुम बता सकते हो कि राजनीतिक नक्शे में क्या विशेषताएँ होती हैं?	श्रीमान! राजनीतिक नक्शों में देशों और राज्यों की सीमाओं, नामों, राजधानियों आदि का उल्लेख होता है।	तथ्यों की पुनरावृत्ति
	शिक्षक मुँह से सहमतिसूचक 'हम्म्म' करते हुए और सिर को स्वीकृति की मुद्रा में हिलाते हुए– मनीषा! तुम यश की सूचनाओं को लेखपट्ट पर लिखो और शेष विद्यार्थी अपनी अभ्यास-पुस्तिकाओं में अंकित करें।	मनीषा यश द्वारा बताई गईं सूचनाओं को लेखपट्ट पर अंकित करती है। अन्य विद्यार्थी उन्हें अपनी अभ्यास-पुस्तिकाओं में लिखते हैं।	अतिरिक्त शाब्दिक संकेतों का प्रयोग शब्देतर संकेतों द्वारा प्रबलन
	उमेश! भारत के नक्शे में सबसे ऊपर या उत्तर की ओर कौन सा राज्य है?	उमेश–सर भारत के सुदूर उत्तरी राज्य का नाम है–जम्मू और कश्मीर।	

पाठ्यबिन्दु	शिक्षक गतिविधि	विद्यार्थी प्रतिक्रिया	घटक व्यवहार
	संकेतक द्वारा नक्शे पर संकेत करते हुए— कौशल! जम्मू-कश्मीर की राजधानी का क्या नाम है?	कौशल—श्रीमान! जम्मू-कश्मीर की राजधानी का नाम श्रीनगर है।	शब्देतर संकेतों द्वारा प्रबलन
	शाबाश! बिलकुल ठीक! सही उत्तर को लेखपट्ट पर लिखते हुए— ओशीन! आप बताइए कि भारत के नक्शे में सबसे नीचे (हाथ से संकेत करते हुए) या दक्षिण की ओर कौन सा राज्य है?	ओशीन—सर! भारत का सबसे दक्षिणी राज्य है तमिलनाडु।	विद्यार्थियों की प्रतिक्रिया को लेखपट्ट पर लिखना
	जी हाँ। यह तमिलनाडु है। वीणा! क्या तुम इसकी राजधानी का नाम जानती हो?	वीणा—श्रीमान्! इस राज्य की राजधानी पॉण्डिचेरी है।	तथ्यों की पुनरावृत्ति
	उँ हूँ। (सिर हिलाते हुए) इस उत्तर में तो सुधार की गुंजाइश है। कौन करेगा यह सुधार? हाँ बंशीधर! आप कोशिश करिए—	बंशीधर—जी सर! पॉण्डिचेरी या पुदुच्चेरी तो खुद एक छोटा राज्य या केन्द्रशासित प्रदेश है। आपके प्रश्न का सही जवाब चेन्नई है।	नकारात्मक शाब्दिक प्रबलन
	क्यों वीणा! यह जवाब सही है या तुम्हारा?	वीणा—हाँ! बंशीधर का उत्तर सही है।	नकारात्मक अशाब्दिक प्रबलन
	श्यामपट्ट पर लिखते हुए—अच्छा तो आप सभी सही उत्तर दोहराइए। सन्तोष! नक्शे की ओर मुँह करके बताओ कि भारत के सबसे दाईं और बाईं ओर यानि पूर्व और पश्चिम दिशाओं में कौन से राज्य हैं?	सभी विद्यार्थी दोहराते हैं—तमिलनाडु की राजधानी का नाम चेन्नई है। सन्तोष—सर! ये राज्य हैं अरुणाचल प्रदेश और गुजरात।	विद्यार्थियों की प्रतिक्रिया को लेखपट्ट पर लिखना
	आपका जवाब एकदम सही है। ज्योत्स्ना! इन राज्यों की राजधानियों के नाम बताइए।	ज्योत्स्ना—अरुणाचल की राजधानी ईटानगर और गुजरात की राजधानी गाँधीनगर है।	तथ्यों की पुनरावृत्ति
	जी हाँ। अरुणाचल की राजधानी है ईटानगर और गुजरात की गाँधीनगर।	विद्यार्थी दोहराते हैं—अरुणाचल की राजधानी ईटानगर और गुजरात की गाँधीनगर।	तथ्यों की पुनरावृत्ति
	शिक्षक सभी सूचनाओं को एक बार फिर दोहराते हैं, लेखपट्ट पर लिखते हैं और विद्यार्थियों को उन्हें दोहराने और लिखने का निर्देश देते हैं।	विद्यार्थी शिक्षक की सूचनाओं को दोहराते हैं और अपनी अभ्यास-पुस्तिकाओं में लिखते हैं।	विद्यार्थियों की प्रतिक्रिया को लेखपट्ट पर लिखना

पर्यवेक्षण अनुसूची

घटक	मूल्यांकन	कुल अंक
इस अनुसूची में अधिगम-शिक्षण में विद्यार्थियों की सहभागिता और पाठ्यवस्तु की संधारणीयता बढ़ाने के प्रयासों का मूल्यांकन किया जाता है। हाँ अथवा नहीं (हाँ के लिए एक अंक)		
शाब्दिक प्रबलन		
तथ्यों की पुनरावृत्ति		
अतिरिक्त शाब्दिक संकेतों का प्रयोग		
शब्देतर संकेतों द्वारा प्रबलन		
विद्यार्थियों की प्रतिक्रिया का लेखपट्ट पर अंकन		
नकारात्मक शाब्दिक प्रबलन		
नकारात्मक अशाब्दिक प्रबलन		
शाब्दिक प्रबलन		
	प्राप्तांकों का कुल योग—	

पाठयोजना–9
समापन कौशल

अनिवार्य सूचनाएँ

दिनांक ....*21 जनवरी 2014*........................ कक्षा ....*छठी*................. अवधि ....5–8.............मिनट

विषय ....*सामाजिक अध्ययन*................उपविषय ....*पहला स्वतंत्रता संग्राम*.............

छात्राध्यापक का नाम ....*वीणा श्रीधर*...........................अनुक्रमांक ....2709..............................

पर्यवेक्षक का नाम ....*डॉ बंशीधर तिवारी*..............शिक्षण/पुनर्शिक्षण ....*शिक्षण*.................................

पाठ्यबिन्दु	शिक्षक गतिविधि	विद्यार्थी प्रतिक्रिया	घटक व्यवहार
भारत का पहला स्वतंत्रता संग्राम	विद्यार्थियो! अभी हमने पठन और चर्चा के माध्यम से 1857 के प्रथम स्वतंत्रता संग्राम की अहम जानकारियाँ हासिल की हैं। आइए। इनका पुनरावलोकन करें। रवि! क्या यह एक सुनियोजित संग्राम था?	रवि—जी श्रीमान! यह एक सोची-समझी और सुनियोजित योजना का परिणाम था।	पाठ्यवस्तु के मुख्य बिन्दुओं का दोहराव
	पूजा! किन तथ्यों से पता लगता है कि यह एक सुनियोजित अभियान था?	पूजा—सर, इस योजना के बारे में राजाओं और सेनाओं से लेकर आम जनता तक को जानकारी थी। इससे पता लगता है कि यह एक योजनाबद्ध घटना थी।	पाठ्यवस्तु के मुख्य बिन्दुओं पर प्रश्न पूछना
	शाबाश पूजा! अजय! 1857 के प्रथम संग्राम के पहले सेनानी कौन थे?	अजय—श्रीमान्! इस संग्राम की शुरुआत झांसी की रानी ने की।	पाठ्यवस्तु के मुख्य बिन्दुओं पर प्रश्न पूछना
	सुधांशु! क्या यह बात सही है? क्या यह संघर्ष झांसी से शुरु हुआ था?	सुधांशु—नहीं सर! इस संग्राम की शुरुआत दिल्ली के समीप मेरठ में हुई और मंगल पाण्डेय इस संघर्ष के पहले सेनानी थे।	अनावश्यक और भ्रामक तत्त्वों का निराकरण
	अवनी! क्या तुम इस संग्राम के प्रमुख सेनानियों के नाम गिना सकते हो? अमिताभ! क्या तुम इस सूची में और कुछ नाम जोड़ सकते हो?	मंगल पाण्डेय, रानी लक्ष्मीबाई, नाना साहब और तात्या टोपे। अमिताभ—इनके साथ ही अजीमुल्ला खाँ, कुँवर सिंह, पेशवा बाजीराव और राव तुलाराम।	विद्यार्थियों की सहायता से पाठ्यवस्तु का सारकथन
	सचिन! यह संग्राम देश के किन हिस्सों में ज़्यादा प्रभावी रहा था?	सचिन—सर! वैसे तो इसका प्रसार सारे भारत में था लेकिन उत्तरी भारत में इसका अधिक प्रभाव था।	पाठ्यवस्तु के मुख्य बिन्दुओं पर प्रश्न पूछना
	बिलकुल ठीक। मल्लिका! इस संग्राम से अंग्रेज़ी हुकूमत ने क्या सबक लिया?	मल्लिका—इस संग्राम के बाद भारत पर ईस्ट इंडिया कम्पनी के स्थान पर ब्रिटिश सरकार का शासन स्थापित हो गया। इसके अलावा भी अनेक प्रशासनिक बदवाल किए गए।	पाठ्यवस्तु के व्यावहारिक बिन्दुओं का चयन
	सलमान! क्या इसके बाद भारतीयों की स्थिति में कुछ बदलाव हुए?	सलमान—सर, भारतीय राजाओं को अनेक बंदिशों में बाँध दिया गया जिससे वे आगे इस प्रकार का विद्रोह न कर सकें। लैप्स की नीति भी इसी का परिणाम था।	पाठ्यवस्तु के मुख्य बिन्दुओं पर प्रश्न पूछना
	कमलनाथ! अंग्रेज़ों के खिलाफ़ सैनिक विद्रोह का रास्ता बन्द होने के बाद भारतीयों ने क्या किया।	कमलनाथ—इसके बाद भारतीयों ने सैनिक विद्रोह के स्थान पर राजनीतिक संघर्ष का रास्ता अपनाया।	पाठ्यवस्तु के व्यावहारिक बिन्दुओं का चयन

पाठ्यबिन्दु	शिक्षक गतिविधि	विद्यार्थी प्रतिक्रिया	घटक व्यवहार
	राहुल! क्या कांग्रेस के जन्म का 1857 के विद्रोह से कोई सम्बन्ध था।	राहुल—जी श्रीमान्! कांग्रेस का जन्म अंग्रेज़ों और उनकी नीतियों के राजनीतिक विरोध के लिए हुआ।	पाठ्यवस्तु के मुख्य बिन्दुओं पर प्रश्न पूछना
	जगन्नाथ! क्या हम कह सकते हैं कि भारत की आज़ादी 1857 के संघर्ष का ही परिणाम है?	जगन्नाथ—बिलकुल। 1857 की लड़ाई भारत की आज़ादी के संघर्ष की शुरुआत थी जिसकी परिणति 15 अगस्त 1947 को हुई।	पाठ्यवस्तु के व्यावहारिक बिन्दुओं का चयन
	विद्यार्थियो! आप श्यामपट्ट पर लिखी सूचनाओं को संकेत के लिए अपनी अभ्यास-पुस्तिकाओं में लिख लीजिए।	विद्यार्थी श्यामपट्ट पर दी गई सूचनाओं को अपनी अभ्यास पुस्तिकाओं में लिखते हैं।	पाठ्यवस्तु के मुख्य बिन्दुओं का दोहराव

पर्यवेक्षण अनुसूची

घटक	मूल्यांकन	कुल अंक

इस अनुसूची द्वारा अधिगम-शिक्षण के समापन सत्र में विद्यार्थियों की सहभागिता से पाठ्यवस्तु के दोहराव कौशल का मूल्यांकन होता है। हाँ अथवा नहीं (हाँ के लिए एक अंक)

पाठ्यवस्तु के मुख्य बिन्दुओं का दोहराव
पाठ्यवस्तु के मुख्य बिन्दुओं पर प्रश्न पूछना
विद्यार्थियों की सहायता से पाठ्यवस्तु का सारकथन
पाठ्यवस्तु के व्यावहारिक बिन्दुओं का चयन
अनावश्यक और भ्रामक तत्त्वों का निराकरण

प्राप्तांकों का कुल योग—

पाठयोजना—10

गृहकार्य प्रदान कौशल

अनिवार्य सूचनाएँ

दिनांक ....*21 जनवरी 2014*........................ कक्षा ....*छठी*............. अवधि ....5–8.............मिनट

विषय ....*जीव विज्ञान*............................ उपविषय ....*जड़ों के प्रकार*.......................

छात्राध्यापक का नाम ....*नन्दिनी*................................. अनुक्रमांक ....2709.............................

पर्यवेक्षक का नाम ....*डॉ निशा पाठक*.................... शिक्षण/पुनर्शिक्षण ....*शिक्षण*.................................

पाठ्यबिन्दु	शिक्षक गतिविधि	विद्यार्थी प्रतिक्रिया	लेखपट्ट कार्य	घटक व्यवहार
जड़ों के प्रकार का गृहकार्य	विद्यार्थियों! हम विभिन्न प्रकार के पौधों और उनकी जड़ों की विशेषताओं का अध्ययन कर चुके हैं। अब इस विषय पर घर पर किए जाने वाले कार्य और गतिविधियों को नोट कर लीजिए।	विद्यार्थी लेखपट्ट पर दिए गए गृहकार्य को अपनी अभ्यास पुस्तिकाओं में दर्ज करते हैं।	लिखित कार्य— जड़ों के प्रकारों की सूची बनाइए। जड़ों के अलग-अलग प्रकारों की विशेषताएँ लिखिए।	प्रत्येक पाठ्यबिन्दु से ज्ञानात्मक, बोधात्मक और कौशलात्मक क्रियाकलापों का चयन

(क्रमशः)

पाठ्यबिन्दु	शिक्षक गतिविधि	विद्यार्थी प्रतिक्रिया	लेखपट्ट कार्य	घटक व्यवहार
	विद्यार्थियों द्वारा लेखपट्ट से सूचनाओं के अंकन के बाद—अखिलेश! क्या आप स्वयं यह गृहकार्य कर पाएँगे या किसी की सहायता ज़रूरी होगी?	अधिकांश विद्यार्थी बताते हैं कि पाठ्यपुस्तक पठन और कक्षा में चर्चा के बाद यह गृहकार्य करना उनके लिए सरल होगा।	अलग-अलग प्रकार की जड़ों का महत्त्व स्थापित कीजिए।	
	क्या आपमें से सभी के पास इंटरनेट की सुविधा है?	विद्यार्थियों में से चार विद्यार्थी अलग-अलग कारणों से घर पर इंटरनेट के उपयोग में कठिनाई ज़ाहिर करते हैं।	पठन कार्य— पाठ के पीछे जड़ों के बारे में दी गई जानकारी को पढ़िए।	लेखन, पठन और क्रियात्मक अंशों का सन्तुलन
	शिक्षक—ठीक है। आप चार विद्यार्थी अपनी सुविधा के अनुसार स्कूल की कम्प्यूटर लैब में यह कार्य कर सकते हैं।	विद्यार्थी शिक्षक के प्रति अपना आभार प्रकट करते हैं।	इंटरनेट के माध्यम से जड़ों के प्रकार और उपयोगिता के बारे में अतिरिक्त जानकारी प्राप्त कीजिए।	पाठ्यवस्तु के दोहराव और प्रयोग के लिए उपयोगी कार्यों का समायोजन
	अशोक! जड़ों के प्रकारों के नाम और उनके महत्त्व लिखने से आपको क्या लाभ होगा?	अशोक—इससे हमें जड़ों के नामों और महत्त्व को लिखित रूप से दोहराने का मौका मिलेगा।	गतिविधियाँ— इंटरनेट से अलग-अलग प्रकार की जड़ों के चित्र कॉपी करके अभ्यास पुस्तिका में चिपकाइए और उनके नाम लिखिए।	गृहकार्य के उद्देश्य और महत्त्व पर चर्चा
	हालाँकि ये सब तो आप पहले भी जान चुके हैं लेकिन दोहराव से इन जानकारियों को अधिक समय तक याद रखने में सहायता मिलेगी।	विद्यार्थी सहमति प्रकट करते हैं।	जिन जड़ों का प्रयोग हम भोजन और सलाद के रूप में करते हैं उनके चित्र चिपकाइए।	
	अच्छा! सुबोध! आप बताइए कि इंटरनेट के माध्यम से चित्र देखने और विस्तृत जानकारी का क्या लाभ होगा।	इससे हम जड़ों के बारे में वे जानकारियाँ भी प्राप्त कर सकेंगे जो पुस्तक में उपलब्ध नहीं हैं।		गृहकार्य के उद्देश्य और महत्त्व पर चर्चा
	जी बिलकुल ठीक! ये आपके ज्ञान-आधार को विस्तृत करेगा और आप इन विषयों पर अपने विचार प्रस्तुत कर सकेंगे।	विद्यार्थी शिक्षक के विचारों से सहमति प्रकट करते हैं।		

पाठ्यबिन्दु	शिक्षक गतिविधि	विद्यार्थी प्रतिक्रिया	लेखपट्ट कार्य	घटक व्यवहार
	विद्यार्थियो! उम्मीद है कि आपको ये कार्य करने कोई विशेष कठिनाई नहीं होगी। आज शुक्रवार है आप ये काम सोमवार तक कर पाएँगे।	विद्यार्थी बताते हैं कि उन्हें सोमवार तक दिया गया कार्य करने में कोई समस्या नहीं है।	गृहकार्य प्रदत्त—शुक्रवार	गृहकार्य प्रस्तुति के लिए सर्वसम्मत समयसीमा की घोषणा।
	ठीक है। इस कार्य पर सोमवार को चर्चा की जाएगी और अभ्यास पुस्तिकाओं की जाँच भी होगी।	विद्यार्थी नोट करते हैं कि उन्हें यह गृहकार्य सोमवार तक करके लाना है।	गृहकार्य जाँच और चर्चा—सोमवार।	

पर्यवेक्षण अनुसूची

घटक	मूल्यांकन	कुल अंक

इस अनुसूची द्वारा पाठ्यवस्तु के पुनः दोहराव और अभ्यास के लिए दिए जाने वाले गृहकार्य की उपयुक्तता और उपयोगिता का मूल्यांकन किया जाता है। हाँ अथवा नहीं (हाँ के लिए एक अंक)

प्रत्येक पाठ्यबिन्दु से ज्ञानात्मक, बोधात्मक और कौशलात्मक क्रियाकलापों का चयन

लेखन, पठन और क्रियात्मक अंशों का सन्तुलन

पाठ्यवस्तु के दोहराव और प्रयोग के लिए उपयोगी कार्यों का समायोजन

गृहकार्य के उद्देश्य और महत्त्व पर चर्चा

गृहकार्य प्रस्तुति के लिए सर्वसम्मत समयसीमा की घोषणा।

प्राप्तांकों का कुल योग—

प्रश्न

1. सूक्ष्म-शिक्षण के सन्दर्भ की पृष्ठभूमि का परिचय दीजिए।
2. सूक्ष्म-शिक्षण के अभ्युदय और विकास पर अनुच्छेद लिखिए।
3. भारत में सूक्ष्म-शिक्षण के आगमन और विस्तार पर टिप्पणी कीजिए।
4. सूक्ष्म-शिक्षण को परिभाषित कीजिए। इसकी सामान्य विशेषताओं की सूची बनाइए।
5. सूक्ष्म-शिक्षण कौशल से क्या तात्पर्य है? दस प्रमुख सूक्ष्म-शिक्षण कौशलों के नाम लिखिए।

18 पद्य (कविता) शिक्षण प्रविधि

प्रकरण का उद्देश्य

हिन्दी शिक्षण के अन्तर्गत मुख्यतः तीन प्रकार की पाठ्यसामग्री का शिक्षण किया जाता है। इनमें से प्रथम है पद्य अर्थात् कविता का शिक्षण। विश्व के सभी साहित्यों में पद्य या काव्य साहित्य का उद्भव पहले हुआ। भारत में संकलित विश्व की सर्वप्रथम पुस्तकों यानि वेदों का स्वरूप भी मुख्यतः काव्यात्मक या गेय है। गेय साहित्य की सबसे बड़ी विशेषता लय, ताल, स्वर और छन्द है। लेकिन इनके साथ ही पद्यकाव्य में भाव की अगाध गहराई भी समाई होती है जिसे विद्यार्थियों तक पहुँचाने के लिए शिक्षक को अनेक विधियों का आश्रय लेना होता है। इन विधियों के प्रयोग से शिक्षक न केवल कविता शिक्षण के दायित्व के साथ न्याय कर पाते हैं अपितु विद्यार्थियों को कविता के भाव का अनुभव कराकर उसके काव्यसौन्दर्य और भावसौन्दर्य के आस्वादन में भी सक्षम कर सकते हैं।

प्रारम्भ में सभी साहित्यिक रचनाओं को काव्य और उनके रचनाकर्त्ताओं को कवि कहा जाता था। कवि शब्द की व्युत्पत्ति बताते हुए प्रख्यात निरुक्तकार महामुनि यास्क ने अपने ग्रन्थ 'निरुक्त' में लिखा है–''कवयो क्रान्तद्रष्टारः'' अर्थात् असाधारण तथ्य और कथ्य का साक्षात्कार करने वाला कवि कहलाता है। किन्तु बाद में साहित्य के विस्तार होने पर उसके गुण-धर्मों व विधाओं के मूल्यांकन और मानकीकरण के लिए विशेष शास्त्रों की रचना हुई। काव्य को गद्य अर्थात् वाक्यबद्ध, पद्य अर्थात् छन्दोबद्ध और चम्पू अर्थात् गद्य तथा पद्य के मिश्रण के रूप में तीन प्रकारों में वर्गीकृत किया गया। इस प्रकार के साहित्य विधायक ग्रन्थों में विश्वनाथ कृत 'साहित्य दर्पण', पंडितराज जगन्नाथ के 'रसगंगाधर' और दण्डी के 'वाक्पदीयम्' को काफी सम्मान प्राप्त है। इन ग्रन्थों को लक्षण ग्रन्थ के नाम से जाना जाता है। बाद में हिन्दी में भी अनेक विख्यात लक्षण ग्रन्थों का सृजन हुआ जिनमें हिन्दी साहित्य को दृष्टिगत करके काव्य की परिभाषा, प्रकार और कसौटियों पर विस्तार से प्रकाश डाला गया है।

कविता का स्वरूप

साहित्यकार विश्वनाथ ने साहित्य के रसप्रद और श्रुतिमधुर वाक्य या कथ्य को काव्य की संज्ञा दी है। उनके मतानुसार कविता की परिभाषा है–''वाक्यं रसात्मकं वाक्यम्।।'' साहित्य दर्पण। इसका तात्पर्य है कि साहित्य का जो अंश रचना तथा भाव की दृष्टि से मोहक व रसप्रद हो वह काव्य की श्रेणी में आता है। रसगंगाधरकार जगन्नाथ ने भी काव्य के परिचय तथा स्वरूप के विषय में विश्वनाथ के मन्तव्य का समर्थन किया है। उनके अनुसार–''रमणीयार्थ प्रतिपादकः शब्दः काव्यम्''। अर्थात् जिस साहित्य से आनन्दप्रद भाव की अनुभूति हो वह काव्य है। जो काव्य अपने शब्दों और भावों से पाठक को भाव-विभोर करे उसे कविता कहा जाए। एक अन्य संस्कृत विद्वान आनन्दवर्धन ने भी ध्वन्यात्मकता, भाव-विभोरता और आनन्दानुभूति को काव्य का अनिवार्य तत्त्व बताया है–''काव्यस्य आत्मा ध्वनिः'' इस प्रकार संस्कृत साहित्यकारों ने शब्द

और भाव के सौन्दर्य, ध्वन्यात्मकता, रस और छन्द से युक्त आनन्दप्रद रचना को कविता की श्रेणी में रखा है। आचार्य कुन्तल ने वक्रता अर्थात् व्यंग्यात्मक रीति से व्यक्त भावों को काव्य की संज्ञा दी है–''वक्रोक्तिः काव्यस्य जीवितम्''।

हिन्दी भाषा और साहित्य के उद्‌भव तक काव्य और शेष साहित्य का भेद सुस्पष्ट हो चुका था। छन्दोबद्ध रचना को पद्य या काव्य और वाक्यबद्ध रचनाओं को गद्य के रूप में स्वीकृति प्राप्त हो चुकी थी। लेकिन हिन्दी भाषा और काव्य की सतत परिवर्तनीयता के कारण हिन्दी में विविध साहित्य विधाओं का स्वरूप स्थिर नहीं हुआ था। शुरुआत में संस्कृत के प्रभाव से हिन्दी में भी छन्दोबद्ध रचनाएँ की जाती रहीं, किन्तु इस विषय में कोई सर्वस्वीकार्य नियम अभी स्थापित नहीं हुए थे। उत्तरकाल में भाषा और साहित्य दोनों धरातलों पर स्थिरता और विकास के परिणामस्वरूप हिन्दी कविता में अनेक परम्पराएँ स्थापित हुईं। इन्हें वीरगाथाकाल, भक्तिकाल और रीतिकाल के रूप में जाना जाता है। आधुनिक काल में हिन्दी कविता का नया चेहरा सामने आया जिससे छन्द विहीन कविता अस्तित्व में आई।

कविता की परिभाषा

हिन्दी के अनेक साहित्यकारों और काव्यालोचकों ने कविता को परिभाषित करने का प्रयास किया है। तत्त्वचिन्तामणि के प्रवर्तक आचार्य रामचन्द्र शुक्ल के शब्दों में–'कविता वह रचना है जिसके द्वारा सृष्टि के साथ हमारे रागात्मक सम्बन्धों का निर्वाह होता है।' इस परिभाषा के अतिरिक्त भी आचार्य शुक्ल ने एक आध्यात्मिक प्रतीक का आश्रय लेकर काव्य को परिभाषित किया है। तदनुसार–''जब मनुष्य प्रकृति के विविध रूपों और व्यापारों से ऊँचा उठकर योग-क्षेम, हानि-लाभ, सुख-दुख आदि को भूलकर और अपनी पृथक सत्ता से छूटकर अनुभूति मात्र रह जाता है तो आत्मा की यह ज्ञान दशा मुक्तावस्था कहलाती है। उसी प्रकार हृदय की मुक्ति साधना के लिए मनुष्य की वाणी जो शब्द-विधान करती आई है उसे कविता कहते हैं।'' यह परिभाषा काव्य को मनुष्य के उत्कृष्ट भावों की अनुभूति और अभिव्यक्ति के रूप में प्रतिष्ठापित करती है।

आचार्य श्यामसुन्दरदास के मतानुसार–''कलात्मक रीति से सजी हुई भाषा, जिसमें भावों की व्यंजना हो, कविता कहलाती है।'' इस परिभाषा में काव्य के प्राणतत्त्व को भी समान महत्त्व प्रदान किया गया है। काव्य का प्रस्तुतिकरण या वाचन सर्वप्रमुख है जबकि रसास्वादन का स्थान उसके उपरान्त है। काव्य का संगीत या लयपक्ष उसके प्रति अनुराग का हेतु है और उसी से भावपक्ष प्रकट और प्रबल होता है। यह काव्य का प्रथम परिचय है और इसी से रसिकों में कविता के प्रति अनुराग उपजता है।

काव्य के रागात्मक और भावात्मक पक्ष को पाश्चात्य काव्य मर्मज्ञों ने भी मान्यता प्रदान की है। इस सन्दर्भ में प्रख्यात ब्रिटिश कवि विलियम वर्डस्वर्थ के विचार विशेष रूप से उल्लेखनीय हैं। उनके मतानुसार–''शान्ति के समय गहन भावों का सहज प्रवाह कविता है।'' इस विचार के अनुसार कविता सायास शब्द-विन्यास नहीं अपितु विशेष भावदशा में हृदय द्वारा अनुभूत भावों का सहज उद्‌गार है। कविता और जीवन के गहन सम्बन्ध को स्पष्ट करते हुए हडसन ने कविता को 'कल्पना और मनोद्वेगों द्वारा जीवन की व्याख्या' बताया है। जहाँ किसी घटना या परिस्थिति विशेष को लक्ष्य करके नहीं अपितु जीवन के सत्यों को केन्द्र में रखकर भावपूर्ण अभिव्यक्ति की जाती है। जो किसी भी व्यक्ति को अपने ही जीवन का सत्य महसूस होती है। जॉन मिल्टन का कहना है कि कविता 'सरल, ऐन्द्रिक और रागात्मक होनी चाहिए।' इसका तात्पर्य है कि प्रत्येक श्रोता उसके अर्थ, भाव और जीवन के साथ उसके सम्बन्ध को बूझ सके। काव्य के मनमोहक पक्ष के समर्थन में कॉलरिज का मत है कि ''सर्वोत्तम शब्दों में सर्वोत्तम भावों की अभिव्यक्ति कविता है।''

> "Poems are the best words in the best order." —Coleridge

कविता शब्द नहीं, भाव का विषय है। इसलिए उसकी यथारूप परिभाषा असम्भव है। काव्य का सृजन और अनुशीलन कभी भी सायास और इच्छाधीन नहीं होता। काव्य वसन्त की बयार है, जल की शीतलता है, अग्नि का उत्ताप है, पृथिवी की गन्ध है और निःशब्द का संगीत है। इसलिए उसे बूझना और समझना नितान्त कठिन है। वह क्रान्तदर्शियों, सहृदयों

और आत्मवेत्ताओं का विषय है। आमजन कविता को अनुभव नहीं कर सकते, उसके आस्वादन की योग्यता सौभाग्य का विषय है।

इस प्रकार भाषाशास्त्रियों, साहित्यकारों और काव्यमर्मज्ञों ने काव्य के स्वरूप को स्पष्ट करने के अनेक स्तुत्य प्रयास किए हैं जिनके हमें काव्य के निजरूप को जानने-समझने में सहायता मिलती है। तदनुसार कविता हमारी भावनाओं का आधार तथा उद्दीपक है, वह हमारे भावों को उत्कण्ठित करती है, हृदय को रस तथा आनन्द से आपूरित करती है, सहृदयता तथा सौन्दर्यबोध का विकास करती है और व्यक्ति को कर्मठ, जागृत और मन्त्रमुग्ध करती है। प्रस्तुत विचारों और परिभाषाओं के विवेचन से काव्य का जो स्वरूप स्पष्ट होता है उसे निम्नलिखित वक्तव्यों के माध्यम से प्रस्तुत किया जा सकता है—

- कविता भावमय है।
- छन्द, लय, ताल और रस कविता के प्राणतत्त्व हैं।
- कविता भावों की प्रबल अनुभूति से उत्पन्न होती है और इसी माध्यम से उसका रसास्वादन और आनन्दानुभव किया जा सकता है।
- कविता जीवन के सत्यों का यथार्थ अथवा काल्पनिक प्रकाशन है।
- सत्य, शिव और सुन्दर की सर्वोत्तम साधना काव्य है।
- कविता में विचारों की अपेक्षा भावों की प्रधानता होती है।
- छन्द, यति-गति, आरोह-अवरोह तथा चरणों में आबद्ध भावपूर्ण रचना काव्य है।

कविता शिक्षण की उपयोगिता

हिन्दी शिक्षण के ज्ञान, कौशल, रुचि तथा अभिवृत्यात्मक उद्देश्यों की पूर्ति किसी एक साहित्यिक विधा के माध्यम से नहीं की जा सकती। भाषा कौशलों के विकास, अभ्यास और व्यवहार के लिए भी साहित्य के सभी रूपों गद्य, पद्य, चम्पू और उनकी विविध विधाओं जैसे नाटक, कहानी, जीवनी व दोहा, सोरठा, चौपाई इत्यादि का अनुशीलन अनिवार्य है।

गद्य साहित्य की विशेषता सूचना, तथ्यों, जानकारियों व घटनाओं की सिलसिलेवार और यथार्थ प्रस्तुति है जबकि करुणा, सौन्दर्य, वीरता, हास्य आदि भावों से परिचय के लिए काव्य का आश्रय उपयोगी होता है। भारत की परम्परा गीत-संगीत और नृत्य से परिपूर्ण है। हमारा समाज जीवन के सभी अवसरों पर रागात्मक अभिव्यक्तियों का अभ्यस्त है। विद्यालय को इस परिस्थिति से अलग नहीं रखा जाना चाहिए। पाठ्यक्रम में काव्य रचनाओं का समावेश, व्यक्ति की रागात्मक आवश्यकताओं को तृप्त करता है और उसे भावात्मक अनुभूतियों से परिचित कराता है। काव्य के समावेश से पाठ्यक्रम सभी आयामों में परिपूर्ण हो जाता है।

कविता शिक्षण के सामान्य उद्देश्य

भारत की नहीं, विश्वभर के समस्त विद्यालयों में कविता शिक्षण विद्यालयी शिक्षा का प्रथमतम सोपान है। पूर्व-प्राथमिक विद्यालयों में शिक्षण की शुरुआत कविता के माध्यम से ही होती है। ऐसा होने पर भी स्तर या कक्षा के अनुसार कविता शिक्षण के उद्देश्य और प्रक्रिया में परिवर्तन होता जाता है। यही कारण है कि पूर्व-प्राथमिक स्तर के बाद पाठ्यक्रम में कविता का अनुपात क्रमशः घटता जाता है। कविता शिक्षण की उपयोगिता के उल्लेख में इसके कुछ उद्देश्यों का कथन भी सप्रसंग हुआ है। किन्तु माध्यमिक स्तर के विद्यार्थियों को काव्य के बाह्य और अन्तर्पक्षों से परिचित कराने के लिए कविता शिक्षण के सामान्य उद्देश्यों का स्पष्ट कथन अनिवार्य है। इन समस्त उद्देश्यों का कविता शिक्षण के प्रत्येक सत्र में यथार्थ अधिगम असम्भव है। छात्राध्यापक इनमें से कतिपय उद्देश्यों को कविता के विशिष्ट उद्देश्यों के रूप में रखकर उनकी सुनिश्चित प्राप्ति का प्रयास कर सकते हैं—

आधारभूत उद्देश्य

विद्यार्थियों को–

- मनोयोग पूर्वक काव्य-पाठ सुनने योग्य बनाना।
- उचित भाव, छन्द, गति, लय-ताल, आरोह-अवरोह तथा विरामपूर्वक काव्यपाठ करने योग्य बनाना।
- कविता के अर्थ एवं भाव ग्रहण करने योग्य बनाना।
- काव्यगत शब्द-सौन्दर्य और भाव-सौन्दर्य का अनुभव कराना तथा उनके अनुभूति के क्षेत्र का विस्तार करना।
- कविता के मूल तत्त्वों के अनुभव से कवि की भावनाओं को अनुभव करने योग्य बनाना।
- कविता के अर्थ व भावों को अपने शब्दों में अभिव्यक्त करने में सक्षम बनाना।
- कविता के छन्द, रस, अलंकार और शैली जैसे तत्त्वों से परिचित कराना और इस माध्यम से उनकी रागात्मक वृत्तियों तथा उदात्त भावों का विकास करना।
- कविता के माध्यम से प्रस्तुत मानवीय भावों तथा सामाजिक, राष्ट्रीय, धार्मिक व आध्यात्मिक तत्त्वों को आत्मसात् करने के लिए प्रेरित करना।
- कविता के तत्त्वों के प्रकाश में उनके विश्लेषण और मूल्यांकन में सक्षम बनाना।
- काव्य के अनुशीलन द्वारा पद्य साहित्य की समीक्षा व आलोचना में सक्षम बनाना।
- देश-समाज, धर्म-दर्शन, सभ्यता-संस्कृति से परिचित कराना।
- विभिन्न काव्य शैलियों से परिचित कराना।
- काव्य के सृजन हेतु उत्सुक, योग्य और निपुण बनाना।

कविता शिक्षण के इन उद्देश्यों में काव्य श्रवण से काव्य सृजन तक के समस्त चरणों का क्रमिक उल्लेख किया गया है। यदि छात्राध्यापक इनमें से उपयुक्त उद्देश्यों को सम्मुख रखकर शिक्षण करें तो विद्यार्थियों के विचार और व्यवहारों में सकारात्मक परिवर्तन अनुभव किए जा सकते हैं।

काव्यपाठ की विधियाँ

प्राथमिक से वरिष्ठ माध्यमिक स्तर तक कविताओं का स्वरूप लगातार परिवर्तित होता है। प्रारम्भ की तुकांत कविताएँ धीरे-धीरे छन्दोबद्ध और बाद में नए प्रयोगों वाली कविताओं में परिवर्तित हो जाती हैं। यह परिवर्तन न केवल कविताओं के आकार, शब्द-प्रयोग व विषय के तल पर अपितु छन्द, भाव, रस और अलंकार जैसे सन्दर्भों में भी होता है। इन बदलावों के चलते कविता की प्रकृति भिन्न होती जाती है जिससे उसकी शिक्षण विधियों में परिवर्तन अनिवार्य हो जाते हैं। इसलिए भाषा के छात्राध्यापकों को कविता शिक्षण की समस्त पारम्परिक और आधुनिक विधियों से परिचित होना चाहिए।

कविता शिक्षण की विधियाँ

गीत विधि

छन्द, लय-ताल और भावपूर्ण प्रस्तुति कविता का प्राणतत्त्व है। परम्परागत रूप से कविता रागात्मक छन्दों में निबद्ध रही है। काव्य की परिभाषा में भी कविता को रमणीय, रसपूर्ण और रागात्मक कहा गया है। यद्यपि आधुनिक कविता या नई कविता पारम्परिक छन्द परम्परा से विचलित है किन्तु उसका प्रस्तुतिकरण भी गद्य की भाँति सपाट न होकर लयबद्ध और रागात्मक होता है। इस प्रकार गीतपूर्ण प्रस्तुति कविता का स्वाभाविक लक्षण है।

गीत विधि के माध्यम से कविता शिक्षण में छन्द, लय-ताल, यति-गति और विराम के समुचित व्यवहार से कविता का भाव स्पष्ट किया जाता है। इस विधि के अन्तर्गत शिक्षक समुचित रीति से, उपयुक्त लय-ताल तथा हाव-भावपूर्वक

विद्यार्थियों के सम्मुख कविता का प्रस्तुतिकरण करता है। तदुपरान्त विद्यार्थी भी शिक्षक का अनुकरण करते हुए कविता-पाठ करते हैं। इस विधि द्वारा कविता-शिक्षण का मुख्य लक्ष्य विद्यार्थियों को कविता का रसास्वादन कराना है।

गीत विधि का मूल्यांकन

छन्द और लय-ताल यद्यपि कविता के महत्त्वपूर्ण घटक माने जाते हैं किन्तु उन्हें काव्य का सर्वस्व नहीं कहा जा सकता। गेयता के अतिरिक्त विषय, भाव और शब्दादि भी कविता के अस्तित्व को रूप देते हैं। उन्हें एक ओर रखकर केवलमात्र छन्द को प्राथमिकता देने से विद्यार्थी कविता के बाह्यपक्ष अर्थात् गेयता से तो परिचित हो जाते हैं किन्तु अर्थबोध, भावबोध और आनन्दबोध का आस्वाद नहीं कर पाते। इस कारण कविता शिक्षण का उद्देश्य पूर्ण नहीं हो पाता।

इस सन्दर्भ में एक अन्य तथ्य ध्यातव्य है कि पाठ्यक्रम के अन्तर्गत संकलित सभी कविताओं के छन्द वर्तमान परिवेश की दृष्टि से इतने सरल और सहज नहीं हो सकते कि शिक्षक कक्षा में उनका यथारूप गायन कर सकें। कुछ परम्परागत छन्द तो इतने अभ्यास साध्य हैं कि गायन और वादन का औपचारिक शिक्षण-प्रशिक्षण प्राप्त किए बिना उनकी प्रस्तुति नहीं की जा सकती। ऐसी परिस्थिति में गीत विधि द्वारा कविता शिक्षण सम्भव नहीं हो पाता।

प्रस्तुत तथ्यों के प्रकाश में इतना तो स्पष्ट है कि गीत विधि सभी स्तरों के विद्यार्थियों को कविता शिक्षण के लिए व्यवहार्य नहीं है अपितु आरम्भिक कक्षाओं के लयप्रधान (तुकान्त) गीतों के शिक्षण में इसका उपयोग सफलतापूर्वक किया जा सकता है। इन कविताओं के शब्द और भाव सरल और विषय सुपरिचित होते हैं इसलिए सटीक गायन द्वारा उनका शिक्षण सम्भव है।

अभिनय विधि

कविता शिक्षण के सन्दर्भ में अभिनय विधि का तात्पर्य है—वर्ण्य विषय के अनुरूप अंग-संचालन करके कविता का भाव स्पष्ट करने का प्रयास करना। इस प्रणाली के अन्तर्गत शिक्षक कविता पाठ के साथ ही उसमें निहित भावों के अनुरूप अंग संचालन करता है। विद्यार्थी इन संकेतों के माध्यम से कविता का भाव ग्रहण करने का प्रयास करते हैं।

विद्यार्थी लोक जीवन से सम्बद्ध कविताओं के विषयों और सन्दर्भों से परिचित होते हैं। शिक्षक द्वारा अभिनयपूर्वक कविता पाठ किए जाने पर वे संकेतार्थों को ग्रहण कर कविता का भाव समझ सकते हैं। काव्य-पाठ और भावानुभूति में अवरोध न होना इस विधि का प्रमुख गुण है। शिक्षक जैसे-जैसे कविता प्रस्तुत करता है; विद्यार्थियों के सम्मुख उसका भाव स्पष्ट होता जाता है। इस विधि में रसास्वादन तथा भाव-बोध पर समान बल दिया गया है।

अभिनय विधि का मूल्यांकन

कवि की ओर से कविता यद्यपि भावों के सहज और स्वाभाविक प्रस्तुति है किन्तु श्रोता या पाठक के लिए उन भावों को बूझना और हृदयंगम करना उतना सहज नहीं होता। इसके लिए प्रस्तुत विधि में अभिनय को माध्यम बनाया गया है।

अभिनय द्वारा मनोभावों का प्रकाशन नाट्य का विषय है। प्रशिक्षित और निपुण कलाकार अंग-संचालन और हाव-भाव के प्रदर्शन द्वारा मनोभावों का सुरुचिपूर्ण प्रदर्शन करते हैं। किन्तु कक्षा में शिक्षण के दौरान शिक्षक से ऐसी अपेक्षा नहीं की जा सकती कि वह सब प्रकार की कविताओं के भाव स्पष्ट करने के लिए अपेक्षित नाट्य कला का प्रदर्शन करे। यदि ऐसा हुआ तो कक्षा शिक्षण का स्थान न होकर नृत्यशाला हो जाएगी। दूसरी ओर प्रत्येक भाषा शिक्षक के इस प्रकार की कला में निपुण होने की अपेक्षा करना भी अव्यावहारिक है।

इस सीमा को देखते हुए अभिनय के माध्यम से कविता के भाव-प्रकाशन का कार्य प्रारम्भिक कक्षाओं के अभिनय प्रधान बालगीतों के शिक्षण तक ही सीमित रखा जाना चाहिए।

शब्दार्थ कथन विधि

सभी मनुष्य शब्दों और संकेतों के माध्यम से ही अपने भावों की अभिव्यक्ति करते हैं। कवि और लेखक इस विधा में विशेष रूप से सक्षम और कुशल होते हैं। वे शब्दों के माध्यम से अपने भावों का सटीक और मनोहारी सम्प्रेषण कर सकते हैं। कविता के माध्यम से भाव-संयोजन करते हुए कवि उपयुक्त और कथ्य के अनुरूप शब्दों का प्रयोग करता है। इनमें से कुछ सन्धिपद, समस्तपद, पारिभाषिक शब्द, अनगढ़ शब्द और देसी शब्द हो सकते हैं जिनका व्यवहार विद्यार्थियों के दैनिक जीवन में नहीं होता। ऐसे शब्द सामान्य विद्यार्थी के लिए कविता के भाव-बोध में बाधक हो सकते हैं।

अर्थकथन विधि के अन्तर्गत शिक्षण के दौरान शिक्षक कविता में प्रयुक्त कठिन शब्दों का अर्थ स्पष्ट करता है। जैसे जैसे कविता में प्रयुक्त कठिन शब्दों का अर्थ स्पष्ट होता है कविता का भाव उद्‌घाटित होने लगता है। भावबोध के माध्यम से ही विद्यार्थी कविता के रस और आनन्द का अनुभव करते हैं। आजकल अधिकांश भाषा-शिक्षक कविता शिक्षण के लिए इसी विधि का आश्रय लेते हैं।

शब्दार्थ कथन विधि का मूल्यांकन

कविता शब्दों के माध्यम से भावों का सम्प्रेषण है किन्तु इस प्रक्रिया में छन्द अर्थात् लय-ताल का स्थान अनुपेक्षणीय है। कविता में शब्दों का चयन और गठन छन्द की आवश्यकता के अनुरूप ही किया जाता है। इसलिए कविता शिक्षण में उचित लय-ताल और यति-गतिपूर्वक काव्य पाठ की उपेक्षा नहीं की जानी चाहिए।

दूसरी बात कि इस विधि में विद्यार्थियों की अपेक्षा शिक्षक अधिक सक्रिय है। जबकि शिक्षण की आदर्श स्थिति के अनुसार शिक्षक के मार्गदर्शन में विद्यार्थियों को स्वयं प्रयास से पाठ्‌यवस्तु के अधिगम का प्रयास करना चाहिए। भाव-बोध और रसानुभूति के स्थान पर कविता के शरीरपक्ष अर्थात् अर्थ-बोध पर केन्द्रित होने के कारण भी यह विधि प्रशंसनीय नहीं है।

व्याख्या विधि

व्याख्या का तात्पर्य है कविता के अन्तर्गत प्रयुक्त पदों अथवा चरणों में निबद्ध भावों का स्पष्टीकरण। इस प्रक्रिया में प्रसंगों, बोध-कथाओं, मतों, सिद्धान्तों, उदाहरणों और दृष्टान्तों के प्रस्तुतिकरण से कथ्य को सुबोध बनाया जाता है। काव्य सृजन की प्रक्रिया में कवि अपने भावों की अभिव्यक्ति के लिए लक्षणाओं, व्यंजनाओं, अनुनादी व आलंकारिक शब्दों जैसे अनेक उपायों का आश्रय लेता है। इनके स्पष्टीकरण के लिए व्याख्या एक उपयोगी विधि है।

व्याख्या विधि के अन्तर्गत कविता के पदों अथवा चरणों का क्रमशः पाठ किया जाता है। विद्यार्थियों द्वारा कविता के यथोचित अनुकरण के उपरान्त उनमें निबद्ध शब्दों के अर्थबोध, दुर्बोध प्रसंगों, लक्षणाओं और व्यंजनाओं के स्पष्टीकरण और रस व अलंकारों के परिचय द्वारा कथ्य का सरलीकरण किया जाता है। इस प्रक्रिया द्वारा विद्यार्थियों को कवि के अभिप्रेत भावों से परिचित कराया जाता है। इस दौरान विद्यार्थियों के साथ अपेक्षित अन्तर्क्रिया द्वारा कविता के कला और भावपक्षों का उद्‌घाटन किया जाता है।

व्याख्या विधि का मूल्यांकन

व्याख्या विधि द्वारा कविता के रसास्वादन के साथ ही अर्थ, भाव और आनन्दानुभव इत्यादि सभी पक्षों का आस्वादन सुनिश्चित किया जाता है। इस प्रक्रिया में विद्यार्थी काव्यपाठ की विधि, कठिन शब्दों के अर्थ, दुर्बोध प्रसंगों की व्याख्या, रस और अलंकार जैसे काव्य-तत्त्वों का ज्ञान प्राप्त करते हैं, जिससे काव्य के आन्तरिक तथा बाह्य सभी पक्षों का ज्ञान सुनिश्चित होता है। कनिष्ठ कक्षाओं के लिए संकलित कविताएँ ज्यादा गूढ़ व जटिल नहीं होतीं इसलिए व्याख्या विधि का प्रयोग वहाँ व्यवहार्य नहीं होता।

खण्डान्वय विधि

रामायण, कामायनी और पथिक जैसे महाकाव्यों से उद्धृत् कविताएँ स्वतन्त्र न होकर प्रसंग अथवा सन्दर्भ के अनुसार पढ़ी और समझी जाती हैं। पद, सोरठा, चौपाई जैसे पारम्परिक छन्दों में निबद्ध होने के कारण इन्हें संरचनात्मक रूप से जटिल माना जाता है। इनकी भाषा भी प्रायः सामान्य हिन्दी या खड़ी बोली से इतर उप-भाषाओं जैसे ब्रज और अवधि के शब्दों से परिपूर्ण होती है। इस कारण इन्हें एक इकाई के रूप में पढ़ना और समझना सम्भव नहीं होता। इसके लिए इन्हें खण्डों में विभक्त करके, शब्दार्थ जानकर, प्रसंग स्पष्ट करके और व्याख्या द्वारा सरल किया जाता है। इस प्रक्रिया को कविता शिक्षण की खण्डान्वय विधि के नाम से जाना जाता है।

इस प्रक्रिया के प्रथम चरण में शिक्षक द्वारा कविता का आदर्श पाठ और विद्यार्थियों द्वारा अनुकरण पाठ किया जाता है। दूसरे चरण में शिक्षक-विद्यार्थी अन्तर्क्रिया द्वारा कविता को उपयुक्त खण्डों के विभाजित करके कठिन शब्दों व प्रसंगों का चुनाव किया जाता है। तदुपरान्त शिक्षक चुने गए कठिन शब्दों के अर्थ, प्रसंग और कविता के भाव के अधिगम में विद्यार्थियों की सहायता करता है। यदि विद्यार्थी कविता के तत्त्व को जानने में कठिनाई अनुभव करते हैं तो शिक्षक प्रत्येक खण्ड से सम्बन्धित प्रश्नों का निर्माण करके उनके माध्यम से कविता के अर्थ तथा भाव के स्पष्टीकरण का प्रयास करता है। इसी के साथ रस, छन्द और अलंकार जैसे तत्त्वों का भी यथास्थान परिचय दिया जाता है। इस विधि में सरल से कठिन, अंश से पूर्ण व ज्ञात से अज्ञात के शिक्षण सूत्रों का परिपालन सुनिश्चित किया जाता है।

खण्डान्वय विधि का मूल्यांकन

कविता शिक्षण में सरल से कठिन, अंश से पूर्ण व ज्ञात से अज्ञात के शिक्षण सूत्रों के परिपालन और उपयुक्त शिक्षक-छात्र अन्तर्क्रिया सुनिश्चित करने के कारण इसे मनोवैज्ञानिक शिक्षण विधि माना जाता है। जटिल विषय और कठिन छन्दों में निबद्ध कविताओं के शिक्षण के लिए इस विधि की अनुशंसा की जाती है। तथापि प्राथमिक वर्ग की कक्षाओं में अपेक्षाकृत सरल और सुबोध कविताओं के कारण इस विधि का उपयोग नहीं किया जा सकता।

व्यास विधि

प्रस्तुत सन्दर्भ में व्यास का अर्थ है—कथा वाचक। जिस प्रकार कोई कथा वाचक वर्ण्य विषय के समस्त पक्षों को श्रोताओं के सम्मुख सरल और रोचक रूप में आस्वाद्य बना कर प्रस्तुत करता है उसी प्रकार इस विधि के अन्तर्गत शिक्षक किसी गूढ़ भाव वाली कविता को प्रसंग, उद्धरण, बोध कथाओं और व्याख्या के माध्यम से विद्यार्थियों के लिए सुबोध बनाता है।

जो कविताएँ मुक्तक अर्थात् स्वतन्त्र विषय और सन्दर्भ पर आधारित न होकर किसी प्रसंग, कथा या गाथा का अंग होती हैं उनका अर्थ सीमित न होकर व्यापक आयामों तक विस्तीर्ण होता है। कभी-कभी ऐसी कविताएँ सीमित अर्थ को व्यक्त न करके सांकेतिक अर्थ को जाहिर करती हैं; जिसे प्रसंगानुसार अनेक प्रकार से प्रस्तुत किया जा सकता है। ऐसी कविताओं को विद्यार्थियों के लिए बोधगम्य बनाने के लिए शिक्षक को व्यास की भूमिका निभानी होती है।

व्यास विधि का मूल्यांकन

प्रस्तुत विधि के अन्तर्गत गूढ़ भाव, प्रसंग प्रधान और सन्दर्भ आधारित कविताओं को विद्यार्थियों के लिए सुबोध बनाने का प्रयास किया जाता है। इसमें प्रसंग से लेकर रस और अलंकारों तक के ज्ञान और बोध की व्यवस्था समाहित है। इस विधि को उपयोग स्वभावतः केवल उच्च कक्षाओं में ही किया जाता है। व्याख्या द्वारा कविता के सम्पूर्ण अर्थ और भाव के प्रकाशन द्वारा उसका यथोचित रसास्वादन किया जा सकता है। शिक्षक यदि काव्यमर्मज्ञ और विषयविशारद है तो इस विधि द्वारा विद्यार्थियों के लिए कविता के सम्पूर्ण अर्थ व भाव का आस्वादन सम्भव कर सकता है।

तुलना विधि

कविता शिक्षण की इस विधि द्वारा वरिष्ठ कक्षा के विद्यार्थियों को काव्य के व्यापक अध्ययन के लिए सन्नद्ध किया जाता है। इस विधि के अन्तर्गत पाठ्यक्रम में शामिल कविताओं की तुलना उसी विषय अथवा कवि की समान भावयुक्त अन्य कविताओं से की जाती है। इससे विद्यार्थी काव्य के व्यापक आयाम से परिचित होते हैं और उनकी रुचि का विस्तार होता है। तुलना विधि के प्रयोग के लिए पुस्तकालय का प्रयोग उपयोगी होता है साथ ही शिक्षक का काव्य मर्मज्ञ तथा विषयविशारद होना भी अत्यावश्यक है।

तुलना विधि का मूल्यांकन

तुलना विधि माध्यमिक तथा उच्च कक्षाओं के लिए अधिक उपयुक्त है। यह विधि विद्यार्थियों के लिए शोधमूलक है और इससे उन्हें समान भाव तथा कवि की कविताओं के ज्ञान व संग्रह का अवसर प्राप्त होता है। इस विधि से काव्य के व्यापक आयामों से परिचय सरल होता है। प्राथमिक और पूर्व माध्यमिक कक्षाओं के लिए इस विधि की कोई उपयोगिता नहीं है क्योंकि उस अवस्था के विद्यार्थियों की क्षमता कविता के छन्द और भाव ग्रहण तक ही सीमित होती है।

समीक्षा विधि

इस विधि का तात्पर्य है कविता के सभी पक्षों का काव्य शास्त्र की दृष्टि से मूल्यांकन करना। इस प्रक्रिया में सर्वप्रथम कविता का पाठ, उसका सरलार्थ और भाव बोध का प्रयास किया जाता है। इसके उपरान्त भावानुसार शब्द-प्रयोग, शब्दों की सटीकता, भावानुरूपता और आलंकारिकता जैसे कलापक्ष के उपादानों का क्रमशः विवेचन किया जाता है। तदुपरान्त कविता के विषय, पृष्ठभूमि, भावगहनता, रस, अलंकार, छन्दादि की उपयुक्तता और भावव्यंजकता जैसे आन्तरिक पक्षों का विश्लेषण किया जाता है। इस प्रक्रिया से न केवल कविता के प्राण तत्त्व के परिचय में सहायता होती है अपितु उसके सम्पूर्ण रसास्वादन में भी सरलता होती है।

समीक्षा विधि का मूल्यांकन

तुलना विधि की तरह समीक्षा विधि भी उच्च कक्षाओं के लिए ही उपयुक्त और सटीक है। आठवीं कक्षा तक के विद्यार्थियों के लिए इस विधि में शामिल चरणों का अनुपालन संभव नहीं है। समीक्षा की प्रक्रिया में शिक्षक के साथ ही विद्यार्थियों की सक्रिय भागीदारी भी आवश्यक है।

कविता शिक्षण में प्रयुक्त सोपान

कविता शिक्षण की विधियों के साथ ही कक्षा में उनके उपयोग का तरीका भी छात्राध्यापकों को जानना चाहिए। कक्षा में कविता का शिक्षण विशिष्ट उद्देश्यों के अधिगम के लिए किया जाता है। इसके लिए प्रभावशाली व चरणबद्ध प्रक्रिया का अनुपालन अपेक्षित है। ये चरण छात्राध्यापक क्रिया, विद्यार्थी क्रिया, मौन और असमंजस जैसी गतिविधियों के माध्यम से शिक्षण-अधिगम को सरल और सहज बनाने में सक्षम हैं। कक्षा में कविता के शिक्षण के लिए निम्नलिखित चरणों का अनुपालन किया जा सकता है—

प्रस्तावना—कविता शिक्षण हेतु उपयुक्त माहौल तैयार करने के लिए संक्षिप्त प्रश्नों द्वारा कविता के मूल भाव से परिचित करने वाले किसी प्रसंग या घटना का वर्णन किया जाए। इसके लिए अधिकतर दो या तीन मिनट का समय रखा जाना चाहिए। इसके बाद सरल, उत्प्रेरक और भावानुकूल शब्दावली के माध्यम से कविता का परिचय और उद्देश्य बताया जाना चाहिए।

प्रस्तुतिकरण–''कविता चाहे किसी भी कक्षा में पढ़ाई जाए, शिक्षक का सर्वप्रथम कार्य है सस्वर तथा भावपूर्ण काव्यपाठ''–रायबर्न। कविता श्रव्यकाव्य है और उसका आनन्द सामान्य वाचन अथवा मौन पाठ से प्राप्त नहीं हो सकता। काव्यपाठ के दौरान कविता पढ़ने के समस्त अवयवों यथा छन्द, लय-ताल तथा हाव-भाव, आरोह-अवरोह, उचित व स्वाभाविक अंग-संचालन आदि का पूरा ध्यान रखा जाए। पुस्तक को पकड़ना, छात्रों की ओर दृष्टिपात, बलाघात और विराम आदि आकर्षक तथा भावानुसार होने चाहिए।

प्रयास किया जाना चाहिए कि अध्यापक कविता को चार्ट पर लिखकर, पारदर्शी पट्टिका (ओ.एच.पी.) या एल.सी.डी. के माध्यम से प्रस्तुत करे ताकि विद्यार्थी पुस्तक से कविता पढ़ने के बजाय सामने शिक्षक को देखते हुए कविता का श्रवण करें। इससे वे काव्य पाठ की विधि को बेहतर तरीके से देख-सुन सकेंगे। ऐसा करने पर शिक्षक के लिए कक्षा को व्यवस्थित रखना भी सरल होगा। वह अधिकाधिक विद्यार्थियों से नेत्र-सम्पर्क रख सकेगा और विद्यार्थी भी शिक्षक के हाव-भावों को सरलता से देख सकेंगे।

अनुकरण पाठ–शिक्षक द्वारा कविता के सस्वर पाठ के उपरान्त विद्यार्थियों को (एकल/समवेत) काव्यपाठ का अवसर प्रदान किया जाना चाहिए। विद्यार्थी जब शिक्षक को कविता पाठ करते हुए सुनते हैं तो स्वयं भी काव्यपाठ के लिए उत्सुक होते हैं और उनमें यथोचित काव्यपाठ की कला, योग्यता और क्षमता भी आती है। विद्यार्थियों को काव्यपाठ का अवसर देने से यह जानने में भी मदद होती है कि वे काव्यपाठ में कितने सक्षम हैं। यदि कोई छात्र/छात्रसमूह अनुरूप काव्यपाठ न कर पाए तो उसे बीच में टोकना/रोकना नहीं चाहिए; बल्कि बाद में संशोधन सुझाना और अभ्यास कराना चाहिए।

शब्दार्थ कथन–काव्यपाठ में विद्यार्थियों की क्षमता जान लेने के बाद उन्हें कविता के अर्थ और भाव से परिचित कराया जाना चाहिए। इसके लिए प्रथम चरण है कविता में प्रयुक्त कठिन, पारिभाषिक, प्रतीकात्मक, लक्षणात्मक तथा व्यंजनात्मक शब्दों का अर्थ स्पष्ट करना। जैसे-जैसे विद्यार्थी कविता में प्रयुक्त शब्दों का अर्थ जानते हैं वे कविता के सामान्य अर्थ या सरलार्थ से परिचित होते जाते हैं। शब्दार्थ कथन का उद्देश्य विद्यार्थियों का ज्ञानवर्धन न होकर कविता का शारीरिक (रचना सम्बन्धी) तथा आत्मिक (भाव सम्बन्धी) परिचय पाना तथा रस, भाव तथा आनन्द का अनुभव करना है।

भाव विश्लेषण तथा सौन्दर्यानुभूति–छन्द अर्थात् धुन, लय-ताल, हाव-भाव, आरोह-अवरोह उचित व स्वाभाविक अंग संचालन आदि को कविता का संस्कार कहा जाता है। कविता के अन्तर्हित भाव; कान या हृदय नहीं अपितु सीधे आत्मा को आनन्दित करने के हेतु होते हैं। काव्यगत सौन्दर्य के चार प्रमुख स्तर हैं। ये हैं–

- **ध्वनि (नाद) सौन्दर्य**–इसका आनन्द काव्यपाठ द्वारा प्राप्त किया जाता है।
- **शैली सौन्दर्य (छन्द तथा शब्दशक्तियाँ)**–कविता का सरलार्थ करते हुए इस सौन्दर्य का आस्वाद किया जाता है।
- **कल्पना सौन्दर्य (विषयवस्तु)**–इस अवयव का आस्वाद कविता के भावाधिगम के साथ होता है।
- **विचार सौन्दर्य**–कविता के नाद, शैली और कल्पना सौन्दर्य के आस्वाद के उपरान्त कविता रसिकों के मन-मस्तिष्क में विचारों को उद्बुद्ध करती है। इससे कविता के भाव विद्यार्थियों के स्थायी ज्ञान कोश का अंग बन जाते हैं।

मूल्यांकन–पाठ्यक्रम के अन्यान्य विषयों की तरह कविता का शिक्षण भी कतिपय साधारण और विशिष्ट उद्देश्यों की प्राप्ति के लिए किया जाता है। कविता शिक्षण के दौरान प्रत्येक इकाई के शिक्षण के लिए भी अलग से व्यावहारिक उद्देश्यों का निर्धारण किया जाता है। इन उद्देश्यों का अधिगम सुनिश्चित किए बिना कविता शिक्षण को सम्पूर्ण और सफल नहीं कहा जा सकता। इसलिए प्रत्येक इकाई और कविता शिक्षण के अन्त में निर्धारित उद्देश्यों की प्राप्ति सुनिश्चित की जानी चाहिए।

मूल्यांकन का क्षेत्र केवल कविता के अर्थग्रहण तक सीमित नहीं होना चाहिए अपितु इसके अन्तर्गत भाव तथा सौन्दर्यबोध का परीक्षण भी किया जाना चाहिए। कविता के शब्दार्थ, सरलार्थ और भावार्थ के साथ ही छन्द, रस और अलंकार जैसे विषयों से सम्बद्ध छोटे तथा लघूत्तरीय प्रश्नपूछ कर यह कार्य किया जा सकता है। इससे विद्यार्थियों को कविता के शारीरिक पक्ष के साथ ही अन्तःसौन्दर्य की प्राप्ति भी सुनिश्चित की जा सकेगी।

द्वितीय आदर्श पाठ–कविता शिक्षण के प्रथम चरण में शिक्षक कक्षा में कविता का आदर्श पाठ प्रस्तुत करता है। इसका उद्देश्य विद्यार्थियों को कविता की ओर प्रथमदृष्ट्या आकर्षित करना होता है। आदर्श काव्यपाठ से विद्यार्थी कविता के आस्वाद के साथ ही उसके अर्थ एवं भाव ग्रहण के लिए लालायित होते हैं। प्रथम आदर्श काव्यपाठ के दौरान विद्यार्थियों का पूरा ध्यान कविता के नाद सौन्दर्य पर रहता है और वे उसके अर्थ और भाव से परिचित नहीं होते। इसलिए वे कविता का पूर्ण आनन्द नहीं उठा पाते। इसलिए शब्दार्थ और भावार्थ के स्पष्टीकरण के बाद शिक्षक को पुनः आदर्श पाठ प्रस्तुत करना चाहिए ताकि विद्यार्थी कविता का परिपूर्ण आनन्द प्राप्त कर सकें।

द्वितीय अनुकरण पाठ–कक्षा में कविता शिक्षण का आरम्भ शिक्षक द्वारा कविता के आदर्श पाठ से होता है। उसके बाद विद्यार्थी उसका अनुकरण करते हुए काव्यपाठ करते हैं। इस काव्यपाठ में विद्यार्थी शिक्षक द्वारा पठित कविता के शब्दों और लय-ताल का अनुकरण करते हैं। इस समय उन्हें कविता के अर्थ और भाव का पता नहीं होता। कह सकते हैं कि उन्हें कविता के शरीर पक्ष का ही आभास होता है आत्मा या आन्तरिक पक्ष का नहीं। बाद में जब शब्दार्थ स्पष्टीकरण और भाव विश्लेषण द्वारा वे कविता के आन्तरिक पक्ष और भावार्थ से परिचित हो जाते हैं तब काव्यपाठ में अलग ही आनन्द आता है। वास्तव में इसी चरण पर ही विद्यार्थी कविता पाठ के हकदार बनते हैं और उन्हें द्वितीय काव्यपाठ में अपेक्षाकृत अधिक आनन्द की अनुभूति होती है। इसी के साथ द्वितीय अनुकरण पाठ से यह भी सुनिश्चित किया जाता है कि विद्यार्थी कविता की पाठ-विधि, अर्थ, भाव तथा रसादि के आस्वादन में प्रवीण हुए अथवा नहीं।

रचनात्मक कार्य–कविता शिक्षण को अधिक प्रभावकारी बनाने और उससे प्राप्त होने वाले ज्ञान, बोध और अनुभव को चिरस्थायी बनाने के लिए विद्यार्थियों को गृहकार्य के रूप में कुछ रचनात्मक गतिविधि करने के लिए कहा जाना चाहिए। इसके लिए कविता के स्मरण, नए व कठिन शब्दों के वाक्य-प्रयोग, कविता के अंशों का सरलार्थ तथा भावार्थ, काव्यांशों की व्याख्या, उपयुक्त उद्धरणों के प्रस्तुतिकरण जैसे कार्य कराए जा सकते हैं। गृहकार्य द्वारा कविता से सम्बद्ध स्मरणीय और अभ्याससाध्य अंशों की पुनरावृत्ति सुनिश्चित की जानी चाहिए। इससे विद्यार्थी पठित कविता का पूरा लाभ उठा पाएँगे और आगामी कविताओं के पाठ और अध्ययन के लिए उत्सुक और तैयार हो पाएँगे।

कविता शिक्षण में सहगामी क्रियाएँ

कविता शिक्षण के विशिष्ट व्यावहारिक उद्देश्यों में कविता विशेष के अर्थ, भाव, रस, छन्द, अलंकारादि से परिचय के साथ ही उदात्त भावों, मानवीय सम्वेदनाओं और आनन्दानुभूति के विकास को भी शामिल किया जाता है। ये लक्ष्य काफी गहन व व्यापक हैं। कक्षागत प्रयासों और पाठ्यक्रम में संकलित कविताओं व काव्यांशों के शिक्षण मात्र से उनकी उपलब्धि सम्भव नहीं हो सकती। इसलिए शिक्षक को कुछ शिक्षण सहगामी क्रियाओं का आयोजन करके काव्य के चरम लक्ष्यों की साधना का प्रयास करना चाहिए। इनमें से कुछ का उल्लेख यहाँ किया जा रहा है–

कविता की प्रस्तुति के अवसर उपलब्ध कराना

शिक्षक का दायित्व है कि वह कक्षा में कविता शिक्षण के दौरान उचित रीति से यानि उपयुक्त भाव, रस, छन्द, आरोह-अवरोह और विरामपूर्वक काव्यपाठ प्रस्तुत करे। इससे विद्यार्थियों की कविता के प्रति रुचि जागृत होगी और वे स्वयं भी उचित रीति से काव्यपाठ में प्रवीण हो पाएँगे। इससे उनमें काव्यपाठ के आस्वाद और स्वयं कविता पाठ करने की रुचि विकसित होगी। ऐसा होने पर विद्यार्थियों को कक्षा में पढ़ी गई या संकलित की गई कविता के प्ररतुतिकरण के लिए अवसर प्रदान किया जाना चाहिए। कविता की प्रकृति के अनुसार एक या दो छात्रों अथवा छात्र-समूह को प्रार्थना-सभा, बाल-सभा, बाल-कवि सम्मेलन या काव्य-पाठ प्रतियोगिता में कविता के प्रस्तुतिकरण का अवसर उपलब्ध कराया जा सकता है। ऐसे अवसरों पर काव्य-पाठ के उपरान्त भाव-कथन अथवा कविता के अन्तर्भूत सन्देश पर चर्चा की व्यवस्था भी की जा सकती है।

बाल कवि सम्मेलन

कविता शिक्षण यदि प्रभावी और रसपूर्ण हो तो विद्यार्थियों में काव्य सृजन की प्रवृत्ति पनपना कोई आश्चर्यजनक बात नहीं है। वैसे भी सौ में से साठ बच्चों में अपनी बातों को तुकांत पद्यों में कहने, प्रचलित गीतों व कविताओं को तोड़-मरोड़कर या मिला-जुला कर प्रस्तुत करने, शब्द व भाव परिवर्तित करके बोलने और आपस में कच्ची-पक्की शायरी की प्रवृत्ति तो मौजूद रहती ही है। शिक्षक के प्रोत्साहन और मार्गदर्शन से इस प्रवृत्ति को विकसित और परिपक्व किया जा सकता है।

इस भाव भूमि में शिक्षक यदि अपनी ओर से उत्साहवर्धन, परामर्श, दिशा-निर्देशन, जाँच व अशुद्धि संशोधन के रूप में थोड़ा सा प्रयास करे तो विद्यार्थी प्रस्तुति योग्य कविताओं की रचना में समर्थ हो सकते हैं। ऐसी कविताओं की समीक्षा और अपेक्षित बदलाव के साथ विद्यार्थियों को विद्यालय स्तर पर आयोजित कवि सम्मेलन में मंच से कविता पाठ का अवसर उपलब्ध कराया जा सकता है। ऐसे अवसरों का उपयोग विद्यार्थी अपनी कविताओं के प्रस्तुतिकरण द्वारा आत्मसन्तोष पाने, विश्वास तथा उत्साह अर्जन के साथ ही अन्य कवियों की रचनाओं के आस्वादन, प्रशंसा, आलोचना और तुलना से अपनी कविता में सुधार के लिए भी कर सकते हैं।

कवियों से साक्षात्कार

अपने प्रशंसकों और विशेष रूप से युवा पाठकों से बातचीत किसी भी कवि के लिए सन्तोष और आनन्द का अविस्मरणीय अवसर होता है। कविगण ऐसे अवसरों के लिए न केवल तैयार अपितु उत्सुक भी रहते हैं। इस प्रवृत्ति क़ा सदुपयोग करते हुए अध्यापकों को अपने परिचित कवियों या संभव हो तो क्षेत्र के विख्यात कवियों को विद्यालय में आमन्त्रित करने का प्रयास करना चाहिए। ऐसे अवसरों पर शिक्षक माध्यमिक से लेकर वरिष्ठ माध्यमिक वर्ग तक की सभी कक्षाओं के भाषा विद्यार्थियों, शिक्षकों व प्रधानाचार्य को आमन्त्रित कर सकते हैं। सम्भव हो तो शिक्षा विभाग के उच्चाधिकारियों से भी इस अवसर पर उपस्थित होने का निवेदन किया जा सकता है।

समारोह के सर्वप्रथम आमन्त्रित कवि का माल्यार्पण या भेंट के माध्यम से सम्मान किया जाए। तदुपरान्त वरिष्ठ शिक्षक अथवा प्रधानाचार्य द्वारा कवि महोदय का विस्तृत परिचय दिया जाए। परिचय के अन्तर्गत कवि के संक्षिप्त जीवनवृत्त, शिक्षा-दीक्षा, वृत्ति, रचनाओं का विवरण और उनकी विशेषता इत्यादि का विवरण प्रस्तुत किया जा सकता है। तदुपरान्त कवि महाशय को अपनी उपयुक्त रचनाओं की प्रस्तुति का अवसर दिया जाए। सम्भव हो तो इस अवसर पर कवि महोदय द्वारा पढ़ी जाने वाली कविताओं का चयन पहले ही किया जा सकता है। कविता के साथ उनकी भावभूमि, अनुभव और विचारों की प्रस्तुति कविताओं के बेहतर भाव-बोध और चिरस्मरण को सम्भव करने में उपयोगी हैं। अन्त में विद्यार्थियों को उनसे साक्षात्कार अथवा प्रश्नोत्तर का अवसर दिया जा सकता है। इस गतिविधि को यदि ध्वन्यांकित (रिकॉर्ड) किया जा सके तो कविता शिक्षण की भावी कक्षाओं में उपयोग के लिए सहायक सामग्री की व्यवस्था हो सकती है।

काव्य स्पर्धाएँ

स्पर्धा किसी भी व्यक्ति और विशेष तौर पर विद्यार्थियों में उत्साह, उल्लास और विजयाकांक्षा का भाव जागृत करती है, जिससे वह अपनी क्षमताओं के सदुपयोग हेतु प्रवृत्त होते हैं। प्रतियोगिता में पुरस्कार या प्रशंसनीय स्थान पाने के लिए विद्यार्थी अपनी सामान्य क्षमता से अधिक श्रम और अवधान से तैयारी व अभ्यास करते हैं। इससे उनके ज्ञान और कौशल का आधार विकसित होता है। इन तथ्यों को ध्यान में रखकर भाषा अध्यापक विद्यार्थियों को काव्य के अन्यान्य तत्त्वों में प्रवीण करने के लिए विविध स्तर की काव्य स्पर्धाओं का आयोजन कर सकते हैं।

काव्य स्पर्धाएँ उपलब्ध समय, आवश्यकता और विद्यार्थियों की क्षमता के अनुरूप अनेक प्रकार और स्तरों की हो सकती हैं। इनमें स्वरचित कविता स्पर्धा, संकलित कविता पाठ, गीत प्रस्तुति, छन्दोबद्ध कविता पाठ, नई या छन्दमुक्त कविता का

प्रभावी पाठ करना जैसे विकल्प उपलब्ध हैं। इनमें से सबसे रोचक और विख्यात है—अन्त्याक्षरी; जिसके लिए विद्यार्थी जोश और उल्लास के साथ तैयारी करते हैं। इस प्रतियोगिता के लिए वे सैंकड़ों दोहे, चौपाइयाँ और काव्यांश अनायास ही याद कर लेते हैं। अन्त्याक्षरी की सबसे बड़ी विशेषता सहभागियों के साथ श्रोताओं में व्याप्त होने वाला उत्साह और रोमांच है।

इसी प्रकार कक्षा के स्तर पर शब्दार्थ और भावार्थ स्पर्धा का आयोजन किया जा सकता है जो कविता शिक्षण के उपरान्त उसके भाव स्पष्टीकरण में विद्यार्थियों की सहभागिता को बढ़ाने में अत्यन्त उपयोगी है। यद्यपि यह स्पर्धा अपेक्षाकृत गम्भीर किस्म की प्रतियोगिता है किन्तु इसकी उपयोगिता को किसी भी प्रकार कम करके नहीं आँका जाना चाहिए। इसके अन्तर्गत एक पक्ष दोहे, कविता, चौपाई या काव्यांश का प्रस्तुतिकरण करता है, जबकि अन्य पक्ष से अपेक्षा होती है कि वह उसका शब्दार्थ अथवा भावार्थ प्रस्तुत करे।

एक अन्य प्रकार की प्रतियोगिता है—दिए गए विषय पर कविता की प्रस्तुति। इसके आयोजन के लिए दो, तीन या चार दलों का गठन किया जाता है। संचालक के सामने एक डिब्बे में कविता, दोहे, चौपाई इत्यादि की आरम्भिक पंक्तियाँ लिखीं पट्टिकाएँ (पर्चियाँ) रखी जाती हैं। जिस दल के लिए उठाई गई पट्टिका में जो पंक्तियाँ लिखी होती हैं वह उन्हें पूरा करके सुनाने का प्रयास करता है। बड़ी कक्षाओं में यही स्पर्धा विभिन्न कवियों की पद्य रचनाओं के प्रस्तुतिकरण के लिए आयोजित की जा सकती है।

इस प्रकार के आयोजनों द्वारा कविता शिक्षण के लक्ष्यों को वस्तुतः प्राप्त करना सरल हो जाता है। विद्यार्थियों के लिए कविता को आनन्दप्रद बनाने, उसके मूलभाव से परिचित होने और काव्य सृजन की क्षमता अर्जित करने में इन आयोजनों की भूमिका अत्यन्त उपयोगी हो सकती है। इसके अतिरिक्त भी ये आयोजन विद्यार्थियों को बहुविध अनुभव उपलब्ध कराकर उनके व्यक्तित्व को समृद्धतर और उदात्त बनाने में सहायक होते हैं।

पद्य की पाठयोजना का प्रारूप

दिनांक ....

नाम ....

अनुक्रमांक ....

कक्षा—आठवीं

विषय—हिन्दी (कविता)

उपविषय—तब याद तुम्हारी आती है।

विशिष्ट व्यावहारिक उद्‌देश्य—

प्रकरण की समाप्ति पर विद्यार्थी—

- कविता के कवि और प्रतिपाद्य विषय का परिचय देते हैं।
- शुद्ध उच्चारण और उचित लय-ताल पूर्वक काव्यपाठ करते हैं।
- कविता में प्रयुक्त गूढ़ शब्दों के अर्थ स्पष्ट करते हैं।
- कविता के पद्यों के सरलार्थ और भावार्थ प्रस्तुत करते हैं।

अनुमानित पूर्व ज्ञान—

विद्यार्थियों ने कवि रामनरेश त्रिपाठी द्वारा रचित कविता 'सत्कर्तव्य' का अध्ययन किया है और वे जानते हैं कि कवि भक्तिपरक कविताओं की रचना में निपुण है।

पूर्व ज्ञान परीक्षण—

छात्राध्यापक क्रिया	विद्यार्थी क्रिया।
छात्राध्यापक प्रश्न करता है—	विद्यार्थियों के सम्भावित उत्तर—
'सत्कर्तव्य' कविता के कवि का नाम क्या है?	इस कविता के कवि का नाम श्री रामनरेश त्रिपाठी है।

इस कविता का केन्द्रीय भाव क्या है?	यह कविता ईश्वर की सच्ची भक्ति का परिचय देती है।
श्री रामनरेश त्रिपाठी द्वारा रचित किसी अन्य भक्तिपरक कविता का नाम बताइए।	विद्यार्थी निरुत्तर रहते हैं।

उद्देश्य कथन—कवि द्वारा रचित एक भक्ति कविता का शीर्षक है—तब याद तुम्हारी आती है। इस कविता में उन्होंने प्रकृति के अन्यान्य दृश्यों के माध्यम से ईश्वर का गुणगान किया है। आज हम इस कविता के अध्ययन द्वारा जानेंगे कि कवि को किन दृश्यों और घटनाओं के माध्यम से ईश्वर की याद आती है।

शिक्षण बिन्दु	व्यावहारिक उद्देश्य	अध्यापक क्रिया
कवि का सामान्य परिचय।	विद्यार्थी कवि के जन्म स्थान, रचनाओं के नाम और उनके प्रतिपाद्य विषय बताते हैं।	छात्राध्यापक कवि रामनरेश त्रिपाठी का सामान्य परिचय प्रस्तुत करता है और प्रमुख तथ्यों को श्यामपट्ट पर लिखता है— हिन्दी के समर्थ कवि श्री रामनरेश त्रिपाठी का जन्म सन् 1889 में उत्तरप्रदेश के सुलतानपुर ज़िले के गाँव कोइरीपुर में एक साधारण किसान परिवार में हुआ। देश और ईश्वरभक्ति के भाव उनके व्यक्तित्व में समाए हुए थे। उनके तीनों खण्ड काव्यों—मिलन (1918), पथिक (1921) और मानसी (1927) की अधिकांश कविताएँ इन्हीं भावों से परिपूर्ण हैं। छात्राध्यापक बोध प्रश्नों द्वारा विद्यार्थियों के अधिगम की परीक्षा करता है— • श्री त्रिपाठी का जन्म कब और कहाँ हुआ? • उन्होंने कितने खण्डकाव्य लिखे? • श्री त्रिपाठी द्वारा लिखित खण्डकाव्यों के नाम बताइए।
कविता का आदर्श पाठ। "जब बहुत सुबह...याद तुम्हारी आती है।	विद्यार्थी छात्राध्यापक के साथ-साथ उचित गति, स्वर, भाव, शुद्ध उच्चारण और लय पूर्वक कविता का मौन पाठ करते हैं।	छात्राध्यापक उचित गति, स्वर, भाव, लय-ताल, शुद्ध उच्चारण और हाव-भाव पूर्वक कविता का पाठ करता है।
कविता का प्रथम अनुकरण पाठ।		छात्राध्यापक विद्यार्थियों को छोटे समूहों में कविता के एक-एक पद्य के पाठ का निर्देश देता है और आवश्यकता होने पर उच्चारण या छन्द में सुधार के लिए निर्देश देता है।
कविता में प्रयुक्त कठिन शब्दों का अर्थज्ञान।	विद्यार्थी छात्राध्यापक के निर्देशानुसार कविता का शुद्ध उच्चारण, यथोचित लय-ताल और हाव-भावपूर्वक कविता का पाठ करते हैं। विद्यार्थी कठिन शब्दों के अर्थ स्पष्ट करते हैं।	छात्राध्यापक निर्दिष्ट विधियों द्वारा कठिन शब्दों के अर्थ स्पष्ट करते हैं— झुरमुट—चित्र दिखाकर सिरजनहार—तद्भव शब्द (सृजन) के माध्यम से। ढोकर—क्रिया करके या चित्र दिखाकर। महफिल—गुणधर्म बताकर (कुछ लोगों द्वारा एक साथ बैठकर मनोरंजन करना) या हिन्दी रूपान्तर बताकर।

शिक्षण बिन्दु	व्यावहारिक उद्‌देश्य	अध्यापक क्रिया
कविता के प्रथम दो पद्यों का सरलार्थ।	कठिन शब्द— झुरमुट, सिरजनहार, ढोकर, और महफिल।	छात्राध्यापक विद्यार्थियों को कविता के प्रथम दो पद्यों का सरलार्थ करने का निर्देश देता है और अशुद्धियों का निराकरण करता है—
	विद्यार्थी कविता के प्रथम दो पद्यों का सरलार्थ करते हैं।	सुबह जब चिड़ियाँ चहचहाती हैं, पौधों और पेड़ों की कलियाँ खिलने लगती हैं और उनसे उठती खुशबू सब ओर फैलती है तो कवि को जग की रचना करने वाले परमात्मा की याद आती है। जब आकाश में बादल छाते हैं, बिजली चमकती है, ठण्डी हवा बहती है और मदमस्त पशु-पक्षी झूमने लगते हैं तब कवि का मन ईश्वर की याद में मग्न हो जाता है।
कविता के प्रथम दो पद्यों का भावार्थ।	विद्यार्थी कविता के प्रथम दो पद्यों का भावार्थ स्पष्ट करते हैं।	छात्राध्यापक विद्यार्थियों को कविता का भाव स्पष्ट करने हेतु प्रेरित करता है—कवि मानता है कि सारा संसार और इसकी गतिविधियाँ ईश्वर की महिमा का फैलाव है। इसलिए आनन्दप्रद गतिविधियों को देखकर उसके मन में ईश्वर के प्रति आभार के विचार आते हैं। इस कविता के माध्यम से कवि ने इन भावों को अभिव्यक्त किया है।

विद्यार्थी क्रिया	शिक्षण उपकरण	श्यामपट्ट कार्य
विद्यार्थी छात्राध्यापक द्वारा बताए गए विवरण को सुनते हैं और उसके मुख्य बिन्दुओं को अपनी अभ्यास पुस्तिका में लिखते हैं।	फ्लैश कार्ड—1 उत्तरप्रदेश के सुलतानपुर ज़िले के कोइरीपुर गाँव में 1889 में जन्म। फ्लैश कार्ड—2 तीन खण्ड काव्य—मिलन (1918), पथिक (1921) और मानसी (1927)	कविता तब याद तुम्हारी आती है। कवि—श्री रामनरेश त्रिपाठी जन्म—1889 में उत्तरप्रदेश के सुलतानपुर ज़िले के कोइरीपुर गाँव में
विद्यार्थी बोध प्रश्नों के उत्तर देते हैं— श्री रामनरेश त्रिपाठी का जन्म सन् 1889 में कोइरीपुर गाँव में हुआ। श्री त्रिपाठी ने तीन खण्डकाव्य लिखे। श्री त्रिपाठी द्वारा लिखित खण्डकाव्यों के नाम हैं—मिलन, पथिक और मानसी।		देश और ईश्वर के प्रति अनुरक्त तीन खण्ड काव्यों की रचना— मिलन (1918), पथिक (1921) मानसी (1927)

(*क्रमशः*)

शिक्षण बिन्दु	व्यावहारिक उद्देश्य	श्यामपट्ट कार्य
विद्यार्थी छात्राध्यापक द्वारा पठित कविता का श्रवण करते हुए स्वयं भी मौन पाठ करते हैं। विद्यार्थी छात्राध्यापक के निर्देशानुसार कविता का शुद्ध उच्चारण, लय-ताल और हाव-भावपूर्वक पाठ करते हैं। विद्यार्थी छात्राध्यापक के साथ सक्रिय अन्तर्क्रिया द्वारा कठिन शब्दों के अर्थ ज्ञात करते हैं।		झुरमुट शब्द का अपने वाक्य में प्रयोग कीजिए। सिरजन का तद्भव बताइए। (1) 'विद्यार्थी अपनी पुस्तकें ढोता है' और (2) 'श्रमिक ईंटें ढोकर छत पर ले गया' इनमें से कौन सा वाक्य सही है। महफिल—शब्द का हिन्दी रूपान्तर क्या है? झुरमुट—झुण्ड सिरजनहार—रचना करने वाला ढोकर—बोझ उठाकर ले जाना महफिल—गोष्ठी

शिक्षण बिन्दु	व्यावहारिक उद्देश्य	अध्यापक क्रिया
विद्यार्थियों के अधिगम की परीक्षा।	विद्यार्थी छात्राध्यापक द्वारा पूछे गए ज्ञान व बोध प्रश्नों के उत्तर देते हैं।	आपको किन स्थितियों में उस रचनाकार की महत्ता का आभास होता है? छात्राध्यापक बोध प्रश्नों द्वारा विद्यार्थियों के अधिगम की परीक्षा करता है— • प्रथम पद्य में दिन के किस समय का वर्णन है? • हवा में ठण्डक कहाँ से आती है?
कविता के शेष दो पद्यों का सरलार्थ।	विद्यार्थी कविता के शेष दो पद्यों का सरलार्थ करते हैं।	कविता के प्रथम पद्य का सरलार्थ कीजिए। कविता के दूसरे पद्य में किन भावों को व्यक्त किया गया है?
बोध-परीक्षण।	विद्यार्थी बोध प्रश्नों के उत्तर देते हैं।	छात्राध्यापक विद्यार्थियों को कविता के शेष दो पद्यों का सरलार्थ करने का निर्देश देता है और फिर स्वयं सरलार्थ का शुद्ध रूप प्रस्तुत करता है। रात को आकाश में फैले असंख्य तारे, चमकता चाँद, उसकी दूधिया चाँदनी और सुबह घास पर चमकती ओस की बूँदें कवि को ईश्वर की भक्ति में डुबा देती हैं। इसी तरह झर-झर करते झरनों का सौन्दर्य, जीवनदायी नदियों का सागर मिलन और ज्वार की विशाल लहरों को देखकर भी वह ईश्वर को याद करता है।
कविता का द्वितीय आदर्श पाठ।	विद्यार्थी छात्राध्यापक के साथ मिलकर शुद्ध उच्चारण और विधिपूर्वक कविता का पाठ करते हैं।	छात्राध्यापक विद्यार्थियों द्वारा अधिगत ज्ञान व बोध की परीक्षा के लिए प्रश्न पूछता है— दिशाओं के धुलने का क्या तात्पर्य है? कवि ने चमकीले मोती किन्हें कहा है? नदियों द्वारा देश-देश की बातें सागर से जाकर कहने का क्या अर्थ है? कवि को प्रकृति के किन दृश्यों से सृष्टिकर्ता की याद आती है? क्या आपको भी प्रकृति के किन्हीं दृश्यों को देखकर ईश्वर की याद आती है? छात्राध्यापक विद्यार्थियों के साथ-साथ शुद्ध उच्चारण और उचित हाव-भाव पूर्वक कविता का पाठ करता है।

विद्यार्थी क्रिया	शिक्षण उपकरण	श्यामपट्ट कार्य
विद्यार्थी बताते हैं—कवि को चिड़ियों के चहचहाने, कलियों के खिलने और उनकी खुशबू से ईश्वर की याद आती है। इसी तरह जब वह आकाश के बादल, उनमें चमकती बिजली और ठण्डी हवा का अनुभव करता है तब भी उसे परमात्मा की याद आती है।	चार्ट तब याद तुम्हारी आती है। जब बहुत सुबह चिड़ियाँ उठकर, कुछ गीत खुशी के गाती हैं। कलियाँ दरवाज़े खोल-खोल, जब झुरमुट से मुस्काती हैं। खुशबू की लहरें जब घर से, बाहर आ दौड़ लगाती हैं। हे जग के सिरजनहार प्रभो! तब याद तुम्हारी आती है। जब छम-छम बूँदें गिरती हैं, बिजली चम-चम कर जाती है। मैदानों में, वन-बागों में, जब हरियाली लहराती है। जब ठण्डी-ठण्डी हवा कहीं से, मस्ती ढोकर लाती है। हे जग के सिरजनहार प्रभो! तब याद तुम्हारी आती है।	प्रथम पद्य में दिन के किस समय का वर्णन है? हवा में ठण्डक कहाँ से आती है?
विद्यार्थी बताते हैं कि कविता में भक्ति के भाव व्यक्त किए गए है। वे अपने अनुभव से कुछ अन्य गतिविधियों का उल्लेख करते हैं जो ईश्वर की याद दिलाती है। विद्यार्थी बोध प्रश्नों के उत्तर देते हैं— प्रथम पद्य में प्रातः काल की गतिविधियों का वर्णन किया गया है। आकाश के बादलों और वर्षा के माहौल के कारण हवा में ठण्डक आ जाती है। विद्यार्थी पद्यों का सरलार्थ करते हैं—कवि को चाँद, तारों, ओस की बूँदों, झरनों, नदियों और सागर को देखकर ईश्वर की याद सताती है।	चुपचाप चमकते तारों की, महफिल जब रात सजाती है। जब चाँद शान से उगता है, और दिशा-दिशा घुल जाती है। जब ओस रूप में हरी घास, चमकीले मोती पाती है। हे जग के सिरजनहार प्रभो! तब याद तुम्हारी आती है। झरने जब झर-झर करते हैं, नदियाँ मस्ती में बहती हैं। जब देश-देश की बातें वे, सागर से जाकर कहती हैं। जब उतर चाँदनी ऊपर से, सागर से ज्वार उठाती हैं। हे जग के सिरजनहार प्रभो! तब याद तुम्हारी आती है।	दिशाओं के धुलने का क्या तात्पर्य है? कवि ने चमकीले मोती किन्हें कहा है? नदियों द्वारा देश-देश की बातें सागर से जाकर कहने का क्या अर्थ है?
विद्यार्थी छात्राध्यापक द्वारा पूछे गए प्रश्नों के उत्तर देते हैं— • सब ओर स्वच्छ चाँदनी छा जाना। • सुबह घास पर टिकीं ओस की बूँदों को। नदियाँ जब सागर में मिलती हैं तो वे रास्ते में अर्जित सब पदार्थ उसमें उड़ेल देती हैं। विद्यार्थी छात्राध्यापक के साथ स्वयं भी कविता का पाठ करते हैं।		• गृहकार्य निम्नलिखित प्रश्नों के उत्तर दीजिए— 1. कविता 'जब याद तुम्हारी आती है' को कण्ठस्थ कीजिए। 2. कविता में प्रस्तुत दृश्यों के अनुरूप तीन अन्य दृश्यों का निरूपण कीजिए। 3. कविता का भावार्थ लिखिए। 'ढोकर', और 'महफिल' शब्दों का अपने वाक्यों में प्रयोग कीजिए।

पुनरावृत्ति–आज हमने कविवर रामनरेश त्रिपाठी द्वारा रचित 'जब याद तुम्हारी आती है' नामक कविता का अध्ययन किया। इसमें कवि ने प्रकृति के विविध दृश्यों, गतिविधियों और घटनाओं के माध्यम से परमात्मा की महिमा का गुणगान किया है। कविता अपारम्परिक छन्द में निबद्ध है किन्तु गीतमय है।

मूल्यांकन–छात्राध्यापक विद्यार्थियों से निम्नलिखित प्रश्न पूछता है–

- कविता के कवि और प्रतिपाद्य विषय का परिचय दीजिए।
- झुरमुट और सिरजनहार शब्दों के अर्थ स्पष्ट करके अपने वाक्यों में प्रयोग कीजिए।
- कविता के प्रथम दो पद्यों का सरलार्थ कीजिए।

गृहकार्य–निम्नलिखित प्रश्नों के उत्तर दीजिए–

- कविता को 'जब याद तुम्हारी आती है' को कण्ठस्थ कीजिए।
- कविता में प्रस्तुत दृश्यों के अनुरूप तीन अन्य दृश्यों का निरूपण कीजिए।

प्रश्न

1. कविता शिक्षण के सामान्य उद्देश्यों की सूची बनाइए।
2. रस-पाठ एवं बोध-पाठ में अन्तर स्पष्ट कीजिए।
3. विद्यार्थियों में काव्य सृजन के प्रति रुचि जागृत करने के लिए शिक्षक के स्तर पर क्या प्रयास किए जा सकते हैं।
4. काव्यगत सौन्दर्य के चार प्रमुख स्तरों का परिचय दीजिए।
5. काव्य स्पर्धाओं के आयोजन से विद्यार्थियों में कविता के प्रति रुचि जागृत करने में कैसे मदद मिलती है?
6. मूर्धन्य काव्य आलोचकों द्वारा प्रस्तुत परिभाषाओं के आधार पर कविता का स्वरूप स्पष्ट कीजिए।
7. भाषा-शिक्षण में कविता शिक्षण के उद्देश्य एवं महत्त्व का विवेचन कीजिए।
8. कविता शिक्षण की प्रमुख विधियों का परिचय दीजिए। इन विधियों की उपयोगिता और विशेषताओं का सोदाहरण उल्लेख कीजिए।
9. माध्यमिक कक्षाओं में कविता शिक्षण के लिए किन सोपानों का अनुपालन किया जाता है। इन सोपानों के अन्तर्गत संचालित की जाने वाली गतिविधियों का सविस्तार वर्णन कीजिए।
10. कविता शिक्षण को अधिक रुचिकर और आनन्दप्रद बनाने के लिए आयोजित की जा सकने वाली पाठ्य सहगामी क्रियाओं की आयोजन विधि का परिचय दीजिए।

19 गद्य शिक्षण प्रविधि

प्रकरण का उद्देश्य

साहित्य के इतिहास की दृष्टि से गद्य साहित्य का उद्भव निश्चित तौर पर पद्य के बाद हुआ लेकिन विधाओं और प्रचलन की दृष्टि से आज यह साहित्य काव्य साहित्य की अपेक्षा कहीं अधिक व्यापक और प्रचलित है। इसके माध्यम से पद्य की अपेक्षा अधिक विविधतापूर्ण और गहन सूचनाओं, विवरणों आदि का सम्प्रेषण किया जा सकता है। यही कारण है कि भारत में स्वतन्त्रता आन्दोलन के साथ पनपा गद्य साहित्य आज मात्रा और विविधता की दृष्टि से पद्य साहित्य से कहीं आगे आ निकला है। यह केवल मनोरंजन और भावतृप्ति का ही माध्यम नहीं है अपितु व्यक्ति, समाज और देश के अन्यान्य आयामों तक भी छा गया है। गद्य साहित्य के इस महत्त्व को देखते हुए इसके शिक्षण की अन्यान्य विधियों का परिचय इस अध्याय में दिया गया है। इनके ज्ञान और प्रयोग से शिक्षकों को अधिगम उद्देश्यों के अधिगम में निश्चित तौर पर सहायता प्राप्त होगी।

गद्य शब्द की व्युत्पत्ति संस्कृत कीं गद् धातु से हुई है जिसका अभिप्राय है—स्पष्ट कथन। अंग्रेज़ी शब्दकोश में गद्य के पर्याय Prose की परिभाषा में भी ऐसा ही भाव प्रस्तुत किया गया है। तदनुसार प्रोज़ का अर्थ है— strait dilect and unadorned speech, without meter or rhyme अर्थात् जो बात सीधे, बिना तुक मिलाए, शब्दों में हेर-फेर किए और सजाए-सँवारे बिना प्रस्तुत की जाए वह गद्य है। पाश्चात्य विद्वान हरबर्ट रीड ने गद्य और काव्य का भेद स्पष्ट करते हुए अपनी पुस्तक English Prose Style में लिखा है—"कविता सृजनात्मक अभिव्यक्ति है जबकि गद्य निर्माणात्मक अभिव्यक्ति है।"

> "Poem is creative expression though prose is constructive expression" —Harbart Reed

दूसरे शब्दों में पद्य को स्वतः स्फूर्त और गद्य को सायास सृजन भी कहा जा सकता है। इसी प्रकार उर्दू शायरी के जानकारों ने गद्य को नज़्म या गीत से विपरीत रचना विधा कहा है। इन उल्लेखों से स्पष्ट है कि गद्य छन्द (गेयता) और तुक अर्थात् शब्द सादृश्य से मुक्त रचना है। जिसमें किसी बात, तथ्य, सूचना, विचार इत्यादि को सहज, सरल और बोधगम्य रीति से प्रस्तुत किया जाता है।

यद्यपि गद्य रचना बोध और सृजन की दृष्टि से पद्य की अपेक्षा सरल और सहज जान पड़ती है किन्तु प्रामाणिक सत्य यही है कि साहित्य की बिसात पर पद्य का पदार्पण गद्य की अपेक्षा कहीं पहले हो चुका था। इसके अनेक जाने-अनजाने कारण हो सकते हैं। लेकिन दो बातें जो विशेष रूप से उल्लेखनीय हैं और जिनसे यह प्रमाणित होता है कि सहज, सरल होने पर भी गद्य रचना अपेक्षाकृत अधिक चुनौतीपूर्ण होती हैं। पहली बात कि पद्य स्वतः रस पूरित है, आस्वाद्य है, उसके भीतर में रस, छन्द और अलंकार जैसे तत्त्वों का आनन्द समाया होता है इसलिए वह स्वतः जनप्रिय हो जाता है। लेकिन गद्य में इन्हीं गुणों का समावेश बड़ी साधना और परिश्रम से हो पाता है। दूसरी बात पद्य रचना आरम्भ से ही अनेक कसौटियों

में निबद्ध रही है जो उसके स्वरूप को मानकता और स्वीकार्यता प्रदान करती हैं। जबकि गद्य के रचनाकार के लिए अपनी रचना को मान्य और स्वीकार्य बनाने के लिए शब्द, शैली, कथ्य और प्रस्तुतिकरण के स्तरों पर पर्याप्त श्रम करना होता है। शायद इन्हीं तथ्यों के प्रकाश में महाकवि बाण भट्ट ने गद्य को कवियों की कसौटी माना है–''गद्यं कवीनां निकषं वदन्ति''

जिस प्रकार रस, छन्द, भाव और सुर-लहर कविता को आस्वाद्य बनाते हैं उसी प्रकार गद्य को सर्वस्वीकार्य और हृदयहारी बनाने के लिए कुछ गुणों का समावेश अनिवार्य है। इन गुणों में शुद्ध, मानक, सटीक और व्याकरणसम्मत भाषा का स्थान सर्वोपरि है। भाषा का चयन वर्ण्य विषय के अनुरूप होना चाहिए ताकि कथ्य प्रभावशाली और स्वाभाविक प्रतीत हो। भाषा के साथ-साथ विचारों की क्रमबद्धता भी रचना को तार्किक, आस्वाद्य और ग्राह्य बनाती है। घटनाओं की क्रमबद्धता और गतिमयता पाठकों की रुचि और जिज्ञासा को बनाए रखने के लिए उपयोगी है। गद्य का अनुशीलन पाठकों को विचार और अनुभव स्थापित करने में सहायता करता है। इसका प्रमुख कारण गद्य रचनाओं की सर्वांगसम्पूर्णता और गहनता है। न केवल निबन्ध और व्याख्या जैसे गम्भीर अपितु कहानी और यात्रा विवरण जैसे हल्के प्रतीत होने वाले गद्य भी अपने अनुशीलकों को ज्ञान और अनुभव से समृद्ध करते हैं। इन गुणों से पूरित गद्य; लेखक और पाठक दोनों को परितृप्त और आनन्दित करता है।

गद्य शिक्षण की उपयोगिता

वर्तमान युग में ज्ञान-विज्ञान, तथ्य, सूचना, आंकड़ों, घटनाओं, वर्णनों इत्यादि का महत्त्व सर्वस्वीकृत है। किसी भी विषय के परिचय, व्याख्या, विस्तार और ज्ञान के लिए लिखी गई सामग्री केवल और केवल गद्य रूप में ही उपलब्ध है। हालाँकि अतीत में राजनीति, व्यापार, समाज, कला-कौशल, विज्ञान और अध्यात्म जैसे सभी विषयों पर संस्कृत में पद्यात्मक रचनाएँ की जाती रहीं किन्तु आज दुनिया भर में इस किस्म का कोई प्रचलन नहीं है। इसलिए विद्यार्थियों को गद्य रचनाओं को द्रुत गति से पढ़ने, अर्थ-बोध और सारग्रहण की निपुणता अनिवार्य रूप से अर्जित करनी चाहिए।

आज विद्यार्थियों के पास समाचार-पत्र, पत्रिकाओं और भाषा पाठ्यपुस्तकों के अतिरिक्त अन्य विषयों की पुस्तकों, मनोरंजक साहित्य इत्यादि के रूप में जो भी सामग्री उपलब्ध है वह सब गद्यात्मक है। देश की समस्त राजनीतिक, सामाजिक, आर्थिक गतिविधियाँ, विधायिकाओं की चर्चा-परिचर्चाएँ, बातचीत, विचार-विमर्श और भाषण अनिवार्य रूप से गद्य शैली में होते हैं। उन्हें समझने, उनमें भाग लेने, प्रतिक्रिया और आलोचना के लिए गद्य की विधा पर अधिकार अनिवार्य है।

भाषा-शिक्षण के लक्ष्यभूत चारों कौशल–श्रवण, उच्चारण, पठन और लेखन मुख्य रूप से भाषा के गद्यात्मक पक्ष से सम्बन्धित हैं। इसका एक कारण तो यह है कि हम अपने व्यावहारिक जीवन की प्रायः सभी औपचारिक व अनौपचारिक गतिविधियाँ गद्यात्मक भाषा के माध्यम से ही करते हैं। दूसरी बात कि भाषाओं के अतिरिक्त जिन अन्य विषयों का अध्ययन विद्यालयों, महाविद्यालयों और अन्य संस्थानों में होता है उसका माध्यम भी गद्यात्मक ही होता है। इसी के साथ भाषाओं के पाठ्यक्रम में भी लगभग सत्तर प्रतिशत पाठ्य-सामग्री गद्य रूप में होती है। विद्यालयों में अधिगम मूल्यांकन की परीक्षाओं व परीक्षणों, सहगामी क्रियाओं और प्रतियोगिता जैसे आयोजनों में भाषा के गद्य रूप का प्रयोग होता है। इन गतिविधिओं में श्रवण, कथन, पठन और लेखन की क्रियाओं के माध्यम से भाषा कौशलों का अधिगम, अभ्यास और व्यवहार होता है।

इस प्रकार भाषा के अधिकांश व्यवहारों का माध्यम होने के कारण 'गद्य' जनसामान्य के लिए भाषा के अपर नाम जैसा है। भाषा के इस पक्ष पर अधिकार करके ही नेता, वकील, शिक्षक और दूसरे व्यवसायी अपने क्षेत्रों में सफलता और लोकप्रियता अर्जित करते हैं। कथ्य को तार्किक क्रम से, उपयुक्त शब्दावली, मोहक शैली, प्रभावपूर्ण स्वर और मुहावरे, उदाहरण, सूक्ति और सूत्रों में सराबोर करके प्रस्तुत करने वाला वक्ता लोगों के हृदय का स्वामी बन जाता है। इन कारणों से गद्य में प्रवीणता लाए बिना हिन्दी भाषा का ज्ञान अपूर्ण रहता है।

गद्य शिक्षण के सामान्य उद्देश्य

भाषा-शिक्षण के अन्तर्गत गद्य साहित्य की लगभग सभी विधाओं का शिक्षण होता है। इनमें कहानी, उपन्यास, जीवनी, आत्मकथा, नाटक, यात्रा विवरण, पत्र, रिपोर्ट, एकांकी, व्यंग्य, वार्तालाप, आलोचना, समीक्षा, ज्ञान-विज्ञान लेख इत्यादि का समावेश किया जाता है। इतनी विविधता के चलते गद्य शिक्षण के उद्देश्यों का दायरा काफी व्यापक होता है। इस विविधता को कम से कम दो खण्डों में विभक्त करके गद्य शिक्षण के उद्देश्य निर्धारण को ज्यादा से ज्यादा तार्किक बनाया जा सकता है। यह द्विभाजन कोई नई घटना नहीं है अपितु पारम्परिक रूप से स्वीकृत वर्गीकरण है। तदनुसार गद्य विधाओं को उनकी प्रकृति के आधार पर दो भागों में रखा जाता है। जिन गद्य विधाओं को समझ-बूझकर, विचारपूर्वक और व्याख्या करते हुए पढ़ा जाता है उन्हें सूक्ष्म अध्ययन खण्ड में रखा जाता है जबकि रुचि, जिज्ञासा, उत्तेजना, रोमांच और मनोरंजन प्रदान करने वाली रचनाओं को विस्तृत अध्ययन खण्ड में स्थान दिया जाता है। इस विभाजन को निम्नलिखित तालिका द्वारा समझा जा सकता है–

गद्य शिक्षण के प्रकार

सूक्ष्म अध्ययन	विस्तृत अध्ययन
अर्थ – पाठ्यवस्तु में वर्णित तथ्यों, सूचनाओं, सूत्रों, आंकड़ों, विवरणों, सिद्धान्तों इत्यादि को समझ-बूझकर व्याख्या सहित पढ़ना।	पाठ्यवस्तु का अनुभव करते हुए, उसके साथ सामंजस्य करके और कल्पनाशील होकर अध्ययन करना।
उद्देश्य – ज्ञान, विचार, बोध व सूचनाओं की प्राप्ति और संग्रह; जिससे मत स्थापन, विचार-विनिमय और ज्ञान का विकास हो। भाषा-ज्ञान, शब्दभण्डार व भाषा के सौन्दर्य की अनुभूति और इस प्रकार भाषा कौशलों के अधिगम में सहायता।	मनोरंजन, अनुभव और रोमांच प्राप्त करना, जिससे सुख, सन्तोष और आनन्द उपजता हो। जल्दी पढ़ने और अर्थ बोध के माध्यम से स्वाध्याय की प्रवृत्ति का विकास। भाषा के जीवन्त रूप से परिचय।
विधि – सामान्य गति से (शब्द दर शब्द) पढ़ना, प्रत्येक वाक्य में निहित शब्दों और उनके माध्यम से पूरे वाक्य के अन्तर्हित भाव को बूझना। कुछ रचनाओं के भाव को स्पष्ट करने के लिए सस्वर वाचन भी उपयोगी होता है।	मौन रहकर, तीव्र गति से घटनाओं को अनुभव करते हुए पढ़ना। इस विधि से शब्दों के अभिधार्थ को केन्द्र में रखा जाता है। मुख्य ध्यान घटना की दिशा अथवा परिस्थितियों पर केन्द्रित होता है।
रचनाएँ – इस प्रकार की विधा के लिए निबन्ध, ज्ञान-विज्ञान लेख, समीक्षा, आलोचना और व्याख्या को उपयुक्त समझा जाता है। इनमें भाषा अर्थात् विस्तार कम, तथ्य अधिक और भाव गहन पाए जाते हैं।	द्रुत पाठ की दृष्टि से कहानी, उपन्यास, यात्रा, विवरण, जीवनी, आत्मकथा, संस्मरण, रिपोर्ताज़, नाटक, एकांकी और व्यंग्य जैसी रचनाएँ ज्यादा उपयुक्त हैं। ये विधाएँ घटना प्रधान है जिनका सन्देश प्रायः पूरी रचना में व्याप्त होता है।

इस प्रकार के विभाजन के बावजूद गद्य शिक्षण के सामान्य उद्देश्यों को एक ही स्थान पर क्रमबद्ध किया जा सकता है। इसका प्रमुख कारण है कि सूक्ष्म और विस्तृत अध्ययन के अन्तर्गत समाहित होने वाली गद्य की समस्त विधाएँ विषय, उद्देश्य अैर कथ्यगत भिन्नता के बावजूद अन्ततः गद्य ही हैं। उनके अध्ययन से भाषा का प्रत्यक्ष-परोक्ष विकास और अभ्यास होता ही है। दूसरी बात कि उनकी विधागत भिन्नता के कारण अपेक्षित उद्देश्यगत बदलाव को विशिष्ट उद्देश्यों में समाहित किया जा सकता है। हिन्दी गद्य शिक्षण के ज्ञान, कौशल, रुचि और अभिवृत्यात्मक उद्देश्यों की सूची इस प्रकार है–

विद्यार्थियों को–

- मनोयोगपूर्वक सुनकर अर्थ व भाव ग्रहण करने योग्य बनाना।
- गद्यपाठ को उचित स्वर, गति, उच्चारण और भावपूर्वक पढ़ते हुए अर्थ ग्रहण करने योग्य बनाना।
- शब्द, सूक्ति, मुहावरे और लोकोक्तियों के सटीक प्रयोग में सक्षम करना।
- गद्य की विविध विधाओं की समीक्षा व आलोचना के योग्य बनाना।
- विविध गद्य विधाओं और उनकी विशेषताओं को पहचानने में सक्षम करना।
- पठित गद्य के भाव-ग्रहण के लिए निर्वचन, अर्थ-ग्रहण, व्याख्या, आलोचना, समीक्षा और तुलना जैसी प्रक्रियाओं के अनुपालन योग्य बनाना।
- गद्य रचनाओं में निहित घटनाओं, विवरणों और उद्धरणों का भाव समझने और उनका मनोविश्लेषण करने योग्य बनाना।
- गद्य रचनाओं के अनुशीलन द्वारा समाज, देश, संस्कृति, परम्परा व मान्यताओं को समझने योग्य बनाना।
- साहित्य के अध्ययन के प्रति रुचि जागृत करना।
- गद्य की अन्यान्य विधाओं में से अपनी पसन्द और वृत्ति के अनुकूल विधा के चयन में सहायता करना।
- सृजनात्मकता के विकास द्वारा रचना कार्य में प्रवृत्त करना।

प्रस्तुत उद्‌देश्यों को सामने रखकर गद्य शिक्षण को सफल और उपयोगी बनाया जा सकता है। गद्य के अध्येताओं को ज्ञान, विचार, अनुभव और आनन्द उपलब्ध कराना लेखकों और रचनाकारों का उद्‌देश्य और प्रयास होता है। इस उद्‌देश्य को सम्मुख रखते हुए वे उदात्त व उपयोगी भावों को सरल, सहज और सटीक शब्दावली के माध्यम से पाठकों को उपलब्ध कराते हैं। किन्तु विद्यार्थी जीवन में अध्येता प्रायः उतने परिपक्व नहीं होते कि साहित्य के माध्यम से भाषा ज्ञान के साथ-साथ उसके वास्तविक आनन्द का आस्वाद कर सकें। इसलिए शिक्षकों का दायित्व है कि वे साहित्य के माध्यम से भाषा विस्तार और आनन्द प्राप्ति के लिए विद्यार्थियों को सन्नद्ध करें।

गद्य शिक्षण की विधियाँ

विद्यालयों में गद्य शिक्षण के लिए पारम्परिक रूप से जो विधि अपनाई जाती है, वह शिक्षक केन्द्रित है और विद्यार्थियों को निष्क्रिय रखती है। शिक्षक स्वयं पुस्तक-पाठ करता है और कभी कुछ चुने हुए विद्यार्थियों से करा देता है। विद्यार्थी कभी मनोयोग से तो कभी अनमने होकर उस वाचन को सुनते हैं और फिर उन्हें छँटे हुए अभ्यास प्रश्न लिखवा दिए जाते हैं। कभी-कभी किसी योग्य विद्यार्थी को पाठ पढ़ने को कह दिया जाता है और अभ्यास प्रश्न गृहकार्य के रूप में दे दिए जाते हैं। इस प्रकार की विधियाँ गद्य शिक्षण को नीरस, निरर्थक और बोझिल बना रही हैं। गद्य के गंभीर और सोद्‌देश्य अनुशीलन से विद्यार्थियों के भाषा-ज्ञान, व्यक्तित्व, विचारों, अनुभूतियों और दृष्टिकोण को कितना स्पष्ट, उज्ज्वल और सक्रिय किया जा सकता है, इसका आभास मात्र भी परम्परागत शिक्षण प्रणाली में नहीं झलकता।

हिन्दी को सहज और सरल मानने की वृत्ति के चलते तमाम हिन्दी भाषी राज्यों और नागरिकों में ग़लत बोलने, लिखने के साथ ही सही रूप को जानने व प्रयोग करने के प्रति उदासीनता की वृत्ति घर कर चुकी है। विज्ञापनों, सूचनापट्टों, मार्ग-निर्देशपट्टों और विवरणिकाओं में वर्तनी की अनेक प्रकार की हास्यास्पद और अनर्थकारी ग़लतियाँ हिन्दी के अपमान जैसी हैं। सार्वजनिक रूप से इस समस्या के निवारण के लिए भाषा-शिक्षकों के प्रयास उपयोगी हो सकते हैं। हिन्दी शिक्षण की सभी विधियों में भाषा के सही और सटीक रूप को सुनने, बोलने, पढ़ने और लिखने का अभ्यास अनिवार्य रूप से शामिल है। ऐसा होने पर भी हिन्दी की यह दुर्गति भाषा-शिक्षकों के लिए सचेत होने की सूचना और चेतावनी है। इसलिए गद्य शिक्षण की उपयोगी और प्रभावकारी विधियों को जानना और अपनाना प्रत्येक भाषा शिक्षक का दायित्व है। इस दृष्टि से गद्य शिक्षण की कतिपय उपयोगी विधियों का उल्लेख यहाँ किया जा रहा है–

अर्थबोध विधि

अर्थबोध का तात्पर्य है पठित गद्यांश के अर्थ का ज्ञान कराने वाली शिक्षण पद्धति। इस पद्धति के अन्तर्गत शिक्षक पाठ्य-पुस्तक का भावपूर्ण वाचन करता है। भावपूर्वक पढ़ने से पाठ्यवस्तु में निहित अनेक नए और कठिन शब्दों के अर्थ स्वयमेव स्पष्ट हो जाते हैं। फिर भी यदि विद्यार्थी किन्हीं शब्दों के अर्थ समझने में कठिनाई अनुभव करते हैं तो शिक्षक पठित अनुच्छेद में प्रयुक्त कठिन शब्दों के अर्थ स्पष्ट करते हैं। इसके उपरान्त अनुच्छेद का भाव स्पष्ट किया जाता है।

अर्थबोध विधि का मूल्यांकन

यह विधि पूर्णरूपेण शिक्षक-केन्द्रित है। इसमें शिक्षक ही पाठ पढ़ता है, अर्थ स्पष्ट करता है और भाव प्रकाशित करता है। जबकि विद्यार्थी निष्क्रिय श्रोता बने रहते हैं। विद्यार्थियों को पाठ पढ़ने से लेकर अर्थ बोध तक किसी भी चरण में सहभागी नहीं बनाया जाता। इसलिए यह प्रणाली अमनोवैज्ञानिक तथा अपूर्ण मानी जाती है। इस प्रक्रिया से पढ़े विद्यार्थियों का भाषा-कौशलों पर अधिकार नहीं हो पाता। वे डिग्रीधारी तो होते हैं परन्तु शिक्षित नहीं। शिक्षक के विद्वान और निपुण होने पर भी इस विधि द्वारा विहित शिक्षण से विद्यार्थी ज्ञानवान और कुशल नहीं हो पाते। विद्यार्थियों की भूमिका नगण्य रहने के कारण इस शिक्षण विधि से शिक्षण अधिगम प्रक्रिया में सम्पूर्णता का अभाव रहता है।

व्याख्या विधि

व्याख्या का अर्थ है कथ्य अथवा पाठ्यवस्तु में निहित भाव या ज्ञान को स्पष्ट करना। यह विधि प्रायः वरिष्ठ कक्षाओं की पाठ्यपुस्तकों में निबद्ध गूढ भाव वाले पाठों के शिक्षण के लिए प्रयुक्त होती है। इस विधि में शिक्षक पाठ्यवस्तु का एक-एक अनुच्छेद करके भावपूर्ण वाचन करता है। फिर अनुच्छेद के अन्तर्गत प्रयुक्त कठिन शब्दों, परिभाषाओं, पौराणिक सन्दर्भों, सूत्रों इत्यादि के स्पष्टीकरण के लिए तर्कयुक्त व्याख्या करता है। इससे विद्यार्थियों को कथ्य के मूल-भाव से परिचित होने में सहायता मिलती है।

व्याख्या विधि का मूल्यांकन

प्रथमदृष्ट्या यह प्रणाली अर्थबोध विधि से श्रेष्ठतर मालूम पड़ती है; क्योंकि इसमें गद्य शिक्षण को खानापूर्ति या घास काटने की तरह निपटाने के प्रयास के स्थान पर पूरी तरह स्पष्ट और सुबोध बनाने का प्रयास किया जाता है। विद्यार्थियों की प्रकट व स्पष्ट जिज्ञासाओं व शंकाओं के समाधान का प्रयास किया जाता है। शब्दों के अर्थ व प्रसंगों की व्याख्या के लिए व्युत्पत्ति, विस्तार और कथा-प्रसंगों का प्रयोग किया जाता है। इन उपायों से विद्यार्थियों को कथ्य अथवा विषयवस्तु के मूलभाव को समझने में पर्याप्त सहायता मिल जाती है।

इतने गुणों के बावजूद जब मनोवैज्ञानिक दृष्टि से इस विधि का विश्लेषण किया जाता है तो एक दूसरी ही तस्वीर सामने आती है। कोई भी शिक्षण विधि जो विद्यार्थियों की सहभागिता, सक्रियता और प्रयास की उपेक्षा करती है; आदर्श विधि नहीं कही जा सकती। शिक्षक का दायित्व विद्यार्थियों के सम्मुख अपने ज्ञान व कौशल का प्रदर्शन न होकर, ज्ञान व अनुभव की प्राप्ति के लिए उनकी सहायता करना है। इस भूमिका में शिक्षक नेता और प्रवाचक से ज्यादा मार्गदर्शक और सहायक होता है। विद्यार्थी जितना ज्ञान और अनुभव अपने प्रयास और श्रम से अर्जित करता है वह उसके व्यक्तित्व का अंश होता है। जबकि शेष पेड़ के पुराने पत्तों की तरह सूख और टूट जाता है। यदि इस विधि को कुछ संशोधित करके अपनाया जाए और विद्यार्थियों की अन्तर्क्रिया का प्रतिशत बढ़ाया जाए तो व्याख्या विधि अधिक लाभप्रद हो सकती है।

विश्लेषण विधि

विश्लेषण का तात्पर्य है पाठ्यवस्तु में समाहित तत्त्वों की सूक्ष्म पड़ताल करना। इस प्रक्रिया के अन्तर्गत पाठ्यवस्तु में निबद्ध पारिभाषिक शब्दों, पौराणिक प्रसंगों, पारम्परिक विश्वासों इत्यादि के स्पष्टीकरण के लिए उनका निरीक्षण, व्याख्या और सह-सम्बन्ध का प्रयोग किया जाता है। इस प्रक्रिया में शिक्षक और विद्यार्थियों के बीच प्रश्नोत्तर, स्पष्टीकरण और विचार-विनिमय जैसी प्रक्रियाएँ सम्मिलित होती हैं।

विश्लेषण विधि का मूल्यांकन

विश्लेषण किसी भी कथ्य, घटना, तथ्य, विवरण इत्यादि के मूल स्वरूप को जानने की प्रभावी प्रक्रिया है। गद्य शिक्षण में इस विधि के उपयोग से कथ्य के अधिकतम स्पष्टीकरण को सुनिश्चित किया जा सकता है। इस विधि के सम्यक् उपयोग के लिए शिक्षक को विद्यार्थियों के मनोबौद्धिक स्तर से भली-भाँति परिचित होना चाहिए। विद्यार्थियों की जिज्ञासा और सक्रियता को उद्बुद्ध करके शिक्षक उन्हें अपने समस्त भ्रमों के निराकरण के लिए सन्नद्ध करता है।

दूसरी ओर यही शिक्षण विधि विद्यार्थियों की ज्ञान, बोध और कौशलगत कमियों की खोज में भी उपयोगी है। प्रत्येक कक्षा में अनेक ऐसे विद्यार्थी होते हैं जो कक्षा में चुपचाप बैठे औरों की बातें सुनते हैं और सब-कुछ जानने समझने का दिखावा करते हैं। शिक्षक व विद्यार्थियों के मध्य पर्याप्त अन्तर्क्रिया, विद्यार्थियों की सक्रियता और भाव-प्रकाशन में सहायक होने के कारण यह विधि गद्य शिक्षण की उत्तम विधि मानी जाती है।

इस विधि के माध्यम से गद्य शिक्षण के लिए शिक्षक, पठित अनुच्छेद के विभिन्न पक्षों से सम्बन्धित प्रश्नों के माध्यम से विद्यार्थियों की जिज्ञासा को उद्बुद्ध करने का प्रयास करता है। जब वे उत्कण्ठित होते हैं तो शिक्षक से वर्ण्य-विषय के सभी पहलुओं पर प्रश्न पूछते हैं। प्रश्नोत्तर की यह प्रक्रिया जितनी त्वरित और सोद्देश्य होगी; गद्य शिक्षण भी उतना सफल और परिणामप्रद होगा।

संयुक्त विधि

यह विधि अर्थबोध, व्याख्या और विश्लेषण इन तीनों विधियों का सम्मिश्रण है। इस विधि के प्रशंसकों का मानना है कि गद्य के प्रसंगों के अनुसार कभी पठितांश के अर्थबोध मात्र से काम चल जाता है तो कभी कुछ सन्दर्भों की व्याख्या अनिवार्य होती है। इसी प्रकार कुछ पठितांश ऐसे भी होते हैं, जिनके अधिगम के लिए पर्याप्त चर्चा और विश्लेषण किया जाना चाहिए।

संयुक्त विधि का मूल्यांकन

इस विधि के समर्थन में गद्य साहित्य की विविधता को सबसे प्रभावशाली कारण माना जाता है। तदनुसार गद्य की समस्त विधियों को किसी एक शिक्षण विधि का आश्रय लेकर पढ़ाने का प्रयास नहीं किया जाना चाहिए। पाठ्य-पुस्तक में निबद्ध सभी प्रकार का गद्य भाग न केवल अर्थबोध विधि से पढ़ाया जा सकता है और न हर विधा को व्याख्या अथवा विश्लेषण की ज़रूरत होती है। इसलिए कथ्य के अनुसार शिक्षण विधि का प्रयोग करना व्यावहारिक और प्रभावकारी उपाय है।

उपरोक्त सिद्धान्त तार्किक दृष्टि से भी प्रभावकारी प्रतीत होता है। कारण; कि किसी भी शिक्षण विधि का शिक्षक-केन्द्रित या पाठ्यक्रम केन्द्रित होना कभी भी युक्तियुक्त नहीं है। कोई भी शिक्षण विद्यार्थियों की उपेक्षा करके सर्वस्वीकृत नहीं हो सकता। इसलिए शिक्षण प्रक्रिया में विद्यार्थियों की सक्रियता और सहभागिता बढ़ाने का प्रयास किया जाना चाहिए। ऐसा होने पर ही कोई विधि सर्वांगपूर्ण, उपयोगी और प्रशंसनीय हो सकेगी।

गद्य शिक्षण में प्रयुक्त सोपान

गद्य शिक्षण में अनेक विधियों के समावेश के कारण किसी एक शिक्षण शैली का आलम्बन उपयुक्त नहीं कहा जा सकता। फिर भी शिक्षण बिन्दुओं की प्रभावशाली प्रस्तुति के लिए उपयुक्त क्रम का निर्धारण किया जा सकता है। आवश्यकताओं के अनुसार इस क्रम में आंशिक परिवर्तन किए जा सकते हैं।

पूर्व ज्ञान अनुमान और परीक्षण–किसी भी पाठ की प्रस्तुति की योजना बनाते हुए शिक्षक को विद्यार्थियों के उस पाठ से सम्बद्ध ज्ञान का पूर्वानुमान लगाना चाहिए। उसके बाद इसकी सटीकता के आकलन के लिए पूर्व ज्ञान का परीक्षण किया जाए। इस विधि द्वारा शिक्षक पाठ की प्रस्तुति के लिए उद्देश्य कथन और प्रस्तावना की रूपरेखा निर्धारित कर सकेगा। उदाहरण के लिए आठवीं कक्षा का कोई पाठ यदि राष्ट्रीय स्वतन्त्रता संग्राम में भगतसिंह की भूमिका से सम्बद्ध है तो विद्यार्थियों के पूर्वज्ञान के विषय में शिक्षक का अनुमानित पूर्वज्ञान होगा कि विद्यार्थी भारत की परतन्त्रता, उस पर शासन करने वाली औपनिवेशिक ताकत, राष्ट्रीय स्वतन्त्रता संग्राम और सरकार की दमनकारी नीतियों जैसी घटनाओं से परिचित होंगे। इसी प्रकार पृष्ठभूमि पर भगतसिंह के विचारों, कार्यों और भावनाओं को समझा जा सकता है। इस अनुमानित पूर्वज्ञान के परीक्षण के लिए शिक्षक एक प्रश्नावली तैयार कर सकता है।

प्रश्न	सम्भावित उत्तर
15 अगस्त को स्वतन्त्रता दिवस क्यों मनाया जाता है?	15 अगस्त 1947 को इसी दिन भारत आज़ाद हुआ था।
आज़ादी की लड़ाई किस प्रकार लड़ी गई?	राजनीतिक तरीकों से और क्रान्तिकारी तरीकों से।
देश की आज़ादी के लिए शहीद होने वाले कुछ क्रान्तिकारियों के नाम बताइए।	भगतसिंह, राजगुरु, सुखदेव, रामप्रसाद बिस्मिल।
हिन्दुस्तान सोशलिस्ट रिपब्लिकन आर्मी की स्थापना किसने की?	विद्यार्थी उत्तर देने में असमर्थ हैं।

इस प्रकार अनुमानित पूर्वज्ञान परीक्षण से शिक्षक विद्यार्थियों की पृष्ठभूमि का आकलन करता है और साथ ही विषय के प्रस्तुतिकरण के लिए आधार भी तैयार करता है।

उद्देश्य कथन–इस चरण में शिक्षक विद्यार्थियों के पूर्वज्ञान को पाठ्यवस्तु से संयोजित करके पाठ के उद्देश्य का कथन करता है। जिससे विद्याथियों के लिए पाठ सुपरिचित और उत्सुकतापूर्ण हो जाता है। यह उद्देश्य कथन सीधी घोषणा के रूप में न होकर पाठ्यवस्तु की रूपरेखा से परिचय के रूप में होता है ताकि विद्यार्थी कक्षा के उद्देश्य को भली प्रकार जानकर सम्बन्धित गतिविधियों के लिए मानसिक रूप से तैयार रहें।

राष्ट्रीय स्वतन्त्रता संग्राम में भगतसिंह की भूमिका से सम्बद्ध उद्देश्य-कथन से पूर्व शिक्षक का प्रश्न हिन्दुस्तान सोशलिस्ट रिपब्लिकन आर्मी के संस्थापक के जुड़ा था। उद्देश्य कथन करते हुए शिक्षक इस प्रश्न का उत्तर प्रस्तुत करता है और इस संगठन से भगतसिंह के सम्बन्ध को स्पष्ट करता है। ऐसा करते हुए शिक्षक की भाषा इस प्रकार हो सकती है–आज के पाठ में हम इस संगठन की पृष्ठभूमि, गतिविधियों और उनमें भगतसिंह के योगदान का अध्ययन करेंगे।

प्रस्तावना–प्रस्तावना का भाव है पाठ के लेखक, उद्देश्य और कथावस्तु की संक्षिप्त सूचना प्रस्तुत करना। इस माध्यम से विद्यार्थी अध्ययन की दिशा, उद्देश्य और पाठ्यवस्तु की प्रकृति से परिचित हो जाते हैं। इस चरण का प्रस्तुतिकरण बातचीत, प्रसंग या घटना के वर्णन से हो सकता है।

पूर्वज्ञान परीक्षण और उद्देश्य कथन के प्रसंग में राष्ट्रीय स्वतन्त्रता संग्राम, उसकी प्रकृति, क्रान्तिकारी आन्दोलन, हिन्दुस्तान सोशलिस्ट रिपब्लिकन आर्मी की स्थापना और उसके माध्यम से संचालित गतिविधियों का आंशिक परिचय विद्यार्थी प्राप्त कर चुके हैं। पाठ की विषयवस्तु क्रान्तिकारियों की एक बैठक से शुरु होती है। प्रस्तावना के अन्तर्गत इस बैठक से पहले भगतसिंह के जन्म, बाल्यावस्था, शिक्षा और अन्य महत्त्वपूर्ण घटनाओं का वर्णन किया जा सकता है।

प्रस्तुतिकरण–गद्य शिक्षण के सूक्ष्म और विस्तृत अध्ययन के पाठों का प्रस्तुतिकरण मौलिक रूप से भिन्न है। इसलिए उनके प्रस्तुतिकरण की विधियों को भिन्न शीर्षकों के अन्तर्गत देखा जाना चाहिए। सूक्ष्म अध्ययन की विषयवस्तु की प्रस्तुति तीन चरणों में की जा सकती है–क. वाचन, ख. अर्थापन और ग. व्याख्या।

(क) **वाचन**–वाचन की क्रिया पुनः तीन खण्डों में विभक्त है। 1. शिक्षक द्वारा वाचन–आदर्श वाचन। 2. विद्यार्थियों द्वारा वाचन–अनुकरण वाचन। और 3. विद्यार्थियों द्वारा विहित वाचन में हुई अशुद्धियों का निराकरण करते हुए शिक्षक द्वारा पुनर्वाचन।

- **आदर्श वाचन**–इस चरण के अन्तर्गत शिक्षक पाठ्यवस्तु को उचित स्वर, भाव, गति, और विरामपूर्वक प्रस्तुत करता है। आदर्श वाचन प्रायः अनुच्छेद दर अनुच्छेद किया जाता है; ताकि भाव सम्प्रेषण सुकर हो सके। कक्षा के सम्मुख, मध्यबिन्दु पर खड़े होकर, वरीयतः दाएँ हाथ में पुस्तक पकड़कर, पुस्तक को आँखों से लगभग एक फीट के अन्तराल पर थोड़ा नीचे की ओर रखते हुए वाचन किया जाना उचित है। इस अवस्था में वाचन करते हुए भी बीच-बीच में विद्यार्थियों पर दृष्टिपात करना सम्भव हो पाता है।
- आदर्श वाचन का भाव है कि शिक्षक का वाचन भाषा, भाव और सम्प्रेषण की दृष्टि से उत्कृष्ट होना चाहिए। ताकि विद्यार्थी उसके यथारूप अनुकरण द्वारा अपने उच्चारण और वाचन को प्रभावी बना सकें। आदर्श वाचन के दौरान विद्यार्थियों को पाठ्य पुस्तक में देखते हुए, शिक्षक की वाचन शैली का मन ही मन अनुसरण करते हुए, विराम चिह्नों और उनके व्यवहार पक्ष का ध्यान रखते हुए पठितांश को सुनना चाहिए। बीच-बीच में शिक्षक के हाव-भाव और अंग-संचालन को भी देख लेना चाहिए। ऐसा करने से कथ्य के भावग्रहण में सरलता होती है।
- **अनुकरण वाचन**–इस विधि का उपयोग प्राथमिक व माध्यमिक कक्षाओं के लिए अत्यन्त महत्त्वपूर्ण है। पाठ्यवस्तु के अर्थ व भावबोध के साथ ही उच्चारण, बलाघात, विराम और प्रभावी सम्प्रेषणीयता भी अनुकरण वाचन के अंग हैं। इस प्रक्रिया के अन्तर्गत विद्यार्थी शिक्षक द्वारा प्रयुक्त उच्चारण व शैली के अनुरूप वाचन का प्रयास करते हैं। यहाँ एक बात विशेष रूप से ध्यातव्य है कि अनुकरण वाचन का अर्थ शिक्षक द्वारा पठितांश का पुनः उच्चारण या पाठन ही नहीं है अपितु यहाँ अनुकरण का मूल तात्पर्य शैली और विधि का अनुपालन है। शिक्षकों से अपेक्षा होती है कि वे कक्षा के सभी विद्यार्थियों को क्रमशः अनुकरण वाचन का अवसर अवश्य प्रदान करें। इस दौरान शिक्षक को अनुकरण वाचनकर्त्ता के उच्चारण, शैली व विधि पर पर्याप्त ध्यान देना चाहिए। इस उपाय से विद्यार्थियों की वाचन अशुद्धियों का निराकरण सम्भव होगा और साथ ही अन्य विद्यार्थियों के अवधान को सुनिश्चित करना भी सम्भव हो पाएगा।
- **पुनर्वाचन (अशुद्धि संशोधन)**–अनुकरण वाचन का सभी दृष्टियों से दोषरहित और प्रभावपूर्ण होना कदापि सम्भव नहीं है। इस प्रक्रिया में उच्चारण, विराम, गति, स्वर, बलाघात, शैली इत्यादि से सम्बद्ध दोषों का उजागर होना नितान्त स्वाभाविक है। इन दोषों के समूल निराकरण के लिए केवल टोकना और निर्देश देना ही पर्याप्त नहीं है। अपितु दोष के कारण और निवारण अर्थात् निदान और चिकित्सा के लिए भी पर्याप्त प्रयास किया जाना चाहिए। ताकि कोई भी अशुद्धि भविष्य में दोहराई न जाए। अशुद्धि संशोधन का कार्य सदैव शिक्षक द्वारा नहीं किया जाना चाहिए अपितु कभी-कभी स्वयं विद्यार्थी को और कभी अन्य विद्यार्थियों को भी इसमें सहभागी होने का अवसर दिया जाए।

(ख) **अर्थापन**–गद्य शिक्षण के द्वितीय चरण के रूप में अर्थापन का भाव है; पठितांश में प्रयुक्त कठिन, पारिभाषिक व तकनीकी शब्दों, वाक्यांशों व उद्धरणों का अर्थ व प्रयोजन स्पष्ट करना। इस चरण में पठितांश के भाव-बोध में बाधक अंशों को सुबोध्य बनाने का प्रयास किया जाता है। यह प्रक्रिया मात्र अर्थ-कथन या व्याख्या द्वारा न होकर अनेक विधियों द्वारा सम्पादित की जाती है। इस प्रक्रिया के अन्तर्गत सर्वप्रथम पाठ में प्रयुक्त कठिन, पारिभाषिक व तकनीकी

शब्दों, मुहावरों, लोकोक्तियों, वाक्यांशों व उद्धरणों को श्यामपट्ट पर लिखा जाना चाहिए। फिर उनके अर्थापन की अन्यान्य विधियों में से किसी विधि द्वारा उनका अर्थापन और व्याख्या का प्रयास किया जाना चाहिए।

(ग) **व्याख्या**—स्वामी विवेकानन्द का कथन है कि शिक्षक का दायित्व विद्यार्थियों को अन्तर्हित ज्ञान की खोज के लिए प्रेरित करना है। उनका मत है कि समस्त मौलिक ज्ञान विद्यार्थियों के अन्तःकरण में स्वतः मौजूद है। यदि शिक्षक उपयुक्त विधि से विद्यार्थियों को उत्सुक करे तो वे स्वयं-शिक्षण में समर्थ हो सकते हैं। व्याख्या के विषय में यह तथ्य बिलकुल सटीक है। किसी भी प्रकरण में प्रश्नोत्तर के माध्यम से विद्यार्थियों को अपनी राय व्यक्त करने के लिए प्रेरित किया जा सकता है। उसके उपरान्त अन्य विद्यार्थियों को उस प्रकरण के विषय में अपनी राय व्यक्त करने, समर्थन या सुझाव प्रस्तुत करने, संशोधन या समीक्षा के लिए अवसर देकर कक्षा में सार्थक चर्चा कराई जा सकती है। इस प्रक्रिया से प्राप्त निष्कर्षों को सूचीबद्ध करके अनुच्छेद का रूप दिया जा सकता है। इस प्रकार के उत्प्रेरण के लिए अनेक विधियाँ अपनाई जा सकती हैं इनमें से कुछ का परिचय इस प्रकार है—

- **प्रश्नोत्तर द्वारा**—पाठ्यबिन्दु के विभिन्न पक्षों से विद्यार्थियों को परिचित कराने के लिए शिक्षक उन्हें प्रश्न पूछने के लिए प्रेरित कर सकता है। यदि विद्यार्थी प्रश्न करने में असमर्थ हों तो शिक्षक स्वयं वर्ण्य विषय पर आधारित छोटे और सरल प्रश्न पूछ सकता है। इनके उत्तरों द्वारा विद्यार्थी स्वयं ही पाठ्यवस्तु का मूलभाव सामने लाते हैं। इस विधि में शिक्षक की भूमिका महत्त्वपूर्ण है। उसके द्वारा निर्धारित प्रश्नों से विद्यार्थियों के सोच-विचार की दिशा निर्धारित होती है। यदि प्रश्नों को प्रभावी बनाया जाए तो विषयवस्तु के भाव-बोध के लिए विद्यार्थियों को सक्षम किया जा सकता है।
- **दृष्टान्त और उदाहरण द्वारा**—जो विषय, प्रसंग या सन्दर्भ विद्यार्थियों के लिए पूर्णतः अपरिचित हैं, जैसे पौराणिक कथाएँ, ऐतिहासिक घटनाएँ और तथ्य; उनके बोध के लिए शिक्षक को बोध-कथा, दृष्टान्त, प्रसंग, विवरण और उद्धरण जैसे उपायों की सहायता लेनी चाहिए। यदि ऐसा नहीं किया जाता तो विद्यार्थी पाठ्यवस्तु के कथ्य-मात्र से परिचित होगा; मूल भाव से नहीं।
- **लेखन द्वारा**—विद्यार्थियों को पाठ्यवस्तु के विषय में निजी और स्वतन्त्र राय प्रस्तुत करने का अवसर प्रदान करने हेतु उन्हें लिखित रूप में अपने विचार प्रस्तुत करने को कहा जा सकता है। बाद में इन पर चर्चा और संश्लेषण से सुनिश्चित मत स्थापित किया जा सकता है।

इसी प्रकार कक्षा की प्रकृति, स्तर और विषय के अनुरूप अन्य उपायों की मदद भी ली जा सकती है। ध्यान इस बात का रखा जाए कि शिक्षक कोई भी विचार या मत अपनी ओर से कक्षा पर न थोपे। प्रत्येक विषय पर विद्यार्थियों के विचारों का अपेक्षित सम्मान किया जाए, विद्यार्थियों की सहभागिता को प्रोत्साहित किया जाए और उनके द्वारा प्रकाशित भावों और विचारों को सही दिशा प्रदान की जाए। इस उपाय से न केवल पाठ्य-वस्तु के सर्वमान्य भाव को ग्रहण किया जा सकता है अपितु विद्यार्थियों में आत्मविश्वास, स्वावलम्बन और विचार-शक्ति को भी उद्बुद्ध किया जा सकता है।

पुनरावलोकन—कक्षा में शिक्षण के दौरान शिक्षक, विद्यार्थियों और उनके बीच परस्पर चर्चा के माध्यम से जो तथ्य, विचार तथा भाव प्रस्तुत किए जाएँ, उन्हें श्यामपट्ट पर या विद्यार्थियों की मदद से उनकी अभ्यास पुस्तिकाओं पर संकलित किया जाए और कक्षा में शिक्षण के अन्त में उन्हें दोहराया जाए। ऐसा करने से आवृत्ति के कारण तथ्यों व आंकड़ों का स्मृति-पटल पर अंकन सरल हो सकेगा, व्यवहार में स्थायी परिवर्तन की पृष्ठभूमि तैयार होगी और भाषा कौशलों के अधिगम का लक्ष्य भी सरलता से उपलब्ध हो सकेगा।

मूल्यांकन—मूल्यांकन का तात्पर्य शिक्षण-अधिगम में सभी विद्यार्थियों की संलिप्ति अथवा सहभागिता की जाँच करना, सभी विद्यार्थियों को पाठ्यवस्तु के विषय में विचार हेतु सन्नद्ध करना और बोध परीक्षण करना है। इसके लिए दो प्रकार के उपायों का आश्रय लिया जाता है। (1) प्रत्येक शिक्षण बिन्दु की समाप्ति पर उससे सम्बन्धित प्रश्न पूछकर और (2) कक्षा की समाप्ति में पुनरावलोकन के उपरान्त सभी शिक्षण बिन्दुओं से सम्बद्ध प्रश्न पूछकर। इन दोनों उपायों द्वारा

शिक्षण के लक्ष्यों की प्राप्ति सुनिश्चित की जा सकती है। यहाँ एक बात विशेषतः ध्यातव्य है कि कक्षा शिक्षण के अन्त में पूछे जाने वाले मूल्यांकन प्रश्न पाठयोजना के आरम्भ में निर्धारित विशिष्ट उद्‌देश्यों पर आधारित होने चाहिएँ। यदि विद्यार्थी प्रस्तुत प्रश्नों के अपेक्षित उत्तर देने में सक्षम हैं तो शिक्षण-अधिगम प्रक्रिया की सफलता सुनिश्चित मानी जानी चाहिए।

गृहकार्य–आवृत्ति और अभ्यास किसी भी विषय के स्थायी अधिगम को सुनिश्चित करने वाले तथ्य हैं। इस तथ्य के प्रकाश में सन्तुलित और उपयोगी गृहकार्य विद्यार्थियों के अधिगत ज्ञान को स्थायित्व और विचारों को उत्कर्ष प्रदान करता है। भाषाज्ञान की दृष्टि से गृहकार्य पठन तथा लेखन कौशल के विकास का उपयोगी उपकरण है। गृहकार्य के दौरान विद्यार्थी कक्षा में सम्पन्न समस्त शिक्षण गतिविधियों का पुनःस्मरण करता है। जिससे अधिगम के स्थायित्व में सहायता होती है।

नए और कठिन शब्दों के अर्थापन की विधियाँ

भाषा अधिगम की प्रक्रिया में नए शब्दों को सीखना महत्त्वपूर्ण गतिविधि है। शब्द भण्डार की समृद्धि से किसी भी प्रकार के भावों और विचारों के प्रस्तुतिकरण में सरलता होती है। सटीक शब्दों का प्रयोग करके भाषा को प्रभावपूर्ण बनाने के लिए भी अधिकाधिक शब्दों का ज्ञान अनिवार्य होता है। विद्यालय में पाठ्यपुस्तकों के माध्यम से और ज्ञान, मनोरंजन या शौक के लिए पढ़े जाने वाले साहित्य, पत्र-पत्रिकाओं और उपन्यास आदि को यथारूप समझने के लिए भी पर्याप्त शब्द भण्डार की अपेक्षा होती है। इस प्रकार नए शब्दों के अर्थापन का कौशल भाषा सम्बन्धी सभी आवश्यकताओं की पूर्ति के लिए आवश्यक है। नए या कठिन शब्दों के अर्थ जानने के लिए अनेक प्रकार की विधियों का आश्रय लिया जाता है। इनका परिचय यहाँ दिया जा रहा है–

व्याकरण की मदद से

सामान्य भाषा व्यवहार में व्याकरण का सीधा हस्तक्षेप नहीं होता; किन्तु भाषा सम्बन्धी कठिनाइयों के निराकरण में उसकी भूमिका निर्णायक हो सकती है। व्याकरण के विभिन्न अंशों का उपयोग भाषा के यथार्थ बोध में किया जा सकता है। इनमें से प्रमुख का कथन यहाँ किया जा रहा है–

- **समानार्थक शब्दों के कथन द्वारा**–हिन्दी भाषा में पर्यायवाची शब्दों की व्यवस्था काफी परिपक्व और व्यापक है। कुछ पर्यायवाची शब्द इसकी घटक बोलियों और उप-भाषाओं के हैं, कुछ संस्कृत के और कुछ अंग्रेज़ी व अन्य विदेशी भाषाओं से गृहीत हैं। इनमें से कुछ शब्द लोकप्रचलित जबकि अन्य दुर्बोध हो सकते हैं। ऐसा होना किसी भाषा-भाषी की शिक्षा, भाषा-व्यवहार और दायरे पर निर्भर करता है। यदि लेखक अपनी शैली या प्रसंगवश कुछ अप्रचलित पर्यायों का प्रयोग करता है तो सरल समानार्थी शब्दों के परिचय द्वारा कथ्य के भाव-बोध को सुबोध बनाया जा सकता है। उदाहरणतः यदि किसी पाठ में–''भगवान भास्कर की प्रचण्ड किरणों से उत्तप्त पृथिवी आँवे की तरह दुर्भागे जीवों को तपा रही थी'' जैसे वाक्य का प्रयोग किया गया है तो विद्यार्थियों को प्रसंगानुसार कठिन शब्दों का अर्थ बूझने के लिए उकसाया जा सकता है। किरणों और जीवों के तपने जैसे संकेतों से 'भास्कर' शब्द का अर्थ स्पष्ट हो जाता है, लेकिन भास्कर शब्द के लोकप्रचलित न होने के कारण उसके स्थान पर सूर्य या सूरज जैसे सरल समानार्थी शब्दों का प्रयोग सुझाया जा सकता है।
- **विपरीतार्थ शब्दों द्वारा**–कभी ऐसा भी हो सकता है कि पाठ्यवस्तु में प्रयुक्त किसी शब्द का विपरीतार्थी शब्द सरल और प्रचलित हो और उसके प्रयोग द्वारा किसी कठिन शब्द के अर्थबोध को सरल बनाया जा सके। उदाहरणतः 'दुर्बोध' शब्द के अर्थापन के लिए उसे सरल का विपरीत बताना या 'तिमिर' को सरल बनाने के लिए उसे प्रकाश के अभाव की अवस्था के रूप में बताने जैसे उपायों से कुछ कठिन शब्दों को सरल बनाया जा सकता है।

- **वाक्य प्रयोग द्वारा**–कुछ शब्द अकेले होने पर कठिन प्रतीत होते हैं जबकि वाक्य में प्रयुक्त होने पर प्रसंगवश उनके अर्थ को जानना सरल होता है। उदाहरणतः 'अभिप्राय' और 'अबोध' जैसे शब्दों के अर्थ जानने के लिए 'वाक्य प्रयोग विधि' उपयोगी हो सकती है। 'मेरे कहने का अभिप्राय है कि यह काम तुम कर दो।' और 'वह इतना अबोध है कि अपने माता-पिता का नाम तक भी नहीं जानता।' इन वाक्यों में 'अभिप्राय' और 'अबोध' शब्दों के अर्थ स्पष्ट करने का प्रयास किया गया है। इस प्रकार वाक्य प्रयोग करने के उपरान्त शब्दों के अर्थ स्पष्ट करने की आवश्यकता नहीं रह जाती।
- **व्युत्पत्ति द्वारा**–हिन्दी भाषा में बहुत से तद्भव शब्द हैं जो मूलतः संस्कृत के थे किन्तु विकृत होकर नए रूप में व्यवहार्य होने लगे। ऐसे शब्दों का अर्थ उनकी व्युत्पत्ति के माध्यम से स्पष्ट किया जा सकता है। व्युत्पत्ति का अर्थ है–रचना प्रक्रिया। इस विधि के अन्तर्गत शब्द की मूल धातु और उपसर्ग-प्रत्ययों के योग को दर्शाया जाता है। इस प्रकार अर्थबोध कराने से शब्द का अर्थ याद करने की आवश्यकता नहीं रह जाती। अपितु वह सहज बोधगम्य हो जाता है। साथ ही विद्यार्थी कुछ अन्य शब्दों को समझने की प्रक्रिया से भी परिचित हो जाते हैं। उदाहरण के लिए (1) 'स्वतन्त्र' शब्द का अर्थ स्व–अपनी/अपना, तन्त्र–व्यवस्था और (2) राजनीति शब्द का परिचय–'राज्य करने से सम्बन्धित नीति' के रूप में बताया जा सकता है।
- **सन्धि विच्छेद/समास विग्रह द्वारा**–सन्धिपदों तथा समस्तपदों को सुबोध बनाने के लिए सन्धिच्छेद और समास विग्रह सर्वोत्तम उपाय हैं। इन उपायों द्वारा शब्दनिर्माण प्रक्रिया, सन्धि/समस्तपदों की प्रकृति और सन्धि व समास की प्रक्रिया से भी स्वतः ही परिचय हो जाता है। उदाहरणतः महोत्सव शब्द को महा + उत्सव के रूप में बताने पर उसका अर्थ व स्वरूप स्पष्ट हो जाता है। इसी प्रकार स्वागत का अर्थ स्पष्ट करने के लिए उसे सु + आगत के रूप में प्रस्तुत किया जा सकता है। इसी प्रकार समस्त पदों का विग्रह करके भी शब्दों को सुबोध बनाया जा सकता है। तुलसीकृत को 'तुलसीदास द्वारा कृत (रचित)' और पंचवटी को 'पाँच वटों का समूह' के रूप में बताने पर विद्यार्थियों के लिए भावबोध सरल हो जाता है।

शिक्षण उपकरणों की मदद से

शिक्षण उपकरणों का प्राथमिक उद्देश्य शिक्षण को सरल व पाठ्यवस्तु को अनुभवप्रद बनाने में सहायता करना है। कठिन शब्दों के अर्थ बताने में उनकी भूमिका काफी उपयोगी है। इनका लक्ष्य पाठ्यवस्तु के साथ ही शब्दों, वाक्यांशों और परिभाषाओं जैसे उसके घटकों को भी सुबोध और स्पष्ट करना है। इनके माध्यम से अर्थों के स्पष्टीकरण और भाव प्रकाशन के लिए निम्नलिखित उपायों का आश्रय लिया जाता है।

- **चित्र दर्शन**–वस्तुओं या व्यक्तियों का नाम बताने वाले शब्दों का अर्थ बताने के लिए इस विधि का उपयोग किया जा सकता है। जैसे गांधी जी को हम सब उनके चित्रों के माध्यम से ही जानते पहचानते हैं। इतिहास के सन्दर्भ वाले या वर्तमान में किसी भी क्षेत्र के महत्त्वपूर्ण व्यक्तियों के चित्र पाठ्यवस्तु में उल्लिखित शब्दों के अर्थापन और विद्यार्थियों को उनसे परिचित कराने के लिए उपयोगी हैं। इसी प्रकार अन्य अप्राप्य, दुर्लभ और बृहदाकार वस्तुओं, भवनों, पशु-पक्षियों इत्यादि के चित्र भी अर्थबोध की दृष्टि से काफी उपयोगी हैं।
- **प्रतिकृति प्रदर्शन**–जिन वस्तुओं, भवनों, व्यक्तियों इत्यादि के छोटे प्रतिरूप, मूर्तियाँ इत्यादि उपलब्ध हैं उन्हें कक्षा के सम्मुख प्रस्तुत करके उनके वाचक शब्दों से सम्बद्ध जिज्ञासाओं का शमन किया जा सकता है। ताजमहल और चारमीनार जैसे स्मारकों, छोटे खिलौनों और देवी-देवताओं की प्रतिमाओं को भी शब्दों के अर्थबोध के लिए कक्षा में प्रदर्शित किया जा सकता है।
- **प्रत्यक्ष वस्तु प्रदर्शन**–जिन वस्तुओं को उनके वास्तविक रूप में कक्षा में उपस्थित किया जा सकता है, जैसे रामचरित मानस, धतूरा, शंख-सीपी-कौड़ी, डॉलर इत्यादि को विद्यार्थियों के समक्ष रखकर भाव बोध में सरलता व स्पष्टता लाई ला सकती है।

- **मानचित्र व रेखाचित्र**—कुछ गतिविधियों को स्पष्ट करने या दृश्यों व घटनाओं को सजीव करने या उस विषय में विद्यार्थियों की कल्पना को अपेक्षित स्वरूप प्रदान करने के लिए रेखाचित्र की मदद ली जा सकती है। रेखाचित्र में केवल रेखाओं के माध्यम से व्यक्ति या घटना को प्रदर्शित किया जाता है। यदि शिक्षक अच्छा चित्रकार हो तो इस माध्यम से विद्यार्थियों की अनेक कठिनाइयों का समाधान कर सकता है। भौगोलिक स्थितियों, स्थानों, जनसंख्या के घनत्व, वनों की स्थिति, खनिजों की उपलब्धता और साक्षरता जैसे सन्दर्भों को स्पष्ट करने में मानचित्रों का प्रदर्शन काफी उपयोगी होता है। इसी प्रकार आंकड़ों की प्रस्तुति और तुलना के लिए ग्राफ का प्रयोग किया जा सकता है। इन उपायों से शाब्दिक प्रतीकों को मूर्तरूप प्रदान किया जा सकता है।

व्यक्तिगत प्रयास

व्यक्तिगत प्रयास का तात्पर्य है बिना पुस्तक या उपकरण की सहायता लिए कठिन शब्दों का अर्थापन करना। इसके अन्तर्गत अनेक उपायों का प्रयोग किया जाता है। इनमें से कुछ का विवरण इस प्रकार है—

- **संकेत द्वारा**—भाषा में कुछ शब्द दिशा, स्थान, स्थितियों और गतिविधियों की ओर संकेत करते हैं। पाठ में इनका उच्चारण करते हुए तदनुसार अंग-संचालन करने से भाव स्पष्ट हो जाता है। उदाहरणतः 'हिमगिरि के उत्तुंग शिखर पर.......' पंक्ति का उच्चारण करते हुए हाथ को ऊपर की ओर ले जाना उत्तुंग शब्द के अर्थ की ओर संकेत करता है।
- **अभिनय**—अभिनय का अर्थ इस सन्दर्भ में है कि पाठ को पढ़ते हुए साथ-साथ अंग-संचालन करते जाना। इस विधि द्वारा विद्यार्थी शिक्षक की ओर दृष्टिपात करके ही कथन का भाव समझ लेते हैं। शब्दों का अर्थ बताने के लिए भी इस पद्धति का उपयोग किया जा सकता है। जैसे मन्द-मन्द मुस्कुराना, अट्टहास करना, भृकुटी तानना इत्यादि का अभिनय कक्षा में सहजता पूर्वक किया जा सकता है।

साहित्यिक उपाय

शब्दों के अर्थ या कथ्य के भाव को स्पष्ट करने के लिए जब प्राचीन ग्रन्थों, पारम्परिक कथाओं या पुस्तकीय साक्ष्यों में निहित कथाओं, प्रसंगों, उद्धरणों व उदाहरणों का उल्लेख किया जाता है तो इसे अर्थ प्रकाशन का साहित्यिक उपाय कहा जाता है। इनमें से कुछ का परिचय यहाँ प्रस्तुत है—

- **अन्तर्कथा**—इन्द्र के प्रमुख अस्त्र 'वज्र' की शक्ति को स्पष्ट करने के लिए यदि ऋषि दधीचि के प्राणोत्सर्ग की कथा को प्रस्तुत किया जाए तो विद्यार्थी इस प्रसंग को सहज ही समझ सकते हैं। इसी प्रकार 'भीष्म प्रतिज्ञा' और 'खट्टे अंगूर' को भी उनके साथ जुड़ी कथाओं द्वारा समझा जा सकता है।
- **परिभाषा**—पारिभाषिक शब्दों का अर्थ एक शब्द के रूप में न होकर एक वाक्य में निबद्ध होता है। उस वाक्य की प्रस्तुति से ही कथ्य का यथार्थ समझा जा सकता है। उदाहरण के लिए 'दरबार' शब्द का अर्थ है—एक विशाल कक्ष जहाँ राजा, उसके प्रमुख अधिकारी व कर्मचारी बैठकर सार्वजनिक चर्चा करते हैं। इसी प्रकार 'दुर्गम' शब्द का प्रयोग ऐसे स्थान के लिए होता है जहाँ जाना कठिन हो।
- **व्याख्या द्वारा**—इस विधि में कुछ खास शब्दों के अर्थापन के लिए शब्द की पृष्ठभूमि का कथन किया जा सकता है। जैसे परमवीर चक्र शब्द का अर्थ एक शब्द या वाक्य में न होकर व्याख्या के रूप में है। क्योंकि न इसकी कोई बँधी-बँधाई परिभाषा है न कोई निश्चित नियम। इसके अर्थापन के लिए एक उन परिस्थितियों का वर्णन आवश्यक होता है जिनमें कोई बहादुर सैनिक अपने देश को सर्वोत्तम सेवा प्रदान करता है।

- **अनुवाद द्वारा**–अन्य भाषाओं से हिन्दी में आए शब्दों के अर्थ बताने का एकमात्र उपाय उनका हिन्दी भाषान्तरण है। उदाहरण के लिए रिक्रूटमेण्ट शब्द का अर्थ स्पष्ट करने के लिए उसका हिन्दी अनुवाद बताना सरलतम उपाय है। तदनुसार रिक्रूटमेण्ट अर्थात् भर्ती। इस शब्द का प्रयोग सैन्य या अर्धसैन्य बलों में जवानों/अधिकारियों की भर्ती के लिए किया जाता है।

प्रस्तुत उपायों की सहायता से पाठ्यवस्तु में प्रयुक्त शब्दों के सही अर्थों के प्रकाशन के बाद कथ्य का सरलार्थ स्पष्ट हो जाता है। किन्तु अन्य पक्षों जैसे भाव-बोध, व्याख्या और विस्तार के लिए व्याख्या परमावश्यक होती है। व्याख्या द्वारा पाठ्य-विषय के सभी पक्षों का यथार्थ बोध सम्भव हो पाता है। इस प्रकार व्याख्या ज्ञान व बोध दोनों ही दृष्टियों से महत्त्वपूर्ण है।

गद्य की पाठयोजना का प्रारूप

दिनांक .... कक्षा–आठवीं
नाम .... विषय–हिन्दी
अनुक्रमांक .... उपविषय–नचिकेता (बोधकथा)

विशिष्ट व्यावहारिक उद्देश्य

प्रकरण की समाप्ति के उपरान्त विद्यार्थी–

- उपनिषदों का प्रतिपाद्य विषय और संख्या बताते हैं।
- नचिकेता के पिता द्वारा कराए जा रहे अनुष्ठान का नाम और लक्ष्य बताते हैं।
- यज्ञ की पूर्णाहुति पर वाजश्रवा के व्यवहार परिवर्तन का कारण बताते हैं।
- नचिकेता द्वारा वाजश्रवा से पूछे गए प्रश्न का कारण बताते हैं।

अनुमानित पूर्व ज्ञान

विद्यार्थी जानते हैं कि वेद संसार की सबसे प्राचीन पुस्तकें हैं उनकी संख्या चार है। वे इनके नामों से भी परिचित हैं।

पूर्व ज्ञान परीक्षण

छात्राध्यापक क्रिया	विद्यार्थी क्रिया।
छात्राध्यापक प्रश्न करता है–	
• वेद संसार की सबसे पुरानी पुस्तकों के रूप में जाने जाते हैं। इनकी संख्या कितनी है?	वेद चार हैं।
• क्या आप चारों वेदों के नाम बता सकते हैं?	वेदों के नाम हैं–ऋग्वेद, यजुर्वेद, सामवेद और अथर्ववेद।
• वेदों के रहस्यात्मक तत्त्वों की व्याख्या करने वाले शास्त्र को किस नाम से जाना जाता है?	विद्यार्थी निरुत्तर रहते हैं।

उद्देश्य कथन–वैदिक साहित्य में वेदों के बाद ब्राह्मणों, आरण्यकों और उपनिषदों का स्थान है। उपनिषदों में आत्मा-परमात्मा से सम्बन्धित ज्ञान का विवेचन है। उपनिषदों की संख्या ग्यारह है। आज हम इनमें से एक 'कठोपनिषद' में वर्णित एक कथा का अध्ययन करेंगे। इस कथा का नायक है–नचिकेता।

शिक्षण बिन्दु	व्यावहारिक उद्देश्य	अध्यापक क्रिया	विद्यार्थी क्रिया
उपनिषदों का सामान्य परिचय।	विद्यार्थी उपनिषदों के वर्ण्य-विषय, प्रामाणिक उपनिषदों की संख्या और कठोपनिषद में वाजश्रवा ऋषि द्वारा आयोजित यज्ञ का नाम बताते हैं।	छात्राध्यापक उपनिषदों का सामान्य परिचय प्रस्तुत करता है और प्रमुख तथ्यों को श्यामपट्ट पर लिखता है– उपनिषदों को अध्यात्म विद्या का प्रामाणिक ग्रन्थ माना जाता है। उपनिषदों की संख्या सौ से अधिक है किन्तु प्रामाणिक उपनिषदें ग्यारह मानी जाती हैं। इनमें कठोपनिषद् भी शामिल है। इस उपनिषद के आरम्भ में वाजश्रवा द्वारा आयोजित 'सर्वमेध' यज्ञ का उल्लेख है। विवरण के अन्त में छात्राध्यापक बोध प्रश्नों के माध्यम से विद्यार्थियों के अधिगम की परीक्षा करता है।	विद्यार्थी उत्सुकतापूर्वक सुनते हैं और छात्राध्यापक द्वारा बताए गए विवरण के मुख्य बिन्दुओं को अपनी अभ्यास पुस्तिका में नोट करते हैं।
		बोध प्रश्न– उपनिषदों की कुल संख्या कितनी है? उनमें से प्रामाणिक उपनिषदें कितनी हैं? वाजश्रवा ऋषि द्वारा आयोजित यज्ञ का नाम बताइए।	विद्यार्थी बोध प्रश्नों के उत्तर देते हैं– उपनिषदों की संख्या सौ से ज्यादा है। प्रामाणिक उपनिषदों की संख्या ग्यारह है। ऋषि वाजश्रवा ने सर्वमेध यज्ञ का आयोजन किया।
प्रथम अनुच्छेद का आदर्श पाठ। "यज्ञ की अग्नि... ऐसा सभी सोच रहे थे।"	विद्यार्थी वाजश्रवा ऋषि द्वारा आयोजित यज्ञ की गतिविधियों के नाम बता सकते हैं।	छात्राध्यापक शुद्ध उच्चारण और उचित गति और हाव-भाव के साथ प्रथम अनुच्छेद का वाचन करता है।	विद्यार्थी छात्राध्यापक द्वारा पठित अनुच्छेद का श्रवण करते हुए स्वयं भी साथ-साथ मौन वाचन करते हैं।
कठिन शब्दों का अर्थज्ञान।	विद्यार्थी कठिन शब्दों के अर्थ बताते हैं और उनका वाक्य-प्रयोग करते हैं।	छात्राध्यापक प्रथम अनुच्छेद में प्रयुक्त कठिन शब्दों के अर्थों को उपसर्ग-प्रत्यय विच्छेद और सन्धि विग्रह विधि द्वारा स्पष्ट करता है।	विद्यार्थी छात्राध्यापक के साथ सक्रिय अन्तर्क्रिया द्वारा पठित अनुच्छेद में प्रयुक्त कठिन शब्दों का अर्थज्ञान करते हैं और उनका वाक्य प्रयोग करते हैं।
	कठिन शब्द– प्रज्वलित, आहुति, व्याप्त, पूर्णाहुति, प्रभूत और दक्षिणा।	**कठिन शब्द–** प्र + ज्वल् + इत् = प्रज्वलित–जली हुई। आ + हु + क्तिन् = आहुति–यज्ञ में सामग्री समर्पण। वि + आप् + क्त = व्याप्त–फैला हुआ। पूर्ण + आ + हु + क्तिन् = पूर्णाहुति–यज्ञ की समाप्ति पर दी जाने वाली अन्तिम आहुति। प्र + भू + क्त = प्रभूत–पर्याप्त। दक्ष + इन + आ = दक्षिणा–ब्राह्मण को यज्ञ कराने के पारिश्रमिक के रूप में दिए जाने वाली भेंट।	वन में कई दिनों से आग प्रज्वलित है। आहुति देने से यज्ञ की अग्नि बढ़ती है। आजकल अनेक विभागों में भ्रष्टाचार व्याप्त है। पूर्णाहुति के बिना यज्ञ पूरा नहीं होता। हमारे भोजन में हरी सब्जियों की पर्याप्त मात्रा होनी चाहिए। यज्ञ की समाप्ति पर पुरोहित को दक्षिणा दी जाती है।
प्रथम अनुच्छेद का अनुकरण पाठ।	विद्यार्थी उचित भाव और रीति के अनुसार अनुच्छेद का अनुकरण पाठ करते हैं।	छात्राध्यापक विद्यार्थियों को एक-एक करके अनुच्छेद के अंश पढ़ने का निर्देश देता है और अशुद्धियों का निराकरण करता है।	विद्यार्थी अनुच्छेद की पठन विधि का अभ्यास करते हैं।

शिक्षण बिन्दु	व्यावहारिक उद्देश्य	अध्यापक क्रिया	विद्यार्थी क्रिया
अशुद्धि संशोधन।	विद्यार्थी उच्चारण की दृष्टि से नए और कठिन शब्दों का पठन अभ्यास करते हैं।	छात्राध्यापक अनुच्छेद पठन के दौरान की गईं उच्चारण, लहजे, विराम और पाठ-विधि सम्बन्धी अशुद्धियों का संशोधन करवाता है।	विद्यार्थी अनुच्छेद की सही पठन विधि का अभ्यास करते हैं।
द्वितीय अनुच्छेद का आदर्श पाठ। "यज्ञ समाप्त ... बन्द कर दिया है।"	विद्यार्थी वाजश्रवा द्वारा दान दी जा रही गायों की दुर्दशा का वर्णन करते हैं	छात्राध्यापक शुद्ध उच्चारण और उचित गति और हाव-भाव के साथ द्वितीय अनुच्छेद का वाचन करता है।	विद्यार्थी छात्राध्यापक द्वारा पठित अनुच्छेद का श्रवण करते हुए स्वयं भी साथ-साथ मौन वाचन करते हैं।
बोध-परीक्षण।	छात्राध्यापक द्वारा पूछे गए ज्ञान व बोध प्रश्नों के उत्तर देते हैं।	छात्राध्यापक अनुच्छेद के वाचन के दौरान प्रस्तुत तथ्यों के ज्ञान और बोध की परीक्षा के लिए प्रश्न पूछता है। सर्वमेध यज्ञ के आरम्भ में वाजश्रवा ने क्या संकल्प लिया था? यज्ञ की समाप्ति पर वाजश्रवा ने ब्राह्मणों को कैसी गाएँ दान में दीं?	विद्यार्थी छात्राध्यापक द्वारा पूछे गए प्रश्नों के उत्तर देते हैं– यज्ञ के आरम्भ में वाजश्रवा ने अपना सर्वस्व ब्राह्मणों को दान करने का संकल्प लिया था। यज्ञ की समाप्ति पर वाजश्रवा ने ब्राह्मणों बूढ़ी, कमज़ोर और बीमार गाएँ दान में दीं।
	विद्यार्थी उचित भाव और रीति के अनुसार अनुच्छेद का अनुकरण पाठ करते हैं।	छात्राध्यापक विद्यार्थियों को एक-एक करके अनुच्छेद के अंश पढ़ने का निर्देश देता है और अशुद्धियों का निराकरण करता है।	विद्यार्थी अनुच्छेद की पठन विधि का अभ्यास करते हैं।
द्वितीय अनुच्छेद का अनुकरण पाठ।	विद्यार्थी ब्राह्मणों द्वारा वाजश्रवा की निन्दा और यह सब देख-सुनकर नचिकेता की मनोदशा का वर्णन करते हैं।	छात्राध्यापक शुद्ध उच्चारण और उचित गति और हाव-भाव के साथ तृतीय अनुच्छेद का वाचन करता है।	विद्यार्थी छात्राध्यापक द्वारा पठित अनुच्छेद का श्रवण करते हुए स्वयं भी साथ-साथ मौन वाचन करते हैं।
तृतीय अनुच्छेद का आदर्श वाचन। "लोग दबी ज़बान से....मुझे किसको दक्षिणा में दे रहे हैं?"	विद्यार्थी अनुच्छेद में प्रयुक्त कठिन शब्दों के अर्थ बताते हैं और उनका वाक्य-प्रयोग करते हैं।	छात्राध्यापक चार्ट के माध्यम से पठित अनुच्छेद में प्रयुक्त कठिन शब्दों के अर्थों से परिचय कराता है।	विद्यार्थी पठित अनुच्छेद में प्रयुक्त कठिन शब्दों का अर्थज्ञान करते हैं–
कठिन शब्दों का अर्थज्ञान।	**कठिन शब्द–** आलोचना, किशोर, कृपणता, पुण्य, झुँझलाना।	आलोचना–निन्दा। किशोर–13 से 19 वर्ष की अवस्था का बालक। कृपणता–कंजूसी। पुण्य–अच्छे कर्म का फल। झुँझलाना–परेशान होना, खीझना।	विद्यार्थी कठिन शब्दों का अपने वाक्यों में प्रयोग करते हैं– विपक्षी दल सदा सरकार के काम-काज की आलोचना करते हैं। कृपणता के कारण लोग अपने धन का सदुपयोग नहीं कर पाते। परोपकार करने से पुण्य प्राप्त होता है। मेरा भाई छोटी-छोटी बातों पर झुंझलाने लगता है।

(क्रमशः)

शिक्षण बिन्दु	व्यावहारिक उद्देश्य	अध्यापक क्रिया	विद्यार्थी क्रिया
अनुच्छेद की व्याख्या और बोध प्रश्न।	विद्यार्थी वाजश्रवा के संकल्प और यज्ञ की पूर्णाहुति पर उसके आचरण की तुलना करते हैं और बोध प्रश्नों के उत्तर देते हैं।	छात्राध्यापक पठित अनुच्छेद में प्रस्तुत विवरण की व्याख्या करता है–वाजश्रवा पुत्रमोह में फँसकर ब्राह्मणों को यथेच्छ दक्षिणा नहीं देता, जिससे सर्वमेध यज्ञ का उद्देश्य असफल हो जाता है। वह अपनी सम्पत्ति को मन ही मन अपने और अपने पुत्र में बाँट लेता है। इस बँटवारे में वह कुटिलतापूर्वक स्वयं के लिए निरर्थक और अनुपयोगी वस्तुओं को रखता है और उनका दान करता है जबकि श्रेष्ठ वस्तुओं और पशुओं को पुत्र की हिस्सेदारी के रूप में बचा लेता है। यह देखकर यज्ञ के पुरोहित और वहाँ उपस्थित लोग वाजश्रवा की निन्दा करते हैं।	विद्यार्थी पाठ्यवस्तु के निहित भाव और वाजश्रवा द्वारा ब्राह्मणों को निकृष्ट वस्तुओं और अनुपयोगी गायों के दान के कारण से परिचित होते हैं। वे इस विवरण के मुख्य बिन्दुओं को अपनी अभ्यास पुस्तिका में नोट करते हैं और छात्राध्यापक द्वारा पूछे गए बोध प्रश्नों के उत्तर देते हैं।
		बोध प्रश्न–	
		वाजश्रवा ब्राह्मणों को किस प्रकार की वस्तुएँ दान कर रहा था?	वाजश्रवा ब्राह्मणों को निरर्थक वस्तुएँ और वृद्ध, बीमार व मरणासन्न गाएँ दान कर रहा था।
		वाजश्रवा द्वारा दिए जा रहे दान को देखकर लोग किस प्रकार की बातें कर रहे थे?	लोग दबी ज़बान से वाजश्रवा को कंजूस और कुटिल कह रहे थे।
		लोगों की बातें सुनकर नचिकेता को कैसा अनुभव हुआ?	पिता की लोकनिन्दा सुनकर नचिकेता विचलित हो गया।
	विद्यार्थी उचित भाव और रीति के अनुसार अनुच्छेद का अनुकरण पाठ करते हैं।	नचिकेता ने पिता को संकल्प के विचलित होने के पाप और लोकनिन्दा से बचाने के लिए क्या किया?	नचिकेता ने पिता से आग्रह किया कि वे उसे भी किसी को दक्षिणा के रूप में दे दें।
		छात्राध्यापक विद्यार्थियों को एक-एक करके अनुच्छेद के अंश पढ़ने का निर्देश देता है और अशुद्धियों का निराकरण करता है।	विद्यार्थी अनुच्छेद की पठन विधि का अभ्यास करते हैं।
तृतीय अनुच्छेद का अनुकरण पाठ।	विद्यार्थी बताते हैं कि वाजश्रवा ने नचिकेता को क्या आदेश दिया और बाद में उन्हें कैसा प्रायश्चित्त हुआ।	छात्राध्यापक शुद्ध उच्चारण और उचित गति और हाव-भाव के साथ अनुच्छेद का वाचन करता है।	विद्यार्थी छात्राध्यापक द्वारा पठित अनुच्छेद का श्रवण करते हुए स्वयं भी साथ-साथ मौन वाचन करते हैं।
चतुर्थ अनुच्छेद का आदर्श वाचन। "वाजश्रवा झुंझला उठे.... यमराज के घर।	विद्यार्थी बताते हैं कि वाजश्रवा को क्रोध क्यों आया और नचिकेता को यमराज के पास जाने का आदेश देने का क्या अभिप्राय है।	छात्राध्यापक बताता है कि वाजश्रवा अपने पुत्र के लौकिक कल्याण की योजना को मन में रखकर उसके लिए बहुमूल्य और उपयोगी वस्तुओं का दान नहीं कर रहे थे। नचिकेता उनके इस भाव को समझ गया था। जबकि वाजश्रवा उसे नादान बालक ही मान रहे थे। नचिकेता चाहता था कि उसके पिता पुत्रमोह में फंसकर अपने धर्म से विचलित न हों। इसलिए नचिकेता ने स्वयं को भी किसी को दान देने की बात कही। व्याख्या के उपरान्त छात्राध्यापक बोध प्रश्नों की सहायता से विद्यार्थियों द्वारा अधिगत ज्ञान की परीक्षा करता है।	विद्यार्थी छात्राध्यापक द्वारा बताए गए विवरण के मुख्य बिन्दुओं को अपनी अभ्यास पुस्तिका में नोट करते हैं।

शिक्षण बिन्दु	व्यावहारिक उद्देश्य	अध्यापक क्रिया	विद्यार्थी क्रिया
अनुच्छेद की व्याख्या और बोध प्रश्न।		वाजश्रवा के झुंझलाने का क्या कारण था?	वाजश्रवा मानते थे कि नचिकेता का यह प्रश्न उसकी नादानी है। दूसरी तरफ एक ही प्रश्न को बार-बार सुनकर भी उन्हें झुंझलाहट हो गई।
		नचिकेता ने अपने पिता से एक ही प्रश्न अनेक बार क्यों पूछा?	वाजश्रवा नचिकेता के प्रश्न की अनसुनी कर रहे थे जबकि नचिकेता चाहते थे कि पिता उनकी बात पर ध्यान दें; इसलिए उन्होंने अपना प्रश्न बार-बार दोहराया।
		पिता से यमराज के पास जाने का आदेश सुनकर नचिकेता को कैसा अनुभव हुआ?	नचिकेता को लगा कि उनके पिता के क्रोध के कारण ऐसा उत्तर दिया है।
		वाजश्रवा द्वारा नचिकेता को यमराज के पास जाने का आदेश देने का क्या भावार्थ है?	वाजश्रवा नचिकेता को तुरन्त यज्ञशाला से बाहर भेजना चाहते थे। शायद इसी हड़बड़ी में उन्होंने ऐसा आदेश दिया।

शिक्षण उपकरण	श्यामपट्ट कार्य	मूल्यांकन
चार्ट पेपर	रहस्य या अध्यात्म—उपनिषदों का प्रतिपाद्य विषय।	उपनिषदों की संख्या कितनी है?
	उपनिषदों की संख्या—सौ से अधिक।	वाजश्रवा ऋषि द्वारा आयोजित यज्ञ का नाम बताइए।
	प्रामाणिक उपनिषदों की संख्या—ग्यारह।	प्रज्वलित शब्द का अपने वाक्य में प्रयोग कीजिए।
	वाजश्रवा—नचिकेता के पिता।	'राष्ट्रीय स्वतन्त्रता संग्राम में अनेक सेनानियों ने अपने प्राणों की आहुति दी।' यहाँ आहुति शब्द का क्या तात्पर्य है?
	सर्वमेध यज्ञ—जिस यज्ञ के अन्त में यजमान अपना सब-कुछ दान में दे देता है।	दक्षिणा शब्द का क्या अर्थ है।
चार्ट पेपर	किशोरावस्था—ऐसी उम्र जब बालक न बच्चा रहता है और न जवान हुआ होता है।	सर्वमेध यज्ञ के आरम्भ में वाजश्रवा ने क्या संकल्प लिया था?
		यज्ञ की समाप्ति पर वाजश्रवा ने ब्राह्मणों को कैसी गाएँ दान में दीं?
		आलोचना, कृपणता और पुण्य शब्दों का अपने वाक्यों में प्रयोग कीजिए।

चार्ट पेपर

शब्द	अर्थ
प्रज्वलित	तेज़ी से जली हुई आग।
आहुति	यज्ञ सामग्री।
व्याप्त	समाई हुई (सुगन्धि)
पूर्णाहुति	यज्ञ की समाप्ति।
प्रभूत-दक्षिणा	प्रचुर दक्षिणा।

चार्ट पेपर

शब्द	अर्थ
आलोचना	निन्दा।
किशोर	13 से 19 वर्ष की अवस्था का बालक।
कृपणता	कंजूसी।
पुण्य	अच्छे कर्म का फल।
झुंझलाना	खीझना।

पुनरावृत्ति–वाजश्रवा ऋषि ने स्वर्ग प्राप्ति की इच्छा से सर्वमेध यज्ञ किया। किन्तु इसकी पूर्णाहुति पर उनके मन में पुत्र-मोह जाग उठा। उसने ब्राह्मणों को दक्षिणा में निर्बल, बूढ़ी और बीमार गाएँ दान में देना आरम्भ किया। यज्ञ सभा में उपस्थित लोग वाजश्रवा की आलोचना करने लगे। यह देख-सुनकर वाजश्रवा का पुत्र नचिकेता बहुत दुखी हुआ। अपने पिता को उनकी भूल का अहसास कराने के लिए वह उनके पास पहुँचा और बोला कि पिताजी यज्ञ में तो यजमान अपनी प्रिय से प्रिय वस्तु का दान कर देते हैं। मैं आपका सबसे प्रिय हूँ तो आप मुझे भी किसी को दान में क्यों नहीं दे देते। बार-बार ऐसा कहने से वाजश्रवा खीझ उठे और बोले कि जा मैंने तुझे मृत्यु को दिया। लेकिन जब उन्हें अपनी बात का अर्थ समझ आया, तब तक देर हो चुकी थी।

मूल्यांकन–छात्राध्यापक विद्यार्थियों से निम्नलिखित प्रश्न पूछता है–

- उपनिषदों का प्रतिपाद्य विषय क्या है?
- नचिकेता के पिता का नाम क्या था?
- वाजश्रवा ने किस यज्ञ का अनुष्ठान किया और उसका लक्ष्य क्या था?
- यज्ञ की पूर्णाहुति पर वाजश्रवा का व्यवहार क्यों बदल गया?
- नचिकेता ने वाजश्रवा से क्या प्रश्न पूछा?

गृहकार्य–निम्नलिखित प्रश्नों के उत्तर दीजिए–

- यज्ञ की समाप्ति पर वाजश्रवा को किस मोह ने घेर लिया?
- नचिकेता अपने पिता के किस व्यवहार के कारण दुखी हो गया था?
- नचिकेता के अनुसार दक्षिणा का क्या रूप होना चाहिए था?
- नचिकेता ने अपने पिता से बार-बार क्या पूछा?
- नचिकेता के प्रश्नों से झुँझलाकर वाजश्रवा ने क्या कहा?

प्रश्न

1. गद्य को परिभाषित कीजिए। गद्य साहित्य की विशेषताओं का परिचय दीजिए।
2. गद्य शिक्षण के प्रकारों का परिचय दीजिए। प्रत्येक प्रकार की विशेषताओं की सूची बनाइए।
3. सूक्ष्म अध्ययन और विस्तृत अध्ययन में अन्तर स्पष्ट कीजिए।
4. सूक्ष्म अध्ययन के पाठों के शिक्षण के लिए किन सोपानों का अनुपालन किया जाता है?
5. गद्य शिक्षण की संयुक्त विधि से क्या तात्पर्य है?
6. माध्यमिक और उच्च कक्षाओं के विद्यार्थियों के लिए गद्य शिक्षण की उपयोगिता पर टिप्पणी कीजिए।
7. गद्य शिक्षण के सामान्य उद्देश्यों का उल्लेख कीजिए। इन उद्देश्यों से भाषा के प्रभावी उपयोग में कैसे सहायता मिलती है?
8. मातृभाषा के रूप में गद्य शिक्षण की परम्परागत और आधुनिक विधियों का सविस्तार परिचय दीजिए।
9. माध्यमिक कक्षाओं में गद्य शिक्षण के लिए किन सोपानों का अनुपालन किया जाता है? क्रमशः उल्लेख कीजिए।
10. नए और कठिन शब्दों के अर्थापन के लिए प्रयोज्य विधियों का विवरण दीजिए। क्या इन विधियों से सभी प्रकार के कठिन प्रश्नों के अर्थापन में सहायता मिलती है?

20

व्याकरण शिक्षण प्रविधि

प्रकरण का उद्देश्य

किसी भी भाषा को व्यवस्थित और नियमित करने में व्याकरण का अप्रतिम योगदान होता है। हिन्दी का व्याकरण अनेक समकालीन भाषाओं के व्याकरणों से अधिक सक्षम, व्यापक और समृद्ध है। इसका एक कारण है कि इनके सन्दर्भों में संस्कृत से लेकर अंग्रेज़ी तक के अनेक प्रत्यय शामिल हैं, जो हिन्दी भाषा को अधुनातन और प्रगतिशील बनाने में प्रभावशाली भूमिका निभाते हैं। इस कारण हिन्दी व्याकरण के सन्दर्भ संख्या की दृष्टि से अधिक और प्रभाव की दृष्टि से व्यापकतर हैं। इन सन्दर्भों का शिक्षण भी उतना ही विविधतापूर्ण और प्रयाससाध्य है। यही कारण है कि हिन्दी व्याकरण के शिक्षण के लिए प्रचलित विधियों को परम्परागत और अधुनातन; इन दो विभागों के अन्तर्गत रखा जाता है। सफल व्याकरण शिक्षण के लिए इन सभी के ज्ञान और अभ्यास की आवश्यकता होती है।

भाषा सामाजिक सम्पत्ति है। इसका अर्थ है कि उच्चारण, शब्द, वाक्यादि सभी सन्दर्भों में उसके सभी प्रयोक्ता समान नियमों का पालन करते हैं। बाहरी तौर पर महसूस न होने पर भी हर भाषा अनेक नियमों और व्यवस्थाओं में आबद्ध होती है। कोई भी भाषा इन अन्तर्निहित नियमों के बिना संचालित नहीं होती। ये नियम घोषित भी हो सकते हैं और अघोषित भी। यहाँ तक कि छोटे समूहों द्वारा व्यवहृत उपभाषाएँ भी कतिपय नियमों का अनुपालन करती हैं। जब तक भाषा के सभी प्रयोक्ता इन अन्तर्हित नियमों को स्वीकार नहीं करते; तब तक भाषा निश्चित तथ्यों, भावों और विचारों का सम्प्रेषण नहीं कर सकती।

भाषागत नियम न केवल इसके शब्दों और वाक्यों को उच्चारण, स्वरूप और अर्थ प्रदान करते हैं बल्कि अनेक प्रकार की शैलियों से भी समृद्ध करते हैं। इनसे भाषा अधिक सक्षम और प्रचलित होती है। इन्हीं नियमों से भाषा के स्वरूप को स्थायित्व मिलता है। ये सभी तत्त्व व्याकरण के अन्तर्गत आते हैं। संक्षेप में कहें तो भाषा के मौलिक सर्वमान्य तथा तर्कसंगत रूप को बनाए रखने के लिए निर्धारित नियम व्याकरण हैं। महर्षि पतंजलि ने अपनी विख्यात कृति 'महाभाष्य' में व्याकरण को 'शब्दानुशासन' कहा है जिसका तात्पर्य है कि व्याकरण भाषा को नियमों की परिधि में बाँधने वाले वाली व्यवस्था है।

व्याकरण की परिभाषा

व्याकरण शब्द की व्युत्पत्ति वि + आ उपसर्ग, कृ धातु और ल्युट् प्रत्यय के संयोग से हुई है। महामुनि यास्क ने इसकी परिभाषा में कहा है--''व्याक्रियन्ते व्युत्पद्यन्ते शब्दाः येन असौ व्याकरणं''। इसका भाव है जिस प्रक्रिया द्वारा भाषा के शब्दों की सिद्धि हो वह व्याकरण है। अंग्रेज़ी वैयाकरण डॉ. स्वीट ने व्याकरण को भाषा के व्यावहारिक विश्लेषण के रूप में परिभाषित किया है। इस परिभाषा को और स्पष्ट करते हुए बोर्ड ऑफ इंगलिश एजुकेशन की द टीचिंग ऑफ इंगलिश पुस्तक में व्याकरण को 'भाषा की संरचना का विवरण' बताया गया है।

Grammar is the practical analysis of a language, its anatomy—Dr. Sweet—English Grammar. Grammar is nothing more but the description of the structure of a language-board of Education—The Teaching of English.

व्याकरण के कार्य

भाषा का प्रयोग किसी भी व्यक्ति को सफल, लोकप्रिय, और माननीय बनाने में महत्त्वपूर्ण भूमिका निभाता है। सभ्य, सक्षम और लक्ष्यबद्ध भाषा का प्रयोग सहज नहीं अपितु प्रयास साध्य है। इसीलिए भाषा अधिगम को अभ्यास और कौशल कहा जाता है। प्रत्येक भाषा में अन्तर्हित कुछ तत्त्व उसे सशक्त और प्रभावशाली बनाते हैं जिन्हें समझने और अपनाने वाले व्यक्ति सफलता के शिखरों पर छा जाते हैं। भाषा के ऐसे रहस्यों से परिचित होने और उनका सदुपयोग करने के लिए व्याकरण का ज्ञान आवश्यक है। इस अर्थ में व्याकरण भाषा सीखने नहीं अपितु उसके शुद्ध, कुशल और प्रभावशाली प्रयोग का विज्ञान है। चूँकि व्याकरण साधन है, साध्य नहीं; इसलिए व्याकरण का प्रयोग केवल ज्ञान और विश्लेषण के लिए नहीं, अपितु भाषा को उपयोगी और प्रभावी बनाने के लिए किया जाना चाहिए। व्याकरण के नियम सीख कर भाषा नहीं सीखी जाती बल्कि भाषा के सटीक और प्रभावशाली उपयोग के लिए व्याकरण सीखा जाता है।

सामान्यतः मातृभाषा के रूप में भाषा का अधिगम पूर्णतः व्याकरण निरपेक्ष है। अर्थात् भाषा के आरम्भिक अधिगम, अभ्यास और प्रयोग के लिए व्याकरण का ज्ञान अनिवार्य नहीं है। लेकिन यदि भाषा की प्रकृति और शुद्धस्वरूप को समझना हो तो व्याकरण की आवश्यकता अनुभव होती है। भाषा की शुद्धता, सटीकता और उपयुक्तता को जानने और प्रमाणित करने के लिए व्याकरण एक मात्र उपाय है। भाषा के सटीक और प्रभावशाली उपयोग द्वारा जीवन और व्यवहार के किसी भी उद्देश्य की प्राप्ति सरल हो जाती है। सहज और व्याकरणसम्मत भाषा सदैव हृदयहारी और आनन्दप्रद होती है। व्यावहारिक दृष्टि से व्याकरण भाषा को साधने, बाँधने और बचाने का उपकरण है। व्याकरण के परिचय और उपयोगिता को विस्तार से जानने के लिए इसे कतिपय शीर्षकों के अन्तर्गत देखना उपयोगी होगा–

शुद्ध उच्चारण का ज्ञान–भाषा के उच्चारण पक्ष पर अधिकार के लिए व्याकरण वर्णों (स्वर और व्यंजनों) के उच्चारण स्थानों, उच्चारण-अवयवों, और उच्चारण-विधियों का ज्ञान कराता है। इस ज्ञान का प्रयोग अशुद्ध उच्चारण अभ्यासों के निराकरण और शुद्ध उच्चारण के अभ्यास के लिए किया जा सकता है। अन्य भाषा-भाषियों द्वारा हिन्दी-प्रयोग, क्षेत्रीय प्रभावों और लहजे के कारण उत्पन्न होने वाली उच्चारण अशुद्धियों के सुधार के लिए व्याकरण के इस पक्ष का उपयोग किया जाता है।

शब्दों के स्वरूप का ज्ञान–भाषा व्यवहार के दौरान जिन शब्दों का प्रयोग हम करते हैं, उनका शुद्धरूप क्या है? लिंग, वचन और कारक के सन्दर्भ में उनकी स्थिति क्या है? ऐसे प्रश्नों का समाधान केवल व्याकरण ही कर सकता है। भाषा के अनेक शब्द परस्पर समरूप होते हैं या दिखाई देते हैं, जबकि उनके अर्थ और प्रयोग काफी भिन्न होते हैं। ऐसे शब्द-समूहों के अन्तर को स्पष्ट करना व्याकरण का कार्य है। व्याकरण के अन्तर्गत हम समानार्थी-विपरीतार्थी, तत्सम-तद्भव, एकार्थी-अनेकार्थी और पारिभाषिक शब्दों की व्यवस्था, व्युत्पत्ति और प्रयोग विधि को जान सकते हैं। इस प्रकार के शब्दों को हिन्दी का प्राणतत्त्व कहा जाता है।

इस कोटि के शब्दों के स्वरूप को व्याकरण की मदद से ही समझा जा सकता है। दूसरी ओर देसी-विदेशी और संकर शब्दों के स्वीकृत रूपों को जानने-समझने में भी व्याकरण की सक्रिय भूमिका है। इस प्रसंग में एक अन्य तथ्य का ज्ञान उपयोगी होगा कि भाषा यद्यपि लोकाधीन सम्प्रेषण माध्यम है लेकिन राजभाषा और राष्ट्रभाषा के रूप में वह एक राष्ट्रीय संसाधन भी है। इसलिए उसके स्वरूप को निरन्तर विकास और मानकीकरण की प्रक्रिया से गुज़रना होता है। भारतवर्ष में एन.सी.ई.आर.टी., केन्द्रीय हिन्दी निदेशालय और वैज्ञानिक तथा तकनीकी शब्दावली आयोग जैसी संस्थाएँ हिन्दी शब्दों के सृजन और मानकीकरण की दिशा में कार्यरत हैं। इस प्रक्रिया में शब्दों के रूप, अर्थतत्त्व और प्रयोग के निर्धारण में व्याकरण के नियमों का उपयोग किया जाता है।

शुद्ध वर्तनी का प्रयोग–वर्तनी का अर्थ है उच्चारण के अनुरूप शब्दों को लिखने की प्रक्रिया। इस क्षेत्र में व्याकरण वर्णों अर्थात् स्वरों, व्यंजनों और अक्षरों के मेल से शब्दों की शुद्धलेखन पद्धति का मार्गदर्शक है। वर्णों के आकार, सन्तुलित बनावट

और मात्राओं की दिशा और स्थान का ज्ञान भी व्याकरण द्वारा ही होता है। शब्दों में वर्णक्रम, अक्षर से अक्षर के अन्तर और वाक्यों में शब्द-क्रम और शब्द से शब्द की दूरी के निर्धारण में व्याकरण का पर्याप्त हस्तक्षेप है। ध्यान देने योग्य बात है कि भाषा में वर्तनी की शुद्धता एक संवेदनशील विषय है क्योंकि इसके अभाव में भाषा अपने मौलिक उद्देश्य अर्थात् भाव-सम्प्रेषण में विफल हो जाती है। हम जो तथ्य, सूचना या भाव लिखित भाषा के माध्यम से अभिव्यक्त करना चाहते हैं; वर्तनी की अशुद्धता के कारण वह स्खलित हो जाता है। इस तथ्य से भाषा में वर्तनी की शुद्धता की अनिवार्यता स्थापित हो जाती है।

सटीक वाक्य संयोजन—वाक्य किसी भाषा की सबसे छोटी व्यावहारिक इकाई है। भाषा के माध्यम से विचार सम्प्रेषण वर्णों या शब्दों नहीं अपितु वाक्यों के माध्यम से होता है। यदि हम प्रश्न के रूप में 'आप?' या उत्तर के रूप में 'हाँ' जैसे शब्दों का प्रयोग भी करते हैं तो तात्कालिक सन्दर्भ में वे शब्द नहीं अपितु वाक्य ही होते हैं। प्रत्येक भाषा की अपनी वाक्य संरचना होती है। भाषा के व्यावहारिक उपयोग के लिए इस पक्ष का ज्ञान अनिवार्य होता है। वाक्य संरचना के ज्ञान से भाषा के शुद्ध और सर्वमान्य प्रयोग में सुविधा होती है। वाक्यों के भेदों और प्रकारों के उपयोग के लिए वाक्य संरचना का ज्ञान और अभ्यास अनिवार्य है।

भाषा का नियमन—प्रत्येक भाषा अपने प्रयोक्ताओं द्वारा उद्भूत और विकसित होती है; लेकिन उसमें एकरूपता और निश्चितता लाकर मान्यता और चिरजीविता दिलाना व्याकरण का दायित्व है। जो भाषा निश्चित नियमों और प्रक्रियाओं से आबद्ध नहीं होती, वह उपभाषा या बोली के स्तर तक ही सीमित रहती है और उसका भाषा-क्षेत्र और जीवन-काल सीमित हो जाता है। हिन्दी जो आज हमारी राजभाषा और राष्ट्रभाषा है, कभी केवल दिल्ली और आस-पास के क्षेत्र की उप-भाषा हुआ करती थी। लेकिन संस्कृत से निकटता के कारण उसकी शब्दावली सक्षम और व्यापक थी और संरचना व्याकरणसम्मत और सुनिश्चित थी। इन्हीं विशेषताओं के चलते यह भारत जैसे विशाल देश की राजभाषा और राष्ट्रभाषा है। व्याकरणसम्मतता के चलते ही हिन्दी आज दुनिया की सर्वाधिक प्रयुक्त भाषाओं में शुमार है और संयुक्त राष्ट्र संघ की आधिकारिक भाषा बनने में सक्षम है।

वर्णमाला से वाक्य-विन्यास तक व्यवस्थित और नियमित होने के कारण ही हिन्दी को स्वतन्त्रता संघर्ष के दौर से ही राजनीति, समाज और अन्य महत्त्वपूर्ण क्षेत्रों में उपयोग के लिए उपयुक्त समझा गया। अपनी इन्हीं विशेषताओं के कारण खड़ी बोली हिन्दी अपनी समकक्ष बोलियों से आगे बढ़कर राजभाषा और राष्ट्रभाषा के पदों पर विराजमान हो गई है। आज हिन्दी के पास संस्कृत व्याकरण के सुदृढ़ आधार के साथ-साथ अंग्रेज़ी व्याकरण का सान्निध्य भी है। इन कारणों से हिन्दी का निश्चित और सुव्यवस्थित स्वरूप बन पाया है। भाषा के विकास और प्रसार में व्याकरण के योगदान का हिन्दी से बेहतर उदाहरण अन्यत्र दुर्लभ है। व्याकरण शास्त्र के अन्तर्गत भाषा सम्बन्धी नियमों का कथन भाषा को स्थिरता और चिरजीविता प्रदान करता है।

भ्रम निवारण—भाषायी संक्रमण के हालिया दौर में संसार की अन्यान्य भाषाओं और उप-भाषाओं के बीच शब्दों का आदान-प्रदान और रूपान्तरण बहुत स्वाभाविक है। इसी के साथ उनके मूलरूप में सुविधा, सरलता और उपयोगिता की दृष्टि से बदलाव की प्रक्रिया भी पूरे ज़ोरों पर है। इस प्रक्रिया से भाषा का दायरा और उपयोगिता में तो विस्तार होता है लेकिन भाषा की सहजता और उसके मानक स्वरूप पर प्रतिकूल असर होता है। परिणामतः हम जब भी शुद्ध भाषारूप के प्रयोग का प्रयास करते हैं; कुछ भ्रम या विवाद अनिवार्य रूप सामने आ खड़े होते हैं। इनके निवारण के लिए व्याकरण की भूमिका निर्णायक है। व्याकरण हमें शब्दों की व्युत्पत्ति, शुद्धरूप, वर्तनी, लिंग, वचन, काल, कारण इत्यादि सभी पक्षों से जुड़े भ्रमों के निवारण और निराकरण में सहयोग देता है।

व्याकरण शिक्षण के सामान्य उद्देश्य

व्याकरण शिक्षण के सामान्य उद्देश्य

प्रकरण के अभ्यास द्वारा विद्यार्थियों को—

- वर्णों और अक्षरों के उच्चारण, उच्चारण-नियमों, भेदों और उनके सूक्ष्म अंतरों का ज्ञान कराना।
- शब्दों के शुद्ध रूप, वर्तनी, उच्चारण विधि और विभिन्न भेदों से परिचित कराना।
- शब्दों, सूक्तियों, मुहावरों, लाकोक्तियों, पारिभाषिक व तकनीकी शब्दों और उनके सन्दर्भानुकूल अर्थों और प्रयोगों का ज्ञान कराना।

- वाक्य-रचना, वाक्य-रचना के नियमों, वाक्य-विन्यास व विराम चिह्नों के शुद्ध प्रयोग का अभ्यास कराना।
- भाव, प्रसंग व स्थिति के अनुरूप शब्दों, सूक्तियों और मुहावरों आदि के प्रयोग का ज्ञान कराना।
- मौखिक और लिखित अभिव्यक्ति की सर्वमान्य भापा के प्रयोग में दक्ष करना।
- भाषा के गुणों तथा दोषों की परख करने योग्य बनाना।

विद्यार्थियों में–

- शुद्ध भाषा सीखने और प्रयोग करने के लिए रुचि उत्पन्न करना।
- भाषा के शुद्धरूप के प्रति आस्था जागृत करना और इस माध्यम से मानसिक अनुशासन की स्थापना करना।
- भाषा को अव्यवस्थित तथा उच्छृंखल होने से रोकना और उसके मानक रूप को सुरक्षित रखना।

व्याकरण शिक्षण के प्रकार

भाषा का विकास परिवार और परिवेश के साथ सान्निध्य से होता है। यह भाषा सहज किन्तु अपरिष्कृत होती है। विद्यालय की भाषा पारिवारिक भाषा से अधिक शुद्ध और सटीक होती है। फिर भी भाषा के मानक और यथार्थ रूप के परिचय और अभ्यास के लिए विद्यालय में व्याकरण का शिक्षण किया जाता है। पूर्व प्राथमिक स्तर पर विद्यार्थियों को व्याकरण की शिक्षा प्रायः नहीं दी जाती क्योंकि इस स्तर तक विद्यार्थियों के आधारभूत भाषा कौशलों का अपेक्षित विकास नहीं होता। व्याकरण का विधिवत् शिक्षण उच्च प्राथमिक स्तर पर आरम्भ होता है। इसके लिए दो प्रकार के उपाय किए जाते हैं। इनका परिचय यहाँ दिया जा रहा है–

अनौपचारिक व्याकरण शिक्षण–भाषा का प्रथम अभ्यास परिवार और प्रतिवेशियों के सान्निध्य से होता है। बालक वैसी ही भाषा विकसित करता है जैसी भाषा वह सुनता है। बालक में सही और शुद्ध भाषा प्रयोग का कौशल विकसित करने के लिए माता-पिता और अन्य परिवारजनों को शुद्ध भाषा का प्रयोग करना चाहिए। इस प्रकार के परिवेश में पले-बढ़े बालक की भाषा स्वयमेव शुद्ध होगी। लेकिन अशिक्षित परिवेश में रहने वाले बालकों को यह सुविधा प्राप्त नहीं होती। इसलिए उनकी भाषा अपरिष्कृत रह जाती है।

भाषा के विषय में बालक के स्वावलम्बी हो जाने तक उसे व्याकरणशास्त्रीय नियमों में नहीं उलझाना चाहिए। ऐसा करने से बालक के सामान्य भाषायी कौशलों का विकास बाधित हो जाता है। भाषा अधिगम का विकास सुनने और समझने से होता है। यदि अभिभावक और शिक्षक बालक में सही भाषा प्रयोग करने के प्रति उत्सुक हैं तो उन्हें अपनी भाषा में शुद्धता और सटीकता लानी होगी।

मैकॉले के अनुसार 'मनुष्य उसी भाषा का पण्डित हो सकता है जिसे उसने पहले और उसके व्याकरण को बाद में सीखा हो।' व्याकरण सिखाने की पद्धति कभी मात्रेतर भाषाओं के ज्ञान के लिए प्रयोग की जाती थी किन्तु अमनोवैज्ञानिक होने के चलते आज यह अनुपयोगी सिद्ध हो चुकी है। यह पद्धति न तो सरल और व्यावहारिक है और न उपयोगी। इसलिए सर्वसम्मत नियम है कि व्याकरण का ज्ञान व्यावहारिक भाषा के साथ-साथ होना चाहिए।

औपचारिक व्याकरण शिक्षण

औपचारिक व्याकरण शिक्षण का तात्पर्य है शिक्षक द्वारा पुस्तक की सहायता से व्याकरण के सन्दर्भों का शिक्षण। इस पद्धति में व्याकरण के सन्दर्भों को सरल से कठिन के क्रम में व्यवस्थित कर लिया जाता है। इसके बाद एक के बाद दूसरे सन्दर्भ का शिक्षण किया जाता है। इस प्रक्रिया में व्याकरण शिक्षण को अनेक स्तरों में विभाजित किया जा सकता है, जिनका परिचय इस प्रकार है–

प्राथमिक स्तर पर–प्राथमिक कक्षाओं में मातृभाषा-शिक्षण के दौरान बिना किसी पुस्तक की सहायता लिए भाषा के मानक स्वरूप का ज्ञान कराया जाना चाहिए। इस प्रक्रिया में नियमों या सिद्धान्तों का उल्लेख किए बिना विद्यार्थियों को भाषा के ठीक रूप का परिचय और अभ्यास कराया जाता है। मौखिक भाषा का संशोधन ठीक उच्चारण और सटीक शब्दों के प्रयोग का निर्देश देकर और लिखित भाषा का सुधार अभ्यास कार्य के माध्यम से किया जाता है। इस विधि से विद्यार्थी नियमों का नहीं अपितु सही भाषा का अभ्यास विकसित करते हैं जो व्याकरण का मूल उद्देश्य है।

उच्च प्राथमिक स्तर पर—छठी कक्षा से सामान्य भाषा-शिक्षण के साथ-साथ व्याकरण की पुस्तक द्वारा सरल से कठिन के नियमानुसार व्याकरण शिक्षण कराया जा सकता है। इस अवस्था तक विद्यार्थियों के मूलभूत भाषा कौशलों का विकास हो जाता है और वे भाषा के सम्बन्ध में अमूर्त बिम्बों के अधिगम और अभ्यास के लिए सक्षम हो जाते हैं। हिन्दी भाषा में व्याकरण के अनेक स्तर हैं। एक स्तर वर्ण, शब्द और वाक्य जैसी आधारभूत भाषा संरचनाओं के विषय में सामान्य विवरण का है। इसका परिचय प्रायः प्रथम कक्षा से ही आरम्भ हो जाता है। इसी के अन्तर्गत विद्यार्थी स्वरमाला, व्यंजनमाला, मात्राओं, बारहखड़ी और श्रुतलेख का अभ्यास करते हैं। बाद में इसी के अग्रिम चरण के रूप में उच्चरण स्थानों, शब्दभेदों और वाक्य के प्रकारों का परिचय और अभ्यास कराया जाता है।

माध्यमिक स्तर पर—माध्यमिक स्तर पर मातृभाषा पर पूर्ण अधिकार हो जाने के बाद जब विद्यार्थी अमूर्त बिम्बों को समझने योग्य हो जाए तब व्याकरण के शास्त्रीय पक्षों का ज्ञान कराया जाना चाहिए। इन क्रम में शब्द शक्तियों, सन्धि, समास, छन्द, अलंकार इत्यादि का परिचय और अभ्यास कराया जा सकता है। इन नियमों के ज्ञान से एक ओर तो भाषा की आधारभूत संरचना का बोध होता है तो दूसरी ओर भाषा को अधिकाधिक सक्षम और चमत्कारिक बनाने की योग्यता भी विकसित होती है। इन तत्वों के ज्ञान के उपरान्त ही कोई विद्यार्थी भाषा पर वास्तविक अधिकार कर पाता है।

व्याकरण शिक्षण की पारम्परिक विधियाँ

शास्त्रीय/सैद्धान्तिक विधि

यह विधि संस्कृत व्याकरण शिक्षण की पारम्परिक विधि है। हिन्दी के शिक्षक भी व्याकरण शिक्षण के लिए इस विधि का उपयोग करते रहे हैं। इस विधि के अन्तर्गत शिक्षक मौखिक अथवा पुस्तक द्वारा विद्यार्थियों को व्याकरण के नियम कण्ठस्थ कराता है। इसके उपरान्त उदाहरण और अभ्यास द्वारा व्याकरण का विधिवत् शिक्षण किया जाता है।

शास्त्रीय विधि का मूल्यांकन

यह व्याकरण शिक्षण की परम्परागत विधि है। बहुत समय तक संस्कृत और हिन्दी व्याकरण की शिक्षा के लिए विद्यालयों में इस विधि का प्रयोग होता रहा, किन्तु मनोवैज्ञानिक सिद्धान्तों से निरपेक्ष और कठिन से सरल के असहज नियम पर आधारित होने के कारण आज इस विधि को प्रशंसित नहीं माना जाता। प्राथमिक कक्षाओं के विद्यार्थियों को व्याकरण से परिचित कराने के लिए यह सर्वथा अनुपयुक्त है।

प्रयोगात्मक विधि

यह विधि व्याकरण के अनौपचारिक शिक्षण के लिए प्रयोग की जाती है। इसके अन्तर्गत विशेषतः व्याकरण का शिक्षण न करके नियमित भाषा-शिक्षण के दौरान लिखित अथवा पठित भाषा की अशुद्धियों के संशोधन के माध्यम से व्याकरण से परिचित कराया जाता है। इस प्रक्रिया के अन्तर्गत शिक्षक प्रस्तुत सन्दर्भ में नियमों का उद्धरण देकर भाषा के शुद्धरूप से परिचय कराता है। इस क्रम में व्याकरण के नियम बताने पर कम और भाषा की शुद्धता पर अधिक बल दिया जाता है।

प्रयोगात्मक विधि का मूल्यांकन

साधारण तौर पर तो यह विधि सरल और व्यावहारिक प्रतीत होती है किन्तु सैद्धान्तिक रूप से यह व्याकरण शिक्षण की नकारात्मक विधि है। इसका कारण है कि इस विधि में विद्यार्थी गलती करने पर ही व्याकरण के नियमों का ज्ञान पाता है। यदि वह किसी सन्दर्भ में शिक्षण-अधिगम प्रक्रिया में सहभागी न हो तो उसके व्याकरण सीखने की कोई संभावना नहीं रहती। इसे कहा जाता है कि 'गंगा में गिरे तो लगे नहाने'।

प्रासंगिक विधि

मूलरूप से यह विधि भी प्रयोगात्मक विधि के समान है किन्तु इस विधि के अन्तर्गत व्याकरण के शास्त्रीय पक्षों का ज्ञान कराया जाता है। इन तत्त्वों के एक बार ज्ञान से प्रसंग को स्पष्ट किया जा सकता है। ध्यातव्य बात है कि इन नियमों और

तत्त्वों का शिक्षण बिना उदाहरण और प्रसंग के नहीं किया जा सकता। इन नियमों में मुख्यतः छन्द और अलंकारों को रखा जा सकता है। जब तक दोहा छन्द या उपमा अलंकार का प्रसंग सामने न हो तब तक उसके वर्णों की गणना और अन्य उदाहरणों से उस नियम का उदाहरण दे पाना सम्भव नहीं होता।

प्रासंगिक विधि का मूल्यांकन

इस विधि को व्याकरण शिक्षण की सकारात्मक विधि माना जाता है। ऐसा इस विधि के विषयभूत सन्दर्भों के कारण है। जब विद्यार्थी छन्द और अलंकार जैसे सन्दर्भों का अध्ययन करते हैं तभी उन्हें सम्बद्ध नियमों का ज्ञान कराया जाता है तो अधिगम और बोध सरल होता है। इस विधि से नियमों का ज्ञान कराने से भाषा योग्यता का सहज विकास होता है और प्रसंग अधिक समय तक ध्यान में रहता है।

व्याकरण शिक्षण की अधुनातन विधियाँ

शिक्षण विधियों के विकास क्रम में व्याकरण शिक्षण की विधियों पर भी शोध हुए और सरल तथा प्रभावी विधियों का आविर्भाव हुआ। ये विधियाँ न केवल शिक्षण विधि के सन्दर्भ में परम्परागत विधियों से सरल और प्रभावी हैं अपितु विद्यार्थियों के लिए भी उनका अधिगम अधिक सहज और सरल है। इस प्रकार की कुछ विधियों का परिचय यहाँ प्रस्तुत है—

निगमन विधि

यह विधि अंग्रेज़ी व्याकरण शिक्षण की DEDUCTIVE विधि से प्रेरित है। इसका तात्पर्य है व्याकरण शिक्षण के दौरान पहले विद्यार्थियों को नियम बताना, फिर उपयुक्त उदाहरण प्रस्तुत करके उन्हें स्पष्ट करना। उदाहरण के लिए संज्ञा के शिक्षण के लिए पहले बताना कि 'संज्ञा किसी व्यक्ति, वस्तु या स्थान के नाम को कहा जाता है। जैसे अमिताभ, कम्प्यूटर या इलाहाबाद। इस विधि में शिक्षण-अधिगम प्रक्रिया में शिक्षक और विद्यार्थी सहभागी होते हैं। शिक्षक शिक्षण का आरम्भ करता है किन्तु विद्यार्थियों के सक्रिय सहयोग के बिना यह कार्य सम्पन्न नहीं होता। इस गतिविधि में विद्यार्थियों को शंका समाधान का पर्याप्त अवसर होता है।

निगमन विधि का मूल्यांकन

व्याकरण के नियमों के क्रमशः प्रस्तुतिकरण, पर्याप्त उदाहरण तथा अभ्यास के कारण इस विधि को प्रशंसनीय कहा जाता है। किन्तु दूसरी ओर नियमों के पहले प्रस्तुतिकरण, उनके कण्ठस्थीकरण और अज्ञात से ज्ञात या नियम से उदाहरण की ओर गति के कारण इसे अवैज्ञानिक शिक्षण विधि माना जाता है। विद्यार्थियों को मौलिक चिन्तन, निरीक्षण तथा नियमीकरण का अवसर न मिलना इस विधि का सबसे बड़ा दोष है।

आगमन विधि

इस विधि का प्रणयन अंग्रेज़ी व्याकरण शिक्षण की INDUCIVE विधि के अनुकरण से हुआ है। इन विधि में व्याकरण शिक्षण की विधि सीधे तौर पर निगमन विधि के विपरीत है। इस क्रम में प्रथम गतिविधि है—प्रश्नों अथवा वक्तव्यों के माध्यम से उदाहरणों का प्रस्तुतिकरण। इसके बाद प्रस्तुत उदाहरणों का विश्लेषण किया जाता है। उनमें समान तत्वों की खोज की जाती है और इस विधि से विद्यार्थियों को नियम खोजने के लिए प्रेरित किया जाता है। इसके बाद विद्यार्थी स्वयं व्याकरण के नियमों का प्रस्तुतिकरण करते है। अगले चरण में प्रस्तुत नियमों को सबसे पहले प्रस्तुत नियमों पर लागू करके देखा जाता है। इस चरण को सामान्यीकरण कहा जाता है। अन्त में विद्यार्थी और शिक्षक मिलकर नियम तथा उदाहरणों का पारस्परिक विश्लेषण करते हैं।

आगमन विधि का मूल्यांकन

आगमन विधि सरल से कठिन, ज्ञात से अज्ञात, स्थूल से सूक्ष्म तथा विशिष्ट से सामान्य के शिक्षण नियम के अनुरूप होने के कारण व्याकरण शिक्षण की प्रशंसनीय विधि मानी जाती है। इस विधि में विद्यार्थियों को स्वयं अपनी जिज्ञासा के शमन,

अन्वेषण और विश्लेषण का पर्याप्त अवसर प्राप्त होता है। साथ ही व्याकरण के नियमों के प्रयोग, अभ्यास और समान स्थितियों में उनके उपयोग का अवसर प्राप्त होता है। प्रयोग तथा अभ्यास के अधिक अवसर उपलब्ध होने के कारण भी यह व्याकरण शिक्षण की उत्तम विधि है।

समवाय विधि

इस विधि का अपर नाम सहयोग विधि भी है। इस विधि के अन्तर्गत भाषा-शिक्षण के दौरान मौखिक अथवा लिखित कार्य कराते समय यथाप्रसंग नियमों का ज्ञान कराया जाता है। इस विधि में पठन, मौखिक सम्भाषण, व्याख्या, पत्र और निबन्धादि के लेखन के दौरान विद्यार्थियों को व्याकरण के व्यावहारिक पक्षों का ज्ञान और अभ्सास कराया जाता है।

समवाय विधि का मूल्यांकन

इस विधि का सर्वप्रमुख गुण विषयवस्तु के साथ ही व्याकरण का ज्ञान है। इस विधि द्वारा प्राथमिक और उच्च प्राथमिक कक्षाओं के विद्यार्थियों को बिना विशेष उपक्रम के व्याकरण का व्यावहारिक ज्ञान कराया जा सकता है। पाठ्यवस्तु के साथ ही व्याकरण का भी ज्ञान होने के कारण यह व्याकरण शिक्षण की उपयोगी तथा रुचिकर विधि है। किन्तु दूसरी ओर इस विधि की सीमा है कि इसके माध्यम से व्याकरण का नियमित, पूर्ण तथा व्यवस्थित ज्ञान नहीं कराया जा सकता। विषयवस्तु के साथ ही व्याकरण का ज्ञान कराने से दोनों ओर से ध्यान भंग होने के कारण दोनों पक्षों की हानि होती है। समुचित और व्यवस्थित व्याकरण शिक्षण के अभाव में भाषा की शुद्धता अथवा अशुद्धता के विषय में पूर्ण तथा सटीक निर्णय ले पाना भी सम्भव नहीं होता।

भाषा-संसर्ग विधि

जिस प्रकार भोजन करने के लिए समस्त खाद्य और पेय पदार्थों की उत्पादन तथा निर्माण विधि को जानना ज़रूरी नहीं है उसी प्रकार शुद्ध तथा सर्वमान्य भाषा सीखने के लिए व्याकरण का विधिवत् अध्ययन भी अनिवार्य नहीं है। शिक्षण तथा व्यवहार के दौरान भाषा के शुद्धरूप के अनुकरण तथा अभ्यास का अवसर देकर विद्यार्थियों को भाषा के व्याकरण सम्मत रूप का परिचय दिया जा सकता है। इस विधि के अन्तर्गत व्याकरण के नियमों के उल्लेख और अभ्यास की आवश्यकता नहीं समझी जाती। शिक्षक का पूरा ध्यान शुद्ध और सटीक भाषा के विकास पर केन्द्रित होता है।

भाषा-संसर्ग विधि का मूल्यांकन

प्राथमिक स्तर पर व्याकरण सम्मत भाषा का ज्ञान प्रदान कराने के लिए इस विधि को उचित माना जा सकता है इस स्तर के विद्यार्थी व्याकरण के नियमों के ज्ञान और अभ्यास में सक्षम नहीं होते। किन्तु उच्च कक्षाओं में व्याकरण सम्बन्धी नियमों की अधिकता तथा जटिलता के कारण यह विधि पूर्णतः उपयुक्त नहीं मानी जाती। इस स्तर पर यदि पुस्तक के माध्यम से व्याकरणशास्त्रीय नियमों का विधिवत् परिचय और अभ्यास न कराया जाए तो विद्यार्थियों में भाषा के व्याकरण पक्ष का बोध विकसित नहीं हो पाएगा।

पाठ्य पुस्तक विधि

इस विधि के अन्तर्गत उच्च प्राथमिक कक्षा के विद्यार्थियों को पुस्तक के माध्यम से व्याकरण के सरल सन्दर्भों से परिचित कराया जाता है। इस प्रक्रिया में व्याकरण शिक्षण के लिए नियम बताने, कण्ठस्थ कराने और अभ्यास की गतिविधियाँ संचालित होती हैं। शिक्षक और विद्यार्थी पाठ्यपुस्तक के माध्यम से उन व्याकरणिक सन्दर्भों से परिचित हो जाते हैं जो कक्षा में पढ़े जाने हैं।

पाठ्य पुस्तक विधि का मूल्यांकन

पाठ्य पुस्तक विधि व्याकरण के पूर्ण, युक्तिसंगत तथा व्यावहारिक ज्ञान की दृष्टि से एक उत्तम विधि है। इस विधि से कक्षा के अनुरूप व्याकरणिक सन्दर्भों का निर्धारण और शिक्षण कराया जा सकता है। किन्तु व्याकरण के शिक्षण में शिक्षक की

भूमिका की प्रधानता और व्याकरण के नियमों के कण्ठस्थीकरण के कारण यह व्याकरण शिक्षण की परम्परागत विधि है। अनेक विद्वानों की दृष्टि में यह विधि प्राथमिक कक्षाओं में व्याकरण शिक्षण के लिए पूरी तरह अनुपयुक्त है।

मिश्रित विधि

यह विधि व्याकरण शिक्षण की पश्चिमी विधियों आगमन और निगमन विधियों का मिश्रण है। इसे आगमन-निगमनात्मक विधि के नाम से भी जाना जाता है। इस विधि में इन दोनों विधियों का उपयोगी मिश्रण है। तदनुसार प्रथम चरण में उदाहरण का प्रस्तुतिकरण, विश्लेषण और नियमीकरण किया जाता है। जब विद्यार्थी अपनी ओर से नियम की स्थापना कर देते हैं तो पुनः उदाहरण प्रस्तुतिकरण और अन्ततः सामान्यीकरण द्वारा नियम का अन्य स्थितियों में प्रयोग किया जाता है।

मिश्रित विधि का मूल्यांकन

यह विधि मनोविज्ञान के सिद्धान्तों के अनुसार होने और कक्षा में शिक्षक व विद्यार्थियों के सहभाग पर आधारित होने के कारण व्याकरण के शिक्षण की उत्तम विधि मानी जाती है। इस विधि के माध्यम से किसी भी स्तर के विद्यार्थियों को किसी भी स्तर के व्याकरणिक सन्दर्भों का ज्ञान और अभ्यास कराया जा सकता है।

व्याकरण शिक्षण के कुछ व्यावहारिक उपाय

व्याकरण शिक्षण की पारम्परिक विधियों में प्रकरण के बोध की अपेक्षा नियमों, सूत्रों, सिद्धान्तों और यहाँ तक कि उदाहरणों तक को याद कराने पर बल दिया जाता था। इससे यह सुनिश्चित नहीं होता था कि विद्यार्थी ने सन्दर्भ को भली प्रकार समझा है या नहीं। जबकि नवागत विधियों में व्याकरण शिक्षण को अधिक सरल, सहज और आनन्दपूर्ण बनाने का प्रयास किया गया है। इसका उद्देश्य है कि व्याकरण का शिक्षण एक नीरस और दुर्बोध गतिविधि न रहकर सरस और रुचिकर प्रक्रिया हो जाए। व्याकरण शिक्षण की उचित विधि के चयन के साथ प्रभावी और उपयुक्त प्रक्रिया का भी पालन किया जाना चाहिए। इस सन्दर्भ में कतिपय उपाय यहाँ प्रस्तुत हैं–

- प्राथमिक स्तर से ही मौखिक तथा लिखित पक्षों में भाषा के शुद्ध तथा व्याकरण सम्मत रूप का अभ्यास सुनिश्चित कराना।
- माध्यमिक स्तर पर आगमन विधि और फिर समवाय विधि द्वारा सीखे गए नियमों के अभ्यास का पर्याप्त अवसर दिया जाए।
- व्याकरण का पाठ्यक्रम विद्यार्थियों के मानसिक स्तर के अनुरूप हो।
- गद्य पाठों की रचना को व्याकरण के नियमों के अनुरूप बनाया जाए।
- व्याकरण के नियमों के अन्वेषण में विद्यार्थियों की सहायता ली जाए। उन्हें स्वयं पाठ्यवस्तु से व्याकरण के तत्त्व खोजने और उनके विश्लेषण तथा नियमीकरण के लिए प्रेरित किया जाए। ऐसा होने पर वे नियमों को रटने की प्रवृत्ति से बचेंगे और खोज के आनन्द तथा सन्तोष का अनुभव प्राप्त करेंगे।
- सरल से कठिन, ज्ञात से अज्ञात, स्थूल से सूक्ष्म तथा विशिष्ट से सामान्य के नियमों का समुचित परिपालन हो।
- भाषा-शिक्षण के साथ ही व्याकरण शिक्षण पर पृथकतः और पर्याप्त बल दिया जाए।
- उपयुक्त दृश्य-श्रव्य सामग्री के प्रयोग द्वारा व्याकरण शिक्षण को सरल और सरस बनाया जा सकता है।
- व्याकरण शिक्षण के दौरान प्रस्तुत उदाहरण तथा दृष्टान्त विद्यार्थियों के स्तर और जीवन शैली के अनुरूप हों।
- सिखाए गए नियमों के पर्याप्त अभ्यास के लिए प्रश्नोत्तर, खेल, प्रतियोगिता आदि विधियों का प्रयोग किया जाना चाहिए।

व्याकरण की पाठयोजना का प्रारूप

दिनांक ....
नाम ....
अनुक्रमांक ....

कक्षा—सप्तमी
विषय—व्याकरण
उपविषय—क्रिया विशेषण

सामान्य उद्देश्य

विद्यार्थियों को—

- व्याकरण के नियमों से अवगत कराना।
- व्याकरण के व्यावहारिक पक्ष का बोध कराना।
- अभिव्यक्ति एवं सृजन हेतु शुद्ध भाषा-प्रयोग के लिए प्रेरित करना।
- भाषा के वैज्ञानिक विश्लेषण में सक्षम बनाना।
- शुद्ध वर्तनी, शब्द-प्रयोग, वाक्य-विन्यास और विराम चिह्नों के प्रयोग में दक्ष करना।

विशिष्ट उद्देश्य

प्रकरण की समाप्ति के उपरान्त विद्यार्थी—

- क्रिया विशेषण को परिभाषित करते हैं।
- दिए गए उदाहरणों में से क्रिया विशेषण छाँटते हैं।
- क्रिया विशेषण के भेदों की सूची बनाते हैं।
- कालवाचक और स्थान वाचक क्रिया विशेषणों को परिभाषित करते हैं।
- कालवाचक और स्थान वाचक क्रिया विशेषणों के उदाहरण देते हैं।
- दिए गए उदाहरणों में से कालवाचक और स्थान वाचक क्रिया विशेषण छाँटते हैं।

अनुमानित पूर्व ज्ञान—विद्यार्थी 'क्रिया' और 'विशेषण' की परिभाषा जानते हैं। वे मौखिक और लिखित भाषा में इनका प्रयोग कर सकते हैं और दिए गए वाक्यों में से इन्हें पहचानकर छाँट पाने में सक्षम हैं।

पूर्व ज्ञान परीक्षण

छात्राध्यापक क्रिया	विद्यार्थी क्रिया
छात्राध्यापक चित्र दिखाकर प्रश्न करता है और प्राप्त उत्तरों को बोर्ड पर लिखता है—	विद्यार्थी छात्राध्यापक द्वारा पूछे गए प्रश्नों के उत्तर देते हैं—
इस चित्र में क्या दिखाया गया है?	यह एक काले घोड़े का चित्र है।
व्याकरण की भाषा में 'काला' और 'घोड़ा' को क्या कहेंगे?	व्याकरण की दृष्टि में 'काला' शब्द विशेषण और 'घोड़ा' शब्द विशेष्य या संज्ञा है।
चित्र में दिखाया गया घोड़ा क्या कर रहा है?	घोड़ा तेज दौड़ रहा है।
व्याकरण की भाषा में 'तेज़' शब्द को क्या कहा जाएगा?	विद्यार्थी निरुत्तर रहते हैं।

उद्देश्य कथन—चित्र में दिखाया गया घोड़ा तेज़ दौड़ रहा है। तेज़ दौड़ना घोड़े की नहीं बल्कि उसकी चाल की विशेषता है। चाल अर्थात् क्रिया। जिस प्रकार संज्ञा या सर्वनाम की विशेषता बताने वाले शब्दों को विशेषण कहा जाता है उसी प्रकार क्रिया की विशेषता बताने वाले शब्द को क्रिया विशेषण कहा जाता है। आज हम क्रिया विशेषण और इसके भेदों के विषय में विस्तार से अध्ययन करेंगे।

शिक्षण बिन्दु	व्यावहारिक उद्देश्य	अध्यापक क्रिया	विद्यार्थी क्रिया
क्रिया विशेषण की परिभाषा।	विद्यार्थी क्रिया विशेषण को परिभाषित करते हैं।	छात्राध्यापक एक विद्यार्थी को धीरे-धीरे चलने का निर्देश देता है और विद्यार्थियों से पूछता है—यह विद्यार्थी किस प्रकार चल रहा है?	विद्यार्थी छात्राध्यापक द्वारा पूछे गए प्रश्नों के उत्तर देते हैं। यह धीरे-धीरे चल रहा है।
		'धीरे-धीरे' किसकी विशेषता है?	'धीरे-धीरे' चलने या चाल की विशेषता है।
		'आज वर्षा होने की सम्भावना है।'—इस वाक्य में 'आज' शब्द से क्या पता चलता है।	'आज' शब्द से क्रिया होने के समय का पता चलता है।
		इन उदाहरणों में 'धीरे-धीरे' और 'आज' शब्द क्रिया की विधि और समय को बताते हैं। क्रिया के बारे में विशेषता सूचना देने वाले ऐसे शब्दों को क्या कहा जाता है?	इस प्रकार के शब्दों को क्रिया-विशेषण कहा जा सकता है।
		प्रस्तुत सूचनाओं के आधार पर क्रिया विशेषण को किस प्रकार परिभाषित किया जा सकता है?	विद्यार्थी क्रिया विशेषण को परिभाषित करते हैं— किसी क्रिया की विशेषता बताने वाले शब्दों को क्रिया विशेषण कहते हैं।
		अध्यापक विद्यार्थियों द्वारा प्रस्तुत क्रिया विशेषण की परिभाषा को शुद्ध करता है— ''जो शब्द किसी क्रिया की विशेषता बताने के काम आते हैं उन्हें क्रिया विशेषण कहा जाता है।''	विद्यार्थी अध्यापक द्वारा प्रस्तुत परिभाषा को दोहराते हैं और अपनी अभ्यास पुस्तिका में लिखते हैं।
		छात्राध्यापक अपने हाथ को चक्र की तरह गोल-गोल घुमाते हुए पूछता है—	विद्यार्थी उत्तर देते हैं—
क्रिया विशेषण के भेद— रीतिवाचक क्रिया विशेषण।	विद्यार्थी क्रिया विशेषण के भेदों की सूची बनाते हैं। (1) रीतिवाचक क्रिया विशेषण।	मेरा हाथ किस प्रकार घूम रहा है?	आपका हाथ गोल-गोल घूम रहा है।
		इस प्रकार गोल-गोल घूमना किसकी विशेषता है?	गोल-गोल घूमना गति या चाल की विशेषता है।
		घड़ी की सुइयाँ किस प्रकार गति करती हैं?	घड़ी की सुइयाँ बाएँ-दाएँ गति करती हैं।
		'गोल-गोल' और दाएँ-बाएँ गति या क्रिया की किस विशेषता की सूचना देते हैं?	इनसे गति की दिशा या तरीके का संकेत मिलता है।
		गति की दिशा या रीति का संकेत देने वाले क्रिया विशेषण को क्या कहते हैं?	विद्यार्थी इस प्रश्न का सन्तोषप्रद उत्तर नहीं दे पाते।
		इस प्रकार के क्रिया विशेषण को रीति वाचक क्रिया विशेषण कहा जाता है। रीति वाचक क्रिया विशेषण को परिभाषित कीजिए।	'क्रिया की रीति या तरीका बताने वाले क्रिया विशेषण को रीति वाचक क्रिया विशेषण कहा जाता है।'

शिक्षण बिन्दु	व्यावहारिक उद्‌देश्य	अध्यापक क्रिया	विद्यार्थी क्रिया
		छात्राध्यापक विद्यार्थियों को चित्र दिखाकर प्रश्न पूछता है–	
क्रिया विशेषण के भेद– स्थानवाचक क्रिया विशेषण।	विद्यार्थी स्थानवाचक क्रिया विशेषण को परिभाषित करते हैं।	हवाई जहाज कहाँ जा रहा है?	हवाई जहाज ऊपर जा रहा है।
		विद्यार्थी क्या कर रहा है।	विद्यार्थी कक्षा से बाहर आ रहा है।
		कुत्ता कहाँ बैठा है?	कुत्ता चारपाई के नीचे बैठा है।
		इन वाक्यों में 'ऊपर', 'बाहर' और 'नीचे' इन शब्दों से किसका बोध हो रहा है।	इन शब्दों से स्थान या दिशा का बोध हो रहा है।
		क्रिया के होने के स्थान या दिशा का बोध कराने वाले क्रिया विशेषण को किस प्रकार परिभाषित किया जा सकता है?	विद्यार्थी अस्पष्ट उत्तर देते हैं–
		छात्राध्यापक स्थानवाचक क्रिया विशेषण को परिभाषित करता है–	विद्यार्थी परिभाषा को दोहराते हैं और अपनी अभ्यास पुस्तिका में लिखते हैं–
		जिन शब्दों से क्रिया के स्थान या दिशा का बोध हो उन्हें स्थानवाचक क्रिया विशेषण कहा जाता है।	जिन शब्दों से क्रिया के स्थान या दिशा का बोध हो उन्हें स्थानवाचक क्रिया विशेषण कहा जाता है।
		छात्राध्यापक श्यामपट्ट पर कुछ वाक्य लिखता है और विद्यार्थियों से प्रश्न करता है–	विद्यार्थी छात्राध्यापक द्वारा पूछे गए प्रश्नों के उत्तर देते हैं–
		मैच का आयोजन कब होने वाला है?	मैच का आयोजन अभी होने वाला है।
		होली कब मनाई जाएगी?	होली परसों मनाई जाएगी।
क्रिया विशेषण के भेद कालवाचक क्रिया विशेषण।	विद्यार्थी कालवाचक क्रिया विशेषण की परिभाषा दोहराते हैं।	श्री जगन्नाथ रथ यात्रा का आयोजन कितने अन्तराल पर होता है?	श्री जगन्नाथ रथ यात्रा का आयोजन प्रतिवर्ष होता है।
		इन वाक्यों में 'अभी', 'परसों' और 'प्रतिवर्ष' शब्दों से क्या आभास होता है।	इन शब्दों से क्रिया के होने के समय का पता चलता है।
		प्रस्तुत तथ्यों के आधार पर काल-वाचक क्रिया-विशेषण को परिभाषित कीजिए।	विद्यार्थी काल वाचक क्रिया विशेषण को परिभाषित करते हैं–
		छात्राध्यापक विद्यार्थियों द्वारा प्रस्तुत परिभाषा में संशोधन करता है–'जिन शब्दों से क्रिया के समय का ज्ञान हो उन्हें कालवाचक क्रिया विशेषण कहा जाता है।'	जिन विशेषणों से काल का बोध हो उन्हें कालवाचक क्रिया विशेषण कहते हैं।
			विद्यार्थी ध्यानपूर्वक सुनते हैं और छात्राध्यापक द्वारा बताई गई परिभाषा को अपनी अभ्यास पुस्तिका में लिखते हैं।

शिक्षण उपकरण	श्यामपट्ट कार्य	मूल्यांकन
कक्षोपयोगी सहायक सामग्री (श्यामपट्ट, चॉक, डस्टर इत्यादि)	धीरे-धीरे	क्रिया विशेषण को परिभाषित कीजिए।
	गोल-गोल	क्रिया विशेषण के दो उदाहरण दीजिए।
	'ऊपर'	स्थानवाचक क्रिया विशेषण किसे कहा जाता है?
	'अन्दर'	
	'नीचे'	स्थानवाचक क्रिया विशेषण के दो उदाहरण दीजिए।
	'अभी'	काल-वाचक क्रिया-विशेषण को परिभाषित कीजिए।
	'परसों'	
	'प्रतिवर्ष'	काल वाचक क्रिया विशेषण के दो उदाहरण दीजिए।

पुनरावृत्ति—जिस प्रकार संज्ञा या सर्वनाम की विशेषता बताने वाले शब्दों को विशेषण कहा जाता है उसी प्रकार 'जिस शब्द से क्रिया की विशेषता का पता चले उसे क्रिया विशेषण कहा जाता है।' क्रिया विशेषण के अनेक भेद हैं। उनमें से दो प्रकारों का अध्ययन आज हमने किया। ये हैं—स्थानवाचक क्रिया विशेषण और कालवाचक क्रिया विशेषण। स्थानवाचक क्रिया विशेषण की परिभाषा है—'जिन शब्दों से क्रिया के स्थान या दिशा का बोध हो उन्हें स्थानवाचक क्रिया विशेषण कहा जाता है।' कालवाचक क्रिया विशेषण की परिभाषा है—'जिन शब्दों से क्रिया के समय का ज्ञान हो उन्हें कालवाचक क्रिया विशेषण कहा जाता है।'

मूल्यांकन—छात्राध्यापक विद्यार्थियों से निम्नलिखित प्रश्न पूछता है—

- क्रिया विशेषण को परिभाषित कीजिए।
- दिए गए उदाहरणों में से क्रिया-विशेषण छाँटिए—बालक सरक-सरक कर चल रहा है। मोहन ने चिल्लाकर पूछा। तुम्हारा भाई हकलाकर क्यों बोलता है?
- क्रिया विशेषण के भेदों की सूची बनाइए।
- कालवाचक और स्थान वाचन क्रिया विशेषणों को परिभाषित कीजिए।
- कालवाचक और स्थान वाचक क्रिया विशेषणों के दो-दो उदाहरण दीजिए।
- दिए गए उदाहरणों में से कालवाचक और स्थान वाचक क्रिया विशेषण छाँटिए—
- राजधानी एक्सप्रेस कब आएगी?
- यह बस कहाँ से होकर जाएगी?

गृहकार्य—निम्नलिखित प्रश्नों के उत्तर लिखिए—

1. क्रिया की विशेषता बताने वाले शब्द को क्या कहा जाता है?
2. क्रिया विशेषण के दो भेद बताइए।
3. कालवाचक और स्थान वाचक क्रिया विशेषणों को परिभाषित कीजिए।
4. कालवाचक और स्थान वाचक क्रिया विशेषणों के पाँच-पाँच उदाहरण दीजिए और उनका अपने वाक्यों में प्रयोग कीजिए।

प्रश्न

1. व्याकरण को परिभाषित कीजिए। किसी भाषा के मूल स्वरूप के संरक्षण में व्याकरण का क्या योगदान होता है?
2. व्याकरण शिक्षण के सामान्य उद्‌देश्यों की सूची बनाइए।
3. व्याकरण शिक्षण के औपचारिक और अनौपचारिक प्रकारों का अन्तर स्पष्ट कीजिए।
4. उच्च प्राथमिक कक्षाओं में व्याकरण शिक्षण के कुछ व्यावहारिक उपायों की सूची बनाइए।
5. भाषा के सटीक और प्रभावशाली उपयोग के लिए व्याकरण की भूमिका की व्याख्या कीजिए।
6. व्याकरण शिक्षण की पारम्परिक विधियों का सविस्तार परिचय दीजिए।
7. व्याकरण शिक्षण की आधुनिक विधियों का सविस्तार परिचय दीजिए।

21 मौखिक भाषा–शिक्षण प्रविधि

प्रकरण का उद्देश्य

मौखिक प्रयोग भाषा का मौलिक और सर्वाधिक प्रचलित रूप है। लेकिन ऐसा होने पर भी सभी हिन्दी भाषाभाषियों की भाषा न तो एक सी होती है और न मौलिक। हिन्दी के विषय में भाषा का सही और सटीक होना विशेष तौर पर महत्त्वपूर्ण है क्योंकि इसके लगभग सत्रह भिन्न रूप देश के अलग-अलग भागों में प्रयुक्त होते हैं। इन रूपों को शब्दभण्डार, लहजा, शैली आदि तत्त्व ही अलग करते हैं। यदि कोई भाषाभाषी इन तत्त्वों के प्रयोग में असावधानी बरतता है तो भाषा का स्वरूप भ्रष्ट हो जाता है। मानक हिन्दी के व्यवहार में तो और भी अधिक सावधानी की अपेक्षा होती है क्योंकि वह काफी हद तक संस्कृतनिष्ठ है जिसमें उच्चारण से लेकर सटीक शब्दों के प्रयोग तक का काफी महत्त्व है। इन कारणों से मौखिक भाषा का शिक्षण आवश्यक हो जाता है। मौखिक भाषा शिक्षण की अनेक सरल व प्रभावी विधियों का परिचय इस पाठ में दिया गया है।

मौखिक भाषा का महत्त्व

भाषा मानव समाज का सर्वाधिक महत्त्वपूर्ण आविष्कार है। ध्वनि के विविध स्वरों और उनके प्रस्तुतिकरण के अन्यान्य रूपों के माध्यम से सृष्टि के समस्त प्राणी परस्पर सूचनाओं और भावनाओं का सम्प्रेषण करते हैं। किन्तु मानव द्वारा स्थापित और विकसित भाषा, सामान्य संकेतों के साथ विचारों और भावों तक के यथासम्भव सटीक प्रस्तुतिकरण में सक्षम है। भाषा के अभाव में मानव समाज कैसा होता और कदाचित् होता भी कि नहीं होता, यह अनुमान लगाना सरल नहीं है। दैनन्दिन जीवन में अत्यन्त सामान्य और सहज प्रतीत होने वाली भाषा वास्तव में सम्पर्क, व्यवहार और सम्बन्ध-स्थापन का अमूल्य उपकरण है। भाषा के अभाव में न केवल सम्प्रेषण और अभिव्यक्ति; अपितु सोच-विचार और चिन्तन तक भी असम्भव है। सुप्रसिद्ध वैयाकरण महर्षि पतंजलि ने भाषा को परिभाषित करते हुए अपने अमर ग्रन्थ 'महाभाष्य' में लिखा है कि ''भाषा वर्णों या उच्चरित ध्वनि संकेतों के रूप में व्यक्त वाणी का नाम है जिससे व्यक्ति स्वयं को अभिव्यक्त करते हैं।'' यही अभिव्यक्ति समस्त सामाजिक सम्बन्धों, ज्ञान-विज्ञान के विकास व आदान-प्रदान, विचार-विमर्श और तमाम व्यवहारों का आधार है। इस प्रकार भाषा मानव समाज के लिए अमूल्य संपत्ति है। मौखिक भाषा के महत्त्व को निम्नलिखित तथ्यों के माध्यम से समझा जा सकता है–

सामाजिकता का आधार–समाज परस्पर सम्बद्ध लोगों का समूह है जिसके सामान्य हित और सांस्कृतिक आधार एक समान होते हैं। केवल पास-पास रहना ही सामाजिकता का आधार नहीं है अपितु विचार-सम्प्रेषण और व्यवहार भी अनिवार्य है क्योंकि इन्हीं के माध्यम से लोग आन्तरिक तौर पर समान विचारों, विश्वासों और परम्पराओं के साझीदार होते हैं जिससे समाज का उदय होता है और उसकी पहचान बनती है। मौखिक भाषा के अभाव में इन व्यवस्थाओं का पनपना और विकसित हो पाना कदापि सम्भव नहीं है। इसलिए कहा जा सकता है कि भाषा ही वह धुरी है जिसके इर्द-गिर्द समाज के ताने-बाने का विस्तार होता है। भाषा के माध्यम से ही समाज अपने वैचारिक, व्यावहारिक, पारम्परिक, सांस्कृतिक और

सम्यतागत समानताओं को सहेजता और सम्प्रेषित करता है। भाषा व्यक्तिगत ही नहीं अपितु व्यापार, वाणिज्य, धर्म, शिक्षा, कला, राजनीति, संस्कृति और मैत्री के तमाम व्यवहारों की भी मध्यस्थ बनती है।

ज्ञान, सूचना और अनुभव का माध्यम–मानव अपनी गतिविधियों और कार्य-व्यवहारों से जो सीखता है और अनुभव अर्जित करता है, भाषा उन्हें समाज के अन्य सदस्यों के साथ बाँटने का एकमात्र माध्यम है। दैनन्दिन व्यवहारों से लेकर खोज और ज्ञान के विविध क्षेत्रों में संलग्न लोगों द्वारा अर्जित अनुभव इतने गहन और जटिल होते हैं कि मात्र संकेतों की व्यवस्था से सम्प्रेषित नहीं किए जा सकते। संकेतों की न केवल संख्या अपितु क्षमता भी सीमित है, जबकि भाषा में शब्दों की अनन्त संख्या उपलब्ध है जिसमें वस्तुओं, व्यक्तियों, स्थानों, क्रियाओं इत्यादि के लिए पृथक नाम निश्चित हैं और उनके माध्यम से कथ्य को स्पष्ट, सटीक और यथेष्ट रूप में अभिव्यक्त किया जा सकता है। इस प्रकार का सम्प्रेषण एक ओर तो श्रोता को ज्ञान, सूचना और अनुभव सम्प्रेषित करती है तो दूसरी ओर भाषा उनके विचार और चिन्तन को भी सक्रिय करती है जिससे वे अर्जित ज्ञान को अधिक समृद्ध और विकसित करने की प्रक्रिया में सहभागी हो सकते हैं। चिन्तन, विचार-विनिमय और परामर्श जैसी गतिविधियाँ किसी समाज की प्रगति और उन्नति में निर्णायक होती हैं। इनके माध्यम से उपलब्ध ज्ञान का संशोधन और परिमार्जन होता है और अभिनव शोध तथा विकास का मार्ग प्रशस्त होता है।

व्यावहारिक जीवन की भाषा–जन्म ही नहीं अपितु उससे भी पहले, गर्भ निवासकाल से ही मानव शिशु भाषा के संसार में गति करने लगता है। जॉन हॉपकिन्स विश्वविद्यालय–अमेरिका में मानव के गर्भपूर्व व्यवहारों के अध्ययनकर्त्ताओं का मत है कि गर्भ के पाँचवें मास में भ्रूण के अंगों, मस्तिष्क और तन्त्रिकाओं का निर्माण हो चुकता है। इस अवस्था का भ्रूण वे सभी क्रियाएँ और गतिविधियाँ करता है जो नवजात बालक कर सकता है। वह गर्भाशय के उल्वद्रव के माध्यम से माता के वाचिक और संवेदनात्मक व्यवहारों का साक्षी और सहभागी होता है। ये अनुभव जन्म के बाद माता-पिता और अन्य परिवारजनों के व्यवहारों से पुष्ट होकर भाषा को समझने और प्रयोग करने की क्षमता विकसित करते हैं।

भावनात्मक सम्बन्धों की सूत्रधार–बालक का परिवार के अन्य सदस्यों के साथ गहन भावनात्मक सम्बन्ध भाषा के माध्यम से ही होता है। यही अनुभव बाद में परिवेश और समाज के साथ व्यावहारिक सम्बन्धों का आधार बनता है। हमारा अपने परिवारजनों, मित्रगणों, सम्बन्धियों, पक्षकारों इत्यादि से सम्बन्ध भाषा के माध्यम से ही होता है। इस प्रकार भाषा मानव के समस्त व्यावहारिक क्रिया-कलापों का माध्यम है। इन व्यवहारों में राजनीति, व्यापार-वाणिज्य, धर्म, शिक्षा, कला-कौशल इत्यादि सम्मिलित हैं। संक्षेप में कहें तो हमारा हँसना-रोना, शिकवे-शिकायत, दोस्ती-दुश्मनी, जीत-हार, मान-मनुहार, लेन-देन, सभ्यता-संस्कार सब कुछ भाषा के माध्यम से सम्पन्न होता है।

शैली, अंग-संचालन और भाव-भंगिमाओं की वाहिका–भाषा के दो रूप हैं। एक मौखिक अर्थात् बोल कर प्रयोग होने वाला और दूसरा अंकित संकेतों अर्थात् लिखित रूप में प्रयोग होने वाला। इनमें से मौखिक भाषा रूप निःसन्देह अधिक पुरातन और व्यावहारिक है। यह अनेक अर्थों में अधिक सक्षम और कलात्मक भी है। शैली, अंग-संचालन और भाव-भंगिमा मौखिक भाषा के अन्तरंग सहचर हैं। लहजे का अर्थ है बात करने का विशेष ढंग जो शब्दों के अर्थ को अतिरिक्त भाव प्रदान करता है। लहजों के कारण बात का अर्थ अन्यान्य रूप धारण कर सकता है जिससे भाषा में लक्षणा और व्यंजना नामक शब्द शक्तियों का व्यवहार होता है। शैली में शब्दों के साथ संकेतार्थों का सम्प्रेषण करके भावाभिव्यक्ति को सघन किया जाता है। शैली के अन्तर्गत शब्दों के उच्चारण की विशेष रीति के साथ भौहों, आँखों, ओठों, हाथों, अंगुलियों, गर्दन इत्यादि के सायास संचालन द्वारा भी भाषा में विशेष अर्थ संजोया जाता है। इस रीति को भाव-भंगिमा अथवा अंग-संचालन के नाम से जाना जाता है।

अंग-संचालन मौखिक भाषा का विशेष तत्त्व है जो भाषा में लालित्य और भावपूर्णता का संचार करता है। अंग-संचालन के माध्यम से एक ओर तो बात को अधिक स्पष्ट और सुबोध बनाया जाता है तो दूसरी ओर भावों को अन्य रूप देने का प्रयास भी किया जाता है। उदाहरण के लिए किसी को आमन्त्रित करते हुए दोनों हाथों से स्वागत, आदर या आगमन का संकेत करना आमन्त्रण को विशेष अर्थ प्रदान करता है। वाणी द्वारा उच्चरित 'आइए' शब्द के उच्चारण को इस प्रकार का अंक संचालन अधिक आग्रहपूर्ण बना देता है। इन क्रियाओं को भाव-भंगिमा के अन्तर्गत रखा जा सकता है।

लिखित भाषा का आधार–मौखिक भाषा निःसन्देह अभिव्यक्ति का अधिक प्राचीन और स्वाभाविक माध्यम है। यह समाज के दैनिक व्यवहारों और सामान्य क्रिया-कलापों के माध्यम के रूप में सर्वथा सक्षम है। आदिकाल से समाज मौखिक भाषा के माध्यम से ही अपने नित्य और नैमित्तिक कर्त्तव्यों का निर्वाह करता रहा है। साधारण बातचीत से लेकर विचार-विमर्श और समस्या-समाधान से लेकर खोज और अनुसन्धान तक मानव के समस्त क्रिया-कलाप इसी के माध्यम से आरम्भ हुए और आगे बढ़े। परिवार से कुटुम्ब, समाज और राज्य तक की यात्रा भी इसी के माध्यम से हुई। जिस क्षण मानव ने दैहिक आवश्यकताओं से आगे बढ़कर सामाजिक, नैतिक, दार्शनिक, वैज्ञानिक और तकनीकी विषयों में चिन्तन, तर्क और सिद्धान्तों की ओर कदम बढ़ाया; भाषा उसकी सहज संगिनी हुई और अर्जित ज्ञानकोश के संग्रह की माध्यम बनी। भारतवर्ष की यदि बात करें तो यहाँ वेद की चारों संहिताओं—ऋग्वेद, यजुर्वेद, सामवेद और अथर्ववेद को श्रुति कहा जाता है क्योंकि इनके संकलन और शिष्य-प्रशिष्यों तक अन्तरण का व्यापार शताब्दियों तक मात्र मौखिक परम्परा से ही होता रहा। बाद में इन्हीं के आधार पर अन्य वैदिक ग्रन्थों अर्थात् ब्राह्मणों, आरण्यकों, उपनिषदों, उपवेदों, वेदांगों और स्मृतियों तक का अगाध ज्ञान-आगार अस्तित्व में आया।

वैदिक संहिताओं से चलकर उपनिषदों तक का शब्द साहित्य इतना विस्तृत हो चला था कि यदि उसे मौखिक परम्परा द्वारा ही संग्रहीत और अन्तरित करने का आग्रह बना रहता तो विश्व कदाचित् इनके आधार पर विकसित अपरिमित ज्ञान राशि से अनभिज्ञ और वंचित ही रहता। इस प्रकार ज्ञान, सूचनाओं, तथ्यों, सूत्रों, सिद्धान्तों, आंकड़ों इत्यादि की संख्यावृद्धि के साथ उनके संग्रह का प्रश्न उपस्थित हुआ। इस प्रश्न का स्वाभाविक समाधान था मौखिक भाषा को अंकित संकेतों के माध्यम से चिरस्थायी बनाने का उपक्रम करना। इस आवश्यकता से प्रेरित विद्वज्जन ने लिखित संकेतकों की व्यवस्था विकसित की। इनके माध्यम से मौखिक भाषा में उपलब्ध संग्रहणीय ज्ञान, सूचनाओं, आंकड़ों इत्यादि का संकलन किया गया। लिखित भाषा के वर्ण, अक्षर और शब्द मौखिक भाषा में प्रयुक्त ध्वनियों के कूट चिह्न हैं और पढ़े जाने पर उन्हीं ध्वनियों को मुखरित करते हैं। इस प्रकार लिखित भाषा मौखिक भाषा को स्थायित्व प्रदान करती है।

मौखिक भाषा के तत्त्व

मौखिक भाषा जनसामान्य के व्यवहार की वस्तु है और इसका उद्भव सामाजिक जीवन के विविध व्यवहारों के संचालन के लिए ही हुआ है। समाज, समय, परिस्थितियों और आवश्यकताओं के अनुसार बदलता रहता है और भाषा भी। किन्तु भाषा का त्वरित परिवर्तन किसी भी प्रकार से वांछनीय और उपयोगी नहीं है। इसलिए भाषा के स्वरूप को स्थायित्व दिए जाने की ज़रूरत है। इस आवश्यकता की पूर्ति के लिए भाषा के तत्त्वों का अध्ययन और उनके संरक्षण का प्रयास किया जाता है। इसी के साथ भाषा के स्वरूप को समझने और सही भाषा प्रयोग के लिए भी भाषा का व्यावहारिक विश्लेषण किया जाना चाहिए। इस विश्लेषण के अन्तर्गत भाषा के तत्त्वों का विवेचन किया जाता है—

वाक्य, शब्द और अक्षर–मौखिक भाषा वाक्यों के माध्यम से अभिव्यक्ति होती है। वाक्य मौखिक भाषा की मौलिक इकाई है। मौखिक भाषा में यदि कभी शब्द या अक्षर का एक इकाई के रूप में प्रयोग होता है तो वह भी वाक्य का स्थानापन्न होता है। उदाहरण के लिए यदि 'क्या तुम बाज़ार गए थे?' इस प्रश्न के उत्तर में 'हाँ' कहा जाता है तो इसका तात्पर्य है कि 'हाँ, मैं बाज़ार गया था।' इस प्रकार वाक्य मौखिक भाषा की मौलिक इकाई है। बालक जब परिवार की भाषा के अनुकरण से मातृभाषा ग्रहण करता है तो वाक्य रूपी शब्दों से ही भाव सम्प्रेषण करता है। यदि वह 'पानी' कहता है तो तात्पर्य होता है कि 'प्यास लगी है, पानी पिला दो' और यदि वह कहता है कि 'आओ' तो भाव होता है कि 'मेरे पास आ जाओ।' इस प्रकार भाषा सीखने और प्रयोग करने का स्वाभाविक क्रम वाक्यों से आरम्भ होता है।

शब्द मौखिक भाषा की दूसरी इकाई और वाक्यों का घटक तत्त्व है। शब्दों का सृजन पूरी तरह काल्पनिक और सर्वस्वीकृति के अधीन है। उदाहरण के लिए 'घड़ी' शब्द की वाचक वस्तु () या 'कुत्ता' () शब्द से इंगित पशु के बीच किसी प्रकार की समानता या समदर्शिता नहीं है। घड़ी को इसी नाम से पुकारने या कुत्ते को किसी अन्य नाम से न

बुलाने का कोई तर्क नहीं दिया जा सकता। ये वे शब्द हैं जो एक बार किसी ने प्रयोग किए और इसी रूप में इन्हीं विषयों को इंगित करने के लिए स्वीकार कर लिए गए। यह तथ्य हिन्दी ही नहीं विश्व की सभी भाषाओं के लिए समान रूप से स्वीकार्य है। यहाँ तक कि संस्कृत, ग्रीक और लैटिन जैसी धातु सम्पन्न भाषाओं के विषय में भी। संस्कृत में 'गम्' धातु का अर्थ जाना और 'पच्' धातु का अर्थ पकाना है; लेकिन ऐसा क्यों है इसे सिद्ध करने का कोई उपाय नहीं है। कुछ अनुकरणात्मक या ध्वनि प्रधान शब्द इस नियम के अपवाद है। जैसे कुत्ते के भौंकने के लिए भौं-भौं और घण्टी के बजने के लिए टन-टन शब्दों का प्रयोग।

जिस प्रकार शब्द वाक्यों की घटक इकाई हैं उसी प्रकार शब्दों का निर्माण वर्णों और अक्षरों से होता है। भाषा के व्यवहार के लिए वर्णों और अक्षरों का महत्त्व शुद्ध उच्चारण की दृष्टि से महत्त्वपूर्ण है। शब्द के प्रत्येक हिस्से के उच्चारण का ज्ञान पाए बिना उसका शुद्ध उच्चारण नहीं किया जा सकता। जब किसी शब्द का उच्चारण किया जाता है तो वह वर्ण दर वर्ण या अक्षर दर अक्षर होता है। जैसे इलाहाबाद शब्द बोलते हुए क्रमशः इ, ला, हा, बा और द इन पाँच अक्षरों का उच्चारण किया जाता है। इससे सिद्ध है कि शब्द का सही उच्चारण करने के लिए उसमें समाहित वर्णों, अक्षरों और उनके उच्चारणों का ज्ञान परमावश्यक है।

विषयानुकूल भाषाशैली–समाज में व्यवहार के लिए विभिन्न अवसरों पर, विभिन्न विषयों पर और विभिन्न लोगों से बातचीत से बातचीत का तरीका सीखना आवश्यक है। विप्लव-उल्लास, जय-पराजय और इसी प्रकार के अन्यान्य अवसरों पर प्रयोज्य भाषा काफी भिन्न होती है। इसी प्रकार शिक्षित और अशिक्षित, ग्रामीण व शहरी लोगों की भाषा में भी अन्तर होता। इसी क्रम से औपचारिक और अनौपचारिक, कार्यालयी और व्यापारिक भाषा रूपों में भी पर्याप्त अन्तर होता है। किसी व्यक्ति को समाज में सही सामंजस्य और समायोजन के लिए इन सभी भाषा रूपों और शैलियों से परिचित होना चाहिए तभी वह अपने व्यवहारों में सफल हो सकेगा।

उचित स्वर, गति, बलाघात और विराम–समाज में भाषा-प्रयोग एक संवेदनशील गतिविधि है। इसके लिए अनेक प्रकार की कुशलताओं और सावधानियों की अपेक्षा होती है। इनमें स्वर और गति भी शामिल हैं। स्वर का तात्पर्य है बोलते हुए आवाज़ की उच्चता या मन्दता और गति का तात्पर्य है बोलते हुए जल्दी-जल्दी या धीरे-धीरे बोलना। सदा ऊँची या नीची आवाज़ में बात करना सफल वाक्शैली नहीं कही जा सकती। इसी प्रकार सदा जल्दी या धीरे बोलकर भी अपेक्षित परिणाम नहीं पाया जा सकता। आवाज़ की ऊँचाई और गति व्यक्ति, अवसर और विषय के अनुरूप ही रखी जानी चाहिए; तभी कथ्य प्रभावशाली और फलप्रद हो सकेगा। इसी क्रम में बलाघात का अर्थ है बोलते हुए किसी शब्द विशेष पर अधिक बल देकर बोलना। ऐसा करने से उस शब्द का महत्त्व बढ़ जाता है और वक्ता की बात अधिक स्पष्ट हो जाती है। किसी वाक्य के पूरा होने पर अगली बात शुरु करने से पहले वक्ता स्वभावतः क्षणभर को रुकता है। इस ठहराव को व्याकरण में विराम के नाम से जाना जाता है। इस विधि से वक्ता की बात अधिक स्पष्ट और सुबोध्य हो जाती है।

विषय/भावानुकूल शब्दचयन–भाषा में एक प्रकार के भावों और स्थितियों को प्रकट करने के लिए एक समान प्रतीत होने वाले शब्द पाए जाते हैं। इन शब्दों के भाव और अर्थ में किंचित अन्तर होता है जो कथन को अधिक प्रभावी बनाने के लिए उपयोगी होते हैं। जन साधारण इन शब्दों में स्पष्ट भेद नहीं कर पाते इसलिए जो शब्द सामने पड़ता है उसी का प्रयोग कर डालते हैं। शिक्षित और भाषा के प्रति आस्थावान् लोग इस विषय में काफी संवेदनशील होते हैं और बात करते हुए सटीक शब्दों का प्रयोग करते हैं। परिणामस्वरूप उनकी भाषा जनसाधारण की अपेक्षा अधिक प्रभावकारी होती है। 'आज वर्षा होने की आशंका है', 'आज वर्षा होने की संभावना है' और 'आज वर्षा होने की आशा है'। इन तीन वाक्यों में आमजन को शायद कोई भेद मालूम न पड़े लेकिन किसी भाषाज्ञ की दृष्टि में प्रथम वाक्य में वर्षा के प्रति भय की, दूसरे वाक्य में निरपेक्षता और तीसरे वाक्य में प्रतीक्षा का भाव प्रकट होता है।

हाव-भाव एवं अंग-संचालन–भाषा समाज की जीवन्तता और गतिशीलता की कुंजी है। बात करते हुए मनुष्य तो क्या पशु भी अंग-संचालन अवश्य करते हैं। इससे कथ्य जीवन्त और अधिक अर्थपूर्ण हो जाता है। हाव-भाव का तात्पर्य है

बात करते हुए माथे की सिकुड़न, भौंहों, गालों और गरदन की अतिरिक्त हरकत से कथ्य को अधिक स्पष्ट और भावपूर्ण बनाने का प्रयास करना। इसी प्रकार का प्रयास जब हाथों की अंगुलियों, मुट्ठी, बाजू, और कन्धों की सहायता से होता है तो अंग-संचालन कहलाता है। हाव-भाव से बात को भावपूर्ण और जीवन्त बनाया जाता है साथ ही अंग-संचालन से उसे अधिक बोधगम्य और सम्प्रेषणीय बनाया जा सकता है। हाव-भाव और अंग-संचालन के बिना भाषा में किसी प्रकार की कला और भावपूर्णता की कल्पना नहीं की जा सकती। भाषा के ये अंग भाषा के साथ ही सीखे जाते हैं और भाव के अनुसार इनका उपयोग किया जाता है। वास्तव में जैसे भाव अपनी अभिव्यक्ति के लिए जैसे शब्दों का आश्रय लेते हैं वैसे ही हाव-भाव एवं अंग-संचालन से भी अभिव्यक्ति को अधिक अर्थपूर्ण करने का उपक्रम करते हैं।

मौलिकता, स्वाभाविकता तथा सहजता–भाषा किसी व्यक्ति की निजी व स्वानुभूत भावनाओं, आवश्यकताओं और विचारों के सम्प्रेषण हैं। हम समाज के सान्निध्य और अनुकरण से भाषा सीखते अवश्य हैं लेकिन उसका प्रयोग हमारी आवश्यकताओं के अनुसार होता है न कि अन्यों की नकल या उत्प्रेरण से। भाषा के शब्द उसके सभी प्रयोक्ताओं के लिए अन्तर्भावों के प्रकाशन के माध्यम होते हैं। हम अपने विचारों, अनुभवों या भावों का प्रकाशन किन्हीं पढ़े-गढ़े शब्दों से करें; यह कभी संभव नहीं है। ऐसे कथ्यों में प्राण और प्रवाह नहीं हो सकता। मौलिकता और स्वाभाविकता अर्थात् निजता और स्वतः स्फूर्त उत्पत्ति भाषा को प्रभावी और भावपूर्ण बनाते हैं। इसी के साथ भाषा में सहजता का गुण भी अनिवार्य है। सहजता का तात्पर्य है कि बोलने का कार्य विवक्षा अर्थात् अन्तस्तल की भाव सम्प्रेषण की इच्छा से उत्प्रेरित होना चाहिए। इन गुणों से समन्वित भाषा ही मनुष्य को उसके जीवन के कार्य-व्यवहारों में सफल बना सकती है।

मौखिक भाषा-शिक्षण की आवश्यकता

भाषा मूल रूप से घर-परिवार में रहकर सीखी जाती है। परिवेश और विद्यालय में भी भाषा का परिष्कार और विस्तार होता है। यह प्रक्रिया अत्यन्त सहज और स्वाभाविक है। ऐसा होने के बाद भी क्या कक्षा में औपचारिक रूप से मौखिक भाषा के शिक्षण की आवश्यकता है? इस प्रश्न का उत्तर है—हाँ। इस उत्तर के अनेक कारण हैं जिनका सविस्तार वर्णन यहाँ प्रस्तुत है—

भाषा एक बोलियाँ अनेक–जो भाषा घर-परिवार में रहकर सीखी जाती है वह अनिवार्य रूप से भाषा नहीं हो सकती। किसी भी भाषा की अनेक बोलियाँ होना सहज सी बात है। उदाहरण के लिए हिन्दी की लगभग सत्रह बोलियाँ भारत के अन्यान्य भागों में प्रचलित हैं। इस स्थिति में सभी बालकों द्वारा घर-परिवार, परिवेश और विद्यालय के संसर्ग से सीखी जा रही भाषा मानक हिन्दी ही हो; इसकी संभावना अत्यन्त सीमित है। यदि यह भाषा हिन्दी न होकर इसकी कोई बोली जैसे ब्रज, अवधि, छत्तीसगढ़ी इत्यादि है तो घर-परिवार से लेकर विद्यालय तक में बालक बोली का ही अभ्यास करेगा, भाषा का नहीं। यही कारण है कि भाषा का औपचारिक शिक्षण आवश्यक है।

एक अन्य कारण जो कक्षा में औपचारिक मौखिक भाषा शिक्षण के पक्ष में है, कि घर और परिवेश में मानक हिन्दी के प्रचलित होने पर भी भाषा के उच्चारण, शब्द-प्रयोग, शब्द-चयन, वाक्य-संयोजन, सटीक भाषा-प्रयोग और प्रभावी सम्प्रेषण-कौशल विकसित करने के लिए विशेष प्रयास की आवश्यकता होती ही है। भाषा को अधिक व्यावहारिक, सक्षम और प्रभावी बनाने के लिए कुछ तत्त्व विशेष तौर पर उपयोगी होते हैं। इनका परिचय बिना औपचारिक शिक्षण के नहीं हो सकता। व्याकरण के व्यवस्थित ज्ञान से भी भाषा को शुद्ध और प्रभावी बनाने में सहायता मिलती है। यह कार्य भी कक्षा में औपचारिक भाषा-शिक्षण से ही सम्भव है।

वर्णोच्चारण व शब्द-प्रयोग सम्बन्धी अशुद्धियाँ–जिस भाषा का प्रयोग शिक्षित और अशिक्षित सभी लोग एक समान अधिकार से करते हैं उसमें एकरूपता आना कभी सम्भव नहीं होता। हिन्दी के जिस रूप को राष्ट्रभाषा और राजभाषा के तौर पर स्वीकृति प्राप्त है उसके सभी प्रयोक्ता एक समान भाषा का प्रयोग नहीं करते। उच्चारण, शब्द-प्रयोग, वाक्य संयोजन इत्यादि सन्दर्भों में इसके अनेक रूपान्तरण प्रचलन में हैं। अनेक भाषा-भाषियों द्वारा प्रयोग किए जाने के कारण मानक हिन्दी के अनेक रूपों का होना कोई अनहोनी नहीं है। इन कारणों से कोई बालक या सम्पर्क द्वारा भाषा सीखने का इच्छुक व्यक्ति सही भाषा नहीं सीख पाता और उसे औपचारिक तौर पर मौखिक भाषा सीखने की आवश्यकता होती है।

विचार-संयोजन और क्रमबद्ध प्रस्तुति की निपुणता का विकास–किसी भाषा को मातृभाषा के रूप में सीखने और उसका व्यवहार करने पर भी विचारों के संयोजन और क्रमबद्ध प्रस्तुतिकरण की योग्यता सहज और स्वाभाविक नहीं होती। भाषा को प्रभावी बनाने और उसके आलंकारिक प्रयोग की क्षमता और कला पर अधिकार के लिए इन पक्षों का औपचारिक अध्ययन और अभ्यास किया जाता है। इसके लिए व्याकरण, मुहावरे-लोकोक्तियों के प्रयोग, अलंकार और कलात्मक वाक्य संयोजन का ज्ञान अनिवार्य होता है। साहित्य की विविध विधाओं के अध्ययन से इस कला के विकास में विशेष सहायता होती है। इस प्रकार सटीक और प्रभावी भाषा प्रयोग के लिए मौखिक भाषा का औपचारिक अध्ययन किया जाना आवश्यक है।

मौखिक भाषा-शिक्षण के उद्देश्य

ज्ञान– भाषा, शब्दावली, सूक्ति, मुहावरे, कहावतें, अवसरानुकूल शब्दावली और शैली।

कौशल– धैर्य और मनोयोगपूर्वक सुनने का प्रशिक्षण

भाषा, शैली, प्रसंग भाव-भंगिमा का अर्थ समझने की निपुणता।

उपयुक्त शब्द, भाषाशैली, शुद्ध उच्चारण व भाव-भंगिमा सहित बोलने की कला।

अवसरानुकूल भाषा, उपयुक्त शैली व आत्मविश्वास।

रुचि– भाषा व शैली सीखना।

ज्ञान, सूचनाएँ व विवरण जानना।

मौखिक भाषा-शिक्षण की विधियाँ

माहौल बनाना–कक्षा में हिन्दी शिक्षण का आयाम पुस्तक पठन, प्रश्नोत्तर, पत्र-निबन्धादि लेखन तक सीमित नहीं है। कक्षा के बाहर की भाषा और कक्षा में व्यवहार की भाषा में स्पष्ट अन्तर अनुभव कराना भी हिन्दी शिक्षण का एक अंग है। इसके लिए हिन्दी शिक्षक का पहला दायित्व है कि वह अपनी भाषा में अधिकाधिक मानकता का व्यवहार करे। शिक्षक अनेक विषयों में विद्यार्थियों का आदर्श होता है। इनमें से भाषा प्रयोग भी है। विद्यार्थियों को कक्षा से बाहर और कक्षा की भाषा का अन्तर स्पष्ट अनुभव होना चाहिए। साथ ही उन्हें इस बात का आभास होना चाहिए कि कक्षा में बातचीत और व्यवहार की भाषा कुछ अलग है और यहाँ परिवार या बाज़ार की भाषा का बेधड़क इस्तेमाल नहीं हो सकता। इस माहौल से उनकी भाषा के सुधार की प्रक्रिया आरम्भ हो सकेगी।

आदर्श सम्भाषण–विद्यार्थियों की मौखिक भाषा में सुधार के लिए कक्षा में विद्यार्थियों को पाठ्यक्रम से सम्बद्ध विषयों पर बातचीत और विचार-विमर्श के लिए प्रेरित किया जाना चाहिए। इससे पुस्तक, व्याकरण और साहित्य के अध्ययन द्वारा सीखे गए भाषारूपों के व्यावहारिक उपयोग का अवसर प्राप्त होगा और विद्यार्थियों की बातचीत की भाषा में मानकता और कौशल का समावेश हो सकेगा। इस गतिविधि को अधिक प्रभावी बनाने के लिए सप्ताह का एक दिन पाठ्येतर विषयों पर बातचीत के लिए निश्चित किया जा सकता है। कक्षागत बातचीत में मानक भाषा के प्रयोग का यह अभ्यास उनकी सामान्य बातचीत की भाषा को भी उन्नत करेगा।

अवसर देना–परम्परागत भाषा कक्षा में पुस्तक पाठ और पुस्तक आधारित गतिविधियों को प्रधानता दी जाती है। इन गतिविधियों में भी शिक्षक ही अधिक सक्रिय रहता है। उसी की ओर से उत्तर, व्याख्या, विस्तार, उदाहरण इत्यादि प्रस्तुत किए जाते हैं। विद्यार्थी भाषा अध्ययन में श्रोता मात्र बने रहते हैं; सहभागी नहीं होते। इससे उनमें मानक भाषा सुनने का अभ्यास तो विकसित होता है, किन्तु उत्तम भाषा प्रयोग के विषय में वे अनाड़ी ही रहते हैं। इस स्थिति से निजात पाने के लिए विद्यार्थियों को कक्षा में भाषा-प्रयोग का अवसर प्रदान करना सर्वोत्तम उपाय है। न केवल पुस्तक पठन; अपितु प्रश्नों के उत्तर देने, व्याख्या, उदाहरण प्रस्तुति और विस्तार जैसी गतिविधियों के लिए भी विद्यार्थियों को सहभागी बनाकर उनकी मौखिक भाषा को स्तरीय बनाया जा सकता है।

सहानुभूतिपूर्वक व्यवहार–कक्षा में विद्यार्थी जिस स्तर की भाषा, शब्दावली और लहजे का व्यवहार करते हैं उनके विकास में उनका अपना योगदान नगण्य होता है। उस भाषा के विकास का पूरा दायित्व परिवार और परिवेश को जाता है। इस स्थिति में भाषा शिक्षक को विद्यार्थियों की भाषायी अशुद्धियों और कमियों के प्रति सहनशील और करुणापूर्ण होना चाहिए। उसे विद्यार्थियों के अशुद्ध भाषा-प्रयोगों को सुधारने के लिए सहानुभूतिपूर्वक प्रयास करना चाहिए। सही भाषा के ज्ञान और अभ्यास द्वारा विद्यार्थियों को स्तरीय भाषा के प्रयोग में दक्ष किया जा सकता है।

गीत, कहानी, घटना आदि सुनना/सुनाना–स्तरीय और शुद्ध मौखिक भाषा के विकास के लिए केवल पुस्तकीय सन्दर्भों पर निर्भर नहीं रहा जा सकता। पुस्तक में प्रकरणों और सन्दर्भों की संख्या सीमित होती है लेकिन व्यवहार में विद्यार्थियों को अन्यान्य मुद्दों और विषयों में भाषा का प्रयोग करना होता है। ऐसे व्यावहारिक अवसरों के लिए विद्यार्थियों को भाषा की दृष्टि से सक्षम और कुशल करने के लिए उन्हें कक्षा में विविध विषयों, घटनाओं, समाचारों, उनके यात्रा जैसे अनुभवों को सुनने-सुनाने का अवसर प्रदान किया जा सकता है। ऐसा होने पर विद्यार्थी सहज होकर विविध विषयों पर विचार सम्प्रेषण करेंगे और उनकी मौखिक भाषा का स्तर उन्नत होगा।

पुस्तकीय उपाय–कक्षा में औपचारिक भाषा शिक्षण के दौरान भी शिक्षक मौखिक भाषा कौशल के विकास का प्रयास कर सकते हैं। पाठ्यपुस्तक का वाचन उच्चारण, शब्दज्ञान, वाक्य-शैलियों इत्यादि के ज्ञान और अभ्यास का उत्तम माध्यम है। इस माध्यम से विद्यार्थी दैनन्दिन की भाषा के शब्दों के मौलिक और व्याकरण सम्मत रूप से परिचित होते हैं। पाठ्यपुस्तक का अध्ययन करते हुए पाठ्यवस्तु का सारांश, संवाद-वाचन, समीक्षा, व्याख्या, विचार-विमर्श, विश्लेषण और संश्लेषण जैसी गतिविधियों द्वारा भी मौखिक भाषा का अभ्यास कराया जा सकता है। इस प्रकार के अभ्यास की सर्वाधिक उल्लेखनीय विशेषता औपचारिक और उपयोगी विषयों पर बातचीत, विचार-विनिमय और साधिकार टिप्पणी की योग्यता का विकास है। इससे आत्मविश्वास भी दृढ़ होता है।

दृश्य-श्रव्य साधनों का प्रयोग–कक्षा की दैनन्दिन गतिविधियों से मौखिक भाषा कौशल के विकास के साथ यदि दृश्य-श्रव्य साधनों का भी प्रयोग किया जाए तो परिणाम आश्चर्यजनक हो सकते हैं। विद्यार्थी टेलीविज़न पर चलचित्रों, कार्टूनों, धारावाहिकों इत्यादि को अत्यन्त चाव से देखते हैं। ऐसा करते हुए उन्हें न समय का ध्यान रहता है न भूख-प्यास सताती है। भाषा शिक्षक विद्यार्थियों के इस स्वभाव का लाभ उठाकर उन्हें स्तरीय भाषा का परिचय करा सकते हैं। रामायण, महाभारत और चाणक्य जैसे धारावाहिकों और ऐतिहासिक पृष्ठभूमि वाले चलचित्रों को देखकर वे शुद्ध और स्तरीय भाषा के व्यावहारिक ज्ञान से परिचित हो सकते हैं। इससे उनमें इस प्रकार की भाषा के अभ्यास का कौशल भी सहज ही उत्पन्न होता है।

साहित्यिक कार्यक्रमों का आयोजन–कक्षागत उपायों और अनौपचारिक भाषा शिक्षण प्रयासों को विशेष आयोजनों और कौशल प्रदर्शन के अवसरों द्वारा दृढ़ किया जा सकता है। इस प्रकार के आयोजनों में कवि सम्मेलन, भाषणमाला, लेख-प्रस्तुति, विचार गोष्ठी, जागृति सभा इत्यादि को सम्मिलित किया जा सकता है। इन उपायों से विद्यार्थियों को सामान्य भाषायी कौशलों के साथ मंच-संयोजन, उद्घोषणा, आग्रह, निवेदन, परिचय व धन्यवाद प्रस्ताव, विस्तृत व संक्षिप्त वक्तव्य जैसे विशिष्ट कौशलों में प्रवीणता प्राप्त करने का अवसर प्राप्त होता है। अधिक संख्या में उपस्थित लोगों के सम्मुख अपनी बात प्रस्तुत करने से आत्मविश्वास का विकास होता है। इस प्रकार के कार्यक्रमों में सहभागियों के साथ ही दर्शकों व श्रोताओं को भी ज्ञान और कौशल के रूप में लाभ प्राप्त होता है।

प्रश्न

1. सामाजिक सम्बन्धों की सूत्रधार के रूप में मौखिक भाषा की भूमिका का उल्लेख कीजिए।
2. मौखिक भाषा के अभाव में ज्ञान, सूचना और खोज का विकास असम्भव है। टिप्पणी कीजिए।
3. लिखित भाषा की आधार के रूप में मौखिक भाषा की भूमिका का परिचय दीजिए।

4. पारिवारिक, व्यावहारिक और भावनात्मक सम्बन्धों की सूत्रधार के रूप में मौखिक भाषा का महत्व स्थापित कीजिए।
5. एक भाषा की अनेक बोलियाँ होने से मौखिक भाषा के अधिगम में किस प्रकार अवरोध होता है?
6. आदर्श सम्भाषण से क्या तात्पर्य है? कक्षा में इस गतिविधि का आयोजन किस प्रकार किया जा सकता है?
7. दृश्य-श्रव्य साधनों के प्रयोग से मौखिक भाषा कौशल के विकास में किस प्रकार सहायता होती है?
8. साहित्यिक कार्यक्रमों के आयोजन से मौखिक भाषा के किन कौशलों का विकास हो सकता है?
9. मानव के व्यक्तिगत और सामाजिक जीवन में मौखिक भाषा के महत्त्व की विवेचना कीजिए।
10. मौखिक भाषा के तत्त्वों का सविस्तार परिचय दीजिए।
11. मौखिक भाषा के औपचारिक शिक्षण की आवश्यकता प्रतिपादित कीजिए।
12. कक्षा में मौखिक भाषा-शिक्षण के लक्ष्यों और उद्देश्यों का परिचय दीजिए।
13. मौखिक भाषा-शिक्षण की किन्हीं दो विधियों का सविस्तार उल्लेख कीजिए।

22 लिखित भाषा–शिक्षण प्रविधि

प्रकरण का उद्देश्य

भाषा का मौलिक रूप निर्विवाद रूप से मौखिक होता है। लेकिन समय, स्थान और स्थिरता की दृष्टि से मौखिक भाषा की सीमाओं को देखते हुए भाषा के लिखित रूप का विकास हुआ। लिखित भाषा द्वारा मौखिक भाषा के कथ्य को समय और स्थान की दृष्टि से अपरिमित विस्तार दिया जा सकता है। दूसरी ओर मौखिक भाषा की अशुद्धियों और अस्पष्टता का लिखित भाषा में कोई स्थान नहीं रह जाता। मौखिक भाषा की तुलना में लिखित भाषा अधिक औपचारिक, शुद्ध और स्पष्ट होनी चाहिए। इस दृष्टि से भाषा शिक्षण की प्रक्रिया में लिखित भाषा के शिक्षण पर विशेष ध्यान दिए जाने की ज़रूरत है। लिखित भाषा शिक्षण में लेख की गुणवत्ता के साथ ही शब्दचयन और वाक्यसंरचना का भी विशेष योगदान होता है। प्रस्तुत अध्याय में लिखित भाषा के प्रभावी शिक्षण की व्यावहारिक विधियों का परिचय दिया गया है।

सर्वविदित तथ्य है कि भाषा सर्वप्रथम मौखिक रूप में उत्पन्न और विकसित हुई। सदियों तक समाज के सामान्य और विशिष्ट; समस्त व्यवहार मौखिक भाषा के माध्यम से ही सम्पादित होते रहे। वेदों की अकूत शब्द राशि भी श्रुति परम्परा द्वारा ही अनेकों शताब्दियों तक शिष्यों-प्रशिष्यों को अन्तरिक की जाती रही। किन्तु सभ्यता के साथ ज्ञान के अन्यान्य क्षेत्रों को उद्भव और विकास हुआ और मौखिक शब्द संकेतों के ध्वनि प्रतीकों के रूप में अंकित करने की आवश्यकता अनुभव की जाने लगी। तेज़ी से विकसित होती ज्ञान परम्परा को आगामी पीढ़ियों के लिए यथारूप संरक्षित करना लिखित भाषा के बिना असम्भव था। यहीं से भाषा में लिखित प्रतीकों की परम्परा की नींव पड़ी।

लिखित भाषा का महत्त्व

उच्चरित भाषा का स्वरूप क्षणिक है। अक्षरों व शब्दों के उच्चारण में अत्यन्त सीमित समय लगता है। श्रोता को उच्चारण किए जाते हुए ही मौखिक भाषा को सुनकर भाव ग्रहण करना होता है। इस प्रकार मौखिक भाषा का उच्चारण, श्रवण और अर्थग्रहण समकालिक क्रियाएँ हैं। इस क्षणिक भाषा व्यवहार का कोई अतीत और भविष्य नहीं रहता। उसे पुनःप्रयोज्य और चिरस्थायी बनाने के लिए कूटचिह्नों के रूप में अंकित करने की आवश्यकता होती है। इस रूप में लिखित भाषा मौखिक भाषा का प्रयोग विस्तार करने का उपाय है। लिखित भाषा के अन्य गुणों का विवरण इस प्रकार है–

कथ्य की चिरस्थिरता–लिखित भाषा ज्ञान, सूचना, विवरण, भावाभिव्यक्ति इत्यादि को चिरस्थायित्व प्रदान करती है। जो कथ्य उच्चारण मात्र तक भाव प्रकाशन करता है वहीं लिखित रूप में शताब्दियों तक के लिए उपलब्ध हो जाता है। वैदिक संहिताओं से आधुनिक साहित्य तक और ज्ञान-विज्ञान से सम्बद्ध प्राचीन तथ्यों से आधुनिक अन्वेषणों तक समस्त बौद्धिक क्रिया-कलाप लिखित भाषा के माध्यम से ही अन्वेषणों और जिज्ञासुओं को प्राप्त होता है। यदि भाषा के लिखित रूप का विकास न हुआ होता तो हमारे विकास की गति इतनी तीव्र न होती जैसी आज है।

भाषायी रूपों की निश्चितता और स्थिरता–भाषा सामाजिक सम्पत्ति है। समाज में शिक्षित-अशिक्षित, सभ्य-गँवार सभी प्रकार के लोग अपनी दैनन्दिन बातचीत और लोकव्यवहारों में भाषा का व्यवहार करते हैं। इन भाषा प्रयोक्ताओं के अनन्त प्रकार के लक्ष्य और उद्‍देश्य होते हैं। यदि भाषा केवल मौखिक रूप में हो तो उसके रूप में नित्य-निरन्तर परिवर्तन होते रहेंगे और उसका कोई सुनिश्चित रूप नहीं रहेगा। यह परिवर्तन इतने तीव्र और व्यापक भी हो सकते हैं कि कुछ ही महीनों के अन्तराल में शब्दों की अनेक पीढ़ियों का सृजन और विनाश हो जाएगा। दूसरी तरफ ऐसा भी हो सकता है कि छोटे-छोटे क्षेत्रों की भाषा एक दूसरे से नितान्त अपरिचित और भिन्न हो जाए। समाज के विभिन्न वर्गों की भाषा भी एक दूसरे के लिए अबोध हो जाएगी। ऐसे में सामाजिक सम्प्रेषण की कोई सम्भावना ही नहीं रह जाएगी। भाषा का कोई स्वरूप नहीं रहेगा और वह सम्प्रेषण का सहज माध्यम नहीं रह जाएगी। लिखित रूप के विकास से भाषा की स्थिरता सुनिश्चित होती है। लिखित भाषा केवल तात्कालिक और स्थानीय प्रयोग के लिए न होकर भावी और व्यापक उपयोग के लिए भी होती है। इसके लिए भाषा के समान रूप का बने रहना अनिवार्य होता है।

व्याकरण का उद्‍भव–जब तक भाषा मौखिक रूप में रहती है; उसके लिए नियमों, सूत्रों, सिद्धान्तों इत्यादि का निर्धारण अर्थहीन होता है। भाषा और बोली में प्रमुख अन्तर है कि भाषा का लिखित रूप और व्याकरण होता है जबकि बोली के पास इस प्रकार का नियमन नहीं होता। इसलिए बोली के बारे में कहावत है–'कोस-कोस पर बदले पानी, तीन कोस पर बानी।' लेकिन व्याकरण द्वारा भाषा के नियमन होने से इस प्रकार की अस्थिरता की संभावना नहीं रहती और भाषा का मानक रूप स्थिर होता है और बना रहता है।

मानकता प्रदान करना–जो भाषा नित्य परिवर्तनशील हो वह किसी बड़े क्षेत्र में अधिक समय तक एक सी नहीं रह सकती। दूसरी ओर मानक भाषा का पद प्राप्त करने के लिए किसी भाषा में स्थायित्व और व्यापकता के गुण अवश्य होने चाहिए। लिखित रूप विकसित होने से भाषा में संस्कार और विकास की परम्परा जारी रहती है। उसके गुणों का स्थायित्व बना रहता है। यही वे कारण हैं जो किसी भाषा को मानक भाषा बनाते हैं।

ज्ञान का संग्रह और अन्तरण–मौखिक भाषा तत्काल उपयोग की भाषा है। उसके द्वारा ज्ञान, अनुभव, अन्वेषण इत्यादि के अन्तरण की संभावना सीमित है। दूसरी ओर मौखिक भाषा केवल एक बार प्रयोग की जा सकती है जबकि लिखित भाषा में निहित ज्ञान अधिक स्थायी होता है।

लिखित भाषा के तत्त्व

भाषा का उद्‍भव मौखिक रूप में हुआ। उसे स्थिरता और एकरूपता देने के लिए लिपि या लिखित रूप का विकास हुआ। लिखित भाषा मौखिक भाषा से अनेक सन्दर्भों में भिन्न है। मौखिक भाषा से पृथक उसकी अपनी विशिष्टताएँ और भूमिकाएँ हैं। उनका संक्षिप्त परिचय यहाँ प्रस्तुत है–

लिपि का प्रयोग–जिस प्रकार मौखिक भाषा में ध्वनि संकेतों (वर्णों और अक्षरों) का प्रयोग होता है उसी प्रकार लिखित भाषा में लिपि-चिह्नों का प्रयोग होता है। लिखित भाषा के लिपि-चिह्न मौखिक भाषा के उच्चरित ध्वनि प्रतीकों के कूटरूप हैं। मौखिक भाषा की प्रत्येक ध्वनि के लिए लिखित भाषा में निश्चित लिपि चिह्न हैं। हिन्दी में दो प्रकार के लिपि चिह्नों का प्रयोग होता है जिन्हें स्वरों और व्यंजनों का नाम दिया गया है। इन स्वरों और व्यंजनों से अक्षरों और शब्दों का अंकन सम्भव होता है। व्यंजनों के साथ स्वरों का प्रयोग अपने मौलिक रूप में न होकर संकेत चिह्नों या मात्राओं के रूप में होता है। लिखित भाषा के सही प्रयोग के लिए प्रत्येक भाषा विद्यार्थी को इन ध्वनि व लिपि संकेतों से परिचित हो जाना चाहिए।

व्यापक शब्दज्ञान–मौखिक भाषा मूलतः अनौपचारिक होती है। उसके माध्यम से अपनी बात स्पष्ट करने के लिए वक्ता के पास अनेक उपाय करने की संभावना होती है। किन्तु लिखित भाषा स्वभावतः औपचारिक है। उसमें एक बार कथ्य का अंकन कर चुकने के उपरान्त किसी प्रकार के स्पष्टीकरण की गुंजाइश नहीं होती। कथ्य को बिना व्याख्या के स्पष्ट करने का सरलतम उपाय है भाव, विषय और प्रकरण के अनुसार सटीक शब्दों का प्रयोग करना। प्रत्येक भाषा में परिवार, समाज, बाज़ार, खेल, व्यापार, मित्र-मण्डल, औपचारिक विचार-विनिमय इत्यादि सन्दर्भों में अलग-अलग

प्रकार की शब्दावली का प्रयोग होता है। भाषा के अन्यान्य सन्दर्भों के लिए उपयुक्त अधिकाधिक शब्दों से परिचय के लिए सघन भाषा प्रयोग अथवा विविध साहित्यिक विधाओं, समाचार पत्रों, पत्रिकाओं, पुस्तकों इत्यादि का अध्ययन करना अपेक्षित है।

मुहावरों और लोकोक्तियों का परिचय–लोकोक्तियाँ और मुहावरे हिन्दी भाषा के प्राणतत्व कहे जा सकते हैं। इनके माध्यम से किसी स्थिति का प्रतीकात्मक वर्णन या स्पष्टीकरण की परम्परा हिन्दी में आदिकाल से प्रचलित है। इनके प्रयोग द्वारा न केवल कथ्य को अधिक प्रभावपूर्ण और सटीक बनाया जाता है अपितु उसमें सहज व स्वाभाविकता लाई जाती है। आंचलिक और साहित्यिक परिवेश में मुहावरों और लोकोक्तियों का प्रयोग वाक्चातुर्य और विद्वता का संकेत समझा जाता है। हिन्दी में जीवन के प्रत्येक सन्दर्भ और क्षेत्र से सम्बद्ध मुहावरों और लोकोक्तियों का प्रचलन है। इनके ज्ञान से भाषा को अधिक सक्षम और प्रभावशाली बनाया जाता है। हिन्दी भाषा अध्यापकों को प्रतियोगिता, परीक्षा और अन्त्याक्षरी जैसे उपायों से विद्यार्थियों को अधिकाधिक मुहावरे और लोकोक्तियाँ कण्ठस्थ करा देनी चाहिए।

विचार संयोजन और क्रमबद्ध प्रस्तुति–लिखित भाषा का प्रयोग मौखिक भाषा की अपेक्षा समय-साध्य प्रक्रिया है। इसमें अधिक स्थायित्व और औपचारिकता होती है। इसलिए इसके प्रयोग के लिए किसी विषय या सन्दर्भ से जुड़े सभी पहलुओं का ज्ञान होना चाहिए। साथ ही यह अनुमान भी होना चाहिए कि कौन सी बात अधिक महत्त्वपूर्ण और प्रमुख है। इस निर्णय के उपरान्त ही कथ्य का पूर्ण और क्रमानुसार प्रस्तुतिकरण हो पाएगा। लिखित भाषा के माध्यम से कथ्य की अभिव्यक्ति के लिए विचारों का सातत्य या परस्पर सम्बद्धता होने पर ही पाठक भाव की यथारूप अनुभूति कर पाएगा।

वर्णों का सटीक और सुन्दर अंकन–लिखित भाषा में वर्णों और अक्षरों के सही अंकन की वही उपयोगिता और महत्ता है जो मौखिक भाषा में सही उच्चारण का है। हिन्दी भाषा की लिपि देवनागरी का अंकन विशुद्ध रूप से उच्चारण के अनुरूप होता है। इसके लिए प्रत्येक उच्चरित इकाई के लिए सटीक लिपि चिह्न का अंकन होना चाहिए।

किसी भी लिपि में वर्णों की सुनिश्चित संरचना होती है। यदि उसे उसी रूप में अंकित किया जाए तो वर्ण, अक्षर या शब्द का उल्लेख सही होता है। इस स्थिति में सही भाव का प्रकाशन हो पाता है। लेकिन वर्ण की संरचना अशुद्ध होने से शब्द को सही नहीं पढ़ा जा सकता और कथ्य का सही सम्प्रेषण नहीं होता। प्रत्येक लिपि में अनेक संकेत परस्पर समान प्रतीत होते हैं। इस प्रकार के वर्णों के लेखन में विशेष सावधानी की अपेक्षा होती है। इसी प्रकार लिपियों में कलात्मक अंकन का प्रावधान भी होता है जिससे लेखन को अधिकाधिक सुन्दर और आकर्षक बनाया जा सकता है। इन सबके लिए अभ्यास की अपेक्षा होती है। इस प्रकार के अभ्यास के लिए अनुलेख सर्वोत्तम उपाय है।

व्याकरणिक संरचना का ज्ञान–प्रत्येक भाषा के व्याकरण में लिखित भाषा से सम्बद्ध अनेक नियमों का विधान होता है। इन नियमों में वाक्य-विन्यास और विराम-चिह्नों का प्रयोग सर्वप्रमुख है। वाक्य-विन्यास का अर्थ है वाक्य में कारकों का क्रम। अंग्रेज़ी भाषा में वाक्य के आरम्भ में कर्त्ता, उसके बाद क्रिया और अन्त में कर्म का प्रयोग होता है; जबकि हिन्दी में कर्त्ता के बाद कर्म और अन्त में क्रिया का प्रयोग किया जाता है। यही वाक्य-विन्यास है।

विराम-चिह्नों का प्रयोग–विराम-चिह्नों का प्रयोग लिखित भाषा का अन्य ध्यातव्य बिन्दु है। मौखिक भाषा के दौरान हम आवाज़ के उतार-चढ़ाव और भाव-भंगिमाओं के जिन विशेष प्रभावों का प्रदर्शन करते हैं; लिखित भाषा में उनके प्रदर्शन का उपाय है–विराम-चिह्नों का प्रयोग। इनके माध्यम से कथ्य को स्पष्ट और प्रभावशाली बनाया जा सकता है। विराम-चिह्नों का प्रयोग ज्ञान और अभ्यास का विषय है। इसके लिए शिक्षक के स्तर पर विशेष प्रयास किए जाने चाहिए।

लिखित भाषा शिक्षण के उद्देश्य

लिखित भाषा पूर्णरूपेण कक्षा में शिक्षक के प्रयास द्वारा अधिगन्तव्य है। मौखिक भाषा की तरह इसका प्रयोग और अभ्यास समाज के साथ रहकर भाषा प्रयोग करते हुए नहीं किया जा सकता। शिक्षक को भाषा शिक्षण के दौरान लिखित भाषा के सही और कुशल प्रयोग के लिए सचेष्ट रहना चाहिए। उच्च-माध्यमिक कक्षाओं में लिखित भाषा शिक्षण के उद्देश्य इस प्रकार हैं–

- लिपि चिह्नों और मात्राओं का ज्ञान।
- शब्दों के सही रूप, वाक्य-विन्यास और विराम चिह्नों का ज्ञान व अभ्यास।
- सुन्दर लेख, शुद्ध वर्तनी और व्याकरण सम्मत भाषा के प्रयोग में कुशलता।
- विभिन्न सन्दर्भों में विषयानुकूल भाषा शैली के प्रयोग की कुशलता।
- सुन्दर लिखने की प्रवृत्ति का विकास।

प्रस्तुत उद्देश्यों को दृष्टिगत करके भाषा शिक्षण से विद्यार्थियों को लिखित भाषा कौशल के अधिगम में सफल किया जा सकता है।

लिखित भाषा शिक्षण के उपाय

लिखित भाषा का औपचारिक प्रयोग प्राथमिक कक्षाओं से आरम्भ हो जाता है। पूर्व प्राथमिक कक्षा में विद्यार्थियों को विभिन्न विधियों से अक्षर ज्ञान कराया जाता है। प्राथमिक स्तर पर मात्राओं, विराम-चिह्नों इत्यादि के अभ्यास से विद्यार्थी लिखित अभिव्यक्ति करने लगते हैं। उच्च प्राथमिक कक्षाओं में इस कौशल के विकास के लिए निम्नलिखित उपाय उपयोगी हो सकते हैं–

बड़े आकार के अक्षरों की लिखाई–पूर्व प्राथमिक कक्षाओं से ही विद्यार्थी भाषा के लिखित रूप का प्रयोग करने लगते हैं। किन्तु लिखित भाषा कार्य बढ़ने के साथ ही वे अज्ञान, अनभ्यास, जल्दबाज़ी और अनवधानता जैसे कारणों से अक्षरों के सही आकार और सुन्दर अंकन के प्रति असंवेदनशील होते जाते हैं। इससे न केवल उनका लेख असुन्दर हो जाता है अपितु कथ्य को समझने में भी कठिनाई होती है। शिक्षकों का दायित्व है कि ऐसी स्थिति आने से पूर्व ही वे सचेत हो जाएँ और विद्यार्थियों की लिखित भाषा को स्तरीय बनाए रखने के प्रयास करें।

विद्यार्थियों की लिखित भाषा को शुद्ध, सुन्दर और प्रभावशाली बनाने के लिए सर्वप्रथम प्रत्येक स्वर और व्यंजन की सही संरचना का ज्ञान कराया जाना चाहिए। इसका प्रभावी अभ्यास कराने के लिए वर्णों को बड़े आकार में लिखने का निर्देश दिया जाना चाहिए। विद्यालयों में अभ्यास कार्य के लिए प्रयोग की जाने वाली पुस्तिकाओं में एक सेंटीमीटर के फ़ासले वाली रेखाएँ खिंची होती हैं। विद्यार्थियों को इसी आकार के अक्षरों को लिखने का निर्देश दिया जाना चाहिए। इस आकार की लिखाई से वर्णों के सही आकार का अभ्यास हो जाता है। लेखन कार्य करते हुए विद्यार्थियों को ताकीद़ होनी चाहिए कि किसी भी वर्ण का आकार छोटा/बड़ा न हो, पाई और शिरोरेखाएँ तिरछी या टेढ़ी न हों। इन सहज और सरल उपायों से उत्तम लेखन का कौशल विकसित किया जा सकता है।

पढ़ते हुए लिखना और लिखकर पढ़ना–हिन्दी में सही लिखित भाषा व्यवहार के लिए विद्यार्थियों को प्रत्येक लिखित शब्द को मन ही मन पढ़ने और लिख लिए जाने के बाद उसे दोहराने का अभ्यास विकसित किया जाना चाहिए। इस उपाय से विद्यार्थियों को अपनी लिखित भाषा के प्रति अधिक संवेदनशील किया जा सकता है।

श्रुतलेख–लिखित भाषा में प्रावीण्य प्राप्त करने के लिए श्रुतलेख एक अद्वितीय उपाय है। इसके माध्यम से सक्रिय शब्दावली के अतिरिक्त नए और कठिन शब्दों के लेखन का अभ्यास कराकर विद्यार्थियों को शुद्ध लेखन में प्रवीण किया जा सकता है। यह कम समय में उत्तम परिणाम लाने वाली प्रविधि है। शिक्षक प्रतिदिन स्वयं अथवा किसी मेधावी विद्यार्थी के माध्यम से पाँच से दस शब्दों का श्रुतलेख करा सकते हैं। वे सही शब्द श्यामपट्ट पर अंकित करके विद्यार्थियों को अपने द्वारा लिखित शब्दों की शुद्धता जाँचने और मूल्यांकन के लिए निर्देश दे सकते हैं।

घटना/दृश्य वर्णन–इस विधि का उद्देश्य लिखित भाषा और उसके माध्यग रो वर्णन और सृजन कौशल का विकास है। इस विधि के अन्तर्गत विद्यार्थियों के सम्मुख किसी दृश्य या चित्र को प्रस्तुत किया जाता है और उनके उसके विषय में अनुच्छेद लिखने को कहा जाता है। इसके बाद विद्यार्थियों को अपनी अभ्यास पुस्तिका आपस में बदलकर एक दूसरे के लेखन को शुद्ध करने के लिए कहा जाता है। इस विधि द्वारा विद्यार्थियों को स्वतन्त्र लेखन और साहित्य सृजन के लिए भी तत्पर किया जा सकता है।

अपनी लेखन विधा चुनना और अभ्यास करना—वरिष्ठ कक्षाओं के विद्यार्थियों को दृश्य वर्णन के अगले चरण के रूप में अपनी पसन्द की लेखन विधा के चुनाव और साहित्य सृजन के लिए प्रेरित किया जा सकता है। इस प्रकार की साहित्यिक रचनाओं को भाषा अध्यापक स्वयं सम्पादित करके विद्यालय की साहित्यिक पत्रिका, भित्ति पत्रिका अथवा अन्य बाल पत्रिकाओं में प्रकाशित करा सकते हैं। जो विद्यार्थी विषयवस्तु और भाषा कौशलों में अधिक निपुण हों उन्हें समाचार पत्रों-पत्रिकाओं में टिप्पणियाँ, पत्र, प्रतिक्रिया इत्यादि के लेखन के लिए भी प्रवृत्त किया जा सकता है।

विविध स्पर्धाओं के आयोजन द्वारा—लेखन कौशल विकसित करने के कक्षागत औपचारिक उपायों के अतिरिक्त भी विविध स्पर्धाओं के आयोजन द्वारा विद्यार्थियों के लेखन कौशल का विकास किया जा सकता है। इन स्पर्धाओं में सुलेख कौशल, कहानी, निबन्ध, अनुच्छेद लेखन और श्रुतलेख प्रतियोगिताएँ अनन्य हैं। प्रत्येक सप्ताह किसी निश्चित दिन इनमें से किसी एक स्पर्धा का आयोजन किया जा सकता है। इस प्रकार की प्रतियोगिता में अधिकाधिक विद्यार्थियों को सहभागी होने के लिए प्रेरित किया जाना चाहिए। यह भी सुनिश्चित किया जाना चाहिए कि प्रत्येक विद्यार्थी किसी न किसी स्पर्धा में अवश्य सहभाग करे। इन प्रतियोगिताओं के सटीक मूल्यांकन के लिए बाह्य परीक्षकों को बुलाया जा सकता है। स्पर्धा को आधिकारिक रूप देने के लिए अन्य विषयाध्यापकों, मुख्याध्यापक अथवा प्रधानाचार्य को भी बुलाया जा सकता है। इन उपायों से विद्यार्थियों के लेखन कौशल को उन्नत किया जा सकता है।

प्रश्न

1. लिखित भाषा के महत्त्व पर संक्षिप्त अनुच्छेद लिखिए।
2. लिखित भाषा के तत्त्वों का सोदाहरण परिचय दीजिए।
3. लिखित भाषा शिक्षण के सामान्य उद्देश्यों की सूची बनाइए।
4. लिखित भाषा में शिक्षण की विधियों का संक्षिप्त परिचय दीजिए।
5. श्रुतलेख और स्पर्धाओं में सहभागिता से लिखित भाषा में किस प्रकार सुधार लाया जा सकता है?

23 भाषा शिक्षण में मापन तथा मूल्यांकन

प्रकरण का उद्‌देश्य

भाषा शिक्षकों के लिए कक्षा में पाठ्यवस्तु का प्रभावी प्रस्तुतिकरण अत्यन्त महत्त्वपूर्ण है। इतना होने पर भी वे सुनिश्चित नहीं कर सकते कि सभी विद्यार्थियों द्वारा कक्षा के आरम्भ में निर्धारित ज्ञानात्मक, बोधात्मक और कौशलात्मक लक्ष्य प्राप्त कर लिए गए हैं। यदि कक्षा के समापन पर शिक्षक और विद्यार्थियों को पूर्वनिर्धारित लक्ष्यों की प्राप्ति का सन्तोष नहीं मिलता तो कक्षा की सफलता सुनिश्चित नहीं की जा सकती।

किसी भाषा सन्दर्भ के शिक्षण की सफलता में शिक्षक, विद्यार्थी और पाठ्यवस्तु तीनों पक्षों का समान योगदान होता है। इनके अधिगम के प्रति सुनिश्चित होने के लिए मापन और मूल्यांकन का प्रावधान किया जाता है। प्रस्तुत अध्याय में मापन, मूल्यांकन, इनके सम्बन्ध और परस्पर निर्भरता, इनकी प्रयोगविधि, व्यवहार्य सावधानियों और लाभों का उल्लेख सविस्तार किया गया है।

मापन की संकल्पना

सृष्टि के समस्त पदार्थों और व्यक्तियों में परस्पर भिन्नता का गुण पाया जाता है। इस भिन्नता को परिभाषित और अभिव्यक्त करने के अनेक उपाय हैं जिन्हें मापन द्वारा स्पष्ट किया जाता है। भाषा शिक्षण के सन्दर्भ में मापन द्वारा भाषायी तत्त्वों के अधिगम में विद्यार्थियों की व्यक्तिगत भिन्नता का आकलन और प्रस्तुतिकरण किया जाता है। मापन से हमें व्यक्ति के अतीत का आभास होता है जिससे वर्तमान को समझने का आधार प्राप्त होता है और भविष्य की समस्याओं के समाधान में मदद मिलती है। मापन की प्रक्रिया के तीन चरण हैं—

(क) किसी व्यक्ति के गुण की पहचान और परिभाषीकरण।

(ख) उस प्रक्रिया का निर्धारण जिससे उस गुण को प्रस्तुत किया जाता है।

(ग) प्रस्तुत गुण को प्राप्तांकों या परिणामसूचक इकाइयों में परिवर्तित करना।

मापन द्वारा किसी विद्यार्थी का मूल्यांकन नहीं होता अपितु प्रकरण विशेष के अधिगम में उसकी योग्यता और स्तर का मापन होता है। इस प्रक्रिया में चार तत्त्वों को सम्मिलित किया जाता है—

योग्यता—वे गुण जो प्रकरण विशेष के अधिगम में विद्यार्थी की क्षमता को दर्शाते हैं। इससे पता लगता है कि कोई विद्यार्थी क्या-क्या कर सकता है। उदाहरणतः वह समास को परिभाषित कर सकता है, उसके भेदों की सूची बना सकता है इत्यादि।

निष्पत्ति—वे प्रतिक्रियाएँ या अनुक्रियाएँ जिनसे पता लगे कि किसी विद्यार्थी ने प्रकरण विशेष में अब तक क्या सीखा है। उदाहरणतः क्या वह समास विग्रह कर सकता है या समास के भेदों की पहचान कर सकता है।

प्रवणता—यदि विद्यार्थी को अवसर प्राप्त होता है तो वह क्या कर सकता है। उदाहरणतः कितनी शीघ्रता और सटीकता से समासों की पहचान करता है।

लक्षण–जो व्यवहार किसी विद्यार्थी के व्यक्तित्व का स्थायी गुण हो। जैसे भाषा में समस्त-पदों का व्यवहार, समास का सही स्थान पर सटीक प्रयोग करना इत्यादि।

इन क्षेत्रों में विद्यार्थी के गुणों या कौशलों 'जिन्हें तकनीकी भाषा में चर कहा जाता है' का मापन तीन उद्देश्यों से किया जाता है–

1. **साफल्य मापन**–इस प्रक्रिया में विद्यार्थी के गुणों के मापन से उसकी क्षमता का अंकन होता है। इस अनुमान का प्रयोग विद्यार्थियों के वर्गीकरण, स्तरीकरण, चयन और भविष्यकथन के लिए किया जा सकता है। विद्यालयों में आयोजित परीक्षाओं का प्रमुख उद्देश्य विद्यार्थियों का साफल्य मापन होता है और इन्हीं के आधार पर उन्हें उत्तीर्ण घोषित किया जाता है।
2. **निदान**–साफल्य में अधिगम लक्ष्यों की प्राप्ति में विद्यार्थियों की सफलता का मापन तो होता है किन्तु असफलताओं या कमज़ोरियों का बोध नहीं होता। इसलिए मापन के अन्य पक्ष के रूप में निदान उद्देश्य के अन्तर्गत किन्हीं प्रकरणों के अधिगम में विद्यार्थियों की असफलता का आकलन किया जाता है। इन दुर्बलताओं और उनके कारणों के आकलन से उपचारात्मक शिक्षण के आयोजन में सहायता प्राप्त होती है।
3. **शोध**–शिक्षण प्रक्रिया को प्रभावी और उपयोगी बनाने के लिए मापन से प्राप्त परिणामों को आधार बनाकर शोध किया जा सकता है। अधिगत विवरण के कारण-परिणामों और शिक्षण अधिगम सिद्धान्तों की सहायता से प्रभावी शिक्षण विधियों का विकास किया जा सकता है।

उत्तम मापन की विशेषताएँ

मापन किसी विद्यार्थी के गुणों का आकलन है जिससे व्यक्तिगत भिन्नता का आकलन होता है। जिन गुणों का मापन होता है उन्हें चर की संज्ञा दी जाती है। चरों के विश्लेषण से विद्यार्थी के स्तर, श्रेणी और भावी स्थिति का अनुमान लगाया जाता है। यदि मापन सन्तुलित और पारदर्शी है तो शिक्षण-अधिगम को उपयोगी बनाया जा सकता है। इस दृष्टि से उत्तम मापन में निम्नलिखित विशेषताएँ अपेक्षित हैं–

वस्तुनिष्ठता–चरों के अंकन में व्यक्तिगत प्रभाव की संभावना का निराकरण वस्तुनिष्ठता है। इसका तात्पर्य है मूल्यांकन की प्रक्रिया में शिक्षक के विद्यार्थी के प्रति समर्थन, विरोध या पक्षपात की संभावना को समाप्त करना। इस प्रक्रिया में चरों का अंकन विशुद्ध रूप से गुणों या निष्पत्तियों के आधार पर किया जाता है।

विश्वसनीयता–एक प्रकार की परीक्षा को अनेक व्यक्तियों के लिए अनेक बार आयोजित किए जाने पर भी प्राप्त परिणामों में कोई अन्तर न हो तो इसे विश्वसनीय मापन माना जाता है। जब कोई परीक्षा या मूल्यांकन विधि इस प्रकार के मानक पर खरी उतरती है तो उसे स्थायी तौर पर मूल्यांकन के उपकरण के रूप में प्रयोग किया जा सकता है।

वैधता–परीक्षा जिस गुण अथवा चर के मापन के लिए बनाई गई है उससे उसका मापन होना चाहिए, तभी मापन सार्थक होता है। प्रत्येक प्रकार के मूल्यांकन प्रकार से पृथक गुणों व कौशलों का मूल्यांकन किया जाता है। परीक्षा के लिए निर्धारित अंकों और प्राप्तांकों के सह-सम्बन्ध की गणना से वैधता के स्तर की जाँच की जाती है।

व्यावहारिकता–परीक्षा परिणामों का प्रयोग विद्यार्थियों की अधिगम उपलब्धियों के मापन के लिए होता है। यह विधि प्रयोग की दृष्टि से विद्यार्थियों और शिक्षकों के लिए सरल और व्यवहार्य होनी चाहिए। तभी उसका प्रयोग प्रचलित होगा और उसके आधार पर विद्यार्थियों का वर्गीकरण और स्तरीकरण किया जा सकता है।

मूल्यांकन की संकल्पना

सुफल, सफलता और गौरव की अभिलाषा ही हमारे समस्त कार्यव्यापारों की उत्प्रेरक होती है। कोई भी कार्य जब वांछित परिणाम को उपलब्ध होता है तभी कर्त्ता को उसके लिए किए गए प्रयासों की सार्थकता का आभास होता है। यह

आभास न केवल हमें अपने प्रयासों के प्रति सन्तुष्ट करता है बल्कि अधिक लगन और परिश्रम के लिए प्रेरित करता है। शिक्षण-अधिगम प्रक्रिया भी इस सिद्धान्त की परिधि से अछूती नहीं है। वहाँ भी योजना है, प्रयास है तथा सुफल व सफलता की अभीप्सा है।

मूल्यांकन का अर्थ प्रायः परीक्षापत्रों के अंकन से लिया जाता है, किन्तु मौलिक रूप से इसका उपयोग शिक्षा के उद्देश्यों, शिक्षण विधियों व पाठ्यक्रम की सापेक्षिक उपयोगिता का पता लगाने और विद्यार्थियों की उपलब्धियों के मापन इत्यादि में किया जा सकता है। शिक्षण और मूल्यांकन परस्पर अन्योन्याश्रित हैं। शिक्षण का मूल्यांकन व्यवहार में परिवर्तन को दृष्टिगत रखकर किया जाता है क्योंकि व्यवहार में सकारात्मक और स्थायी परिवर्तन शिक्षा का प्राथमिक उद्देश्य है। क्विलेन और हन्ना के मत में—''विद्यालय द्वारा बालक के व्यवहार परिवर्तन के विषय में साक्षियों के संकलन और उनकी व्याख्या करने की प्रक्रिया ही मूल्यांकन है।''

शिक्षण हेतु प्रयुक्त समस्त उपायों, प्रक्रियाओं और उपकरणों का क्या, कितना और कैसा महत्त्व है, इनके उपयोग से शिक्षण प्रक्रिया किस प्रकार प्रभावित हुई और विद्यार्थियों के व्यवहार-परिवर्तन का लक्ष्य कितना और किस स्तर तक उपलब्ध हुआ; यह सब जानने के लिए मूल्यांकन एक उपयोगी प्रक्रिया है। मूल्यांकन के अभाव में शिक्षण के अस्तित्व और उपयोगिता को प्रमाणित करना और उसके प्रति आश्वस्त होना असम्भव है। मूल्यांकन शिक्षकों के साथ ही विद्यार्थियों के आत्मसन्तोष के लिए भी उपयोगी है।

मूल्यांकन का आशय है किसी शिक्षण प्रक्रिया के माध्यम से विद्यार्थियों के ज्ञान-कौशल और व्यवहार परिवर्तन के स्तर की सटीक जाँच करना। शिक्षण प्रक्रिया में मूल्यांकन की इस संकल्पना का काफी महत्त्व है। मूल्यांकन के माध्यम से ही हम शिक्षण प्रक्रिया के प्रभाव, उपयोगिता, सीमाओं और अपेक्षित सुधारों या परिवर्तनों के विषय में तथ्य जुटा सकते हैं और उनके द्वारा शिक्षण प्रक्रिया को ज्यादा प्रभावी और सफल बना सकते हैं। इस दृष्टि से छात्राध्यापकों को मूल्यांकन की संकल्पना, उद्देश्य, प्रकार और विधियों से अवश्य परिचित होना चाहिए।

शिक्षा और शिक्षण के अतीत से आज तक शिक्षकों ने शिष्यों की उपलब्धियों को एक या अन्य विधि से जाँचा और परखा है; कभी संस्थागत परीक्षा के रूप में तो कभी सार्वजनिक प्रदर्शन के माध्यम से। मूल्यांकन का इतिहास वहाँ से शुरू होता है जहाँ विद्यार्थियों द्वारा पठित अंश या अधिगत कौशल की यथारूप प्रस्तुति के बिना आगामी सूत्र या कौशल की प्रस्तुति ही नहीं की जाती थी। तब से आज तक मूल्यांकन ने अनेक चरण पार किए हैं; अनेक रूप बदले हैं।

आज मूल्यांकन की सटीकता और पूर्णता के लिए अनेक उपायों का आश्रय लिया जा रहा है। इनमें सर्वप्रमुख है लिखित परीक्षा में परीक्षार्थी द्वारा अर्जित अंक या श्रेणी। ये श्रेणी ही आज विद्यार्थियों के शैक्षिक विकास की कसौटी बन गई है। हालाँकि इस माध्यम से शिक्षण के ज्ञानात्मक पक्ष का ही मूल्यांकन किया जा सकता है, प्रयोगात्मक या कौशलात्मक का नहीं। साथ ही यह भी सत्य है कि इस मूल्यांकन से विद्यार्थियों में स्थायी व्यवहार परिवर्तन की भी कोई सूचना नहीं मिल पाती। इन्हीं कारणों से यह मूल्यांकन प्रणाली विद्यार्थियों के व्यक्तित्व के अन्य पहलुओं के विकास की कोई सूचना नहीं देती।

मूल्यांकन का उद्देश्य और महत्त्व

शिक्षा का उद्देश्य विद्यार्थियों के व्यवहार में सकारात्मक परिवर्तन लाना है ताकि वे अपनी अन्तर्हित शक्तियों का अधिकाधिक विकास कर सकें। शिक्षण इस उद्देश्य की साधना की प्रक्रिया है। शिक्षण प्रक्रिया अपने लक्ष्य और उद्देश्य में कितनी सक्षम और उपयोगी है, यह जानने की प्रक्रिया ही मूल्यांकन है। शिक्षण में पूर्वनिर्धारित लक्ष्यों को पाने का प्रयास किया जाता है। इसके अन्तर्गत विषयवस्तु, शिक्षण-कौशल, व्याख्या, उदाहरण और प्रश्नोत्तर जैसी क्रियाओं के माध्यम से ज्ञान, कौशल, रुचि इत्यादि के परिवर्तन व विकास का प्रयास किया जाता है। ये समस्त प्रक्रियाएँ और उनका लक्ष्यभूत व्यावहारिक परिवर्तन पूरी तरह उद्देश्य केन्द्रित होते हैं। शिक्षण-प्रक्रिया द्वारा पूर्व-निर्धारित उद्देश्यों के अधिगम का परीक्षण ही मूल्यांकन का लक्ष्य है।

शिक्षण की सफलता और विद्यार्थियों के यथेष्ट विकास की सीमाओं का पता लगाने के लिए आवश्यक है कि विद्यार्थियों की सम्प्राप्ति का मूल्यांकन उन सभी क्षेत्रों में किया जाए जिनमें उनका विकास वांछित हो। इस प्रकार शिक्षण का क्षेत्र

जितना व्यापक होगा, उतना ही व्यापक मूल्यांकन का क्षेत्र भी होगा। मूल्यांकन को शिक्षण के समस्त सोपानों अथवा चरणों के साथ जोड़ने के लिए शिक्षण-विशेषज्ञों ने अनेक प्रयास किए हैं। इसी कारण शिक्षण मूल्यांकन की जो पद्धतियाँ आज हमारे सामने हैं उनसे समस्त शिक्षण प्रक्रियाओं का सतत मूल्यांकन किया जा सकता है। इस अवधारणा को सतत एवं व्यापक मूल्यांकन के नाम से जाना जाता है।

सतत एवं व्यापक मूल्यांकन

सतत एवं व्यापक मूल्यांकन का अर्थ शिक्षण के साथ-साथ चलने वाले मूल्यांकन से है। शिक्षण प्रक्रिया के समस्त उद्देश्यों की प्राप्ति सुनिश्चित कराने के कारण इसे व्यापक मूल्यांकन विधि कहा जाता है। इस प्रकार का मूल्यांकन पाम्परिक परीक्षाओं की तरह लिखित, प्रश्नोत्तर केन्द्रित और सामयिक नहीं होता। इस विधि में पाठ्यवस्तु की प्रस्तुति के पूर्व से लेकर उसकी समाप्ति के बाद तक विद्यार्थियों के अधिगम एवं विकास का मूल्यांकन सुनिश्चित किया जाता है।

सतत एवं व्यापक मूल्यांकन की प्रविधि

सतत एवं व्यापक मूल्यांकन की आधुनिक संकल्पना में पाठ्य-विषय की प्रस्तुति से पहले ही विद्यार्थियों के पूर्व-ज्ञान का अनुमान लगाया जाता है। पूर्व-ज्ञान परीक्षण के द्वारा उस अनुमान की सत्यता की जाँच की जाती है। इस जाँच के आधार पर पाठ्यवस्तु का परिचय कराया जाता है। इस प्रक्रिया द्वारा विद्यार्थियों को स्तरानुकूल विधि व प्रक्रिया के माध्यम से पाठ्यवस्तु का प्रस्तुतिकरण सुनिश्चित कराया जाता है। पाठ्यवस्तु का प्रस्तुतिकरण भी शिक्षक या पुस्तक केन्द्रित न होकर विद्यार्थी केन्द्रित रहता है, जिसका तात्पर्य है कि अधिकतम सम्भव छात्र-शिक्षक अन्तर्क्रिया के द्वारा कक्षा के सभी विद्यार्थियों को शिक्षण-अधिगम प्रक्रिया में शामिल किया जाता है। यहाँ कक्षा के प्रत्येक हिस्से और कोने में मौजूद हर बुद्धिलब्धि स्तर के विद्यार्थी को साथ लेकर चलना ज़रूरी शर्त है। प्रत्येक शिक्षण बिन्दु के उपरान्त विद्यार्थियों द्वारा पाठ्यवस्तु के अधिगम को सुनिश्चित करने के लिए संप्राप्ति परीक्षण किया जाता है।

शिक्षण प्रक्रिया में किसी प्रकार का व्यवधान या कमी होने पर निदानात्मक परीक्षण किया जाता है और फिर तदनुरूप उपचारात्मक शिक्षण की व्यवस्था की जाती है। उपचारात्मक शिक्षण के परिणामों को जानने के लिए एक बार फिर से संप्राप्ति परीक्षण किया जाता है। अन्ततः शिक्षक द्वारा मूल्यांकन और विद्यार्थियों द्वारा स्वमूल्यांकन के माध्यम से पाठ्यचर्या की सफलता सुनिश्चित की जाती है। इस प्रकार सतत एवं व्यापक मूल्यांकन आठ चरणों की एक जटिल सी दिखने वाली प्रक्रिया है। हालाँकि व्यवहार में इसका सम्पादन काफी सहज और स्वाभाविक होता है।

सतत एवं व्यापक मूल्यांकन के सोपान

सतत एवं व्यापक मूल्यांकन न केवल कक्षा में पाठ्यवस्तु के शिक्षण, अपितु विद्यालय में होने वाली समस्त गतिविधियों के दौरान जारी रहने वाली प्रक्रिया है। भाषा-शिक्षण में इस प्रकार के मूल्यांकन का विशेष महत्त्व है क्योंकि इस प्रकार की औपचारिक व अनौपचारिक गतिविधियों में ही भाषा के व्यावहारिक पक्ष का प्रयोग होता है। भाषा के समस्त कौशलों का पूर्वज्ञान परीक्षण, पाठ्यवस्तु का प्रस्तुतिकरण, प्रत्येक शिक्षण बिन्दु के अन्त में सम्प्राप्ति परीक्षण तथा पाठ की समाप्ति पर निदानात्मक परीक्षण, उपचारात्मक शिक्षण, पुनः सम्प्राप्ति परीक्षण, शिक्षक-मूल्यांकन और विद्यार्थियों द्वारा स्व-मूल्यांकन सतत एवं व्यापक मूल्यांकन के प्रमुख सोपान हैं।

मूल्यांकन के गुण

वैधता, विश्वसनीयता, पारदर्शिता, सटीकता, वस्तुपरकता, निश्चयात्मकता और सन्तुलन; ये सात गुण किसी भी मूल्यांकन विधि में अपेक्षित होते हैं। इनका संक्षिप्त परिचय और महत्त्व यहाँ प्रस्तुत है—

वैधता–मूल्यांकन में वैधता का सामान्य अर्थ है–सर्वस्वीकार्यता और नियमानुकूलता। मूल्यांकन पाठ्य-विषय से सम्बद्ध, विद्यार्थियों के स्तर के अनुरूप और संप्राप्ति परीक्षण तक केन्द्रित होना चाहिए। उसके प्रयोग से विद्यार्थियों पर कोई प्रतिकूल प्रभाव होने या अपने प्रयोजन में सिद्ध न होने पर मूल्यांकन की वैधता समाप्त हो जाती है।

विश्वसनीयता–मूल्यांकन की विधि और सोपान इतने सटीक होने चाहिए कि विद्यार्थियों के साथ ही अन्य सभी पक्ष भी उन्हें बिना मनोमालिन्य, शंका या झिझक के स्वीकार कर सकें। उन्हें महसूस होना चाहिए कि यह मूल्यांकन उनकी उपलब्धियों की सही तस्वीर प्रस्तुत करता है।

पारदर्शिता–मूल्यांकन का उद्देश्य काफी जटिल होने के साथ-साथ काफी संवेदनशील भी है। मूल्यांकन प्रक्रिया के असन्तुलित या असहज होने पर विद्यार्थी उसके प्रति शंकित हो सकते हैं और हो सकता है कि इसके परिणाम उन्हें स्वीकार्य न रहें। उनमें असन्तोष पनप सकता है जिससे मूल्यांकन प्रक्रिया का उद्देश्य भी निरस्त हो सकता है।

सटीकता–प्रत्येक मूल्यांकन प्रक्रिया और परिणाम के विषय में विषयवस्तु पर केन्द्रित होता है। शिक्षण बिन्दुओं के माध्यम से प्रस्तुत विषयसामग्री के ज्ञान, कौशल व अभिरुचि इत्यादि पहलुओं को ध्यान में रखकर किया गया मूल्यांकन बिना अतिरिक्त प्रयास के सफलता का वाहक होता है। विद्यार्थी भी इसे सहज स्वीकारते हैं और ऐसी प्रक्रिया में खुलकर भाग लेते हैं।

सन्तुलन–मूल्यांकन; विद्यार्थियों में पाठ्यवस्तु से सम्बद्ध ज्ञान-कौशल, अभिरुचि इत्यादि के सामान्य स्तर की उपलब्धि को सुनिश्चित करने का उपक्रम है। शिक्षण अधिगम सभी स्थितियों और सभी विद्यार्थियों के सन्दर्भ में पूर्णतः आदर्श मानकों के अनुरूप नहीं होता। इसलिए मूल्यांकन के उपकरणों को व्यावहारिक बनाया जाना चाहिए। मूल्यांकन के लिए प्रयुक्त उपकरण और उनकी प्रकृति सभी स्तरों के विद्यार्थियों के अनुकूल होनी चाहिए। दूसरी तरफ इसमें पाठ्यचर्या के दौरान चर्चा के विषय बने समस्त शिक्षण बिन्दुओं से प्रश्नों का समावेश होना चाहिए। इस प्रकार का शिक्षण और मूल्यांकन विद्यार्थियों में अपेक्षित परिणाम ला सकता है।

वस्तुपरकता–मूल्यांकन की विषयवस्तु और उपकरण सीमित और सुनिश्चित प्रतिक्रिया वाले होने चाहिएँ। इसके लिए प्रश्नों की प्रकृति सरल और स्पष्ट हो तो विद्यार्थी बिना सन्देह या झिझक के अपनी प्रतिक्रिया दे सकते हैं। इस माध्यम से छोटे प्रश्नों और सटीक उत्तरों के द्वारा सफल उपलब्धि परीक्षण किया जा सकता है। प्रश्नों के निर्माण, विद्यार्थियों द्वारा उनके प्रत्युत्तर और परीक्षक द्वारा अंकन के समय जो परीक्षण वस्तुपरक रहता है वही श्रेष्ठ परीक्षण है।

उन्नति में सहायक–मूल्यांकन यदि विद्यार्थियों के स्तर, अपेक्षाओं और आवश्यकताओं के अनुरूप होता है तो उनमें विश्वास और उत्साह का संचार करता है। मूल्यांकन की प्रक्रिया से गुज़रकर वे पाठ्यवस्तु के लक्ष्यों की प्राप्ति के प्रति आश्वस्त होते हैं और सन्तोष प्राप्त करते हैं।

मूल्यांकन का उद्देश्य

सामान्यतः मूल्यांकन का उद्देश्य पाठ्यवस्तु के शिक्षण में शिक्षक और उसके अधिगम में विद्यार्थियों की सफलता का परीक्षण होता है। शिक्षण के दौरान अध्यापकों और विद्यार्थियों द्वारा सम्पन्न समस्त क्रियाएँ पाठ्यवस्तु के अधिकाधिक सम्प्रेषण के लक्ष्य को पाने के उद्देश्य से की जाती हैं। इसके अतिरिक्त प्रत्येक पाठ्यवस्तु का अपना निर्धारित उद्देश्य और लक्ष्य भी होता है। शिक्षण-अधिगम प्रक्रिया द्वारा उनकी प्राप्ति सुनिश्चित करने का प्रसास किया जाता है। इन लक्ष्यों की दिशा में विद्यार्थियों को कितनी सफलता मिली या कितनी कसर रही; इसका विश्लेषण मूल्यांकन के माध्यम से किया जाता है। मूल्यांकन के प्रमुख लक्ष्यों को तीन श्रेणियों के अन्तर्गत रखा जा सकता है–1. निदानात्मक परीक्षण व उपचारात्मक शिक्षण 2. विद्यार्थियों का वर्गीकरण और 3. चयन।

1. **निदानात्मक परीक्षण व उपचारात्मक शिक्षण**–मूल्यांकन के द्वारा शिक्षक उन विद्यार्थियों की पहचान कर सकता है जो पाठ्य विषय के अपेक्षित लक्ष्य अर्थात् ज्ञान-कौशल आदि का ग्रहण व अभ्यास नहीं कर पा रहे। शिक्षण अधिगम प्रक्रिया द्वारा कक्षा के अधिकांश विद्यार्थियों को शिक्षण लक्ष्यों की प्राप्ति कराना शिक्षण का उद्देश्य

होता है। इस दृष्टि से वांछित परिणाम लाने या अपेक्षित स्तर प्राप्त करने में असफल या असमर्थ विद्यार्थियों को अन्य उपायों व माध्यमों से लक्ष्य प्राप्ति में सहायता दी जानी चाहिए। मूल्यांकन के माध्यम से एक ओर तो शिक्षक उन विद्यार्थियों की पहचान कर पाते हैं जो अधिगम के निर्धारित स्तर को पा नहीं सके और दूसरी ओर स्वयं विद्यार्थी भी अपनी कमियों और सीमाओं को जान लेते हैं।

इस चरण के बाद शिक्षक निदानात्मक परीक्षण का आयोजन करता है जो वाचिक या लिखित प्रश्नोत्तर के रूप में हो सकता है। इस प्रक्रिया से शिक्षक सटीक जानकारी पा लेता है कि कौन विद्यार्थी किस विषय, क्षेत्र या पक्ष में अपेक्षित या सन्तोषप्रद उपलब्धि हासिल नहीं कर पाया। निदानात्मक परीक्षण के दूसरे चरण में उपलब्धि के स्तर में कमी के कारणों का पता लगाया जाता है। फिर उनके विश्लेषण के आधार पर उपचारात्मक शिक्षण की रूपरेखा बनाई जाती है और उसका क्रियान्वयन किया जाता है। इस प्रकार मूल्यांकन शिक्षण-सामग्री और शिक्षण-बिन्दुओं के अधिगम का महत्त्वपूर्ण माध्यम है।

2. **विद्यार्थियों का वर्गीकरण**—मूल्यांकन के माध्यम से शिक्षक विद्यार्थियों का श्रेष्ठ, सामान्य और कमज़ोर की श्रेणियों में वर्गीकरण कर सकते हैं। इस वर्गीकरण के उपयोग से शिक्षक अपनी शिक्षण-नीतियों का प्रभावकारी तरीके से नियोजन और कार्यान्वयन कर सकते हैं। इसके माध्यम से शिक्षक विद्यार्थियों के स्तर, अधिगम-अभ्यासों और सीमाओं से भी परिचित होते हैं। दूसरी ओर विद्यार्थी भी विभिन्न विषयों में अपने कमज़ोर और मज़बूत पहलुओं के बारे में सचेत हो जाते हैं। इस परिचय से वे अपनी क्षमताओं का बेहतर उपयोग कर पाते हैं।
3. **चयन**—मूल्यांकन के परिणामों की सहायता से शिक्षक विभिन्न उद्देश्यों के लिए विद्यार्थियों का चयन कर सकते हैं। उदाहरणतः कक्षा के कुछ विद्यार्थी काव्यपाठ में अच्छे हो सकते हैं तो कुछ अन्य निबन्ध रचना में। कुछ का लेख अच्छा हो सकता है तो कुछ की व्याख्या कुशलता दूसरों से बेहतर हो सकती है। इन विषिष्ट योग्यताओं में विद्यार्थियों की कुशलता के अनुसार शिक्षक स्पर्धा, छात्रवृत्ति, लेखन, वाद-विवाद और परिचर्चा जैसे अवसरों के लिए प्रतिस्पर्धियों का सटीक चयन कर सकते हैं। इससे एक ओर तो प्रतिभागी विद्यार्थियों का उत्साहवर्धन होता है तो दूसरी ओर अन्य विद्यार्थियों को शिक्षा और प्रेरणा मिलती है।

भाषा-शिक्षण में मूल्यांकन की विधियाँ और उनका उपयोग

भाषा-शिक्षण का उद्देश्य विद्यार्थियों की चारों भाषा कौशलों—श्रवण, उच्चारण, पठन और लेखन; की योग्यता विकसित करना है। इनमें से दो का अनौपचारिक अभ्यास बालक विद्यालय की चारदीवारी में प्रवेश से पहले ही कर लेता है। इसमें किसी प्रकार के निर्देशन या प्रशिक्षण की आवश्यकता नहीं होती। जबकि शेष दो—लेखन और पठन कौशल के अधिगम और अभ्यास के लिए निर्देशन और प्रयास की ज़रूरत होती है। उसके लिए शिक्षण उपकरणों के माध्यम से अभ्यास और प्रयास करना होता है। साथ ही उपयुक्त निर्देशन की भी आवश्यकता होती है। इन दोनों श्रेणियों अर्थात् भाषा के मौखिक और लिखित पक्ष के लिए अलग-अलग मूल्यांकन विधियों का उपयोग किया जाता है। इस प्रकार भाषा-शिक्षण के मूल्यांकन के लिए प्रयुक्त विधियाँ दो प्रकार की हैं। एक मौखिक भाषा संप्राप्ति परीक्षण और दूसरा लिखित भाषा संप्राप्ति परीक्षण।

मौखिक भाषा संप्राप्ति परीक्षण

मौखिक भाषा के श्रवण और वाचन पक्षों के मूल्यांकन के लिए भाषा प्रयोग के विभिन्न रूपों को आधार बनाया जाना चाहिए। मौखिक भाषा का प्रयोग मुख्य रूप से वार्तालाप, विचार-विमर्श, प्रश्नोत्तर, भाषण, उपदेश तथा परामर्श के रूप में विचारों की प्रस्तुति और लिखित भाषा के वाचन के रूप में किया जाता है। इस आधार पर मौखिक भाषा सम्प्राप्ति का परीक्षण चार प्रमुख बिन्दुओं को केन्द्र में रख कर किया जा सकता है। ये हैं—वार्तालाप, प्रश्नोत्तर, मौखिक प्रस्तुति और पुस्तक वाचन। इनमें से पहली तीन विधाएँ मूलतः अनौपचारिक हैं; जिसका अर्थ है कि उनके मूल्यांकन उपकरण का चयन शिक्षक के अनुरूप हो सकता है जबकि वाचन के लिए मानक इकाई का होना ज़रूरी है।

मूल्यांकन के उपकरण

उल्लिखित तथ्यों को सामने रखते हुए हम मौखिक भाषा-सम्प्राप्ति परीक्षण के लिए दो मुख्य उपकरणों का चयन करते हैं। मौखिक परीक्षा के अन्यान्य उपकरणों में से वार्तालाप, प्रश्नोत्तर, आशुवाचन और वाचन के रूप में चार विधियों का विवेचन यहाँ किया जा रहा है। इनमें से वाचन परीक्षा में पाठ्यपुस्तक से गद्य अथवा पद्य की लिखित सामग्री के वाचन की परीक्षा होगी। जिसमें उच्चारण एवं भाव प्रकाशन के सभी पहलुओं को परखा जाएगा।

मौखिक परीक्षण के उपकरणों का प्रयोग

मौखिक परीक्षण का सन्दर्भ आजकल काफी व्यापक और बहुत से क्षेत्रों में प्रचलित हो चला है। साक्षात्कार, योग्यता-परीक्षण और चयन के अन्य उपकरणों के रूप में इसका प्रयोग काफी प्रचलित है। विद्यालयों में हिन्दी शिक्षण में इसका उपयोग विद्यार्थियों द्वारा पाठ्यवस्तु के ज्ञान-कौशलादि पक्षों के अधिगम के मूल्यांकन के लिए होता है। मौखिक अभिव्यक्ति की परीक्षा के लिए निर्धारित उपकरणों का प्रयोग विशिष्ट उद्देश्यों के लिए किया जाता है।

1. **वार्तालाप**–वार्तालाप का सामान्य अर्थ है–बातचीत। स्पष्ट है कि यह बातचीत पूर्णतः औपचारिक विषय पर आधारित और लक्ष्यबद्ध होती है। इसके अन्तर्गत सहभागियों को अपनी बात रखने, दूसरे की बात सुनने, उसका परीक्षण करने, प्रतिवाद करने, आवश्यकता के अनुसार संक्षेप या विस्तार से अपनी बात कहने और अर्थ व भाव ग्रहण करने का अवसर मिलता है। इसका उपयोग वाचन कौशल, उच्चारण शुद्धता, विचारों की क्रमबद्धता और ज्ञान के समन्वित परीक्षण के लिए किया जा सकता है। यह मूल्यांकन का त्वरित, प्रामाणिक और विश्वसनीय उपकरण है। इसके द्वारा प्रतिभागी स्वयं भी अपनी योग्यता का आकलन कर सकते हैं। वार्तालाप के सटीक मूल्यांकन के लिए शिक्षक को निम्नलिखित तैयारी करनी चाहिए–
   - **वार्तालाप के विषयों की एक सूची तैयार करना**–एक कालांश में पाँच-पाँच विद्यार्थियों के चार समूहों को वार्तालाप का अवसर दिया जा सकता है। इसलिए कम से कम चार विषयों की सूची श्यामपट्ट के माध्यम से सूचित की जानी चाहिए। प्रत्येक समूह को दिए गए विषयों में से किसी विषय पर समूह चर्चा के लिए पाँच से सात मिनट का समय दिया जा सकता है।
   - **मूल्यांकन के बिन्दुओं का निर्धारण**–वार्तालाप में जिन मुद्दों पर अनिवार्य चर्चा होनी अपेक्षित है और उनके मूल्यांकन में किन विशेषताओं पर कितने अंक प्रदान किए जाएँगे। इनका पूर्व निर्धारण और विद्यार्थियों को इन बिन्दुओं के विषय में सूचित करना शिक्षक का दायित्व है। उदाहरण के लिए विषय का परिचय, उसके अन्तर्हित बिन्दुओं का उल्लेख, त्वरित प्रतिक्रिया, अपेक्षित प्रश्नोत्तर, समय-पालन, उच्चारण-स्पष्टता, सटीक शब्दों का प्रयोग इत्यादि बिन्दुओं को मूल्यांकन के लिए चुना जा सकता है। साथ ही विद्यार्थियों को इन बिन्दुओं के लिए निर्धारित अंकों के बारे में भी बताया जाना चाहिए।
   - **निर्णायकों की नियुक्ति**–मूल्यांकन की सटीकता और निष्पक्षता सुनिश्चित करने के लिए शिक्षक कम से कम तीन विद्यार्थियों को मूल्यांकन के लिए नियुक्त कर सकते हैं। यदि शिक्षक इस प्रक्रिया के निर्णायक न बनकर पर्यवेक्षक की भूमिका निभाएँ तो सम्पूर्ण गतिविधि अधिक व्यवस्थित हो सकती है। तीन से अधिक निर्णायकों की नियुक्ति से मूल्यांकन प्रक्रिया जटिल हो सकती है। इसलिए तीन निर्णायकों के निर्णयों का अनुपात लिया जाना उचित है।
   - **प्रयोग विधि**–वार्तालाप के आरम्भ में परीक्षक द्वारा विषय, प्रमुख बिन्दुओं और सीमाओं का निरूपण किया जाता है। सभी सहभागियों को परस्पर परिचय का अवसर दिया जाता है ताकि परीक्षार्थी सहज हो सकें और खुलकर अपने विचार व्यक्त कर सकें। अन्ततः उन्हें आवश्यकता के अनुसार वर्गों में विभाजित करके वार्तालाप की अनुमति दे दी जाती है। परीक्षक गण निर्धारित स्थान पर बैठकर प्रतिभागियों का निरीक्षण और मूल्यांकन करते हैं और ज़रूरत पड़ने पर चर्चा को विषयेतर होने के रोकते हैं।

2. **प्रश्नोत्तर**–इस विधि का उपयोग मुख्य रूप से भाषा-अधिगम के ज्ञानात्मक पक्ष के मूल्यांकन के लिए किया जाता है। इसके अन्तर्गत परीक्षार्थी के सम्मुख ऐसे संक्षिप्त और सटीक प्रश्न रखे जाते हैं जिनके उत्तर ज्ञान, सूचना अथवा आंकड़ों के रूप में होते हैं। प्रश्नोत्तर विधि से परीक्षार्थियों का मूल्यांकन तुरन्त, सरल और विश्वसनीय रीति से किया जा सकता है। प्रश्नोत्तर विधि काफी विश्वस्त और पारदर्शी है और इसके माध्यम से परीक्षक के साथ परीक्षार्थी भी अपनी सीमाओं को पहचान लेता है। कक्षा में इस मूल्यांकन प्रविधि का उपयोग करने के लिए निम्नलिखित उपाय किए जा सकते हैं–
   - **विषयक्षेत्र का निर्धारण**–प्रश्नोत्तर पर आधारित मूल्यांकन सत्र का आयोजन करने के लिए मुख्य पाठ्यपुस्तक, सहायक पाठ्यपुस्तक, व्याकरण इत्यादि के निश्चित अंश का निर्धारण किया जाना चाहिए। विद्यार्थियों को मूल्यांकन से कम से कम पंद्रह दिन पहले ही मूल्यांकन सत्र के आयोजन और विषय क्षेत्र की जानकारी दी जानी चाहिए।
   - **प्रश्नों के प्रकारों का निर्धारण**–प्रश्नोत्तर मूल्यांकन सत्रों के आयोजन के लिए लघु-उत्तरात्मक और वस्तुनिष्ठ प्रश्न सर्वोत्तम माने जाते हैं। जहाँ तक सम्भव हो में निबन्धात्मक प्रश्नों को इस प्रकार के मूल्यांकन का अंग नहीं बनाया जाना चाहिए। लघु उत्तरात्मक प्रश्नों के उत्तर एक वाक्य या अधिकाधिक दो वाक्यों में पूरे हो जाने चाहिएँ। वस्तुनिष्ठ प्रश्नों में एक शब्द वाले उत्तर, रिक्त स्थान पूर्ति, विषम का चुनाव, सही विकल्प के चुनाव और युगलीकरण जैसे विकल्पों में से उपयुक्त का चुनाव करके विद्यार्थियों को सूचित किया जाना चाहिए।
   - **प्रतिभागियों का विभाजन**–सटीक और पारदर्शी मूल्यांकन के लिए पूरी कक्षा से एक साथ प्रश्नोत्तर के स्थान पर अधिकतम पाँच विद्यार्थियों वाले समूहों का गठन किया जाना चाहिए। प्रत्येक समूह में श्रेष्ठ, सामान्य और कमज़ोर की श्रेणियों के विद्यार्थियों का समावेश होना चाहिए।
   - **प्रयोग विधि**–निर्धारित दिन प्रश्नोत्तरों की पर्चियाँ बनाकर एक छोटे डिब्बे में रखी जाएँ। श्यामपट्ट पर सभी दलों के नाम से एक-एक स्तम्भ बनाया जाए। सभी दलों के उपयुक्त स्थान पर बैठने की व्यवस्था की जाए। प्रश्न पूछने और प्राप्तांकों के अंकन के लिए विद्यार्थियों की नियुक्ति की जाए। मूल्यांकन विधि के अन्त में सभी दलों द्वारा प्राप्त अंकों की घोषणा की जाए।

3. **आशुवाचन**–पाठ्यवस्तु से सम्बद्ध विचारात्मक और भावात्मक पक्षों की व्याख्या, अन्य पक्षों के साथ उनकी तुलना या सम्बन्ध संयोजन के परीक्षण के लिए मौखिक प्रस्तुति के माध्यम से मूल्यांकन किया जाता है। दूसरे शब्दों इस विधि को निबन्धात्मक मूल्यांकन विधि भी कहा जा सकता है। यह विधि माध्यमिक से लेकर उच्चतर माध्यमिक स्तर तक अपनाई जा सकती है। इससे न केवल विषयवस्तु के अधिगम का मूल्यांकन होता है अपितु मौखिक भाषा कौशल के विकास का भी परिचय प्राप्त हो जाता है। इस विधि के उपयोग के लिए शिक्षक से निम्नलिखित तैयारियों की अपेक्षा होती है।
   - **विषयनिर्धारण**–इस प्रकार के मूल्यांकन के लिए शिक्षक विद्यार्थियों को पाठ्यवस्तु के वर्णनात्मक, व्याख्यात्मक और विचारात्मक सन्दर्भों से सम्बद्ध तथ्यों, सूचनाओं, आंकड़ों तथा विवरणों के संग्रह का निर्देश देता है। यह कार्य मौखिक परीक्षा से पंद्रह दिन पहले अवश्य कर लिया जाना चाहिए। विषय की सीमाओं और ध्यातव्य बिन्दुओं के विषय में विद्यार्थियों को विशेष निर्देश दिए जाने चाहिएँ।
   - **मूल्यांकन विधि का निर्णय**–मूल्यांकन के दिन विद्यार्थियों को मौखिक परीक्षा के नियमों, समयावधि और प्रस्तुतिकरण विधि की सूचना दी जानी चाहिए। इन नियमों में मूल्यांकन के बिन्दुओं, उनके लिए निर्धारित अंकों, समय सीमा, नकारात्मक अंकन और ध्यातव्य बिन्दुओं का समावेश होना चाहिए। मूल्यांकन बिन्दुओं में उच्चारण, विचार संयोजन, आँकड़ों की प्रस्तुति, उद्धरणों की संख्या, हाव-भाव, अंग संचालन और अन्त में सार प्रस्तुति को शामिल किया जाना अपेक्षित है।

- **निर्णायकों की नियुक्ति**–इस प्रकार के मूल्यांकन की जटिलता और गम्भीरता को देखते हुए शिक्षक को स्वयं भी निर्णायक की भूमिका निभानी चाहिए। साथ में दो अन्य विद्यार्थियों को मूल्यांकन के लिए नियुक्त किया जा सकता है। विद्यार्थी निर्णायकों को सही और सटीक निर्णय के लिए पहले से प्रशिक्षित किया जाना चाहिए।
- **प्रयोग विधि**–मौखिक प्रस्तुति के विषयों को श्यामपट्ट पर लिखा जाना चाहिए। विद्यार्थियों को विकल्प की सुविधा देने के लिए इनकी संख्या परीक्षार्थियों की संख्या से अधिक रखी जा सकती है। इन विषयों की प्रकृति व्याख्यात्मक, विचारात्मक या समस्या-समाधान के रूप में होनी चाहिए जिससे विद्यार्थी पूर्वज्ञान के आधार पर थोड़े ही समय में अपने विचारों का संयोजन करके सफल प्रस्तुति दे सकें।

4. **पुस्तक वाचन**–वाचन का स्वरूप अनेक पक्षीय है। इसके माध्यम से मौखिक अभिव्यक्ति के अनेक पक्षों जैसे उच्चारण, अर्थ व भावग्रहण, भाव-सम्प्रेषण, विराम चिह्नों के उपयोग इत्यादि का समन्वित परीक्षण किया जा सकता है। मौखिक परीक्षा के अन्य उपायों से पृथक यह विधि ज्यादा वस्तुनिष्ठ है। इसमें परीक्षार्थी को पाठ्यसामग्री उपलब्ध कराई जाती है। यह उपाय परीक्षार्थी के लिए सहायता स्वरूप न होकर ज्यादा कठिनाई और चुनौतियाँ प्रस्तुत करता है। लिखित सामग्री का वाचन विद्यार्थी के लिए काफी चुनौतीपूर्ण होता है और उससे ज्यादा सटीक व वस्तुगत प्रस्तुति की अपेक्षा की जाती है। इस प्रकार के मूल्यांकन के लिए अपेक्षित तैयारी का विवरण यहाँ प्रस्तुत है–
   - **पाठ्यवस्तु का निर्धारण**–विषय क्षेत्र की दृष्टि से पुस्तक-पठन सरल और सुविधापूर्ण मूल्यांकन प्रविधि है। पुस्तक सभी विद्यार्थियों के पास सहज उपलब्ध संसाधन है। इसका पाठन सामान्य कक्षाओं में नियमित रूप से होता रहता है। इसके आधार पर न केवल मौखिक अपितु लिखित भाषा के भी अन्यान्य कौशलों का विकास होता है। वाचन के आधार पर मूल्यांकन के लिए विद्यार्थियों से विशेष तैयारी की अपेक्षा नहीं होती। वे पहले ही इस सन्दर्भ में सावधानियों और अपेक्षाओं से परिचित होते हैं।
   - **मूल्यांकन विधि का निर्णय**–यद्यपि विद्यार्थी पाठ्यपुस्तक और उसकी पठन विधि से परिचित होते हैं लेकिन उन्हें मूल्यांकन की दृष्टि से ध्यातव्य बिन्दुओं से परिचित कराना शिक्षक का कर्तव्य है। इन बिन्दुओं में स्वर, उच्चारण, संवाद शैली, विराम-चिह्न, बलाघात और अंग-संचालन विशेषतः ध्यातव्य हैं। इनके साथ वाचन की अपेक्षित अवधि के विषय में भी विद्यार्थियों को सचेत किया जाना चाहिए।
   - **निर्णायकों की नियुक्ति**–इस विधि में जितने भी मूल्यांकन बिन्दुओं का निर्धारण किया जाए, उन सभी के लिए अलग-अलग निर्णायकों की नियुक्ति अपेक्षित है। शिक्षक को वरीयतः पठन अवधि की गणना के लिए स्वयं को मुक्त रखना चाहिए। इसका अर्थ है कि उच्चारण, विराम-चिह्न, अंग-संचालन इत्यादि प्रत्येक मूल्यांकन बिन्दु के लिए पृथक निर्णायक की नियुक्ति होनी चाहिए। इन निर्णायकों को पुस्तक वाचक की प्रत्येक अशुद्धि के सटीक अंकन का निर्देश दिया जाना चाहिए।
   - **प्रकिया**–लिखित सामग्री को पढ़ते समय विद्यार्थी उच्चारण, गति, विराम, लय व बलाघात जैसी प्रकट योग्यताओं का प्रदर्शन तो करता ही है साथ ही पढ़ते हुए भाव-ग्रहण और गृहीत भाव को उच्चारण के माध्यम से सम्प्रेषित करने का कार्य भी करता है। इस अर्थ में वाचन के माध्यम से विद्यार्थियों की मौखिक योग्यता का परीक्षण पूर्ववर्ती मूल्यांकन विधियों की अपेक्षा ज्यादा श्रम, योग्यता और कुशलता की अपेक्षा रखता है। विद्यार्थी की वाचन क्षमता की परीक्षा के लिए अनुच्छेद का चुनाव करते हुए इस बात की सावधानी बरती जाए कि पाठ्यवस्तु-उच्चारण, विराम-चिह्नों और भाव परिवर्तनीयता से युक्त हो ताकि परीक्षार्थी का समुचित मूल्यांकन किया जा सके।

लिखित भाषा मूल्यांकन

भाषा अधिगम के दो पक्ष हैं—पठित और लिखित। लिखित भाषा का अधिगम औपचारिक सम्प्रेषण के लिए अनिवार्य है। विद्यार्थी पाठ्यपुस्तकों, साहित्यिक व मनोरंजक सामग्री और समाचार-पत्र व पत्रिकाओं के माध्यम से पठित भाषा का ज्ञान अर्जित और परिपक्व करते हैं। जबकि लेखन के अर्जन के लिए सामान्य अक्षर-ज्ञान से लेकर शब्द एवं वाक्य-विज्ञान, वर्तनी, विराम-चिह्नों और शैली जैसे तमाम तत्त्वों का अधिगम और अभ्यास करना होता है। इन दोनों कौशलों 'पठन व लेखन' पर पूर्ण अधिकार एक आदर्श स्थिति है जिसे पाना सहज सम्भव नहीं होता। किन्तु फिर भी उस दिशा में प्रयास और अभ्यास; कुशलता, क्षमता और आत्मसन्तोष प्रदान करते हैं। इससे विद्यार्थी की भाषा ज्यादा से ज्यादा सहज, अवसरानुकूल और सक्षम हो जाती है।

परम्परा से कठिन, जटिल और दुर्बोध भाषा को विद्वानों की कसौटी माना जाता रहा है। इस परिपाटी में विश्वास रखने वाले भाषाविद् और साहित्यकार सदियों तक अधिकाधिक तत्समों, पारिभाषिक शब्दों और संयुक्त वाक्यशैली के प्रयोग से अपनी भाषा को पेंचदार और आलंकारिक बनाने का उपक्रम करते रहे। लेकिन जब बात सहजता, सुग्राह्यता और लोकप्रियता की होती है तो ऐसी भाषा और उसके प्रयोक्ता कहीं दिखाई नहीं देते। उदाहरण के तौर पर वाल्मीकि से लेकर कवियों और लेखकों की एक लम्बी परम्परा ने श्रीराम के जीवन और कृत्यों को आधार बनाकर काव्य-सृजन किया है। लेकिन संस्कृत के ज़माने में जो ख्याति वाल्मीकि को और हिन्दी के उद्‌भव के बाद जो लोकप्रियता गोस्वामी तुलसीदास को मिली उसकी मिसाल मिलनी कठिन है।

यह ठीक है कि परिष्कृत, परिमार्जित और संस्कृतनिष्ठ भाषा का अपना एक सौन्दर्य है। उसकी क्षमता व्यापक और आनन्द अबूझ है लेकिन उस सीमा को पाने वाले लोगों की नगण्य संख्या को देखते हुए हर विषय और क्षेत्र में जटिल भाषा का प्रयोग न तो व्यावहारिक कहा जा सकता है न प्रशंसनीय। इसलिए विद्यार्थियों से अपेक्षित है कि उनकी भाषा सहज-सुबोध हो, उनकी रचनाएँ सर्वस्वीकार्य व लोकप्रिय हों और पाठक उन रचनाओं को पढ़ें, सराहें और वास्तव में आनन्दित हों। इस लक्ष्य को पाने के लिए भाषा के स्तर पर पर्याप्त सोच-विचार और परिश्रम की अपेक्षा है। सारतः कहा जा सकता है कि सरलता, सहजता, विषयानुकूलता, शब्द-चयन, शैलीगत अनुरूपता और सरल वाक्य शैली उत्तम भाषा की कसौटियाँ हैं।

लिखित भाषा अधिगम मूल्यांकन का महत्त्व

उच्चरित भाषा द्वारा विचार-सम्प्रेषण के लिए वक्ता का शिक्षित होना अनिवार्य नहीं है। लेकिन फिर भी भाषा के माध्यम से वक्ता की शिक्षा और स्तर का अनुमान सहज ही लगाया जा सकता है। यह बात जितनी सत्य उच्चरित भाषा के सन्दर्भ में है; लिखित भाषा के मामले में उससे कहीं अधिक मान्य और सटीक है। भाषायी सम्प्रेषण में अवसर, स्थान और व्यक्ति के अनुसार भाषा का प्रयोग एक कला है। इस कला का प्रयोग जितना कठिन उच्चरित भाषा में है, उससे कहीं ज्यादा लिखित भाषा में होता है। लिखित भाषा के एक ही वाक्य अथवा अनुच्छेद मात्र को पढ़कर प्रयोक्ता के स्तर, ज्ञान और विद्वता का अनुमान लगाया जा सकता है। इस अर्थ में लिखित भाषा काफी संवेदनशील है।

इन तथ्यों को सामने रखते हुए विद्यार्थियों के लिखित भाषा अधिगम के प्रत्येक पक्ष का सतत परीक्षण किया जाना चाहिए। अपनी अनभिज्ञता और शिक्षक की असावधानी से यदि विद्यार्थी किसी ग़लत शब्द-प्रयोग, वर्तनी या विराम चिह्न के प्रयोग का अभ्यास विकसित कर लेता है तो उसकी भाषा प्रश्नों और आलोचनाओं का विषय बन सकती है। यह स्थिति विद्यार्थी के भाषायी और संवेदनात्मक विकास के लिए निश्चित रूप से हानिकर है।

लिखित भाषा अधिगम मूल्यांकन के उपकरण

विद्यार्थियों की उपलब्धियों के मापन की विधियाँ विद्यार्थी के स्तर, कक्षा और मूल्यांकन के उद्‌देश्य को सामने रखते हुए लिखित भाषा परीक्षण के लिए साधारणतः चार उपकरणों का प्रयोग किया जाता है। ये हैं—क. प्रतिलेख ख. अनुलेख/पुनर्लेख ग. श्रुतलेख और घ. लिखित परीक्षा। इन उपकरणों का सामान्य परिचय और मूल्यांकन प्रविधि का परिचय इस प्रकार है—

1. **प्रतिलेख का मूल्यांकन**–प्रतिलेख का अर्थ है शिक्षक या छपाई द्वारा अंकित/लिखे गए अक्षरों के अनुसार वर्णों को लिखना। इसके प्रथम चरण में शिक्षक तख्ती, स्लेट या अभ्यास-पुस्तिका पर वर्ण अंकित करता है और विद्यार्थी कलम, स्लेटी, पेन्सिल या होल्डर से उस आकृति का पुनर्लेखन करता है। इसके उत्तर चरण में विद्यार्थी शिक्षक द्वारा लिखित या अभ्यास-पुस्तिका में अंकित भाषा का प्रतिलेखन करता है। यह विधि भाषा-शिक्षण के एकदम आरम्भिक चरण में अपनाई जाती है।

   प्रतिलेख विधि के अन्तर्गत लेखन का अभ्यास कराते हुए शिक्षक द्वारा कुछ बातों पर विशेष ध्यान दिया जाना चाहिए। ये हैं–विद्यार्थी की मुद्रा या बैठने का ढँग, लेखन-पट या अभ्यास पुस्तिका की स्थिति और लेखनी (कलम/पेन्सिल) पकड़ने का तरीका–इन तीन बातों की तरफ हर परीक्षक को अनिवार्य रूप से ध्यान देना चाहिए। लेखन अभ्यास के शुरु से बाद तक किसी भी चरण में वर्णों, अक्षरों की आवृत्ति के विषय में कोई समझौता नहीं किया जाना चाहिए। अक्षर सुडौल और यथारूप होने चाहिएँ। वर्णों और अक्षरों का आकार आनुपातिक हो और शब्द लिखते हुए उनके बीच उपयुक्त फासला होना चाहिए। यही बात वाक्य लिखते हुए शब्दों के अंकन में भी देखी जानी चाहिए। इनके साथ ही मात्राओं, शिरोरेखा और पाई की सिधाई पर भी परीक्षार्थी को ध्यान देना चाहिए।

   अन्तिम बात जो प्रतिलेख के मूल्यांकन में ध्यान देने योग्य है कि केवल मात्र लेख की शुद्धता से सन्तुष्ट न होकर लेखन प्रक्रिया को भी परीक्षण का बिन्दु बनाया जाए। अक्षरों के लेखन का एक निर्धारित क्रम और दिशा होती है। यदि उन्हें ग़लत क्रम और दिशा से लिखने का प्रयास किया जाए तो शुरु में तो कोई अन्तर नहीं पड़ता लेकिन बाद में लेखन की गति और सुडौलता पर इनका स्पष्ट दुष्प्रभाव होता है।

2. **अनुलेख**–अनुलेख की प्रक्रिया में शिक्षण द्वारा श्यामपट्ट पर अंकित सामग्री को विद्यार्थियों द्वारा अपनी अभ्यास पुस्तिका में अनुलेखन की योग्यता की परीक्षा होती है। मौलिक रूप से प्रतिलेख के समान होने पर भी अनुलेख के उद्देश्य, विधि और मूल्यांकन में अनेक अन्तर हैं। प्रतिलेख के मूल्यांकन में विद्यार्थी की मुद्रा, लेखनी पकड़ने के तरीके और अभ्यास पुस्तिका की स्थिति से लेकर अक्षरों की बनावट, सिधाई, दिशा और परस्पर दूरी जैसे बिन्दुओं पर ध्यान केन्द्रित किया जाता है। जबकि अनुलेख के मूल्यांकन में इन बिन्दुओं से ऊपर उठकर गति, शुद्धता और सुडौलता की परीक्षण किया जाता है।

   इस विधि से मूल्यांकन के लिए शिक्षक श्यामपट्ट पर प्रश्नोत्तर, निबन्ध पत्रादि का अंकन कराता है। इस पद्धति के बेहतर अनुपालन के लिए रोलिंग बोर्ड का प्रयोग किया जा सकता है। कभी-कभार किसी मेधावी विद्यार्थी को श्यामपट्ट लेखन के लिए नियुक्त करके भी शिक्षक कक्षा का निरीक्षण कर सकते हैं। इसके स्थान पर पुस्तक, पत्रिका, समाचार पत्रादि से अनुलेख भी कराया जा सकता है। विद्यार्थी अपनी अभ्यास पुस्तिका में उसकी नकल करते हैं। इसके बाद शिक्षक कक्षा में घूम-घूमकर विद्यार्थियों की अभ्यास पुस्तिकाओं का निरीक्षण करते हैं। लेखन के दौरान निरीक्षण के अतिरिक्त लेखन के उपरान्त, अभ्यास पुस्तिकाओं की जाँच द्वारा भी अनुलेख का मूल्यांकन किया जा सकता है। इन दोनों विधियों का उपयोग प्राथमिक कक्षाओं के विद्यार्थियों के लेखन कौशल की जाँच के लिए किया जाता है।

3. **श्रुतलेख**–श्रुतलेख का अर्थ है–सुनकर लिखना। श्रुतलेख का उद्देश्य विद्यार्थियों को वर्तनी की शुद्धता का अभ्यास कराना है। इस विधि के मूल्यांकन के लिए शिक्षक विद्यार्थियों के स्तर के अनुरूप शब्दों का स्पष्ट और सधैर्य उच्चारण करता है। विद्यार्थी उसे सुन-समझकर अभ्यास पुस्तिका में लिखते हैं। शब्दों की संख्या उपलब्ध समय के अनुसार निर्धारित की जा सकती है। प्रत्येक शुद्ध शब्द के लिए एक या दो अंक दिए जा सकते हैं। विशेष ध्यान देने की बात है कि यदि कोई वर्ण, मात्रा या वर्णक्रम, किसी भी दृष्टि से अशुद्ध है तो उसके लिए कोई अंक नहीं दिया जाता। इस प्रकार शुद्ध लिखे गए शब्द को पूरे अंक मिलते हैं जबकि किसी भी तरह से अशुद्ध शब्द को शून्य अंक दिया जाता है।

श्रुतलेख वर्तनी सम्बन्धी अशुद्धियों के निराकरण के लिए अचूक उपाय है। इस विधि द्वारा न केवल श्रुतलेख में लिखवाए गए शब्दों के शुद्ध लेखन का अभ्यास होता है अपितु वर्तनी के नियमों के व्यवहार से शुद्ध लेखन की क्षमता भी विकसित होती है। जिस विद्यार्थी का श्रुतलेख के माध्यम से एक बार शुद्ध लेखन का अभ्यास विकसित हो जाता है उसे हिन्दी वर्तनी के विषय में किसी प्रकार की समस्या का सामना नहीं करना होता। इस प्रकार कहा जा सकता है कि श्रुतलेख शुद्ध वर्तनी का अभ्यास विकसित करने का अचूक उपाय है।

4. **लिखित परीक्षा**–पाठ्यवस्तु के मानक, सन्तुलित और वस्तुनिष्ठ मूल्यांकन के लिए लिखित परीक्षा काफी प्रचलित और वरीय उपकरण है। इसकी सबसे बड़ी विशेषता प्रत्येक स्तर और पक्ष के मूल्यांकन की क्षमता और पारदर्शिता है। इस माध्यम से परीक्षार्थी को सोचने, योजना बनाने और विचारों व सूचनाओं के यथेष्ट प्रस्तुतिकरण के लिए समुचित समय और अवसर मिल जाता है। लिखित परीक्षा में पूछे गए प्रश्न अनेक प्रकार से विद्यार्थियों की ज्ञान, कौशल, रुचि और रचनात्मकता को सामने लाते हैं। इसका क्षेत्र व प्रक्रिया पूर्वनिर्धारित होने के कारण विद्यार्थी मनोयोग पूर्वक तैयारी और प्रस्तुति कर पाते हैं।

प्रश्नों के भेद और वर्गीकरण

लिखित परीक्षा के प्रश्न मुख्यतः तीन प्रकार के होते हैं। यह वर्गीकरण प्रश्नों के उद्देश्य और उत्तरों के विस्तार के आधार पर किया गया है। विभिन्न प्रश्नों के माध्यम से अपेक्षित सूचना और विचारों का स्वरूप भी एक-दूसरे से काफी भिन्न होता है। इस दृष्टि से प्रश्नों के तीन प्रकार हैं—निबन्धात्मक, लघूत्तर और वस्तुनिष्ठ।

निबन्धात्मक प्रश्न

पाठ्यवस्तु के व्याख्यात्मक, वर्णनात्मक और विश्लेषणात्मक अंशों के मूल्यांकन के लिए निबन्धात्मक प्रश्नों का प्रावधान किया जाता है। निबन्धात्मक प्रश्नों के उत्तर विस्तृत होते हैं। विषय एक होने पर भी इनका कथ्य काफी व्यापक होता है, जिसमें उसके विभिन्न पक्षों की व्याख्या अपेक्षित होती है। विद्यार्थियों की श्रेणी व प्रदेय अंकों के अनुसार इनके उत्तरों की शब्द-सीमा चार सौ से सात सौ तक हो सकती है। निबन्धात्मक प्रश्नों के उत्तरों के अनेक खण्ड किए जा सकते हैं। एक सौ अंकों के किसी प्रश्नपत्र में इनकी संख्या तीन से पाँच तक हो सकती है। यद्यपि यह संख्या मूल्यांकन के उद्देश्य के अनुसार घट अथवा बढ़ भी सकती है।

निबन्धात्मक प्रश्नों के गुण

निबन्धात्मक प्रश्नों की कतिपय विषेशताएँ ध्यान दिए जाने योग्य हैं। उनमें सर्वप्रमुख है—प्रश्न का उत्तर लिखते हुए शैली, शब्द-चयन और प्रस्तुति के विषय में विद्यार्थियों को मिलने वाली स्वतन्त्रता। दूसरे शब्दों में कहें तो इन प्रश्नों के उत्तर लिखते हुए विद्यार्थियों को उत्तर के साथ ही अपनी सृजनात्मकता के उपयोग और प्रदर्शन का अवसर भी मिल जाता है। इन विशेषताओं के चलते निबन्धात्मक प्रश्नों के उत्तर बहुआयामी, विस्तृत और सुस्पष्ट होते हैं। इस प्रकार सही उत्तर के साथ-साथ लेखन-शैली, वर्तनी, प्रस्तुतिकरण की विधि और सृजनात्मकता ऐसे कुछ गुण हैं जो विद्यार्थी को अधिकाधिक अंक दिला सकते हैं।

निबन्धात्मक प्रश्नों की सीमाएँ

विशेषताओं से इतर निबन्धात्मक प्रश्नों की सीमाओं को जानना भी आवश्यक है। निबन्धात्मक प्रश्न चूँकि काफी समय और श्रम की अपेक्षा रखते हैं इसलिए कक्षागत मूल्यांकन यानि शिक्षण के दौरान किए जाने वाले मूल्यांकन में निबन्धात्मक प्रश्नों का अनुपात नगण्य रहता है। इस कारण विद्यार्थी इनके उत्तर लिखने की तकनीक में दक्ष नहीं हो पाते। उपलब्ध समय और अंकों के अनुपात में उत्तर के विस्तार का अनुमान नहीं लगा पाते। उत्तर लिखते हुए अनावश्यक विस्तार, असंगत व अनावश्यक तथ्यों की भरमार और कहीं-कहीं मूल उत्तर से भटकाव निबन्धात्मक प्रश्नों की प्रमुख सीमाएँ हैं।

निबन्धात्मक प्रश्नों के उत्तर लिखते हुए हालाँकि परीक्षक तथ्यों के साथ सृजनात्मकता की भी अपेक्षा करता है किन्तु व्यवहार में ऐसा कदाचित ही हो पाता है। इसके विपरीत निबन्धात्मक प्रश्नों के उत्तर लिखते हुए विद्यार्थियों का लेख प्रायः इतना निम्नस्तरीय और अशुद्धिपूर्ण हो जाता है कि परीक्षक को कुछ बिन्दुओं को देखकर अनुमान से ही उनका मूल्यांकन करना होता है। इन बिन्दुओं के प्रकाश में और वस्तुपरकता की दृष्टि से निबन्धात्मक प्रश्नों को प्रशंसनीय नहीं कहा जा सकता।

उदाहरण–हिन्दी साहित्य में कृष्ण भक्ति शाखा के किन्हीं दो प्रमुख कवियों और उनके काव्य का परिचय दीजिए।

लघूत्तर प्रश्न

जैसा कि नामकरण से ही स्पष्ट है; इन प्रश्नों के उत्तर छोटे और कथ्य सीमित होते हैं। इनके माध्यम से पाठ्यवस्तु के ज्ञान और सूचनात्मक पक्ष का मूल्यांकन सरलतापूर्वक किया जा सकता है। इनके उत्तरों की शब्द-सीमा सामान्यतः बीस से लेकर एक सौ तक हो सकती है। हालाँकि इस सीमा को परीक्षार्थियों की श्रेणी और परीक्षा के उद्देश्य के आधार पर घटाया या बढ़ाया जा सकता है। दायरा कम और संख्या अधिक होने के कारण इस प्रकार के प्रश्नों से पाठ्यवस्तु के अधिकाधिक भागों को मूल्यांकन के दायरे में लाया जा सकता है। किसी प्रश्नपत्र में लघूत्तर कोटि के प्रश्नों की संख्या परम्परागत रूप से सर्वाधिक होती है।

लघूत्तर प्रश्नों के गुण

प्रदेय अंकों और शब्द सीमा में आबद्ध होने के कारण इन प्रश्नों के उत्तर अधिकांशतः संक्षिप्त, सटीक और सुगठित होते हैं। उनमें अनपेक्षित विवरणों और असम्बद्ध तथ्यों का अभाव होता है। इन कारणों से इनका मूल्यांकन भी अपेक्षाकृत ज्यादा सटीक और विश्वसनीय होता है। विद्यार्थियों के लिए भी इस कोटि के प्रश्नों का उत्तर लिखना सरल होता है क्योंकि इनमें सीमित सूचना की अपेक्षा होती है और शब्द-सीमा भी सीमित होती है।

लघूत्तर प्रश्नों की सीमाएँ

प्रस्तुत विषेशताओं के साथ ही लघूत्तर प्रश्नों का एक दुर्बल पक्ष भी है कि इन प्रश्नों के उत्तरों द्वारा विद्यार्थियों के व्यक्तित्व-विकास, सृजनवृत्ति और अभिव्यक्ति शैली का मूल्यांकन नहीं किया जा सकता। इन प्रश्नों द्वारा तथ्यों और सूचनाओं के अधिगम का तो मूल्यांकन होता है किन्तु लिखित भाषा और उससे सम्बद्ध पक्षों का स्पष्ट आभास नहीं हो पाता। इसलिए अब प्रश्नपत्रों को अधिकाधिक सन्तुलित बनाने के लिए लघूत्तर प्रश्नों के साथ ही कुछ निबन्धात्मक और वस्तुनिष्ठ प्रश्नों का यथोचित समावेश होने लगा है।

उदाहरण–हिन्दी साहित्य के चार कालों के नामकरण के आधार पर प्रकाश डालिए।

वस्तुनिष्ठ प्रश्न

जिन प्रश्नों के माध्यम से केवल एक सूचना, तथ्य, आँकड़े या जानकारी की अपेक्षा की जाए उन्हें वस्तुनिष्ठ प्रश्न कहा जाता है। इनका नामकरण भी इसी आधार पर किया गया है। इन प्रश्नों का उद्देश्य सीमित होता है। मूल्यांकन की दृष्टि इस प्रकार के प्रश्न शिक्षक और विद्यार्थी दोनों ही पक्षों के लिए सरल, स्पष्ट और लक्ष्यबद्ध होते हैं।

वस्तुनिष्ठ प्रश्नों के गुण

लघुता, निश्चितता और सटीकता इन प्रश्नों की प्रमुख विशेषताएँ हैं। व्यक्तिपरकता और स्वच्छन्दता से मुक्त होने के कारण वस्तुनिष्ठ प्रश्न आज विश्वसनीयता और पारदर्शिता की दृष्टि से मूल्यांकन के सर्वाधिक उपयुक्त उपकरण माने जाने लगे हैं। विद्यालयी परीक्षाओं में इस प्रकार के प्रश्नों की संख्या लगातार बढ़ रही है। दसवीं और बारहवीं कक्षाओं की

बोर्ड परीक्षाओं को ज्यादा पारदर्शी और विद्यार्थी केन्द्रित बनाने के लिए उन्हें वस्तुनिष्ठ बनाने पर बल दिया जा रहा है। यही परिपाटी अन्य परीक्षाओं में भी परिलक्षित हो रही है। आमतौर पर विद्यालयी प्रश्नपत्रों में बीस से पच्चीस वस्तुनिष्ठ प्रश्न हो सकते हैं।

वस्तुनिष्ठ प्रश्नों की सीमाएँ

प्रस्तुत गुणों और उपयोगों के बावजूद व्यावहारिकता की दृष्टि से वस्तुनिष्ठ प्रश्नों की कतिपय सीमाएँ भी हैं। इनमें सर्वोपरि है—सही उत्तर के अतिरिक्त प्रस्तुत किए जाने वाले विकल्पों से उत्पन्न होने वाला भ्रम। ये विकल्प सही उत्तर के निकटस्थ और उससे सम्बद्ध होने पर भी विद्यार्थी को भ्रमित करते हैं जिससे सही उत्तर जानने वाला विद्यार्थी भी सोच में पड़ जाता है। दूसरी बात कि इन्हें हल करते हुए विद्यार्थियों द्वारा एक-दूसरे से उत्तर पूछने, संकेत द्वारा उत्तर जानने और अन्य तरीकों से नकल की सम्भावना काफी ज्यादा होती है।

वस्तुनिष्ठ प्रश्नों के भेद

वस्तुनिष्ठ प्रश्नों के अनेक भेद हैं। सूचना की सहज और सटीक प्रस्तुति इनका साधारण लक्षण है, प्रश्नों को अधिकाधिक सरल बनाना इनका उद्देश्य है और मूल्यांकन को विश्वसनीय और सन्तोषप्रद बनाना इनकी विशेषता है। वस्तुनिष्ठ प्रश्न मुख्यतः पाँच प्रकार के हैं—1. बहुविकल्पीय, 2. सही-ग़लत, 3. विषम का चुनाव, 4. युगलीकरण अर्थात् जोड़े बनाना और 5. रिक्त स्थान पूर्ति।

- **बहुविकल्पीय प्रश्न**—इस प्रकार के प्रश्नों के साथ उत्तरों के तीन या चार विकल्प भी उपलब्ध कराए जाते हैं। परीक्षार्थी को उपलब्ध विकल्पों में से सही या ग़लत को चिह्नित करना होता है। सही उत्तर के सामने उपस्थित होने कारण विद्यार्थियों को सही विकल्प चुनने में विशेष समस्या नहीं होती बशर्ते उसे सन्दर्भ व सूचना का पूर्वज्ञान हो। सही उत्तर के साथ उपलब्ध विकल्प यद्यपि भ्रम उत्पन्न करते हैं लेकिन उनसे पार होने वाले विद्यार्थी के विषय में पारंगत होने में कोई सन्देह नहीं रह जाता।

  उदाहरण—

  1. संज्ञा अथवा सर्वनाम की विशेषता बताने वाले शब्द को कहा जाता है—
     (क) उपसर्ग (ख) विशेषण (ग) विशेष्य (घ) विकल्प।
  2. निम्नलिखित में से सही वर्तनी का चुनाव कीजिए—
     (क) शृंगार (ख) श्रिंगार (ग) श्रंगार (घ) श्रृंगार

- **सही अथवा ग़लत का चुनाव**—इस कोटि के प्रश्नों का स्परूप सही या ग़लत वाक्यों के रूप में होता है। विद्यार्थी को इन्हें पढ़-परख कर इन्हें ठीक या ग़लत के रूप में चिह्नित करना होता है। यदि विद्यार्थी तथ्य और भाषा के सही रूप से परिचित है तो उसे प्रश्न को हल करने में तनिक भी देर नहीं लगती।

  उदाहरण—

  निम्नलिखित वाक्य पर सही (✓) अथवा ग़लत (✗) का निशान अंकित कीजिए—

  1. एक ही जाति के सभी प्राणियों या पदार्थों के वाचक शब्द को जाति वाचक संज्ञा कहते हैं—सही/ग़लत।
  2. 'गीतांजलि' डॉ. हरिवंशराय बच्चन की अमर कृति है—सही/ग़लत।

- **विषम विकल्प का चुनाव**—इस प्रकार के वस्तुनिष्ठ प्रश्नों में सामान्यतः चार शब्द अथवा तथ्य लिखे जाते हैं। इनमें से तीन की प्रकृति, सन्दर्भ या विषय एक समान होते हैं जबकि एक विकल्प भिन्न प्रकृति का होता है। विद्यार्थी से भिन्न प्रकृति के विकल्प की पहचान करके उसे चिह्नित करने की अपेक्षा की जाती है।

उदाहरण–

निम्नलिखित में से अनुपयुक्त शब्द को चिह्नित कीजिए–

1. श्रवण, लेखन, गायन, पठन।
   (उल्लिखित शब्दों में से तीन भाषा कौशलों के नाम हैं जबकि 'गायन' शब्द संगीत की एक विधा का नाम है।)
2. महात्मा गांधी, पण्डित नेहरू, राजीव गांधी, सरदार पटेल।
   (इन महापुरुषों में से तीन स्वाधीनता संग्राम के सेनानी रहे हैं जबकि राजीव गांधी स्वातन्त्र्योत्तर भारत के नेता थे।)

- **रिक्तस्थान पूर्ति**–इन प्रश्नों को पूछने के लिए लिखा गया वाक्य अपूर्ण होता है। यह अपूर्णता व्याकरण के स्तर पर नहीं बल्कि सूचना के विषय में होती है। विद्यार्थी से अपेक्षा की जाती है कि वह रिक्तस्थान की पूर्ति सही सूचना या तथ्य से करे। रिक्तस्थान पूर्ण होने पर वाक्य पूर्ण हो जाता है। यदि विद्यार्थी द्वारा लिखित उत्तर सही हो तो वाक्य ठीक होता है अन्यथा ग़लत। इन प्रश्नों के साथ विकल्प देने की परम्परा है किन्तु ऐसा करना अनिवार्य नहीं है। ऐसे प्रश्नों के साथ साधारणतः कोई विकल्प नहीं दिया जाता इसलिए विद्यार्थियों को अपने प्रयास से सही उत्तर तलाशना होता है।

  उदाहरण–

  1. स्वामी विवेकानन्द का पूर्वनाम..................था।
  2. क्रिया की विशेषता बताने वाले शब्द को..................कहा जाता है।

- **युगलीकरण**–इस प्रकार के प्रश्नों को पूछने के लिए प्रश्न के अंगों को दो स्तम्भों के अन्तर्गत जोड़ों के रूप में आमने-सामने लिखा जाता है। एक-दूसरे पर आश्रित या पूरक होने पर भी ये शब्दयुगल ठीक आमने-सामने न होकर सांयोगिक क्रम से होते हैं। विद्यार्थियों से अपेक्षा की जाती है कि वे इन्हें पढ़-विचार कर इनके ठीक क्रम का मिलान करें। यह क्रम मिलान आमने-सामने लिखकर या रेखाओं द्वारा सही विकल्पों का मिलान करके किया जा सकता है।

  उदाहरण–

  स्तम्भ 'अ' और 'ब' के शब्दों का उचित मिलान कीजिए–

1.	**स्तम्भ 'अ'**	**स्तम्भ 'ब'**
	विशेषण	तेज़ी से
	विषेश्य	ऊँची
	क्रिया–विशेषण	तुम्हारा
	सम्बन्ध-बोधक	इमारत
2.	**स्तम्भ 'अ'** (समास का लक्षण)	**स्तम्भ 'ब'** (समास का नाम)
	(क) प्रथम पद प्रधान समास	तत्पुरुष,
	(ख) उत्तरपद प्रधान समास	बहुव्रीहि समास;
	(ग) उभय पद प्रधान	अव्ययी भाव,
	(घ) अन्य पद प्रधान	द्वन्द्व समास

प्रश्नपत्र निर्माण

प्रश्नपत्र निर्माण की प्रक्रिया काफी संवेदनशील और चरणबद्ध है। एक सन्तुलित और मूल्यांकन की दृष्टि से सरल प्रश्नपत्र बनाने के लिए परीक्षक को कुछ बिन्दुओं का परिपालन करना चाहिए। इनमें पाठ्यक्रम के सभी अंग-प्रत्यंगों और सभी

प्रकार की प्रश्न कोटियों का समावेश होना चाहिए। ऐसा करना एक कठिन और चुनौतीपूर्ण प्रक्रिया है। प्रश्नपत्र निर्माण का कार्य सरल बनाने के लिए इसकी प्रक्रिया को समझना आवश्यक है। इस प्रक्रिया के चरण इस प्रकार हैं—

मूल्यांकन के उद्देश्यों का निर्धारण—शिक्षण प्रक्रिया के अन्यान्य पक्षों की भाँति मूल्यांकन भी एक सोद्देश्य क्रिया है। कक्षा शिक्षण से लेकर आवधिक परीक्षाओं तक विद्यार्थियों के मूल्यांकन के विविध उद्देश्य हैं। इन उद्देश्यों में स्तरानुसार कुछ भेद हो सकते हैं। कक्षा में शिक्षण के दौरान भी शिक्षक अधिगम मूल्यांकन करते हैं किन्तु उसका उद्देश्य केवल उसी पाठ या प्रकरण के अधिगम का मूल्यांकन होता है। इस उद्देश्य के अनुरूप प्रश्नों के प्रकार, संख्या और भेदों में अन्तर होता है। इसलिए किसी भी मूल्यांकन के पूर्व उसके उद्देश्य का निर्धारण कर लेने से मूल्यांकन के सफल होने की संभावना अधिक हो जाती है।

मूल्यांकन के क्षेत्रों का निर्धारण—कक्षा-परीक्षा, इकाई-परीक्षा, पाक्षिक परीक्षा, त्रैमासिक परीक्षा और वार्षिक परीक्षा विद्यार्थियों के अधिगम मूल्यांकन के कतिपय उपायों के नाम हैं। इनमें से प्रत्येक का क्षेत्र क्रमशः अधिकाधिक विस्तृत है। परीक्षा के क्षेत्र के अनुपात से उसमें पूछे जाने वाले प्रश्नों के प्रकार और संख्या का निर्धारण होता है। उदाहरण के लिए कक्षा परीक्षा में निबन्धान्मक प्रश्नों की कोई संभावना नहीं होती, लघूत्तर प्रश्न भी सीमित होते हैं और वस्तुनिष्ठ प्रश्नों का प्रतिशत सर्वाधिक होता है। यह स्थिति अन्य प्रकार की परीक्षाओं में बदलती जाती है। इस दृष्टि से परीक्षा में मूल्यांकन के क्षेत्र का निर्धारण कर लेने से प्रश्नपत्र निर्माण में सहजता होती है।

मूल्यांकन के उपकरणों का निर्धारण—मूल्यांकन के उद्देश्यों और क्षेत्रों का निर्धारण कर लेने के उपरान्त इसके लिए उपयुक्त उपकरणों का निर्णय कठिन नहीं रह जाता। कक्षा परीक्षा से वार्षिक परीक्षा तक में मूल्यांकन के उद्देश्यों और क्षेत्रों के अनुरूप उपकरणों का निर्धारण किया जाना चाहिए। इस चरण में पाठ्य-पुस्तक, सहायक सामग्री और पाठ्येतर गतिविधियों के माध्यम से विद्यार्थियों द्वारा अधिगत कौशलों को सूचीबद्ध किया जाता है। इसके बाद अधिगम के उद्देश्यों और क्षेत्रों जैसे ज्ञान, कौशल, अभ्यास, व्यवहार-परिवर्तन इत्यादि पर ध्यान दिया जाता है। इन तत्त्वों के प्रकाश में मूल्यांकन के उपकरणों—अवलोकन, अभिलेख, साक्षात्कार, रचनात्मक कार्य, प्रश्नावली, लिखित परीक्षा इत्यादि में से सर्वाधिक उपयुक्त विकल्प का निर्धारण किया जाता है।

अधिगत योग्यताओं के मापन के लिए प्रदेय (प्रतिशत) अंकों का निर्धारण—इस विषय में विशेषज्ञों और शिक्षाविदों में अनेक मत पाए जाते हैं। कुछ विद्वानों के मत में अधिगम के समस्त उद्देश्यों के लिए पृथक रूप से अंक प्रतिशत निश्चित किया जाना चाहिए। जबकि अन्य के अनुसार इस प्रक्रिया के अनुपालन से प्रश्नपत्र निर्माण की प्रक्रिया काफी जटिल तथा नीरस हो जाएगी। इन परिस्थितियों में एन.सी.ई.आर.टी द्वारा प्रकाशित मूल्यांकन प्रविधि एक उपयोगी समाधान है। इसके अनुसार ज्ञान के लिए चालीस प्रतिशत, अर्थग्रहण के लिए दस और लिखित अभिव्यक्ति के लिए पचास प्रतिशत अंकों का निर्धारण किया गया है। विकल्प के तौर पर एक अन्य मत यहाँ प्रस्तुत है—

मूल्यांकन का उद्देश्य	प्रदेय अंक
भाषा-ज्ञान	20
तथ्य एवं सूचनाएँ	40
पद्यों का अर्थ एवं व्याख्या	20
पत्र व निबन्ध (सृजनात्मकता)	20

परीक्षा की समयावधि का निर्धारण—परीक्षा के समस्त उपकरणों और उनके सम्पादन के लिए अपेक्षित समयावधि का निर्णय परीक्षा के उद्देश्यों, क्षेत्रों और उपकरणों के अनुपात में किया जाना चाहिए। दूसरी ओर यह भी कहा जा सकता है कि चूँकि परीक्षा की वर्तमान प्रणाली में कक्षा परीक्षा के लिए आधा घण्टा, इकाई परीक्षा के लिए एक घण्टा और इससे अधिक विषय क्षेत्र वाली परीक्षाओं के लिए तीन घण्टे का समय निर्धारित है तो परीक्षा में पूछे गए प्रश्नों का निर्धारण तय

समयावधि को ध्यान में रखकर किया जाना चाहिए। इसी समयावधि में सम्पन्न इसके अन्तर्गत प्रश्नपत्र को पढ़ने-समझने तथा उत्तर-पुस्तिका के दोहराव के लिए भी कुछ समय का प्रावधान किया जाना चाहिए। वर्तमान में प्रायः सभी प्रतियोगी परीक्षाओं में इस विधि का उपयोग किया जाता है। हाल ही में सी.बी.एस.ई. ने भी इस प्रविधि को दसवीं और बारहवीं की वार्षिक परीक्षाओं में लागू किया है।

प्रश्नों के प्रकारों की संख्या और प्रदेय अंकों का निर्धारण–इस चरण के अन्तर्गत प्रश्नों के सभी प्रकारों (निबन्धात्मक, लघूत्तरीय और वस्तुनिष्ठ) के लिए अंक निश्चित किए जाते हैं। आदर्श स्थिति के रूप में माध्यमिक कक्षा के एक सौ अंकों के भाषा प्रश्नपत्र में विभिन्न प्रकार के प्रश्नों की संख्या और उनके लिए अंकों का निर्धारण इस प्रकार हो सकता है–

प्रश्नों का प्रकार	प्रश्नों की संख्या	प्रदेय अंक
निबन्धात्मक प्रश्न	3–5	30
लघूत्तर प्रश्न	20–25	40
वस्तुनिष्ठ प्रश्न	20–25	30

इसी क्रम में कक्षा में विद्यार्थियों के सामान्य स्तर को देखते हुए सरल, सामान्य और कठिन प्रश्नों के प्रतिशत का निर्धारण भी किया जाना चाहिए।

प्रश्नों का प्रकार	प्रश्नों का प्रतिशत
सरल	15
सामान्य	70
कठिन	15

वस्तुनिष्ठ प्रश्नपत्र को विश्वसनीयता, वैधता और व्यावहारिकता के उपायों द्वारा स्तरीय (standardized) बनाया जाना चाहिए। प्रश्नों की भाषा सरल, स्पष्ट और अभिधात्मक होनी चाहिए। सभी प्रकार के प्रश्नों को पृथक खण्डों में रखा जाना चाहिए। प्रश्नपत्र के आरम्भ में आवश्यक निर्देशों का उल्लेख किया जाना चाहिए। विकल्पों, प्रदेय अंकों, उत्तरों की शब्द सीमा परीक्षा की अवधि इत्यादि का स्पष्ट उल्लेख होना चाहिए।

कार्य प्रतिदर्श

कार्य प्रतिदर्श भाषा अधिगम के सन्दर्भ में किसी विद्यार्थी की कुशलता के आकलन का उपकरण है। इसके अन्तर्गत विद्यार्थियों को भाषा अधिगम के किसी क्षेत्र में अपनी कुशलता के प्रदर्शन का अवसर दिया जाता है। यह अवसर सुनने, बोलने, पढ़ने और लिखने में से किसी भी भाषा कौशल के सन्दर्भ में हो सकता है। कार्य प्रतिदर्श के रूप में नियमित भाषा शिक्षण के अन्तर्गत प्रयुक्त होने वाले उपकरणों जैसे प्रश्नोत्तर, समस्या-समाधान, व्याख्या, विश्लेषण, पुस्तक-पठन, पढ़कर समझना, सुनकर दोहराना इत्यादि का प्रयोग किया जा सकता है। इसका उद्देश्य दिए गए क्षेत्र में विद्यार्थी की कुशलता का परीक्षण है। इस अर्थ में इसे एक प्रकार की मूल्यांकन तकनीक कहा जा सकता है।

कार्य प्रतिदर्श की प्रयोग विधि–कार्य प्रतिदर्श एक उद्देश्यपूर्ण गतिविधि है। इससे भाषा अधिगम के अन्यान्य विषयों में विद्यार्थियों की कुशलता का अनुमान होता है। इस अनुमान को पूर्णतः सटीक और पारदर्शी बनाने के लिए प्रतिदर्श के मूल्यांकन की प्रविधि विकसित की जाती है। कार्य प्रतिदर्श के अन्तर्गत विद्यार्थी या विद्यार्थियों के समूह को सुनकर समझने, बोलने, पढ़ने या लिखने के लिए एक विषय आबण्टित किया जाता है। एक प्रतिदर्श के सम्पादन की अवधि पाँच मिनट नियत की जानी चाहिए। एक दिन में एक कक्षा के दौरान एक से अधिक प्रतिदर्श भी आबण्टित किए जा सकते हैं

जिनका उद्देश्य अलग-अलग होना चाहिए। उदाहरण के लिए एक दिन में लिखित प्रतिदर्श, व्याकरण प्रतिदर्श और मात्रा प्रतिदर्श का आबण्टन किया जा सकता है।

प्रत्येक प्रतिदर्श किसी न किसी उद्देश्य को सामने रखकर तैयार और प्रस्तुत किया जाता है। प्रतिदर्श के निर्माण के साथ ही उसकी मूल्यांकन कुंजी भी तैयार की जाती है। मूल्यांकन कुंजी प्रतिदर्श के उद्देश्य के अनुरूप होनी चाहिए। इसके मूल्यांकन से नियत क्षेत्र में विद्यार्थी की कुशलता का स्पष्ट संकेत मिलना चाहिए। किसी क्षेत्र विशेष में विद्यार्थियों की कुशलता के सटीक आकलन के लिए एक से अधिक प्रतिदर्श भी प्रस्तुत किए जा सकते हैं। प्रतिदर्श के मूल्यांकन के उपरान्त इसके परिणाम के विषय में विद्यार्थियों के साथ चर्चा की जानी चाहिए ताकि वे स्वयं अपनी कुशलता और सीमाओं से परिचित हो सकें। मूल्यांकन के उपरान्त विद्यार्थियों को परिष्कार और सुधार के लिए स्पष्ट परामर्श दिया जाना चाहिए।

प्रश्न

1. उत्तम मापन की विशेषताओं का संक्षिप्त परिचय दीजिए।
2. मापन की प्रक्रिया में विद्यार्थी के गुणों या कौशलों का मापन किन उद्देश्यों से किया जाता है?
3. मापन और मूल्यांकन में अन्तर स्पष्ट कीजिए।
4. मूल्यांकन के उद्देश्यों, क्षेत्रों और उपकरणों के निर्धारण की प्रक्रिया का वर्णन कीजिए।
5. परीक्षा के लिए समयावधि और प्रदेय अंकों के निर्धारण में किन सावधानियों की अपेक्षा होती है?
6. निबन्धात्मक प्रश्नों के उपयोग, लाभ और सीमाओं का परिचय दीजिए।
7. वस्तुनिष्ठ प्रश्नों के उपयोग, लाभ और सीमाओं का परिचय दीजिए।
8. प्रतिलेख और अनुलेख में अन्तर स्पष्ट कीजिए।
9. श्रुतलेख क्या है? इससे भाषा विद्यार्थियों को किस प्रकार का लाभ होता है?
10. मौखिक प्रस्तुति से क्या तात्पर्य है? इसका आयोजन और मूल्यांकन किस प्रकार किया जाता है?
11. पुस्तक वाचन के मूल्यांकन के लिए शिक्षक से किस प्रकार की तैयारियों की अपेक्षा होती है?
12. मूल्यांकन से निदानात्मक परीक्षण व उपचारात्मक शिक्षण के लिए किस प्रकार सहायता मिलती है?
13. 'मापन' का आशय स्पष्ट कीजिए इस प्रक्रिया में शामिल चार तत्त्वों का परिचय दीजिए।
14. मूल्यांकन से क्या तात्पर्य है? मूल्यांकन के उद्देश्य और महत्त्व का विवेचन कीजिए।
15. हिन्दी शिक्षण में सतत एवं व्यापक मूल्यांकन की प्रविधि की सार्थकता स्थापित कीजिए।
16. उत्तम मूल्यांकन प्रविधि में अपेक्षित गुणों का संक्षिप्त परिचय दीजिए।
17. मौखिक भाषा संप्राप्ति परीक्षण के उपादानों और मूल्यांकन प्रविधियों की व्याख्या कीजिए।
18. लिखित भाषा संप्राप्ति परीक्षण के उपादानों और मूल्यांकन प्रविधियों की व्याख्या कीजिए।
19. हिन्दी भाषा के अधिगम मूल्यांकन के लिए प्रयोग किए जाने वाले प्रश्नों के भेदों का परिचय, गुण और सीमाओं का विवेचन कीजिए।
20. भाषा अधिगम की परीक्षा के लिए प्रश्नपत्र निर्माण के चरणों का विवरण दीजिए।

24 पाठ्यवस्तु का शिक्षणशास्त्रीय विश्लेषण

प्रकरण का उद्देश्य

हिन्दी भाषा के शिक्षण के लिए अनेक प्रकार की पाठ्यवस्तु का प्रयोग किया जाता है। इनमें कहानियाँ, नाटक, कविताएँ, लेख आदि तो शामिल होते हैं साथ ही ज्ञान-विज्ञान, सामाजिक-अध्ययन, राजनीति, अर्थशास्त्र आदि विषयों से सम्बद्ध पाठ्यवस्तु भी होती हैं। भाषा के विद्यार्थियों को इन पाठों के माध्यम से भाषा के साथ पाठगत ज्ञान, बोध, कौशल इत्यादि का ग्रहण भी करना होता है। इस स्थिति में शिक्षकों के लिए पाठ के भाषागत और विषयगत उद्देश्यों, शिक्षण विधियों, मूल्यांकन आदि का स्पष्ट आभास होना चाहिए। तभी वह पाठ के माध्यम से विद्यार्थियों के लिए ग्राह्य तत्त्वों का अधिगम सुनिश्चित करा सकता है। इस दृष्टि से पाठ्यवस्तु के शिक्षणशास्त्रीय विश्लेषण का काफी महत्त्व है। प्रत्येक भाषाशिक्षक को इस सन्दर्भ से परिचित और सन्नद्ध होना चाहिए।

शिक्षणशास्त्रीय विश्लेषण का संप्रत्यय

विद्यालय पाठ्यक्रम में हिन्दी भाषा-शिक्षण का महत्त्व एक पाठ्य विषय के साथ ही ज्ञान और अनुभव प्राप्ति के माध्यम के रूप में भी है। भाषा का ज्ञान न केवल ज्ञान, सूचनाओं, विचारों, भावों इत्यादि के अधिगम और विनिमय में सहायक होता है अपितु इनके विस्तार, और विकास का सामर्थ्य भी प्रदान करता है। इन गतिविधियों का विद्यार्थी के व्यक्तित्व विकास से सीधा सम्बन्ध है। शिक्षक को भाषा अध्ययन द्वारा विविध भाषा कौशलों और भाषा व्यवहारों के लिए उपयुक्त भाषा रूपों की प्राप्ति कराने का प्रयास करना होता है। शिक्षणशास्त्रीय विश्लेषण इस प्रक्रिया का अनुपम और अनिवार्य उपकरण है।

भाषा कौशलों के पर्याप्त विस्तार के लिए व्यावहारिक भाषा, व्याकरण और साहित्य की विविध विधाओं से युक्त पाठ्यसामग्री हिन्दी शिक्षण की पुस्तकों में व्यवस्थित की जाती है। इस सामग्री का संकलन किसी कक्षा के विद्यार्थियों के स्तर, क्षमता और अधिगम लक्ष्यों के अनुसार किया जाता है। किसी कक्षा के विद्यार्थियों के लिए पाठ्यसामग्री के स्तर की उपयुक्तता का अनुमान और नियोजन एक वैज्ञानिक प्रक्रिया है। इस प्रक्रिया द्वारा पाठ्य सामग्री की उपयुक्तता और उसके शिक्षण द्वारा प्राप्त होने वाले अधिगम अनुभवों और कौशलों का विश्लेषण किया जाता है। शिक्षाशास्त्र में इस प्रक्रिया को पाठ्यसामग्री के शिक्षणशास्त्रीय विश्लेषण के रूप में जाना जाता है।

विद्यार्थियों के यथोचित शारीरिक, मानसिक, बौद्धिक और भाषा कौशल सम्बन्धी विकास के लिए पाठ्यवस्तु का सन्तुलित और उपयुक्त होना अनिवार्य है। शिक्षक इसी पाठ्यवस्तु के माध्यम से अपनी शिक्षण गतिविधियों का नियोजन करते हैं और विद्यार्थी भी इसी में समाहित तत्त्वों के माध्यम से ज्ञान, कौशल और अनुभवों के अधिगम से अपने व्यक्तित्व विकास का उपक्रम करते हैं। शिक्षक इस पाठ्यसामग्री के शिक्षणशास्त्रीय विश्लेषण द्वारा किसी कक्षा के विद्यार्थियों के लिए अधिगम्य ज्ञान, बोध, अनुभव, कौशल इत्यादि का अधिगम सुनिश्चित कर सकते हैं। इस दृष्टि से प्रत्येक कक्षा के भाषा पाठ्यक्रम का शिक्षणशास्त्रीय विश्लेषण अत्यन्त आवश्यक है।

शिक्षणशास्त्र का सामान्य अर्थ है शिक्षण की कला या शिक्षण का विज्ञान। इसके अन्तर्गत शिक्षण के लक्ष्यों, उद्देश्यों, नियमों, विधियों इत्यादि का समावेश होता है। सामान्य तौर पर कहा जा सकता है कि शिक्षणशास्त्र के अन्तर्गत शिक्षण कब, क्यों और कैसे किया जाए जैसे मौलिक प्रश्नों का उत्तर समाहित होता है। जब से शिक्षण आरम्भ हुआ तभी शिक्षणशास्त्र की उत्पत्ति हुई। इसमें परम्परा से आज तक शिक्षण की प्रक्रिया में हुए प्रयोगों, परिवर्तनों, नवाचारों, खोज और अन्वेषणों का लेखा-जोखा है। शिक्षा दर्शन, शिक्षण अधिगम सिद्धान्त, शिक्षण तकनीकी इत्यादि इसके विविध आयाम हैं।

विश्लेषण का सामान्य अर्थ है किसी पाठ्यवस्तु को छोटी किन्तु सार्थक इकाइयों में विभक्त करके प्रत्येक खण्ड का मूल्यांकन करना। इस दृष्टि से हिन्दी पाठ्यवस्तु के विश्लेषण का तात्पर्य है इसे उपयुक्त विभागों, खण्डों और इकाइयों में बाँटकर जाँच करना। हिन्दी पाठ्यवस्तु में सामान्य तौर पर गद्य, पद्य और व्याकरण खण्डों का समावेश होता है। आमतौर पर ये अलग-अलग पाठों के रूप में सरलता से पहचाने जा सकने योग्य होते हैं। किन्तु विश्लेषण के उद्देश्य से इन पाठों को और छोटी इकाइयों में विभक्त किया जाता है। इस विभाजन से स्पष्ट हो जाता है कि पाठ की कौन-सी इकाई भाषा अधिगम के किस कौशल के अधिगम में कितनी उपयोगी है। इसी विधि से पाठ की सभी इकाइयों और पुस्तक के सभी पाठों के विश्लेषण द्वारा सुनिश्चित किया जाता है कि किसी कक्षा के लिए निर्धारित पाठ्य-पुस्तक उस कक्षा के विद्यार्थियों की अपेक्षित ज़रूरतों की पूर्ति में सक्षम है अथवा नहीं। इस प्रकार के विश्लेषण से सुनिश्चित किया जा सकता है कि किसी कक्षा के विद्यार्थी उस स्तर के अनुरूप भाषा-ज्ञान, कौशल और अनुभव प्राप्त कर सकें।

शिक्षणशास्त्रीय विश्लेषण की आवश्यकता

किसी कक्षा के लिए निर्धारित भाषा पाठ्यवस्तु का शिक्षणशास्त्र के नियमों और सिद्धान्तों के प्रकाश में मूल्यांकन करना शिक्षणशास्त्रीय विश्लेषण कहलाता है। यह पाठ्यक्रम उस कक्षा के विद्यार्थियों को ज्ञान, अनुभव और कौशल का एक निर्धारित स्तर उपलब्ध कराने के उद्देश्य से तैयार किया जाता है। यहाँ प्रश्न उठता है कि किसी कक्षा के विद्यार्थियों के शारीरिक, बौद्धिक और शैक्षिक स्तर का निर्धारण और उसके अनुरूप पाठ्यक्रम का निर्माण किस प्रकार किया जाए। इस प्रश्न का समाधान पाने के लिए विकास मनोविज्ञान, शिक्षामनोविज्ञान और शिक्षण-अधिगम प्रक्रिया की सहायता अनिवार्य है। इन्हीं की सहायता से हम जान सकते हैं कि विकास की किस अवस्था में विद्यार्थियों की क्षमता, रुचि, कौशल और प्रवृत्ति कैसी, कितनी और किस दिशा में होती है। इसके साथ विविध पाठ्यवस्तुओं का स्तर, उद्देश्य और क्षमता का आकलन करके शिक्षणशास्त्रीय विश्लेषण की प्रक्रिया सम्पन्न होती है।

किसी भी कक्षा की भाषा पाठ्यपुस्तक के आरम्भ में उन अधिगम लक्ष्यों और उद्देश्यों का उल्लेख होता है जो उसमें संकलित अंशों से प्राप्त किए जा सकते हैं। शिक्षक का प्रथम दायित्व है कि उन अधिगम लक्ष्यों और उद्देश्यों का संज्ञान ले और उनकी प्राप्ति सुनिश्चित कराने के लिए उपयुक्त योजना बनाए। साथ ही प्रत्येक कालांश के अन्त में उनकी प्राप्ति के स्तर की जाँच करे। इसके लिए प्रत्येक शिक्षण इकाई का शिक्षणशास्त्रीय विश्लेषण एकमात्र उपाय है। प्रत्येक पाठ की पाठ्यवस्तु को प्रकरणों, उप-प्रकरणों, शिक्षण इकाइयों, उपइकाइयों और संप्रत्ययों में विभक्त करके प्रत्येक के अनुदेशनात्मक उद्देश्यों, शिक्षण प्रविधि, सहायक उपकरणों और अन्ततः मूल्यांकन प्रविधि तक का नियोजन करके ही पाठ्यवस्तु द्वारा अधिगम्य लक्ष्यों और उद्देश्यों की प्राप्ति सुनिश्चित की जा सकती है।

शिक्षण की सफलता विद्यार्थियों के बौद्धिक व्यवहार परिवर्तन के रूप में जाँची जाती है। यह परिवर्तन ज्ञान, बोध, अनुभव, कौशल इत्यादि के अधिगम और अभ्यास के रूप में होता है। इनका नियोजन शिक्षण के सामान्य उद्देश्यों के रूप में किया जाता है क्योंकि इनकी प्राप्ति किसी एक पाठ या प्रकरण द्वारा नहीं अपितु सम्पूर्ण अध्ययन अवधि में अप्रत्यक्ष रूप से होती है। किन्तु शिक्षण की प्रत्येक गतिविधि द्वारा इनके किसी न किसी अंश का अधिगम होता है। पाठ्यवस्तु की किस इकाई से किस अधिगम लक्ष्य की पूर्ति हुई इसका निर्धारण विशिष्ट उद्देश्यों के रूप में किया जाता है। ये उद्देश्य प्रत्येक शिक्षण इकाई द्वारा विद्यार्थियों में होने वाले व्यावहारिक परिवर्तनों के रूप में निर्धारित किए जाते हैं। पाठ्यवस्तु के शिक्षण शास्त्रीय विश्लेषण द्वारा इन विशिष्ट उद्देश्यों की प्राप्ति सुनिश्चित की जाती है।

पाठ्यक्रम विश्लेषण और शिक्षणशास्त्रीय विश्लेषण में अन्तर

विद्यालय पाठ्यचर्या में शामिल किसी विषय के पाठ्यक्रम द्वारा विद्यार्थियों को विषय के अन्यान्य पक्षों से परिचित कराया जाता है। भाषा पाठ्यक्रम में विद्यार्थियों को मूल भाषा कौशलों में प्रवीण करने के उद्देश्य से भाषा-संरचना, व्याकरण और साहित्य की विविध विधाओं से समन्वित पाठ्य सामग्री कां विधान होता है। यह सामग्री मुख्य पाठ्यपुस्तक, सहायक पुस्तक, अभ्यास पुस्तक, व्याकरण पुस्तक और विस्तृत अध्ययन पुस्तकों में उपलब्ध होती है। पूरे अध्ययन सत्र में इस पाठ्यक्रम को विद्यार्थियों के समक्ष प्रभावी ढंग से प्रस्तुत करना शिक्षक के लिए एक चुनौती होता है। इस लक्ष्य को प्राप्त करने के लिए वह सम्पूर्ण पाठ्यसामग्री को उपलब्ध कालांशों के अनुपात में व्यवस्थित करता है। इस गतिविधि को पाठ्यक्रम विश्लेषण कहा जाता है।

पाठ्यक्रम विश्लेषण का उद्देश्य उपलब्ध समय के अनुपात में पाठ्य सामग्री का नियोजन है। इस गतिविधि के अन्तर्गत न केवल 'कब क्या पढ़ाया जाएगा' का निर्धारण किया जाता है अपितु 'किन उपकरणों की आवश्यकता होगी' इसका भी नियोजन होता है। इस दृष्टि से यह प्रक्रिया पाठ्यक्रम में निर्धारित सामग्री को पाठों, प्रकरणों और पाठ्य इकाइयों के रूप में व्यवस्थित करने का प्रयास है। ऐसा करना पाठ्य अंशों की क्रमिक और तार्किक प्रस्तुति के लिए उपयोगी है। इससे यह भी सुनिश्चित होता है कि किसी कक्षा के लिए निर्धारित पाठ्यक्रम तय समय सीमा के अन्तर्गत सम्पन्न हो जाए। किन्तु जब इसी गतिविधि के साथ पाठ्यवस्तु की उपइकाइयों के शिक्षण उद्देश्यों, शिक्षण विधि और मूल्यांकन तकनीकों का भी नियोजन किया जाता है तब इसे पाठ्यवस्तु का शिक्षणशास्त्रीय विश्लेषण कहा जाता है।

शिक्षणशास्त्रीय विश्लेषण के सोपान

किसी कक्षा के विद्यार्थियों के लिए निर्धारित पाठ्यवस्तु उस कक्षा की पाठ्यपुस्तक में संकलित होती है। इस पाठ्यवस्तु का संकलन विविध ग्रन्थों, विख्यात साहित्यकारों की अमर कृतियों, दस्तावेजों और विशेषज्ञों की रचनाओं इत्यादि से किया जाता है। इसलिए इनका विद्यार्थियों के स्तर के अनुकूल और अधिगम लक्ष्यों के अनुरूप होना सुनिश्चित नहीं होता। इस कारण कभी-कभी इन रचनाओं और कृतियों को सम्पादित और संक्षिप्त करके भी पाठ्यक्रम में संकलित किया जाता है। इस प्रक्रिया का उद्देश्य है पाठ को उस स्तर विद्यार्थियों के अधिगम लक्ष्यों के अनुरूप बनाया जा सके। इसके बाद शिक्षक उस पाठ को छोटी शिक्षण इकाइयों में विभक्त करता है ताकि उनके माध्यम से प्राप्य अधिगम लक्ष्यों की प्राप्ति सुनिश्चित की जा सके। इस प्रक्रिया में निम्नलिखित सोपानों का अनुसरण किया जाता है—

1. प्रकरण/इकाई विश्लेषण।
2. अनुदेशनात्मक उद्देश्यों का निर्धारण और उनका व्यावहारिक शब्दावली में लेखन।
3. अनुदेशनात्मक उद्देश्यों के अधिगम हेतु शिक्षण-विधियों, गतिविधियों और सहायक उपकरणों का निर्धारण।
4. अनुदेशनात्मक उद्देश्यों की प्राप्ति के मूल्यांकन के लिए उचित तकनीकों का उल्लेख।

पाठ्यवस्तु के शिक्षणशास्त्रीय विश्लेषण में शामिल सोपान और गविविधियाँ परस्पर सम्बद्ध और अन्योन्याश्रित हैं। इनकी परस्पर निर्भरता से एक चक्र का निर्माण होता है जो उप-इकाइयों के निर्धारण से आरम्भ होकर अधिगम लक्ष्यों के निर्माण पर समाप्त होता है। इस चक्र की एक अन्य विशेषता है कि इसके प्रत्येक चरण के अनुपालन से अग्रिम चरण की भूमिका तैयार होती है और पूर्ववर्ती चरण का पृष्ठपोषण होता है। इस प्रकार पाठ्यवस्तु के शिक्षणशास्त्रीय निश्लेषण की गतिविधि सर्वांग सम्पूर्ण है और शिक्षक और विद्यार्थियों को भाषा शिक्षण के निर्धारित लक्ष्यों और उद्देश्यों की प्राप्ति कराने में सक्षम है।

पाठ्यवस्तु का शिक्षणशास्त्रीय विश्लेषण

कक्षा—सातवीं

पाठ्यपुस्तक का नाम—विविधा

पाठ का नाम—खानपान की बदलती तसवीर

लेखक—प्रयाग शुक्ल

प्रकरण/इकाई विश्लेषण।	अनुदेशनात्मक उद्देश्यों का निर्धारण	शिक्षण-विधियों, गतिविधियों और सहायक उपकरणों का निर्धारण	मूल्यांकन तकनीकों का निर्धारण
भाषा कौशलों से सम्बद्ध पाठ्यांश			
कठिन शब्दों का उच्चारण फास्ट फूड, बर्गर, नूडल्स, सम्भवतः, पैकेटबन्द, विज्ञापित, व्यंजनों, विविधता, गुणवत्ता, गृहिणियों, दुःसाध्य, प्रक्रियाओं, स्वाभाविक, निखालिस, एथनिक, प्रचारार्थ, पुनरुद्धार, दुर्गति और गड्डमड्ड।	विद्यार्थी— दिए गए शब्दों का शुद्ध और स्पष्ट उच्चारण करते हैं। शब्दों के शुद्ध रूप की पहचान करते हैं। दिए गए शब्दों के समूह में से शुद्ध और अशुद्ध शब्दरूपों को अलग कर सकते हैं।	शिक्षक सूची में दिए गए कठिन शब्दों का ऊँचे स्वर में स्पष्ट उच्चारण करते हैं और विद्यार्थियों को निर्देश देते हैं कि वे ध्यानपूर्वक उच्चारण को सुनें और मन में दोहराएँ। दूसरे चरण में शिक्षक विद्यार्थियों से इन शब्दों का उच्चारण कराते हैं। इसके उपरान्त वे अलग-अलग विद्यार्थियों से एक-एक शब्द का उच्चारण करने का निर्देश देते हैं और आवश्यकता होने पर उनमें संशोधन करते हैं।	शिक्षक फ्लैश कार्डों पर लिखे कठिन शब्दों को एक-एक करके विद्यार्थियों को दिखाते हैं और उनका उच्चारण करने का निर्देश देते हैं। इसी कौशल के मूल्यांकन के लिए शिक्षक कक्षा के सामने एक पेटी या डिब्बा रखते हैं। जिसमें बहुत सी पुड़ियाँ रखी गई हैं। वे एक-एक विद्यार्थी को उसमें से पुड़िया उठाकर उसमें लिखे गए शब्द का उच्चारण करने को कहते हैं।
वर्तनी का ज्ञान बर्गर, नूडल्स, सम्भवतः, पैकेटबन्द, विज्ञापित, गृहिणियों, दुःसाध्य, प्रक्रियाओं, निखालिस, एथनिक, प्रचारार्थ, पुनरुद्धार, और गड्डमड्ड।	विद्यार्थी— दिए गए शब्दों को सही-सही लिख सकते हैं। दिए गए शब्दों के अशुद्ध रूपों को शुद्ध करके लिख सकते हैं।	शिक्षक दिए गए शब्दों में से दो का ऊँचे स्वर से उच्चारण करते हैं और साथ-साथ उन्हें श्यामपट्ट पर अंकित करते हैं। इसके उपरान्त वे एक एक विद्यार्थी को बुलाकर इसी विधि से बोले गए शब्दों को श्यामपट्ट पर लिखने का निर्देश देते हैं।	शिक्षक सभी विद्यार्थियों को श्रुतलेख विधि से बोले गए शब्दों को अपनी अभ्यास पुस्तिका में लिखने का निर्देश देते हैं। बाद में उन्हीं शब्दों को वे श्यामपट्ट पर लिखते हैं और विद्यार्थियों को अपने शब्दों को जाँच कर अशुद्धि संशोधन का निर्देश देते हैं। इसी गतिविधि को दिए गए शब्दों में से शुद्ध और अशुद्ध शब्दों को छाँटने के द्वारा भी कराया जा सकता है। शिक्षक बर्गर और नूडल्स दिखाकर विद्यार्थियों से उन्हें पहचानने को कहते हैं।
नए व कठिन शब्दों का अर्थ स्पष्ट करना फास्ट फूड, बर्गर, नूडल्स, विज्ञापित, दुःसाध्य, निखालिस, एथनिक, पुनरुद्धार, दुर्गति और गड्डमड्ड।	विद्यार्थी— दिए गए शब्दों के अर्थ बताते हैं। कठिन शब्दों का अपने वाक्यों में प्रयोग करते हैं।	शिक्षक चित्र दिखाकर फास्ट फूड, बर्गर और नूडल्स का अर्थ स्पष्ट करते हैं। विज्ञापित, दुःसाध्य, पुनरुद्धार और दुर्गति शब्दों का अर्थ बताने के लिए सन्धि विच्छेद कराया जाएगा। वि + ज्ञापित = भली प्रकार बताया गया। दुर् + साध्य = कठिनता से किया जाने वाला। पुनः + उद्धार = फिर से उबारना। दुर + गति = बुरी स्थिति।	वि और दुर उपसर्गों से बनने वाले अन्य शब्दों का सन्धि विच्छेद करने का निर्देश देते हैं। पुनः के संयोग से बनने वाले अन्य शब्दों को प्रस्तुत करने को कहता है जैसे पुनर्जन्म, पुनर्वास। इस प्रकार के शब्दों को वाक्यों में प्रयोग करने का अभ्यास कराया जाता है।

प्रकरण/इकाई विश्लेषण।	अनुदेशनात्मक उद्देश्यों का निर्धारण	शिक्षण-विधियों, गतिविधियों और सहायक उपकरणों का निर्धारण	मूल्यांकन तकनीकों का निर्धारण
पाठ्यवस्तु के अंशों का विश्लेषण खानपान की आदतों में बदलाव के उदाहरण।	विद्यार्थी— नए व्यंजनों और भोजनों की ओर लोगों के बढ़ते रुझान का वर्णन करते हैं।	शिक्षक कुछ विद्यार्थियों से अपनी अपनी भोजन सूची बनाने को कहते हैं और पूछते हैं कि यह पारम्परिक भोजन शैली से कैसे अलग है?	शिक्षक विद्यार्थियों को उन व्यंजनों की सूची बनाने का निर्देश देते हैं जो वे बाज़ार से खरीद कर सेवन करते हैं और पूछते हैं कि वे भोजन के पारम्परिक भोजन से अलग हैं या नहीं।
तैयार भोजन की सहज उपलब्धि और लोकप्रियता।	बाज़ार में उपलब्ध व्यंजनों की सूची बनाते हैं जिन्हें लोग पसन्द करते हैं।	पाठ्यपुस्तक के उदाहरणों के आधार पर विद्यार्थियों को रहड़ियों, ढाबों और होटलों के लोकप्रिय भोजनों के विषय में चर्चा की जाती है।	विद्यार्थियों से पुस्तक और निजी अनुभव के माध्यम से उन व्यंजनों की सूची बनाने को कहा जाता है जो बाज़ार में लोकप्रिय हैं।
भारत के अन्यान्य प्रदेशों और अन्य देशों के प्रसिद्ध व्यंजनों की सहज उपलब्धि।	दक्षिण भारतीय व्यंजनों, मुम्बइया खानों और चीन के व्यंजनों के उदाहरण देते हैं।	पुस्तक पठन और परस्पर चर्चा द्वारा उन व्यंजनों की सूची बनाई जाती है जो अन्य देशों-प्रदेशों के पारम्परिक भोजन हैं—जैसे डोसा, भेलपूरी और चाउ. मिन।	प्रश्नोत्तर द्वारा विभिन्न राज्यों के उन व्यंजनों की सूची बनाई जाती है जो बाज़ार में सहज उपलब्ध हैं। उन भोजनों की भी सूची बनाई जाती है जो पहले केवल उच्चवर्ग को ही उपलब्ध थे लेकिन आज सर्वसुलभ हैं।
पहले उच्चवर्गीय लोगों के सेवन के व्यंजनों का सर्वसुलभ होना। खानपान के प्रसिद्ध पारम्परिक व्यंजनों का व्यवसायीकरण।	बताते हैं कि ब्रेड, टोस्ट, चाय इत्यादि पहले केवल उच्च वर्ग के लोगों में ही प्रचलित थे। ऐसे व्यंजनों के उदाहरण देते है जो पहले पर्व या उत्सवों पर घर में बनाए जाते थे लेकिन अब बाज़ार में बनते हैं।	पुस्तक में वर्णित त्योहारों पर बनने वाले प्रसिद्ध व्यंजनों के बाजारीकरण पर चर्चा करते हैं। वे इसके लाभ-हानि का विश्लेषण भी करते हैं।	शिक्षक होली, वसन्त पंचमी, संक्रान्ति, शरद् पूर्णिना, दशहरा, दीपावली जैसे पर्वों पर घरों में बनाए जाने वाले व्यंजनों की सूची बनवाते हैं और पूछते हैं कि इनमें से कौन-कौन से व्यंजन अब बाज़ारों में उपलब्ध हैं।
व्यस्तता, मँहगाई और कुशलता के अभाव में बाज़ार में निर्मित व्यंजनों का अधिक प्रयोग।	वर्णन करते हैं कि किस प्रकार व्यस्तता के कारण लोग बाज़ार के बने व्यंजनों को प्राथमिकता देते हैं।	विद्यार्थी अपने और परिवार के उदाहरणों के माध्यम से बाजारू भोजन पर बढ़ती निर्भरता का वर्णन करते हैं।	विद्यार्थियों से उन भोजनों की सूची बनाने को कहा जाता है जो घर पर बनाने के स्थान पर बाज़ार से मँगा लिए जाते हैं। यह भी पूछा जाता है कि ऐसा क्यों किया जाता है।
केवल स्वाद के लिए भोजन करना और विविध भोजनों के एक साथ स्वाद पाने के फेर में किसी एक प्रकार के भोजन का स्वाद न ले पाना।	उदाहरण देते हैं कि लोग सहभोजों में लालच के कारण अनेक प्रकार के भोजनों का स्वाद लेना चाहते हैं जो स्वास्थ्य के लिए अच्छा नहीं है।	पुस्तक के वर्णन का सामान्यीकरण करते हुए विचार करते हैं कि हमारी भोजन की आदतें कितनी विकृत हो चली हैं और उनमें कितने सुधार की गुंजाइश है।	विद्यार्थी बताते हैं कि शादी जैसे मौकों पर भोजन करते हुए लोग किन-किन व्यंजनों को एक साथ थाली में रखकर खाते हैं। वे इस आदत के लाभ-हानि पर परिचर्चा करते हैं।

शिक्षणशास्त्रीय विश्लेषण का महत्त्व

शिक्षण का उद्देश्य विद्यार्थियों के व्यवहार में सार्थक और स्थायी परिवर्तन लाना है। भाषा शिक्षण में यह परिवर्तन जीवन के विविध व्यवहारों, सन्दर्भों और क्षेत्रों में सटीक और प्रभावशाली भाषा का प्रयोग के रूप में होता है। विद्यालय में भाषा शिक्षण के माध्यम से विद्यार्थियों को भाषा के प्रभावी श्रवण, उच्चारण, पठन और लेखन के लिए अभ्यास कराया जाता है। इस अभ्यास को विद्यार्थियों के लिए अधिकाधिक सहज और सन्तुलित बनाने के लिए पाठ्यपुस्तकों का नियोजन किया जाता है। पाठ्यपुस्तकों का निर्माण किसी स्तर के विद्यार्थियों के अधिगम लक्ष्यों और उद्देश्यों को ध्यान में रखते हुए किया जाता है।

पाठ्यक्रम में संकलित सामग्री कितनी ही उत्तम और सुनियोजित हो किन्तु यदि उसका यथोचित सम्प्रेषण न हो पाए तो उसके माध्यम से कोई लक्ष्य हासिल नहीं किया जा सकता। इसका भाव है कि पाठ्यपुस्तकों में स्तरीय अध्ययन सामग्री का संकलन करके ही अधिगम लक्ष्यों की प्राप्ति सुनिश्चित नहीं की जा सकती। यहीं से पाठ्यक्रम के शिक्षणशास्त्रीय विश्लेषण की भूमिका आरम्भ होती है। इस गतिविधि के माध्यम से शिक्षक पाठ्यवस्तु के सत्व और उपयोगिता से परिचित होते हैं। उन्हें इसके सार्थक अन्तरण की पद्धति के विषय में सोचने और निर्णय लेने का अवसर प्राप्त होता है। इसी माध्यम से शिक्षक पाठ्यवस्तु के प्रत्येक अंश का सदुपयोग करने में सक्षम होते हैं।

पाठ्यवस्तु के शिक्षणशास्त्रीय विश्लेषण द्वारा सुनिश्चित किया जाता है कि पाठ्यवस्तु के प्रत्येक अंश को अधिगम उद्देश्यों की प्राप्ति का माध्यम बनाया जाए और उससे प्राप्त किए जा सकने वाले ज्ञान, बोध, अनुभव और कौशल की अवाप्ति को सुनिश्चित किया जाए। इसके माध्यम से न केवल शिक्षक अपितु विद्यार्थी भी पाठ्यवस्तु का सदुपयोग करने में सक्षम होते हैं। इस गतिविधि से पाठ्यवस्तु के शिक्षण को अधिक सटीक, वैज्ञानिक और युक्तिसंगत बनाया जा सकता है। शिक्षणशास्त्रीय विश्लेषण की इस प्रक्रिया के अन्तर्गत प्रभावी शिक्षण के साथ ही सटीक मूल्यांकन की भी व्यवस्था होती है। इन तथ्यों के प्रकाश में कहा जा सकता है कि पाठ्यवस्तु के शिक्षणशास्त्रीय विश्लेषण द्वारा भाषा-शिक्षण को सफल और प्रभावशाली बनाया जा सकता है।

प्रश्न

1. शिक्षणशास्त्र से क्या तात्पर्य है? भाषा शिक्षक के लिए इसका क्या उपयोग है?
2. विश्लेषण की प्रक्रिया के अन्तर्गत पाठ्यक्रम के किन तत्त्वों को समाहित किया जा सकता है?
3. पाठ्यवस्तु के शिक्षणशास्त्रीय विश्लेषण से शिक्षक को होने वाले लाभों की सूची बनाइए।
4. पाठ्यवस्तु का शिक्षणशास्त्रीय विश्लेषण विद्यार्थियों के लिए किस प्रकार उपयोगी है?
5. इकाई नियोजन और पाठ्यवस्तु के शिक्षणशास्त्रीय विश्लेषण में अन्तर स्पष्ट कीजिए।
6. पाठ्यवस्तु के शिक्षणशास्त्रीय विश्लेषण द्वारा पाठ्यवस्तु का सदुपयोग सुनिचित किया जाता है। टिप्पणी कीजिए।
7. पाठ्यवस्तु के शिक्षणशास्त्रीय विश्लेषण की प्रक्रिया पाठ योजना से किस प्रकार भिन्न है? पाठ्यवस्तु के शिक्षणशास्त्रीय विश्लेषण का क्या तात्पर्य है? भाषा शिक्षण में इसकी क्या उपयोगिता है?
8. शिक्षणशास्त्रीय विश्लेषण द्वारा किसी कक्षा के विद्यार्थियों को भाषा कौशलों की प्राप्ति सुनिश्चित कराने में कैसे सहायता होती है?
9. शिक्षणशास्त्रीय विश्लेषण के सोपानों और इनके व्यावहारिक उपयोग की प्रक्रिया का परिचय दीजिए।
10. अधिगम उद्देश्यों की प्राप्ति के सन्दर्भ में पाठ्यवस्तु के शिक्षणशास्त्रीय विश्लेषण का महत्त्व स्थापित कीजिए।
11. पाठ्यक्रम-विश्लेषण और शिक्षणशास्त्रीय विश्लेषण में सोदाहरण अन्तर स्पष्ट कीजिए।

25 भाषा-शिक्षण में सहायक उपकरणों का प्रयोग

प्रकरण का उद्देश्य

भाषा-शिक्षण में भाषायी तत्त्वों के साथ ही अन्य विषयों की पाठ्यवस्तु भी समाहित होती है। इनमें कविताओं, जीवनियों, आत्मकथाओं, कहानियों, निबन्धों आदि के साथ ही विज्ञान लेखों, खेलों, यात्राओं, उपकरणों आदि से सम्बन्धित पाठ्यवस्तु भी शामिल होती हैं। दूसरी तरफ हिन्दी भाषा में संस्कृत और अंग्रेज़ी जैसी देशी-विदेशी भाषाओं के शब्दों का समाहार है। इन कारणों से अनेक स्थानों और सन्दर्भों में हिन्दी भाषा शिक्षण एक काफी कठिन गतिविधि हो जाती है।

भाषा के उच्चारण, शब्द भण्डार, व्याकरणिक सन्दर्भों के अलावा पाठ्यवस्तु से सम्बद्ध सूचनाओं आदि के सटीक सम्प्रेषण के लिए शब्दों, उदाहरणों और व्याख्याओं के अलावा कुछ साधनों की ज़रूरत होती है। इन उपकरणों की सहायता से विद्यार्थियों को भाषा और पाठ्यवस्तु के सन्दर्भों से सटीक तौर पर परिचित कराया जा सकता है। इन सहायक उपकरणों के निर्माण और सटीक प्रयोग के लिए आवश्यक सावधानियों का परिचय इस अध्याय में दिया गया है।

शिक्षण-प्रक्रिया को अधिकाधिक सरल, सहज, स्पष्ट व सुबोध बनाने के लिए शिक्षक को अनेक प्रयास करने होते हैं। इनमें स्पष्ट उच्चारण, सरल शब्दावली, छोटे व सरल वाक्यों और रोचक प्रविधि का प्रयोग प्राचीनकाल से ही उपयोगी माना जाता रहा है। लेकिन विद्यालयी पाठ्यक्रम में नए-नए विषयों का समावेश और प्रत्येक विषय के विस्तृत और जटिल पाठ्यवस्तु को ध्यान में रखकर कठिन प्रत्ययों को सरल बनाने के लिए अभिनव प्रयासों की आवश्यकता सर्व स्वीकार्य है।

इस दिशा में उदाहरण, दृष्टान्त, शरीर के अन्यान्य अंगों की चेष्टाओं, उपमाओं इत्यादि का प्रयोग परम्परा से होता रहा है। किन्तु आज की शिक्षा में इन पारम्परिक उपायों से कुछ अधिक प्रयास की अपेक्षा है। शिक्षण में कठिन प्रत्ययों को सुबोध बनाने के अभिनव प्रयासों में सहायक उपकरणों का प्रयोग सर्वाधिक प्रचलित और सहज है। इन उपकरणों में लिखित या चिह्नित सामग्री, प्रतिमान (model), रेडियो, टेलीविज़न, वीडियो और कम्प्यूटर जैसे माध्यमों का उपयोग आजकल बहुतायत से किया जा रहा है। शिक्षण तकनीकी में इन माध्यमों को सहायक शिक्षण-उपकरण कहा जाता है। चूँकि ये उपकरण उपयोग की दृष्टि से देख और सुनकर कथ्य को स्पष्ट करते हैं इसलिए इन्हें दृश्य-श्रव्य उपकरण कहा जाता है।

भाषा-शिक्षण और शिक्षण उपकरण

भाषा को सीखना एक अन्तहीन प्रक्रिया है। मातृभाषा हो या अन्य कोई देशी-विदेशी भाषा; उस पर अधिकार कर पाना पर्याप्त समय, श्रम और अभिरुचि की अपेक्षा रखता है। समय, स्थान और अवसर के अनुरूप भाषा का व्यवहार काफी जटिल और संवेदनशील कार्य है। इसे सीखना और व्यवहार में लाना व्यक्तिगत उपलब्धि होने के साथ-साथ व्यवहार-कुशलता और सफलता का भी कारक होता है। अनेक महत्त्वपूर्ण और संवेदनशील मुद्दों और अवसरों पर भाषा, शब्द-चयन, हाव-भाव और प्रस्तुति का महत्त्व इतना अधिक होता है कि उसी पर व्यक्ति की सफलता-असफलता और

जीवन-मरण निर्भर करता है। व्यापार, वाणिज्य, शिक्षा, राजनीति और वकालत जैसे अनेक व्यवसायों में तो भाषा की कुशलता और सटीकता ही व्यक्ति का वांछित गुण होता है। इस दृष्टि से भाषायी कुशलता व्यक्ति की ऐहिक सफलता का मूल मन्त्र है।

उक्त विवरण से स्पष्ट है कि आम व्यक्तियों से लेकर शीर्ष अधिकारियों और व्यवसायियों तक के लिए भाषागत व्यवहार में प्रवीण होना सफलता की कुंजी होती है। भाषा-प्रयोग के अन्यान्य पक्षों का ज्ञान और अभ्यास समय और प्रयास साध्य गतिविधि है। इसके लिए विद्यार्थी जीवन सर्वाधिक उपयुक्त अवधि है। इस दौरान विद्यार्थियों को प्रत्येक अवसर, प्रकार, समय और स्थान के अनुरूप भाषा के अधिगम पर पर्याप्त ध्यान देना चाहिए। साहित्य के अनेक रूप, जनसंचार माध्यम, चलचित्र और कम्प्यूटर जैसे उपकरण इस दिशा में उपयोगी हो सकते हैं। अन्य साधन जिनमें पाठ्य, पूरक और सहायक पुस्तकें सम्मिलित हैं; भी भाषा के विविध पक्षों के शिक्षण और अधिगम में उपयोगी भूमिका निभाते हैं। इन्हीं के साथ यदि विद्यार्थी पुस्तकालय, समाचार-पत्र, पत्रिकाओं, साहित्यिक पुस्तकों इत्यादि का भी सेवन करें तो भाषा अधिगम अधिकाधिक सक्षम और व्यावहारिक हो सकता है।

भाषा-शिक्षण में सहायक सामग्री का उपयोग कठिन व तकनीकी शब्दों और प्रकरणों के अतिरिक्त सामान्य भाषा तत्त्वों के सहज शिक्षण में भी बहुतायत से होता है। जहाँ तक हिन्दी भाषा का प्रश्न है तो इसकी व्यापकता, बहुरूपता, क्षमता और प्रसार को देखते हुए विविध सहायक उपकरणों का प्रयोग अत्यावश्यक है। जिस भाषा के शब्दों का उद्गम और संस्कार संस्कृत जैसी परम-प्राचीन तथा सैद्धान्तिक भाषा से हो, जो शब्द देश के विस्तृत भूक्षेत्र में व्यवहृत सत्रह उप-भाषाओं में गमनागमन करते हों, उर्दू जैसी सहज और आत्मप्राणित भाषा से जीवन पाते हों और अंग्रेज़ी जैसी विश्वभाषा के साथ सामंजस्य बैठाते हों; उसे सीखने-समझने और उसके केन्द्रीय स्वरूप से तादात्म्य स्थापित करने के लिए केवल बातचीत और पुस्तक पठन कभी भी सम्पूर्ण और सक्षम माध्यम नहीं हो सकता। सहायक उपकरण इस न्यूनता की पूर्ति द्वारा शिक्षक को भाषा के शिक्षण और अध्येता को उसके अधिगम में सहायता करते हैं।

भाषा-शिक्षण में सहायक उपकरणों की उपयोगिता पर चर्चा करते हुए इस तथ्य को ध्यान में रखा जाना चाहिए कि भाषा का शिक्षण किसी विषय से सम्बद्ध सूचनाओं, तथ्यों, आँकड़ों, परीक्षणों, शोध और विकास का लेखा-जोखा नहीं है। वह विशुद्धतः एक सम्प्रेषण माध्यम है। वह इन सबका विषय न होकर भी एक सूत्र के रूप में इन सबसे सम्बद्ध रहती है। उसका सम्बन्ध सब प्रकार के ज्ञान-विज्ञान, खोज-विकास और अध्ययन-परीक्षण से बना रहता है। इस रूप में वह समस्त वैयक्तिक, पारिवारिक, सामाजिक, राष्ट्रीय, वैज्ञानिक, तकनीकी, व्यापारिक और अन्यान्य विषयों की साधिका है। इन तथ्यों के सामने रखकर हम भाषा के अध्ययन और अभ्यास का उपक्रम करें तो बिना सहायक उपकरणों के भाषा पर अधिकार का लक्ष्य अकल्पनीय रहेगा।

भाषा-शिक्षण में सहायक सामग्री की उपयोगिता

भाषा सामान्य रूप में एक सम्प्रेषण माध्यम है किन्तु जीवन के अन्यान्य विषयों, क्षेत्रों और सन्दर्भों में वह अनन्त व्यवहारों और भूमिकाओं का निर्वहण करती है। प्रत्येक व्यवसाय, विषय और सन्दर्भ की भाषा अपने आप में विशिष्ट होती है। इस दृष्टि से भाषा के बहुरूपी चरित्र को समझ पाना प्रत्येक व्यक्ति के लिए सम्भव नहीं होता। फिर भी अपने-अपने विषय और व्यवहार क्षेत्र में प्रचलित भाषा पर अधिकार करना प्रत्येक व्यक्ति के लिए अनिवार्य है। भाषा के इस विशिष्ट रूप पर सांगोपांग अधिकार के लिए विद्यालय शिक्षण में अनेक साधनों-संसाधनों का प्रयोग प्रचलित है। भाषा-शिक्षण में इनकी उपयोगिता को निम्नलिखित शीर्षकों के अन्तर्गत सरलता से समझा जा सकता है—

विषय को सुबोध बनाना—सहायक उपकरणों की सर्वप्रमुख विशेषता है अस्पष्ट, भावात्मक और अपरिचित प्रत्ययों को स्पष्ट करना, वस्तुगत बनाना और विद्यार्थियों को उनसे परिचित कराना। निबन्धों, तकनीकी या वैज्ञानिक प्रकृति के लेखों में अनेकशः कुछ सूक्ष्मभावों, पारिभाषिक शब्दों या विशेष तत्त्वों, पदार्थों या स्थानों की चर्चा या वर्णन हो सकता है। इन वर्णनों को समझना विद्यार्थियों के लिए सहज नहीं होता। दृश्य अथवा चलचित्रात्मक सहायक उपकरणों के उपयोग द्वारा शिक्षक ऐसे प्रत्ययों को सहज बोधगम्य बना सकता है।

शिक्षक के कौशल की प्रतिपूर्ति—पद्य शिक्षण के दौरान छन्द, अलंकार, यति-गति जैसे प्रकरणों के शिक्षक यदि प्रवीण नहीं है तो विद्यार्थियों के लिए उन्हें समझ पाना सहज नहीं होता। शिक्षक प्रायः कक्षा में छन्द के अनुरूप कविता का पाठ नहीं करते इसलिए विद्यार्थी भी उनका आस्वाद नहीं कर पाते। ऐसी स्थिति में रेडियो अथवा टेप-रिकॉर्डर की मदद से विद्यार्थियों को छन्दों की गायन विधि से परिचित कराया जा सकता है। इसी प्रकार पाठ्यवस्तु में किसी वस्तु या स्थान के विषय में वर्णन की अपेक्षा होने पर शिक्षक यदि श्यामपट्ट पर चित्र, रेखाचित्र या मानचित्र का अंकन नहीं कर पाता तो पूर्वनिर्मित सामग्री के उपयोग से शिक्षक के कौशल की प्रतिपूर्ति की जा सकती है।

अभिरुचि का विकास—भाषा-शिक्षण के अनेक पक्ष विद्यार्थियों की दृष्टि में अरुचिकर होते हैं। इसी कारण वे उन्हें सीखने और समझने का प्रयास नहीं करते। इनमें निबन्ध, जीवनियाँ, रिपोर्ताज़ इत्यादि प्रमुख हैं। चलचित्र, डॉक्यूमेंट्री, नाट्य-मंचन जैसे उपकरणों के माध्यम से इन प्रकरणों को अधिकाधिक सरल और रुचिप्रद बनाया जा सकता है। इन उपायों का प्रयोग करके विद्यार्थियों को स्वयं सीखने के लिए भी उत्कण्ठित किया जा सकता है।

स्पष्टता व निश्चितता में सहायक—शिक्षक अपने वर्णन-कौशल के उपयोग द्वारा पाठ्य-वस्तु को सुबोध बनाने का प्रयास करता है। किन्तु अनुभव व कल्पनाशीलता की कमी के चलते विद्यार्थी उसका यथारूप अधिगम नहीं कर पाते। वस्तु, मॉडल, चित्र इत्यादि सहायक उपकरणों का प्रदर्शन व व्याख्या करके विद्यार्थियों के बोध में स्पष्टता व निश्चितता लाई जा सकती है। उदाहरण के लिए यदि पाठ्यक्रम में टेलीस्कोप का उल्लेख है तो उसके चित्र, प्रतिरूप या प्रतिकृति के प्रदर्शन के बिना विद्यार्थियों के मन में इसके स्वरूप को स्पष्ट नहीं किया जा सकता।

शिक्षण अधिगम को स्थायित्व प्रदान करना—शिक्षण के अनिवार्य उपकरणों अर्थात् पाठ्य-पुस्तक, पूरक पुस्तक, अभ्यास पुस्तक इत्यादि के अध्ययन और व्याख्या द्वारा अधिगत ज्ञान व अनुभव की अपेक्षा शिक्षण उपकरणों के माध्यम से प्रदत्त ज्ञान, अनुभव, कौशलादि अधिक स्पष्ट व स्थायी होते हैं। इसका प्रमुख कारण है कि पुस्तक के पाठ व व्याख्या की अपेक्षा शिक्षण माध्यमों के उपयोग में अधिक इन्द्रियों का उपयोग होता है। मनोविज्ञान के अनुसार अधिक इन्द्रियों के सक्रिय और सहयोगी होने से अधिगम के स्रोत बढ़ते हैं और अवाप्त ज्ञान व अनुभव प्रगाढ़तर और अधिक स्थायी होता है। कानों और आँखों के साथ यदि क्रियाशीलता भी सुनिश्चित की जा सके तो अधिगम के स्तर और स्थायित्व में पर्याप्त वृद्धि की जा सकती है।

सहायक उपकरणों का वर्गीकरण

किसी भी विषय के शिक्षण में मौलिक सहायक उपकरण पाठ्यपुस्तक, पूरक पुस्तक, सहायक पुस्तकें और अभ्यास पुस्तकें ही होती हैं। ऐसा होने पर भी शिक्षण-प्रक्रिया में सहायक उपकरणों की उपयोगिता सर्व-स्वीकार्य है। भाषा-शिक्षण के चारों भाषायी कौशलों—श्रवण, उच्चारण, पठन और लेखन के अधिगम और अभ्यास के लिए सहायक शिक्षण उपकरण उपयोगी भूमिका निभाते हैं। इन सहायक उपकरणों के उनकी प्रयोग विधि के अनुसार दो प्रकारों के अन्तर्गत रखा जाता है। परम्परागत रूप से देखकर प्रयोग किए जाने वाले उपकरणों को दृश्य उपकरण और सुनकर प्रयोग किए जाने वाले उपकरणों को श्रव्य उपकरण के नाम से जाना जाता है। किन्तु आजकल शिक्षण तकनीकी के विकास और शिक्षण प्रविधि के अन्य आधुनिक प्रविधियों के साथ समावेश के कारण अन्य प्रकार के शिक्षण उपकरणों का प्रयोग भी प्रचलन में है। इनकी सूची इस प्रकार है—

- **दृश्य उपकरण**—श्यामपट्ट, रोलर बोर्ड, चार्ट, नक्शा, मानचित्र, चित्र, रेखाचित्र, कार्टून, स्लाइड, फ्लैश-कार्ड, पारदर्शी पट्टिका।
- **श्रव्य उपकरण**—रेडियो, टेप-रिकॉर्डर, ऑडियो कैसेट, कॉम्पेक्ट डिस्क (सी.डी.)।
- **कार्यशील प्रतिरूप**—बिजली या बैटरी से चलने वाले मॉडल/प्रतिरूप, सर्किट वाले खिलौने व यांत्रिक उपकरण।
- **मुद्रित उपकरण**—पत्र, पत्रिकाएँ, अखबार, जर्नल्स् व अन्य मुद्रित सामग्री।
- **चलचित्रात्मक उपकरण**—टेलीविज़न, वीडियो कैसेट प्लेयर व कैसेट/सी.डी. और कम्प्यूटर।

सहायक उपकरणों की प्रयोग विधि

भाषा-शिक्षण में सहायक उपकरणों की प्रयोग विधि का ज्ञान उतना ही महत्त्वपूर्ण है जितना उनका नियोजन और निर्माण। पर्याप्त समय, श्रम और मूल्य के व्यय से निर्मित शिक्षण उपकरण भी सुचारु प्रयोग विधि के अभाव में उपयोगी और सहयोगी नहीं रहते। प्रत्येक शिक्षण उपकरण का सुनिश्चित उपयोग और महत्त्व है, उसे जानना और समझना चाहिए। एक और बात यहाँ ध्यातव्य है कि शिक्षण उपकरणों को बना लेने और कक्षा के समक्ष उन्हें प्रस्तुत कर देने मात्र से प्राप्तव्य लक्ष्य सुलभ नहीं हो जाता। अपितु समुचित नियोजन के बिना उनकी प्रस्तुति कदाचित् विद्यार्थियों को भ्रमित और विचलित भी कर सकती है। ऐसा होने पर शिक्षण लक्ष्य सुलभ होने की अपेक्षा दुर्लभ हो सकते हैं। इन कारणों से शिक्षण उपकरणों के निर्माण और प्रस्तुतिकरण में शिक्षक का सचेत और सायास रहना आवश्यक है।

दृश्य उपकरण और उनका प्रयोग

श्यामपट्ट–शिक्षण की प्रक्रिया में जो स्थान मौलिक सहायक उपकरणों अर्थात् पुस्तक-पुस्तिकाओं का है वही श्यामपट्ट का भी है। श्यामपट्ट को परम्परागत रूप से कक्षा में शिक्षक का सर्वश्रेष्ठ मित्र कहा जाता है। पाठ्यवस्तु की पूर्वपीठिका से लेकर सारांश, शब्दार्थ, व्याख्या, चित्रांकन, आरेखण, मूल्यांकन और गृहकार्य तक की समस्त प्रक्रियाओं में इसका उपयोग किया जा सकता है। श्यामपट्ट की एक अन्य विशेषता है कि यह अकेला ही अनेक सहायक उपकरणों की पूर्ति कर सकता है। शिक्षक यदि योग्य और निपुण हो, तो पाठ्य विषय से सम्बद्ध अनेक चित्र, मानचित्र, रेखाचित्र इत्यादि श्यामपट्ट पर ही बनाए जा सकते हैं। इसी प्रकार शब्दार्थ, भावार्थ, सारांश और प्रश्नोत्तर के लेखन के लिए भी श्यामपट्ट का उपयोग सफलतापूर्वक किया जा सकता है।

आजकल श्यामपट्ट के साथ ही श्वेत और हरित पट्ट (White Boards and Green Boards) भी प्रयोग किए जाते हैं। उन पर लेखन और चित्रण के लिए स्कैचू पैन और मार्कर का प्रयोग किया जाता है। भाषा लेखन के लिए विशेष रूप से बनाए गए–रेखांकित- (Lined) पट्ट भी उपलब्ध हैं जिन पर सीधे और सफाई से लिखना आसान होता है। इस प्रकार श्यामपट्ट को भाषा-शिक्षण का बहूपयोगी माध्यम या मल्टी मीडिया कहा जा सकता है। कक्षा में श्यामपट्ट के प्रयोग में कुछ सावधानियों का व्यवहार अपेक्षित है। इनमें से प्रमुख की चर्चा यहाँ की जा रही है–

प्रयोग से पहले श्यामपट्ट को ठीक से साफ किया जाए ताकि उस पर पहले से अंकित सूचनाएँ, आकृतियाँ इत्यादि दिखाई न दें। श्यामपट्ट का रंग उजला होना चाहिए ताकि शिक्षक उस पर जो कुछ भी लिखे या अंकित करे वह स्पष्टतः दिखाई दे। श्यामपट्ट पर लिखे गए शब्दों का आकार इतना बड़ा होना चाहिए कि कक्षा के अन्त में बैठे विद्यार्थी को भी बिना किसी विशेष प्रयास के दिखाई दे सके। लेख स्पष्ट और सुन्दर होना चाहिए जिससे विद्यार्थियों में भ्रम या दुर्बोधता उत्पन्न न हो।

लिखाई सीधी दिशा में होनी चाहिए, तिरछी नहीं। श्यामपट्ट पर सूचना, तथ्य, चित्रादि के अंकन में योजना का व्यवहार होना चाहिए ताकि वे आपस में मिलें नहीं और विरोधाभासी या भ्रामक न हों। यदि ऐसा होने की सम्भावना हो तो असम्बद्ध या अनावश्यक हिस्से को मिटा देना चाहिए। चित्र, मानचित्र या अन्य आकृतियाँ बनाते हुए अनुपात का विशेष ध्यान रखा जाना चाहिए। इन सावधानियों के साथ श्यामपट्ट का उपयोग किए जाने से शिक्षण अधिगम को सरल किया जा सकता है।

चार्ट, नक्शा, मानचित्र, चित्र, रेखाचित्र, कार्टून आदि–चार्ट पेपर पर सूचना, तथ्य, आँकड़े, चित्र, आरेख, शब्दार्थ इत्यादि के अंकन और प्रस्तुति से भाषा के विविध पक्षों का व्यापक ज्ञान प्रदान किया जा सकता है। व्याकरण के नियम व उदाहरण, कठिन व नए शब्दों के अर्थ, महत्त्वपूर्ण व्यक्तियों के चित्र व उनके विषय में सूचनाएँ, काल-विभाजन, आँकड़े, परिभाषाएँ, शब्दार्थ इत्यादि के परिचय व प्रस्तुतिकरण के लिए चार्ट अत्यन्त उपयोगी है। इसके उपयोग द्वारा विद्यार्थियों को कम समय व प्रयास से भाषा के मौलिक तत्त्वों का परिचय व अभ्यास कराया जा सकता है। जीवनियाँ व आत्मकथाएँ पढ़ाते हुए सम्बद्ध महापुरुषों के जीवन से जुड़े चित्र व आँकड़ों का प्रदर्शन इस प्रकार के अध्ययन को ज्यादा जीवन्त और

अनुभवगम्य बना सकता है। भूगोल व इतिहास से सम्बद्ध भाषा-प्रकरणों को जानने-समझने के लिए नक्शों के प्रयोग से प्रत्ययों को काफी स्पष्ट किया जा सकता है।

चार्ट, नक्शा, मानचित्र, चित्र, रेखाचित्र तथा कार्टून के प्रयोग में व्यवहार्य सावधानियाँ—चार्ट को तैयार करते हुए लेखन, चित्रांकन, स्थान-नियोजन, शब्द-विन्यास इत्यादि विषयों में प्रायः उन्हीं अथवा वैसी ही सावधानियों की अपेक्षा होती है जैसी कि श्यामपट्ट के उपयोग में अपेक्षित हैं। श्यामपट्ट की अपेक्षा चार्ट के उपयोग में (चार्ट के रंग, लिखाई और चित्रांकन के) रंगों का जो महत्त्व है उसे ध्यान में रखा जाना चाहिए। इस उपाय से न केवल चार्ट को आकर्षक अपितु अधिक वास्तविक रूप दिया जा सकता है। समानता/भिन्नता, विशेषता और पृथकता को स्पष्टतः प्रदर्शित करने के लिए चार्ट में रंगों की विविधता का उपयोग बखूबी किया जा सकता है। कोई भी मानचित्र इतना बड़ा नहीं हो सकता कि उसे कक्षा के सामने रखकर प्रयोग किया जा सके। यदि ऐसा करने का प्रयास किया जाएगा तो उस पर अंकित शब्दों को पढ़ना विद्यार्थियों के लिए सम्भव नहीं होगा। इसलिए अधिक संख्या में छोटे मानचित्रों की व्यवस्था की जाए ताकि प्रत्येक विद्यार्थी या विद्यार्थी-समूह के पास अपना मानचित्र हो। ऐसा होने पर मानचित्र के अपेक्षित हिस्से को चार्ट पर बड़ा करके प्रस्तुत किया जा सकता है। इस प्रकार विद्यार्थी मानचित्र का वास्तविक उपयोग कर पाएँगे। यही नियम चित्र, रेखाचित्र और कार्टून जैसे अन्य दृश्य उपकरणों के प्रयोग में भी व्यवहार्य हैं।

फ्लैश कार्ड—गत्ते के छोटे टुकड़ों पर चित्र, सूचना, शब्दार्थ इत्यादि लिखकर या अंकित करके कक्षा में प्रस्तुत करना आधुनिक भाषा-शिक्षण में प्रचलित होता जा रहा है। यह अपेक्षाकृत कम समय, श्रम और मूल्य के व्यय से तैयार होने वाला किन्तु काफी रोचक व उपयोगी सहायक उपकरण है। इनके माध्यम से कक्षा में शैक्षणिक क्रियाएँ, स्पर्धाएँ और मूल्यांकन जैसी गतिविधियाँ मनोरंजक विधि से आयोजित की जा सकती हैं। उदाहरणतः शब्दार्थों के जोड़े बनाने का अभ्यास कराने के लिए विद्यार्थियों को फ्लैश कार्ड बाँटे जा सकते हैं। एक-एक करके विद्यार्थी अपने फ्लैश कार्ड पर लिखे शब्द को ऊँची आवाज़ में पढ़ें और जिसके पास उसका अर्थ हो वह चुपचाप शब्द बोलने वाले विद्यार्थी के पास जाकर खड़ा हो जाए। इस प्रकार कक्षा में अनेक जोड़े खड़े हो जाएँगे। इसी दौरान शिक्षक उनके पास जाकर शब्दार्थों की जाँच करके ठीक अथवा ग़लत का निर्णय कर सकता है।

फ्लैश कार्ड पाठ्यवस्तु के अन्तर्गत कठिन व पारिभाषिक शब्दों के अर्थ या व्याख्या बताने, व्यक्तियों, वस्तुओं व स्थानों के चित्रों व अन्य जानकारियों की आवश्यकता की पूर्ति करते हैं। इनके प्रयोग से जिज्ञासा उद्‌बुद्ध होती है, भ्रमों का शमन होता है और शिक्षण की गति में अवरोध भी नहीं होता। इन तथ्यों को ध्यान में रखकर ही फ्लैश कार्डों का नियोजन और निर्माण किया जाना चाहिए।

स्लाइड/पारदर्शी पट्टिका—स्लाइड एक प्रकार का फोटो-निगेटिव होता है। जिसे प्रोजेक्टर के माध्यम से प्रयोग किया जाता है। इसके द्वारा चित्रों, आरेखों, आकृतियों इत्यादि को पर्दे अथवा उजली दीवार पर बड़ा करके दिखाया जाता है। परम्परागत रूप से स्लाइडें काँच पर बनाई जाती रहीं हैं किन्तु आजकल प्लास्टिक या फिल्म पट्टिकाओं पर भी बनाई जा रही हैं। इसका लाभ है कि प्लास्टिक फलक के टूटने का भय नहीं होता और फिल्म पट्टिका पर एक ही विषय की स्लाइडें बनाकर क्रमशः दिखाया जा सकता है।

स्लाइडों पर चित्र, सूचना या आकृतियों का अंकन सूक्ष्मता से किया जाता है अतः काफी सावधानी और सटीकता की अपेक्षा होती है। ऐसा न होने पर प्रोजेक्टर पर अटपटे या गैर-आनुपातिक चित्र देखकर विद्यार्थी भ्रमित हो सकते हैं। दूसरी बात कि फिल्म पट्टिका पर चित्रों के क्रमांकन में सावधानी बरती जानी चाहिए ताकि चित्र एक दूसरे के पूरक हों और विषय से सम्बद्ध जिज्ञासाओं का शमन कर सकें। विद्यार्थियों की सृजनात्मक क्षमता के उपयोग और परीक्षण के लिए स्लाइड्स् का प्रयोग करते समय अपेक्षित संकेतों का उल्लेख आवश्यक है। इससे स्लाइड्स् का यथार्थ उपयोग सम्भव हो सकेगा।

इसी श्रेणी का एक अन्य सहायक उपकरण है—पारदर्शी पट्टिका। यह प्लास्टिक की पारदर्शी पट्टिका है जिस पर मार्कर पैन से चित्र, आरेख, सूचनाएँ, आँकड़े इत्यादि का अंकन किया जाता है। पारदर्शिका को ओवर-हैड प्रोजेक्टर की काँच-पट्टिका पर रखकर अंकित या चित्रित विषय को सामने स्थित बड़े पर्दे पर देखा जा सकता है। इसे तैयार करना सरल है जबकि शिक्षण अधिगम में इसकी उपयोगिता कहीं कम नहीं है। इस पर लिखे बिन्दु शिक्षक को विषय का क्रमशः

और समग्र ज्ञान प्रस्तुत करने में मदद करते हैं। साथ ही विद्यार्थियों के समक्ष भी वर्ण्य विषय पर्याप्त समय तक उपस्थित रहता है जिससे बार-बार उसे पढ़ना, व्याख्या सहित समझना और याद रखना सहज हो जाता है।

पारदर्शी पट्टिका की एक अन्य विशेषता है कि वर्ण्य विषय के प्रमुख बिन्दुओं को दर्शाने के लिए प्रोजेक्टर के काँच फलक पर स्थित पारदर्शिका पर उँगली या पेन्सिल से संकेत करके पर्दे पर संकेत किया जा सकता है। इसी उद्देश्य के लिए अलग रंग के पैन का प्रयोग करना भी उपयोगी उपाय है। फोटोकॉपियर के प्रयोग से पारदर्शिका पर चित्रों या लिखित सामग्री की प्रतिकृति प्राप्त की जा सकती है। इन विशेषताओं के कारण ही आज विद्यालयी और महाविद्यालयी शिक्षा के अनेक विषयों के अध्यापन में पारदर्शिका और ओवरहैड प्राजेक्टर का उपयोग बढ़ता जा रहा है।

ओवर हैड प्रोजेक्टर के अग्रिम चरण पर आजकल लेज़र कॉम्पैक्ट डिस्प्ले (एल.सी.डी.) सिस्टम का प्रचलन रफ्तार पकड़ रहा है। हालाँकि कीमत अधिक होने के चलते अभी यह कुछ गिने-चुने स्कूलों और उच्च शिक्षा संस्थानों तक ही पहुँचा है लेकिन बहुमुखी उपयोगिता को देखते हुए इसे भविष्य के परिपूर्ण शिक्षण सहायक उपकरण के रूप में देखा जा रहा है। इसका प्रमुख कारण है कि इसका प्रयोग कम्प्यूटर के साथ भी हो सकता है जिससे इंटरनेट या पावर प्वाइंट प्रस्तुति का विकल्प प्राप्त हो जाता है।

इस प्रविधि में कम्प्यूटर पर चित्र, आरेख, सूचना, आँकड़ों इत्यादि की मदद से वांछित प्रोग्राम तैयार किया जाता है। तकनीकी शब्दावली में इसे 'पावर-प्वाइंट प्रस्तुति' कहा जाता है। यह प्रस्तुति स्थिर तथा गतिशील, दोनों प्रकार की हो सकती है। कम्प्यूटर, इंटरनेट और विश्वजाल (WWW-World Wide Web) से जुड़े होने के कारण इस प्रकार की प्रस्तुति के लिए सामग्री संचय का क्षेत्र काफी व्यापक होता है और इसमें कम समय व श्रम से अधिक उपयोगी प्रस्तुति तैयार की जा सकती है। प्रस्तुति तैयार हो जाने पर उसे एल.सी.डी. प्रोजेक्टर से जोड़कर पर्दे या साफ दीवार पर किसी भी आकार में दिखाया जा सकता है। स्कूली शिक्षा के विस्तृत और दिनों-दिन जटिल होते पाठ्यक्रम, शिक्षण तकनीकी में सुधार और पाँच सितारा स्कूलों की संख्या में वृद्धि को देखते हुए आने वाले दिनों में इस शिक्षण उपकरण का बहुतायत से उपयोग होने की सम्भावना है।

श्रव्य सहायक उपकरण और उनका उपयोग

रेडियो—देश के विभिन्न राज्यों, दूर-दराज़ के क्षेत्रों और दुर्गम इलाकों तक में विशेषज्ञ अध्यापकों की सेवाएँ उपलब्ध कराने के लिए रेडियो-पाठ महत्त्वपूर्ण उपकरण है। यह एक बार निवेश करके लम्बे समय तक उपयोग किए जाने वाला उपकरण है। इसके माध्यम से एक के बाद दूसरी अनेक कक्षाओं तक ज्ञानार्जन का लक्ष्य प्राप्त किया जा सकता है। एकल विद्यालयों, दूरस्थ विद्यालयों व शिक्षकों की कमी वाले विद्यालयों के लिए रेडियो-पाठ वरदान जैसे हैं।

रेडियो-पाठों के प्रसारण में शुद्ध भाषा, स्पष्ट उच्चारण और प्रामाणिक जानकारी के प्रयोग से विद्यार्थियों का उपयोगी मार्गदर्शन सम्भव हो पाता है। इन कार्यक्रमों का स्वरूप अनेकशः पाठ्यपुस्तक पर आधारित न होकर काफी व्यापक होता है। उदाहरण के लिए इनमें कविता, नाटक और कहानी यथार्थ लय, संवाद और भाव-पूर्वक प्रस्तुत की जाती है। इसके साथ ही विषय के अन्य पक्षों की जानकारी के लिए विशेष प्रयास किए जाते हैं। जैसे परिचर्चा, वार्ता, साक्षात्कार, कवि-सम्मेलन इत्यादि। इन कारणों से रेडियो प्रसारण विद्यार्थियों और विद्यालयों के लिए काफी महत्त्वपूर्ण और उपयोगी होते हैं।

रेडियो-पाठों का पर्याप्त लाभ उठाने के लिए शिक्षक के स्तर पर कुछ तैयारियों की अपेक्षा होती है। पहले कदम के रूप में शिक्षक को स्थानीय रेडियो स्टेशन के स्कूल प्रसारण प्रभाग से स्कूल प्रसारण की मासिक विवरणिका और समय सारिणी प्राप्त करनी चाहिए। इससे उसे पाठों, प्रकरणों, व्याकरण-शिक्षण और अन्य सहायक सन्दर्भों के प्रसारण के समय और दिनांक की जानकारी मिलेगी। किसी भी विषय या प्रकरण के रेडियो-पाठ प्रसारण से पूर्व विद्यार्थियों को सम्बद्ध पाठ या प्रकरण का सामान्य परिचय दिया जाना चाहिए। प्रसारण के समय विद्यार्थियों के पास सम्बद्ध पुस्तक, अभ्यास-पुस्तिका व लेखन सामग्री की उपलब्धता सुनिश्चित कराई जानी चाहिए। रेडियो प्रसारण का स्थान रेडियो को रखने और विद्यार्थियों के बैठने की दृष्टि से पर्याप्त व सुविधाजनक होना चाहिए ताकि विद्यार्थी बिना किसी समस्या और बाधा के उसे स्पष्ट और पर्याप्त ध्यानपूर्वक सुन सकें। साथ ही अपेक्षित बिन्दुओं, तथ्यों, आँकड़ों, प्रश्नों व विचारों इत्यादि को नोट कर सकें। रेडियो प्रसारण के तुरन्त

बाद प्रसारित विषय पर परिचर्चा, बातचीत, विचार-विमर्श और व्याख्या का आयोजन किया जाना चाहिए। इसका उद्देश्य प्रस्तुत विषय की ग्राह्यता सुनिश्चित करना, विद्यार्थियों की जिज्ञासाओं का शमन और उन्हें अपने विचारों व अनुभवों की प्रस्तुति का अवसर प्रदान करना है। इन उपायों से रेडियो प्रसारण का सम्यक् उपयोग सुनिश्चित किया जा सकता है।

टेपरिकॉर्डर—टेपरिकॉर्डर रेडियो कार्यक्रमों या अन्य प्रस्तुतियों को पुनर्प्रयोग के लिए संरक्षित करने का उपयोगी उपकरण है। इसका उपयोग मानक भाषा-प्रयोगों, आदर्श पुस्तकपाठ, काव्यपाठ, नाटक, कहानी और अन्य साहित्यिक विधाओं के ध्वन्यांकन और पुनः प्रस्तुतिकरण के लिए किया जा सकता है। भाषा प्रयोगशाला और चिकित्सात्मक अध्यापन के लिए टेपरिकॉर्डर का उपयोग विशेष रूप से उपयोगी है। इसके प्रयोग से रेडियो पर प्रस्तुत स्कूल प्रसारण पाठों, छात्रोपयोगी कार्यक्रमों, काव्य-पाठ, भाषणों इत्यादि को संरक्षित किया जा सकता है। गांधी स्मृति संग्रहालय और आकाशवाणी आर्काइव्स ने स्वाधीनता संग्राम के प्रमुख सेनानियों व राष्ट्रीय नेताओं के महत्त्वपूर्ण सम्बोधनों के टेप जारी किए हैं। साथ ही खेल, विज्ञान, तकनीक, प्रशासन, शिक्षा, कला, साहित्य और उद्योग जैसे अन्य क्षेत्रों के अग्रणी व्यक्तित्वों के साक्षात्कारों, सन्देशों और सम्बोधनों के ध्वन्यांकन भी उपलब्ध हैं। इन सबका उपयोग विद्यार्थियों के ज्ञानवर्धन, कौशल-अभ्यास और प्राथमिक अनुभव कराने के लिए किया जा सकता है।

टेपरिकॉर्डर और टेप का रख-रखाव और यथा अवसर उपयोग शिक्षण को सरल और सजीव बनाने की दृष्टि से अत्यावश्यक है। टेपों का साफ व सुरक्षित स्थान पर भण्डारण किया जाना चाहिए। विद्यालय का पुस्तकालय इसके लिए उचित स्थान हो सकता है। टेपों की सूची और क्रम व्यवस्थित होना चाहिए। भाषा-शिक्षक को विभिन्न स्रोतों से उपयोगी टेपों के संग्रह और यथा अवसर टेपों के प्रयोग के लिए तत्पर रहना चाहिए।

टेलीविज़न—अपने उद्भव के बाद से ही टेलीविज़न का जन-शिक्षा में प्रभावी योगदान रहा है। विगत शताब्दी के छठे दशक में श्री एम.एस. स्वामीनाथन द्वारा प्रणीत 'हरित क्रान्ति' की सफलता में टेलीविज़न की भूमिका को अनदेखा नहीं किया जा सकता। इसके माध्यम से पाठों के श्रव्य और दृश्य दोनों पक्षों को ग्रहण किया जाता है। सजीवता और व्यापकता की दृष्टि से भी टेलीविज़न का कोई मुकाबला नहीं है। इसके माध्यम से प्रस्तुत पाठ, परिचर्चा, नाटक, ओपन एअर रिकॉर्डिंग, साक्षात्कार, यात्रा विवरण सजीव और यथार्थ होने के कारण प्रभावकारी होते हैं।

टेलीविज़न द्वारा प्रसारित स्कूल प्रसारण का पूरा लाभ उठाने के लिए भी शिक्षक की ओर से कतिपय प्रयास और तैयारी अपेक्षित होती है। ये लगभग वैसी ही हैं जैसी रेडियो प्रसारण के लिए करणीय होती हैं। रेडियो और टेलीविज़न प्रसारणों का पूरा लाभ उठाने के लिए और सुविधानुसार उनका पुनः उपयोग करने के लिए टेप रिकॉर्डर या वी.सी.आर. द्वारा उपयोगी कार्यक्रमों को रिकॉर्ड किया जाना चाहिए। इस विधि से शिक्षकगण आकाशवाणी, दूरदर्शन व अन्य टेलीविज़न चैनलों द्वारा प्रसारित शैक्षिक कार्यक्रमों का बेहतर उपयोग कर सकते हैं।

विडियो कैसेट/कॉम्पैक्ट डिस्क (कैमरा/रिकॉर्डर व प्लेयर)

ज्ञान, सूचना, घटनाओं इत्यादि के संग्रह और संरक्षण का जो काम ध्वनि के स्तर पर टेप-रिकॉर्डर करता है, चलचित्र के क्षेत्र में वही भूमिका विडियो कैसेट, कॉम्पैक्ट डिस्क कैमरा और कॉम्पैक्ट डिस्क प्लेयर निभाता है। जैसा अन्तर रेडियो और टेलीविज़न में है वैसा ही टेप रिकॉर्डर-प्लेयर और वी.सी.आर.-वी.सी.पी. में है। इन उपकरणों का प्रयोग भाषा के व्यावहारिक पक्षों के परिचय के लिए प्रभावी रूप में किया जा सकता है।

हाल के वर्षों में अनेक ऐसे टेलीविज़न धारावाहिकों का निर्माण और प्रसारण हुआ है जो इतिहास, संस्कृति और विशुद्ध तथा उच्च स्तरीय भाषा-प्रयोग की दृष्टि से पर्याप्त उपयोगी हैं। इन धारावाहिकों में चन्द्रप्रकाश द्विवेदी का 'चाणक्य', रामानन्द सागर कृत—रामायण और बी.आर. चौपड़ा का महाभारत विशेष रूप से उल्लेखनीय हैं। श्याम बेनेगल के 'भारत एक खोज' और 'मालगुडी डेज़' जैसे धारावाहिकों के साथ डिस्कवरी और नेशलन ज्योग्रॉफिक चैनल के अनेक कार्यक्रम भी विद्यार्थियों के मनोरंजन, ज्ञानवर्धन और भाषा प्रवीणता के विकास के लिए रिकॉर्ड किए जा सकते हैं। इनके प्रदर्शन के लिए गांधी सप्ताह, संस्कृति उत्सव या इतिहास की झलक जैसे साप्ताहिक आयोजनों का प्रावधान किया जा सकता है।

कम्प्यूटर, इंटरनेट व ब्रॉडबैण्ड

इक्कीसवीं शताब्दी विज्ञान और तकनीकों के विकास का युग है। शिक्षण और प्रशिक्षण भी इस उन्नयन से अछूते नहीं रहे हैं। आज तख्ती और कलम-दवात का युग विदा हो रहा है। स्कूलों में मुद्रित सामग्री और विशेष रूप से डिजाइन किए गए उपकरणों के माध्यम से आज के नौलिहाल भाषा का ककहरा सीख रहे हैं। वरिष्ठ कक्षाओं के विद्यार्थी परियोजना विधि के अन्तर्गत भाषा के अनेक पक्षों का ज्ञान कम्प्यूटर और विश्वजाल के माध्यम से प्राप्त कर रहे हैं। माइक्रोसॉफ्ट के हिन्दी ऑफिस के बाद अब केन्द्रीय हिन्दी निदेशालय ने भी हिन्दी पोर्टल जारी कर दिया है। जिसमें शब्द-सागर, वर्तनी तथा व्याकरण जाँच और पर्याय के विकल्प उपलब्ध हैं। इसके साथ मानक शब्दावली, नए शब्द, वैज्ञानिक व तकनीकी परिभाषाएँ भी हिन्दी भाषा के ज्ञान को सुदृढ़ करती हैं। इन उपायों के चलते कम्प्यूटर भाषाज्ञान व अभ्यास का महत्त्वपूर्ण और उपयोगी माध्यम हो चला है। इसमें हिन्दी के जितने लेखन प्रकार (फोण्ट स्टाइल) हैं उतने भाषा के पूरे इतिहास में कभी उपलब्ध नहीं थे। आजकल निजी विद्यालयों में सभी स्तरों के विद्यार्थियों के लिए कम्प्यूटर लैब की सुविधा उपलब्ध कराई जाने लगी है। इसके साथ ब्रॉडबैण्ड और विश्व जाल (World Wide Web) के समावेश ने इनके माध्यम से भाषा व ज्ञान की उपलब्धि को सुलभ कर दिया है।

कम्प्यूटर ज्ञान-विज्ञान का सशक्त किन्तु संवेदनशील माध्यम है। चूँकि इसमें बटन दबाते ही मनचाही जानकारी पाई जा सकती है इसलिए वांछित क्षेत्र और विषय के ज्ञान तक ही विद्यार्थियों को संयमित रखना ज़रूरी हो जाता है। शुरुआत में ज्यादा अच्छा उपाय यही है कि शिक्षक स्वयं कम्प्यूटर को संचालित करे और मॉनिटर पर विद्यार्थी विभिन्न फोण्ट स्टाइल के वर्णों और अक्षरों को देखें, पाठ्य-पुस्तक से सम्बन्धित जानकारी प्राप्त करें। बड़ी कक्षाओं के विद्यार्थी परियोजना विधि के अन्तर्गत कम्प्यूटर के स्वतन्त्र उपयोग से खोज व अभ्यास का कार्य कर सकते हैं। इस उपाय से विद्यार्थी अपने भाषाज्ञान के विस्तार में नवीनतम प्रविधियों का सफल उपयोग कर सकेंगे।

मुद्रित सहायक उपकरण और उनका उपयोग

इस कोटि के सहायक उपकरणों में समाचार-पत्र, पत्रिकाओं व साहित्यिक पत्र-पत्रिकाओं को शामिल किया जाता है। इनमें से समाचार पत्र प्रचलित भाषा में लोक-व्यवहार, राजनीति, समाज, विज्ञान, व्यापार-वाणिज्य, फैशन, कला, साहित्य और खेल जैसे विविध विषयों का ज्ञान उपलब्ध कराता है। माध्यमिक कक्षाओं के विद्यार्थियों के लिए समाचार-पत्र पढ़ना भाषा के व्यावहारिक पक्ष के साथ ही समसामयिक विषयों व मुद्दों की जानकारी और इस माध्यम से समाज के स्वरूप को समझने को सरल और सुलभ माध्यम है।

इस माध्यम का सदुपयोग करने के लिए विद्यार्थियों को पुस्तकालय के माध्यम से विभिन्न समाचार-पत्र व पत्रिकाएँ उपलब्ध कराकर नए शब्दों, पारिभाषिक शब्दों और वैज्ञानिक व तकनीकी शब्दावली के संकलन व अभ्यास के लिए प्रेरित किया जा सकता है। कभी सम-सामयिक विषयों पर टिप्पणी लिखने, संक्षेपण या विस्तारण करने और विचार गोष्ठी जैसे आयोजनों के लिए भी समाचार पत्र-पत्रिकाओं का उपयोग किया जा सकता है।

आकार, कलेवर, संस्करण और मूल्य में भिन्न होने पर भी समाचार, साहित्य व ज्ञान-विज्ञान जैसे विषयों की पत्रिकाएँ कुछ मामलों में समाचार-पत्र जैसी ही होती हैं। इस विषय में शिक्षक को पुस्तकालय के सहयोग से कक्षोपयोगी सामग्री के चयन का प्रयास करना चाहिए। इससे विद्यार्थियों के भाषाज्ञान व भाषा कौशलों के अभ्यास में पत्रिकाओं का उपयोग सुनिश्चित किया जा सकेगा।

भाषा-ज्ञान व साहित्यिक आवश्यकताओं की पूर्ति की दृष्टि से साहित्यिक पत्रिकाएँ विद्यार्थियों के लिए विशेष रूप से उपयोगी हैं। इनमें हिन्दी प्रचार निदेशालय द्वारा प्रसारित पत्रिकाएँ, हिमाचल ज्ञान-विज्ञान समिति की बाल पत्रिका 'इन्द्रधनुष', प्रकाशन विभाग, भारत सरकार की 'सरस-सलिल' जैसी पत्रिकाएँ शामिल हैं। ये पत्रिकाएँ विद्यार्थियों की अवस्था, स्तर, रुचि और आवश्यकताओं को केन्द्र में रखकर प्रकाशित की जाती हैं; इसलिए इनकी उपयोगिता असंदिग्ध है।

शिक्षक का नैतिक दायित्व है कि विद्यार्थियों के लिए उपयोगी पत्र-पत्रिकाओं का चयन करके पुस्तकालय के माध्यम से उन्हें उपलब्ध कराए। यदि सम्भव हो तो उन्हें घर पर निजी सदस्यता के लिए भी प्रेरित किया जा सकता है। ये पत्रिकाएँ न

केवल विद्यार्थियों को साहित्यिक रचनाओं के आस्वादन का आनन्द प्रदान करतीं हैं, अपितु उनकी कल्पनाशीलता, भावुकता और सौन्दर्यानुभूति को भी द्रवित और विकसित करती हैं। साथ ही ज्ञान-विज्ञान, समाज, जीवन और इससे सम्बद्ध विषयों का ज्ञान तो होता ही है। इनमें से कुछ में चित्र-पहेली, कहानी पूरा करो और मूल्यांकन जैसे स्थायी स्तम्भ होते हैं जो भाषा-ज्ञान और सृजनात्मकता की दृष्टि से विशेष उपयोगी होते हैं। इन पत्रिकाओं का उपयोग सहायक उपकरणों के रूप में करके शिक्षण को अधिक रुचिकर, व्यापक, क्रियाशील, मनोरंजक और अनौपचारिक बनाया जा सकता है।

कार्यशील प्रतिरूप (Working Models)

हिन्दी शिक्षण के लक्ष्यभूत कौशलों पर प्रभावी अधिकार और निपुणता के लिए अनेक विषयों जैसे खेल, मनोरंजन, समाज, विज्ञान, साहित्य, दर्शन, कला इत्यादि को माध्यम बनाया जाता है। इस विधि को भाषा के विविध पक्षों पर अधिकार की दृष्टि से उपयोगी पाया गया है। इन सन्दर्भों को समझने के लिए हिन्दी के शिक्षक को भी विज्ञान और समाज शास्त्र जैसे विषयों के अध्यापकों की भाँति विविध उपकरणों का सहयोग लेना होता है। लेकिन ज़रूरी नहीं कि भाषा शिक्षक भी इन उपकरणों के निर्माण पर अलग से समय और श्रम खर्च करें। इन उपकरणों को विज्ञान अथवा समाजशास्त्र की प्रयोगशालाओं में जाकर दिखाया जा सकता है और इस हेतु उन विषयों के शिक्षकों का सहयोग प्राप्त किया जा सकता है। इस प्रविधि में भाषा-शिक्षण के लिए सहसम्बन्ध विधि का प्रयोग होता है। इस प्रकार के उपायों से शिक्षण-अधिगम में विद्यार्थियों की सहभागिता बढ़ाई जा सकती है।

हिन्दी शिक्षण में उपयोगी अनौपचारिक उपकरण

उपर्युक्त प्रकरण में जिन सहायक उपकरणों की चर्चा की गई है वे सभी कक्षा में औपचारिक शिक्षण के दौरान प्रयोग किए जाते हैं और उनका सीधा सम्बन्ध पाठ्यवस्तु से होता है। किन्तु शिक्षाशास्त्रियों के मतानुसार विद्यार्थियों के सामान्य बोध और विषय ग्राह्यता के विस्तार के लिए कुछ अन्य उपायों अथवा संसाधनों का आश्रय भी लिया जा सकता है। ऐसे संसाधन पाठ्यवस्तु के ज्ञान पक्ष के साथ ही बोध पक्ष के अधिगम में उपयोगी हो सकते हैं। इनमें से कुछ का परिचय यहाँ प्रस्तुत है–

- **संग्रहालय**–संग्रहालय वह स्थान या संस्था है जहाँ किसी विषय से संबंधित दस्तावेज़, उपकरण, साक्ष्य, चित्र, वस्त्राभूषण, पात्र, फर्नीचर, मूर्तियाँ, शस्त्रास्त्र व अन्य साज़ो-सामान का संग्रह और प्रदर्शन किया जाता है। संग्रहालय के भ्रमण द्वारा विद्यार्थियों को सम्बद्ध पक्ष के अतीत से वर्तमान तक के सभी पक्षों का ज्ञान कराया जा सकता है। कुछ संग्रहालयों में फिल्म, डॉक्यूमेन्टरी और इसी किस्म के कार्यक्रमों की व्यवस्था भी होती है जिससे उस स्थान के भ्रमण का लाभ कई गुना बढ़ जाता है। परम्परागत रूप से संग्रहालय इतिहास से सम्बद्ध रहे हैं किन्तु आजकल विज्ञान, कला, विमानन, निर्माण जैसे अनेक विषयों के संग्रहालय स्थापित और प्रचलित हो रहे हैं।
- **देशाटन**–शैक्षिक या मनोरंजक भ्रमण विद्यार्थियों को मनोरंजन के साथ ज्ञान व अनुभव भी प्रदान करता है। प्रत्येक शहर और राज्य में अनेक ऐतिहासिक, सामाजिक, सांस्कृतिक स्थल होते हैं। विद्यार्थियों को दैनिक या अनेक दिवसीय भ्रमण या शिविर के लिए इन स्थानों पर ले जाया जा सकता है। भाषा के अनेक उपयोगी व व्यावहारिक पक्षों के प्रथम दृष्ट्या अनुभव और अन्तर्क्रिया के लिए इन भ्रमणों की पर्याप्त महत्ता है।
- **प्रतिस्पर्धा अथवा सम्मेलनों में सहभागिता**–भाषा और सम्बद्ध पक्षों के मद्देनज़र शिक्षक कक्षा, विद्यालय या अन्तर्विद्यालय स्तर पर स्पर्धा या सम्मेलन का आयोजन कर सकता है। सुलेख, काव्य-पाठ, भाषण, वाद-विवाद, परिचर्चा जैसे आयोजनों में सहभागी होकर विद्यार्थियों के ज्ञान, उत्साह, आनन्द और कौशल में पर्याप्त विकास होता है। प्रतिभागी और श्रोता दोनों ही पक्ष इस प्रकार के आयोजनों से लाभान्वित होते हैं।

- **परियोजना निर्माण**–भाषा के अधिगम, अभ्यास व सशक्तिकरण में विद्यार्थियों के व्यक्तिगत प्रयास और सामूहिक सहयोग को बढ़ाने के लिए परियोजना विधि एक सक्षम और सशक्त उपकरण हो सकती है। इसके अन्तर्गत विद्यार्थियों के छोटे समूहों को निश्चित दायित्व सौंपा जाता है। पर्याप्त समय और संसाधन उपलब्ध कराए जाते हैं। शिक्षक का मार्गदर्शन व सहयोग उपलब्ध होता है। इन परिस्थितियों में स्वयं प्रयास करके विद्यार्थी अनेक भाषा-कौशलों का अर्जन व अभ्यास कर सकते हैं।
- हिन्दी भाषा के उद्‌भव व विकास, काल-विभाजन, प्रत्येक काल की यात्रा, काव्य-परिक्रमा और मुहावरेदार नाटक तैयार करने जैसी परियोजनाओं से विद्यार्थियों को स्वयं-शिक्षण और सहपाठियों के साथ अध्ययन के लिए प्रेरित किया जा सकता है। इन उपायों के आश्रय से भाषा-शिक्षण को सरस, सहज, ज्ञानप्रद, सक्रिय और उपयोगी बनाया जा सकता है।

प्रश्न

1. हिन्दी भाषा के शिक्षण में दृश्य एवं श्रव्य सहायक सामग्रियों के प्रयोग की क्या आवश्यकता है? इससे होने वाले लाभों का वर्णन कीजिए।
2. हिन्दी शिक्षण में प्रयुक्त होने वाले सहायक उपकरणों का तार्किक वर्गीकरण कीजिए।
3. हिन्दी शिक्षण की प्रक्रिया को सुबोध और रुचिकर बनाने में सहायक उपकरणों की भूमिका का सोदाहरण उल्लेख कीजिए।
4. हिन्दी शिक्षण में प्रयुक्त पारम्परिक सहायक उपकरणों और आधुनिक तकनीकी उपकरणों की उपयोगिता की तुलना कीजिए।
5. हिन्दी भाषा शिक्षण में अनौपचारिक उपकरणों की उपयोगिता पर अनुच्छेद लिखिए।
6. भाषा शिक्षण में शिक्षण उपकरणों का सफल और प्रभावी उपयोग सुनिश्चित करने के उपायों का उल्लेख कीजिए।
7. हिन्दी शिक्षण में प्रयोज्य दृश्य उपकरणों की सूची बनाइए और उनकी प्रयोगविधि का परिचय दीजिए।
8. सहायक उपकरणों के प्रयोग से भाषा-शिक्षण को सरल और स्थायी बनाया जा सकता है। व्याख्या कीजिए।
9. 'श्यामपट्ट कक्षा में शिक्षक का सर्वोत्तम मित्र है।' आशय स्पष्ट कीजिए।
10. श्यामपट्ट के प्रयोग के दौरान व्यवहार्य सावधानियों का उल्लेख कीजिए।
11. चार्ट, नक्शा, मानचित्र, चित्र, रेखाचित्र, कार्टून, और फ्लैश-कार्ड के प्रयोग के दौरान क्या सावधानियाँ बरती जानी चाहिएँ।
12. स्लाइड और पारदर्शी पट्टिका की प्रयोग-विधि का वर्णन कीजिए।
13. फ्लैश कार्ड क्या है? भाषा-शिक्षण में इसका उपयोग किस प्रकार होता है?
14. रेडियो और टेलीविज़न पाठों का पर्याप्त लाभ उठाने के लिए शिक्षक के स्तर पर अपेक्षित तैयारियों का परिचय दीजिए।
15. हिन्दी-शिक्षण के सहायक उपकरण के रूप में रेडियों की तुलना में टेलीविज़न के उपयोग के लाभों का विवेचन कीजिए।
16. हिन्दी-शिक्षण के सहायक उपकरण के रूप में टेपरिकॉर्डर की उपयोगिता स्थापित कीजिए।
17. 'हिन्दी-शिक्षण में कम्प्यूटर, इंटरनेट व ब्रॉडबैण्ड के उपयोग से क्रान्तिकारी परिवर्तन आए हैं।' व्याख्या कीजिए।
18. संग्रहालय और देशाटन का हिन्दी शिक्षण के सन्दर्भ में क्या योगदान है?
19. प्रतिस्पर्धाओं और सम्मेलनों में सहभागिता से हिन्दी के व्यावहारिक ज्ञान में क्या सहायता प्राप्त होती है?
20. हिन्दी भाषा-कौशलों के अधिगम की दृष्टि से परियोजना पद्धति की उपयोगिता का मूल्यांकन कीजिए।

26 भाषा-शिक्षण में निदानात्मक परीक्षण एवं चिकित्सकीय शिक्षण

प्रकरण का उद्देश्य

कक्षा में हिन्दी भाषा का शिक्षण करते हुए प्रत्येक शिक्षक को किसी न किसी समस्या का सामना करना ही पड़ता है। इनमें से कुछ समस्याएँ विद्यार्थी विशेष से सम्बन्धित हो सकती हैं जबकि अन्य विद्यार्थी-समूह से। शिक्षक अपने अध्यापन के साथ इन समस्याओं के समाधान में काफी सीमाएँ अनुभव करते हैं। बहुत से शिक्षक तो इन समस्याओं के आगे हथियार ही डाल देते हैं जिसके दुष्परिणाम उनके साथ ही विद्यार्थियों और स्कूल को भी झेलने पड़ते हैं।

इस सन्दर्भ में तथ्य यह है कि विद्यार्थिगत समस्याओं के कारण जानने और उनके समाधान की प्रक्रिया इतनी कठिन भी नहीं है कि शिक्षक उनके प्रति विमुख रहें या उनसे घबराएँ। यदि वे निदानात्मक परीक्षण और चिकित्सकीय शिक्षण की प्रक्रिया से अभिज्ञ हों तो भाषा शिक्षण की कठिनाइयों को समय रहते हल किया जा सकता है।

कक्षा में सम्पाद्य समस्त गतिविधियों का उद्‌देश्य शिक्षण अधिगम के द्वारा विद्यार्थियों के विचार, व्यवहार, ज्ञान व कौशल जैसे पक्षों को परिपक्व करना है। ज्ञान, कौशल और अभिवृत्ति के विकास द्वारा इस उद्‌देश्य की प्राप्ति का प्रयास किया जाता है। किन्तु शिक्षण की प्रक्रिया में इस उद्‌देश्य की प्राप्ति सदा सुनिश्चित नहीं की जा सकती। शिक्षण अधिगम के समस्त कारकों जैसे शिक्षक, विद्यार्थी, पाठ्यक्रम और शिक्षण-प्रक्रिया इत्यादि में कुछ दोष या न्यूनता हो सकती है। जिसके कारण प्रथम प्रयास या सामान्य शिक्षण में उपयुक्त लक्ष्य की प्राप्ति न हो सके। ऐसी परिस्थितियाँ शिक्षण-प्रक्रिया में असामान्य नहीं हैं। लेकिन इनकी उपेक्षा शिक्षक और विद्यार्थी दोनों के लिए हानिकर हो सकती हैं। इसलिए सतत मूल्यांकन द्वारा विद्यार्थियों की व्यक्तिगत या सामूहिक समस्याओं को जानना (निदान) और विशेष प्रयासों द्वारा उनका निवारण (चिकित्सकीय शिक्षण) शिक्षण के अनिवार्य घटकों के रूप में स्वीकृत हैं।

निदान और चिकित्सा, शिक्षण प्रक्रिया में कोई नई खोज या परिपाटी नहीं है। अपितु यह प्रक्रिया तो शिक्षण जितनी ही पुरानी और व्यावहारिक है। कक्षा में सभी विद्यार्थी एक स्तर के नहीं होते, उनका अवधान और ग्राह्यता सदा एक सी नहीं होती, विभिन्न विषयों में उनकी रुचि भिन्न होती है और शिक्षक का शिक्षण-कौशल भी सभी विद्यार्थियों को एक समान प्रभावित नहीं करता। इन कारणों से शिक्षण की सफलता कभी भी शत-प्रतिशत नहीं होती। अर्थात् सभी विद्यार्थी शिक्षक द्वारा सम्पन्न शिक्षण-प्रक्रिया के समस्त बिन्दुओं को एक समान स्तर तक नहीं जान-समझ सकते। इस तथ्य के मद्‌देनज़र निदानात्मक और चिकित्सकीय शिक्षण को शिक्षण-प्रक्रिया का अनिवार्य घटक माना जाना चाहिए।

शैक्षिक निदान का सामान्य परिचय

निदान का तात्पर्य है विद्यार्थियों की अधिगम-प्रक्रिया में मौजूद समस्याओं का ज्ञान, कथन और सीमांकन। इसी के पूरक के रूप में चिकित्सात्मक अध्यापन का अर्थ है निदान की प्रक्रिया में चिह्नित समस्या के निराकरण हेतु सुविचारित और

पूर्व परीक्षित उपायों के अनुसार शिक्षण करना। इस प्रकार निदानात्मक और चिकित्सकीय शिक्षण की प्रक्रिया के अन्तर्गत सर्वप्रथम शिक्षण अधिगम के मूल्यांकन द्वारा विद्यार्थियों की उपलब्धियों की समीक्षा की जाती है।

यदि किसी शिक्षण बिन्दु के शिक्षण के मूल्यांकन में कक्षा के कुछ या अधिकांश विद्यार्थी अपेक्षित अधिगम स्तर प्रदर्शित नहीं करते तो उस शिक्षण बिन्दु को विद्यार्थियों के लिए समस्यात्मक माना जाता है। समस्या के कारणों को जानने के लिए मौखिक अथवा लिखित परीक्षण किया जाता है जिसे निदान (Dignosis) कहा जाता है। यह प्रक्रिया किसी चिकित्सक द्वारा रोगी की बीमारी का कारण जानने की कोशिश जैसी ही है। निदान अर्थात् कारण जानने के उपरान्त समस्या के निवारण की नीति निर्धारित की जाती है। प्रभावित समूह पर कार्यान्वयन के पूर्व इस नीति का छोटे समूह पर परीक्षण किया जाता है। इस परीक्षण में यदि कोई नीति समस्या निवारण में समर्थ पाई जाती है तो प्रभावित समूह पर उसका कार्यान्वयन किया जाता है।

चिकित्सकीय शिक्षण सामान्य परिचय

कक्षा में भाषा-शिक्षण करते हुए शिक्षक को विद्यार्थियों की अनेक प्रकार की समस्याओं का आभास होता है। ऐसा होने पर वह उन कमियों की स्पष्ट पहचान और सीमांकन के लिए निदानात्मक परीक्षण करता है। इस परीक्षण द्वारा वह किसी विद्यार्थी या विद्यार्थी समूह की समस्याओं या सीमाओं का पता लगाता है। ये समस्याएँ या सीमाएँ बाध्यकारी होती है जिसका अर्थ है कि इनका निराकरण किए बिना भाषा-शिक्षण की प्रक्रिया जारी रखने का अपेक्षित लाभ नहीं होता। इसलिए इन समस्याओं का निराकरण किया जाना ज़रूरी होता है। इन समस्याओं के निराकरण के लिए तुरन्त कोई निर्णय न लेकर सुनिश्चित प्रक्रिया द्वारा प्रभावी समाधान खोजा जाता है। इस समाधान का विद्यार्थियों के छोटे समूह पर परीक्षण किया जाता है। सकारात्मक परिणाम प्राप्त होने पर पूरे समूह पर इसे लागू किया जाता है। यह प्रक्रिया शिक्षण के दौरान संचालित की जा सकती है इसलिए इसे चिकित्सकीय शिक्षण कहा जाता है।

निदानात्मक परीक्षण एवं चिकित्सकीय शिक्षण की अनिवार्यता

निदानात्मक और चिकित्सकीय शिक्षण आधुनिक शिक्षण प्रक्रिया का अनिवार्य अंग हो चला है। विद्यालय चाहे ग्रामीण क्षेत्र में हो या शहरी, प्राथमिक हो या माध्यमिक, उसका प्रशासन सरकार के हाथों में हो या निजी संस्थाओं के, उसमें अध्ययन करने वाले विद्यार्थी शिक्षित व धनी परिवारों से हों या निरक्षर व निर्धन परिवारों से; निदान और चिकित्सा की आवश्यकता सदा और सर्वत्र अनुभव की जाती है।

शिक्षण अधिगम में कठिनाई होना किसी भी दृष्टि से अस्वाभाविक और अनहोनी बात नहीं है। विषय, शिक्षण-प्रविधि और विद्यार्थी विशेष की अभिरुचिगत भिन्नता के चलते अधिगम मूल्यांकन के परिणाम अनपेक्षित हो सकते हैं। इन स्थितियों के कारण जानने और समाधान के प्रयासों का अध्ययन ही निदानात्मक और चिकित्सकीय शिक्षण का विषय है। अनपेक्षित परिणाम या शैक्षिक पिछड़ेपन के उत्तरदायी कारकों का अध्ययन अनेक शीर्षकों के अन्तर्गत किया जा सकता है। इनमें विद्यार्थीगत कारण, शिक्षकगत कारण, शिक्षण प्रक्रियागत कारण और पाठ्यक्रमगत कारण सर्वप्रमुख हैं। इनका विस्तृत विवरण इस प्रकार है–

शैक्षिक पिछड़ेपन के उत्तरदायी कारक

शिक्षण-अधिगम प्रक्रिया में विद्यार्थियों की भूमिका परम्परागत रूप से काफी सीमित रही है। उन्हें निर्धारित पाठ्यक्रम को शिक्षक द्वारा निर्धारित प्रक्रिया के अनुसार अधिगत करना होता है। पूर्व-ज्ञान के उपयोग, एकाग्रता, शिक्षण-प्रक्रिया में सक्रिय सहभागिता और उपयोगी अन्तक्रिया द्वारा विद्यार्थी शिक्षण बिन्दुओं के ज्ञान, कौशल, अभिवृत्ति आदि पक्षों के अधिगम का प्रयास करते हैं। किन्तु अनेक कारणों से उनके ये प्रयास सदा फलप्रद नहीं हो पाते। इस स्थिति के उत्तरदायी

कारणों को विद्यार्थिगत कारण कहा जाता है। अनपेक्षित अधिगम के जो कारण विद्यार्थी विशेष पर निर्भर होते हैं उन्हें व्यक्तिगत कारणों के रूप में जाना जाता है। इनमें से कुछ शरीरगत कारण हैं जबकि कुछ का सम्बन्ध मन या बुद्धि से है। मनोवैज्ञानिक कारण अनेक प्रकार से विद्यार्थियों के शिक्षण-अधिगम को दुष्प्रभावित कर सकते हैं। अधिगम में बाधक कारणों में व्यक्तिगत के साथ ही अनेक पारिवारिक कारक भी होते हैं जिनके चलते विद्यार्थी सक्षम होने पर भी अधिगम में अपेक्षित प्रगति नहीं कर पाते। इस क्रम में अन्तिम स्थान विद्यालयी कारणों का है। इसका अर्थ है कि विद्यार्थी और परिवार के अलावा विद्यालय भी एक बहुत बड़ा आयाम है जो शिक्षण-अधिगम में सहयोगी और निर्णायक होता है। इन सभी कारणों का विवेचन निम्नलिखित शीर्षकों के अन्तर्गत किया जा सकता है–

शारीरिक कारण

- **शारीरिक दोष**–यदि किन्हीं ज्ञान अथवा कर्मेन्द्रियगत असमर्थताओं के कारण विद्यार्थी अपेक्षित अधिगम नहीं कर पाते तो उन्हें शारीरिक दोषों की श्रेणी के अन्तर्गत रखा जाता है। शारीरिक दोषों को दो वर्गों में रखा जाता है–चिकित्सकीय और अचिकित्सकीय। जिन शारीरिक अक्षमताओं को चिकित्सा द्वारा दूर किया जा सकता है उन्हें चिकित्सकीय और अन्य कारणों को अचिकित्सकीय कहा जाता है। इनमें से कुछ दोष इस प्रकार हैं–
- **ऊँचा सुनना**–आंशिक बधिरता के चलते कुछ विद्यार्थी कक्षा में शिक्षक द्वारा दिए गए निर्देशों और प्रस्तुत वक्तव्यों को सुनने और सक्रिय अन्तर्क्रिया में कठिनाई अनुभव करते हैं। इसका सीधा प्रभाव उनके शैक्षिक प्रदर्शन पर पड़ता है। यह दोष प्रायः जन्मजात होता है। हालाँकि बाद में भी किसी रोग अथवा दुर्घटनावश भी श्रवण-दोष उत्पन्न हो सकता है। श्रवण उपकरणों की सहायता से इस समस्या से आंशिक निजात पाई जा सकती है और विद्यार्थियों को कक्षा की सामान्य गतिविधियों में भाग लेने के लिए प्रोत्साहित किया जा सकता है।
- **अल्पदृष्टि**–अल्प श्रवण शक्ति की ही तरह अल्पदृष्टि भी विद्यार्थियों के शिक्षण अधिगम को दुष्प्रभावित कर सकती है। इसके कारण विद्यार्थी श्यामपट्ट-कार्य को देखने, सहायक उपकरणों की प्रस्तुति का लाभ उठाने और कभी-कभी पुस्तक पढ़ने में भी समस्या का अनुभव कर सकते हैं। यह समस्या भी जन्मजात और दुर्घटनावश; दोनों कारणों से हो सकती है और इसका निवारण चश्मे या कॉन्टेक्ट लैन्स के प्रयोग द्वारा किया जा सकता है।
- **उच्चारण दोष**–जिन कारणों के चलते कोई विद्यार्थी किसी वर्ण या शब्द को ठीक से नहीं बोल पाता, वे उच्चारण दोष कहे जाते हैं। इनमें तुतलाना और हकलाना सर्वप्रमुख हैं। आजकल वाक्-चिकित्सा के माध्यम से इन दोषों का काफी हद तक निवारण सम्भव हो गया है।
- **शारीरिक दुर्बलता**–कुपोषित भोजन, पाचन-विकृति, थायरॉएड, गलत जीवन शैली और अनुचित आदतों जैसे कारणों से कुछ विद्यार्थियों का स्वास्थ्य काफी असन्तुलित होता है। वे कक्षा की सामान्य और शिक्षेतर गतिविधियों में सहभागी नहीं हो पाता। आमतौर पर इसे स्वास्थ्य की सामान्य समस्या माना जाता है और यह काफी हद तक चिकित्सकीय है।
- **विकलांगता**–किसी भी कमी के कारण हाथ-पाँव आदि शरीर के अंगों का अपेक्षित कार्य न कर पाना विकलांगता है। इसके कारण विद्यार्थी लिखने-पढ़ने, कक्षागत अथवा कक्षेतर गतिविधियों में भाग लेने, प्रयोगात्मक व परियोजनात्मक क्रियाएँ करने में बाधा अनुभव कर सकता है। शिक्षक को ऐसी परिस्थितियों को समझने और इनसे निपटने में विद्यार्थी को सहयोग व सलाह प्रदान करने का प्रयास करना चाहिए।

मनोवैज्ञानिक कारण

- **बुद्धिमन्दता**–संस्कृत में एक उक्ति है 'परिश्रमी लभते विद्याम्, बुद्धि कर्मानुसारिणी।' अर्थात् परिश्रम करने वाले को विद्या प्राप्त होती है, किन्तु बुद्धि कर्म के अनुसार होती है। हालाँकि इस सिद्धान्त का कोई प्रत्यक्ष प्रमाण उपलब्ध नहीं है किन्तु यदि शास्त्र कथन पर विश्वास किया जाए तो व्यक्तित्व के इस घटक पर विद्यार्थी का कोई नियन्त्रण नहीं होता। मन्दबुद्धि विद्यार्थी किसी भी विषय को स्वभावतः ज्यादा समय में सीखते हैं। यदि

किसी विद्यार्थी का बौद्धिक स्तर सामान्य से कम हो तो उसे आनुपातिक बुद्धिमान वाले विद्यार्थियों के साथ शिक्षा पाने में काफी समस्या होती है। इसीलिए मन्दबुद्धि विद्यार्थियों के लिए विशेष विद्यालयों और शिक्षण प्रविधियों का प्रावधान किया जाता है।

- **अल्पस्मृति**–स्मृति हमारी बुद्धि का महत्त्वपूर्ण गुण है। शिक्षण बिन्दु के अनेक घटकों को समझने के साथ-साथ याद भी रखा जाना चाहिए। लेकिन कुछ विद्यार्थी इस पक्ष में दुर्बल होते हैं। व्याकरण के नियमों, साहित्यकारों, उनकी कृतियों और ऐसी अनेकानेक जानकारियों को याद रखना ज़रूरी होता है। ऐसा न होने पर विद्यार्थियों के मूल्यांकन का परिणाम असन्तोषप्रद होता है। चिकित्सा, योग तथा ध्यान के उपायों से इस समस्या के निवारण का प्रयास उपयोगी हो सकता है।
- **चंचलता**–विद्यार्थी का शारीरिक और बौद्धिक दृष्टि से एकाग्र न हो पाना चंचलता कहलाता है। ऐसे विद्यार्थी एक स्थान पर टिक कर बैठने या एक विषय पर ध्यान स्थिर कर पाने में असमर्थ होते हैं। इस प्रकार के विद्यार्थी प्रायः जल्दबाज़ और अधीर भी होते हैं, जिसके कारण वे गम्भीर होकर या दत्तचित्त होकर कोई कार्य नहीं कर पाते। इस दोष के उपशमन के लिए शिक्षण को अधिकाधिक रोचक और अन्तर्क्रियात्मक बनाया जाना चाहिए।
- **अन्यमनस्कता**–कुछ विद्यार्थी स्वभाव से किन्हीं विषयों में सक्रिय और इच्छुक जबकि अन्य में विमुख और अनिच्छुक होते हैं। कुछ को गणित दूसरे ग्रह का विषय मालूम होता है तो किसी को संस्कृत देखकर रोना आता है। ऐसे विद्यार्थी अपनी रुचि से इतर विषयों में अन्यमनस्क रहते हैं। कक्षा के कुछ विद्यार्थी ऐसे भी हो सकते हैं, जिनका मन संगीत, नाटक, नृत्य, खेल या ऐसे ही किसी विषय पर केन्द्रित होता है और वे शिक्षण की अधिकांश गतिविधियों के प्रति अनुत्सुक रहते हैं। ऐसे विद्यार्थियों को न्यूनतम आवश्यक शिक्षा प्राप्त करने के लिए प्रेरित करके और शिक्षण प्रक्रिया को रोचक और अन्तर्क्रियात्मक बनाकर विषय के प्रति उत्सुक किया जा सकता है।

शिक्षण में इन कमियों का दुष्प्रभाव अनेकायामी होता है। इन कमियों से ग्रस्त विद्यार्थी शिक्षक और सहपाठियों के प्रिय नहीं रहते। उन्हें कक्षा में अवांछित समझा जाता है। शारीरिक और मनोबौद्धिक समस्याओं के त्रस्त विद्यार्थी शिक्षक की सभी बातों को यथारूप प्राप्त नहीं कर पाते और शिक्षक द्वारा निर्दिष्ट कार्यों को नहीं कर पाते। इस कारण शिक्षक उन्हें कामचोर और बहानेबाज़ मानते हैं और उन पर ध्यान देना नहीं चाहते। कभी-कभी ऐसे विद्यार्थी शिक्षक और अन्य विद्यार्थियों के क्रोध या हास्य के पात्र भी बनते हैं। जिसका मनोवैज्ञानिक प्रभाव काफी बुरा होता है। इस कोटि के विद्यार्थियों को शिक्षण-अधिगम प्रक्रिया में सक्रिय सहभागी बनाने के लिए शिक्षक को उन पर विशेष ध्यान देना चाहिए।

पारिवारिक कारण

व्यक्तिगत कारणों के साथ कुछ पारिवारिक कारक भी विद्यार्थियों के अपेक्षित शिक्षण अधिगम को दुष्प्रभावित करते हैं। परिवार के किसी भी व्यक्ति के शरीर, मन, बुद्धि, आदतों, विचारों और व्यवहारों जैसी समस्त गतिविधियों पर सीधा प्रभाव पड़ता है। विद्यार्थियों के कक्षागत व्यवहार व शिक्षण अधिगम को प्रभावित करने वाले कारकों की सूची पर्याप्त लम्बी है। इस सूची में माता-पिता या अभिभावकों की शिक्षा-दीक्षा, उनकी पृष्ठभूमि, शिक्षा के प्रति दृष्टिकोण, परिवार में बच्चों की संख्या, उनके जन्म के बीच का अन्तराल, परिवार में लोगों की कुल संख्या, उनका शैक्षिक स्तर, पारिवारिक परम्पराएँ, जीवन-शैली, सामाजिक स्तर, आर्थिक स्थिति, माता-पिता व अन्य ज़िम्मेदार परिवार जनों द्वारा बच्चों को दिया जाने वाला समय व अवधान, संस्कार, अभ्यास और भाषा जैसे बहुत से कारकों को रखा जा सकता है। यहाँ विद्यार्थियों के व्यक्तिगत और कक्षागत दृष्टिकोण और व्यवहारों को निर्धारित करने वाले प्रमुख कारणों का विश्लेषण उपयुक्त होगा। इस विश्लेषण से छात्राध्यापकों को इस कोटि के विद्यार्थियों को समझ पाना और उनकी सहायता कर पाना सरल होगा–

- **अशिक्षा**–माता-पिता और परिवार की अशिक्षा के कारण विद्यार्थी को घर पर उत्साहवर्धक और उत्प्रेरक परिवेश नहीं मिल पाता और मार्गदर्शन का अभाव रहता है। अभिभावक विद्यार्थी की शैक्षिक समस्याओं और अपेक्षाओं को नहीं समझ पाते, जिससे विद्यार्थी पर मनोवैज्ञानिक दबाव पड़ता है और वह अध्ययन के प्रति अनिच्छुक होता

जाता है। अशिक्षित माता-पिता बालकों को घर पर पढ़ने-लिखने के लिए सहायता नहीं कर पाते। इस स्थिति में शिक्षकों को अधिक प्रयास करके अशिक्षित अभिभावकों को बालकों की ज़रूरतों और अपेक्षाओं से परिचित कराना चाहिए।

- **दरिद्रता**–निर्धनता के कारण अभिभावक अपेक्षित शिक्षण सामग्री, उपकरणों व अन्य आवश्यकताओं की व्यवस्था कर पाने में समस्या का अनुभव करते हैं। गणवेश (वर्दी), स्कूल बैग, पुस्तकें, अभ्यास पुस्तिका और लेखन सामग्री की समुचित व्यवस्था न होने से विद्यार्थियों का अध्ययन दुष्प्रभावित होता है। कभी-कभी विद्यार्थियों को धनार्जन के लिए घर पर या बाहर काम भी करना होता है। इसी कारण वे विद्यालय में कुछ पाठ्येतर गतिविधियों जैसे पिकनिक, शैक्षिक भ्रमण, परियोजना इत्यादि से वंचित रह जाते हैं। इसके अलावा सहायक शिक्षण-सामग्री की व्यवस्था न हो पाना भी निर्धन छात्रों के लिए बड़ी बाधा बनी रहती है।
- **पिछड़ापन**–कुछ अभिभावकों का भ्रम है कि बहुत लिखने-पढ़ने से बच्चे बिगड़ जाते हैं, परिवार के वश में नहीं रहते; खासतौर पर लड़कियों के मामले में यह भ्रम ज्यादा काम करता है। उन्हें लगता है कि लिख-पढ़कर भी उनके बच्चों को वही या वैसी ही आजीविका करनी है जैसी वे कर रहे हैं तो बेकार में पैसा, समय और श्रम क्यों खर्च किया जाए। कुछ लोगों को लगता है कि यदि उनके बच्चे कुछ पढ़-लिख गए तो वे पारिवारिक या पुश्तैनी व्यवसाय को छोड़कर कोई दूसरा काम ढूँढेंगे। उन्हें न जाने कैसे यह आभास ही नहीं अपितु विश्वास होता है कि उनके बच्चों को क्षमता के बावजूद कोई उत्तम श्रेणी का काम नहीं मिलेगा। और वे ज़िन्दगी भर मझधार में गोते लगाते रहेंगे।

  इस तरह के भ्रमों के कारण वे अपने बच्चों को लिखाई-पढ़ाई के लिए उत्प्रेरित नहीं करते। यदि वे अच्छे अंक या श्रेणी प्राप्त करते हैं या अन्य शैक्षिक गतिविधियों में श्रेष्ठ प्रदर्शन करते हैं तो माता-पिता, परिवार या अभिभावकों की ओर से उन्हें कोई प्रोत्साहन नहीं मिलता। ऐसे अभिभावकों के लिए जीवन का एक मात्र आयाम पारिवारिक अथवा पारम्परिक जीवन ही होता है।

  शिक्षक प्रायः अनुभव करते हैं कि कुछ विद्यार्थी मेधावी और प्रवीण होने के बावजूद अध्ययन में विशेष ध्यान नहीं देते। वे पुस्तकें, अभ्यास-सामग्री, लेखन-सामग्री इत्यादि नहीं लाते, गृहकार्य नहीं करते और इन सबके लिए परिवार को दोषी बताते हैं। शिक्षक भी भली प्रकार जानते हैं कि विद्यार्थी ठीक कह रहा है। ऐसी परिस्थितियों में शिक्षक को हताश नहीं होना चाहिए; बल्कि उनके अभिभावकों से बातचीत करनी चाहिए। माता-पिता को शिक्षा के महत्त्व, जीवन में उसकी उपयोगिता और बदलते ज़माने के विषय में मार्गदर्शन देकर इस समस्या के समाधान का प्रयास किया जा सकता है।
- **दूषित परिवेश**–जो परिवार पुनर्वास बस्तियों, झुग्गी-झोंपड़ियों, औद्योगिक क्षेत्रों और अन्य पिछड़े इलाकों में रहते हैं, उनके बच्चों को शैक्षिक दृष्टि से उपयुक्त माहौल मिलना दूभर होता है। शोर-शराबे, लड़ाई-झगड़े, गन्दगी, बुरी आदतों व बातों, उपेक्षा, प्रोत्साहन, सुविधाओं व उपयुक्त निर्देशन की कमी, कुसंगति, नशेबाज़ी और जुआखोरी जैसे ढेरों दुर्गुण व दुरभ्यास वहाँ आमतौर पर व्याप्त होते हैं। ऐसे माहौल में किसी विद्यार्थी के लिए स्वयं को शैक्षिक गतिविधियों की ओर प्रवृत्त कर पाना वाकई टेढ़ी खीर है। इन क्षेत्रों में स्थित विद्यालयों के शिक्षक अपने विद्यार्थियों में अनेक दुर्व्यसनों, दुरभ्यासों और बातों को पाते हैं जो सामान्यतया स्कूलों में नहीं पाई जाती। ऐसी समस्याओं के निराकरण के लिए शासकीय निकायों के साथ-साथ स्वयंसेवी संस्थाओं का सहयोग लिया जाए तो परिणाम उत्साहवर्धक हो सकते हैं।

विद्यालयी कारण

आमतौर पर माना जाता है कि विद्यालय किसी बालक की अन्तर्हित क्षमताओं के विकास, ज्ञान-कौशल और अभिरुचियों के उद्भव और समय, स्थान व समाज के साथ सामंजस्य स्थापित कराने का महत्त्वपूर्ण अभिकरण है। इन उद्देश्यों की

प्राप्ति के लिए विद्यालयों में शिक्षित-प्रशिक्षित और अनुभवी शिक्षक संकाय, उत्कृष्ट पाठ्यक्रम, पाठ्यचर्या और संसाधन उपलब्ध कराए जाते हैं। किन्तु इन सभी पक्षों का सदा सर्वांग सम्पूर्ण होना दुर्लभ है। प्रायः देखा जाता है कि अच्छे से अच्छे विद्यालयों में भी प्रशासन, शिक्षण संकाय, संसाधन या अन्य पक्षों में कमियाँ पाई जाती हैं जिनका दुष्प्रभाव या खामियाजा वहाँ अध्ययन करने वाले विद्यार्थियों को भुगतना होता है। ऐसा होना किसी भी तरह से अस्वाभाविक नहीं माना जाता।

उपरोक्त पक्षों में से पाठ्यक्रम और पाठ्यचर्या तो सीधे प्रशासन या शिक्षाविभाग द्वारा नियन्त्रित होने के कारण सभी विद्यालयों में समान होते हैं। जो कमी व असावधानी विद्यालयों मे विद्यार्थियों के शिक्षण में अनुभव होती है वह अधिकांशतः विभागीय अधिकारियों की लापरवाही, विद्यालय प्रबन्धन की अक्षमता और शिक्षकों की अयोग्यता और असंवेदनशीलता के कारण उपजती है। इनमें से कुछ का सम्बन्ध शिक्षा विभाग से है तो कुछ का सीधे शिक्षकों से। कारण चाहे जो भी हो किन्तु परिणाम यही है कि भारतवर्ष में सभी स्तरों पर (विशेष रूप से सरकारी) विद्यालयों में शिक्षण की स्थिति चिन्तास्पद बनी हुई है। विद्यार्थियों के शिक्षण से सम्बद्ध कुछ विद्यालयी कारकों का परिचय इस प्रकार है–

- **अक्षम प्रशासन**–विद्यालयों में प्रशासन का दायित्त्व मुख्यतः प्रधानाचार्यों, उप-प्रधानाचार्यों और मुख्य-अध्यापकों के अधीन होता है। लेकिन वे प्रशासनिक पृष्ठभूमि से न होकर, मूलतः शिक्षक ही होते हैं। उनके पास बहुधा प्रशासन और नियोजन की योग्यता का अभाव होता है। एक अच्छा अध्यापक, अच्छा प्रशासक भी हो; यह कदापि आवश्यक नहीं है। ऐसे कारणों से विद्यालयों में प्रशासन, शिक्षण व अनुशासन में कमी अनुभव होती है। इन सबका दुष्परिणाम अन्ततः विद्यार्थियों को ही झेलना होता है। लचर प्रशासन, अध्यापकों पर अनियन्त्रण, उनमें नैतिकता, योग्यता और उत्साह की कमी, विद्यालयों में मूलभूत सुविधाओं के निम्न स्तर इत्यादि के चलते विद्यार्थी भी लिखाई-पढ़ाई के प्रति उदासीन हो जाते हैं।

  इन परिस्थितियों में स्कूल न आना या आकर चले जाना, आवारागर्दी, दादागिरी, छेड़छाड़, नशाखोरी और दूसरे व्यसनों में संलिप्ति के चलते स्कूलों में शैक्षणिक माहौल शोचनीय हो जाता है। स्कूलों में विद्यार्थियों की दादागिरी, लचर अनुशासन, प्रशासन की बेरुखी और समाज के गिरते नैतिक स्तर के बीच सुयोग्य और महत्त्वाकांक्षी शिक्षकों की क्षमताएँ और कर्त्तव्यपरायणता भी कुंठित होकर रह जाती हैं। गाँव-देहात और दूर-दराज़ के इलाकों में बहुत से विद्यालय ऐसे हैं जहाँ शिक्षक वेतन लेने, उसका हिसाब-किताब रखने और अन्य लाभों के अतिरिक्त कोई काम नहीं करते। सरकार की चिन्ता शिक्षा सुविधाओं के आँकड़े दुरुस्त करने तक है, प्रभावी शिक्षा की उपलब्धता अभी भी स्वप्न ही बनी हुई है। इन कारणों के चलते भारतवर्ष के बहुत से सरकारी विद्यालयों में विद्यार्थियों का भविष्य सँवरने से पहले ही दम तोड़ रहा है।

- **अन्तर्सेवा प्रशिक्षण का अभाव**–भारत वर्ष में शिक्षकों के सेवा-पूर्व प्रशिक्षण की तो व्यवस्था है, किन्तु सेवा के दौरान उन्हें नयी शिक्षण-विधियों, ज्ञान-विज्ञान, मनोवैज्ञानिक तथ्यों व खोजों से परिचित कराने की व्यवस्था नाममात्र को ही है। जो शिक्षक तीस-चालीस वर्ष पहले नियुक्त हुए थे वे आज भी पिछली पीढ़ी के तरीकों, तथ्यों और उदाहरणों के सहारे इक्कीसवीं शताब्दी के विद्यार्थियों का शिक्षण और मार्गदर्शन कर रहे हैं। दूसरे, शिक्षकों के ज्ञान, शिक्षण कुशलता और अभिरुचि की परीक्षा नियुक्ति से पूर्व ही होती है; बाद में वे अपने शिक्षण दायित्त्वों के निर्वाह में क्या नीति अपनाते हैं और कितने गम्भीर रहते हैं–यह जाँचने परखने की व्यवस्था न के बराबर है और जहाँ है भी वहाँ इसका यथार्थ प्रयोग होता नहीं है। इससे विद्यार्थियों के सामने बड़ा धर्मसंकट उत्पन्न हो जाता है। विद्यालय उनकी शैक्षिक और व्यक्तित्व निर्माण सम्बन्धी ज़रूरतों को पूरा नहीं कर पाता और उनका जीवन अंधकारमय हो जाता है।

- **शिक्षकों की अक्षमता**–विद्यालय के स्तर पर प्रशासन और अनुशासन के सन्तोषप्रद होने पर भी अध्यापकों की निजी कमियाँ विद्यार्थियों के विकास को बाधित करती हैं। अध्यापकों का अल्पज्ञ, अनिच्छुक और शिक्षण प्रविधि में अप्रवीण होना कक्षा में विद्यार्थियों के शैक्षिक तथा व्यक्तित्वगत विकास में बड़ी बाधा है। शिक्षक जब विद्यार्थियों के स्तर, उनकी मनोवृत्ति और क्षमता को जाने-समझे बिना पुस्तक या स्वयं को केन्द्र बनाकर

शिक्षण करते हैं तो विद्यार्थी के लिए अपेक्षित परिणाम लाना दूभर हो जाता है। शिक्षकों की नियुक्ति प्रक्रिया में वैज्ञानिकता और आधुनिक प्रविधियों के अभाव के चलते बड़ी संख्या में अक्षम लोग भी (जिनकी एक मात्र योग्यता डिग्री होती है) शिक्षक हो जाते हैं। इससे शिक्षण के स्तर में गिरावट आती है।

- **दमनकारी अनुशासन**–इसके अतिरिक्त कुछ विद्यालयों में प्रचलित कठोर अनुशासन की परिपाटी भी विद्यार्थियों के स्वाभाविक विकास को अवरुद्ध करती है। ऐसा अनुशासन विद्यार्थियों के दमन पर आधारित होता है और भय उसका प्रमुख उपकरण होता है। यह माहौल उनके व्यक्तित्व विकास को कुंठित कर सकता है। हालाँकि शहरी क्षेत्रों में यह स्थिति अब प्रायः दिखाई नहीं देती किन्तु आंचलिक विद्यालयों में अट्ठारहवीं शताब्दी की परिपाटियाँ अभी भी जीवित हैं।

इस विवरण से स्पष्ट है कि विद्यालय के स्तर पर भी अनेक कारण हो सकते हैं जो विद्यार्थियों द्वारा सहज बोध, ज्ञानार्जन और कौशलों के अभ्यास में बाधक बनते हैं। हालाँकि ये सब अनियमितताएँ सभी विद्यालयों में अनिवार्य तौर पर नहीं पाई जातीं और जहाँ ये होती हैं वहाँ भी सबकी सब एक साथ नहीं होतीं; लेकिन इनमें से एक-एक विसंगति विद्यार्थियों का भविष्य चौपट करने में सर्वथा सक्षम है—यह बात सुनिश्चित है।

शैक्षणिक निदान—परिचय एवं प्रक्रिया

शिक्षक द्वारा विद्यार्थियों को प्रदत्त ज्ञान-कौशल अभिरुचि इत्यादि के अधिगम की सफलता को जाँचना मूल्यांकन है। मूल्यांकन के विश्लेषण द्वारा विद्यार्थियों की त्रुटियों व कमियों, उनकी प्रकृति, कारण, मात्रा, अनुपात इत्यादि को जानना निदान कहलाता है। इसके माध्यम से शिक्षक को अपनी शैक्षणिक-प्रविधि के साथ-साथ विद्यार्थियों की अधिगम शैली, प्रवृत्ति और सीमाओं को जानने का अवसर प्राप्त होता है। कक्षा के सभी विद्यार्थी अधिगम के सभी पक्षों में एक समान रूप से असफल नहीं होते इसलिए अलग-अलग विद्यार्थी या उनके छोटे वर्गों में अलग-अलग शिक्षण-बिन्दुओं के अधिगम में व्याप्त न्यूनताओं का परीक्षण किया जाना आवश्यक होता है। यही शैक्षणिक निदान है।

शिक्षण अधिगम में विद्यार्थियों की कमी या असफलता को किन्हीं प्रकारों, क्षेत्रों या स्तरों के रूप में वर्गीकृत कर पाना नितान्त कठिन है। पाठ्यवस्तु या अभ्यासगत कौशल को ग्रहण करने में विद्यार्थियों की अपनी-अपनी विधियाँ और सीमाएँ होती हैं। ये विधियाँ और सीमाएँ इतनी ही विविध हैं जितने उनके व्यक्तित्व। इस तथ्य को एक उदाहरण के माध्यम से सरलतापूर्वक समझा जा सकता है।

कक्षा के कुछ विद्यार्थी वर्तनी सम्बन्धी अशुद्धियाँ करते हैं। ये अशुद्धियाँ वर्ण, अक्षर, मात्रा, पाई, वर्णक्रम और बनावट; इन छह में से किसी भी प्रकार की हो सकती हैं। इसके कारणों में सुनने, पढ़ने, लिखने, समझने की समस्या या दुरभ्यास, हाथों पर अनियन्त्रण, अन्यमनस्कता, चिन्ता और तनाव जैसे विविध कारणों में से कोई एक या अनेक हो सकती हैं। उन्हें यथार्थतः चिह्नित और वर्गीकृत कर पाना सम्भव नहीं है। इसके अलावा व्यक्तित्वगत भिन्नता के चलते भी अशुद्धियाँ और उनके कारण अलग-अलग होते हैं। इन तथ्यों के मद्देनज़र शिक्षक को प्रत्येक विद्यार्थी या विद्यार्थी समूह द्वारा प्रदर्शित अशुद्धियों या कमियों की पृथक जाँच करनी होती है। जाँच की इस प्रक्रिया को निदान कहा जाता है। इस प्रक्रिया के पाँच सोपान हैं—1. विषय चयन, 2. समस्या का विश्लेषण, 3. प्रश्नपत्र का निर्माण, 4. प्रस्तुति और 5. जाँच। इनका संक्षिप्त परिचय इस प्रकार है—

1. **विषय चयन**—विद्यार्थियों के सम्प्राप्ति परीक्षण की जाँच के दौरान शिक्षक को विषय-विशेष में छात्रों अथवा छात्र समूह द्वारा विहित त्रुटियों अथवा अशुद्धियों की जानकारी हो जाती है। इसके आधार पर वह विद्यार्थियों की कमियों जैसे वर्तनी, वाक्य-विन्यास, अस्पष्ट लेख, शब्द या कुछ शब्दों के अनुपयुक्त प्रयोग अथवा विराम चिह्नों सम्बन्धी व्याकरण व भाषा की अशुद्धियों को चिह्नित कर लेता है। यदि शिक्षक अनुभव करता है कि कोई विद्यार्थी या विद्यार्थी समूह भाषा के किसी पक्ष विशेष में सामान्य से अधिक अशुद्धियाँ करता है तो उस

पक्ष या शिक्षण बिन्दु को निदान के विषय के रूप में चिह्नित कर लिया जाता है। यदि शिक्षक अनुभव करता है तो चिह्नित समस्या के दायरे अथवा पक्ष को सुनिश्चित करने के लिए मौखिक परीक्षण भी कर सकता है।

2. **समस्या का विश्लेषण**–इस चरण के अन्तर्गत शिक्षक चयनित समस्या के आभ्यन्तर पक्षों का अन्वेषण करता है। कोई भी समस्या अपने आप में स्वतन्त्र या एकांगी नहीं होती। उसके अनेक पहलू और आयाम हो सकते हैं। समस्या विश्लेषण के चरण के अन्तर्गत शिक्षक विचार करता है कि प्रस्तुत समस्या के कितने घटक हो सकते हैं। उदाहरण के लिए यदि शिक्षक के सम्मुख प्रमुख समस्या वर्तनी सम्बन्धी अशुद्धियों की है तो शिक्षक सर्वप्रथम अशुद्धि के सही प्रकार का सीमांकन करता है; अर्थात् निर्णय करता है कि समस्या की सही प्रकृति क्या है। फिर वह वर्तनीगत अशुद्धियों के सामान्य कारणों जैसे–विद्यार्थियों के ठीक न सुन पाने, अक्षरों की सही पहचान न होने, मात्राओं का ज्ञान न होने, छोटी और बड़ी मात्राओं के भेद से अनभिज्ञ होने, मात्रा सम्बन्धी नियमों से अपरिचय इत्यादि में से सही कारण की पहचान करता है। इस प्रकार समस्या विश्लेषण की प्रक्रिया में शिक्षक निर्णय करता है कि वर्तमान समस्या का स्वरूप क्या है और उसके पीछे कौन से कारण उत्तरदायी हैं।

3. **प्रश्नपत्र का निर्माण**–शिक्षक द्वारा भाषा सम्बन्धी समस्या के स्वरूप और उसके उत्तरदायी कारणों की पहचान को सुनिश्चित करने के लिए उनका परीक्षण अनिवार्य होता है। यह परीक्षण शिक्षक के अनुमानों की सटीकता और व्यापकता जाँचने के लिए किया जाता है। इस प्रक्रिया में शिक्षक एक प्रश्नपत्र का निर्माण करता है जिसमें समस्या के विभिन्न पहलुओं से सम्बन्धित शब्द, वाक्य और अनुच्छेदों को प्रस्तुत किया जाता है। प्रश्नपत्र का निर्माण इस विधि से किया जाता है कि विद्यार्थियों की वर्तनीगत समस्याएँ सामने आ जाएँ और शिक्षक उनके आधार पर विद्यार्थियों की कमियों की प्रकृति का सही आकलन कर पाए। इस प्रश्नपत्र में कुछ वस्तुनिष्ठ प्रश्नों को रखा जा सकता है जिनसे विद्यार्थियों के व्याकरण सम्बन्धी नियमों के ज्ञान का स्तर स्पष्ट हो सके। इसी प्रकार कुछ वाक्यों और अनुच्छेदों के माध्यम से समस्या के अन्य पहलुओं को सामने लाया जा सकता है।

4. **प्रस्तुति**–प्रश्नपत्र निर्माण के उपरान्त इसे विद्यार्थियों के समक्ष प्रस्तुत किया जाता है। जो विद्यार्थी वर्तनी सम्बन्धी अशुद्धियों के अभ्यस्त हैं, उन्हें यह प्रश्नपत्र दिया जाता है। विद्यार्थियों से अपेक्षा की जाती है कि वे दी गई समय-सीमा के भीतर इस प्रश्नपत्र को हल करने का प्रयास करें। आमतौर पर प्रश्नपत्र विद्यार्थियों के अधिगम स्तर की जाँच के लिए बनाए और प्रयोग किए जाते हैं किन्तु इस प्रश्नपत्र के माध्यम से उनके अधिगम में विद्यमान कमियों और असफलताओं का आकलन किया जाता है। इस दौरान शिक्षक से अपेक्षा होती है कि वह अत्यन्त सजग होकर विद्यार्थियों को आपस में बातचीत, सलाह-मशविरा, नकल इत्यादि न करने दे; अन्यथा इस प्रकार का परीक्षण निरर्थक हो सकता है।

5. **जाँच**–विद्यार्थियों द्वारा हल किए जाने के बाद निर्धारित विधि के अनुसार प्रश्नपत्रों की जाँच की जाती है। इस जाँच से यह साफ हो जाना चाहिए कि कौन सा विद्यार्थी किस प्रकार की वर्तनी सम्बन्धी अशुद्धियाँ करता है और उनका कारण क्या है। यह तथ्य सामने आने पर शिक्षक के सामने स्पष्ट हो जाता है कि कौन सा विद्यार्थी किस प्रकार की वर्तनीगत अशुद्धियाँ करता है और किन कारणों से। यही निदानात्मक परीक्षण का उद्‌देश्य होता है।

उपचारात्मक शिक्षण–परिचय और प्रक्रिया

निदानात्मक परीक्षण का लक्ष्य विद्यार्थियों की भाषा-अधिगम सम्बन्धी समस्याओं की पहचान करना है। निरीक्षण, साक्षात्कार, परीक्षण और संचयी अभिलेख जैसी विधियों द्वारा विद्यार्थियों की समस्याओं की पहचान के उपरान्त इनके निराकरण के लिए उपचारात्मक शिक्षण किया जाता है ताकि विद्यार्थियों को शुद्ध और सटीक भाषा व्यवहारों में कुशल किया जा सके। विख्यात भाषाविद् डॉ. एल. मुखर्जी के अनुसार "भाषा अधिगम सम्बन्धी कठिनाइयों का निवारण यथाशीघ्र किया जाना

चाहिए। इससे भाषा प्रयोग के अवांछित अभ्यासों पर विराम लगता है और शिक्षक तथा विद्यार्थी उन सन्दर्भों में सचेत हो जाते हैं जिनमें दोष की सम्भावना अधिक होती है।" इस दृष्टि से निदानात्मक परीक्षण और उपचारात्मक शिक्षण एक ही सिक्के के दो पहलू हैं।

उपचारात्मक शिक्षण के मुख्य उद्देश्यों में विद्यार्थियों के भाषायी दुरभ्यासों का निवारण और सही अभ्यासों का विकास सर्वप्रथम है। इसके साथ ही उपचारात्मक शिक्षण विद्यार्थियों में सही भाषा व्यवहार के प्रति रुचि और उत्साह भी उत्पन्न करता है। इससे विद्यार्थियों की विकृत भाषायी ग्रन्थियों का निवारण होता है जिससे उनका आत्मविश्वास और मनोबल दृढ़ होता है। उपचारात्मक शिक्षण के उपरान्त विद्यार्थी अपने भाषा-व्यवहारों के प्रति सजग और गम्भीर हो जाते हैं। इस प्रकार के प्रगतिशील भाषा-व्यवहार से उनके व्यक्तित्व के सर्वांगीण विकास में सहायता मिलती है।

उपचारात्मक शिक्षण की प्रक्रिया

निदानात्मक परीक्षण के परिणामों के अनुरूप उपचारात्मक शिक्षण के लिए अनेक प्रकार की विधियाँ प्रयोग की जाती हैं। इन विधियों को प्रमुखतः दो विभागों में रखा जाता है—सामूहिक उपचार विधि और वैयक्तिक उपचार विधि। सामूहिक उपचार विधि का प्रयोग उन भाषायी दोषों के निराकरण और निवारण के लिए किया जाता है जो कक्षा के अधिकांश विद्यार्थियों के भाषागत व्यवहार में व्याप्त हों। अशुद्ध उच्चारण, सन्धि या समास का अशुद्ध प्रयोग, संयुक्ताक्षरों और लिंग सम्बन्धित अशुद्धियों के निराकरण के लिए सामूहिक उपचार विधि का प्रयोग उपयोगी होता है। दूसरी ओर एक-दो विद्यार्थियों के भाषा सम्बन्धी दुरभ्यासों के उन्मूलन के लिए व्यक्तिगत उपचार विधियों का प्रयोग किया जाता है। इस कोटि की अशुद्धियों में मात्राओं, वर्णों की आकृति, लेखनी और अभ्यास पुस्तिका को पकड़ने के तरीके सम्बन्धी कमियों को रखा जा सकता है।

सामूहिक उपचार विधि

अशुद्धि संशोधन या दुरभ्यास उन्मूलन की इस विधि के अन्तर्गत विद्यालय के नियमित समय के पहले या पश्चात् उपचारात्मक शिक्षण के लिए विशेष कक्षाओं का आयोजन किया जा सकता है। इस प्रकार की कक्षाओं में एक श्रेणी के प्रायः सभी विद्यार्थियों को शामिल किया जा सकता है। इस प्रकार की कक्षाओं के बेहतर परिणामों के लिए एक प्रकार के भाषायी दोषों से ग्रस्त विद्यार्थियों को छोटे समूहों में बाँटा जाना चाहिए। इससे निर्देशन और अभ्यास में सुविधा होती है। सरल से कठिन के क्रम का सटीक अनुपालन, आधारभूत नियमों और सिद्धान्तों के परिचय, पर्याप्त प्रश्नोत्तर व अभ्यास की सुविधा और व्यक्तिगत अवधान सुनिश्चित करके इस प्रकार के उपचारात्मक शिक्षण को अधिक उपयोगी बनाया जा सकता है।

वैयक्तिक उपचार विधि

इस विधि का प्रयोग केवल उन्हीं भाषायी दुरभ्यासों के निराकरण के लिए किया जा सकता है जो कक्षा के कुछ गिने-चुने विद्यार्थियों में पाए जाते हैं। इनमें वर्तनी सम्बन्धी अशुद्धियाँ, वर्णों की आकृति, मात्राओं की पहचान व प्रयोग और अनुचित लेखन अभ्यास को रखा जा सकता है। व्यक्तिगत भिन्नता और अन्य विद्यार्थियों की सक्रिय सहायता प्राप्त करना; वैयक्तिक उपचार विधि के महत्त्वपूर्ण सूत्र हैं। इसके लिए पुस्तक पाठ, श्रुतलेख, अभ्यास-पुस्तिकाओं की जाँच, सामूहिक वाचन जैसे अवसरों का उपयोग किया जा सकता है। इस विधि में विद्यार्थी से बातचीत करके समस्या का कारण जानना और तदनुसार उपचारात्मक व्यवहार करना विशेष रूप से उपयोगी है।

प्रश्न

1. शैक्षिक निदान का सामान्य परिचय दीजिए।
2. उपचारात्मक शिक्षण पर संक्षिप्त टिप्पणी लिखिए।

3. कक्षागत परिस्थितियों में शैक्षिक निदान और उपचारात्मक शिक्षण का क्या उपयोग है?
4. निदानात्मक परीक्षण एवं उपचारात्मक शिक्षण की अनिवार्यता के पक्ष में तर्क दीजिए।
5. कक्षा में विद्यार्थी के प्रदर्शन को बाधित करने वाले वैयक्तिक अथवा निजी कारणों का परिचय दीजिए।
6. विद्यार्थियों के शिक्षण-अधिगम को दुष्प्रभावित करने वाले मनोवैज्ञानिक कारणों की सूची बनाइए।
7. किन पारिवारिक कारणों से कक्षा में विद्यार्थियों के शैक्षिक अधिगम पर नकारात्मक प्रभाव होता है?
8. 'विद्यालय प्रशासन और शिक्षकों की अक्षमताओं के चलते भी विद्यार्थी कक्षा में अपेक्षित शैक्षिक प्रदर्शन नहीं कर पाते।' व्याख्या कीजिए।
9. शैक्षणिक निदान के स्वरूप और प्रक्रिया पर संक्षिप्त टिप्पणी लिखिए।
10. निदानात्मक एवं चिकित्सकीय शिक्षण का क्या तात्पर्य है? हिन्दी शिक्षण में इसकी उपयोगिता स्थापित कीजिए।
11. विद्यार्थियों के शैक्षिक पिछड़ेपन के लिए उत्तरदायी व्यक्तित्वगत कारकों की व्याख्या कीजिए।
12. पारिवारिक कारक विद्यार्थियों के अपेक्षित शिक्षण अधिगम को किस प्रकार दुष्प्रभावित करते हैं?
13. विद्यालय और शिक्षकों की किन न्यूनताओं से विद्यार्थियों का व्यक्तित्वगत और शैक्षिक विकास दुष्प्रभावित होता है?
14. शैक्षणिक निदान की प्रक्रिया का सविस्तार परिचय दीजिए।
15. वैयक्तिक और सामूहिक उपचारात्मक शिक्षण की प्रक्रिया पर संक्षिप्त अनुच्छेद लिखिए।

27

हिन्दी शिक्षण में क्रियात्मक अनुसन्धान

प्रकरण का उद्देश्य

विद्यालय शिक्षण के अन्यान्य आयामों की तरह हिन्दी शिक्षण भी उद्देश्य केन्द्रित और मूल्यांकन योग्य गतिविधि है। जिस प्रकार अन्य विषयों के शिक्षण के लिए पाठयोजनाओं का निर्माण किया जाता है और विद्यार्थियों की ओर से वांछित परिणाम प्राप्त न होने पर कारणों की खोज और निदान किया जाता है उसी प्रकार हिन्दी विषय में भी अनुसन्धान की पर्याप्त गुंजाइश है।

एक प्रविधि और समस्या समाधान के माध्यम के तौर पर क्रियात्मक अनुसन्धान की उपयोगिता असंदिग्ध है। लेकिन हिन्दी विषय के शिक्षक प्रायः इस तकनीक में अनिच्छुक और अकुशल पाए जाते हैं। इस समस्या के निवारण के लिए यहाँ हिन्दी भाषा शिक्षण को केन्द्र में रखते हुए क्रियात्मक अनुसन्धान पर विचार किया गया है। इसके ज्ञान और अभ्यास से हिन्दी शिक्षक को अनुसन्धान के प्रति उन्मुख और सहज बनाने में मदद मिलेगी।

शिक्षण के क्षेत्र में क्रियात्मक अनुसन्धान की संकल्पना का पदार्पण वर्ष 1953 में अमेरिकी शिक्षाविद् स्टीफन एम. कोरे की पुस्तक 'एक्शन रिसर्च टू इम्प्रूव स्कूल प्रैक्टिस' के साथ हुआ। श्री स्टीफन 1950 के आसपास शिक्षा के क्षेत्र में हो रहे अनुसन्धानों से सन्तुष्ट नहीं थे। उनकी दृष्टि से उन अनुसन्धानों की प्रकृति विशुद्ध सैद्धान्तिक थी और विद्यालय प्रबन्धन तथा कक्षा शिक्षण में अनुभव की जाने वाली कठिनाइयों के निराकरण व समाधान में उनका कोई योगदान नहीं था। इस स्थिति का उल्लेख करते हुए उन्होंने अपनी पुस्तक में लिखा है—'पहले मुझे शिक्षा जगत् के अनुसन्धान-विशेषज्ञों में बहुत विश्वास था और मैं उनसे कहा करता था कि वे विद्यालयों का अध्ययन करें और बताएँ कि वहाँ क्या और कैसे किया जाना चाहिए। लेकिन अब मेरा यह विश्वास बहुत कुछ टूट चुका है। उनके अनुसन्धानों की संस्तुतियों का शिक्षा जगत् में क्रियान्वयन स्वयं एक बड़ी समस्या है जिसका अभी तक कोई समाधान उपलब्ध नहीं हो सका है।' इन टिप्पणियों के साथ श्री कोरे का मत था कि अनुसन्धान उन्हीं को करना चाहिए जिन्हें विद्यालय अथवा कक्षा शिक्षण की कार्यप्रणाली में परिवर्तन लाना है। विद्यालय और कक्षा की समस्याओं के समाधान के लिए इसी स्तर पर अनुसन्धान किया जाना चाहिए। यह अनुसन्धान शिक्षकों द्वारा या उनकी सहभागिता से होना चाहिए ताकि उसके परिणामों का व्यावहारिक उपयोग सुनिश्चित किया जा सके।

शैक्षिक अनुसन्धान के विषय में श्री कोरे के ग़ैर-परम्परावादी दृष्टिकोण से समस्या केन्द्रित अनुसन्धान की परिपाटी का उद्भव हुआ। इसका उद्देश्य विद्यालय संचालन और कक्षा शिक्षण का अधिक सरल और प्रभावी बनाना था। इस पद्धति को 'क्रियात्मक अनुसन्धान' का नाम दिया गया। क्रियात्मक अनुसन्धान की उपयोगिता और व्यावहारिकता ने सभी को प्रभावित किया। जल्दी ही यह विद्यालय प्रबन्धकों और शिक्षकों की शैक्षिक गतिविधियों का अंग बन गया। 1962 में राष्ट्रीय शैक्षिक अनुसन्धान और प्रशिक्षण परिषद् (एन.सी.ई.आर.टी.) द्वारा श्री स्टीफन एम. कोरे को परामर्शक नियुक्त किए जाने के बाद क्रियात्मक अनुसन्धान की संकल्पना हमारे देश में पहुँची। इसके बाद भारत में भी इसका व्यापक प्रचार और क्रियान्वयन हुआ।

क्रियात्मक अनुसन्धान की संकल्पना

क्रियात्मक अनुसन्धान विद्यालय या कक्षा शिक्षण से सम्बन्धित किसी समस्या का तात्कालिक समाधान खोजने की प्रक्रिया है। इस प्रविधि का उपयोग समस्या से प्रभावित विद्यार्थियों की वर्तमान समस्या को केन्द्र में रखकर किया जाता है। श्री कोरे के शब्दों में क्रियात्मक अनुसन्धान एक ऐसा अध्ययन है जिसे कोई व्यक्ति अपने ही काम को बेहतर ढंग से करने के लिए करता है। आम जीवन में कभी न कभी प्रत्येक व्यक्ति इस पद्धति का प्रयोग करता है। जब यही प्रक्रिया एक शिक्षक अपने शिक्षण को अधिक सरल और प्रभावी बनाने या एक विद्यालय प्रबन्धक अपने प्रशासन को अधिक सक्षम बनाने के उद्देश्य से करता है तो इसे क्रियात्मक अनुसन्धान कहा जाता है। इस प्रक्रिया में प्रबन्धक अपनी प्रबन्धन अथवा शिक्षक अपनी या विद्यार्थियों की शिक्षण-अध्ययन समस्याओं को मूलतः समझने और उनका समाधान खोजने के लिए वैज्ञानिक विधि से प्रयास करते हैं। इस प्रयास के अन्तर्गत समस्या का नामांकन, सीमांकन, सम्भावित समाधानों, उनके क्रियान्वयन और मूल्यांकन की गतिविधियों को व्यवहार में लाया जाता है। क्रियात्मक अनुसन्धान द्वारा वर्तमान प्रबन्धन, शिक्षण व अध्ययन प्रक्रिया में मौलिक व संरचनात्मक बदलाव करके उन्हें सरल, व्यावहारिक और प्रभावशाली बनाया जाता है।

क्रियात्मक अनुसन्धान के गुणधर्म

क्रियात्मक अनुसन्धान एक ऐसी व्यवस्था है जिससे विद्यालय प्रबन्धकों और शिक्षकों को अपने कार्य को बेहतर ढँग से **समझने में सहायता** और अपनी समस्याओं के तत्काल और प्रभावी समाधान की व्यावहारिक विधि प्राप्त होती है। इसका **उद्देश्य शैक्षिक** गतिविधियों को अधिक सरल, प्रभावी और परिणामोन्मुख करना है। अपने उद्देश्य, प्रक्रिया और उपयोगिता **में क्रियात्मक** अनुसन्धान परम्परागत अनुसन्धानों से काफी भिन्न है। इन्हीं विशिष्टताओं से इसकी उपयोगिता में वृद्धि हुई है। इनमें से कुछ का परिचय यहाँ प्रस्तुत है—

- **सीमित उद्देश्य**—क्रियात्मक अनुसन्धान का दायरा काफी सीमित होता है। यह किसी एक विद्यालय प्रबन्धक या शिक्षक द्वारा अनुभव की जा रही किसी एक समस्या को समझने और समाधान खोजने तक सीमित है। इसके द्वारा किन्हीं नवीन सिद्धान्तों, प्रविधियों, नियमों या परिपाटियों की स्थापना नहीं होती अपितु वर्तमान समस्याओं का व्यावहारिक समाधान खोजा जाता है। इसके परिणामस्वरूप विद्यालय प्रबन्धन और कक्षा शिक्षण को अधिकाधिक समस्यामुक्त और प्रभावी बनाया जाता है।
- **सीमित विषयक्षेत्र**—क्रियात्मक अनुसन्धान किसी व्यापक समस्या पर केन्द्रित नहीं होता अपितु विद्यालय प्रबन्धकों या शिक्षकों की दैनन्दिन समस्याओं के समाधान खोजने तक सीमित होता है। अतः इसके लिए अपेक्षित विशेषज्ञता और व्यापक अनुसन्धान क्षेत्र की भी आवश्यकता नहीं होती। क्रियात्मक अनुसन्धान उसी विद्यालय और कक्षा में होता है जहाँ समस्या अनुभव की जाती है।
- **सीमित उपयोगिता**—क्रियात्मक अनुसन्धान के परिणामस्वरूप किसी नए नियम या सिद्धान्त का पदार्पण नहीं होता। इसका परिणाम उसी विद्यालय या कक्षा के लिए उपयोगी होता है जिसे केन्द्र में रखकर यह अनुसन्धान संचालित किया जाता है। इसके आधार पर उसी प्रकार की अन्य समस्याओं के समाधान की कोई सम्भावना नहीं होती। साथ ही विद्यालय प्रबन्धन के अन्य क्षेत्रों या अन्य शिक्षकों द्वारा अनुभव की जा रही समस्याओं के निराकरण में भी इसका सीधा उपयोग नहीं किया जा सकता।
- **सीमित विशेषज्ञता**—मूलभूत अनुसंधानों के संचालन में अनुसन्धानकता से अनेक प्रकार की विशिष्ट योग्यताओं की अपेक्षा होती है। जबकि क्रियात्मक अनुसन्धान के लिए किसी ख़ास गुण की आवश्यकता नहीं होती। विद्यालय अथवा कक्षा के किसी व्यावहारिक समस्या का समाधान खोजने का इच्छुक प्रबन्धक या शिक्षक बड़ी सरलता से इस अनुसन्धान के चरणों का परिपालन कर सकता है।
- **सरल प्रक्रिया; उपयोगी परिणाम**—क्रियात्मक अनुसन्धान के संचालन के लिए विद्यालय प्रबन्धक अथवा कक्षा शिक्षक को परिस्थितियों पर कृत्रिम नियन्त्रण की आवश्यकता नहीं होती। इसके विपरीत इस अनुसन्धान के लिए

परिस्थितियों को जितना हो सके सामान्य रखने का प्रयास किया जाता है। इससे अधिकाधिक व्यावहारिक और उपयोगी परिणाम प्राप्त होते हैं। इन परिणामों के क्रियान्वयन से विद्यालय की किन्हीं व्यावहारिक समस्याओं के समाधान का उपाय प्राप्त होता है।

- **वैज्ञानिक पद्धति; व्यावहारिक परिणाम**–क्रियात्मक अनुसन्धान के माध्यम से विद्यालय संचालकों और शिक्षकों को अपनी दैनन्दिन समस्याओं के व्यावहारिक निदान खोजने की वैज्ञानिक विधि के प्रयोग का अवसर प्राप्त होता है। उन्हें अपनी समस्याओं के स्थायी समाधान के लिए कोई न कोई निर्णय करना ही होता है। क्रियात्मक अनुसन्धान उन्हें इस निर्णय प्रक्रिया को अधिकाधिक वैज्ञानिक और तर्कसम्मत बनाने के लिए आधार प्रदान करता है। इस प्रक्रिया से किए गए निर्णय अधिक व्यावहारिक और सन्तोषप्रद होते हैं।
- **विद्यालय की कार्यविधि का वैज्ञानिक संचालन**–क्रियात्मक अनुसन्धान के सतत प्रयोग से विद्यालय को समस्यामुक्त करके सुचारू रीति से संचालित किया जा सकता है। इससे प्रबन्धन, शिक्षण और अध्ययन के तौर-तरीकों की परम्परागत कमियों से निजात पाई जा सकती है। यह पद्धति विद्यालय के सभी पक्षों को अधिक उत्तरदायी और सक्रिय बनाती है। यह उत्तम परिणाम न प्राप्त होने के बहानों के स्थान पर उत्तम परिणाम सुनिश्चित करने के उपायों की खोज प्रक्रिया है। इस पद्धति के अनुपालन से विद्यालय प्रबन्धन, शिक्षकों के व्यवहार, शिक्षण पद्धतियों, विद्यार्थियों के अनुचित अभ्यासों इत्यादि में सकारात्मक परिवर्तन लाना सम्भव होता है।

इस प्रकार क्रियात्मक अनुसन्धान विद्यालय संचालन और कक्षागत शिक्षण को समस्यामुक्त और उत्तम परिणामोन्मुख करने की वैज्ञानिक विधि है। इसके उपयोग से विद्यालय के प्रबन्धन और शिक्षण-अधिगम प्रक्रिया की व्यावहारिक समस्याओं के व्यावहारिक और प्रभावी समाधान प्राप्त किए जा सकते हैं। क्रियात्मक अनुसन्धान के परिणाम विद्यालय, शिक्षक और विद्यार्थी सभी पक्षों के लिए सकारात्मक और उपयोगी होते हैं।

क्रियात्मक अनुसन्धान की प्रक्रिया

क्रियात्मक अनुसन्धान और मौलिक अनुसन्धान की संचालन प्रक्रिया में कोई मूलभूत अन्तर नहीं है। इस अनुसन्धान के पद भी वही हैं जिनका अनुपालन अन्य अनुसन्धान विधियों में किया जाता है। फिर भी इसमें अनुसन्धान के सभी चरणों पर अन्य अनुसन्धानों की अपेक्षा लचीलापन और अनौपचारिकता का व्यवहार होता है। क्रियात्मक अनुसन्धान की प्रक्रिया में अनुपालनीय चरणों और उनकी सम्पादन विधि इस प्रकार है–

1. **समस्या का चयन, कथन और परिभाषीकरण**–क्रियात्मक अनुसन्धान का विषय विद्यालय प्रबन्धन और कक्षा शिक्षण के दौरान अनुभव की जाने वाली कोई भी समस्या हो सकती है। जिस समस्या से प्रबन्धक या शिक्षक अपनी दैनन्दिन गतिविधियों या उत्तरदायित्वों के निर्वहण में कठिनाई अनुभव कर रहे हों उसका चयन क्रियात्मक अनुसन्धान के विषय के रूप में किया जा सकता है। इसके साथ ही समस्या का स्पष्ट रूप से कथन और परिभाषीकरण भी आवश्यक है। इसका तात्पर्य है समस्या को नामांकित करना और उसकी सीमाओं का निर्धारण करना ताकि अनुसन्धान की दिशा निश्चित हो सके। उदाहरणतः विद्यालय प्रबन्धक अनुशासन की विस्तृत समस्या के अन्तर्गत विद्यार्थियों की देरी से आने की आदत को क्रियात्मक अनुसन्धान का विषय बना सकते हैं। इसी प्रकार शिक्षक किसी विद्यार्थी या विद्यार्थी समूह की धीमी आवाज़ और गति से पुस्तक पढ़ने की आदत को क्रियात्मक अनुसन्धान के विषय के रूप में परिभाषित कर सकते हैं।
2. **उद्देश्यों का निर्धारण और कथन**–क्रियात्मक अनुसन्धान के उद्देश्य निर्धारण का तात्पर्य है समस्या के समाधान के रूप में वांछित परिणाम का निर्णय। प्रत्येक अनुसन्धाता किसी न किसी समस्या को दृष्टिगत रखकर क्रियात्मक अनुसन्धान के लिए सन्नद्ध होता है। वह इस प्रक्रिया के अन्त्य परिणाम के रूप में सुनिश्चित परिणाम की अपेक्षा करता है। उदाहरण के लिए जिस विद्यालय प्रबन्धक के सामने विद्यार्थियों के देरी से स्कूल आने की समस्या है उसकी अपेक्षा होती है कि सभी विद्यार्थी प्रतिदिन सही समय पर आएँ। इसी प्रकार

विद्यार्थियों की धीमी गति से पुस्तक पढ़ने की आदत से परेशान शिक्षक चाहते हैं कि वे पर्याप्त गति और आवाज़ में पुस्तक-पाठ करें। इस चरण को अनुसन्धान का विषय निर्धारण कहा जाता है। विषय निर्धारण के साथ ही उसका सटीक शब्दों में कथन भी आवश्यक है। इससे समस्या के वांछित परिणाम को सामने रखकर अनुसन्धान संचालित करना सम्भव हो पाता है। अनुसन्धान उद्देश्यों का कथन स्पष्ट, सटीक और व्यावहारिक होना चाहिए। उदाहरण के लिए देरी से स्कूल आने की समस्या के लिए अनुसन्धान उद्देश्य होगा–
विद्यार्थियों को–

- अपनी प्रातश्चर्या में परिवर्तन के लिए प्रेरित करना।
- समय पालन के लाभों से परिचित कराना।
- विद्यालय में समय से आने के लाभों का बोध कराना।

3. **अनुसन्धान परिकल्पनाओं का निर्माण और कथन**–क्रियात्मक अनुसन्धान के लिए चुना गया विषय अनुसन्धाता की व्यावहारिक समस्या होती है। प्रतिदिन उस समस्या का सामना करने के चलते अनुसन्धाता को ऐसी अनेक परिस्थितियों का आभास होता है जिनके माध्यम से समस्या का समाधान पाया जा सकता है। समस्याओं के इन संभावित समाधानों के अन्वेषण को परिकल्पना निर्माण कहा जाता है। इन परिकल्पनाओं का स्पष्ट शब्दों में अंकित करने को परिकल्पना कथन कहा जाता है। इस चरण में एक-एक करके क्रमानुसार समस्या के सभी संभावित समाधानों का कथन किया जाता है। विद्यार्थियों के देरी से विद्यालय आने की समस्या की परिकल्पनाओं का कथन इस प्रकार हो सकता है–
   - रात को समय से सोना और सुबह जल्दी उठना।
   - स्कूल बैग में आवश्यक पाठ्य-सामग्री को रखना, गणवेश को प्रेस करना और जूते पॉलिश जैसे कार्य रात को ही निपटा कर सोना।
   - निश्चित प्रातश्चर्या बनाना और प्रत्येक गतिविधि के लिए समय निर्धारित करना।
   - विद्यार्थियों की प्रातः कालीन गतिविधियों में अभिभावकों को सहभागी बनाना।
   - विद्यालय में देरी से आने वाले विद्यार्थियों को विद्यालय में कोई महत्त्वपूर्ण दायित्व सौंपना।
4. **परिकल्पनाओं का परीक्षण**–क्रियात्मक अनुसन्धान में परिकल्पनाओं के परीक्षण का चरण काफी सरल है। इस चरण के लिए अनुसन्धाता सीधे साक्षात्कार, सरल प्रश्नावलियों और प्रेक्षणों जैसी विधियों द्वारा अपेक्षित सूचनाओं का संग्रह कर सकता है। ये सूचनाएँ सूचनात्मक, गुणात्मक या दोनों ही प्रकार की हो सकती हैं। ये सूचनाएँ काफी सीमित होती हैं। सूचनात्मक चरों का विश्लेषण आगमन-निगमन, समानताओं व भिन्नताओं के विश्लेषण, सम्बन्ध स्थापन जैसी सरल विधियों द्वारा करके उनके संश्लेषण द्वारा परिणाम प्राप्त किया जा सकता है। दूसरी ओर गुणात्मक चरों के विश्लेषण के लिए मध्यमान, माध्यक, बहुलांक, मानक विचलन, सहसम्बन्ध और रेखाचित्र निर्माण द्वारा होता है। इस विश्लेषण के आधार पर अनुसन्धाता निष्कर्ष प्राप्त कर सकता है।
5. **अनुसन्धान परिणामों का कार्यान्वयन**–इस चरण में अनुसन्धानकर्ता क्रियात्मक अनुसन्धान द्वारा प्राप्त परिणामों को व्यावहारिक परिस्थितियों में क्रियान्वित करता है। अनुसन्धानकर्ता यदि चाहे तो अनुसन्धान परिणामों का क्रियान्वयन पहले छोटे समूह पर नियन्त्रित परिस्थितियों में कर सकता है। इस परीक्षण में सफलता प्राप्त होने पर समूह के सभी घटकों को परीक्षण के दायरे में लाया जा सकता है। यदि परीक्षण सफल रहता है तो अनुसन्धान के परिणाम को विद्यालय या कक्षा की कार्यविधि का अंग बना लिया जाता है। किन्तु किसी कारणवश अपेक्षित परिणाम अनुभव न होने पर अन्य परिकल्पनाओं का निर्माण और परीक्षण किया जा सकता है। अपेक्षित परिणाम प्राप्त होने तक यह प्रक्रिया जारी रहती है।

क्रियात्मक अनुसन्धान का मूल्यांकन

क्रियात्मक अनुसन्धान विद्यालय की कार्यविधि का अनिवार्य अंग है। इसके प्रयोग से विद्यालय के संचालन और कक्षा शिक्षण में अनुभव की जाने वाली सभी प्रकार की समस्याओं का निराकरण किया जा सकता है। इससे विद्यालय में प्रयोग की जा रही प्रक्रियाओं और शिक्षण विधियों की उपयोगिता या व्यर्थता का मूल्यांकन भी हो जाता है। अनेकशः ऐसा होता है कि परम्परा से स्थापित प्रशासन या शिक्षण विधियाँ आज की बदली हुईं या तेज़ी से बदलती हुईं परिस्थितियों में अपेक्षित परिणाम नहीं ला पातीं। शिक्षक या विद्यालय प्रशासक उन्हें समयसिद्ध मानकर प्रयोग करते हैं किन्तु अपेक्षित परिणाम सामने न आने पर उद्विग्न होते हैं। क्रियात्मक अनुसन्धान इन परिस्थितियों में निर्णायक भूमिका निभाता है और विद्यालय व कक्षा के सहज व समस्यामुक्त संचालन को संभव करता है।

क्रियात्मक अनुसन्धान के लाभ

क्रियात्मक अनुसन्धान विद्यालय प्रबन्धन और कक्षा शिक्षण के प्रति प्रशासकों और शिक्षकों के दृष्टिकोण में परिवर्तन लाता है। दैनन्दिन की समस्याओं या एक ही प्रकार की समस्याओं से उद्विग्न होकर निराश या हतोत्साहित होने वाले प्रशासकों और शिक्षकों के लिए क्रियात्मक अनुसन्धान एक क्रान्तिकारी उपकरण है। इसके द्वारा उपलब्ध समाधानों से उनके सोचने और कार्य करने का तरीका बदल सकता है। क्रियात्मक अनुसन्धान उन्हें अपने दायित्वों के प्रति अधिक संजीदा और गम्भीर करता है। इन लाभों के चलते क्रियात्मक अनुसन्धान विद्यालय की नित्य गतिविधियों का अंग होता जा रहा है।

क्रियात्मक अनुसन्धान की सीमाएँ

प्रस्तुत गुणों के साथ ही क्रियात्मक अनुसन्धान की अनेक सीमाएँ भी हैं। क्रियात्मक अनुसन्धान की प्रक्रियाएँ कितनी भी सरल और साधारण क्यों न हों किन्तु उनके सम्पादन के लिए वैज्ञानिक सोच और तार्किक मनोवृत्ति का होना अनिवार्य शर्त है। इसके अतिरिक्त विद्यालय प्रशासकों और शिक्षकों में अनुसन्धानवृत्ति का अभाव भी इस गतिविधि को अनुपयोगी बना देता है। अनेक सन्दर्भों में ऐसा भी होता है कि विद्यालय प्रशासक और शिक्षक अनुसन्धान करना तो चाहते हैं लेकिन विद्यालय की कार्यविधियों और अपनी व्यस्तता के चलते वे इनका उपयोग नहीं कर पाते। क्रियात्मक अनुसन्धान की सीमित उपयोगिता भी अनेकशः प्रशासकों व शिक्षकों को क्रियात्मक अनुसन्धान के प्रति अनिच्छुक कर देती है।

प्रश्न

1. श्री स्टीफन एम. कोरे कौन थे? किन परिस्थितियों में उनके मन में क्रियात्मक अनुसन्धान का विचार उत्पन्न हुआ?
2. परम्परागत अनुसन्धान के विषय में श्री कोरे की टिप्पणियों को उद्धृत कीजिए।
3. श्री स्टीफन एम. कोरे परम्परागत अनुसन्धान की पद्धति और परिणामों से क्यों असन्तुष्ट थे?
4. क्रियात्मक अनुसन्धान क्या है? विद्यालय की कार्यविधि में इसकी क्या उपयोगिता है?
5. क्रियात्मक अनुसन्धान के उद्देश्य और उपयोगिता पर संक्षिप्त टिप्पणी कीजिए।
6. क्रियात्मक अनुसन्धान की प्रक्रिया में अनुपालनीय चरणों की सूची बनाइए।
7. अनुसन्धान परिकल्पनाओं का क्या तात्पर्य है? इनके निर्माण और कथन की विधि लिखिए।
8. क्रियात्मक अनुसन्धान और अन्य अनुसन्धानों में अन्तर स्पष्ट कीजिए।
9. विद्यालयी कार्यक्षेत्र में क्रियात्मक अनुसन्धान का पदार्पण किन परिस्थितियों में हुआ। इसके उद्भव से विद्यालय प्रशासकों और कक्षा शिक्षकों को क्या मदद मिली?
10. क्रियात्मक अनुसन्धान के गुणधर्मों का विस्तृत विश्लेषण कीजिए।
11. क्रियात्मक अनुसन्धान की प्रक्रिया और इसके उपयोगों का विवरण दीजिए।
12. क्रियात्मक अनुसन्धान के लाभों और सीमाओं का आकलन कीजिए।

28 हिन्दी पाठ्यपुस्तक का मूल्यांकन

प्रकरण का उद्देश्य

हिन्दी भाषा के सभी पहलुओं से परिचित कराने में पाठ्यपुस्तकों का अप्रतिम योगदान है। इनकी सहायता से हिन्दी भाषा का क्रमिक ज्ञान और अभ्यास कराया जा सकता है। हिन्दी शिक्षक भाषा के चारों कौशलों के अभ्यास में पाठ्यपुस्तकों की सहायता अनिवार्य तौर पर प्राप्त करते हैं। इसमें कोई सन्देह नहीं है कि एन.सी.ई.आर.टी., दिल्ली पाठ्यपुस्तक ब्यूरो और अन्य शासकीय प्रकाशक स्तरीय पुस्तकों का संकलन और प्रकाशन कर रहे हैं। लेकिन इनके समकक्ष अनेक निजी प्रकाशकों की बहुत सी पुस्तकें बाज़ार में उपलब्ध हैं और विशेष रूप से निजी विद्यालयों में पढ़ाई जा रही हैं। ऐसे में हिन्दी शिक्षकों को पाठ्यपुस्तकों के अनिवार्य गुणों और मानकों का ज्ञान होना चाहिए ताकि वे अपने विद्यालयों के लिए उपयुक्त पाठ्यपुस्तक का चयन कर सकें।

भाषा यद्यपि सहज ग्राह्य सम्प्रेषण माध्यम है किन्तु विशिष्ट उद्देश्यों के लिए उसका अधिगम अभ्याससाध्य होता है। वैदिक काल से ही भाषा औपचारिक शिक्षा व्यवस्था द्वारा प्रदीयमान प्रमुख विषयों में शामिल रही है। उन दिनों प्रचलित परम्परा के अनुसार वेदों के यथार्थ बोध के लिए ब्रह्मचारियों को बारह वर्ष पर्यन्त व्याकरण का अध्ययन करना होता था। बौद्ध शिक्षा पद्धति में संस्कृत के साथ-साथ पाली और प्राकृत भाषाएँ ज्ञानार्जन का माध्यम बनीं; जबकि मुस्लिम काल में अरबी, फ़ारसी और उर्दू ज्ञान-विज्ञान, शिक्षा और राज-काज की भाषाओं के रूप में स्थापित हुईं। आधुनिक युग में अनेक भाषाएँ मानव जीवन के विविध व्यवहारों के संचालन में प्रयोग की जा रही हैं। भाषाओं के अध्ययन व अध्यापन हेतु परम्परा से मौखिक अभ्यास और व्यावहारिक प्रयोग की विधियों का प्रचलन रहा है।

वर्तमान युग में मनुष्य की बहु-आयामी जीवनशैली और व्यावहारिक दायित्वों की जटिलता को देखते हुए भाषा के अधिकाधिक आयामों को गहनता और पूर्णता से जानना अनिवार्य हो गया है। इस दृष्टि से भाषा के न केवल वर्तमान और प्रचलित रूप अपितु ऐतिहासिक, संरचनात्मक, व्याकरणात्मक और साहित्यिक रूप को जानना भी उपयोगी है। यह कार्य मात्र परम्परागत और मौखिक विधि द्वारा नहीं किया जा सकता। यही कारण है कि आज विद्यालयपूर्व स्तर से लेकर महाविद्यालय तक भाषा-शिक्षण के लिए पाठ्यपुस्तकें उपलब्ध हैं। इनके उपयोग से भाषा-शिक्षण अधिक लक्ष्यबद्ध, मानक, समान और परीक्षणीय हो गया है।

पाठ्यपुस्तक का स्वरूप

जिस पुस्तक के माध्यम से भाषा का व्यवस्थित, स्तरीय और परीक्षणीय अभ्यास कराया जाए वह पाठ्यपुस्तक है। पाठ्यपुस्तक भाषा शिक्षण की अनिवार्य सहायक सामग्री है, जिसके अभाव में भाषा-शिक्षण व्यक्तिपरक, यादृच्छिक, दिशाहीन और अव्यवस्थित हो सकता है। पाठ्यपुस्तक का यथार्थ परिचय पाने के लिए कुछ परिभाषाओं का उल्लेख उपयोगी होगा–

''पाठ्यपुस्तक ज्ञान, अनुभवों, भावनाओं, विचारों, प्रवृत्तियों व मूल्यों के संचय का साधन है।'' –हैरोलिकर

इस परिभाषा के अनुसार पाठ्यपुस्तकें विविध विषयों, प्रकारों और स्रोतों से प्राप्त ज्ञान के एकत्रीकरण द्वारा विद्यार्थियों को समृद्ध करती हैं। इनके माध्यम से विद्यार्थी अपना, अपने समाज व साहित्य का और देश-दुनिया का परिचय पाते हैं। इस ज्ञान के माध्यम से वे न केवल सूचना और तथ्यों को जानते हैं अपितु इनके साथ सामंजस्य साधने और जीवन बिताने के लिए भी स्वयं को सन्नद्ध करते हैं। पाठ्यपुस्तकें शिक्षकों को शिक्षण और विद्यार्थियों को अधिगम व अभ्यास के लिए उत्प्रेरण व मार्गदर्शन प्रदान करती हैं। इनके माध्यम से भाषा शिक्षण जैसे अमूर्त विषय को भी मूर्त व सजीव रूप प्रदान किया जा सकता है।

क्रो व क्रो के अनुसार–''सीखने और सिखाने की क्रियाओं में अन्य साधनों के साथ पाठ्यपुस्तकों का भी महत्त्वपूर्ण स्थान होता है।'' वास्तव में समस्त शिक्षण क्रियाएँ, सहगामी क्रियाएँ और कक्षा-कक्ष गतिविधियाँ पाठ्यपुस्तक द्वारा निर्दिष्ट विषयवस्तु या शिक्षण-बिन्दु पर ही केन्द्रित होती हैं। इस प्रकार भाषा शिक्षण में पाठ्यपुस्तकों का महत्त्वपूर्ण स्थान और योगदान है। ''आधुनिक पाठ्यक्रम में पाठ्यपुस्तकें स्वयं साध्य बनने की अपेक्षा शिक्षण के उद्देश्यों को प्राप्त करने में सहायता करती हैं।'' मेकाम्बर की यह परिभाषा शिक्षण लक्ष्यों की प्राप्ति में पाठ्यपुस्तकों की भूमिका को स्पष्ट करती है। पाठ्यपुस्तकों के उपयोग द्वारा विद्यार्थियों को शिक्षण लक्ष्यों की प्राप्ति सहज और सुनिश्चित कराई जा सकती है।

आरम्भिक स्तर पर विद्यार्थियों के लिए पाठ्यपुस्तकें ही साहित्य की प्रतिनिधि होती हैं। इन्हीं के माध्यम से भाषा के विद्यार्थी साहित्य की विविध विधाओं, परिपाटियों, विशेषताओं और उनके अध्ययन के आनन्द से परिचित होते हैं। इन कारणों से भाषा-शिक्षण में पाठ्यपुस्तकों की अनिवार्यता स्पष्ट होती है।

पाठ्यपुस्तक की उपयोगिता

प्राचीन काल में पुस्तकों के लिए ग्रन्थ शब्द का व्यवहार होता था। ग्रन्थ शब्द का अर्थ है–गूँथा या पिरोया गया (ग्रथनात्ग्रन्थः)। प्राचीन पुस्तकें वृक्षों की छालों, पत्तों (जैसे भोज-पत्र) या धातुओं (स्वर्ण, रज़त, ताम्रपत्र) पर उकेरी जाती थीं जिन्हें क्रमानुसार धागे में पिरोकर या बाँधकर रखा जाता था। इसका एक अन्य अभिप्राय विचारों, तथ्यों, सूचनाओं इत्यादि की लिखित प्रस्तुति भी था। इस प्रकार के ग्रन्थों में ज्ञान-विज्ञान, सूचनाओं-घटनाओं इत्यादि का संचय होता था।

इसी प्रकार अंग्रेज़ी का 'बुक' शब्द भी जर्मन शब्द 'बोक' से व्युत्पन्न है जिसका अर्थ पुरानी इंगलिश के अनुसार 'लिखित दस्तावेज़' है। आज पाठ्यपुस्तकें शिक्षण प्रक्रिया की केन्द्र हो चली हैं। निर्धारित पाठ्यक्रम के अनुसार प्रकाशित पाठ्यपुस्तकें अध्यापकों व विद्यार्थियों को न केवल अध्ययन-अध्यापन की दिशा, प्रक्रिया और क्रम के विषय में निर्दिष्ट करती हैं अपितु शिक्षण-अधिगम के मूल्यांकन का आधार भी प्रदान करती हैं। इनकी उपयोगिता को निम्न शीर्षकों के अन्तर्गत समझा जा सकता है–

- **पाठ्य सामग्री का निर्धारण**–पाठ्यपुस्तक की सर्वाधिक महत्त्वपूर्ण उपयोगिता किसी स्तर विशेष पर विद्यार्थियों के लिए पठनीय सामग्री के संकलन में है। पाठ्यपुस्तकों की सहायता से साहित्य, विज्ञान, कला, खेल, व्याकरण इत्यादि के अथाह भण्डार में से विद्यार्थियों के स्तर के अनुकूल, उपयोगी, सन्तुलित और ज्ञानवर्धक अंशों के अध्यापन का नियोजन किया जा सकता है। यह पाठ्यक्रम नियोजन विद्वान शिक्षाविदों द्वारा किया जाता है और किसी स्तर के विद्यार्थियों के लिए सर्वाधिक उपयुक्त संकलन होता है। इस प्रकार पाठ्यपुस्तकें विद्यार्थियों के साथ ही शिक्षकों के लिए भी उपयोगी और महत्त्वपूर्ण भाषा तत्त्वों, साहित्य रूपों, काव्य, निबन्धादि के माध्यम से भाषा-शिक्षण के लक्ष्यों की प्राप्ति में सहायक होती हैं।
- **भाषा-शिक्षण में एकरूपता**–प्राचीन काल की भाषा-शिक्षण पद्धति गुरु के अधीन थी। गुरु अपनी व्यक्तिगत समझ, योजना और विचारणा के अनुसार जिस विद्यार्थी के लिए जो और जितना पढ़ाना, समझाना और अभ्यास कराना उचित समझते थे; उतना कराते थे। इस परम्परा में बृहत् स्तर पर पाठ्यक्रम की एकरूपता और मानकता

स्थापित नहीं हो पाती थी। साथ ही अधिगत ज्ञान का वस्तुपरक मूल्यांकन भी असंभव था। पाठ्यपुस्तकें इस समस्या का समाधान प्रस्तुत करती हैं। शिक्षा में नियामक अभिकरणों के माध्यम से विद्यालयों की विभिन्न कक्षाओं व स्तरों के लिए समान पाठ्यवस्तु का प्रावधान किया जाता है। जिससे भाषा-शिक्षण मनोवैज्ञानिक रूप से सन्तुलित, उपयोगी और वस्तुपरक हो जाता है। इससे पाठ्यवस्तु के संकलन में मूर्धन्य विद्वानों, कुशल प्रशासकों, शिक्षाविदों और मनोवैज्ञानिकों का योगदान सम्भव होता है।

- **शैक्षणिक नियोजन में सहायक**–पाठ्यपुस्तकों द्वारा पाठ्यसामग्री का निर्धारण होने के कारण विद्यार्थी और शिक्षकों के लिए शिक्षण गतिविधियों के नियोजन द्वारा शिक्षण अवधि का सदुपयोग सम्भव हो जाता है। शिक्षक और विद्यार्थी दोनों यह जान जाते हैं कि उन्हें क्या, कितना और किस क्रम से पढ़ना, जानना और अभ्यास करना है। इस उपाय से शिक्षक भाषा-शिक्षण की योजना, सहायक सामग्री, उपकरणों इत्यादि की व्यवस्था कर सकता है और दूसरी ओर विद्यार्थी भी मन-मस्तिष्क से पाठ्यवस्तु के अध्ययन के लिए सन्नद्ध हो जाते हैं। तदनुसार शिक्षक विद्यार्थियों को कक्षा-कार्य और गृहकार्य के माध्यम से उपयोगी शिक्षण गतिविधियों में संलग्न कर सकता है। इस प्रकार विद्यार्थी स्वयं-शिक्षण, परियोजना, परीक्षण इत्यादि के माध्यम से भाषा के विविध पक्षों का अभ्यास व व्यवहार कर सकता है।
- **शिक्षण की पूरक के रूप में पाठ्यपुस्तकें**–जो विद्यार्थी कतिपय शारीरिक या बौद्धिक सीमाओं के चलते कक्षा के अन्य विद्यार्थियों के साथ शिक्षण बिन्दुओं का अधिगम नहीं कर पाते, वे घर पर अभिभावकों व पुस्तक की सहायता से उसका अभ्यास कर सकते हैं। रोग, अवकाश या अन्यत्र व्यस्तता के चलते जो विद्यार्थी किसी शिक्षण बिन्दु के शिक्षण के दौरान कक्षा से अनुपस्थित रह जाते हैं वे भी किंचित् निर्देशन और पाठ्यपुस्तकों की सहायता से उनका अधिगम और अभ्यास कर पाते हैं। यदि कोई विद्यार्थी स्थानान्तरण जैसे कारणों से शिक्षण सत्र के आरम्भ होने के बाद कक्षा में प्रवेश लेता है तो वह भी पाठ्यपुस्तक के माध्यम से अन्य विद्यार्थियों द्वारा कक्षा में पठित व अभ्यस्त पाठ्यक्रम का अध्ययन कर सकता है।
- **मूल्यांकन के आधार के रूप में**–विद्यालय पाठ्यक्रम के अन्य विषयों की अपेक्षा भाषा-शिक्षण का मूल्यांकन कहीं अधिक जटिल, कठिन और चुनौतीपूर्ण कार्य है। भाषा की प्रकृति भावात्मक और उन्मुक्त है। उसे सटीक और वस्तुपरक मूल्यांकन का विषय बनाना निश्चित पाठ्यपुस्तकों के अभाव में कदाचित् असंभव होता। पाठ्यपुस्तकों में संकलित पाठ्य-बिन्दुओं को आधार बनाकर प्रश्नपत्र का निर्माण करना सरल हो जाता है। पाठ्यपुस्तक के माध्यम से भाषा-शिक्षण मूर्त, सुनिश्चित और मानक हो जाता है। इस रूप में उसका मूल्यांकन भी विश्वसनीय और वस्तुगत होता है।

पाठ्यपुस्तकों के प्रकार

वर्तमान युग में भाषा के विविध पक्षों के शिक्षण को सरल और सम्भव बनाने के लिए पाठ्यपुस्तकों का प्रयोग अनेक प्रकार से किया जाता है। चूँकि पाठ्यपुस्तकें विद्यार्थियों को पाठ्यक्रमानुसार और उद्देश्यपूर्ण भाषा ज्ञान उपलब्ध कराने का माध्यम हैं इसलिए वे शिक्षक के लिए भी उपयोगी मार्गदर्शिका होती हैं। पाठ्यपुस्तक के लक्ष्य, पाठ्यसामग्री के प्रकार और उपयोग विधि के अनुसार पाठ्यपुस्तकों को चार श्रेणियों के अन्तर्गत रखा जा सकता है–

पाठ्यपुस्तक

किसी कक्षा के लिए अनुमोदित भाषा पाठ्यपुस्तक उस स्तर के विद्यार्थियों की भाषायी, ज्ञानात्मक और व्यावहारिक आवश्यकताओं की पूर्ति का उपकरण होती है। उदाहरणतः सातवीं कक्षा की हिन्दी पाठ्यपुस्तक में 12–14 वर्ष के विद्यार्थियों की भाषा सम्बन्धी आवश्यकताओं के अनुसार सामग्री का संकलन होता है। जिसमें नए शब्द, व्याकरण सम्बन्धी सन्दर्भ व्यावहारिक भाषा और विविध सामग्री का संकलन होता है। ज्ञानात्मक, भावनात्मक, विचारात्मक, सूचनात्मक और

अभ्यासपरक सामग्री के माध्यम से विद्यार्थियों को मूल्यांकन योग्य भाषा-दक्षता की अवाप्ति सुनिश्चित की जाती है। योग्य शिक्षक के निर्देशन और मार्गदर्शन में पाठ्यपुस्तक के अध्ययन से विद्यार्थियों का भाषा-पक्ष सुदृढ़ किया जा सकता है।

पूरक पुस्तक

पूरक पुस्तक का स्वरूप पाठ्यपुस्तक की अपेक्षा कम औपचारिक होता है। इसके निर्माण का उद्देश्य विद्यार्थियों में स्वाध्याय, मौन पाठ और साहित्यालोचन की प्रवृत्ति का विकास करना है। इसके घटकों का चुनाव इस प्रकार किया जाता है कि विद्यार्थी भाषा-ज्ञान के साथ ही देश के इतिहास, संस्कृति, परम्पराओं और विविधता के बीच व्याप्त एकता से परिचित हो सकें। राष्ट्रीय शैक्षिक अनुसन्धान और प्रशिक्षण परिषद् (एन.सी.ई.आर.टी.) द्वारा उच्च प्राथमिक कक्षाओं की पूरक पुस्तकों के रूप में प्रकाशित संक्षिप्त रामायण, संक्षिप्त महाभारत, संक्षिप्त बुद्धचरित और प्रेरणास्पद कहानियों, जीवनियों व एकांकी से युक्त नया जीवन (भाग—एक, दो व तीन) के अध्ययन से उनके उद्देश्य और प्रकृति को सहज ही समझा जा सकता है। ये पुस्तकें विद्यार्थियों के ज्ञान के साथ ही चारित्रिक, विचारात्मक और व्यक्तिवगत विकास में भी निस्सन्देह उपयोगी भूमिका निभा रही हैं।

अभ्यास पुस्तिका

अभ्यास पुस्तिका का प्रकाशन मुख्य पाठ्यपुस्तक के भाषा तत्त्वों की पुनरावृत्ति व अभ्यास के उद्देश्य से किया जाता है। इसका प्रकाशन भी प्रायः पाठ्य-पुस्तक के रचयिता अथवा प्रकाशक द्वारा किया जाता है। यह पुस्तिका मुख्य पाठ्यपुस्तक में संकलित सामग्री पर आधारित होती है। अभ्यास पुस्तिका में पाठ्यपुस्तक के अभ्यास योग्य अंशों की आवृत्ति हेतु विविध प्रकार की सामग्री प्रस्तुत की जाती है। इसके माध्यम से शिक्षक नए भाषा प्रयोगों और उपयोगी नियम सिद्धान्तों की प्राप्ति भी सुनिश्चित कर सकता है। दूसरी ओर इसका उपयोग उपरोक्त भाषा तत्त्वों के मूल्यांकन के लिए भी किया जा सकता है।

व्याकरण पुस्तकें—व्याकरण भाषा शिक्षण का अनिवार्य सहचर है। प्राथमिक कक्षाओं में जब विद्यार्थियों को स्वर-व्यंजन मालाओं, मात्राओं, उच्चारण, वर्तनी, शब्दार्थ और वाक्य संयोजन जैसे अभ्यास कराए जाते हैं तब वे वस्तुतः व्याकरण का ही अभ्यास कर रहे होते हैं। बाद में समानार्थी, विलोम, अनेकार्थी, पारिभाषिक और समान प्रतीत होने वाले शब्दों का ज्ञान व अभ्यास करते हुए भी वे व्याकरण का ही ज्ञान पाते हैं। इस प्रकार व्याकरण भाषा-शिक्षण का अनिवार्य पक्ष है।

वर्तमान शिक्षा पद्धति के अन्तर्गत भाषा के विविध पक्षों का मानक, व्यवहार्य और मूल्यांकन योग्य ज्ञान और अभ्यास उपलब्ध कराने की दृष्टि से पृथक व्याकरण पुस्तकों की सहायता प्राप्त की जाती है। मुख्य पाठ्यपुस्तक व पूरक पुस्तक के साथ ही उनमें निहित व्याकरण अभ्यासों का परिपूर्ण ज्ञान व अभ्यास उपलब्ध कराने के लिए व्याकरण पुस्तकों की रचना की जाती है। यद्यपि बाज़ार में कक्षा तीन से ही व्याकरण की पुस्तकें उपलब्ध हैं; किन्तु छठी कक्षा से पृथक व्याकरण पुस्तकों का उपयोग प्रायः किया जाने लगा है।

माध्यमिक कक्षाओं के लिए एन.सी.ई.आर.टी. द्वारा प्रकाशित 'हिन्दी व्याकरण और रचना' उपयोगी पुस्तकें हैं। इनका मुख्य लाभ व्याकरण के पूर्ण, क्रमानुसार और पर्याप्त अभ्यास सहित ज्ञान के रूप में होता है। इन पुस्तकों में भाषा के व्याकरण पक्ष को सामने रखकर पाठ्यसामग्री और अभ्यास उपलब्ध कराए जाते हैं ताकि विद्यार्थी भाषा के यथार्थ रूप से परिचित हो सकें और उनका पर्याप्त अभ्यास कर सकें। इस प्रकार व्याकरण की पुस्तकों की सहायता से विद्यार्थियों की भाषा को शुद्ध, नियमित और प्रभावकारी बनाया जा सकता है।

सन्दर्भ पुस्तकें

सन्दर्भ पुस्तकों का उपयोग वरिष्ठ कक्षाओं में पाठ्य तथा पूरक पुस्तकों द्वारा प्रदत्त ज्ञान के विस्तार के लिए किया जाता है। विद्यालय के पुस्तकालय में भाषा का इतिहास, साहित्य का इतिहास, विख्यात कवियों व लेखकों की जीवनियाँ व रचनावलियाँ, कोश और संग्रहों की उपलब्धता सुनिश्चित की जाती है ताकि सहसम्बन्ध विधि द्वारा विषयगत जिज्ञासा की शान्ति के लिए विद्यार्थी उपयोगी ज्ञान, सूचना, आँकड़ों, विस्तृत विवरणों इत्यादि का संग्रह व उपयोग कर सकें।

विद्यार्थियों को स्वाध्याय के माध्यम से समाज, राष्ट्र, लोकाचार, जीवन-शैलियों, शिष्टाचार और ऐसे ही अन्य सन्दर्भों से परिचित कराने के लिए भी सन्दर्भ पुस्तकों का आश्रय लिया जाता है। इस प्रकार के अध्ययन के फलस्वरूप विद्यार्थियों का ज्ञान व व्यक्तित्व तो विकसित होता ही है साथ ही उनकी कल्पना और सृजन की शक्तियाँ भी उद्‌बुद्ध होती हैं। वे अपनी रचना विधा और शैली का चुनाव कर पाते हैं और उनकी कलम चलने लगती है।

पाठ्‌यपुस्तकों के ये प्रकार विद्यार्थियों की भाषा के साथ-साथ भाव, सूचना, ज्ञान, तथ्य, आँकड़े और घटनाओं को जानने की वृत्ति को भी सन्तुष्ट करते हैं। इनकी प्राप्ति और सदुपयोग से शिक्षक विद्यार्थियों की भाषा योग्यता के समुचित विकास में सहायक हो पाते हैं। किसी भी स्तर पर भाषा-शिक्षण के लिए भाषा के विविध पक्षों यथा गद्य, पद्य, व्याकरण, विज्ञान, समाज, दर्शन, खेल, चिकित्सा, भूगोल जैसे विषयों और रहस्य, रोमांच, कल्पना, उत्साह इत्यादि भावों से परिपूर्ण सामग्री के समन्वित संग्रह की अनुशंसा की जाती है। पाठ्‌यपुस्तकों के माध्यम से यह सामग्री एक ही स्थान पर सहज उपलब्ध हो जाती है। चूँकि पाठ्‌यपुस्तक विद्यार्थियों के पास सदा मौजूद रहती है इसलिए पाठ्‌य सामग्री की पुनरावृत्ति भी की जा सकती है।

पाठ्‌यपुस्तकों का मूल्यांकन

भाषा-शिक्षण में पाठ्‌यपुस्तक की उपयोगिता व महत्त्व सुस्थापित हो चुका है। पाठ्‌यपुस्तकों पर निर्भर शिक्षण अपने उद्‌देश्य की साधना में सफल हो इसके लिए पाठ्‌यपुस्तकों का स्तर सभी दृष्टियों से उन्नत और उत्कृष्ट होना चाहिए। आज के उपभोक्तावादी और उत्कृष्टतावादी समाज में अनेक प्रकार की पाठ्‌यपुस्तकें बाज़ार में उपलब्ध हैं। इससे एक ओर तो अध्यापकों को चयन की सुविधा मिलती है तो दूसरी ओर विद्यार्थियों को निम्नस्तरीय पाठ्‌यपुस्तकों से बचाना भी सम्भव हो पाता है। ग़लत, प्रतिकूल, लक्ष्यभ्रष्ट और घटिया दर्जे की पाठ्‌यपुस्तकों से भाषा-शिक्षण न केवल पथभ्रष्ट हो सकता है बल्कि विद्यार्थियों के अमूल्य समय, श्रम व प्रयास का दुरुपयोग भी हो सकता है। इस दृष्टि से सभी छात्राध्यापकों को पाठ्‌यपुस्तकों के मूल्यांकन की विधि व प्रक्रिया से परिचित होना चाहिए।

विद्यार्थियों के लिए उत्तम, उपयोगी व उपयुक्त पाठ्‌यपुस्तक का चयन शिक्षक के प्राथमिक कर्त्तव्यों में शामिल है। मातृभाषा, द्वितीय भाषा, अनिवार्य और ऐच्छिक तथा 'अ' और 'ब' श्रेणी के अध्येता विद्यार्थियों के अनुसार पाठ्‌यपुस्तक का चुनाव अपेक्षित परिणाम लाने में सहायक होता है। ठीक पुस्तक का चयन करके पुस्तक के प्रति विद्यार्थियों की रुचि जागृत करने, भाषा के विविध पक्षों को जानने-समझने और उनके अभ्यास तथा व्यवहार में सहायता की जा सकती है।

पाठ्‌यपुस्तक की अपेक्षित विशेषताएँ

कम्प्यूटर के हार्डवेयर और सॉफ्टवेयर की तरह पाठ्‌यपुस्तकों के विश्लेषण के लिए उनके बाह्‌य व आन्तरिक पक्षों की समीक्षा की जाती है। इन दोनों पक्षों का विद्यार्थियों के स्तर, मानसिकता, अपेक्षाओं और प्रतिक्रिया से गहन सम्बन्ध है। इन पक्षों को निम्नलिखित शीर्षकों के अन्तर्गत समझा जा सकता है–

पाठ्‌यपुस्तक का बाह्य स्वरूप

पाठ्‌यपुस्तक के बाह्‌य स्वरूप का अर्थ केवल ऊपरी दिखावट तक सीमित न होकर आँखों से दिखाई देने वाले सभी पहलुओं की गुणवत्ता तक व्याप्त है। जिन कारणों से कोई अशिक्षित या अपारखी व्यक्ति भी किसी पाठ्‌यपुस्तक की प्रशंसा कर सकता है। वे सभी बाह्‌य पक्ष के अन्तर्गत समाहित हैं। बाह्‌य पक्ष की विषेशताओं या आकर्षणों के चलते पुस्तक विद्यार्थियों के लिए रुचिकर और ग्राह्‌य हो जाती है। पाठ्‌यपुस्तक के बाह्‌य पक्ष के अन्तर्गत निम्नलिखित तत्त्वों को सम्मिलित किया जाता है–

आवरण पृष्ठ

आवरण पृष्ठ किसी भी पाठ्यपुस्तक का विज्ञापन होता है। उसे देखने मात्र से विद्यार्थियों के मन में आकर्षण और जिज्ञासा के भाव उभरने चाहिएँ। एक आकर्षक और उपयोगी आवरणपृष्ठ में कुछ गुण अनिवार्य रूप से होने चाहिएँ। इनमें प्रमुख हैं–

- **गुणवत्ता**–आवरण पृष्ठ पुस्तक के अन्य पृष्ठों की अपेक्षा मोटा, मज़बूत और चिकना होना चाहिए। ऐसा होना न केवल पुस्तक की मज़बूती और दीर्घजीविता के लिए श्रेयस्कर है अपितु उसकी दिखावट के लिए भी बेहतर है।
- **पृष्ठों का रंग**–आमतौर पर पाठ्यपुस्तकों के पृष्ठ सफेद रंग के होते हैं। इसलिए उनके आवरण का ऊपरी और तलीय पृष्ठ का विविधवर्णी और सचित्र होना स्वभावतः आकर्षण उत्पन्न करता है। कुछ रंग चटकीले माने जाते हैं जबकि अन्य मृदु और संजीदा माने जाते हैं। प्राथमिक कक्षाओं के विद्यार्थी चटकीले रंगों को पसन्द करते है जबकि वरिष्ठ कक्षाओं के विद्यार्थियों को संजीदा रंग ज्यादा भाते हैं। इस वर्गीकरण का उपयोग प्राथमिक, माध्यमिक और उच्च कक्षाओं के लिए पाठ्यपुस्तकों के आवरण पृष्ठों के सृजन में किया जा सकता है।
- **चित्रांकन**–पाठ्यपुस्तकों पर चित्रों का अंकन एक अनिवार्य सा नियम है। किसी भी पुस्तक पर चित्रित छवि से उसमें निहित सामग्री का आकलन किया जा सकता है। भाषा की पाठ्यपुस्तकों पर भी उनमें संकलित सामग्री, लक्ष्य और स्तर के अनुकूल चित्रांकन होना चाहिए। चित्रों का चुनाव, क्रम व चित्रांकन ऐसा होना चाहिए कि उन्हें देखकर विद्यार्थी पाठ्यपुस्तक के विषय, अन्तर्वस्तु और अभिप्राय का अनुमान लगा सकें। उदाहरण के लिए वर्णों, अक्षरों, लेखन-सामग्री, विख्यात लेखकों व कवियों, प्राकृतिक दृश्यों अथवा पुस्तक के किसी पाठ से सम्बन्धित चित्रों के अंकन से मुखपृष्ठ को आकर्षक व उपयोगी बनाया जा सकता है। यह चित्रांकन अधिकाधिक वास्तविक, उपयोगी, कलात्मक, आनुपातिक और रंगीन होने चाहिएँ ताकि वे विद्यार्थियों के हास्य या उपेक्षा का विषय न बनें।
- **सूचनात्मक पक्ष**–आवरण पृष्ठ पर पुस्तक का नाम, लेखक का नाम और उद्‌देश्य-कथन अवश्य मुद्रित होना चाहिए। सबसे पहले पुस्तक का नाम, फिर उद्‌देश्य-कथन और अन्त में लेखक का नाम। आवश्यकतानुसार प्रकाशक का प्रतीक चिह्न (लोगो) और नाम भी मुद्रित हो सकता है।

इन उल्लेखों का आकार, रंग और लेखन शैली आवरण के रंग और शैली के अनुरूप और आनुपातिक होने चाहिएँ, ताकि वे स्पष्टता से दिखाई दें। इसी प्रकार आंधार पट्टिका पर भी कम से कम पुस्तक और लेखक का नाम और प्रकाशक का लोगो या प्रतीक चिह्न होना चाहिए।

आवरण का तलीय पृष्ठ यद्यपि सूचना व अर्थवत्ता की दृष्टि से अपेक्षाकृत कम महत्त्व रखता है किन्तु मुखपृष्ठ का अंग होने के कारण कुछ ध्यान उस पर भी दिया जाना चाहिए। उसे खाली छोड़ने की अपेक्षा आर-पार रंगीन पट्टियों या बड़े डिजाइन से सजाना बेहतर है। इस प्रकार आवरण पृष्ठ केवल मात्र पाठ्यपुस्तक का कलेवर न होकर लेखक या प्रकाशक द्वारा इस विषय में प्रदत्त ध्यान, कलात्मकता और प्रस्तुतिकरण के स्तर को भी दर्शाता है।

पृष्ठों की गुणवत्ता

पाठ्यपुस्तक के पृष्ठ साफ, मज़बूत और उत्तम श्रेणी के होने चाहिएँ। कागज़ की गुणवत्ता ऐसी होनी चाहिए कि उन पर अक्षरों व चित्रों की छपाई की स्याही न फैले। अखबारों जैसा पुनश्चक्रित, धुंधला, कमज़ोर और सोख्ता कागज़ पाठ्यपुस्तकों के मुद्रण के लिए प्रयोग नहीं किया जाना चाहिए। इस प्रकार के कागज़ पर मुद्रित पुस्तकें न केवल घटिया और पुरानी दिखती हैं बल्कि उन पर शब्द, चित्र और रंग कुछ भी नहीं खिल पाता, सुन्दर या आकर्षक नहीं दिखता। ऐसी पुस्तकों को देखकर विद्यार्थी आकर्षित या उत्सुक नहीं होते। यह एक मनोवैज्ञानिक तथ्य है कि उच्च प्राथमिक कक्षाओं तक के विद्यार्थी पाठ्यपुस्तकों के कलेवर और रंग-रूप से काफी प्रभावित होते हैं। इसलिए पाठ्यपुस्तकों के पृष्ठों की गुणवत्ता पर ध्यान दिया जाना चाहिए।

पृष्ठों का रंग

पारम्परिक रूप से पाठ्यपुस्तक के पृष्ठों का रंग सफेद होता है। आजकल कुछ प्रकाशक पुस्तकों को ज्यादा आकर्षक और रुचिकर बनाने के लिए उन्हें हल्के गुलाबी, जामुनी, नीले या पीले रंगों से रंगीन बना देते हैं। प्राथमिक और माध्यमिक स्तर तक के विद्यार्थी इस प्रयोग के प्रति उत्साह दिखाते देखे गए हैं। यद्यपि इससे पुस्तक की गुणवत्ता पर कोई विशेष प्रभाव नहीं पड़ता लेकिन विद्यार्थियों के अनुकूल रवैये के कारण यह प्रयोग प्रचलित हो रहा है। पाठ्यपुस्तक के पृष्ठ सफेद हों या रंगीन, किन्तु उनकी सफाई और उज्ज्वलता पर सदैव ध्यान दिया जाना चाहिए। वे सफेद हों तो पूरी तरह उजले हों और यदि रंगीन हों तो अक्षरों की स्पष्टता पर उसका कोई दुष्प्रभाव न पड़े। अक्षरों की सुस्पष्टता पाठ्यपुस्तक का महत्त्वपूर्ण गुण है इसलिए उसके साथ किसी प्रकार का समझौता स्वीकार्य नहीं होना चाहिए।

पाठ्यपुस्तक का आकार

सामान्यतः पाठ्यपुस्तक का आकार उसमें संकलित पाठ्य-सामग्री की मात्रा के अनुपात में होना चाहिए। किन्तु आकार के निर्धारण के पीछे एक मनोवैज्ञानिक तथा व्यावहारिक कारण भी उत्तरदायी है। प्राथमिक स्तर के विद्यार्थी बड़े आकार के शब्दों व चित्रों को ज्यादा पसन्द करते हैं इसलिए इस स्तर की पाठ्यपुस्तकों का आकार भी आमतौर पर बड़ा होता है। ज्यों ज्यों विद्यार्थी वरिष्ठ कक्षाओं में जाते हैं यह आकर्षण धूमिल होता जाता है। इसलिए पाठ्यपुस्तकों का आकार भी क्रमशः छोटा होता जाता है। इस सिद्धान्त को सामने रखते हुए पाठ्यपुस्तकों का चयन व सृजन होना चाहिए।

मुद्रण पक्ष

पाठ्यपुस्तकों का मुद्रण विद्यार्थियों के स्तर के अनुरूप होना चाहिए। जैसा कि स्पष्ट किया जा चुका है कि आरम्भिक कक्षाओं के विद्यार्थी बड़े आकार के अक्षरों के प्रति ज्यादा आकर्षित होते हैं और सहजता अनुभव करते हैं। जबकि बाद की कक्षाओं में यह प्रवृत्ति घटती जाती है और अंक्षरों का आकार भी घटता जाता है।

आकार के साथ ही अक्षरों के मुद्रण का एक तकनीकी पक्ष और भी है जो किसी भी पाठ्यपुस्तक की गुणवत्ता निर्धारित करता है। वह है अक्षरों की मुद्रण-शैली और स्पष्टता। आजकल मुद्रण में कम्प्यूटर का पर्याप्त सहयोग लिया जाने लगा है। कम्प्यूटर में हिन्दी की दर्जनों ही नहीं सैकड़ों मुद्रण-शैलियाँ (Font-styles) उपलब्ध हैं। जाहिर है कि प्रकाशक के पास इस सन्दर्भ में अनगिनत विकल्प मौजूद हैं। लेकिन सजावट और कलात्मकता फेर में पुस्तक की गुणवत्ता व उपयोगिता से समझौता नहीं किया जाना चाहिए।

इसका सार है कि पाठ्यपुस्तकों में अक्षरों की मुद्रण-शैली मानक होनी चाहिए, पंक्तियों के बीच फासला उचित हो और छपाई स्पष्ट हो। प्रमुख बिन्दुओं पर ध्यानाकर्षण के उद्देश्य से छपाई का रंग बदला जा सकता है, आकार बढ़ाया जा सकता है, अक्षरों को मोटा किया जा सकता है या रेखांकित किया जा सकता है। इस प्रकार के उपायों से मुद्रण पक्ष को मानकीकृत, स्पष्ट और सुपाठ्य किया जा सकता है।

पाठ्यपुस्तक की छपाई के सन्दर्भ में कुछ तकनीकी पक्षों पर भी ध्यान दिया जाना अपेक्षित है। पुस्तक के पृष्ठों पर छपाई बीच में की जानी चाहिए और चारों तरफ लगभग एक इंच का अन्तर रखा जाना चाहिए। बँधाई की ओर अन्तराल का विशेष ध्यान रखा जानाा चाहिए ताकि पुस्तक खोलने पर शब्दों को पढ़ने में रुकावट न हो। पुस्तक की पंचिंग् या सिलाई दो की अपेक्षा तीन स्थानों पर की जानी चाहिए ताकि पुस्तक का गठन मज़बूत हो और जल्दी न उखड़े।

चित्रांकन

पाठ्यवस्तु को सुबोध और अनुभवगम्य बनाने के लिए पात्रों, घटनाओं, स्थानों आदि का चित्रांकन अत्यन्त उपयोगी है। चित्रों द्वारा विद्यार्थियों की कल्पनाशीलता को दिशा प्रदान की जा सकती है। अज्ञात, अदृष्ट और अनुभवातीत सन्दर्भों को स्पष्ट करने के लिए चित्रांकन सरल और सस्ता उपाय है।

पुस्तकों में चित्रों की संख्या, आकार, रंग और शैली प्राथमिक से माध्यमिक और उच्च कक्षाओं तक बदलती रहती है। जहाँ प्राथमिक कक्षाओं में चित्रों की संख्या अधिक, आकार बड़ा, रंग चटकीले और शैली वस्तुपरक होती है वहीं उच्च कक्षाओं तक आते-आते उनका आकार छोटा, संख्या कम, रंग सादे और शैली प्रतीकात्मक होती जाती है।

पाठ्यपुस्तक के चयन में इस मनोवैज्ञानिक तथ्य का ध्यान रखा जाना चाहिए कि चित्र किसी पुस्तक को सजाने-सँवारने का माध्यम न होकर विद्यार्थियों की कल्पनाशीलता, आकर्षण, रुचि और जिज्ञासा की अभिवृद्धि का माध्यम होते हैं। उनके लिए शब्दबिम्ब से ज्यादा महत्त्व चित्रबिम्ब का होता है। वे चित्र से शब्द और फिर भाव की ओर गमन करते हैं। चित्रों से कथ्य को सजीव और भाव को अनुभवगम्य बनाया जा सकता है। इसलिए उनकी उपयुक्तता और युक्तियुक्तता को भी ध्यान में रखा जाना चाहिए।

दूसरी तरफ एक अन्य तथ्य पर विचार आवश्यक है कि चित्रों की अधिकता से पुस्तक चित्र-कथा न बन जाए। अर्थात् उसमें चित्रों की भरमार न हो जिससे विद्यार्थियों की कल्पनाशीलता को अवसर ही न मिले। साथ ही चित्रों की ऐसी न्यूनता भी न हो कि पुस्तक श्वेत पृष्ठों पर व्याप्त काले शब्दों के रेगिस्तान जैसी लगे। अन्तिम बात जिसका इस सन्दर्भ में ध्यान रखा जाना चाहिए वह है चित्रांकन का वर्ण-संयोजन या रंग-व्यवस्था। इस विषय में भी प्रकाशक को व्यावहारिक दृष्टिकोण अपनाना चाहिए। रंगों के ज्यादा चटकीले या फीके होने से चित्रों की वास्तविकता और आकर्षण कम हो जाते हैं। ऐसी स्थिति में उनके होने का उद्देश्य ही संकट में पड़ जाता है।

पाठ्यपुस्तक का आन्तरिक पक्ष

दार्शनिक शब्दावली में पाठ्यपुस्तक का बाह्य पक्ष शरीर है तो आन्तरिक पक्ष आत्मा। बाह्य पक्ष कितना भी सुन्दर, मोहक और सुनियोजित हो किन्तु अन्तर्पक्ष के सार्थक, सशक्त और उपयोगी न होने तक पुस्तक निष्प्राण ही रहती है। इसलिए पुस्तक में संकलित सामग्री, उसकी भाषा, प्रस्तुतिकरण, शुद्धता और मूल्यांकन विधियों का सम्यक् अन्वीक्षण किया जाना चाहिए। पाठ्यपुस्तक के अन्तर्पक्ष का क्रमशः विश्लेषण यहाँ प्रस्तुत है—

विषय-सामग्री—विषय-सामग्री से तात्पर्य है—पुस्तक में संकलित गद्य-पद्यात्मक सामग्री और उनके कवियों अथवा लेखकों का संक्षिप्त परिचय। इस सामग्री के चयन और प्रस्तुतिकरण के आधार पर पाठ्यपुस्तक की गुणवत्ता निर्भर करती है। पाठ्यवस्तु के संकलन में विद्यार्थियों के स्तर, आवश्यकताओं और रुचियों के अतिरिक्त कुछ मूलभूत लक्ष्यों को ध्यान में रखा जाना चाहिए। इनका उल्लेख यहाँ किया जा रहा है—

1. पाठ्यपुस्तक में विषय-सामग्री का चयन पुस्तक के उद्देश्य को ध्यान में रखते हुए किया जाना चाहिए। मुख्य पुस्तक का उद्देश्य विद्यार्थियों को भाषा के विविध पक्षों से परिचित कराना और उनकी ज्ञानात्मक, विचारात्मक और भावनात्मक आवश्यकताओं की पूर्ति करना है। इस दृष्टि से मुख्य पाठ्यपुस्तक में साहित्य की विविध विधाओं यथा कहानी, निबन्ध, आत्मकथा, जीवनी, यात्रा-वृत्तान्त पत्रादि के साथ खेल, विज्ञान, राजनीति, समाज, कला और दर्शन जैसे विषयों का भी यथेष्ट समन्वय होना चाहिए।
2. चयनित सामग्री के माध्यम से विद्यार्थियों में भाषा-व्यवहार की कुशलता के साथ ही कवियों, लेखकों, कृतियों और विधाओं से परिचय भी प्रगाढ़ होना चाहिए ताकि वे भाषा के स्वरूप और उपयोगिता को जान सकें। भाषा की पाठ्य सामग्री विद्यार्थियों को इतिहास और वर्तमान के परिवेश से परिचित कराए तो भाषा-शिक्षण बहूपयोगी हो सकता है।
3. भारतीय संविधान में देश को एक सम्पूर्ण प्रभुतासम्पन्न, पन्थनिरपेक्ष और लोकतान्त्रिक गणराज्य बनाने के लिए न्याय, स्वतन्त्रता, समानता और बन्धुता के भावों के विकास का लक्ष्य स्थापित किया गया है। यह लक्ष्य नागरिकों में शिक्षा और शिक्षकों के माध्यम से कार्यान्वित होता है। राज्य द्वारा निर्धारित और नियोजित होने के कारण पाठ्यक्रम और पुस्तकों की भूमिका यहाँ अत्यन्त महत्त्वपूर्ण है। भाषा की पाठ्यपुस्तकों को इस दृष्टि

से उपयोगी बनाने के लिए विज्ञान-कथाओं, धर्म प्रवर्तकों के समन्वयकारी चरित्रों व शिक्षाओं का समावेश होना चाहिए। साथ ही भारत की विविधता में एकता, सर्वधर्म समभाव, एकता और अनुशासन, सहिष्णुता और भाईचारे के भावों को पुष्ट करने में सहायक सामग्री का संकलन किया जाना चाहिए।

4. पाठ्यपुस्तकों की सामग्री देश के लक्ष्यों, आधुनिकता और मानवता की पोषक और उत्प्रेरक होनी चाहिए। पाठों व कविताओं के संकलन से पूर्व उनके माध्यम से युवा शक्ति की मानसिकता या विचारधारा पर पड़ सकने वाले प्रभावों का आकलन किया जाना चाहिए। इन उपायों के आश्रय से पाठ्यपुस्तकों के माध्यम से राष्ट्र-निर्माण के कार्य को सरल बनाया जा सकता है।
5. पाठ्यपुस्तकों के लिए सामग्री का चयन करते हुए राष्ट्रीय लक्ष्यों के साथ ही व्यक्तिगत उद्देश्यों को भी सामने रखा जाना चाहिए। ध्यान रहे कि व्यक्ति समाज की इकाई है और समाज राष्ट्र की। शिक्षा यदि व्यक्ति के ज्ञान, अनुभव और चरित्र का निर्माण कर सके तो समाज और राष्ट्र की उन्नति, सहज ही सुनिश्चित की जा सकती है। इस दृष्टि से पुस्तक में उच्च-आदर्शों की पोषक कथाओं, घटनाओं, प्रेरक-प्रसंगों, महापुरुषों की गाथाओं इत्यादि का समावेश होना चाहिए।
6. पाठ्यपुस्तक के लिए सामग्री चयन करते हुए सन्तुलन के पक्ष पर भी ध्यान दिया जाना साहिए। संतुलन का तात्पर्य विविध पाठ्य सामग्रियों के प्रतिनिधित्व, गद्य व पद्य और कक्षा या स्तर के अनुरूप सामग्री की मात्रा के अनुपात से है। इस पक्ष पर पाठ्यपुस्तक की उपयोगिता और सार्थकता काफी हद तक निर्भर करती है। इनमें से किसी भी पक्ष के आधिक्य सा न्यूनता से पाठ्यपुस्तक को परिपूर्ण नहीं कहा जा सकता।
7. विभिन्न कक्षाओं के लिए सामग्री-संकलन में पाठ्यवस्तु की प्रकृति, सरलता या कठिनाई के साथ ही उसके परिमाण पर भी ध्यान दिया जाना चाहिए। तदनुसार कुल संकलित सामग्री का परिमाण इतना होना चाहिए कि व्याकरण और पूरक पुस्तकों के पठन-पाठन और अन्य साहित्यिक गतिविधियों के संचालन के साथ ही एक शिक्षण सत्र की निर्धारित समयावधि में उसका अध्ययन सम्पन्न कराया जा सके।
8. एक अन्य ध्यातव्य बिन्दु पाठों की लम्बाई के सन्दर्भ में है। पाठों में यथासम्भव इतनी ही पाठ्य-सामग्री होनी चाहिए कि उन्हें अधिकतम एक या दो कालांशों में सम्पन्न कराया जा सके। ऐसा करने से पाठ्यवस्तु के अध्ययन में विद्यार्थियों की रुचि व जिज्ञासा कायम रहती है और सन्दर्भ को स्पष्ट करने में सरलता मिलती है।
9. **पाठ्य-सामग्री की भाषा**–सामग्री के संचय के दौरान इस बात का ध्यान रखा जाए कि संकलित पाठ्य-सामग्री की भाषा कक्षा और विद्यार्थियों के औसत स्तर के अनुरूप हो। पाठ्यपुस्तक निर्माण के दौरान समस्त सामग्री का सृजन नहीं अपितु संकलन किया जाता है। यह सामग्री ऐसे विख्यात लेखकों और कवियों द्वारा सृजित होती है जिनकी भाषा सहज व स्पष्ट और शैली अवसरानुकूल होती है। कुछ विषयों पर कक्षागत आवश्यकताओं के चलते पाठ्य-सामग्री का सृजन भी कराया जाता है। ऐसा प्रायः खेल, विज्ञान व तकनीक, कला, संगीत जैसे सामान्य जनजीवन से सम्बद्ध विषयों के बारे में किया जाता है। इस सन्दर्भ में विशेषज्ञों और कलाकारों की सेवाएँ लेते हुए उन्हें भी रचना के उद्देश्य व स्तर के विषय में सूचना दी जानी चाहिए। इस प्रक्रिया द्वारा प्राप्त लेखों का मूल्यांकन उपयुक्त मानकों के अनुसार किया जाना चाहिए।

पाठ्य-सामग्री का प्रस्तुतिकरण

सामग्री के संकलन के उपरान्त उसके प्रस्तुतिकरण को भी समुचित क्रम और उपादेयता प्रदान की जानी चाहिए। इसके लिए अनेक परिपाटियों का अनुपालन किया जाता है। इनमें सर्वप्रथम है सरल से कठिन की ओर। पाठ्य-पुस्तक के आरम्भिक पाठ पढ़ने और समझने की दृष्टि से सरल, रुचिकर और प्रेरणास्पद होने चाहिएँ। इस परम्परा के अनुसार भाषा, भाव, विषय और शैली की दृष्टि से सरल पाठों को पहले रखा जाना चाहिए। बहुत सी भाषा पाठ्यपुस्तकों का आरम्भ ईश-प्रार्थना से

होता है जो एक स्वस्थ परम्परा है। इसके बाद पौराणिक कहानियों या महापुरुषों की गाथाओं द्वारा उदात्त भावों को प्रस्तुत किया जाता है। इस क्रम का अनुपालन विद्यार्थियों की मानसिकता पर सकारात्मक प्रभाव डालता है।

जो पाठ त्योहारों, ऋतु वर्णन, महापुरुषों की गाथाओं, जीवनियों इत्यादि से सम्बद्ध हों उनका संकलन ऐसे क्रम में किया जाए कि जब उन्हें पढ़ाया जाए तो उनकी जयन्ती, पुण्यतिथि या अन्य सम्बद्ध अवसर सन्निकट या आस-पास हो। उदाहरण के लिए भारतीय विद्यालयों का सत्र अप्रैल माह से शुरु होता है। इस माह में महावीर-जयन्ती, गुड फ्राइडे, ईस्टर, बैसाखी, रामनवमी और भारतीय नववर्ष जैसे पर्वों का आयोजन होता है। यदि पाठ्यक्रम में भगवान महावीर, ईसा मसीह, या भगवान श्रीराम जैसे महापुरुषों और बैसाखी, ईस्टर या नववर्ष जैसे पर्वों का वर्णन विधेय हो तो उसे पाठ्य-पुस्तक के आरम्भ में रखा जाए।

संकलित पाठों के प्रस्तुतिकरण में क्रम के उपरान्त दूसरा महत्त्वपूर्ण कार्य पाठ्यवस्तु के सरलीकरण का है। सामग्री संकलन के दौरान पर्याप्त ध्यान दिए जाने पर भी पाठों में अनेक दुर्बोध शब्द, पारिभाषिक शब्द, अप्रचलित मुहावरे या क्षेत्रीय लोकोक्तियाँ और अप्रसिद्ध ऐतिहासिक व पौराणिक प्रसंग अनिवार्यतः आ जाते हैं। इन्हें सरल न किया जाए तो विद्यार्थियों के लिए पाठ का वास्तविक भाव ग्रहण कर पाना सम्भव नहीं हो पाता। पाठ पहेली बन जाते हैं और विद्यार्थी उनके शब्द-जाल में फँसे रह जाते हैं। इस समस्या के निराकरण के लिए पाठ के दौरान ही विभिन्न विधियों से कठिन अंशों का निवारण किया जाना चाहिए।

पाठ के आरम्भ में कवि अथवा लेखक का संक्षिप्त परिचय दिया जाना चाहिए। जिसमें उसकी शिक्षा, पृष्ठभूमि और अन्य कृतियों का उल्लेख होना उपयोगी है। हो सके तो पाठ के मूल स्रोत अर्थात् जिस संकलन या रचना से उसे संकलित किया गया है, उसका उल्लेख भी किया जाए। इन उपायों से विद्यार्थियों के लिए पाठों का समझना सरल हो जाता है।

चित्रांकन पक्ष—यद्यपि चित्रांकन की शैली और प्रस्तुति पाठ्यपुस्तक के बाह्य पक्ष का विषय है, किन्तु प्रस्तुत चित्रों की मूलपाठ से सम्बद्धता और विषय को जानने-समझने में उनकी उपयोगिता का परीक्षण अन्तर्पक्ष का दायित्व है। अनुपयोगी तथा अपनेक्षित चित्र पाठ्यवस्तु को सुबोध बनाने की अपेक्षा विद्यार्थियों को भ्रमित कर सकते हैं।

मूल्यांकन पक्ष—पाठों के अन्त में पाठ्यवस्तु के मूल्यांकन के लिए सरल और सटीक भाषा में प्रश्न दिए जाने चाहिएँ। प्रश्नों का उद्देश्य बोध परीक्षा एवं महत्त्वपूर्ण अंशों का अभ्यास होना चाहिए। मूल्यांकन को सरल, व्यावहारिक और वस्तुपरक बनाने के लिए सभी प्रकार के प्रश्नों—निबन्धात्मक, लघूत्तरात्मक और वस्तुनिष्ठ का सन्तुलन कायम किया जाना चाहिए।

विषय सूची—पाठों का स्थान, लेखक और विधा की सूचना के लिए पाठ्यपुस्तक के प्रारम्भ में विषय सूची का प्रकाशन अनिवार्य है। इससे विद्यार्थियों को किसी भी पाठ का स्थान व परिचय जानने में सुविधा होती है। इन आन्तरिक तथा बाह्य गुणों के अतिरिक्त भी कुछ बिन्दु पाठ्यपुस्तक चयन की दृष्टि से ध्यातव्य हैं। इनमें पुस्तक की सरल उपलब्धता और उचित मूल्य प्रमुख हैं। सर्वगुण सम्पन्न पाठ्यपुस्तक भी यदि बाज़ार में दुर्लभ हो तो विद्यार्थियों के लिए उसकी उपयोगिता सीमित हो जाती है। दूसरी ओर मँहगी पाठ्यपुस्तकें भी सभी विद्याथियों की अपेक्षाओं को पूरा नहीं कर सकतीं। इन अपेक्षाओं पर खरी उतरने वाली पाठ्यपुस्तकें शिक्षकों तथा विद्यार्थियों के बीच शिक्षण अधिगम को सरल बनाती हैं और शिक्षण के लक्ष्यों को कार्यान्वित करती हैं।

प्रश्न

1. भाषा शिक्षण के माध्यम के रूप में पाठ्यपुस्तक की उपयोगिता स्थापित कीजिए।
2. पाठ्यपुस्तक के स्वरूप के विषय में विद्वानों की टिप्पणियों का उल्लेख करते हुए इसके महत्त्व का विवेचन कीजिए।
3. विद्यार्थियों को भाषा-कौशलों का अभ्यास कराने के लिए पाठ्यपुस्तक की उपयोगिता की समीक्षा कीजिए।
4. पाठ्यपुस्तकों के वर्गीकरण के प्रमुख आधारों का वर्णन कीजिए।
5. शैक्षिक नियोजन में पाठ्यपुस्तकों की भूमिका का उल्लेख कीजिए।

6. शिक्षण की पूरक के रूप में पाठ्यपुस्तक की भूमिका की समीक्षा कीजिए।
7. विभिन्न आधारों पर पाठ्यपुस्तकों के विविध प्रकारों का परिचय दीजिए।
8. 'पाठ्यपुस्तकों के आधार पर विद्यार्थियों के भाषा अधिगम का सटीक मूल्यांकन संभव होता है।' टिप्पणी कीजिए।
9. भाषा अधिगम में भूमिका के आधार पर पाठ्यपुस्तकों के प्रकारों का नामांकन कीजिए।
10. पाठ्यपुस्तक के पृष्ठों की गुणवत्ता की जाँच के लिए किन बिन्दुओं पर ध्यान दिया जाना चाहिए।
11. पाठ्यपुस्तक के आन्तरिक पक्ष में निहित पक्षों का संक्षिप्त परिचय दीजिए।
12. पाठ्यपुस्तक में पाठ्य-सामग्री के प्रस्तुतिकरण की विविध परिपाटियों का उल्लेख कीजिए।
13. भाषा पाठ्यपुस्तक के लिए पाठ्य-सामग्री का संकलन करते हुए किन पक्षों पर ध्यान दिया जाना चाहिए?
14. किसी कक्षा की भाषा पाठ्यपुस्तक के चयन के लिए किन पक्षों का अवलोकन किया जाना चाहिए?
15. पाठ्यपुस्तकों के मूल्यांकन के लिए व्यवहार्य चरणों का परिचय दीजिए।

29 हिन्दी शिक्षण–एक सतत प्रक्रिया

प्रकरण का उद्देश्य

हिन्दी एक जीवन्त भाषा है। आज इसके ज्ञान और अभ्यास के बिना भारत में व्यापार, राजनीति, यात्रा और प्रशासन की कल्पना भी नहीं की जा सकती। लेकिन हिन्दी में विदेशी भाषाओं विशेषतः अंग्रेज़ी के दखल ने हिन्दी भाषा की शुद्धता और सरसता को बुरी तरह दुष्प्रभावित किया है। आज हिन्दीभाषी क्षेत्रों के अधिकांश युवा हिन्दी और अंग्रेज़ी दोनों का प्रयोग करते हुए वास्तव में खिचड़ी भाषा का व्यवहार करते हैं। यह स्थिति हिन्दी शिक्षकों के लिए बड़ी चुनौती है। इसे देखते हुए हिन्दी के शुद्ध प्रयोग का अभ्यास समय की ज़रूरत बन गया है। इस अध्याय में हिन्दी को व्यावहारिक और कक्षेतर परिस्थितियों में सीखने और बरतने के बारे में उपयोगी जानकारी दी गई है।

किसी भी भाषा का ज्ञान, समझ और उपयोग केवल कक्षागत परिस्थितियों में पाठ्यवस्तु के घटकों और भाषातत्त्वों के ज्ञान और अभ्यास से परिपूर्ण नहीं होता। भाषा सजीव और सम्वेदनशील परम्परा है। वह व्यक्ति, समाज और परिस्थितियों के साथ जीती है और साथ ही उनके जीवन को भी गति प्रदान करती है। इसलिए भाषा का पूर्ण और व्यावहारिक ज्ञान केवल पाठ्यपुस्तकों के अध्ययन, व्याकरण के अभ्यास और परीक्षाएँ पास करके नहीं पाया जा सकता।

भाषा की इस विशेष प्रकृति को कतिपय उदाहरणों द्वारा सरलता से समझा जा सकता है। जब हम तैरना सीखते हैं तो यह दावा नहीं करते कि हमने पृथिवी की समस्त तरण-योग्य जलराशि को पार पा लिया है। जब परिन्दे उड़ने लगते हैं तो उड़ने की पद्धति के ज्ञान मात्र से अपने लक्ष्य को छू नहीं लेते। किसी भी तैराक और उड़ाके को जल और आकाश के विस्तार के बीच अपना लक्ष्य पाने के लिए सतत श्रम और प्रयास करना होता है। फिर भी उनके समस्त विस्तार को पा सकना अभीप्सा मात्र तक सीमित रहता है। इसी प्रकार भाषा जानना और उसका पारंगत होना दो भिन्न बातें हैं। यही तथ्य भाषा के विषय में भी सत्य है। जल और आकाश की भाँति उसका विस्तार भी अनन्त और अपार है। उसे पूर्णतः आत्मसात् कर पाना कठिन ही नहीं असम्भव भी है। प्रकाण्ड विद्वान और विख्यात भाषाविद् भी दावा नहीं करते कि उन्होंने भाषा के सभी तत्त्वों, रूपों, पहलुओं और आयामों का पूर्ण ज्ञान पा लिया है। किसी भी भाषाशास्त्री, लेखक और साहित्यकार का अपना सुनिश्चित क्षेत्र, विधा और शैली होती है। वह उसमें पारंगत और सिद्धहस्त होता है। किन्तु भाषा का आयाम उससे कहीं ज्यादा विस्तृत और बहुरूपी होता है।

प्रस्तुत तथ्यों के प्रकाश में कहा जा सकता है कि भाषा का श्रेष्ठ ज्ञान और सम्पूर्ण ज्ञान काफी भिन्न बातें हैं। एक ओर भाषा का सम्पूर्ण ज्ञान नितान्त असम्भव बात है तो उसका श्रेष्ठ ज्ञान किसी भी विषय में सफलता और उन्नति के लिए आधार-स्वरूप है। भाषा के श्रेष्ठ ज्ञान का तात्पर्य बहुत से शब्दों मुहावरों, लोकोक्तियों और व्याकरण का ज्ञान न होकर व्यक्ति, विषय व परिस्थिति के अनुरूप प्रभावी और सटीक भाषा के व्यवहार की योग्यता से है। जो व्यक्ति इस कला में निपुण है वह अपने क्षेत्र में कभी पराजित नहीं होता।

भाषा विकास में शिक्षक का योगदान

इस प्रकार की भाषा पर अधिकार और उसके अभ्यास के लिए शिक्षक की ओर से विशेष प्रयास करणीय होते हैं। यदि शिक्षक कक्षा जैसी औपचारिक परिस्थिति के साथ-साथ प्रार्थनासभा, बालसभा, विद्यालयी उत्सवों, प्रतियोगिताओं और अन्य अनौपचारिक परिस्थितियों के सम्यक् उपयोग द्वारा उत्तम भाषा योग्यता पाने के विद्यार्थियों के प्रयासों में सहायक होता है, तो भाषा के श्रेष्ठ ज्ञान की अवाप्ति को सुनिश्चित किया जा सकता है। इनमें से कुछ का परिचय यहाँ प्रस्तुत है—

- **समाचार पत्र वाचन**—समाचार पत्रों के माध्यम से देश, समाज और इनके विविध विषयों का ज्ञान सुलभ होता है। प्रत्येक विद्यार्थी की किसी न किसी क्षेत्र में रुचि और विशेषज्ञता होती है। शिक्षक को चाहिए कि वह विद्यार्थियों को अपने क्षेत्र का अधिकाधिक ज्ञान प्राप्त करने के लिए समाचार-पत्रों और पत्रिकाओं के अध्ययन के लिए प्रेरित करे। इसके बाद उन्हें अपने विषय या विशेषज्ञता के विषय में कक्षा और विद्यालय के अन्य विद्यार्थियों के साथ चर्चा करने के लिए अवसर प्रदान किया जाना चाहिए।
- **पुस्तक पाठ**—इस गतिविधि के अन्तर्गत कक्षा के समस्त विद्यार्थियों को अपनी पसन्द की कोई न कोई पुस्तक चुनने के लिए कहा जाना चाहिए। यह पुस्तक कोई जीवनी, आत्मकथा, यात्रा-विवरण, उपन्यास, काव्य-संकलन या कहानी संग्रह हो सकती है। विद्यार्थी घर पर, विद्यालय में या जहाँ कहीं भी अवसर और स्थान उपलब्ध हो, अपनी सुविधा के अनुसार उस पुस्तक को पढ़ें।
- ध्यान इस बात का रखा जाए कि विद्यार्थी आबण्टित पुस्तक को नियमित रूप से पढ़ें और ज़रूरी हो तो महत्त्वपूर्ण अंशों को लिखकर भी रखें। शिक्षक को अपने पास विद्यार्थियों द्वारा चयनित पुस्तक का नाम, प्रकार, पढ़ना आरम्भ करने की तिथि और समाप्त होने की सम्भावित तिथि लिखकर रखनी चाहिए। जब कोई विद्यार्थी आबण्टित पुस्तक को पूरा पढ़ ले तो उसे अन्य विद्यार्थियों के सामने उस पुस्तक का भावसार प्रस्तुत करने का अवसर प्रदान किया जाए। इस दौरान पुस्तक व उसके लेखक का संक्षिप्त परिचय, वर्ण्य-विषय, विशेषता और उपयोगिता जैसे प्रकरणों का प्रस्तुतिकरण किया जा सकता है। इस प्रस्तुतिकरण के उपरान्त कक्षा के अन्य विद्यार्थियों को पुस्तक से सम्बन्धित जिज्ञासाओं के शमन का अवसर भी दिया जाना चाहिए।
- पुस्तक-पाठ के अन्तर्गत प्रार्थना सभा में भी उपयोगी पुस्तकों का क्रमशः वाचन किया जा सकता है। इस गतिविधि के लिए महापुरुषों की जीवनियाँ (महात्मा गांधी, रामप्रसाद बिस्मिल इत्यादि) और विख्यात व प्रेरणास्पद उपन्यासों (आनन्द मठ, कर्मभूमि इत्यादि) का चयन किया जाना चाहिए। इससे विद्यालय के सभी विद्यार्थियों को लाभ होगा।
- **परिचर्चा**—परिचर्चा का अर्थ है—किसी विषय के सभी पहलुओं पर विचार-विमर्श। परिचर्चा के लिए विषय समसामयिक घटनाओं और चर्चा में आए सन्दर्भों से चुना जा सकता है। इस प्रकार की गतिविधि के लिए अलग से समय निकालने या तैयारी की आवश्यकता नहीं होती। किसी दिन कक्षा में पहुँचने पर आप यदि पाएँ कि विद्यार्थी किसी विषय विशेष पर चर्चा के लिए उत्सुक हैं तो परिचर्चा की शुरुआत की जा सकती है। यह विषय खेल, राजनीति, कोई विशेष घटना या निर्णय भी हो सकता है।

  परिचर्चा के लिए ज्यादा समय खर्च करने की ज़रूरत नहीं होती। शिक्षक चुने गए विषयों पर विद्यार्थियों को बारी-बारी से अपने विचार प्रस्तुत करने का अवसर दें और अन्त में अपने विचारों का समावेश करते हुए चर्चा का सार प्रस्तुत कर दे। ऐसी चर्चा अनेक बार कोई पाठ या प्रकरण पढ़ते हुए भी सामने आ सकती है। ज़रूरत इस बात को समझने की है कि ऐसी चर्चाएँ और विचार-विमर्श कभी भी व्यर्थ या समय की बरबादी नहीं होते, अपितु विद्यार्थियों को विषय और भाषा ज्ञान के साथ-साथ प्रस्तुतिकरण का अवसर भी प्रदान करते हैं।

  परिचर्चा के दौरान कुछ बातों का ध्यान रखा जाए तो इसे ज्यादा उपयोगी बनाया जा सकता है। सबसे पहली बात कि परिचर्चा का विषय किसी न किसी प्रकार से विद्यार्थियों से सम्बद्ध होना चाहिए और उनके लिए

उपयोगी भी। दूसरी बात कि विद्यार्थियों को चर्चा के विषय से भटकने न देने के लिए शिक्षक को पूर्णतः सचेत रहना चाहिए। यदि विद्यार्थी अपने विचार प्रस्तुत करते हुए विषय से भटक रहे हों तो शिक्षक को हस्तक्षेप करना चाहिए और चर्चा को पुनः विषय पर केन्द्रित करना चाहिए। तीसरी बात कि सभी विद्यार्थियों को अपने विचार रखने की स्वतन्त्रता और अवसर मिलना चाहिए। जो पक्ष में कुछ कहना चाहे वह पक्ष में अपनी बात रखे किन्तु विपक्षियों को भी हतोत्साहित नहीं किया जाना चाहिए। अन्तिम बात; कि प्रश्नोत्तरों, विचार-विनिमय और स्पष्टीकरण जैसी परिचर्चा की सभी गतिविधियों के दौरान प्रतिभागियों की भाषा सधी हुई, आवेश व प्रतिशोध से मुक्त और संयत होनी चाहिए। ताकि चर्चा किसी परिणाम पर पहुँचे और सभी पक्षों के प्रतिभागियों को चर्चित विषय के सत्य का परिचय मिल सके।

- **अनुभव बताना**–साप्ताहिक अवकाश, ग्रीष्म और शीतावकाश के दौरान विद्यार्थी प्रायः अपने अभिभावकों के साथ पर्यटन या मित्र-सम्बन्धियों के पास जाते हैं। कभी-कभी विद्यालय की ओर से भी शैक्षिक पर्यटन की व्यवस्था की जाती है। इसी के साथ कुछ विद्यार्थियों के घर या पास-पड़ौस में कोई उत्सव या आयोजन हो सकता है। हो सकता है कि उन्होंने कोई विशेष तमाशा, टेलीविज़न कार्यक्रम या घटना देखी हो। इस प्रकार की गतिविधियों का अनुभव या उनमें सहभागिता विद्यार्थियों के लिए उपयोगी और अविस्मरणीय घटना होती है। वे आपस में इस विषय में बातें करते हैं या अनुभवों का आदान-प्रदान करते हैं। शिक्षक इस प्रकार के अवसरों का सदुपयोग विद्यार्थियों के अनुभव, भाषा-ज्ञान और प्रस्तुति योग्यता के विकास के लिए कर सकते हैं। करना केवल इतना है कि इस प्रकार के विद्यार्थियों को अपने अनुभव कक्षा के सम्मुख प्रस्तुत करने का अवसर उपलब्ध कराया जाए। यदि ऐसा किया जाता है तो विद्यार्थियों को प्रत्येक वर्णन या विवरण को जागृत होकर अनुभव करने की प्रेरणा मिलेगी और उनके व्यक्तित्व का उत्तम विकास होगा।
- **नाट्य मंचन**–पहली बार पढ़कर शायद आश्चर्य हो किन्तु यह शतशः सत्य है कि सौ में से नब्बे विद्यार्थियों के पास अभिनय की योग्यता होती है। वे आपस में इस गुण का प्रदर्शन भी करते रहते हैं। यदि विद्यार्थियों को दैनिक जीवन की किन्हीं घटनाओं या पाठ्यपुस्तक के पाठों या उनके अंशों की नाट्य प्रस्तुति का अवसर दिया जाए तो वे सफलतापूर्वक ऐसा कर सकते हैं। ऐसा करते हुए वे अपनी ओर से संवाद बोलते हैं जिससे उनकी सृजनात्मकता प्रकट होती है। भिन्न-भिन्न प्रकार के अभिनय से भाषा के अलग-अलग रूपों से उनका साक्षात्कार होता है जो उनके भाषाज्ञान व प्रयोग कौशल को सुदृढ़ करता है।

प्रश्न

1. हिन्दी शिक्षण के अनौपचारिक उपायों की सूची बनाइए।
2. भाषा-विकास में शिक्षक के योगदान की समीक्षा कीजिए।
3. पुस्तक पाठ विधि के कार्यान्वयन और मूल्यांकन विधि का परिचय दीजिए।
4. समाचार-पत्र वाचन से विद्यार्थियों को प्राप्त होने वाले लाभों का उल्लेख कीजिए।
5. हिन्दी शिक्षण की नाट्य मंचन विधि की व्यावहारिकता और उपयोग का आकलन कीजिए।
6. अनौपचारिक हिन्दी शिक्षण की परिचर्चा विधि की आयोजन प्रक्रिया का वर्णन कीजिए।
7. हिन्दी भाषा-शिक्षण की प्रक्रिया में अनौपचारिक प्रविधियों के महत्त्व की विवेचना कीजिए।
8. भाषा-शिक्षण के अनौपचारिक उपायों द्वारा विद्यार्थियों को भाषा व्यवहार में निपुण किया जा सकता है। टिप्पणी कीजिए।
9. हिन्दी-शिक्षण के पाठ्यक्रमेतर उपायों से नियमित भाषा अध्ययन में क्या सहायता मिलती है?
10. हिन्दी-शिक्षण के अनौपचारिक उपायों के लाभों और सीमाओं का वर्णन कीजिए।

अनुक्रमणिका

शान्ति पाठ

ओ३म् द्यौः शान्तिरन्तरिक्षं शान्तिः, पृथिवी शान्तिरापः शान्तिः।
औषधयः शान्तिः ब्रह्म शान्तिः, सर्वं शान्तिः शान्तिरेव शान्तिः।
सा मा शान्तिरेधि॥
ओ३म् शान्तिः शान्तिः शान्तिः ओ३म्॥